Esclavages

Sous la direction de
Ana Lucia Araujo, Klara Boyer-Rossol
et Myriam Cottias

Esclavages

Représentations visuelles et cultures matérielles (Atlantique-océan Indien)

CNRS ÉDITIONS
15 rue Malebranche - 75005 Paris

unesco

Les routes des personnes mises en esclavage

ISBN : 978-2-271-15116-2

Préface

Doudou Diène
Directeur de la division du dialogue
interculturel de l'UNESCO
Initiateur du Projet
« Les Routes des personnes mises en esclavage »

Premier système de mondialisation de l'histoire, la traite négrière transatlantique et l'esclavage qui en est issu constituent la matière invisible des relations entre l'Europe, l'Afrique, les Amérique et les Antilles[1].

Cet épisode dramatique de l'histoire de l'humanité appelle, par son coût humain (plusieurs dizaines de millions de victimes), par l'idéologie qui l'a sous-tendu (la construction intellectuelle du mépris culturel de l'Africain et donc du racisme pour justifier la vente d'êtres humains comme bien meubles selon la définition du Code noir français), par l'envergure de la déstructuration économique, sociale et culturelle du continent africain, à une remise en question du silence historique qui l'a entouré pendant longtemps. Il s'agit sur cette question de répondre à l'interpellation du Prix Nobel de la paix Elie Wiesel selon laquelle « le bourreau tue toujours deux fois, la deuxième fois par le silence ».

Les enjeux du projet « Les Routes des personnes mises en esclavage » sont donc : vérité historique, paix, développement, droits de l'homme, dialogue interculturel.

Le défi lancé à la communauté internationale par ce projet, dont l'approche se veut scientifique, est de lier la vérité historique sur une tragédie occultée à la mise en lumière du dialogue interculturel issu

1. Éditorial du Bulletin d'information de l'UNESCO, n° 1/2000.

de la rencontre forcée entre des millions d'Africains, d'Amérindiens et d'Européens dans les Amériques et les Antilles, ainsi que dans les aires oubliées de l'esclavage : en Méditerranée et dans l'océan Indien.

En dernière analyse, le projet « Les Routes des personnes mises en esclavage » est un retour vers le futur. L'investigation scientifique et le questionnement éthique du passé de la traite et de l'esclavage visent à éclairer l'évolution des sociétés concernées ici et maintenant par la construction d'un véritable pluralisme qui ne soit plus seulement le constat de la diversité mais aussi la reconnaissance, la promotion, le respect de la diversité, et donc la prise en compte des interactions générées par l'histoire, la géographie et la culture.

Avant-propos

Gabriela Ramos
Sous-Directrice générale de l'UNESCO
pour les Sciences sociales et humaines

À l'occasion du 30e anniversaire du programme de l'UNESCO « Les Routes des personnes mises en esclavage », le Secteur des Sciences sociales et humaines se réjouit de soutenir la première publication thématique du Comité scientifique international du programme, également publiée grâce au soutien de CNRS Éditions, que l'UNESCO remercie. Ce livre, avec d'autres à paraître, permettra de valoriser les dernières recherches inhérentes à l'histoire et aux héritages de l'esclavage, les rendant accessibles à un plus large public. Il constitue aussi une contribution aux célébrations du programme, menées sous le thème « Construire l'égalité, panser et comprendre les blessures du passé ».

La présente publication reflète précisément ces thématiques, en partant du sujet des représentations visuelles de l'esclavage et des cultures matérielles. Les arts constituent une porte d'entrée engageante pour tenter de visualiser et comprendre les horreurs de l'esclavage. Mais il est essentiel de connaître leurs limites pour mieux les utiliser dans le cadre de l'étude de cette histoire. Ce livre montre ainsi comment les cultures visuelles ont pu servir d'outils de propagande et de justification de l'esclavage. À titre d'exemple, le célèbre tableau de François-Auguste Biard sur l'abolition de l'esclavage en 1848 par la France[1] semble présenter les personnes mises en esclavage comme

1. François-Auguste Biard, *L'abolition de l'esclavage (27 avril 1848)*, 1849, huile sur toile, Musée national du château de Versailles (Versailles, France), reproduit dans ce livre p. 32.

passives dans ce processus d'abolition, alors que c'est d'abord grâce à leur résistance qu'elles ont conquis leur liberté.

Par ailleurs, alors que les institutions culturelles contemporaines exposent encore souvent ces images de propagande pour illustrer l'esclavage, la présente recherche alerte sur le fait que, dénuées de contexte, ces images peuvent perpétuer une image victimaire des personnes mises en esclavage, niant leur humanité et les résistances qu'elles ont menées pour leur libération. Cela peut entraîner des conséquences néfastes, notamment pour la construction identitaire des jeunes Afro-descendants, dont les contributions des ancêtres aux sociétés modernes sont niées puisque ceux-ci sont réduits à de simples victimes.

Certains dessins d'époque émanant des colons sont cependant utiles, tels que ceux représentant les coupes de bateaux négriers, nous informant sur les conditions terribles de la traversée de l'Atlantique. D'autres œuvres révèlent que la torture pratiquée par les maîtres faisait partie intégrante de la vie quotidienne des personnes mises en esclavage. Cependant, en montrant principalement des corps noirs en souffrance, pensant ainsi instiller la peur de la rébellion, ces images ont participé au maintien des structures de domination politique. Les représentations de ces châtiments ont également été utilisées par certains régimes pour minimiser les expériences post-esclavages subies par les personnes d'ascendance africaine, tel que le racisme systémique, qui maintient encore aujourd'hui nombre de communautés afro-descendantes dans la pauvreté.

Les œuvres d'époque doivent donc être replacées dans un contexte historique bien précis et confrontées à d'autres sources textuelles primaires et secondaires. Il est également important de mettre en valeur le travail d'artistes afro-descendants dont les contre-témoignages soulignent les résistances et la persistance des liens que les personnes mises en esclavage ont gardés avec les cultures et les cultes africains. Ces liens constituaient en soi des résistances face à la volonté d'annihilation des identités africaines par les autorités coloniales. Des artistes comme le peintre espagnol Juan de Pareja, esclave de Diego Velázquez qui, à la mort de ce dernier, a continué sa carrière, ou encore l'Afro-Mexicain libre Juan Correa méritent d'être davantage reconnus. De même que le français Guillaume Guillon Lethière, qui a sublimé l'haïtien Jean-Jacques Dessalines, figure historique de la résistance à l'esclavage.

Le Secteur des Sciences sociales et humaines de l'UNESCO, à travers notamment son programme « Les Routes des personnes mises en esclavage » et celui contre le racisme et les discriminations, travaille justement avec les organes des Nations Unies, des représentants des communautés impactées et des experts pour déconstruire les préjugés en vue de contribuer à un changement de mentalités et à la mise en œuvre de politiques publiques inclusives. L'UNESCO a d'ailleurs lancé en 2023 le « Réseau de lieux d'histoire et de mémoire liés à l'esclavage et à la traite » afin de valoriser ces lieux et les utiliser comme outils de compréhension de l'histoire et des conséquences de l'esclavage. Le jumelage de lieux d'Afrique et de ses diasporas pour le développement d'activités et de recherche concourt également à renforcer les liens entre ces populations, tout en améliorant leurs conditions socio-économiques pour la création d'un tourisme durable. Les cultures visuelles et matérielles sont ainsi mises au service de la compréhension mutuelle, du dialogue et de la paix.

Introduction générale

Ana Lucia Araujo
Klara Boyer-Rossol
Myriam Cottias

De l'image, de la terre et de la mer

De nouveaux champs de recherche sur l'esclavage ont été ouverts ces dernières années avec des questionnements plus précis. Après la quantification des flux de traite de captifs africains déportés depuis l'Afrique vers les Amériques (dans les années 1970, avec, en particulier, les études sur la cliométrie), l'analyse du système plantationnaire, les recherches sur le marronage, la résistance et les révoltes, les études sur les représentations visuelles et les cultures matérielles de l'esclavage ont marqué une nouvelle étape dans les connaissances. En convoquant plusieurs disciplines – l'histoire, l'histoire de l'art, l'anthropologie, la sociologie et l'archéologie –, elles enrichissent les études sur la mémoire de l'esclavage et celles sur les discriminations et le racisme.

Cet ouvrage ne propose pas des articles analysant la muséographie des expositions sur l'esclavage atlantique et indo-océanique, ni ne livre une étude des musées ou des sites archéologiques consacrés à l'esclavage dans le monde. Quoique ces questions soient essentielles dans la prise en compte sociale et politique de l'esclavage, il s'agit, ici, d'aller au plus près de ce qui se montre et s'exprime dans les représentations visuelles des esclavisé.es et des situations d'esclavage. Les images – dans la peinture, la gravure, la tapisserie ou d'autres langages visuels – sont alors considérées comme des sources qui, malgré leurs limites, offrent des pistes pour comprendre l'histoire de l'esclavage et de la traite des personnes mises en esclavage. Leur analyse permet de déceler les signes qui témoignent des conceptions dépréciatives des esclavisé.es, des personnes noires, de la classification hiérarchisée des sociétés esclavagistes, mais aussi des dénonciations de l'esclavage par les artistes dans le passé. L'étude de la représentation de l'esclavage dans les arts visuels permet également d'expliciter les contextes sociaux et les histoires individuelles qui produisent la formation de ces images, de voir les systèmes de représentations qui sont simultanément à l'œuvre (issus des discours, du fonctionnement des pouvoirs, des modalités du contrôle social…). Les représentations constituent un fait social total qui façonne durablement les esprits. C'est la raison pour laquelle leur déconstruction est importante : elle permet de montrer que le regard qui définit, jauge, évalue, est prisonnier de ce qui lui est donné à voir dans le contexte social où il se trouve et qui organise des conduites sociales et justifie des idéologies.

La terre renferme, elle, des vestiges ténus qui permettent d'approcher les modalités de la vie quotidienne des esclavisé.es et de définir leurs cultures matérielles. L'archéologie est un domaine qui s'est développé ces trente dernières années. La découverte de sites comme l'*African Burial Ground*, datant de la fin du XVIIe siècle et du XVIIIe siècle, une année avant la création du projet *La Route des personnes mises en esclavage* (d'abord intitulé *La Route de l'esclave*) de l'UNESCO, a fait ressurgir une mémoire disparue car ce lieu d'inhumation, qui a contenu jusqu'à 15 000 défunts, a prouvé la participation importante des Africains à l'édification de la ville de New York[1]. D'autres sites, notamment les camps de marrons de la Réunion avec le cirque de Mafate, des cimetières d'Africains comme celui des *Pretos Novos* (« Nouveaux esclaves ») à Rio de Janeiro au Brésil, ou encore en Guadeloupe avec l'Anse Sainte-Marguerite et en Martinique à Saint-Anne, des lieux de production comme le Moulin à poudre

1. Les travaux de fouille et d'analyse des squelettes ont été conduits par une équipe de chercheurs à Howard University. Voir Michael L. Blakey, « The New York African Burial Ground Project : An Examination of Enslaved Lives, A Construction of Ancestral Ties », *Transforming Anthropology*, 7, n° 1, 1998, p. 53-58 ; Jean-Paul Jacob et André Delpuech (dir.), *Archéologie de l'esclavage colonial*, Paris, La Découverte, 2014.

de l'Île Maurice[2] apportent de nombreuses informations sur la vie des esclavisé.es et sur leurs cultures. Après des tributs donnés à l'esprit des ancêtres et qui sont nécessaires avant toute investigation, la physionomie des restes humains comme la position du corps, l'état des ossements, les objets qui les entourent, la façon dont les dents sont taillées, permettent de définir des cultures matérielles, avec des éléments à la fois communs au monde atlantique ou indo-océanien[3], et différents selon les lieux. Ils construisent des liens avec des sociétés de l'Afrique, des liens d'origine, aident à reconstituer des itinéraires individuels ou collectifs dans l'Atlantique ou l'océan Indien[4] et expriment de nouvelles pratiques issues du syncrétisme culturel réinterprétatif, selon l'expression de Roger Bastide, produites par les conditions propres aux sociétés esclavagistes chrétiennes. L'établissement des marrons de Palmares, au Brésil, et les fouilles qui y ont été menées ont permis d'identifier les zones de contact et les interactions culturelles entre ces esclaves fugitifs des plantations brésiliennes, dont l'origine africaine bien connue se situait dans la région du Congo-Angola, avec les populations amérindiennes et portugaises[5]. La question des origines, si prégnante, dans le monde atlantique peut aussi être abordée par les analyses ADN[6].

---

2. Voir la thèse de Jayshree Mungur-Medhi, *Gunpowder Mill and the King's Slaves in eighteenth Century Mauritius : History and Archaeology*, EHESS, 2023.
3. Voir la thèse de Klara Boyer-Rossol, *Entre les deux rives du canal de Mozambique. Histoire et Mémoires des Makoa de l'Ouest de Madagascar. XIXe-XXe siècles*, Université de Paris 7 Diderot, 2015.
4. Céline Flory et Romy Sánchez, « À taille humaine. Trajectoires individuelles et portraits de groupe dans l'histoire des sociétés esclavagistes et post-esclavagistes », *Esclavages & Post-esclavages* (en ligne), n° 8, 2023 ; Christelle Lozère, « Order and Disorder: The Iconography of Morality and Colonial Enslavement », *Journal18*, n° 13 : *Race*, 2022 (en ligne).
5. Par exemple, Pedro Paulo A. Funari, « Conflict and the Interpretation of Palmares, a Brazilian Runaway Polity », *Historical Archaeology* 27, n° 3, 2003, p. 81-92. Pour une étude récente sur Palmares, voir Silvia Hunold Lara, *Palmares & Cucaú. O aprendizado da dominação*, São Paulo ; Edusp, 2021.
6. Plusieurs articles collectifs (Steven J. Micheletti, Kasia Bryc, Samathan G. Ancona Esselmann, William A. Freyman, Meghan E. Moreno, G. Davod Poznik, Anjali J. Shastri, 23andMe Research team, Sandra Beleza, Joanna L. Mountain) sont parus en 2020 dans la revue *The American Journal of Human Genetics* (107) rapportant les résultats d'une vaste étude sur conséquences génétiques de la traite de captifs africains à travers l'atlantique dans les Amériques, et qui pose la question des origines : https://www.cell.com/ajhg/fulltext/S0002-9297(20)30200-7. La surreprésentation de l'ascendance nigériane aux États-Unis et en Amérique latine par rapport au nombre enregistré de personnes réduites en

Sous mer, l'archéologie maritime a livré d'importants résultats qui, croisés avec des archives écrites, établissent de nouvelles connaissances sur chaque élément constitutif des voyages de traite des captifs africains et sur les dimensions sociales des esclavisé.es. Sous les eaux, ces chantiers de fouille constituent un patrimoine culturel. Des centaines sont en cours à Maurice, par exemple. Aux quatre coins du monde, des bateaux de traite des captifs africains ont été trouvés[7] : l'anglais *Henrietta Marie* qui a sombré au large Key West en Floride en 1700 ; le portugais *Saão José Paquete de África* de Cape Town en 1794 ; le danois *Fredensborg* à Arendal en Norvège au retour de Sainte-Croix[8] ; le français *Adélaïde* au large de Cuba, parti de Lorient, passé par Ouidah pour aller vers la Martinique et Saint-Domingue ; L'*Utile*, de la Compagnie française des Indes Orientales sur l'île de Tromelin en 1761 (voir le dernier article de ce volume), entre autres[9].

Les objets retrouvés sur les épaves donnent quelques informations sur la vie en mer, sur les relations à bord, sur les conditions de déportation des esclavisé.es. Les recherches ont ainsi pu établir que les bateaux qui faisaient la traversée de l'Atlantique et de l'océan Indien étaient utilisés tant pour le transport des captifs que pour celui des produits coloniaux et, parfois, de l'or venant de la Gold

esclavage issues de la région Angola – République démocratique du Congo est expliquée par les chercheurs par la traite intercontinentale entre 1619 et 1807, https://reparationscomm.org/reparations-news/genetic-impact-of-african-slave-trade-revealed-in-dna-study/. Pour une perspective critique, voir Jean-Luc Bonniol et Pierre Darlu, « L'ADN au service d'une nouvelle quête des ancêtres ? », dans « L'ancestralité revisitée », *Civilisations*, vol. 63, n° 1 et 2, 2014, p. 201-219 ; Sarah Abel et Pálsson Gísli, « Dépister l'ancestralité : machines et techniques généalogiques dans la reconstruction des histoires de famille », *Ethnologie française*, vol. 50, n° 2, 2020, p. 269-284. Voir les résultats du projet européen EUROTAST, « A European Initial Training Network on the History, Archaeology, and New Genetics of the Trans-Atlantic Slave Trade », https://cordis.europa.eu/project/id/290344/results.

7. Michael Smith, « Locating Slave Shipwrecks, Innovative approaches to digital and archival resources », (Presentation Newcastle University, School of History, Classics and Archaeology), 2014. Slave Voyages : the Trans-Atlantic Slave Trade Database. http://www.slavevoyages.org.

8. Leif Svalesen, « The Slave Ship Fredensborg : History, Shipwreck, and Find », *History in Africa* 22, 1995, p. 455-458.

9. Voir Max Guéroult et Thomas Romon, *Tromelin. L'île aux esclaves oubliés*, Paris, CNRS Éditions, 2017.

Coast (Ghana d'aujourd'hui)[10]. Plusieurs vestiges ont permis de le prouver. Les entraves qui ont été récupérées mais aussi la présence de briques formant des fourneaux qui étaient construits sur le pont, placés au milieu du navire, uniquement lorsque des captifs étaient à bord, servaient à la fois à organiser l'espace, à diviser le navire en petites sections plus facilement contrôlables et à nourrir les esclavisé. es[11]. Dans le contexte de la mise en illégalité de la traite des esclaves au XIXe siècle, certains éléments présents à bord des navires, qui servaient notamment à l'approvisionnement des captifs, constituaient des preuves pour incriminer les trafiquants. Des réservoirs d'eau et des sacs de provision pouvaient ainsi être découverts et conduire à la destruction des boutres (voiliers plus communément utilisés dans l'océan Indien)[12]. Des objets utilisés pour la traite ont été retrouvés et la culture matérielle qu'ils révèlent permet de définir l'origine des navires mais aussi la période durant laquelle ils ont opéré. Des manilles, ces bracelets en laiton et cuivre, étaient utilisés comme devises, particulièrement pour la traite en Afrique de l'Ouest ; des tissus de plusieurs sortes venant d'Asie, des perles et des cauris venant de l'océan Indien servaient de marqueur social et de monnaie d'échange, comme le fer et le cuivre européens à l'état brut ou des bois de teinture.

« Briser le silence » par la recherche

En insistant sur l'importance des sources visuelles et matérielles, ce volume qui commémore le 30e anniversaire du projet *Les Routes des personnes mises en esclavage* de l'UNESCO, dont l'objectif était de

10. Concernant l'articulation entre la traite des captifs africains et la traite de produits coloniaux dans l'océan Indien, voir Edward Alpers, *Ivory and Slaves in East Central Africa*, Berkeley/Los Angeles, University of California Press, 1975 ; Abdul Sheriff, *Slaves, Spices and Ivory in Zanzibar : Integration of an East African Commercial Empire into the World Economy, 1770-1873*, Londres, James Currey, 1987.
11. « The Maritime Archelogy of Slave Ships : Overview, Assessment and Prospectus », Jessica Irwin et Dave Conlin. Smithsonian National Museum of African American History and Culture (NMAAHC), the George Washington University Iziko Museums of South Africa, the United States National Park Service, et l'Institut Fondamental d'Afrique Noire (IFAN) au Sénégal.
12. Des sources britanniques permettent de l'établir, notamment James Frederic Elton, *Travels and Researches among the Lakes and Mountains of Eastern and Central Africa*, London, J. Murray, 1879, p. 132, dans Klara Boyer-Rossol, *Entre les deux rives du canal de Mozambique*, thèse citée, p. 171.

« Briser le silence », rassemble des articles et des chapitres originellement publiés en français, anglais, portugais et espagnol. L'idée de regrouper ces travaux, dont certains sont traduits en français pour la première fois, a émergé de la volonté de présenter aux lecteurs francophones des textes de qualité qui offrent à un large public les résultats des recherches parmi les plus récentes, menées à un niveau international. Les textes réunis ici illustrent aussi combien les différents positionnements historiographiques prennent et doivent prendre en compte les recherches produites en Afrique, en Europe, dans les Amériques. Quoiqu'un déséquilibre en termes quantitatifs de productions soit encore à déplorer, ils ouvrent la voie au dialogue, à l'élaboration d'un respect mutuel et à la tolérance.

Une sélection de dix-sept articles, dont les auteurs sont issus d'Afrique, d'Europe et des Amériques, est proposée. Elle est organisée en cinq parties thématiques : « Voir ou ne pas voir la différence », « Codes de représentation des corps dominés », « L'abolition de l'esclavage par des images et des objets », « Matérialité du quotidien dans l'Atlantique esclavagiste », « Les pratiques matérielles comme symboles de résistance, de spiritualité et de liberté ». Cet ensemble brosse un tableau des recherches diversifiées menées sur tous les continents... mais n'épuise pas le sujet. Les articles placent l'expérience des personnes mises en esclavage au centre de leurs démonstrations et ouvrent des pistes de réflexion sur l'histoire et la mémoire des peuples africains mis en esclavage. En mettant l'accent sur des travaux qui font appel aux sources visuelles et matérielles, cet ouvrage veut contribuer à éclairer davantage des dimensions de l'ordre de l'expérience, du vécu, voire de la mémoire et des idéologies associées au passé esclavagiste, tout en établissant des liens entre les pratiques artistiques et les rouages économiques et matériels de la traite transocéanique et de l'esclavage.

Aujourd'hui, à l'heure de la publication de ce volume, une multitude d'études sur différentes dimensions de la traite transatlantique, indo-océanienne et de l'esclavage ont vu le jour partout en Europe et dans les Amériques, ainsi qu'en Afrique. Bien au-delà des études quantitatives, au cours des deux dernières décennies, les historiens se sont penchés davantage sur les questions historiques et mémorielles associées avec l'esclavage et la traite atlantique à partir d'une grande variété de perspectives. Plusieurs nouveaux travaux ont examiné les ports esclavagistes africains[13]. D'autres études ont mis davantage l'accent sur la résistance et l'agentivité des personnes réduites en esclavage[14]. Plus récemment, des études ont examiné les questions de genre, notamment l'histoire des femmes esclavisées[15]. De nombreuses études biographiques

13. Parmi les travaux portant sur la traite dans la région de la Sénégambie, voir Walter Hawthorne, *From Africa to Brazil : Culture, Identity, and an Atlantic Slave Trade, 1600-1830*, New York, Cambridge University Press, 2010 et Toby Green, *The Rise of the Transatlantic Slave Trade in Western Africa, 1300–1589*, New York, Cambridge University Press, 2011. Pour la Côte d'Or, voir Randy J. Sparks, *Where the Negroes Are Masters : An African Port in the Era of the Slave Trade*, Cambridge, Harvard University Press, 2014. Pour le Golfe du Bénin, voir Robin Law, *Ouidah : The Social History of a West African Slaving Port 1727-1892*, Athens, Ohio University Press, 2004. Pour la Baie de Biafra, voir G. Ugo Nwokeji, *The Slave Trade and Culture in the Bight of Biafra : An African Society in the Atlantic World*, New York, Cambridge University Press, 2014. Sur Luanda et Benguela voir Roquinaldo Ferreira, *Cross-Cultural Exchange in the Atlantic World*, New York, Cambridge University Press, 2014 et Mariana Candido, *An African Slaving Port and the Atlantic World : Benguela and its Hinterland*, New York, Cambridge University Press, 2013). Antonio de Almeida Mendes, « Le premier Atlantique portugais entre deux Méditerranées », dans Fabienne P. Guillén et Salah Trabelsi (dir.), *Les esclavages en Méditerranée*, Madrid, Casa de Velázquez, 2012. Voir également Vijaya Teelock, *Bitter Sugar*, Rose Hill, Mauritius, Éditions de l'océan Indien, 2024 ; Myriam Cottias et Marie-Jeanne Rossignol, *Distant Ripples of the British Abolitionist Wave: Africa, Asia and the Americas*, Trenton, Africa World Press, 2017 ; Henri Médard, Marie-Laure Derat, Thomas Vernet et Marie-Pierre Ballarin (dir.), *Traites et esclavages en Afrique Orientale et dans l'océan Indien*, Paris, Karthala, 2013.

14. Parmi les ouvrages récents, voir Vincent Brown, *Tacky's Revolt : The Story of an Atlantic Slave War*, Cambridge, Belknap Press of Harvard University Press, 2020 et Marjoleine Kars, *Blood on the River : A Chronicle of Mutiny and Freedom on the Wild Coast*, New York, New Press, 2020.

15. Parmi les études récentes, voir par exemple Marisa Fuentes, *Dispossessed Lives : Enslaved Women, Violence, and the Archive*, Philadelphia, University of Pennsylvania Press, 2016 ; Jessica Marie Johnson, *Wicked Flesh : Black Women, Intimacy, and Freedom in the Atlantic World*, Philadelphia, University of Pennsylvania Press, 2020 ; Jennifer Morgan, *Reckoning with Slavery : Gender, Kinship, and Capitalism in the Early Black Atlantic*, Durham, Duke University Press, 2021. Pour une discussion de cette historiographie, voir Cécile Vidal, « Femmes et genre dans les historiographies sur les sociétés avec esclavage (Caraïbes anglaise et française, XVIIe-mi-XIXe siècle) », *Clio*, n° 50, 2019, p. 189-210 et Diana Paton, « Gender History, Global History, and Atlantic Slavery : On Racial Capitalism and Social Reproduction », *The American Historical Review* 127, n° 2, 2022, p. 726-754 ; Nathan E. Marvin et Sarah J. Zimmerman, « Genre et esclavage en contexte global : enseignements tirés des historiographies de l'Afrique et de ses diasporas », dans « Gender and Slave Societies », *Esclavages & Post-esclavages* (en ligne), n° 9, 2024 ; Arlette Gautier, *Les sœurs de Solitude. Les femmes esclaves aux Antilles françaises*, Rennes, PUR, 2010 [1985]. Sur le genre et les mondes

ont également paru ainsi que d'autres sur les « voix d'esclaves »[16]. De plus, plusieurs ouvrages ont mis en valeur les liens entre la traite atlantique et la traite orientale vers l'océan Indien, ainsi que l'esclavage dans le monde musulman[17]. Or, malgré la richesse de ces études, la plupart de ces chercheuses et chercheurs de l'esclavage ont travaillé presque exclusivement avec des sources écrites. Conscients des limites des documents écrits, certains historiens, surtout de l'Afrique, ainsi que des anthropologues, ont insisté sur la nécessité d'utiliser des sources orales dans leurs travaux afin de mieux comprendre l'expérience vécue des Africains et de leurs descendants mis en esclavage[18]. Le programme

---

musulmans, Jihan Safar, « Écrire l'esclavage au féminin : une étude du roman contemporain omanais », *Esclavages & Post-esclavages* (en ligne), n° 9, 2024.

16. Dominique Rogers (dir), *Voix d'esclaves. Antilles, Guyane et Louisiane françaises, XVIIIe-XIXe siècles*, Paris, Karthala, 2015 ; Sophie White, *Voices of the Enslaved: Love, Labor and Longing in French Louisiana*, Chapel Hill, University of North Carolina Press, 2019.

17. Malgré le fort déséquilibre en termes de production avec l'Atlantique, les travaux sur la traite des Africains mis en esclavage dans l'océan Indien se sont multipliés ces dernières décennies. Voir Klara Boyer-Rossol, « Les "Masombika" ou "Makoa" à Madagascar », dans *Histoire Générale de l'Afrique*, Unesco, volume X, *L'Afrique et ses diasporas dans le monde*, 2023, p. 345-354 ; Hideaki Suzuki, *Slave Trade Profiteers in the Western Indian Ocean : Suppression and Resistance in the Nineteenth Century*, New York, Palgrave Macmillan, 2017 ; Richard B. Allen, *European Slave Trading in the Indian Ocean, 1500-1850,* Athens, Ohio University Press, 2015 ; Abdul Sheriff, Vijayalakshmi Teelock et Saada Omar Wahab, Satyendra Peerthum, *Transition from Slavery in Zanzibar and Mauritius : A Comparative History*, CODESRIA, 2016 ; E. A. Alpers, « Mozambique and "Mozambiques" : Slave Trade and Diaspora on a Global Scale », dans B. Zimba, E. A Alpers et A.A. Isaacman (dir.), *Slave Routes and Oral Tradition in Southeastern Africa*, Maputo, Filsom, 2005, p. 39-61 ; Hubert Gerbeau, *L'esclavage et son ombre. L'île Bourbon aux XIXe et XXe siècles*, Paris, les Indes savants, 2023 ; Pier Larson, *History and Memory in the Age of Enslavement : Becoming Merina in Highland Madagascar, 1770-1822*, Heinemann, 2000. Sur la traite musulmane et l'esclavage dans le monde arabe, voir M'hamed Oualdi, *A Slave Between Empires : A Transimperial History of North,* New York, Columbia University Press, 2020 ; Fabienne P. Guillen et Salah Trabelsi (dir.), *Les esclavages en Méditerranée. Espaces et dynamiques économiques*, Madrid, Casa de Velázquez, 2017 ; Olivier Leservoisier et Salah Trabelsi (dir.), *Résistances et mémoires des esclavages. Espaces arabo-musulmans et transatlantiques*, Paris, Karthala, Esclavages, 2014 ; Chouki El Hamel, *Black Morocco : a History of Slavery, Race, and Islam*, Cambridge, Cambridge University Press, 2013 ; Ismael Montana, *The Abolition of Slavery in Ottoman Tunisia,* Gainesville, University Press of Florida, 2013 ; Paul Lovejoy, *Une histoire de l'esclavage en Afrique. Mutations et transformations (XIVe-XXe siècles)*, Paris, Karthala, 2017.

18. Voir par exemple Anne C. Bailey, *African Voices of the Atlantic Slave Trade : Beyond the Silence and the Shame*, Boston, Beacon Press, 2005 ; Alice Bellagamba, Sandra E. Greene et Martin A. Klein, *African Voices on Slavery and the Slave Trade,*

La Route des personnes mises en esclavage a encouragé le développement de la recherche en histoire de la traite des captifs africains à partir du continent et le recours plus systématique aux sources orales[19]. Cependant, de façon générale, ces travaux ont largement négligé la contribution des images visuelles et de la culture matérielle dans les recherches sur l'esclavage et la traite transatlantique des Africains mis en esclavage. À l'exception des catalogues d'exposition élaborés, par exemple, lors la commémoration du bicentenaire de l'abolition de la traite britannique en 2007, ou, plus récemment, pour l'exposition *Slavery. Ten true stories au Rijksmuseum* à Amsterdam, ce sont plutôt les historiens de l'art et les archéologues qui en ont fait l'usage[20]. Cet ouvrage en rend compte.

New York, Cambridge University Press, 2013 ; Emanuel Sabor, *Wounds of Our Past : Remembering Captivity, Enslavement and Resistance in African Oral Narratives*, Leiden, Brill, 2022 ; Sue Peabody, traduit et adapté par Pierre H. Boulle, *Les enfants de Madeleine. Famille, liberté, secrets et mensonges dans les colonies françaises de l'océan Indien*, Paris, Karthala, Esclavages, 2019 ; Catherine Coquery-Vidrovitch et Éric Mesnard, *Être esclave. Afrique-Amériques, XVe-XIXe siècles*, Paris, La Découverte, 2013 ; Klara Boyer-Rossol, « Les carnets manuscrits de l'ethnographe Eugène de Froberville (1845-1847) : des noms et des voix de captifs déportés de l'Afrique orientale aux îles Mascareignes », dans Nathan E. Marvin et Sarah J. Zimmerman (dir.), « Gender and Slavery : Re-centering the Archives », *Esclavages & Post-Esclavages*, n° 9, 2024.

19. Tamsir Niane, *Tradition orale et archives de la traite négrière*, Unesco, 2001.

20. Voir Marcus Wood, *Blind Memory : Visual Representations of Slavery in England and America, 1780-1865*, Londres, Routledge, 2000 ; Sarah Thomas, *Witnessing Slavery : Art and Travel in the Age of Abolition*, New Haven, Yale University Press, 2019 ; Anne Lafont, *L'Art et la race. L'Africain (tout) contre l'œil des lumières*, Paris, Presses du Réel, 2019 ; Cécile Fromont, *Images on a Mission in Early Modern Kongo and Angola*, University Park, Penn State University Press, 2022 ; Britta Timm Knudsen, John Oldfield, Elizabeth Buettner et Elvan Zabunian (dir.), *Decolonizing Colonial Heritage : New Agendas, Actors and Practices in and beyond Europe*, New York, Routledge, 2021 ; Jennifer van Horn, *Portraits of Resistance : Activating Art during Slavery*, New Haven, Yale University Press, 2022. Sur la culture matérielle de l'Afrique centrale, voir Cécile Fromont, *The Art of Conversion : Christian Visual Culture in the Kingdom of Kongo*, Chapel Hill, University of North Carolina Press, 2014, et sur celle de la traite esclavagiste, voir Ana Lucia Araujo, *The Gift : How Objects of Prestige Shaped the Atlantic Slave Trade and Colonialism*, New York, Cambridge University Press, 2024. Voir également Ibrahima Thioub (dir.), *Patrimoine et sources historiques en Afrique*, Dakar, Université Cheikh Anta Diop/Union Académique internationale, 2007 ; Hamady Bocoum et Bernard Toulier, « La fabrication du Patrimoine : l'exemple de Gorée (Sénégal) », *In Situ* (En ligne), 20/2013 ; Aliou Gaye, « Les cultures populaires appréhendées comme outils de valorisation des mémoires collectives de l'esclavage à l'île de Gorée (Sénégal) », *Géographie et cultures* (en ligne), n° 112, 2019, p. 49-66.

Voir ou ne pas voir la différence

Culture visuelle et mémoire de l'esclavage : regards français sur les populations d'origine africaine dans le Brésil du XIXe siècle

Ana Lucia Araujo

Depuis le début du XIXe siècle, en Europe, on trouve fréquemment des représentations des populations d'origine africaine dans les illustrations des relations de voyage[1], notamment dans le contexte de l'émergence du genre « voyage pittoresque »[2]. Ce courant esthétique s'est attaché d'abord aux paysages européens, puis à des régions plus distantes du globe comme l'Orient, l'Afrique, les Amériques ou l'Asie, ainsi qu'à leurs habitants. Cette production littéraire et artistique destinée à un public européen qui, à cette époque, s'intéressait de plus en plus aux territoires éloignés et à l'exotisme de leurs populations, mit souvent en scène les populations amérindiennes ainsi que les populations noires libres, affranchies ou esclaves[3].

En 1808, après avoir échappé à l'invasion de l'armée de Napoléon Bonaparte, la cour portugaise s'établit à Rio de Janeiro. Avec l'ouverture des ports à l'Angleterre à la suite du Congrès de Vienne, plusieurs voyageurs étrangers se rendirent au Brésil. Ce fut le cas d'un groupe d'artistes français qui arrivèrent en 1816. Ils produisirent un grand nombre d'images décrivant la vie quotidienne locale et, notamment,

1. Cet article a initialement paru dans la revue *Brésil(s)* n° 10 en 2016.
2. Will Munsters, *La poétique du pittoresque en France de 1700 à 1830*, Genève, Droz, 1991 ; Claudio Greppi, « "On the Spot" : Traveling Artists and the Iconographic Inventory of the World, 1769-1859 », dans Felix Driver et Luciana Martins (dir.), *Tropical Visions in an Age of Empire*, Chicago, University of Chicago Press, p. 23-42, p. 34-36.
3. Pour un large aperçu du travail de ces voyageurs européens voir Ana Maria de Moraes Belluzzo (dir.), *The Voyager's Brazil*, 3 vol., Rio de Janeiro, Metalivros, 1995.

celle des hommes et des femmes d'origine africaine qui constituaient la majorité de la population urbaine et rurale du pays à cette époque.

Cet article compare les productions de deux artistes appartenant tous deux à l'histoire de la présence française au Brésil mais à des moments différents : Jean-Baptiste Debret (1768-1848) et François-Auguste Biard (1799-1882). Alors que le travail du premier a fait l'objet de très nombreuses études, celui du second a été négligé. En prenant comme point de départ le contexte du séjour de chacun de ces artistes, j'examinerai la manière dont ils ont représenté les populations noires et ont abordé la question de l'esclavage. L'enquête sera étendue aux relations que leurs images entretiennent avec celles, antérieures et postérieures, d'autres artistes européens. Au-delà, il s'agira de déterminer si les représentations visuelles issues du regard français sur le Brésil comportent des spécificités et de comprendre comment elles ont contribué au développement de stéréotypes culturels sur les populations noires et métisses brésiliennes. Enfin, je m'attacherai à la manière dont ces images ont été réutilisées, depuis la seconde moitié du XXe siècle, lors d'expositions dans des musées au Brésil, en Angola, dans la République du Bénin et en Grande-Bretagne, participant ainsi à la construction de la mémoire publique contemporaine de l'esclavage brésilien.

L'héritage artistique français au Brésil

En 1816, une expédition d'artistes français se rendit au Brésil. On leur demanda, entre autres, de contribuer à la création d'une l'École royale des sciences, des arts et des métiers, ce qui leur permit de participer au développement de la vie culturelle et artistique de la nouvelle capitale du Royaume du Portugal, du Brésil et de l'Algarve[4]. Les membres de ce groupe étaient tous des partisans de Napoléon Ier qui, après sa chute

4. Quirino Campofiorito, *História da pintura brasileira no século XIX*, vol. 2 : *A missão artística francesa e seus discípulos, 1816-1840*, Rio de Janeiro, Pinakotheque, 1983, p. 20-21 ; Elaine Dias, « Correspondências entre Joachim Lebreton e a Corte Portuguesa na Europa. O nascimento da Missão artística de 1816 », *Anais do Museu Paulista* n° 14, 2006, p. 301-316 ; Leticia Squeff, « Revendo a Missão Francesa : a Missão Artística de 1816, de Afonso d'Escragnolle Taunay », dans *Anais do I Encontro de História da Arte do IFCH*, Campinas, Université de l'État de São Paulo (Unicamp), 2006, p. 133-139. Lilia Moritz Schwarcz, *O sol do Brasil : Nicolas-Antoine Taunay e as desventuras dos artistas franceses na corte de D. João*, São Paulo, Companhia das Letras, 2008.

en 1815, restèrent sans appui et sans commandes officielles. Or, le Brésil étant la seule monarchie des Amériques à cette époque[5], ces artistes de cour virent là l'occasion de reconstruire un prestige social et professionnel récemment perdu. Une fois installés, ils consacrèrent leur art à la vie de la capitale et de la famille princière grâce à une peinture d'orientation néoclassique et académique qui privilégiait le paysage et les thèmes de nature historique, en y ajoutant le portrait et des œuvres plus décoratives. Le groupe comptait dix-huit personnes, dont le peintre Jean-Baptiste Debret.

Debret était né à Paris en 1768, dans une famille d'artistes. Il étudia au collège Louis-le-Grand et, par la suite, prit des cours avec son cousin, le célèbre peintre Jacques-Louis David (1748-1825)[6]. En 1785, il s'inscrivit à l'Académie des beaux-arts de Paris. La même année, il fut classé second du Prix de Rome pour son œuvre *Regulus partant pour Carthage*. Au début de la Révolution, il abandonna la peinture pour étudier le génie civil à l'École des ponts et chaussées. En 1795, il fut nommé professeur de dessin à l'École centrale des travaux publics qui devint l'École polytechnique la même année.

En 1798, Debret reprit ses activités artistiques et reçut un nouveau prix. Sous le Premier Empire, il accepta plusieurs commandes officielles et participa régulièrement au salon de Paris où il présenta des tableaux d'histoire dans lesquels Napoléon Bonaparte était le personnage principal. Comme d'autres artistes officiels, sa carrière artistique fut affectée par la chute de Napoléon en 1814 puis 1815, ce qui l'encouragea à accepter l'invitation de Joachim Lebreton afin de participer à l'expédition française au Brésil, où il arriva en 1816.

Debret vécut seize ans au Brésil. À Rio de Janeiro, son expérience de peintre officiel lui valut plusieurs commandes. Il peignit des tableaux historiques et des portraits des membres de la cour. À partir de 1826, il enseigna la peinture d'histoire à l'Académie des beaux-arts qui avait été créée en grande partie grâce à ses collègues de l'expédition. Debret

---

5. Après son indépendance, en 1804, et l'assassinat de l'empereur Dessalines, en 1806, le royaume Haïtien dut faire face à la sécession de sa partie méridionale, qui devint une république. Le président Boyer qui avait succédé à Pétion, au sud, réunifia le pays en 1820 et restaura la république sur tout le territoire. Haïti connut une nouvelle période monarchique de 1849 à 1859 sous l'autorité de l'empereur Faustin Soulouque. Pendant deux courtes périodes (1821-1823 et 1864-1867), le Mexique fut aussi une monarchie.

6. Mario Carelli, *Cultures croisées. Histoire des échanges culturels entre la France et le Brésil de la Découverte aux Temps modernes*, Paris, Nathan, 1993, p. 62-63.

retourna à Paris en 1831, au début de la monarchie de Juillet. Entre 1834 et 1839, il publia chez l'éditeur Firmin-Didot Frères les différents volumes qui forment le *Voyage pittoresque et historique au Brésil*, un ouvrage illustré de 153 planches lithographiées[7].

Durant la plus grande partie de son séjour, Debret resta à Rio de Janeiro mais il voyagea aussi dans les provinces du Rio Grande do Sul et de Santa Catarina. Son album, conçu comme une « collection », suggère une volonté de classer et d'ordonner la nature, les habitants, les objets et les villes du Brésil. Toutefois, en traitant les principaux évènements historiques associés à la vie du roi puis de l'empereur, Debret aspirait à retrouver le statut de peintre de cour.

Si la première vague d'exilés français arriva à Rio de Janeiro après la chute de Napoléon Ier, d'autres cherchèrent refuge au Brésil à partir de 1848, pendant les années qui suivirent la fin de la monarchie de Juillet[8]. Au sein de cette nouvelle génération d'artistes-voyageurs ayant déjà connu d'autres continents se trouvait François-Auguste Biard (1799-1882). Né à Lyon, en 1799, Biard, à la différence de Debret, ne fut jamais associé à l'Académie des beaux-arts de Paris. Élève de l'école des beaux-arts de Lyon, il étudia le dessin avec Pierre-Henri Révoil (1776-1842) et Fleury-François Richard (1777-1852), tous deux anciens élèves de David. Biard travailla aussi dans une fabrique de papier peint, près de Lyon, qui produisait des représentations religieuses en utilisant les mêmes techniques. Il fut alors en contact avec une production à caractère populaire, destinée à un public consommateur d'images pieuses. C'est dans ce contexte qu'il fit ses premiers tableaux[9]. Entre 1827 et 1828, le jeune artiste servit dans la marine française

7. Jean-Baptiste Debret, *Voyage pittoresque et historique au Brésil*, Paris, Firmin-Didot, 7 parties en 4 volumes, 1834-1839 (disponible en ligne sur le site BnF/Gallica). Selon Mario Carelli (*Cultures croisées*, *op. cit.*, p. 67) et Valéria Lima (*Jean-Baptiste Debret, historiador e pintor : a viagem pitoresca e histórica ao Brasil (1816-1839)*, Campinas, Ed. da Unicamp, 2007, p. 153), les lithographies ont été réalisées par Debret lui-même avec l'aide de la vicomtesse de Portes.

8. Letícia Gregório Canelas, « Franceses "quarante-huitards" no império dos trópicos (1848-1862) », mémoire de Master en histoire, Campinas, Université de l'État de São Paulo (Unicamp), 2007.

9. La plupart des informations sur la jeunesse de Biard se trouvent dans une biographie écrite par Louis Boivin, *Notice sur M. Biard*, Paris, Tous les marchands de nouveautés, 1842. Selon Pedro de Andrade Alvim (« Le monde comme spectacle : l'œuvre du peintre François-Auguste Biard (1798-1882) », thèse de doctorat en histoire de l'art, Paris, Université Paris I Panthéon Sorbonne, 2001, p. 6), cette biographie pourrait avoir été commandée par Biard lui-même.

comme professeur de peinture. Ses voyages influencèrent sa production, notamment ses représentations des paysages et des habitants des régions lointaines qu'il visita. À partir de 1827, il envoya régulièrement ses travaux au Salon. Après 1829, il continua à visiter l'Europe et l'Afrique[10].

Le profil de Biard était différent de celui des artistes de l'expédition française de 1816 qui n'étaient pas, comme lui, des explorateurs et pour lesquels le Brésil était la première destination « exotique ». Sa réputation d'artiste-voyageur se consolida après sa participation, avec sa fiancée Léonie d'Aunet, à une mission scientifique en Arctique en 1839 et 1840. Au retour, il peignit des tableaux représentant le jeune Louis-Philippe au cours des expéditions qu'il avait faites en Laponie, avant de devenir roi des Français[11]. En 1839, ce ne fut donc pas une surprise de voir Biard figurer parmi les peintres choisis pour décorer les galeries historiques du palais de Versailles[12].

Avec la fin de la monarchie de Juillet, la carrière de Biard déclina. En 1858, il décida de faire un long séjour au Brésil. Même si ses motivations demeurent inconnues, il est clair que l'artiste faisait partie d'un cercle de personnes en relation avec la monarchie brésilienne. Il fréquentait plusieurs proches des anciens membres de l'expédition artistique française, notamment James Pradier (1786-1847), frère de Charles-Simon artistique. C'était pour lui une opportunité unique de contact avec la nature tropicale ainsi qu'avec les populations amérindiennes, noires et métisses du pays. De plus, la cour brésilienne à Rio de Janeiro lui offrirait certainement la possibilité d'obtenir de nombreuses commandes de portraits, dont la demande avait beaucoup diminué à Paris.

Biard arriva au Brésil en 1858. Le pays était alors un empire indépendant, gouverné par le petit-fils de Dom João VI, Dom Pedro II. Homme de lettres, polyglotte, amateur des sciences et des arts, le monarque était aussi un mécène. À son invitation, Biard s'installa au palais. Pendant les mois qu'il passa à Rio de Janeiro, il peignit des portraits de l'empereur, de l'impératrice, des deux princesses impériales

10. On ne sait pas avec exactitude quelles parties du continent africain il a visitées. Voir P. de Andrade Alvim, *op. cit.*, p. 24.

11. Les peintures sont *Le Duc d'Orléans recevant l'hospitalité sous une tente de Lapons*, août 1795 et *Le Duc d'Orléans descendant le grand rapide de l'Eijanpaïkka*, août 1795, toutes les deux datées de 1841.

12. C'était la plus haute distinction accordée à un artiste à l'époque. Marie-Claude Chaudonneret, *L'État et les artistes. De la Restauration à la monarchie de Juillet (1815-1833)*, Paris, Flammarion, 1999, p. 149.

ainsi que d'autres membres de la cour. Toutefois, son véritable objectif était de peindre des Amérindiens. Dans ce but, il se rendit d'abord dans l'Espírito Santo et, ensuite, en Amazonie.

Biard voulait voir son nom associé à la tradition française au Brésil[13]. En juillet 1859, l'empereur lui offrit la chaire de peinture historique à l'Académie impériale des beaux-arts. L'artiste, qui était alors en Amazonie, refusa en alléguant qu'il voulait retourner en France[14]. Arrivé à Paris, en 1860, il proposa à Louis Hachette ses *Deux années au Brésil* qui parurent en 1862. Le livre de 680 pages est illustré de 180 gravures sur bois de bout représentant différents aspects de la vie quotidienne brésilienne et, notamment, les populations noires, métisses et amérindiennes.

Esclavage et culture visuelle

L'esclavage n'était pas une réalité étrangère à Debret ou à Biard. Le premier, pendant la Révolution, fut certainement marqué, comme tous ses contemporains, par la révolte des esclaves de Saint-Domingue (1791) qui entraîna le décret d'abolition générale de 1794. Il fut aussi témoin de la réaction brutale de Bonaparte contre Toussaint Louverture, de sa décision de rétablir l'esclavage dans les colonies françaises arrachées aux Anglais en 1802, et de sa défaite contre l'armée de Dessalines. Il vit naître Haïti, première nation noire indépendante des Amériques, dans laquelle la servitude avait été définitivement bannie.

Et, cependant, l'esclavage continuait d'exister dans les colonies françaises de la Caraïbe (Martinique, Guadeloupe et Guyane) et de l'Océan Indien (Île de la Réunion). Ni la restauration de 1814 ni celle de 1815 n'y mirent fin. Debret et Biard ne visitèrent jamais ces territoires mais ils connaissaient les ports français d'où partaient les bateaux pour aller s'approvisionner sur les côtes africaines et qui demeurèrent actifs pendant

13. Lorsqu'il rapporte avoir reçu une invitation pour joindre une nouvelle Société des amis des arts à Rio de Janeiro, il commente : « J'attacherais mon nom à une nouvelle renaissance dans les arts au Brésil. Ce que Debret et Taunay avaient commencé sous le roi Jean VI, je pouvais l'achever… » F[rançois] Biard, *Deux années au Brésil. Ouvrage illustré de 180 vignettes dessinées par E. Riou d'après les croquis de M. Biard*, Paris, Librairie de L. Hachette et Cie, 1862, p. 71-72 (disponible en ligne sur le site BnF/Gallica).

14. D'une certaine manière, il y a là une contradiction avec son souhait d'accomplir au Brésil ce que Debret et Taunay avaient entamé. Ana Lucia Araujo, *Brazil Through French Eyes : A Nineteenth-Century Artist in the Tropics*, Albuquerque, University of New Mexico Press, 2015, p. 30.

les trois décennies suivantes en dépit de l'interdiction de la traite française à la suite du Congrès de Vienne[15]. De plus, l'esclavage n'était pas une réalité étrangère à la France métropolitaine. Très souvent, les propriétaires de la Guyane et de la Caraïbe amenaient leurs esclaves avec eux lorsqu'ils séjournaient dans l'hexagone[16]. Même en résidant à Paris, les deux artistes n'avaient pu ignorer les échanges constants entre la capitale et ses colonies où l'esclavage resta en vigueur jusqu'en 1848.

D'après une anecdote rapportée par Louis Guimbaud (1927, 135), lorsque, après la fin de la monarchie de Juillet, Biard fut privé de commandes royales, il s'adapta très vite au nouveau courant abolitionniste. Il retrouva les anciens croquis préparatoires de *Traite d'esclaves dans la côte ouest de l'Afrique* (ill. 1) qu'il avait présentée au Salon de 1846, et en fit un nouveau tableau intitulé *L'abolition de l'esclavage dans les colonies françaises* (ill. 2), qui fut exposée au Salon de 1849 et ensuite acheté par l'État[17]. Ces deux œuvres, ainsi que *Capture d'un bâtiment négrier par un navire français* et *Emménagement d'esclaves à bord d'un négrier* (ill. 3) qui, aujourd'hui encore, illustrent des sites Internet, des films documentaires et des couvertures de livres, peuvent amener faussement à croire que Biard était un peintre abolitionniste[18]. Il est fort probable que son intérêt pour le thème de la traite atlantique des esclaves ait d'abord été lié à son goût pour l'exotisme et, par la suite, adapté à la nouvelle réalité politique qui émergea après 1848. De plus, à part leurs titres, rien ne suggère que Biard ait été témoin des évènements qu'il représente dans ces deux peintures. Il s'est probablement appuyé là sur des témoignages oraux ou des rapports écrits par d'autres voyageurs.

---

15. Il y a de nombreux travaux sur les ports esclavagistes de Nantes, Bordeaux et La Rochelle. Voir Éric Saugera, *Bordeaux port négrier. Chronologie, économie, idéologie, XVIIe-XIXe siècles*, Paris, Karthala, 1995 ; Joseph Mosneron-Dupin et Olivier Pétré-Grenouilleau, *Moi, Joseph Mosneron, armateur négrier nantais, 1748-1833. Portrait culturel d'une bourgeoisie négociante au siècle des Lumières*, Rennes, Éditions Apogée, 1995 ; O. Pétré-Grenouilleau, *Nantes au temps de la traite des Noirs*, Paris, Hachette, 1998 ; Benoît Jullien, *Un Commerce pour gens ordinaires ? La Rochelle et la traite négrière au XVIIIe siècle*, La Rochelle, Archives départementales de la Charente-Maritime, 2010 ; Jacques De Certaines, *Jean Peltier, armateur à Nantes au siècle des lumières*, Rennes, Apogée, 2011.

16. Antoine Gisler, *L'esclavage aux Antilles françaises (XIIe-XIXe siècle)*, Paris, Karthala, 1981, p. 87 ; Pierre H. Boulle et Peabody Sue, *Le droit des Noirs en France au temps de l'esclavage. Textes choisis et commentés*, Paris, L'Harmattan, 2014.

17. Chantal Georgel, *1848. La République et l'art vivant*, Paris, Fayard, 1998, p. 182.

18. Le tableau *Capture d'un bâtiment négrier par un navire français* est donné dans l'inventaire de ses œuvres mais il n'a toujours pas été retrouvé.

Ill. 1. François-Auguste Biard, *Traite d'esclaves dans la côte ouest de l'Afrique*, v. 1833 (huile sur toile, 162,5 cm × 228,6 cm), Wilberforce House Museum, Hull, Grande-Bretagne.

Ill. 2. François-Auguste Biard, *L'abolition de l'esclavage dans les colonies françaises*, 1849 (huile sur toile, 261 cm × 391 cm), Versailles, Musée national des châteaux de Versailles et de Trianon.

Emménagement d'esclaves à bord d'un négrier, par M. Biard.

Ill. 3. François-Auguste Biard, *Emménagement d'esclaves à bord d'un négrier* (gravure sur bois), *L'Illustration. Journal universel*, Paris, 1861, t. 1, vol. 37, p. 345.

Même si les pressions britanniques pour bloquer la traite africaine vers le Brésil s'intensifièrent après 1808, on estime que 743 919 esclaves débarquèrent pendant le séjour de Debret à Rio de Janeiro, de 1816 à 1831[19]. Le peintre s'abstint de tout commentaire à propos de la présence des navires négriers dans la baie de Guanabara lorsqu'il décrivit et illustra avec deux lithographies l'arrivée de l'expédition française[20]. Malgré l'interdiction de 1831, la traite illégale continua jusqu'en 1850, date à laquelle elle fut à nouveau abolie[21].

---

19. Voir la base de données *Transatlantique Slave Trade Database : Voyages*, http://www.slavevoyages.org.

20. D'après la *Transatlantique Slave Trade Database : Voyages*, environ cinquante navires de traite débarquèrent des esclaves dans le port de Rio de Janeiro en 1816. Voir Daryle Williams, « "Peculiar Circumstances of the Land" : Artists and Models in Nineteenth-Century Brazilian Slave Society », *Art History* 25 (4), 2012, p. 702-727, p. 703.

21. Connue comme Loi Feijó, la première loi interdisant la traite a été promulguée le 7 novembre 1831, mais n'a jamais été mise en œuvre de façon effective. Le 4 septembre 1850, la loi Eusébio de Queirós interdit la traite des esclaves une seconde fois, provoquant son déclin et sa fin dans les mois qui suivirent. Sur la loi de 1831, voir Beatriz Gallotti Mamigonian et Keila Grinberg (dir.), *Para Inglês Ver ? Revisitando a lei de 1831*, numéro spécial de *Estudos Afro-Asiáticos*, 2007, n° 1-2-3.

Quand Biard arriva à Rio de Janeiro, en 1858, le passage du milieu vers le Brésil appartenait au passé mais le marché intérieur, lui, était florissant. Le vapeur Paraná, qui avait amené le peintre au Pará, venait tout juste de transporter 240 esclaves du Maranhão jusqu'à Rio de Janeiro[22].

Certes, quelques-unes des images produites par Debret et Biard mettent en valeur des personnages d'origine africaine et semblent condamner l'esclavage et la traite atlantique. Cependant, les textes qui les accompagnent décrivent les populations noires comme étant inférieures aux populations d'origine européenne[23]. Même si les deux artistes furent étonnés de l'extension et de l'importance de l'esclavage au Brésil, ils ne furent pas des peintres abolitionnistes. Au cours de leurs carrières, ils ne se situèrent jamais clairement en opposition à cette institution et en faveur de sa disparition[24]. Leur silence était, il est vrai, compréhensible : tous deux séjournèrent au Brésil avec l'appui des cours portugaise et brésilienne qui étaient étroitement liées au système esclavagiste.

Les populations noires occupent des places distinctes dans les travaux de Debret et de Biard. Le premier a souvent représenté le mode de vie des populations de couleur libres ou esclaves dans ses aquarelles et dans les lithographies de son album *Voyage pittoresque et historique au Brésil*. Le second qui était venu peindre des Amérindiens se montra très déçu de constater la présence en masse des populations d'origine africaine à Salvador et à Rio de Janeiro : « des nègres j'en avais vu en Afrique »[25]. Et, en effet, Biard ne réalisa qu'un seul tableau les mettant en scène : *Fuite d'esclaves*. Il représente un groupe d'hommes, de femmes et d'enfants capturés par un contremaitre. Ses autres peintures ne concernent que les populations amérindiennes. Toutefois, les Noirs et métis des différentes régions du Brésil, notamment ceux de Rio de Janeiro, ne sont pas

22. A. L. Araujo, *Brazil Through French Eyes*, *op. cit.*, p. 94 ; L. G. Canelas, « Franceses "quarante-huitards" », Master cité, p. 141, note 71. Voir aussi *Courrier du Brésil*, 22 mars 1857.

23. Valéria Lima, *Jean-Baptiste Debret, historiador e pintor : a viagem pitoresca e histórica ao Brasil (1816-1839)*, Campinas, Ed. da Unicamp, 2007.

24. Heloisa Pires Lima (« Negros debretianos : representações culturais presentes na obra voyage pittoresque et historique au Brésil (1816 a 1839) », thèse de doctorat en anthropologie sociale. São Paulo, Université de São Paulo, 2006) montre que la relation de voyage de Debret renforça les valeurs esclavagistes.

25. F. Biard, *Deux années au Brésil*, *op. cit.*, p. 114.

absents de *Deux années au Brésil*, mais, dans ce cas, c'est par le biais de la gravure.

Debret produisit un grand nombre d'aquarelles représentant la vie quotidienne des esclaves à Rio de Janeiro, lesquelles, plus tard, ont été lithographiées dans son album de voyage. Ces images, souvent idéalisées et ordonnées, sont influencées par le néoclassicisme comme par le romantisme. Elles combinent des données de ses observations sur le terrain avec les canons gréco-romains de la beauté[26]. Parmi ses lithographies les plus connues se trouvent celles mettant en évidence la souffrance infligée aux hommes et femmes esclaves, notamment les châtiments physiques. *L'exécution de la punition du fouet* (ill. 4) représente un esclave à moitié nu, attaché à un poteau de flagellation (*pelourinho*) et fouetté par un autre esclave. Elle montre comment, dans une société esclavagiste, les punitions physiques constituaient des spectacles publics et faisaient partie de la vie quotidienne des centres urbains. Comme le note Marcus Wood[27], cette image de l'esclave châtié aux fesses nues contient une importante dimension pornographique : le corps souffrant de la victime est érotisé comme dans les peintures représentant le martyre du Christ[28]. En insistant sur le fait que le bourreau qui applique la peine est lui aussi un esclave, l'image illustre combien l'esclavage pénétrait toutes les sphères de la société brésilienne. Dans un rapport publié par l'Instituto Histórico e Geográfico Brasileiro sur l'album de Debret, cette planche a été sévèrement critiquée car, d'après les auteurs, elle décrivait une situation exceptionnelle[29]. Or, bien d'autres relations de voyage européennes du XIXe siècle ont évoqué les châtiments publics infligés aux esclaves, en confirmant que la scène dépeinte par Debret était plutôt courante dans les espaces urbains brésiliens.

---

26. Rodrigo Naves, *A forma difícil : ensaios sobre a arte brasileira*, São Paulo, Ática, 1996, p. 72 ; Xavier-Philippe Guiochon, « Le Brésil face au regard artistique français : Debret et la Mission artistique de 1816 », *Cahiers du Brésil Contemporain*, n° 23-24, 1994, p. 39-58.
27. Marcus Wood, *Slavery, Empathy, and Pornography*, Oxford, Oxford University Press, 2002, p. 411.
28. Matthew Rarey, « Counter-Witnessing the Visual Culture of Brazilian Slavery », dans Ana Lucia Araujo (dir.), *African Heritage and Memories of Slavery in Brazil and the South Atlantic World*, Amherst, Cambria Press, 2015, p. 71-108, p. 87-89.
29. V. Lima, *Jean-Baptiste Debret*, *op. cit.*

Ill. 4. Jean-Baptiste Debret, *L'exécution de la punition du fouet* (lithogravure), *Voyage pittoresque et historique au Brésil*, *op. cit.*, vol. II, pl. 45.

La lithographie *Le collier de fer, châtiment des fugitifs* (ill. 5) est tout aussi connue. Elle montre quatre esclaves « de rapport », c'est-à-dire travaillant pour le compte de leur maître auquel ils remettaient l'argent qu'ils gagnaient dans les rues de Rio de Janeiro. Trois d'entre eux portent d'énormes colliers de fer, le quatrième a sur la tête un bloc de bois attaché à sa cheville par une chaîne. L'image illustre comment la torture faisait partie de la vie quotidienne des esclaves qui, entravés par des chaînes et garrottés, continuaient à vaquer à leurs activités journalières. *Feitors corrigeant des nègres* (ill. 6) met aussi l'accent sur la cruauté et la perversité du système esclavagiste brésilien. Au premier plan on voit un contremaitre châtiant un esclave les mains et les pieds attachés, maintenu en position fœtale par un bâton passant sous les genoux et sur les coudes ; au second plan un esclave en fouette un autre lié au tronc d'un arbre.

Biard a, lui aussi, dépeint en détail la vie des populations noires brésiliennes. Comme ses représentations sont proches de la caricature, elles révèlent des dimensions de la société esclavagiste qui ne sont pas nécessairement visibles dans les gravures de Debret, dans lesquelles

Ill. 5. Jean-Baptiste Debret, *Le collier de fer, châtiment des fugitifs* (lithogravure), *Voyage pittoresque et historique au Brésil*, *op. cit.*, vol. II, pl. 42.

Ill. 6. Jean-Baptiste Debret, *Feitors corrigeant des nègres* (lithogravure), *Voyage pittoresque et historique au Brésil*, *op. cit.*, vol. II, pl. 25.

l'orientation esthétique néoclassique ou réaliste prédomine. À l'instar de son prédécesseur, Biard a représenté de manière détaillée les vêtements des vendeuses d'origine africaine de Rio de Janeiro. Même si elles ne portent pas de souliers, elles sont coiffées de turbans très élaborés, ont de grandes boucles d'oreilles et de longues jupes ainsi que, comme d'autres voyageurs l'ont observé, des *panos da costa*[30] sur les épaules. L'artiste ne semble cependant pas être en mesure d'identifier des groupes africains particuliers, contrairement à d'autres étrangers comme Thomas Ewbank[31] qui a associé à leurs lieux d'origine les populations noires qu'il a rencontrées[32].

Biard emploie sa veine humoristique pour commenter les habitudes des personnes noires, libres ou esclaves. C'est ainsi, par exemple, qu'il s'attache à leur coutume de porter sur la tête les objets les plus inattendus, comme ces trois femmes parlant ensemble en gesticulant, l'une avec un parapluie fermé, l'autre une orange et la troisième une petite bouteille. Et d'ajouter : « C'est à cet usage sans doute de porter tout sur la tête que les négresses doivent d'être généralement bien faites, de porter le buste en avant, et d'avoir dans la démarche une dignité que leur envieraient beaucoup de femmes des classes blanches les plus riches[33]. » Ce passage, illustré par la gravure *Négresses à Rio de Janeiro* (ill. 7) est l'un des rares où le peintre ne transmet pas une image négative des populations noires mais, au contraire, met l'accent sur leur distinction et leur élégance. Même si le texte et la gravure semblent être une caricature destinée à l'amusement du lecteur, ils s'appuient fort probablement sur une observation attentive, comme le confirme la lithographie de Debret, *Concours des écoliers, la veille du jour de Saint Alexis* (ill. 8). La femme esclave qui suit la fillette allant participer à l'épreuve porte, elle aussi, une ombrelle sur la tête. Comme d'autres

30. Le *pano da costa* était une étoffe rayée et épaisse, importée de l'Afrique de l'Ouest, et qui était très populaire parmi les femmes noires pendant la période de l'esclavage au Brésil. Sur les vêtements des femmes esclaves, voir Sylvia Hunold Lara, « The Signs of Color : Women's Dress and Racial Relations in Salvador and Rio de Janeiro, ca. 1750-1815 », *Colonial Latin American Review* 6, n° 2, 1997, p. 205-224.
31. Thomas Ewbank, *Life in Brazil : Or a Journal of a Visit to the Land of the Cocoa and the Palm*, New York, Harpers and Brothers, 1856, p. 94.
32. Sur la question des lieux de provenance des captifs et sur les significations de leurs « nations », voir Mariza de Carvalho Soares, *People of Faith : Slavery and African Catholics in Eighteenth-Century Rio de Janeiro*, Durham, Duke University Press, 2011, p. 16 et Robin Law, « Ethnicities of Enslaved Africans in the Diaspora : On the Meanings of "Mina" (Again) », *History in Africa* 32, 2005, p. 247-267.
33. F. Biard, *Deux années au Brésil*, *op. cit.*, p. 90-93.

voyageurs européens l'ont observé, ces accessoires permettant de s'abriter de la chaleur ou de la pluie étaient des articles de luxe à Rio de Janeiro, prisés même parmi la population portant la « sombre livrée du brillant soleil[34] ». Alors qu'en Afrique de l'Ouest, l'usage des parapluies (très souvent de grande taille) était limité aux rois, dans le Brésil du XIXe siècle ces accessoires étaient accessibles aux personnes de différentes couches sociales. L'habitude de les porter sur la tête est enregistrée dans au moins une photographie réalisée par Marc Ferrez (1843-1923) dans les années 1880. Ce cliché montre une femme noire, coiffée d'un turban, habillée d'une longue jupe blanche avec un *pano da costa* sur l'épaule, et un parapluie noir utilisé de cette manière. Les représentations de Debret et Biard ne furent pas le fruit de leur imagination[35].

Négresses, à Rio-de-Janeiro.

Ill. 7. *Négresses à Rio de Janeiro* (gravure sur bois debout), signée Riou, Biard & J. Gauchard, dans François Biard, *Deux années au Brésil, op. cit.*, p. 93.

34. James Wetherell, *Brazil : Stray Notes from Bahia ; Being Extracts from Letters, etc., during a Residence of Fifteen Years*, Liverpool, Webb and Hunt, 1860, p. 77.
35. Margrit Prussat, *Bilder der Slaverei : Fotografien der Afrikanischen Diaspora in Brasilien, 1860-1920*, Berlin, Reimer, 2008, p. 208.

Ill. 8. *Concours des écoliers, la veille du jour de Saint Alexis* (lithogravure), dans Jean-Baptiste Debret, *Voyage pittoresque et historique au Brésil, op. cit.*, vol. III, pl. 7.

Biard a aussi observé quelques festivités religieuses dont la plupart des participants étaient des hommes, femmes et enfants d'origine africaine. Il mentionne que, juste après son arrivée au Brésil, en mai 1858, il avait assisté à une procession en hommage à saint Georges[36]. Il est fort probable que cela ait été le même type de solennité que celle représentée par Debret dans *Statue de S. George et son cortège, précédant la procession de la Fête-Dieu*[37]. L'événement avait lieu au mois de juin, avant les cérémonies du Corpus Christi. Biard explique que plusieurs « charmantes petites filles de huit à douze ans » participaient au défilé. D'après lui, elles étaient habillées

> [...] à la Louis-quinze, avec des manteaux de soie, de velours, et surtout d'immenses crinolines. Elles dansaient en s'avançant d'un air coquet, paraissant déjà savoir qu'elles étaient les plus jolis ornements de la fête. Par contraste, plusieurs d'entre elles étaient accompagnées par des individus, leurs pères sans doute, marchant presque aussi fièrement, avec des souquenilles de toutes couleurs, leur parapluie dans la main, le cigare à la bouche[38].

---

36. São Jorge [saint Georges] est le saint patron de Rio de Janeiro ; de nos jours encore la population noire de la ville le célèbre le 23 avril avec des messes et des processions.
37. Jean-Baptiste Debret, *Voyage pittoresque et historique au Brésil*, tome III, planche 27.
38. F. Biard, *Deux années au Brésil*, *op. cit.*, p. 86-87.

Biard s'attache aussi aux officiers de l'armée qui portaient sous le bras « leur bonnet à poil ou leur shako », ainsi que les insignes des saints et des saintes. « À l'arrière-garde, ajoute-t-il, des nègres tiraient des pétards dans les jambes des curieux »[39].

Biard ne précise pas que les participants du défilé étaient des hommes et des enfants noirs. Cependant, cette information est dévoilée dans les deux petites illustrations qui accompagnent le texte et qu'il intitule de la même manière : *Nègre gandin à Rio de Janeiro* (ill. 9 et 10). Elles représentent probablement les personnages auxquels il se réfère comme étant les pères des petites filles qui participaient à la procession. Le premier portrait (ill. 9) est une caricature représentant un homme noir de profil et pieds nus en train de marcher. Couvert d'un chapeau et vêtu d'une sorte de poncho, il fume un cigare et porte un parapluie sur l'épaule. La deuxième gravure (ill. 10) met en scène un groupe de trois individus, pieds nus, avec des chapeaux, un cigare à la bouche et tenant dans la main un parapluie.

Nègre gandin, à Rio-de-Janeiro.

Ill. 9. *Nègre gandin à Rio de Janeiro* (gravure sur bois debout), signée Riou & Biard, dans François Biard, *Deux années au Brésil, op. cit.*, p. 87.

39. *Ibid.*, p. 87.

Ill. 10. *Nègres gandins à Rio de Janeiro* (gravure sur bois debout), signée Riou & Biard, dans François Biard, *Deux années au Brésil, op. cit.*, p. 88.

Les deux images renvoient à la figure du « gandin », très populaire à Paris vers 1855, faisant référence aux habitués élégants et bien habillés du boulevard de Gand (aujourd'hui des Italiens). Curieusement, dans les titres de ses gravures, Biard utilise le mot « gandin » dans le sens que le mot « dandy » avait pris à Londres, dans les années 1770, pour désigner un jeune homme noir élégant. Ce type de personnage y était devenu populaire[40]. En même temps, en employant cet adjectif pour se référer à des hommes noirs au Brésil, le peintre établit une association inattendue, en mettant en relation deux capitales européennes modernes, comme Londres ou Paris, et la société esclavagiste de Rio de Janeiro. En revanche, bien que le stéréotype de l'homme noir ridicule contraste avec l'image de l'ouvrier noir apparaissant dans d'autres gravures de *Deux Années au Brésil*, ces représentations (malgré leurs titres) ne ren-

40. Sur la figure du dandy noir à Londres, notamment sur le personnage Mungo Macaroni, voir Monica L. Miller, *Slaves to Fashion : Black Dandyism and the Styling of Black Diasporic Identity*, Durham, Duke University Press, 2009 et Catherine Molineux, *Faces of Perfect Ebony : Encountering Atlantic Slavery in Imperial Britain*, 2012, Cambridge, Harvard University Press.

voient pas au cliché suggéré par le mot « dandy ». Au contraire, les personnages vont pieds nus. Ils portent des chapeaux ordinaires et sont habillés de pantalons larges et rustiques. Fumant de longs cigares, ils transportent des parapluies sur leurs épaules comme des hallebardes. Vus sous plusieurs angles, le nez et les lèvres sont exagérés, renforçant l'approche caricaturale et insistant une fois encore sur l'image avilie des populations d'origine africaine.

Pendant son séjour à Rio de Janeiro, alors qu'il était logé dans le palais impérial, Biard a aussi représenté de façon satirique les manœuvres et les uniformes des soldats de la garde nationale de Dom Pedro II : « Je pouvais tout à mon aise voir défiler l'armée et MM. les officiers, portant sous le bras leur bonnet à poil ou leur shako. Sous mes yeux, s'exécutaient des manœuvres savantes dans lesquelles je remarquais avec plaisir la prudence qui anime en tout lieu la garde nationale[41]. » Il explique que comme sur le costume officiel de Dom Pedro II, il y avait plusieurs symboles nationaux sur les uniformes des soldats, y compris des feuilles de café et de tabac (qu'il confond avec des feuilles de thés), éléments qui mettaient en valeur la tropicalité du Brésil. D'après Biard, les uniformes variaient selon les régiments, quelques-uns imitant la peau du tigre alors que d'autres étaient ornés de peintures à l'huile représentant les deux plantes nationales.

La gravure *Les sapeurs de la garde nationale de Rio de Janeiro* (ill. 11) illustrant le même chapitre de *Deux années au Brésil*[42], montre les traits physiques et les uniformes de quatre soldats noirs de ce régiment (*porta-machado*) spécialisé dans les travaux de génie militaire[43]. Comme les gandins noirs des illustrations antérieures, ils sont représentés de façon caricaturale. Ils portent des gants, des shakos et des tabliers, ces deux derniers éléments caractérisant leur uniforme. De plus, au lieu d'être armés de fusils ou de lances, ils ont des haches qui sont également représentées sur leurs tabliers[44]. Leurs traits physiques, en particulier les lèvres et le nez, sont exagérés. La tête du soldat de gauche ressemble à celles des premières études anthropométriques qui associaient les profils

41. F. Biard, *Deux années au Brésil, op. cit.*, p. 79-80.
42. *Ibid.*, p. 89.
43. Sur la présence des noirs dans la garde nationale, voir de Jeanne Berrance de Castro, « O negro na Guarda Nacional brasileira », Anais do Museu Paulista 23, 1969, p. 149-172 et *A milícia cidadã : A Guarda Nacional de 1831 a 1850*, São Paulo, Companhia Editora Nacional, 1977, p. 135-145.
44. Gustavo Barroso, *Uniformes do exército brasileiro, 1730-1922*, Paris, F. Ferroud, 1922, p. 79.

des personnes d'origine africaine avec ceux des singes, promouvant ainsi des représentations racistes. Ces images satiriques suggèrent, de la part de Biard, une certaine réticence à l'égard de l'intégration des populations noires dans les sphères les plus élevées de la société brésilienne.

Ill. 11. *Les Sapeurs de la garde nationale de Rio de Janeiro* (gravure sur bois débout), signée Biard, Édouard Riou & Jules Fagnion, dans François Biard, *Deux années au Brésil, op. cit.*, p. 89.

Comme Debret, Biard ne critique pas ouvertement l'esclavage. Dans un passage de son livre, il déclare même que la condition des esclaves était meilleure que celle des immigrés européens[45]. Il est vrai que, juste après son arrivée à Rio de Janeiro, il se montre surpris par le fait que même les personnes les plus modestes étaient suivies dans la rue par des esclaves sans véritable nécessité : « Il y avait un bien petit embarras qui déjà s'était présenté plusieurs fois à Rio. Dans les pays à esclaves il est d'usage de ne rien porter ; j'avais déjà vu des individus plus ou moins bien vêtus se faire précéder par un nègre, portant tels petits paquets qu'on aurait pu mettre dans sa poche[46]. »

45. F. Biard, *Deux années au Brésil, op. cit.*, p. 101.
46. *Ibid.*, p. 64.

Avec le temps, Biard comprit que, dans un pays comme le Brésil, posséder des esclaves était aussi une question de prestige social. Ainsi, avoir dans les mains de petits objets ou des paquets était perçu péjorativement dans une société où seuls les esclaves exécutaient du travail manuel. Biard s'adapta rapidement à la nouvelle réalité : la présence des travailleurs domestiques de couleur, libres ou esclaves, y était une constante.

Malgré les différences d'approche, au moins une gravure de *Deux années au Brésil* semble être directement inspirée d'une lithographie publiée par Debret. Dans *Dames brésiliennes à Rio de Janeiro* (ill. 12) Biard représente une femme blanche marchant dans la rue suivie par une file d'esclaves. Dans le texte qui accompagne la gravure, l'artiste souligne la présence de la mode française à Rio de Janeiro, affirmant que la rue de l'Ouvidor est le rendez-vous des personnes les plus élégantes de la ville, venant s'y promener pour montrer leurs atours à la lumière des magasins.

Dames brésiliennes à Rio-de-Janeiro.

Ill. 12. *Dames brésiliennes à Rio de Janeiro* (gravure sur bois debout), signée Charles Maurand, dans François Biard, *Deux années au Brésil, op. cit.*, p. 85.

Les commentaires de Biard confirment ce que Debret et d'autres voyageurs avaient observé avant lui. Debret, par exemple, avait comparé la rue de l'Ouvidor à la rue Vivienne à Paris, en précisant que la première abritait des magasins français de toutes sortes[47]. Dans les années 1850, Daniel Kidder et James Fletcher avaient décrit la rue de l'Ouvidor comme étant la combinaison de la rue Vivienne à Paris, de Regent Street à Londres et de Broadway à New York[48]. Pourtant, dans le même temps, Biard critique les femmes blanches brésiliennes pour leurs vêtements colorés et pour leur coutume de sortir dans la rue toujours suivies de plusieurs esclaves de tous âges, hommes, femmes et enfants, avec leur mari toujours en tête de la file[49].

Dames brésiliennes à Rio de Janeiro est une caricature de la société brésilienne. Les traits physiques et physionomiques des protagonistes sont disproportionnés et exagérés. Pour ajouter au caractère comique de la scène, l'artiste a figuré un petit chien à la fin de la file, peut-être pour rappeler au lecteur que les conditions de vie et de travail des esclaves au Brésil étaient très proches de celles des animaux. Toutefois, même si Biard mentionne dans son texte la présence du mari en tête du groupe, celui-ci n'est pas représenté dans l'illustration.

Pour le croquis ayant servi à graver *Dames brésiliennes à Rio de Janeiro*, Biard s'est sûrement inspiré de la lithographie *Un employé du gouvernement sortant de chez lui avec sa famille* que Debret avait insérée dans son *Voyage pittoresque et historique au Brésil* (ill. 13), un des rares exemples d'humour de la part de cet artiste[50]. La scène représente un fonctionnaire se promenant avec sa famille dans une rue de Rio de Janeiro. Le texte explicatif rappelle au lecteur que la population noire était prédominante dans les rues de la capitale et que les femmes blanches y déambulaient rarement[51]. Debret critique le manque de goût des Brésiliennes. À ses yeux, non seulement elles s'habillent de façon bizarre mais aussi elles portent des vêtements aux couleurs trop

47. J.-B. Debret, *Voyage pittoresque et historique au Brésil, op. cit.*, tome II, p. 31.
48. Daniel P. Kidder et James C. Fletcher, *Brazil and the Brazilians Portrayed in Historical and Descriptive Sketches*, Philadelphia, Childs & Peterson, 1857, p. 37.
49. F. Biard, *Deux années au Brésil, op. cit.*, p. 83-84.
50. Une scène similaire intitulée *A Brazilian Family* figure aussi dans la relation de voyage d'Henry Chamberlain. H. Chamberlain, & Borba de Moraes Rubens, *Vistas e costumes da cidade e arredores do Rio de Janeiro em 1819-1820*, Rio de Janeiro, Livraria Kosmos Editora, 1943, p. 39.
51. En 1821, la population totale de la ville était estimée à 116 444 habitants parmi lesquels 57 549 esclaves. Luiz Carlos, *O « povo de Cam » na capital do Brasil : a escravidão urbana no Rio de Janeiro do século XIX*, Rio de Janeiro, 7 Letras, 2007, p. 363. Sur la vie de réclusion des femmes blanches brésiliennes, voir Maria Odila Silva Dias, *Power and Everyday Life : The Lives of Working Women in Nineteenth-Century Brazil*, New Brunswick, Rutgers University Press [1984], 1995, p. 59.

vives, selon la mode anglo-portugaise. Après le transfert de la cour au Brésil ainsi que l'ouverture des ports à la Grande-Bretagne, les produits manufacturés anglais avaient envahi les établissements commerciaux de Rio de Janeiro. L'artiste explique que la famille marchait en file, dirigée par le maître, mari et chef de famille, identifié comme étant un employé du gouvernement. Debret ajoute que l'homme est immédiatement suivi par ses enfants, du plus jeune au plus âgé, puis par sa femme enceinte. Après vient la *mucama* (une esclave domestique qui, le plus souvent, était une *mulata* née au Brésil) et qui, selon l'artiste, était « infiniment plus distinguée dans le service qu'une négresse ». Cette explication vient renforcer l'opinion brésilienne selon laquelle les esclaves et les personnes libres dont la couleur de la peau était plus pâle avaient plus de chances d'accéder à des positions élevées dans l'échelle sociale[52] (Debret 1834-1839, tome II, 31). Le reste de la file est composé par « la *nourrice* négresse ; l'*esclave de la nourrice* ; le *nègre domestique* du maître ; un *jeune esclave* qui se forme au service ». Et Debret d'ajouter : « Suit le *nègre neuf* nouvellement acheté, esclave de tous les autres, et dont l'intelligence naturelle plus ou moins active doit se développer peu à peu à force de coups de fouet[53]. »

Ill. 13. Jean-Baptiste Debret, « Un employé du gouvernement sortant de chez lui avec sa famille » (lithogravure), *Voyage pittoresque et historique au Brésil, op. cit.*, vol. II, pl. 5.

52. J.-B. Debret, *Voyage pittoresque et historique au Brésil, op. cit.*, tome II, p. 31.
53. L'usage de l'italique conserve celui du texte original. *Ibid.*, tome II, p. 31-32.

L'image satirique exprime d'une manière directe les complexes dimensions sociales et raciales de la société esclavagiste brésilienne. Dans le contexte urbain, posséder des esclaves apportait du prestige social, raison pour laquelle même les familles les plus modestes cherchaient à en acheter. L'ordre des personnages dans la file, leurs vêtements et leurs tailles relatives illustrent la hiérarchie sociale, ainsi que les relations raciales et de genre à l'intérieur de la famille et au sein de la population servile. L'homme blanc à la tête de la file est le personnage principal. Les deux jeunes filles représentées comme des adultes en miniature sont habillées et coiffées exactement comme leur mère. La *mucama*, qui avait généralement une relation plus étroite avec la maîtresse et qui, très souvent, était abusée sexuellement par le maître et ses enfants de sexe masculin, occupe une position de premier plan dans la hiérarchie familiale. Représentée comme le double de sa maîtresse, elle est vêtue de façon similaire[54]. Cependant, ni la *mucama* ni la nourrice ne portent de souliers, élément qui suggère leur statut inférieur. Les esclaves situés en fin de la file sont plus jeunes et ont la peau plus foncée. Leurs vêtements et leur allure sont plus modestes que ceux des esclaves qui les précèdent. Si l'esclave domestique semble être quelque peu intégré dans la famille, celui qui a été récemment acheté est clairement dépeint comme une marchandise et explicitement désigné comme inférieur par rapport à ceux qui sont arrivés plus tôt dans la maison.

La lithographie de Debret souligne la complexité des hiérarchies de la société esclavagiste brésilienne. Les maîtres et les maîtresses blancs y occupaient les plus hautes positions. Un homme identifié comme mulâtre et né libre avait un statut plus élevé qu'une femme dans la même situation, mais tous deux étaient au-dessus des mulâtres ayant été affranchis. On trouvait ensuite les esclaves mulâtres, hommes ou femmes, puis les esclaves noirs, qu'ils soient de sexe masculin ou féminin. S'ils étaient nés en Afrique, leur position était inférieure à celle de leurs homologues nés au Brésil. Même après l'achat de leur liberté, les hommes et les femmes africains continuaient d'être considérés comme des étrangers[55]. Dans cette société socialement et racialement hiérarchisée, la couleur de peau et les caractéristiques physiques jouaient un rôle majeur et déterminaient en grande partie la mobilité sociale.

---

54. Charles Expilly, *Le Brésil tel qu'il est*, Paris, E. Dentu, 1862, p. 206.
55. Katia M. de Queirós Mattoso, *Être esclave au Brésil*, XVIe-XIXe *siècle*, Paris, Hachette, 1979, p. 230-231.

Mémoire collective, mémoire publique et mémoire officielle de l'esclavage

Les gravures mettant en scène l'esclavage dans *Deux années au Brésil* sont peu connues du public français et brésilien. Au cours du XXe siècle, elles furent pratiquement oubliées, n'ayant jamais atteint la popularité de celles de Debret. Ce manque d'intérêt pour le travail de Biard peut s'expliquer d'abord par le fait que la traduction en portugais de sa relation de voyage ne fut publiée au Brésil qu'en 1945 et ne comprenait aucune des 180 illustrations originales[56]. De plus, même si Biard avait mis en lumière la vie urbaine brésilienne en représentant les populations noires (libres, affranchies ou esclaves), ses images conservaient une dimension caricaturale ayant pu amener des historiens, des ethnologues ou des sociologues à prendre son travail moins au sérieux.

Si la production de Debret représentant les populations d'origine africaine au Brésil est très variée, ce sont les images représentant les châtiments physiques des esclaves qui sont devenues les plus populaires, façonnant la mémoire collective et la mémoire publique. Comme l'observe Daryle Williams, cette popularisation du travail de Debret au Brésil commença avec Vargas (1930-1945) et l'Exposition de la Mission artistique française de 1816 au Museu Nacional de Belas Artes à Rio de Janeiro en 1940. C'est à cette même époque que les aquarelles de Debret ainsi que les lithographies du *Voyage pittoresque*, notamment celles représentant l'esclavage et les populations noires, ont commencé à susciter l'intérêt des collectionneurs[57].

Cette diffusion s'intensifia avec l'arrivée de la télévision au Brésil. En 1976, les lithographies de Debret ont fait partie du prégénérique de la *telenovela* « A Escrava Isaura » [L'esclave Isaura] tirée du roman éponyme[58]. Cette série télévisée, qui évoquait les supplices d'une esclave brésilienne à la peau très claire, devint très populaire et fut plus tard

56. François-Auguste Biard, *Dois anos no Brasil*, traduction Mario Sette, São Paulo, Companhia Editora Nacional, 1945. La version en portugais de l'album de Debret fut publiée au Brésil en 1940 lors de l'Exposição da Missão Artística Francesa de 1816 au Museu Nacional de Belas Artes (J.-B. Debret, *Viagem pitoresca e histórica ao Brasil*, São Paulo, Livraria Martins, 1940).
57. Daryle Williams, *Culture Wars in Brazil : The First Vargas Regime, 1930-1945*, Durham, Duke University Press, 2001, p. 163-165 ; Anderson Ricardo Trevisan, « Velhas imagens, novos problemas : a redescoberta de Debret no Brasil modernista », Thèse de doctorat en sociologie, São Paulo, Université de São Paulo, 2011, p. 78.
58. Bernardo Guimarães, *A escrava Isaura*, Rio de Janeiro, Garnier, 1875.

exportée dans plusieurs pays à travers le monde[59]. De plus, présentée par le réseau national de télévision Globo pendant la dictature militaire (1964-1985), les images des châtiments infligés aux esclaves établissaient de manière non intentionnelle un dialogue morbide avec les séances de torture imposées aux prisonniers politiques.

Diffusées de façon massive, ces scènes violentes furent graduellement perçues comme étant des représentations fidèles de la réalité de l'esclavage brésilien, contribuant à la construction de la mémoire collective de toute une génération. Selon Maurice Halbwachs, la mémoire collective est portée par des groupes à l'intérieur de cadres sociaux particuliers[60]. Elle est liée à la façon dont ces groupes associent leurs souvenirs communs à des événements historiques[61]. Ainsi, même pour les individus nés presque cent ans après l'abolition de l'esclavage, les images de Debret ont constitué un lien solide entre le passé et le présent. Dans une société encore structurée par le racisme, qui persiste aujourd'hui dans toutes les sphères, ces évocations situent les spectateurs blancs dans une position distanciée par rapport à la souffrance des esclaves et de leurs descendants. Pour les spectateurs noirs, ces représentations visuelles des châtiments physiques renforcent une image de soi victimaire et passive qui, dans le contexte de la suppression des droits civils imposée par un régime politique dictatorial, convenait au pouvoir en place. Cette mémoire collective de l'esclavage, graduellement construite au cours du XXe siècle, est devenue publique lorsqu'elle a été transformée en un instrument politique, pour construire, affirmer et renforcer les identités particulières des deux groupes auxquels elle s'adressait.

Cependant, au Brésil, comme dans d'autres sociétés post-esclavagistes où la transmission des expériences passées associées à l'esclavage a été interrompue, la mémoire collective est devenue une mémoire historique qui s'est investie dans des sites répertoriés ou s'est traduite dans des initiatives plus durables comme des monuments, des mémoriaux et

59. En 2004 une nouvelle version de la *telenovela* a été produite par le réseau de télévision Record. Malgré l'écart de presque trente ans les lithographies *Le collier de fer, châtiment des fugitifs* (ill. 5) et *Feitors corrigeant des nègres* (ill. 6) firent encore partie du prégénérique.

60. Maurice Halbwachs, *Les cadres sociaux de la mémoire*, Paris, F. Alcan, 1925.

61. Pour une discussion sur la mémoire collective et la mémoire historique, voir aussi M. Halbwachs, *La mémoire collective*, Paris, PUF, 1950, chap. 2. Sur la mémoire collective dans le cadre des États-nations, voir Paul Connerton, Paul, *How Societies Remember*, Cambridge, Cambridge University Press, 1989.

des musées[62]. Cette mémoire historique a pu aussi devenir officielle lorsque des gouvernements ou des institutions ont récupéré, recréé et représenté le passé esclavagiste dans la sphère publique. C'est ce qu'avaient fait Vargas puis les gouvernements de la dictature militaire, en faisant des images conçues par Debret et par d'autres voyageurs européens les représentations par excellence de l'esclavage brésilien[63].

Aujourd'hui, à travers le monde, les lithographies de Debret illustrent des sites Internet, des couvertures de livres académiques, des films documentaires ; on les trouve dans les expositions permanentes ou temporaires des musées. Dans la plupart des institutions muséographiques brésiliennes et étrangères, elles sont utilisées pour documenter la vie servile, notamment dans les milieux urbains. Cependant, dans la plupart des cas, ces images ne sont ni mises en contexte ni utilisées de manière critique.

C'est le cas du musée Júlio de Castilhos à Porto Alegre (Rio Grande do Sul). Cet établissement est géré par le gouvernement de l'État. Il s'agit de l'un des rares musées publics brésiliens ayant une exposition permanente sur l'esclavage et son abolition. Les reproductions des lithographies *L'exécution de la punition du fouet* (ill. 4) et *Le collier de fer, châtiment des fugitifs* (ill. 5) surplombent des vitrines montrant de vrais colliers de fer faisant partie de la collection du musée. Le texte accompagnant les panneaux ne met pas l'accent sur les atrocités infligées à la population esclave mais, plutôt, sur la description des instruments de torture et sur la manière dont ils étaient utilisés[64]. Ainsi, malgré le choix d'images de souffrance physique qui, en principe, pourraient être une forme de dénonciation des horreurs de l'esclavage, la façon dont elles sont présentées ne permet pas aux visiteurs blancs d'établir une relation d'empathie avec les victimes. Pour les visiteurs noirs, l'absence de références aux nombreuses formes de résistance et à la contribution des esclaves à la construction du Brésil corrobore l'idée qu'ils n'étaient que des victimes passives et incapables de prendre en

62. Sur la mémoire publique et la patrimonialisation de l'esclavage, voir A. L. Araujo, *Public Memory of Slavery : Victims and Perpetrators in the South Atlantic*, Amherst, Cambria Press, 2010 et A. L. Araujo *Shadows of the Slave Past : Memory, Heritage, and Slavery*, New York, Routledge, 2014.
63. Sur la mémoire officielle, voir Johann Michel, *Devenir descendant d'esclave. Enquête sur les régimes mémoriels*, Rennes, Presses Universitaires de Rennes, 2015, p. 11-12.
64. A. L. Araujo, *Shadows of the Slave Past*, *op. cit.*, chap. 4.

main leur propre destin. Somme toute, ces images ainsi utilisées contribuent à renforcer l'idée de la suprématie blanche.

On retrouve les lithographies de Debret dans des musées africains. Une salle du musée d'histoire d'Ouidah (République du Bénin) en expose plusieurs pour illustrer la vie des esclaves dans les Amériques. Au Museu da Escravatura [Musée de l'esclavage] de Luanda (Angola), les mêmes scènes de châtiments physiques sont exposées pour montrer la cruauté du système esclavagiste brésilien[65]. Ici, comme dans le musée Júlio de Castilhos, ces œuvres ne sont pas exposées comme des représentations construites, mais plutôt comme des artefacts visant à donner au visiteur un aperçu de l'esclavage au Brésil tel qu'il était au XIXe siècle.

L'accentuation d'une image victimaire de l'esclave est aussi visible dans de plus jeunes institutions internationales comme l'International Slavery Museum [Musée international de l'esclavage] de Liverpool (Grande-Bretagne). Ce musée, qui se veut la première institution à mettre en scène l'esclavage transatlantique et ses héritages historiques et contemporains, retrace l'histoire de la traite depuis le continent africain jusque dans les Amériques[66]. Dans ces différents espaces, les multiples aspects des cultures africaines et leurs contributions aux diasporas noires sont mis en valeur. On rappelle que le Brésil est la nation qui a importé le plus grand nombre d'Africains pendant la traite atlantique. Dans la salle ayant pour thème l'esclavage dans les Amériques, un mur entier mélange des images de divers endroits et époques représentant des esclaves subissant des châtiments physiques. Parmi celles-ci, figurent encore une fois, sans aucune mise en contexte, *L'exécution de la punition du fouet* (ill. 4) et *Le collier de fer, châtiment des fugitifs* (ill. 5). Malgré la variété du répertoire des représentations visuelles disponibles et à la portée de l'institution, ici aussi la séduction des images « victimisantes » l'a emporté.

En contrepoint de ce type d'approche, le Museu Afro Brasil [Musée Afro-Brésil], créé en 2004 par l'artiste et intellectuel brésilien Emanoel

65. Les images mettant en évidence le collier de fer et les châtiments physiques exposées au Museu da Escravatura sont visibles dans un programme de télévision de la chaîne brésilienne de télévision Record diffusé en 2011. Disponible sur : http://noticias.r7.com/internacional/noticias/ documentos-africanos-revelam-segredos-da-historia-da-escravidao-20110516.html.

66. Richard Benjamin, « Museums and Sensitive Histories : The International Slavery Museum », dans A. L. Araujo (dir.), *Politics of Memory : Making Slavery Visible in the Public Space*, New York, Routledge, 2012, p. 178-196.

Araújo, reste une exception. Géré par l'État de São Paulo, c'est l'une des seules institutions publiques où la question de l'esclavage est abordée à partir du rôle et de l'importance de la présence africaine au Brésil[67]. Plusieurs reproductions des lithographies et des aquarelles de Debret sont exposées dans les différentes salles, à l'exclusion des représentations de châtiments physiques. Dans l'espace consacré aux arts africains, les portraits de différents individus africains réalisés par Debret sont associés à la production des régions africaines dont ces hommes et femmes sont issus. Dans la salle portant sur le thème du travail et de l'esclavage, quelques images de Debret sont utilisées pour mettre en contexte de vrais outils ainsi que des pièces de bois provenant des anciens moulins servant à broyer la canne à sucre.

Malgré le travail pionnier du Museu Afro Brasil, l'utilisation des images de Debret par la plupart des institutions muséographiques demeure problématique, car elle contribue à modeler une mémoire qui met l'accent sur la victimisation et nie tout type d'agentivité des esclaves[68]. Ces représentations fonctionnent comme une sorte d'écran ou de filtre qui cache ou déforme la mémoire de l'expérience qu'ils ont vécue et transmise à leurs descendants. L'usage de cette iconographie dans le monde contemporain est aussi un symptôme des difficultés de nos sociétés à se confronter à leur passé esclavagiste et à ses legs.

Esclavage, mémoire et crise de l'idée de démocratie raciale

Debret et Biard contribuèrent, de façon différente, à documenter et à représenter les populations africaines et leurs descendants au Brésil. En ce qui concerne le premier, en dépit de sa vaste production, ce sont les images représentant des châtiments physiques et mettant l'accent sur la cruauté du système esclavagiste brésilien qui sont devenues les plus populaires. La production brésilienne du second est demeurée inconnue du public et a été rarement utilisée par les historiens, sociologues ou ethnologues qui ne la prenaient pas au sérieux. Néanmoins, malgré son approche caricaturale, ridiculisant la population brésilienne,

67. Kimberly Cleveland, « The Art of Memory : São Paulo's AfroBrazil Museum », dans *ibid.*, p. 197-212.

68. A. L. Araujo, *Shadows of the Slave Past, op. cit.*, p. 133 et Myrian Sepúlveda dos Santos, « The Repressed Memory of Brazilian Slavery », *International Journal of Cultural Studies* 11, n° 2, 2008, p. 157-175.

la satire proposée par Biard peut être aussi conçue comme une critique de la société esclavagiste du Brésil. Les travaux des deux peintres ont certes contribué à mettre en valeur l'importance de l'esclavage dans l'histoire de la société brésilienne. Toutefois, leur manière de représenter les populations d'origine africaine, en les idéalisant et les dépréciant tour à tour, a concouru au développement de stéréotypes culturels, soit en les associant à une certaine forme d'infériorité, soit en les représentant comme des victimes passives. Présentes sous différentes formes et dans des espaces variés, y compris dans des institutions officielles comme les musées, leurs productions iconographiques ont aussi contribué à la construction de la mémoire publique et officielle de l'esclavage dans le monde atlantique. Si certaines d'entre elles, montrant l'interaction entre les populations blanches et noires, ont aidé et aident encore aujourd'hui à répandre une vision du Brésil dans laquelle de supposées relations raciales harmonieuses prédominent, les images les plus populaires soulignant les châtiments physiques des esclaves ont plutôt contribué à renforcer le stéréotype faisant des Brésiliens noirs des victimes absolues, et refusant de leur reconnaître la moindre capacité de résistance. Quelle que soit leur utilisation, cette iconographie continue d'affirmer l'idée de suprématie blanche telle qu'elle existait au XIXe siècle.

(L'absence de) Représentation visuelle des esclaves noirs dans la peinture de l'Âge d'or espagnol

Carmen Fracchia

Étant donné que Séville était à compter du XVe siècle un des marchés les plus importants de la traite en Europe occidentale[1], il est surprenant que seuls quelques tableaux produits dans l'Espagne du début de l'Époque moderne prêtent une certaine attention à la représentation des esclaves noirs dans la péninsule Ibérique[2]. Dans la littérature et le théâtre de l'Âge d'or, l'image des Noirs ne commença à être visible qu'à partir de la seconde moitié du XVIe siècle dans les œuvres de

1. Cet article a initialement paru sous le titre « (Lack of) Visual Representation of Black Slaves in Spanish Golden Age Painting », *Journal of Iberian and Latin American Studies*, 10, 2004, p. 23-34. Il a comme point de départ une communication lue à l'occasion de l'Association des Hispanistes de Grande-Bretagne et d'Irlande à Canterbury dans le Kent en 2000. L'autrice remercie Isabel Santaolalla de l'avoir invitée à présenter cette communication et d'avoir partagé son enthousiasme au sujet de sa recherche. Elle aimerait également remercier Peter Abrahams et Barry Taylor de lui avoir apporté leur aide généreuse.

2. Voir le travail très complet sur l'esclavage en Espagne mené par l'historien Alfonso Franco Silva (*La esclavitud en Sevilla y su tierra a fines de la Edad Media*, Séville, Diputacion Provincial de Sevilla, 1979) qui s'appuie sur les publications pionnières de Charles Verlinden (*L'Esclavage dans l'Europe médiévale. Péninsule Ibérique, France*, I, Bruges, De Tempel, 1955), Antonio Dominguez Ortiz, Vicenta Cortes Alonso (*La esclavitud en Valencia durante el reinado de los Reyes Catolicos*, Valencia, Ayuntamiento, 1964) et Jacques Heers (*Le clan familial au Moyen Âge*, Paris, PUF, 1974). Pour l'histoire de l'esclavage la plus à jour concernant l'Espagne à l'Époque moderne d'un point de vue régional, voir Aurelia Martin Casares, *La esclavitud en la Granada del siglo XVI : Genero, raza y religion*, Grenade, Editorial Universidad de Granada/ Diputacion Provincial de Granada, 2000.

Cervantès, Mateo Aleman et Lope de Vega[3] alors que l'invisibilité des esclaves, surtout celle des femmes, dans les archives de l'Âge d'or a fait l'objet d'une étude récente par Martin Casares[4].

Il est important d'éclaircir le point suivant : dans cet article, le mot noir est utilisé comme il l'était au début de l'Époque moderne en Espagne, au sens d'« esclave ». Ce terme générique inclut les catégories raciales suivantes telles qu'on les retrouve dans les documents contemporains : les *negros* (les Noirs en provenance d'Afrique subsaharienne), les *berberiscos* (les Berbères d'Afrique du Nord, de même que les Juifs), les *moriscos* (les Musulmans ibériques), mais il ne comprend pas les esclaves blancs (principalement originaires de Turquie). Alors que la population d'esclaves morisques déclina à compter du milieu du XVIe siècle, le nombre d'esclaves en provenance d'Afrique du Nord et d'Afrique de l'Ouest subsaharienne augmenta au fil du XVIIe siècle.

Dans l'Espagne des débuts de l'Époque moderne, la population d'esclaves et d'esclaves libérés noirs constitue une des altérités sociales visibles en société. L'esclavage des Noirs et des Blancs n'était évidemment pas un phénomène nouveau en Espagne. Ce sont les Carthaginois qui l'introduisirent et il se développa sous les Romains. Il ne fut que partiellement aboli en 1817 mais jamais complètement. Les esclaves faisaient partie des acteurs sociaux étrangers qui étaient nécessaires au succès de l'Empire espagnol. Il est intéressant de noter qu'à partir de 1501 la Couronne espagnole permit seulement aux Noirs chrétiens d'aller dans le Nouveau Monde comme esclaves, quoique certains documents prouvent que cette restriction ne fut pas respectée[5].

Il est par conséquent curieux que la population noire visible, comme nous allons le voir, semble n'avoir été principalement représentée que par le peintre Diego Vélazquez (1599-1660) à Séville et à Rome. Bien que le peintre sévillan Bartolomé Esteban Murillo ait peint son propre esclave dans le tableau *Deux petits paysans et un enfant noir* (vers 1670, Dulwich Collection, Londres), je m'attarderai seulement sur Vélasquez, qui consacra plus d'attention au sujet. Ses descriptions coexistent avec les représentations également marginales et toujours

3. Baltasar Fra Molinero, *La imagen de los negros en el teatro del Siglo de Oro*, Madrid, Siglo XXI, 1995.
4. A. Martin Casares, *La esclavitud…*, *op. cit.*
5. A. Franco Silva, *La esclavitud en Sevilla*, *op. cit.*, p. 95.

populaires des Noirs à l'époque prémoderne, qui étaient principalement confinées aux peintures et à la sculpture religieuses.

La visibilité de la population noire dans l'Espagne des débuts de l'Époque moderne était indiscutable, en particulier à Séville. Quand cette ville devint la capitale commerciale des Habsbourg après la découverte du Nouveau Monde et la création, en 1503, de la Casa de Contratación destinée à contrôler le commerce, cela eut pour conséquence évidente l'accumulation du capital, une augmentation rapide de la population de la ville et sa transformation en une ville cosmopolite en raison de l'existence de puissantes colonies étrangères. Parmi les activités commerciales de ces colonies, il y avait la traite. Les marchands d'esclaves les plus riches étaient responsables de l'introduction d'esclaves ou d'« autres étrangers » qui restaient la plupart du temps aux marges de la société espagnole. Les marchands d'esclaves étaient sévillans, portugais, génois, florentins, catalans, allemands, français et anglais[6]. La plupart des esclaves noirs étaient capturés en Afrique par les Portugais, dans des régions où se trouvent aujourd'hui la Guinée-Bissau, la Guinée Conakry, le Sénégal, une partie du Mali et une partie du Burkina : ce chargement humain était ensuite exporté vers Séville. C'est principalement dans ce port espagnol que les esclaves étaient vendus et envoyés soit en Andalousie ou en Castille, soit dans le Nouveau Monde.

Au XVIe siècle, la population esclave de Séville était la plus importante d'Espagne, en raison de la demande de travail libre dans le Nouveau Monde et, comme le déclare Antonio Dominguez Ortiz, « pour répondre au goût de luxe et de raffinement de la noblesse et même de la classe moyenne qui exigeaient des suites de domestiques nombreuses[7] ». En Espagne, les prix de ces cargaisons humaines étaient apparemment supérieurs à ceux d'autres pays européens, et les jeunes femmes esclaves en provenance d'Afrique du Nord étaient considérées comme les « biens » ayant le plus de valeur[8]. La traite atteignit son apogée à la fin du XVIe siècle, quand Séville devint le

6. *Ibid.*, p. 73-103, 193.
7. Antonio Dominguez Ortiz, *Politica y hacienda de Felipe IV*, Madrid, Editorial de Derecho Financiero, 1960, p. 163. Voir également Ruth Pike, *Aristocrats and Traders : Sevillian Society in the Sixteenth Century*, Ithaca, Cornell University Press, 1972, p. 143-144.
8. Voir A. Martin Casares, *La esclavitud...*, *op. cit.*, chap. 5.

principal marché aux esclaves de la péninsule Ibérique avec Lisbonne et Valence. Séville était la quatrième plus grande ville d'Europe occidentale avec une population de 120 000 personnes, comprenant environ 30 000 esclaves noirs et blancs, des musulmans et des chrétiens, bien qu'il y en ait eu une proportion élevée à Madrid, où siégeait la cour. Au XVIIe siècle, cependant, la traite se mit à décliner, à la suite d'une série d'événements qui contribuèrent à la diminution graduelle de la population[9].

Ainsi il n'y a pas de doute qu'en Espagne, au début de l'Époque moderne, l'esclavage était un phénomène visible, « naturel », urbain et domestique associé à l'exploitation économique et à un statut social. C'est dans ce contexte que j'aimerais envisager trois peintures à l'huile sur toile de Vélasquez pour saisir certaines des complexités et des contradictions des rares représentations des Noirs dans l'art espagnol du XVIIe siècle. Ces œuvres sont les suivantes : *Scène de cuisine avec la Cène d'Emmaüs* (ill. 1) ; une autre version de ce même tableau, *Scène de cuisine*, que l'on connaît également comme *La Mulâtre* (Art Institute, Chicago, 55 × 104 cm) ; et *Juan de Pareja* (ill. 2)[10].

---

9. Voir A. Dominguez Ortiz dans A. J. Morales *et al.*, *Velázquez y Sevilla : Estudios*, II, Séville, Aldeasa, 1999, p. 20-21. Voir également de A. Dominguez Ortiz, *Politica…*, *op. cit.*, p. 220-222 ; *The Golden Age of Spain : 1516-1619*, Londres, Weidenfeld & Nicolson, 1971, p. 162-172, et *Los extranjeros en la vida espanola durante el siglo XVII y otros articulos*, Séville, Diputacion de Sevilla, 1987, p. 245-261. Parmi les événements responsables de la diminution radicale de la population, on compte l'expulsion de plus de 30 000 *morisques* de 1609 à 1614, la mort de 46 % de la population à la suite de la peste de 1640, et la perte du Portugal. Voir également Mary Elizabeth Perry, *Ni espada rota ni mujer que trota. Mujer y desorden social en la Sevilla del Siglo de Oro*, Barcelone, Ed. Critica, 1993, p. 12-13.

10. Pour l'histoire de ces peintures de la cuisine, voir José López Rey, *Velázquez : A Catalogue Raisonné of His Œuvre*, Londres, Faber & Faber, p. 33, 127-128 ; *Velázquez : Painter of Painters*, Cologne, Taschen, p. 33, 38, 41 ; Rosemarie Mulcahy, *Spanish Paintings in the National Gallery of Ireland*, Dublin, National Gallery of Ireland, 1988, p. 79-82 ; David Davies et Michael Clarke (*Velazquez in Seville*, Édimbourg, National Gallery of Scotland, 1996, p. 134) ; A. J. Morales *et al.*, *Velázquez y Sevilla*, *op. cit.*, II, p. 88-91, 112-133, 118-119. Pour le portrait de Pareja, voir Theodore Rousseau (« Juan de Pareja by Diego Velazquez : an appreciation of the portrait », *Metropolitan Museum of Art Bulletin*, vol. 29, n° 10, 1971, p. 449-451) et Jonathan Brown (*Vélazquez : Painter and Courtier*, New Haven et Londres, Yale University Press, 1986, p. 202).

Ill. 1. Diego Vélasquez, *Scène de cuisine avec la Cène d'Emmaüs* (55 × 118 cm), Dublin, National Gallery of Ireland.

Les deux scènes peignant une cuisine furent réalisées à Séville (v. 1618-1619), au début de la carrière de l'artiste, avant qu'il ne parte à Madrid en 1623 pour y travailler comme peintre de cour de Philip IV. Le portrait fut exécuté en 1650, pendant le second voyage à Rome de l'artiste. Il est intéressant de noter que ces œuvres sont largement demeurées « invisibles » puisqu'elles ont principalement appartenu à des collections privées jusqu'au XXe siècle et qu'elles ne furent respectivement publiées et montrées lors d'expositions qu'en 1913, 1927 et 1971.

Ces peintures de Vélasquez rompent de manière radicale avec la représentation traditionnelle des Noirs dans la peinture espagnole. Depuis le Moyen Âge, on avait réservé leur présence à des scènes religieuses, par exemple dans la description de l'Enfer, tandis qu'en Europe moderne, la première représentation de l'Africain fut le mage noir de *L'Adoration des Mages*[11]. En Espagne, on avait régulièrement représenté le mage noir, depuis environ 1470, comme une figure exotique dont le costume s'ornait d'éléments orientaux comme le turban ou des plumes d'autruche[12]. La plupart des peintres et des sculpteurs

11. Jean Devisse et Michel Mollat (dir.), *The Image of the Black in Western Art*, II, Lausanne, Office du Livre/Menil Foundation, 1979, p. 161-253.

12. Voir par exemple *L'adoration des Rois mages* (musée du Prado), exécuté par Vélasquez en 1619. Selon J. Devisse et M. Mollat (*op. cit.*, p. 134, 156, 161-164), le noir associé à l'Orient était déjà un élément iconographique commun en France et en Allemagne avant d'apparaître en Espagne, aux environs de 1640, dans le panneau

de l'Âge d'or espagnol représentaient le mage noir, évidemment sans le rattacher à son contexte africain. Ces représentations contradictoires d'une personne noire aux débuts de l'Époque moderne me semblent indiquer une inquiétude et des sentiments ambivalents envers l'invisibilité croissante de l'« Africain » en Europe.

Dans les tableaux de Vélasquez nous sommes confrontés à deux types différents de représentation visuelle. Dans les scènes de la cuisine (ill. 1), nous voyons une femme esclave dans un cadre domestique, vêtue d'une tenue très simple et entourée d'objets qui définissent son statut. Elle est représentée au centre de la portion centrale de la composition mais elle ne rentre pas en contact avec le spectateur car l'angle de son regard est abaissé[13]. D'un autre côté, dans le portrait de Pareja (ill. 2), nous voyons un homme vêtu avec élégance, qui occupe presque toute la toile au premier plan et s'adresse au spectateur avec fermeté ; par ailleurs, il est dépourvu de tout accessoire qui pourrait définir sa profession ou distraire le spectateur de son regard puissant[14]. Les tableaux de Dublin et Chicago suivent les conventions du *bodegon* (ce terme signifie une combinaison de nature morte et de peinture de genre dans une taverne ou une cuisine), où l'on représente les personnes des couches sociales inférieures, et dans ces conditions l'anonymat de la femme n'aurait rien d'extraordinaire[15]. Dans le cas du tableau de New York, le peintre a appliqué les conventions de l'art du portrait le plus formel, réservé aux niveaux les plus élevés de la société espagnole, et la spécificité et l'identité de cet homme sont précisées.

---

central du triptyque de *L'Adoration of the mages* de Hans Memling qui se trouvait sur l'autel de la chapelle de Charles V au château d'Ateca, près d'Aranjuez, et qui est aujourd'hui au musée du Prado à Madrid. Voir également Marcus Wood, *Blind Memory : Visual Representations of Slavery in England and America, 1780-1865*, Manchester, Manchester University Press, p. 217-218.

13. Sur le concept du rôle et du pouvoir du regard dans les représentations visuelles, voir Norman Bryson, *Vision and Painting : The Logic of the Gaze*, Londres Macmillan, 1983. Voir aussi son analyse du genre méprisé des natures mortes dans la peinture espagnole : *Looking at the Overlooked : Four Essays on Still Life Paintings*, Londres, Reaktion, 1990.

14. Pour les fonctions culturelles de l'art du portrait, voir Richard Leppert, *Art and the Committed Eye : The Cultural Functions of Imagery*, Oxford, Westview, 1996 et Richard Brilliant, *Portraiture*, Londres, Reaktion, 1991.

15. Voir les *bodegones* de Vélasquez tels que *Déjeuner de paysans, Le porteur d'eau de Séville* et *La Vieille faisant frire des œufs*.

Ill. 2. Diego Vélasquez, *Juan de Pareja* (81,3 × 69,9 cm), New York, Metropolitan Museum of Art, Achat, Fletcher and Rogers Funds, et don de Miss Adelaïde Milton de Groot (1876-1967), par échange, grâce à l'apport de dons additionnels des amis du Musée, 1971 (1971.86).

À l'arrière-plan de la scène de cuisine du tableau de Dublin, en haut à gauche de la peinture, on peut voir la représentation de deux hommes attablés, que l'on a souvent interprétée comme la description religieuse conventionnelle du *Souper à Emmaüs*. L'absence du second disciple, qui aurait dû être assis à droite, s'explique par le fait que ce tableau a été coupé sur les deux côtés à une date indéterminée. Ce dispositif pictural, typique du nord et caractéristique de Vélasquez, ne fut révélé qu'en 1933 quand on nettoya le tableau. En revanche, on ne sait pas depuis quand cet arrière-plan avait été rendu invisible au spectateur[16]. La présence de cette scène religieuse dans le tableau de Dublin a conduit la plupart des historiens de l'art à une interprétation traditionnelle de cette œuvre dans le contexte du salut des pauvres : ainsi on considère l'expression de la femme assise à la table comme l'effet d'une « expérience intérieure » du

16. José López Rey, *Velazquez : A Catalogue Raisonné of His Œuvre*, Londres, Faber & Faber, 1963, p. 127.

miracle qui a lieu dans la salle à manger représentée derrière la cuisine. On considère par conséquent que Vélasquez est un artiste conscient du fait que le salut peut atteindre chaque personne « quels que soient [son] statut social ou [son] origine ethnique » (Davies et Harris 1996, p. 134)[17]. On voit que ce tableau est un *bodegon* biblique, qui, en tant que tel, aurait trouvé à l'origine sa place dans la chambre d'hôtes d'un couvent ou d'un monastère. Cette interprétation présente toutefois des limites, d'autant qu'elle ne prend pas en compte la dimension sociale, économique et historique de l'esclavage. On ne doit pas oublier que les esclaves étaient alors dénigrés au motif qu'ils auraient été « infidèles et ennemis de notre sainte religion catholique[18] »[19]. La conversion était indispensable pour l'intégration des esclaves dans la société espagnole, qui essayait également de réglementer leur comportement en partie par le biais de manuels de conduite destinés au bon gouvernement des foyers. Vicente Mexia analyse ainsi le traitement des esclaves selon la nature de leur conversion au christianisme :

> Mais s'ils étaient chrétiens, on devait veiller à ce que, lorsque les seigneurs se querellent avec eux, ils s'abstiennent de les déshonorer en rappelant l'état dont ils avaient hérité en premier lieu, en les appelant chiens, Maures, Juifs, ou quoi que ce soit de cette qualité. D'une part à cause de l'outrage que cela porte au baptême, d'autre part, à cause de la grande peine qu'ils en retirent[20].

Ce qui nous intéresse avant tout dans le tableau de Vélasquez est que l'esclave est et demeure une servante sans liberté ni rémunération. De nombreux documents prouvent que la grande majorité des esclaves qui travaillaient comme domestiques en Andalousie étaient des femmes. Par conséquent, il est indispensable de tenir compte du fait qu'il y avait une différence fondamentale entre une esclave domestique et une servante, comme l'a montré Martin Casares. Toutes deux étaient en bas de l'échelle sociale en termes de marginalisation et d'exploitation, mais leurs moyens de reproduction et par conséquent de survie étaient différents, dans la mesure

17. D. Davies et M. Clarke, *Velazquez in Seville*, *op. cit.* Voir également A. J. Morales *et al.*, *Velázquez y Sevilla*, *op. cit.*, II, p. 77-91, 118-123.

18. A. Franco Silva, *La esclavitud en Sevilla*, *op. cit.*, p. 37.

19. Pour la pensée politique de l'Âge d'or, voir A. Martin Casares, *La esclavitud...*, *op. cit.*, chap. 2.

20. V. Mexia, *Saludable instruccion del estado del matrimonio*, Cordoba Juan Baptista Escudero, 1566, fol. 241v.

où la domestique n'était jamais vendue aux enchères ou capturée lors de guerres[21].

Étant donné que le tableau de Chicago et la plupart des reproductions des deux scènes de cuisine ne montrent pas l'arrière-plan religieux, mais mettent l'accent sur l'esclave au centre de la composition, on peut en déduire que cette représentation non religieuse était l'image qui avait le plus de succès. Ainsi, il me semble que le tableau de Chicago s'oppose au concept de *bodegon* biblique qui, sur le plan historique, est à l'origine de l'invention de la peinture de Dublin.

Nous ignorons toujours tout de ceux qui commandèrent ces scènes et quelle était leur fonction artistique. Ces facteurs auraient évidemment été cruciaux pour conclure avec fermeté. On sait cependant que le traitement d'une esclave et celui d'une domestique dépendaient beaucoup de la mentalité et de la position économique et sociale de leur propriétaire. Profiter en pleine propriété d'esclaves qui accomplissaient des tâches domestiques sans rémunération constituait le principal élément de l'économie de la plupart des foyers dans la Séville urbaine de l'Âge d'or. L'esclave qui travaille dans la cuisine du tableau de Vélasquez était une marchandise et en tant que telle cet investissement économique comptait davantage que son salut.

Très souvent les propriétaires d'esclaves appartenaient à la monarchie, à l'aristocratie et au haut clergé, y compris à l'archevêque de Séville. Ces couches élevées de l'échelle sociale achetaient des esclaves par le biais d'intermédiaires, contrairement à d'autres membres de la société, les professions libérales et les artisans, qui traitaient la transaction directement, comme en témoignent les documents de vente, d'achat, de donation et les déclarations de fuite et de libération des esclaves. Les monastères et les cloîtres fermés, ou *casas de Emparedadas,* obtenaient également leurs esclaves lorsqu'ils héritaient des familles des moines et nonnes ; grâce à des donations émanant de laïcs et d'ecclésiastiques pour hâter le salut de leur âme ; ou alors à travers les ventes et les achats que réalisaient les prieurs. L'Église ne s'opposa jamais à l'esclavage et des ventes aux enchères d'esclaves se tenaient sur les marches de la cathédrale, un spectacle qui était fréquent[22]. Mais

21. *Ibid.*, p. 23-25.

22. Voir A. Franco Silva, *La esclavitud en Sevilla*, *op. cit.*, p. 253 ; M. E. Perry, *Ni espada rota ni mujer*, *op. cit.*, p. 86, 290-292 ; A. Martin Casares, *La esclavitud...*, *op. cit.*, p. 313-318.

à l'inverse l'Église s'opposait à l'esclavage des chrétiens espagnols. Deux ordres, les Trinitariens et les Mercédariens (fondés respectivement aux XIIe et XIIIe siècles) étaient dédiés à la libération des esclaves chrétiens captifs, surtout en Afrique[23].

On sait également que le domaine privé de la maison faisait partie des attributs et des lieux propres à la femme aux XVIe et XVIIe siècles[24]. Ainsi la maison constitue-t-elle le principal référent de la servitude domestique. Dans les maisons de l'élite des débuts de l'Époque moderne, le service s'organisait de manière hiérarchique en *oficios mayores de la casa* (majordome, valet de pied, page) et en *oficios menores de la casa* (servante, bonne, cocher, jardinier, cuisinière et homme à tout faire). Tout en bas de cette hiérarchie on trouvait un grand nombre d'esclaves. Alors qu'on réservait aux femmes esclaves les tâches les plus ingrates à la cuisine ou aux champs, les domestiques femmes accomplissaient des tâches très variées selon leur position hiérarchique dans la maisonnée[25]. Ainsi le fossé qui existait entre un majordome et un esclave était-il insurmontable[26].

Dans l'historiographie espagnole de l'esclavage, le stéréotype de l'esclave domestique docile se heurte aux confrontations bien documentées qui opposèrent esclaves et maîtres en Andalousie. En effet, l'État absolu mit en place un certain nombre de mécanismes de contrôle de la population esclave : l'institution de la Santa Hernandad pour punir les crimes commis par les esclaves, qui pratiquait des châtiments radicaux telles que l'amputation des membres, et la fondation de fraternités exclusivement noires, les Nuestra Senora de los Angeles et Nuestra Senora de la Piedad, afin de réglementer leurs activités sociales telles les réunions publiques, les processions religieuses et les *fiestas*[27]. Il est clair que l'idéologie dominante de l'Espagne des débuts de

23. A. Martin Caseres, *La esclavitud…*, *op. cit.*, p. 80-82.

24. Voir M. E. Perry, *op. cit.*, p. 73-74 ; Margarita Ortega et Rosa M. Capel dans Ana M. Aguado *et al.* (dir.), *Textos para la historia de las mujeres en Espana*, Madrid, Catedra, 1994 ; Mariló Vigil, *La vida de las mujeres en los siglos XVI y XVII*, Madrid, Siglo XXI, 1994 [1986].

25. En ce qui concerne la nature du travail accompli par les servantes femmes, leur recrutement et leur traitement, et les conditions de travail exigées par leurs propriétaires, voir Margarita Ortega et Rosa M. Capel, *op. cit.*, p. 269.

26. A. Martin Casares, *La esclavitud…*, *op. cit.*, p. 319-327.

27. A. Franco Silva, *La esclavitud en Sevilla*, *op. cit.* ; Susan Verdi Webster, *Art and Ritual in Golden-Age Spain : Sevillian Confraternities and the Processional Sculpture of Holy Week*, Princeton, Princeton University Press, 1998.

l'Époque moderne « assimilait la population esclave à la catégorie sociale la plus basse[28] ».

Quoique dans les scènes de cuisine Vélasquez abaisse le regard de la femme de couleur située au centre de la composition, il contextualise son existence marginale en la reléguant à son lieu de travail, un espace creux oppressant sur le bord droit de la peinture. En dirigeant la source de la lumière vers les mains et le visage épuisés de l'esclave, le peintre permet à ses spectateurs d'avoir un aperçu du type de production domestique sans laquelle l'Âge d'or espagnol n'aurait pu survivre.

Le peintre et théoricien de l'art du Baroque tardif, Antonio de Palomino, a curieusement décrit la scène de cuisine dans sa biographie de Vélasquez, où il soulève la question du genre de l'esclave :

> [...] on voit une planche qui sert de table, avec un réchaud, et au-dessus une marmite bouillante, couverte d'un bol, d'où l'on voit un feu vif, les flammes et les étincelles ; une marmite en fer-blanc, une carafe, des assiettes et des bols, une cruche glacée, un mortier avec son pilon et une tête d'ail à côté ; et sur le mur on voit pendre à un crochet un petit panier avec un chiffon et d'autres bibelots ; et pour garder cela, *un garçon avec une cruche à la main et sur la tête un bonnet, lequel représente, dans son accoutrement très paysan, un sujet ridicule et amusant*[29].

Les historiens de l'art affirment de manière convaincante que cette description renvoie à la peinture de Chicago puisque la lumière qui se reflète sur le visage de la femme indique que le poêle portatif, la cocotte et les flammes, qu'il mentionne mais qu'on ne voit pas dans le tableau de Dublin, auraient été représentés précisément à gauche, où la toile a été coupée.

Il n'est pas insignifiant de noter que Palomino ne se contente pas seulement de reléguer la seule figure vivante au centre de la composition à la dernière position de la liste des objets, en faisant le plus misérable d'entre eux, mais qu'il tourne également en ridicule la tenue du serviteur « homme ». Il est encore plus étonnant de lire qu'en 1990, pourtant une date bien tardive, on affirmait encore que « le sexe de la supposée mulâtre n'est pas bien défini[30] ». Une explication pourrait être que ces experts n'ont pas examiné le tableau sérieusement ou, s'ils

28. A. Martin Caseres, *La esclavitud...*, *op. cit.*, p. 386.
29. Antonio Palomino de Castro y Velasco, *El Museo Pictorico y Escala Optica*, III, Madrid, Aguilar, 1947 [1724], p. 106. Je souligne.
30. J. Gallego *et al.* (dir.), *Velázquez*, Madrid, Musée du Prado, 1990, p. 61.

l'ont fait, qu'ils ont laissé se poursuivre l'invisibilité de l'esclave représentée par Vélasquez en donnant encore plus d'autorité à l'ambiguïté exprimée lors de l'Époque moderne et formulée par Palomino. Une telle confusion de genre semble exprimer une anxiété sous-jacente envers l'« Autre » aux débuts de l'Époque moderne en Espagne. Elle me paraît signifier que la représentation de la *mulatta* aurait pu tomber dans les catégories de galerie de monstres ou les merveilles du monde.

Quant à la confusion qui entoure l'origine ethnique de l'esclave, elle est tout aussi signifiante : quels que soient les titres donnés à la scène de cuisine de Chicago, ils définissent cette femme anonyme comme « noire » ou « mulâtre » tandis que Barry Wind considère qu'il s'agit d'une « maure[31] ». Cette question est en revanche en partie évitée dans le cas du tableau qui dépeint *Juan de Pareja* (voir ill. 2) dans la mesure où l'on reconnaît dans le titre de l'œuvre le nom de l'homme qui est représenté. Cela ne signifie pas que Pareja n'ait pas été considéré comme l'« Autre », ainsi que la définition donnée par Palomino de l'esclave de race mixte l'indique clairement : « de génération métisse et de couleur étrange[32] ». Selon Martin Casares, c'est une des définitions biologiques de la catégorie de mulâtre en Espagne[33]. Les sources documentaires révèlent que la majorité des personnes mulâtres ou de race mixte étaient nées soit en Espagne soit alors au Portugal, dans des pays d'Afrique du Nord et dans le Nouveau Monde. Dans ces conditions, il est curieux que Palomino, auteur d'écrits sur l'art, ait consacré une brève biographie à Pareja (vers 1605/1606-1670) en tant que peintre. L'explication en est indubitablement que Pareja n'était autre que le propre esclave de Vélasquez[34]. Vélasquez suivait la tendance du moment, puisque jusqu'à la fin du XVIIe siècle, les peintres, qui appartenaient à la catégorie sociale des artisans, acquirent des esclaves pour les faire travailler et leur enseigner leur métier[35]. Palomino

31. Barry Wind, *Velazquez's Bodegones : A Study in Seventeenth-Century Spanish Genre Painting*, Londres, George Mason University Press, 1987, p. 96-97.
32. A. Palomino, *El Museo Pictorico*, *op. cit.*, p. 128.
33. A. Martin Caseres, *La esclavitud...*, *op. cit.*, p. 156-157.
34. De nouveaux documents contredisent l'affirmation de Palomino selon laquelle Pareja était né à Séville. Il naquit à Antequera dans la province de Malaga aux alentours de 1605-1606 et mourut à Madrid en 1670. Voir Jennifer Montagu, « Velázquez Marginalia : His Slave Juan de Pareja and His Illegitimate Son Antonio », *The Burlington Magazine*, vol. 125, n° 968, 1983, p. 683-685.
35. Voir A. Franco Silva, *La esclavitud en Sevilla*, *op. cit.*, p. 300-302 ; Isabel Sánchez Quevedo et José Miguel Morán Turina, *Pintura y sociedad en la Espana de Velazquez*, Madrid, Akal, 1999 ; J. Gallego *et al.* (dir.), *Velázquez*, *op. cit.*, p. 387. La plupart des

déclara que Vélasquez ne l'aurait autorisé qu'à « broyer les couleurs et préparer des toiles, ainsi que d'autres tâches essentielles de l'art et de la maison[36] ».

Il n'y a pas de doute que l'esclave de Vélasquez fut baptisé et qu'il adopta le nom de Juan, un des noms typiques pris aux rois d'Espagne et donné aux esclaves après leur conversion au catholicisme. Pareja n'était certainement pas un *bossale*, c'est-à-dire une personne esclavisée le plus souvent originaire d'Afrique subsaharienne, qui serait arrivée récemment en Espagne, mais un *ladino*, soit un esclave qui avait assimilé la langue et les mœurs de son maître et un des rares à avoir appris à lire et écrire[37]. Il constituait évidemment une exception si l'on prend en compte le fait que la majorité de la population était illettrée. Pareja appartient à la catégorie des esclaves qui, paradoxalement selon Dominguez Ortiz, « survécurent et devinrent des conseillers auxquels leurs maîtres accordaient toute leur confiance[38] ». En fait, Vélasquez récompensa Pareja en lui accordant sa liberté à Rome le 23 novembre 1650, après avoir réalisé ce superbe portrait de son esclave[39]. De telles mesures n'étaient pas inhabituelles et lors d'actes de libération on demandait aux esclaves d'acheter leur liberté en travaillant des années supplémentaires. Ainsi, tout à fait typiquement, Pareja continua de servir son maître et après la mort de Vélasquez en 1660, il travailla à la cour de Madrid pour son beau-fils, le peintre Juan Bautista. Je crois que l'acte de libération de Pareja à Rome a une réelle signification dans la mesure où il n'était pas très courant d'affranchir des esclaves en Espagne[40]. On pouvait être libéré de l'esclavage grâce à des documents de libération ou *cartas de ahorrias* ou à la suite du vœu exprimé par le propriétaire dans son testament. Dans la mesure où le coût économique de la libération était plus élevé que l'achat d'un esclave, l'aide de la famille de l'esclave était la plupart du temps nécessaire pour obtenir une libération. Seuls y parvenaient des

---

peintes possédaient un ou deux esclaves : par exemple Alejo Fernández (v. 1475-1545), qui était aussi marchand d'esclave ; le peintre de cour et théoricien de l'art Vicente Carducho (v. 1576/1578-1638) ; Bartolomé Esteban Murillo (1617/1618-1682), et le théoricien de l'art et peintre Francisco Pacheco (1564-1644), qui était le beau-père de Vélasquez.

36. A. Palomino, *El Museo Pictorico*, *op. cit.*, p. 128.
37. A. Martin Caseres, *La esclavitud...*, *op. cit.*, p. 156.
38. A. Dominguez Ortiz, *The Golden Age of Spain*, *op. cit.*, p. 164.
39. J. Montagu, « Velázquez Marginalia », art. cité, p. 683.
40. A. Martin Caseres, *La esclavitud...*, *op. cit.*, p. 435-469.

Maures captifs de Grenade et de Malaga ou d'Afrique du Nord. Ce n'était pas le cas des esclaves africains, des *indios* du Nouveau Monde ou des esclaves des Îles Canaries[41].

Quand nous regardons *Juan de Pareja* (ill. 2), nous nous rendons compte que ce que nous avons devant les yeux est une représentation d'un Noir doté des ornements que l'art du portrait formel associe à la représentation de l'élite espagnole, que ce soit un noble, un clerc ou un homme d'État. Le buste de Pareja est en effet vêtu avec magnificence : les couleurs sombres du vêtement sur un fond sombre font que la lumière mène tout droit vers son regard saisissant, ses gestes et son expression dignes. Gallego a décrit son portrait en ces termes :

> [...] habillé majestueusement, avec le somptueux col en dentelle des Flandres (qui était interdit en Espagne même aux sujets libres et que même Philippe IV évitait, car il préférait les tenues austères) et la fermeté presque provocante de son regard, où même la bande ou baudrier qui traverse sa poitrine accentue ce caractère presque guerrier[42].

Palomino donne une explication intéressante de l'intention première de Vélasquez lorsqu'il élabora l'image d'un esclave en noble européen blanc :

> Lorsque [Vélasquez] décida de peindre un portrait du Souverain Pontife, il voulut se préparer au préalable en exerçant son art à peindre un portrait de façon naturelle. Il réalisa celui de Juan de Pareja, son esclave et peintre avisé, de manière si semblable et si vivante, que l'ayant envoyé avec Pareja lui-même à quelques amis pour qu'ils critiquent l'œuvre, ces derniers restèrent à contempler le portrait peint et l'original, avec admiration et étonnement, ne sachant pas à qui ils devaient en parler, ni ce qu'ils devaient répondre[43].

Ainsi cette peinture fut-elle réalisée comme une esquisse avant que Vélasquez n'entreprenne le portrait du Pape Innocent X qui est aujourd'hui dans la galerie Doria-Pamphilj à Rome[44]. La nouvelle

41. A. Franco Silva, *La esclavitud en Sevilla*, *op. cit.*, p. 243-246.
42. J. Gallego *et al.* (dir.), *Velázquez*, *op. cit.*, p. 391.
43. A. Palomino, *El Museo Pictorico*, *op. cit.*, p. 106.
44. Pour l'analyse de cette légende, voir Victor I. Stoichita, « El retrato del esclavo Juan de Pareja : semejanza y conceptismo », dans Fundación Amigos Museo del Prado (dir.), *Velázquez*, Barcelone, Galaxia Gutemberg, 1999, p. 367-381 et Carmen Fracchia, « Velázquez's Black Leg: Juan de Pareja and the Hardest Graft of All », communication dans *Appropriations and Representations of the Body*, School of Critical Theory and Cultural Studies, University of Nottingham, 2000.

liberté de Pareja lui offrait en récompense la permission de devenir lui-même un peintre[45]. Durant sa carrière artistique, Pareja décida d'inclure son autoportrait dans une grande peinture à l'huile d'inspiration religieuse, *L'Appel de Saint-Matthieu* (Musée du Prado, 225 × 325 cm). De manière révélatrice, il se tient à la marge gauche de sa composition et il confirme qu'il en est bien l'auteur en tenant un morceau de papier qui est signé et daté « 1661 », soit un an après la mort de Vélasquez. Pareja se rend doublement visible au spectateur en nous interpellant de son puissant regard, même s'il est situé à la marge. Ce qui est le plus remarquable, cependant, c'est que dans cet autoportrait Pareja reproduit le choix de Vélasquez, qui en avait fait un noble, tout en choisissant de se représenter en homme au teint pâle. Sa coiffure, sa moustache et sa barbe rappellent même l'autoportrait de Vélasquez dans *Les Ménines* (Musée du Prado). Il va sans dire que ces paradigmes visuels renvoient aux moyens par lesquels Pareja dut s'assimiler afin d'être accepté par l'élite. En même temps, ces représentations nous permettent d'entre-apercevoir les possibilités limitées et souvent impensables qui étaient ouvertes aux esclaves au siège du puissant Empire espagnol.

Que ce soit le portrait de Juan de Pareja réalisé par Vélasquez ou l'autoportrait que Pareja réalisa lui-même, ces peintures révèlent des contradictions fondamentales qui ouvrent une série de questions qui ont trait au choix entre l'acceptation et la subversion du canon et des conventions picturales de l'époque.

En dépit des rares traces matérielles de représentations picturales d'esclaves noirs dans l'Espagne de l'Âge d'or, le langage et l'imagerie visuels adoptés par Vélasquez et son esclave Pareja nous permettent d'appréhender la complexité de la représentation de la population noire dans l'Espagne des débuts de la période moderne. Ils offrent au spectateur une curieuse construction visuelle de la partie la plus invisible de la population espagnole au XVIIe siècle.

Traduit de l'anglais par Marie-Jeanne Rossignol

45. Certains des tableaux réalisés par ce peintre-esclave sont connus, voir A. Palomino, *El Museo Pictorico*, *op. cit.*, p. 128 ; Juan Antonio Gaya Nuño, « Revisiones sexcentistas : Juan de Pareja », *Archivo Espanol de Arte*, vol. 30, n° 120, 1957 p. 271-285.

Costume, caractère et coutume : Africaines et Afro-descendantes dans les images picturales de la vice-royauté du Mexique

María Elisa Velázquez

« *L'orgueil et la crânerie de la mulâtresse naissent du Blanc et de la Noire qui l'engendrent...* »
Légende d'un tableau de castes
José Joaquín Magón, XVIIIe siècle

Fières et provocantes, portant les *sayas* – sorte de tour de cou[1] – et les bijoux qui ont tant scandalisé les chroniqueurs de l'époque, préparant ou servant le café, vaquant à leurs occupations, domestiques ou commerciales : c'est ainsi qu'on voit Africaines et Afrodescendantes de la Nouvelle-Espagne sur plusieurs tableaux de la période de la vice-royauté[2]. Certaines ont été représentées dans des images religieuses, mais, pour la plupart, elles l'ont été sur des paravents, des toiles et autres œuvres à caractère profane, notamment sur les peintures dites de castes ou de métissage réalisées tout au long du XVIIIe siècle. Grâce à ces images, il est possible de connaître la manière dont elles étaient perçues par la société de leur époque et d'explorer des aspects afférents

1. NdT : La *saya* était une sorte de tour de cou de couleur sombre qui s'attachait sur les épaules avec des broches d'argent. Elle pouvait se porter soit à la manière d'un châle sur les épaules, soit sur la tête comme une capuche. Cet accessoire particulier était imposé à ce groupe de femmes par des lois et des ordonnances. Voir Maëva Riebel, « La peinture de castes », *Cahiers d'études romanes*, 29, 2014, p. 149-159.
2. Ce texte a initialement paru dans M. E. Velázquez, *Mujeres de origen africano en la capital novohispana, siglos XVII y XVIII,* México, Instituto Nacional de Antropología e Historia, UNAM, 2006, chap. 5.

à leur situation sociale, économique et culturelle dans la capitale de la vice-royauté.

On ne saurait nier l'importance des manifestations artistiques, picturales en particulier, en tant que témoignages reflétant et recréant les façons dont une société se représente elle-même, ainsi que les valeurs culturelles et les critères idéologiques qui ont déterminé leur facture. Ainsi trouvera-t-on analysées dans ce texte un certain nombre d'images d'Africaines et d'Afrodescendantes de Nouvelle-Espagne. Gestes, manières de s'habiller, coutumes ou pratiques sociales quotidiennes apparaissent dans ces images qui dévoilent des données concernant leur participation à la configuration sociale.

La plupart des représentations étudiées appartiennent à une période historique pour laquelle il était important de classifier, de hiérarchiser, et de cataloguer l'ordre naturel et social sous une optique nouvelle et scientifique répondant aux idées des naturalistes et des Lumières. Parallèlement, la pensée créole s'est affirmée à cette période, soucieuse de porter haut les valeurs de l'« autochtone ». Désireux de faire connaître les singularités de l'Amérique au XVIIIe siècle, des peintres de Nouvelle-Espagne, certains très réputés, se sont attelés à représenter les caractéristiques de la société de la vice-royauté en renvoyant aux différents types d'union entre indigènes, Espagnols et Africains. Nombre de ces œuvres, par exemple les tableaux et les paravents, ont été élaborées pour être exportées en Europe, notamment en Espagne. Ainsi cette classification naturelle et sociale semblait-elle répondre aux idées et aux politiques du XVIIIe siècle visant à affirmer les différences au vu de la « race », notion qui commençait à avoir son importance en Europe en tant qu'élément déterminant de la hiérarchisation sociale.

Elles ont été regroupées pour cette étude en deux grandes sections : les représentations religieuses et les représentations à caractère profane. Nous avons consacré une partie spéciale à l'analyse des peintures de castes ou de métissage dans une perspective thématique. Il convient de préciser que, même si des détails sont abordés concernant les artistes et les intentions ou les fonctions qu'ont eues ces œuvres, il n'est pas question ici d'une analyse picturale ou esthétique minutieuse, qui dépasserait les objectifs du présent article.

Représentations religieuses : dévotions et ex-voto

Il est bien connu que la plupart des œuvres picturales appartenant à la période de la vice-royauté, conservées de nos jours, relèvent de sujets religieux. D'après les recherches de certains historiens de l'art, ces sujets n'ont pas été les seuls à être représentés à cette époque, mais ils ont sans aucun doute été les plus demandés et fait l'objet du plus grand soin, étant donné que la religion et les représentations dévotionnelles étaient indispensables à l'évangélisation et, plus tard, à la consolidation d'une société catholique où la religion était étroitement liée à l'État et au contrôle de la couronne.

Dès le XVIe siècle, la communauté des peintres et des autres artistes et artisans a réalisé un grand nombre d'images religieuses pour des particuliers, mais aussi pour des chapelles, des églises, des couvents et d'autres institutions religieuses ou civiles. Suivant les recommandations du Concile de Trente (1545-1563) les images religieuses devaient être inspirées par des textes approuvés par l'Église et représenter pour le culte un canal privilégié vers les principales dévotions chrétiennes. C'est ainsi que la période de la vice-royauté a vu élaborer des images picturales et sculpturales consacrées à des sujets bibliques, christologiques ou mariaux, allégoriques et bien sûr hagiographiques en lien avec les différents ordres religieux ou de l'Église séculaire. De la même manière, furent conçues des images dédiées à des cultes locaux ou régionaux davantage enracinés dans la société de la vice-royauté. Les ordonnances et les traités de cette période ont établi des normes, des critères techniques et iconographiques pour la réalisation des peintures et des sculptures de nature religieuse ainsi que pour les conditions de vente et les caractéristiques que les artistes et artisans devaient respecter.

On peut expliquer la présence d'Africains dans ces œuvres par la tradition chrétienne occidentale[3]. En effet, la représentation des divinités « noires » était courante dans les cultures égyptienne et grecque qui associaient la couleur noire à la fécondité. Sous la chrétienté, il s'est produit une rupture notable avec les idées de l'Antiquité. D'après Jan Nederveen Pieterse, dans les écrits de plusieurs Pères de l'Église des royaumes chrétiens d'Occident (non byzantins), la couleur noire a acquis des connotations négatives relatives à la maladie et à l'obscurité, jusqu'à se transformer en un signe associé au diable. Plus tard, cette

3. Jean Vercoutter *et al.*, *The Image of the Black in Western Art*, vol. 1, Cambridge, Londres, 1976, p. 9.

idée s'est accentuée lors de la confrontation entre l'Occident et l'Islam : on a alors associé la couleur noire aux musulmans, que de nombreuses images montraient torturant des chrétiens, voire le Christ durant la Passion[4].

Au cours du Moyen Âge, une image positive des Africains a refait jour, ce qu'on peut attribuer à l'influence chrétienne en Éthiopie et en Afrique du Nord. C'est alors qu'on a commencé à incorporer à l'iconographie certains saints d'origine africaine[5], parmi lesquels notamment saint Maurice, soldat romain d'origine africaine appartenant à la légion thébaine[6], et les fameuses vierges noires portant des éléments de la tradition alchimiste, qui, comme nombre de cultures antérieures, considéraient le noir comme un symbole de la terre et de l'origine[7]. Néanmoins, le danger que l'expansion de l'Islam en Afrique et en Europe représentait pour les chrétiens s'est incarné dans la relation au noir en tant que signe iconographique qui, selon la métaphore chrétienne, changeait les Éthiopiens en symboles du péché[8]. L'image des Africains s'est de plus en plus rapprochée de celles du démon, de la mort et de l'enfer, principalement à partir de la consolidation du pouvoir politique de la religion chrétienne et des incursions européennes en Afrique, continent considéré comme un territoire peuplé de sociétés primitives et sauvages, et surtout païennes. Le commerce des personnes réduites en esclavage a également exercé une influence sur la représentation des Africains par les Occidentaux. Selon Jan Nederveen Pieterse, les images des Africains ont été de plus en plus dépréciatives à partir du XVIIIe siècle[9]. C'est ainsi que la couleur noire,

---

4. Jan Nederveen Pieterse, *White on Black : Images of Africa and Blacks in Western Popular Culture*, New Haven/Londres, Yale University Press, 1992, p. 24-29.

5. Il est probable que, parmi d'autres, saint Felix l'Africain, originaire d'Afrique, fut incorporé au culte chrétien. Arrivé en Espagne pour évangéliser, il fut l'objet de persécution et mourut martyr en 304. Voir José M. Montes, *El libro de los santos*, Madrid, Alianza Editorial, 2001, p. 150. Il est intéressant de noter que ce saint n'était pas représenté avec la peau noire, probablement parce qu'il était originaire du nord de l'Afrique ou bien à cause des arguments exposés précédemment.

6. Saint Maurice est célèbre pour son refus de participer aux festivités païennes et pour avoir été sacrifié avec ses camarades de la légion thébaine sur ordre de l'empereur Maximilien à Agaunum, aujourd'hui Saint-Maurice, vers l'année 303. Voir Albert C. Sellner, *Calendario perpetuo de los santos*, Mexico, Hermes, 1995, p. 337-339. Son culte a pris de l'importance à partir du XIIIe siècle.

7. Jean Hani, *La virgen negra y el misterio de María*, Barcelone, Olañeta, 1992.

8. J. Vercoutter *et al.*, *The Image of the Black*, *op. cit.*, p. 14.

9. J. Nederveen Pieterse, *White on Black*, *op. cit.*, p. 28.

qui avait été, chez les Grecs et les Égyptiens, et encore sous la chrétienté, un symbole de la fécondité, de la fertilité et de la terre, a été progressivement associée au mal, au péché, au malheur et à la tristesse[10]. Un texte de Nouvelle-Espagne concernant mère Juana Esperanza de san Alberto, surnommée « la Morena » – la brune –, illustre une part de la contradiction concernant les attributs de la couleur noire au XVIIe siècle. Dans une métaphore, le chroniqueur de la vie de cette nonne de Puebla fait allusion au jais et affirme que selon Calepino : « Cette pierre précieuse, qui par sa couleur noire est méprisable et tenue pour rustique, à l'intérieur renferme et contient quelque chose de la divinité[11]. »

En général, à partir du XVe siècle, la présence d'Africains dans les images religieuses européennes et américaines se limite aux scènes de saints dans leurs missions d'évangélisation ou à des passages bibliques, telle la visite des Rois mages à la naissance de Jésus. Il est intéressant de noter que la représentation de Balthazar en Africain n'a guère été courante avant la fin du Moyen Âge, même si on en trouve quelques témoignages à partir du XIIe siècle. Certains théologiens ont associé sa présence dans l'iconographie au besoin de représenter symboliquement l'une des trois parties du monde alors connu (l'Europe, l'Asie et l'Afrique) dans l'hommage et l'adoration de celui qu'on considérait comme le rédempteur de l'humanité[12].

Jusqu'à présent, on ne connaît qu'un seul saint d'origine africaine à avoir été représenté et vénéré en Nouvelle-Espagne : saint Benoît le Maure, dont le culte s'est développé en Espagne, au Portugal et plus tard en Amérique. Enfant d'esclaves africains et probablement originaire de Nubie, il fut très tôt affranchi par son maître. On le dit né en 1526 et mort en 1589. Son hagiographie signale qu'il souffrit en sa jeunesse nombre d'humiliations, endurées dignement, à cause de la couleur de sa peau. Plus tard, il mena une vie d'anachorète et entra dans l'ordre des Franciscains de Palerme, en Italie, où il servit en tant que commis

10. Jean Chevalier et Alain Gheerbant, *Dictionnaire des symboles*, Paris, Robert Laffont, 1969, p. 537, cité par Marie-Cécile Bénassy-Berling, *Humanismo y religión en Sor Juana Inés de la Cruz*, Mexico, UNAM, 1983, p. 291.

11. José Gòmez de la Parra, *Fundación y primero siglo. Crónica del primer convento de carmelitas descalzas en Puebla, 1604-1704*, Manuel Ramos (introduction), Mexico, Universidad Iberoamericana, 1992, p. 309.

12. M. T. Velasco de Espinoza, « Nacimiento e infancia de Cristo », dans Elisa Vargas Lugo (dir.), *Juan Correa, su vida y su obra. Repertorio pictórico*, t. IV, 1re partie, Mexique, UNAM, 1994, p. 109.

de cuisine, mais c'est surtout son activité de guérisseur[13] qui le fit connaître. Dans plusieurs régions d'Amérique du Sud, saint Benoît est devenu le patron des personnes asservies et, en Nouvelle-Espagne, divers groupes sociaux et culturels lui vouaient un culte. À Mexico, il était le patron d'une confrérie de Noirs et de mulâtres réunie en l'église Santa María la Redonda, fondée en 1599, transférée plus tard au couvent San Francisco sur décision du vicaire Luis Sifuentes[14]. On sait également que des régions comme celle de Veracruz ont abrité des confréries révérant ce même saint et que des localités et des villes telles que Puebla, San Miguel de Allende, Zacatecas, Saltillo, parmi bien d'autres, vénéraient saint Benoît[15].

Le saint d'Éthiopie figurait souvent un crucifix dans une main et un cœur embrasé dans l'autre. Parfois une houe, ou autre outil horticole, s'ajoutait à ses attributs en manière d'allusion à la vie qu'il avait connue en sa jeunesse. Dans la plupart des images conservées, saint Benoît est représenté dans une robe brune, le cordon franciscain noué à la taille, mais son origine africaine n'est perceptible que par la couleur de sa peau et ses cheveux frisés, les traits de son visage étant généralement occidentaux. Nombre de sujets religieux semblaient intégrer une idée répandue, de plus en plus présente depuis la Renaissance, selon laquelle les traits occidentaux étaient les prototypes suprêmes de la beauté et les mieux appropriés pour exprimer les caractéristiques spirituelles des saints, ou que la sainteté permettait de transformer les traits phénotypiques de personnes qui, malgré leur couleur de peau, par leur vie exemplaire et leur mission, avaient obtenu la reconnaissance de l'Église[16]. La présence dans l'iconographie chrétienne de saint

13. Juan Ferrando Roig, *Iconografía de los santos*, Barcelone, Omega, 1950, p. 59-60.
14. Alicia Bazarte-Martìnez, *Las cofradías de españoles en la ciudad de México (1526-1869)*, Mexico, UNAM, 1989, p. 42-43.
15. Dans sa thèse de doctorat Marlen Chapot a étudié toutes les images de saint Benoît le Maure en Nouvelle-Espagner : *Iconografía y culto de San Benito de Palermo en Nueva España (siglos XVI-XVIII)*, thèse de doctorat en histoire de l'art, Mexico, août 2019, UNAM.
16. Ces idées sont toujours d'actualité, comme en témoigne la prière pour saint Benoît qui, avec l'approbation de l'Église, est vendue à la boutique de la Cathédrale métropolitaine de la ville de Mexico. Elle dit : « [...] saint Benoît, le très glorieux, habitant béni de la ville sainte de Jérusalem et noble républicain de cette cour. Comme tu t'es bien vengé de la nature vu le peu de faveur qu'elle te fit en te donnant cette couleur au visage ; tu t'es entièrement refusé à ses inclinaisons et appétits et te jouant de ses tentatives tu as su embellir ton âme de beautés meilleures que la grâce... », prière dédiée à saint Benoît le Maure, car. I-71, Mexico, mars, 2001.

Benoît et, ultérieurement, de saint Martin de Porrès, américain, correspond également à la nécessité d'incorporer des Africains à la vie religieuse, alors que le commerce d'esclaves depuis le continent africain vers l'Europe et l'Amérique se développait. De plus, on considérait que saint Benoît et, plus tard, saint Martin avaient, entre autres vertus, celle d'avoir accepté humblement leur condition d'infériorité, condition imposée par leur « couleur de peau » et par la servitude. Le culte voué à saint Benoît le Maure semble avoir cédé plus tard la place à celui de saint Martin de Porrès, dont la diffusion a eu une certaine importance au XIXe siècle au Mexique[17].

Une sainte africaine a également été vénérée durant la période de la vice-royauté au Mexique : sainte Iphigénie ou Éphigénie, dont le culte a été présent dans certains pays de l'Amérique centrale et du Sud tels le Salvador, le Pérou et le Brésil[18]. On a identifié plusieurs images picturales de sainte Iphigénie, dont l'origine est encore incertaine. Dans l'une d'entre elles, probablement de facture indigène compte tenu du dessin, celle-ci apparaît représentée les mains et le visage peints en noir, accompagnée d'un crucifix et d'un monogramme carmélite[19]. Une autre peinture, au dessin plus élaboré, la montre portant une couronne et soutenant la palme du martyre et le crucifix ; compte tenu de son format et de sa taille, l'œuvre a probablement appartenu à un autel de chapelle domestique. Une troisième peinture faisait partie d'un retable (ill. 1). La représentation de la sainte obéit à son hagiographie selon laquelle Iphigénie était une reine d'Éthiopie évangélisée par saint

17. Saint Martin de Porrès est un saint important dans certaines régions et au Pérou en particulier, d'où il est originaire. Né en 1579, il est le fils illégitime de Juan de Porrès et d'Ana Velázquez, femme noire. Lorsqu'il voulut prendre l'habit des prêcheurs de saint Dominique, il fut confronté à des obstacles à cause de sa couleur de peau et de sa naissance illégitime ; néanmoins, grâce aux recommandations de son père, homme puissant et très influent, il fut finalement accepté. Il se fit connaître par ses miracles en tant que guérisseur et par ses manières humbles et délicates avec les animaux. Voir J. M. Montes, *El libro…*, *op. cit.*, p. 266.

18. Dans *Mujeres de origen africano en la capital novohispana, siglos XVII y XVIII* (Mexico, Instituto Nacional de Antropología e Historia, UNAM, 2006), j'affirme à tort qu'il s'agit de sainte Cyrielle. De nouvelles recherches ont démontré qu'en réalité il s'agissait de sainte Iphigénie, voir : Rafael Castañeda et Bernard Vincent, « Las representaciones de santa Ifigenia en las monarquías ibéricas, siglos XVII-XVIII », *Atlante. Revue d'études romanes*, n° 15, 2021 (en ligne).

19. Cette œuvre a été présentée dans une exposition de la Pinacothèque de la vice-royauté du INBA en 1995 et elle est présente dans le catalogue : Virginia Armella de Aspe, *Testimonios artísticos de la Evangelización*, Mexico, Grupo Gutsa, 1995.

Matthieu. Connue comme impératrice d'Éthiopie, ses attributs sont, entre autres, une église en flammes, l'habit de carmélite, la couronne posée au sol comme symbole de renoncement et un crucifix tenu dans la main. Enfin, sainte Iphigénie figure également sur des tableaux de dévotion aux côtés d'autres saints tels saint Antoine, saint Isidore le Laboureur et la vierge de Guadalupe.

Ill. 1. Anonyme, *Representación novohispana de Santa Ifigenia*, huile, début du XIXe siècle, collection privée. Photo : Toumani Camara Velázquez.

Un cas singulier, digne d'être mentionné pour sa manière de représenter des images religieuses aux traits d'origine africaine, est celui des angelots et de l'Enfant Jésus dans les œuvres de Juan Correa, œuvres largement étudiées par Elisa Vargas Lugo[20]. La chercheuse a montré que plusieurs angelots et chérubins, ainsi que certains Enfants Jésus de ce peintre, présentaient des traits peu conventionnels pour la peinture hispanique et néohispanique élaborée jusqu'à alors.

20. E. Vargas Lugo, « Angelitos y querubines », dans id. (dir.), *Juan Correa*, *op. cit.*, p. 37-42.

D'après Elisa Vargas Lugo, Juan Correa a été le premier peintre à incorporer à la peinture mexicaine du XVIIe siècle des visages natifs de « couleur mêlée » comme faisant partie de la réalité sociale de la Nouvelle-Espagne[21] et un des premiers à s'éloigner du type d'angelot rubicond qui abondait dans les œuvres d'autres peintres néohispaniques l'ayant précédé, en adoptant des figures enfantines plus réalistes et charnelles, plus proches de son sentiment pictural du baroque mais aussi de sa condition de « mulâtre[22] ». Une peinture intitulée *Niño Jesús con ángeles músicos* [Enfant Jésus aux angelots musiciens] de la collection du Museo Nacional de Arte de México attire l'attention. Inspiré par (et presque identique à) une œuvre du peintre tchèque Václav Hollar datée de 1645, qui se trouve aujourd'hui à la National Gallery de Prague, Juan Correa donne dans ce tableau une couleur plus sombre à deux des angelots qui composent la scène. La couleur de peau de l'un d'entre eux, situé précisément derrière l'enfant Jésus, tranche avec la peau blanche du protagoniste de la scène ; l'autre, situé tout à fait à gauche, et jouant curieusement de deux tambours, semble lui aussi se détacher des autres par un teint proche de celui des mulâtres (ill. 2).

Ill. 2. Juan Correa, *El niño Jesús con ángeles músicos*, XVIIIe siècle, huile sur toile, Museo Nacional de Arte.

Dans les ex-voto ou les retables de gratitude, œuvres de remerciement à caractère religieux, on apprécie également la représentation

21. Id., « Juan Correa », dans *Memorias del coloquio « El arte en tiempos de Juan Correa »*, Mexico, Museo Nacional del Virreinato, INAH, 1994, p. 180.
22. *Ibid.*, p. 40.

de la vie quotidienne de Nouvelle-Espagne et la participation des femmes d'origine africaine. Tel est le cas d'un ex-voto de 1740, conservé au Museo de la iglesia de la Soledad à Oaxaca, qui illustre les événements subis par une famille de cette ville lors d'un séisme nocturne[23]. La légende et les représentations en trois actes narrent les menus détails du drame lors duquel Doña Inés de Barrios, enceinte, et sa fillette se trouvèrent ensevelies sous les décombres d'une toiture et d'une corniche qui s'étaient effondrées sur elles. Selon le récit, en sentant le poids de ces gravats sur son corps, Doña Inés invoqua notre très sainte Dame de la Solitude et parvint à résister au poids qui l'écrasait. Elle émit quelques sons qui, s'ajoutant aux voix des employées, permirent à son mari et à un voisin de les secourir, elle et l'enfant. Toutes deux, malgré les meurtrissures et les blessures, guérirent ; même mieux, quelque temps plus tard, Doña Inés accoucha d'un enfant parfaitement sain et sans lésion. Sur l'ex-voto, on le voit sous l'image de la vierge de la Solitude, en guise de remerciement. Cet ex-voto de la ville d'Oaxaca témoigne du rôle que les femmes d'origine africaine ont joué en tant qu'employées domestiques, comme nourrices par exemple. Sur l'image, on voit des femmes d'origine africaine portant des enfants, en étroite relation avec la vie quotidienne de la maîtresse de maison. Cette proximité permet, comme le montre la première image, qu'une des employées sorte portant un enfant dans les bras et que, comme l'explique la légende, les autres crient pour qu'on vienne porter secours à Doña Inés. Leur intégration dans la légende ainsi que dans l'image du bas, où la servante constitue presque le sujet de l'ex-voto – allusion à un accident que l'une d'elles a subi et dont elle n'a pu se remettre que grâce à l'intervention de la vierge de la Solitude –, témoigne de l'importance de leur fonction et de la reconnaissance de leurs maîtres à leur égard.

Représentations profanes : paravents, toiles et œuvres picturales

Depuis le XVIe siècle on produisait en Nouvelle-Espagne des œuvres picturales à caractère profane comportant une dimension historique. Des sujets comme des allégories géographiques ou des réceptions officielles, de vice-rois ou d'autres personnalités, furent en vogue au cours

23. *Ibid.*, p. 143.

du XVIIe siècle sous l'influence du baroque espagnol et des apports locaux du néohispanisme. À partir du XVIIIe siècle, les représentations de paysages urbains, les monuments publics et les almanachs faisant allusion à des événements et des célébrations deviennent courants. Ces motifs sont reproduits sur des paravents, des toiles et autres matériaux, sur commande notamment de fonctionnaires civils et de religieuses ou de familles aisées, pour la plupart des Espagnols souhaitant laisser un témoignage sur certains événements marquants dans le but de donner à voir hors du pays les caractéristiques de la terre américaine. Nombre de ces peintures représentent les divers groupes sociaux et culturels de la société de la vice-royauté, parmi lesquels ceux d'origine africaine, ainsi que les activités commerciales, les promenades, les festivités, les coutumes et les particularités de la vie quotidienne à Mexico et dans d'autres régions.

Les paravents d'origine orientale ont été introduits en Nouvelle-Espagne grâce au commerce avec l'Asie. Des artisans locaux ont commencé à les confectionner dans divers matériaux comme le cuir et le bois, en usant de différentes techniques de décoration : dorure, peinture à l'huile, laque et incrustations de nacre. Les paravents avaient une fonction décorative et étaient placés dans différentes pièces de la maison, tels les chambres à coucher, les salles de séjour et les salons de réception. Connus également sous le terme de « *rodaestrado* », parce qu'ils « entouraient [rodar] l'estrade [estrado] », certains paravents représentaient des sujets historiques ou allégoriques où étaient présents Africains et Africaines. C'est le cas du paravent attribué à Juan Correa, peint à l'huile sur toile, où, sur l'endroit, figurent des allégories géographiques continentales, personnifications de l'Europe, de l'Asie, de l'Amérique et de l'Afrique. Les images de ce paravent, qui fait partie de la collection Citibanamex, ont été inspirées[24] par des gravures allégoriques françaises, qui elles-mêmes trouvent leur source dans d'autres peintures européennes, même si, comme il était d'usage, des critères locaux et sans doute certaines intentions personnelles de l'auteur ont été intégrés à la conception de l'ouvrage. À côté des autres continents apparaît l'Afrique, représentée par un couple personnifié par des figures idéalisées de rois ou d'empereurs, tradition courante depuis le XVIe siècle[25].

24. Elena Isabel de Gerlero, « Pavana en un biombo de las Indias », dans E. Vargas Lugo (dir.), *Juan Correa*, *op. cit.*, p. 491.
25. *Ibid.*, p. 504.

Dans une étude approfondie sur les antécédents et l'iconographie de ce paravent, Elena Estrada de Gerlero relève que la manière dont ont été traitées les figures africaines n'est pas cohérente avec les iconographies traditionnelles où les femmes et les hommes sont associés à une nudité partielle et à d'abondantes parures de plumes. D'après la chercheuse, les habits des monarques africains peints sur ce paravent semblent faire référence aux Africains musulmans du Nord plutôt qu'à ceux du Sud du Sahara[26]. Quoi qu'il en soit, on peut remarquer le luxe de ces vêtements, qui rivalise ou du moins égale celui affiché par les représentants de l'Europe. Selon la chercheuse, cela pourrait être l'indice de la partialité dont fait preuve un peintre mulâtre pour représenter des personnes de son groupe. On sait que plusieurs peintres néohispaniques étaient d'origine africaine, comme Arellano, et ont produit ce type de représentations. En tout cas, cette image insiste sur leur égalité face aux autres sociétés du monde, comme une donnée de la réalité vécue en Nouvelle-Espagne.

Plusieurs paravents exposent des sujets profanes – célébrations, promenades ou festivités – où femmes et hommes d'origine africaine sont représentés comme partie intégrante de la diversité culturelle de la vice-royauté. Entre autres paravents, on peut voir sur celui du Museo de América plusieurs femmes d'origine africaine dans la ville de Mexico. Dans le panneau central, à côté de la fontaine et près d'un étal à la toiture en bardeaux, on reconnaît une « Noire », probablement libre, blanchisseuse de métier, vu le panier qu'elle porte sur sa tête, située non loin d'une indigène avec laquelle elle semble discuter. À côté d'elles, une autre femme achète à un jeune homme d'origine africaine diverses graines, activité qui dévoile la participation des Africains à la vente de produits ainsi que la cohabitation entre différents groupes culturels et sociaux. À côté de ce groupe, l'image d'une autre « Noire » attire notre attention : elle porte sur la tête un récipient et semble discuter avec le commerçant propriétaire de l'étal. L'Africaine, par sa coiffure et sa prestance, exprime sans aucun doute possible les formes culturelles féminines caractérisant ces femmes dans leur manière de marcher et de porter des objets.

Dans la scène peignant une allée, on observe plusieurs femmes d'origine africaine. Deux d'entre elles, l'une « noire » et l'autre « mulâtre », apparaissent derrière deux femmes aisées, certainement mère et fille, qui se promènent, luxueusement parées, portant

26. *Ibid.*

d'immenses robes à paniers, vêtement à la mode au XVIIe siècle. Les femmes d'origine africaine qui accompagnent ces dames dans leur promenade sont probablement des femmes asservies. Cette scène rappelle une observation de Thomas Gage au XVIIe siècle : « Les dames sont suivies de leurs belles esclaves qui marchent à côté du carrosse magnifiquement vêtues [...] et leurs visages, au milieu de robes si riches et des mantilles blanches, ressemblent, comme dit l'adage espagnol, à des "mouches dans du lait"[27]. »

Les images de ces paravents témoignent de la présence d'Africaines et d'Afro-descendantes, aussi bien esclaves qu'affranchies, dans plusieurs activités, comme la vente de nombreux produits. Ces représentations reflètent également la cohabitation quotidienne entre les divers secteurs sociaux qui composaient la société de la capitale de la Nouvelle-Espagne, lesquels ont rendu possible des échanges culturels étroits et complexes.

Certaines femmes d'origine africaine figuraient dans d'autres œuvres de la ville de Mexico, sur les carreaux de faïence qui décoraient les maisons de familles aisées. On peut l'observer par exemple dans la maison ayant appartenu jusqu'en 1750 à Hernando de Ávila et à sa femme, Jerónima de Sandoval, *calle* de Monterilla, aujourd'hui *calle* 5 de Febrero, au centre de Mexico. Dans les panneaux qui représentent Señora Jerónima et ses employés, des femmes et des hommes d'origine africaine, se détache un laquais « noir » portant un élégant justaucorps, une culotte et des bas ajustés. On observe également une « Noire » aux vêtements moins luxueux, occupée à des tâches de blanchisseuse et une autre femme habillée de manière plus recherchée. Selon la chercheuse Leonor Cortina, la maîtresse de maison a peut-être voulu faire peindre son portrait et ceux de ses nombreux employés pour montrer sa position économique[28]. Cependant, il me semble que ces images, de grand format et de bonne facture, témoignent aussi de l'estime en laquelle les maîtres tenaient leurs employés et du prix qu'ils leur accordaient.

Le nombre de représentations de la population d'origine africaine semble diminuer dans les premières décennies du XIXe siècle ; pourtant des recherches en ont identifié dans des gravures, des huiles et des

27. Thomas Gage, *Nuevo reconocimiento de las Indias Occidentales*, Mexico, Fondo de Cultura Económica (SEP/80), 1982, p. 188.
28. Leonor Cortina, « La dama de los azulejos », *Revista Artes de México*, *op. cit.*, p. 56.

lithographies[29]. Les descendants d'Africains continuaient de représenter un pourcentage élevé de la société néohispanique. Comment dès lors expliquer leur absence soudaine dans les œuvres picturales de cette période, beaucoup d'entre elles étant des scènes de mœurs ? Vers le milieu du XVIIIe siècle, au Mexique, il y eut une volonté politique et idéologique de nier la participation de la population d'origine africaine à la vie culturelle, économique et sociale, ce qui à l'époque eut des répercussions sociales qui, d'une certaine façon, sont encore sensibles aujourd'hui. Les œuvres picturales du XIXe siècle semblent avoir reflété les idées des conservateurs et des libéraux, soucieux d'exalter un passé préhispanique et de louer une société formée seulement par deux « grandes civilisations » : l'espagnole et l'indigène.

Un genre pictural singulier : les peintures de castes ou de métissage

Dès les dernières décennies du XVIIe siècle, les peintres recevaient des commandes d'œuvres, sur toile ou sur paravent, destinées à montrer les caractéristiques de la capitale de la vice-royauté et de ses habitants afin que la ville fût reconnue comme l'une des plus importantes du continent américain. Cependant, au XVIIIe siècle, comme le signale María Concepción García Sáiz, on a vu en Nouvelle-Espagne la représentation générique de la ville et de ses habitants décliner au profit d'une représentation individualisée de ces derniers, sous la forme de groupes familiaux aux origines culturelles clairement précisées – sujets des fameuses peintures de castes[30].

Sans aucun doute, les peintures de castes ou de métissage sont aujourd'hui les représentations les plus riches, d'un point de vue thématique et pictural, sur lesquelles on puisse compter pour analyser divers aspects de la vie quotidienne au XVIIIe siècle. Bien qu'idéalisées

---

29. Voir María Dolores Ballesteros Páez, *De castas y esclavos a ciudadanos : las representaciones visuales de la población capitalina de origen africano del período virreinal a las primeras décadas del México independiente*, mémoire de maîtrise d'histoire moderne et contemporaine, Mexico, Instituto de Investigaciones Dr. José María Luis Mora, 2010 et M. E. Velázquez, *La huella negra en Guanajuato : retratos de Afrodescendientes, siglos XIX y XX*, Mexico, Ediciones La Rana, 2007.
30. María Concepción García Sáiz, « El desarrollo artístico de la pintura de castas », dans Ilona Katzew (dir.), *New World Orders. Casta Paintings and Colonial Latin America*, New York, Americas Society Art Gallery, 1996, p. 119.

Ill. 3. Anonyme, *Cuadro de castas* [peinture de castes], XVIIIe siècle, huile sur toile, Museo Nacional del Virreinato.

et par moments éloignées de la réalité néohispanique, ces peintures révèlent les préoccupations idéologiques et sociales de cette période, et en particulier l'obsession de classifier et d'ordonner le monde naturel et social des habitants de la Nouvelle-Espagne selon de nouveaux critères naturalistes et suivant les idées des Lumières. Une grande partie de ces peintures constituent des séries de seize toiles représentant autant de scènes différentes, mais certains tableaux sont eux-mêmes divisés en plusieurs cases (ill. 3). Chacune de ces scènes intimes, quotidiennes et domestiques, plus citadines que rurales, montre un couple de certaine « qualité », accompagné d'un ou de deux enfants. Sur la plupart de ces vignettes, on peut observer une inscription qui dénomme de manière progressive les groupes considérés, en commençant par les « plus purs » pour terminer par les groupes les plus métissés.

À travers caractères, couleurs, goûts et abus d'une société diverse et hétérogène, les peintures de castes sont un filon riche et profond pour étudier la vie quotidienne, et notamment analyser la contribution de la population féminine d'origine africaine à la vie du Mexique de la vice-royauté. Ces « portraits » sont l'une des seules sources visuelles qui nous permette de nous approcher d'une identification et d'une reconstitution du monde de ces femmes et, surtout, de la manière dont elles étaient vues par la société de leur temps.

Selon García Sáiz, l'apparition des peintures de castes est liée au changement de dynastie que constitua l'entrée des Bourbons dans la monarchie espagnole en 1700. Il est possible que la définition de ce genre trouve sa source dans les commandes passées par le vice-roi, le duc de Linares, à un peintre de la famille Arellano[31], comme en témoigne l'œuvre la plus ancienne connue aujourd'hui, datée de 1711, qui représente sur deux toiles un couple de « mulâtres ». Néanmoins, comme le signale Elena Isabel Estrada de Gerlero, le genre pictural des castes néohispaniques n'a connu son plein essor que bien après le début du règne des Bourbons en Espagne, essor coïncidant avec les effets des Lumières et des politiques du nouveau gouvernement[32]. Ainsi,

31. Plusieurs générations de peintres de la famille Arellano semblent avoir été actives durant le XVIIIe siècle. Il est très probable que, comme d'autres, ils aient été des « mulâtres », tel Juan Correa.

32. E. I. Estrada de Gerlero, « La representación de los indios gentiles en las pinturas de castas novohispanas », dans I. Katzew (dir.), *New World Orders*, *op. cit.*, p. 124.

comme l'affirme Roberto Moreno de los Arcos, la conception de ces œuvres a répondu à des motivations internes de créoles, de métis ou d'autres groupes sociaux, soucieux de recouvrer et de montrer en dehors du territoire ce qui leur appartenait en propre, répondant à la curiosité pseudo-scientifique de la période[33].

Un exemple de l'influence rationaliste et scientifique de ces peintures de castes est la classification complexe des différentes « qualités » de la société néohispanique. Il est intéressant qu'aucune de ces œuvres ne véhicule la notion de « race », alors que celle-ci commençait à exercer une certaine influence dans les discours scientifiques et politiques de l'époque, associée à des termes évoquant la couleur, la nationalité, le pourcentage de sang ou le lexique populaire, souvent éloignés de la terminologie de l'époque. Les classifications de ces peintures répondaient aux critères de la nouvelle science du XVIIIe siècle qui rebaptisait le monde naturel et social à l'aide de nouvelles nomenclatures taxinomiques.

Dans nombre de ces œuvres sont formulés des jugements qui associent les groupes les plus métissés, les personnes les moins éduquées et les plus vulnérables aux vices et aux mauvaises habitudes. On sait que des mises en garde et des critiques à l'égard des « risques » que représentaient les échanges sociaux et culturels, notamment avec la population d'origine africaine, avaient été formulées dès le XVIe siècle ; néanmoins, ces préjugés acquièrent de nouvelles connotations au cours du XVIIIe siècle, comme en attestent des images ainsi que les commentaires de nombreux chroniqueurs, dont ceux du capucin Francisco de Ajofrín : « [...] Avec la venue de différentes castes de gens pour peupler les Indes, il est résulté des générations diverses, lesquelles, toutes mélangées, ont corrompu les mœurs dans le peuple... *lobos*, *cambujos* et *coyotes* [noms donnés à divers métissages] sont gens barbares aux mœurs étranges[34][...]. »

Ajofrín et d'autres chroniqueurs de l'époque ont laissé leur témoignage quant aux différentes générations de néohispaniques,

33. Roberto Moreno de los Arcos, « La ilustración mexicana », dans M. C. García Sáiz, *Las castas mexicanas : un género pictórico americano*, Mexico, Olivetti, 1989, p. 19.
34. Francisco de Ajofín, *Diario del viaje que hizo a la América en el siglo XVIII el padre fray Francisco de Ajofrín*, Mexico, Instituto Cultural Hispano Mexicano, 1964, p. 59-60.

selon les classifications employées par les peintures de castes, et ont mis en avant la supériorité du « sang » espagnol, sur les caractéristiques « propres » de la nation indigène et sur le caractère « morne » et « méprisable » des Noirs. En outre, ils ont souligné les risques qu'il y avait à se mélanger à la population d'origine africaine, dont le sang, pensait-on, ne pouvait être purifié. Il est bien connu que la notion de « race » dans une interprétation biologique et culturelle a permis de « justifier » l'essor du commerce d'esclaves dans d'autres régions d'Amérique à partir du XVIIIe siècle et a servi à critiquer le désordre familial, la mobilité économique et sociale comme les échanges culturels dans une société néohispanique qu'il était indispensable de réguler. Faisant part de cette diversité socioculturelle, les femmes d'origine africaine sont toujours présentes dans les peintures de castes. Elles s'y distinguent, d'après l'analyse réalisée ici, des autres femmes par certains attributs qui seront examinés plus loin.

Le costume

Dès le XVIe siècle, l'habillement fut l'un des symboles permettant de distinguer les différences sociales et surtout l'origine noble, de haut rang ou de « bonne naissance ». Le vêtement exprimait des comportements sociaux et était utilisé pour exalter la position sociale, promouvoir la séduction entre les sexes et exprimer la censure morale à l'encontre du corps. Le vêtement, comme l'affirment Antonio Rubial et Gustavo Curiel, utilisé comme ornement, protection ou instrument de pudeur, modifie l'apparence, laquelle était réglementée davantage par la coutume que par les interdictions officielles, tout comme les gestes, les attitudes et les postures[35].

Les peintres de tableaux de castes ont pris soin de représenter l'habillement des sujets de la Nouvelle-Espagne en opérant des distinctions quant aux modèles, aux accessoires ou aux parures, en fonction de la « qualité ». Néanmoins, dans un nombre important de ces œuvres, les différentes castes se voient dotées de costumes luxueux dans le but de montrer de manière idéalisée la richesse de

35. Antonio Rubial García et Gustavo Antonio Curiel Mendez, « Los espejos de lo propio : ritos públicos y usos privados en la pintura virreinal », dans le catalogue de l'exposition *Pintura y vida cotidiana en México 1650-1950*, Mexico, Fomento Cultural Banamex/Conaculta, 1999, p. 50.

la vice-royauté à ceux qui n'y résident pas. Femmes indigènes portant *huipiles* minutieusement tissés et bijoux de prix, Espagnols et créoles vêtus de justaucorps et coiffés de perruques à la mode de France, aristocrates arborant la longue cape espagnole et le chapeau à larges bords comme symboles de leur noblesse, Noirs à riches livrées ou mulâtresses élégamment habillées, avec colliers de perles et *sayas* à agrafes d'argent, semblaient montrer un monde qui, bien que hiérarchisé, vivait dans le luxe et l'opulence. Le soin de distinguer la qualité par le biais de l'habillement n'avait pas attendu les directives et ordonnances concernant la manière de se vêtir. Dès la fin du XVIIe siècle, Agustín de Ventacurt écrivait, dans son *Traité de la ville de Mexico*, que les habitants de la ville se signalaient par l'élégance de leur tenue.

> Et au vrai, la beauté de la cité réside dans ceux qui la peuplent par l'élégance et le soin qui ornent leurs personnes ; les Espagnols y passent les huit mille, et vingt mille les femmes dont elle abonde, de toutes conditions, dont la grâce excède encore la mise ; et les plus pauvres possèdent perles et bijoux qui la composent ; se tient pour infortunée celle qui n'a pas son petit joyau d'or pour les jours de fête, et rares sont les maisons où il n'y ait pas quelque vaisselle d'argent qui serve à la table. On compte des milliers de nègres, de mulâtres, de métis, d'indiens et d'autres mélanges qui emplissent les rues, de la plèbe en grand-foule, et comme dit Arias de Villalobos dans son *Mercurio* :
> *Si grand nombre d'esclaves négrillons,*
> *Des milles et des cents, et aucun bon*[36]*...*

Viera, pour sa part, dans la seconde moitié du XVIIIe siècle, attirait lui aussi l'attention sur l'habillement qui caractérisait les habitants de la ville de Mexico où : « [...] l'homme le plus décent et de la même manière ostentatoire se présentent leurs femmes qui, par leur tenue, ne se distinguent point des plus grandes dames », et soulignait plus loin : « C'est merveille que de les voir à l'église ou à la promenade, de sorte que fort souvent l'on peine à savoir laquelle est l'épouse du comte et laquelle celle du tailleur »[37].

---

36. Agustín de Vetancurt, « Tratado de la ciudad de México y las grandezas que la ilustran después que la fundaron españoles », dans *La ciudad de México en el siglo XVIII (1690-1780) : tres crónicas*, prologue de A. Rubial García, Mexico, Consejo Nacional para la Cultura y las Artes, 1990, p. 46-47.
37. Juan de Viera, *Breve y compendiosa narración de la ciudad de México (1777)*, Mexico, Instituto Mora de Investigaciones Históricas (El Tiempo Vuela), 1992, p. 95.

Dès le milieu du XVIIe siècle, plusieurs chroniqueurs ayant visité la ville de Mexico s'étaient scandalisés de l'accoutrement des femmes d'origine africaine. Dans la majorité des cas, le vêtement des femmes noires et mulâtres était lié à la position sociale de leur compagnon. Ainsi, dans les tableaux de castes, les femmes accompagnées d'Espagnols portent-elles généralement des tenues d'une certaine élégance ou des bijoux évoquant la position économique et la qualité de leur conjoint, tandis que celles unies à des représentants d'autres groupes apparaissent presque toujours dans des habits moins luxueux et parfois sans parure. Cependant, sur diverses toiles, en dépit de leur position économique ou sociale, les Africaines et leurs descendantes montrent une *saya* noire qui les distingue, et dans bien des cas, des bijoux, colliers, boucles d'oreilles, bracelets et autres ornements dans leurs cheveux et sur leurs vêtements, qui offusquèrent tant des voyageurs comme Thomas Gage, Gemelli Carreri ou, près d'un siècle plus tard, Francisco de Ajofrín.

Il est difficile de préciser à quel moment et pour quelles raisons les Africaines et leurs descendantes ont commencé à utiliser la *saya de embrocar* – « sorte de basquine ouverte sur les côtés, qui se passe par la tête et recouvre partiellement les épaules » selon le *Diccionario castellano* de 1788 – grise ou noire, qu'elles avaient coutume d'attacher à leurs épaules par des rubans ou des agrafes d'argent. Sans doute à partir du milieu du XVIIe siècle, cet élément de costume s'est diffusé pour distinguer les femmes d'origine africaine des indigènes, métisses, Espagnoles et créoles qui, elles, en utilisaient d'autres comme le châle, la cape ou la mantille. Les différentes lois et ordonnances ayant tenté de réglementer l'usage de certaines pièces d'habillement selon la qualité sociale peuvent expliquer l'usage de ce type de *saya*, mais il est également possible que la recréation culturelle au sein des groupes en soit à l'origine. Ce qui est certain, c'est que les diverses images ornant paravents et autres toiles, aussi bien que les tableaux de castes et les chroniques, en ont souligné l'emploi, en particulier au début du XVIIIe siècle : il s'agit d'un vêtement caractéristique qui différenciait celles qui le portaient[38].

38. Il existe des références sur ce type de *saya* chez les femmes berbères d'Afrique du Nord qui devraient aussi susciter des recherches.

Ill. 4. *Diseño de mulata, hija de negra y español*, attribué à Manuel Arellano, 1711, huile sur toile, Museo de Denver, Collection de Jan y Frederick R. Mayer.

La plus ancienne toile appartenant au genre de la peinture de castes, datée de 1711 et signée d'un membre de la famille Arellano, représente justement une mulâtresse de Mexico, comme l'atteste la légende qui l'accompagne : « Portrait d'une mulâtresse fille de négresse et d'Espagnol en la ville de Mexico, Capitale de l'Amérique, le 22 du mois d'août 1711 » (ill. 4). Sur cette extraordinaire image, appartenant à la collection de Jan et Frederick Mayer conservée à Denver, la mulâtresse de la capitale vice-royale porte une tenue composée de *mangas* larges, d'un chemisier à dentelles qui dépasse et de la fameuse *saya* de couleur grise qui semble désagrafée et d'où pendent des rubans rouges. Le luxe de son costume est complété par un haut collier de plusieurs rangs de perles, des bracelets et des pendants d'oreille, de perles eux aussi, ainsi qu'un foulard de dentelle noué autour de ses cheveux frisés. Cette œuvre, comme le signale María Concepción García Sáiz, faisait pendant à une autre toile aujourd'hui disparue, représentant un mulâtre occupé à priser du tabac tiré d'une petite boîte, et où apparaissait aussi la figure du fils monté sur un cheval de bois[39]. À n'en pas douter, l'œuvre témoignait d'un évident intérêt à montrer l'importance des mulâtresses à Mexico et à souligner le luxe et l'extravagance de leur mise. Dans la série réalisée par Miguel Cabrera se détache également une mulâtresse unie à un Espagnol, qui, même si elle ne porte pas de bijoux, arbore comme les autres femmes une *saya* de couleur similaire à celle du portrait peint par Arellano, mais retenue par des agrafes, une jupe ornée de motifs floraux et la mouche tant à la mode à cette époque.

Les femmes d'origine africaine unies à des Espagnols ne sont pas les seules à figurer sur ces toiles vêtues d'un costume si distinctif. Des mulâtresses accompagnées de représentants d'autres groupes ont également été représentées dans cette même tenue, comme l'atteste une toile du XVIIIᵉ siècle montrant une famille formée d'un *samaigo* (fils de *zambo* – descendant d'un Noir et d'une Indienne), d'une mulâtresse et d'un *canilajo*. La femme, au côté de son conjoint monté sur un cheval, arbore une *saya* noire à agrafes peut-être d'argent, d'où émergent de larges manches à dentelle. L'habillement de cette femme ne correspond pas nécessairement au niveau social de son conjoint : il est possible, comme le signale Ilona Katzew, que le peintre ait eu l'intention de montrer le luxe et l'abondance dont jouissaient les sujets de la Nouvelle-Espagne.

Une autre œuvre anonyme de 1780, appartenant à la collection de Malú et Alejandra Escandón, de Mexico, montre également l'usage de la *saya*. Le tableau reproduit une scène peu commune : celle de l'union d'un mulâtre et d'une Espagnole accompagnés de leur fils *morisco* (quarteron). Le couple élégant est occupé à jouer aux cartes pendant que le fils s'approche, porteur de deux tasses de chocolat pour ses parents. Dans la scène, l'attention est attirée par la figure d'une femme noire ou au moins de même teint que le marié, qui, occupant une place centrale dans la composition, marche vers le groupe, vêtue d'une belle robe à fleurs et de la même *saya* noire que les autres femmes d'origine africaine, mais qui cette fois couvre la tête, comme l'avait décrit en termes indignés Gemelli Carreri dans un passage de son journal, vers la fin du XVIIᵉ siècle :

« [...] les métisses, mulâtresses et négresses qui forment la majeure partie de la population, ne pouvant user de la cape ni se vêtir à l'es-

39. M. C. García Sáiz, « El desarrollo artístico de la pintura de castas », *op. cit.*, p. 119-120.

pagnole, et dédaignant le costume des indiens, vont par la ville accoutrées de manière extravagante, d'une sorte de jupon passé en travers du dos ou leur couvrant la tête comme un châle, ce qui les fait paraître comme autant de diables[40]. » Bien que ce chroniqueur mentionne que ledit vêtement est également en usage chez les métisses, on ne trouve pas, tout au moins dans les peintures de castes, de représentations de femmes portant la *saya* comme celles décrites. Il est possible qu'en raison de l'intensité des échanges entre les groupes, et de leur coexistence effective depuis la fin du XVIIe siècle, Gemelli ait confondu métisses et mulâtresses, ce qui était assurément fréquent. En dépit de ce qui précède, et pour revenir au tableau précédemment décrit, d'après Rubial et Curiel, la femme d'ascendance africaine figurant au centre de l'œuvre représente une servante, laquelle tient une place importante dans la vie quotidienne de la famille[41]. Nombre de mulâtres ou de Noirs avaient réussi à acquérir une position économique confortable et avaient à leur service des esclaves d'origine africaine. Cependant, le personnage qui s'approche du couple semble plutôt être quelque familier du mulâtre, sinon sa mère ; ce qui est sûr, c'est que cette femme, comme d'autres de même origine, porte la *saya de embrocar* dont il a été question ici.

Le chocolat et autres abus

Dans plusieurs scènes peintes sur les tableaux de castes, où figurent des femmes d'origine africaine, surtout de la première génération de métissage, en compagnie de leur conjoint espagnol, on voit celles-ci en train de préparer ou de servir du chocolat. Certains tableaux reproduisent cette scène, mais avec des variations. La première série sans doute à avoir utilisé ce sujet a été attribuée au pinceau de José Joaquín Magón. Réalisée dans les dernières décennies du XVIIIe siècle, elle est conservée aujourd'hui dans une collection privée au Mexique. La scène, comme d'autres antérieures signées de ce même peintre, place la famille dans la cuisine. À la différence des autres représentations, dans celle-ci le père espagnol, au costume de commerçant, tient un petit mulâtre sur ses genoux, tandis que la femme noire agite obligeamment le *moli-*

40. Giovanni Francesco Gemelli Carreri, *Viaje a la Nueva España : México a fines del siglo XVII*, t. I, Mexico, libro-Mex, 1995, p. 25.
41. A. Rubial García et G. A. Curiel Mendez, « Los espejos de lo propio... », *op. cit.*, p. 123.

nillo – le fouet à chocolat. Un autre tableau, reprenant le même sujet avec plusieurs variations, appartient à la série de José de Páez, elle aussi de la seconde moitié du XVIIIe siècle, d'huiles sur cuivre conservées dans une collection privée au Mexique. On y distingue, toujours situés dans la cuisine, le père espagnol, cette fois-ci en costume d'officier militaire avec justaucorps, bas ajustés et chapeau, l'enfant mulâtre d'âge plus avancé que le précédent et la femme noire occupée elle aussi à préparer sur le fourneau le breuvage tant apprécié. Une œuvre anonyme de la collection Mayer, datée de 1760 ou 1770, représente la même composition, où la femme noire élabore à l'aide du *molinillo* le chocolat pour la famille.

D'autres peintures de castes combinent deux scènes familiales sur une même toile. On y voit la femme noire servant du chocolat dans une tasse posée sur une soucoupe. Des mulâtresses y figurent aussi, mais dans une moindre mesure, en lien avec la préparation du chocolat. En témoigne un tableau, sans doute tiré d'une série datant du début du XIXe siècle mais reprenant des sujets du XVIIIe, conservé au Museo Nacional de Arte au Mexique, sur lequel figure une mulâtresse vêtue simplement, sans ornements ni bijoux, en train de battre le chocolat qu'elle est sur le point de servir dans une tasse. Enfin, il est important de mentionner que nombre de tableaux de castes reproduisent une même scène où une femme noire, dans une attitude de franche discorde, frappe son conjoint avec le *molinillo* qui lui a servi à battre le chocolat. Parmi eux, celui d'Andrés de Islas, signé en 1774 et appartenant à la collection du Museo de América à Madrid.

Le chocolat fut peut-être l'un des produits américains de tradition préhispanique le mieux accueilli en Europe, et il acquit une grande importance dans la vie quotidienne du Mexique au temps de la vice-royauté. Les chroniqueurs de cette période sont nombreux à faire référence à son goût et aux abus auxquels, avec le tabac, il donne lieu dans la société de Nouvelle-Espagne. Bien que les deux soient d'origine américaine, dans aucune des représentations de ces séries de peintures de castes, les femmes indigènes ou métisses n'apparaissent en rapport avec eux, même si dans quelques cas, on y voit des métisses collaborer avec leur conjoint dans le métier de *torcedor* ou de vendeur de cigares. Quelle association pouvait-on trouver entre ces produits, en particulier le chocolat, et les femmes d'origine africaine ? Et quels éventuels symboles ou relations étaient derrière ces scènes ?

D'une part, il est logique que dans la majorité des cas la boisson fût associée à leurs activités en tant qu'esclaves et servantes au sein du foyer, chargées de préparer le chocolat pour la famille et en particulier pour le maître. En outre, le lien entre le chocolat et les Noirs avait des antécédents, puisque beaucoup d'entre eux s'occupaient de le broyer ou de le vendre à des pays comme l'Espagne, même aussi au Mexique, comme en témoignent plusieurs *villancicos* – chants de Noël – du XVIIe siècle[42]. Un autre argument simpliste consisterait à associer la couleur noire et le chocolat. Néanmoins, derrière ces explications, se cachent d'autres éléments.

Depuis les premiers récits de la Conquête, des chroniqueurs comme Bernal Díaz del Castillo ont parlé de l'utilisation du cacao comme breuvage excitant dans les rapports avec les femmes. À propos de diverses anecdotes concernant Moctezuma et sa cour, le conquistador écrit ainsi : « On lui apportait des sortes de coupes d'or fin, remplies de certaine boisson faite du même cacao, dont on disait que c'était pour avoir accès aux femmes[43]. »

Plus tard, au milieu du XVIIe siècle, Thomas Gage, déjà cité plus haut, relate dans son journal un curieux événement qui lui aussi relie les femmes au chocolat. Il s'agit d'un épisode connu sous le nom de « coup de *jícara* [sorte de calebasse] de l'évêque de Chiapa » : des femmes du lieu avaient cherché à empoisonner le prêtre avec du chocolat parce qu'il refusait que cette boisson fût consommée pendant le sermon. Le dominicain signale que le mot « chocolat » provient justement du verbe « empoisonner »[44], mais il assure également que les femmes de Chiapa préparaient le breuvage pour que « [...] crèvent ceux qui ne cèdent pas à leurs caprices[45] ». Dans le même esprit, il est intéressant de relever que plusieurs sources documentaires des

42. Un *villancico* de Noël, chanté pour la première fois en la Chapelle royale, à Mexico, en 1697, raconte comment des chocolatiers portent un métate (meule dormante de pierre) à la crèche afin de fabriquer du chocolat pour l'Enfant Jésus : « À moudle, à moudle, allez, commencez, palce qu'au son de nos pielles nous pouvons chanter litoulnelles d'Angola et de Panama. » Un autre *villancico* d'Oaxaca fait également allusion à ce thème. Cité dans Glenn Michael Martinez, « Los villancicos de negros en el siglo XVII », thèse de doctorat, Mexico, UNAM, p. 93-94.

43. Bernal Díaz del Castillo, *Historia de la conquista de Nueva España*, Mexico, Porrúa, 1992, p. 162.

44. T. Gage, *Nuevo reconocimiento de las Indias Occidentales*, *op. cit.*, p. 329.

45. *Ibid.*, p. 330.

Archives générales de la Nation du Mexique relient, de manière certes non exclusive, le chocolat, moyen d'empoisonnement et d'ensorcellement, à des femmes d'origine africaine qui utilisent cette boisson pour obtenir les amours de quelqu'un ou à d'autres fins, comme voler leur maître ou lui causer du mal.

Ces témoignages paraissent établir un rapport entre sexualité, empoisonnement, sorcellerie et femmes, en particulier d'origine africaine[46]. La présence de chocolat dans les scènes de castes, associée à celle de femmes d'origine africaine, n'est pas gratuite et est peut-être là pour rappeler, outre les devoirs de leur fonction, les mythes et les stéréotypes existant à cette époque quant à leurs dons de magiciennes et leur attrait sexuel. Il semble que l'usage du chocolat en lien avec la sexualité, la gourmandise, le plaisir et autres péchés soit présent dans la société de Nouvelle-Espagne de manière généralisée, car tout au long de la période vice-royale, ses qualités curatives et propices à la sexualité ont fait l'objet de débats, au point que dès le XVIIe siècle, Antonio de León Pinelo publiait en Espagne un traité intitulé : *Question morale : si le chocolat enfreint le jeûne ecclésiastique*[47]. Juan Solórzano y Pereira affirmait que la boisson au chocolat « si elle se prend seule, rafraîchit et se révèle très nourrissante ; mais si elle se prend composée, pousse à l'acte vénérien[48] ». Par exemple, les carmélites, en plus des vœux ordinaires de chasteté, de pauvreté, d'obéissance et de clôture, en avaient un cinquième à prononcer, qui était de ne pas boire de chocolat[49]. La polémique sur les qualités ou les défauts du chocolat a

46. À partir du milieu du XVIIIe siècle et tout au long du XIXe, on relève en Europe une tendance de plus en plus marquée à représenter en images la femme africaine en relation avec des attributs sexuels. Voir J. Nederveen Pieterse, *White on Black*, *op. cit.*, p. 181.

47. Antonio de León Pinelo, *Cuestión moral : si el chocolate quebranta el ayuno eclesiástico, tratase de otras bebidas i confecciones que usan en varias provincias (1636)*, Mexico, Centro de Estudios de Historia de México, Condumex, 1994.

48. Juan de Solórzano Pereira, *Política indiana (1647)* (fac-similé de l'édition de 1776), chap. V, l, libro II, Mexico, Secretaría de Programación y Presupuesto, 1979, p. 106.

49. Francisco de la Maza, *Arquitectura de los coros de monjas en México*, Mexico, UNAM, 1983, p. 42. Fray Agustín de la Madre de Dios fait l'observation suivante à propos des carmélites au XVIIe siècle : « [...] au début, l'on proposa de ne pas boire de chocolat et l'observance fut telle que l'on s'en tint à ce qu'il ne fût pas même admis ni comme remède ni sur ordonnance des médecins (qui en prescrivaient pour certains maux), car les malades elles-mêmes préféraient mourir que de laisser désordres et dommages s'introduire dans l'Ordre ». Agustín de la Madre de Dios, *Tesoro escondido*

perduré au XVIIIe siècle, aussi bien au Mexique qu'en Europe[50] ; certains scientifiques de Nouvelle-Espagne, comme Bartolache, assuraient par exemple que les « palpitations », autrement dit l'hystérie, chez les femmes pouvaient diminuer si l'on cessait de boire du chocolat[51].

Le tabac, dont l'usage s'était généralisé en Nouvelle-Espagne, semble lui aussi entretenir une relation avec les femmes d'origine africaine. Ajofrín, au milieu du XVIIIe siècle, époque où ont été peintes la majorité de ces œuvres, met l'accent sur la consommation démesurée de chocolat et de tabac par la population de la vice-royauté. Il se scandalise en particulier de celle de tabac et en attribue l'usage et l'habitude à l'influence des Noires et des mulâtresses : « Le tabac à fumer est un autre abus de l'Amérique. Tout le monde en fume, hommes et femmes, jusqu'aux dames les plus délicates et maniérées [...] On croise aussi dans les rues des religieux et des prêtres cigarette à la bouche, s'accoutumant depuis l'enfance à ce vice, et l'apprenant, je pense, en même temps que d'autres, de leurs nourrices qu'on appelle ici *chichiguas*, et généralement sont mulâtres ou noires[52] [...]. »

Dans la série attribuée à l'atelier de Juan Rodríguez Juárez, dont l'ensemble correspond chronologiquement à l'une des peintures les plus anciennes de ce genre, sans doute réalisée autour de 1725, on observe, comme dans d'autres tableaux reproduisant le même sujet, la coutume à laquelle se réfère d'une certaine manière Ajofrín : le fils de la femme noire tend un petit brasero à son père pour allumer la cigarette que celui-ci est en train de rouler. Cette représentation suggère peut-être que la femme d'origine africaine permet et cautionne cette mauvaise habitude. Il est également certain qu'aussi bien la coutume de fumer que celle d'user de tabac à priser ou de poudre de tabac qu'on s'habituait à respirer pour produire des éternuements étaient alors considérées comme des preuves d'élégance et de raffinement[53], ainsi que l'atteste un autre tableau de castes de la série de José de Páez, peint vers la fin du XVIIIe siècle et conservé dans une collection particulière au Mexique,

en el Monte Carmelo mexicano (vers. paléo.), introduction et notes de Eduardo Báez Macías, Mexico, UNAM, 1986, p. 577.

50. Sophie D. Coe et Michael D. Coe, *La verdadera historia del chocolate*, Mexico, Fondo de Cultura Económica, 1999, p. 261-302.

51. Elias Trabulse, *Historia de la ciencia en México*, t. III, Mexico, Fondo de Cultura Económica, 1992, p. 151.

52. F. de Ajofín, *Diario del viaje que hizo...*, *op. cit.*, p. 78-79.

53. A. Rubial García et G. A. Curiel Mendez, *Pintura y vida cotidiana en México*, *op. cit.*, p. 118.

qui représente une famille constituée d'un Espagnol, d'une mulâtresse et d'une *morisca* (quarteronne). La femme, en plus de porter la *saya* noire et le collier de perles, porte un étui à cigare, probablement en argent, pendu à la ceinture, peut-être comme symbole de distinction.

Ce qui est sûr, c'est que tout au long de la période vice-royale certaines coutumes liées aux vices ou aux habitudes sont associées, dans les sources documentaires et les œuvres picturales, à des femmes d'origine africaine – allusion voilée à l'importance de leur participation culturelle, critiquée ou acceptée, dans la société de Nouvelle-Espagne.

Le caractère ou le flegme

Orgueil, disent les dictionnaires de l'époque coloniale, signifie arrogance, suffisance, présomption ou superbe. Crânerie – témérité, audace, courage ou hardiesse[54]. Ces deux mots apparaissent dans la légende du tableau de castes de José Joaquín Magón, évoquant le caractère ou tempérament d'une mulâtresse. La phrase complète dit ceci : « L'orgueil et la crânerie de la mulâtresse naissent du Blanc et de la Noire qui l'engendrent. »

Durant l'époque coloniale, les vertus et les vices étaient reliés aux valeurs culturelles, sociales ou de genre établies par le canon chrétien, les coutumes occidentales et les pratiques sociales fruits des échanges culturels entre les divers groupes au fil des différentes époques. Le XVIIIe siècle, comme en d'autres aspects, paraît inaugurer une nouvelle manière de percevoir les vertus et les vices en les associant à l'origine « raciale » et aux coutumes familiales. En outre, l'éducation acquiert un rôle central quant aux qualités que doivent avoir les individus, notamment les femmes, à qui une place primordiale est confiée dans l'instruction des enfants et la transmission des principales valeurs morales de la famille. Juan de Viera, dans son histoire de Mexico au cours de la seconde moitié du XVIIIe siècle, met l'accent sur la fondation de collèges destinés à instruire les filles aussi bien dans « la vertu que dans tout ce qui est besogne féminine, couture, broderie et tissage », et souligne que les femmes sortent de ces institutions « très habiles et utiles pour gouverner une maison et une famille, si elles parviennent à prendre état de mariage »[55].

---

54. Dictionnaire *Tesoro de la lengua castellana o española* de Sebastián de Covarrubias Orozco (1611) y *Diccionario de Autoridades* (1732).
55. J. de Viera, *Breve y compendiosa narración…*, *op. cit.*, p. 64-65.

Le jugement porté sur l'union entre un Blanc et une Noire – considéré également par la définition étymologique de ce temps comme un « mélange extraordinaire » – trahit, dans la légende du tableau, le regard social et moral des habitants de la Nouvelle-Espagne sur les attributs caractérisant les qualités ou les défauts de ces deux groupes et de leur métissage. Le Blanc est associé à l'astuce, l'arrogance et l'orgueil démesuré ; de son côté, la Noire est reliée à la désinvolture, l'esprit et la hardiesse, traits de personnalité peu souhaitables pour les femmes de l'époque.

Bien que la description citée plus haut du caractère d'une mulâtresse ne soit pas du tout exceptionnelle, puisque depuis le XVIIe siècle au moins on la trouve esquissée dans les chroniques et les sources documentaires, dans aucun autre texte sans doute n'apparaît de définition aussi explicite concernant ces femmes que celle fournie par ces tableaux. Mieux encore, les deux adjectifs, même quand ils ne sont pas écrits, y paraissent représentés par certains des regards, des gestes ou des attitudes des femmes noires et mulâtres.

Depuis les premières images connues de ce genre, il y est fait allusion au caractère ou au flegme des femmes d'origine africaine, d'une manière toujours critique. L'une d'elles, attribuée à l'atelier de Juan Rodríguez Juárez, élaborée vers le milieu du XVIIIe siècle et conservée dans une collection privée au Mexique, représente une famille constituée d'un Espagnol, d'une Noire et d'un mulâtre. La famille se trouve dans la cuisine et pendant que l'Espagnol confectionne une cigarette avec l'aide de son fils, la femme d'origine africaine s'affaire aux fourneaux. Ce faisant, elle paraît adresser d'un air contrarié des paroles de reproche à son conjoint, lequel écoute placidement les récriminations. Ce même sujet est reproduit dans d'autres toiles, avec quelques variantes où l'on voit la femme franchement en colère et violente, tenter de frapper son jeune fils avec la cuiller de cuisine, le garçon se réfugiant auprès de son père qui s'emploie à le protéger des coups.

Le caractère provocant et hautain des femmes noires se retrouve dans d'autres tableaux de castes de dates ultérieures, exécutés par des peintres de premier plan comme Miguel Cabrera. Une toile, tirée de la série réalisée par ce dernier en 1763 et conservée aujourd'hui dans une collection privée au Mexique, représente une famille composée d'un Espagnol, d'une Noire et d'une mulâtresse et laisse apparaître dans les gestes et les expressions les attributs assignés en de nombreux cas aux femmes d'origine africaine. La femme noire, élégamment vêtue de sa *saya* à agrafes d'argent, paraît adresser du regard mais surtout de la main quelque reproche à son compagnon, lequel écoute sereinement les récriminations que peut-être on lui exprime, mais on voit aussi se refléter dans les yeux de la fillette mulâtre le caractère d'audace et d'arrogance auquel devait se référer des années plus tard José Joaquín Magón dans la légende de son tableau de castes. Une autre toile d'une série datant du dernier quart du XVIIIe siècle, conservée dans une collection particulière au Mexique, reprend les sujets et formules utilisés par Miguel Cabrera et représente elle aussi l'atmosphère de discorde régnant dans un couple composé d'une Noire et d'un Espagnol. La femme, au moyen de gestes et d'expressions énergiques, paraît se plaindre à l'Espagnol, cette fois-ci vêtu comme un soldat, qui répond à la querelle qu'on lui fait avec un air de contrariété. La fillette mulâtre, placée entre ses parents, semble assister, résignée, à la scène face à d'éventuels spectateurs.

Cette même atmosphère de tension et de discorde est présente dans d'autres séries de José Joaquín Magón, concernant à présent l'union entre mulâtresses et Espagnols. Sur une toile des dernières décennies du XVIIIe siècle, appartenant au Museo Nacional de Antropología de Madrid, le couple est situé encore une fois dans la cuisine. La mulâtresse, arborant mouche et collier, exprime par son regard et la position de ses bras un sentiment de colère, tandis que l'Espagnol, dont la situation économique semble avantageuse, lui demande de se taire d'un geste intimant mesure et discrétion. Regards et expressions de méfiance de la part de femmes originaires d'Afrique sont également présents dans d'autres représentations d'unions avec d'autres « qualités » marquées d'une influence africaine. Certaines scènes, datant précisément du début du XIXe siècle, reflètent une claire intention de critiquer le caractère ou tempérament des femmes mulâtres, ainsi que les diverses « menaces » induites par les liens familiaux entre groupes davantage métissés et jouissant de faibles ressources économiques. C'est le cas par exemple d'une toile anonyme de la même époque, appartenant au Museo Nacional de Arte de Mexico, où est représentée une famille composée d'un *coyote mestizo*, d'une mulâtresse et d'un *ahí te estas* [noms donnés à divers métissages]. Cette famille, à la différence des autres, en est déjà au pugilat. La mulâtresse, à la mine agressive et provocante, empoigne son conjoint par les cheveux tout en brandissant une jatte probablement de terre cuite. L'enfant, que la mère porte sur son dos, est sur le point de tomber, effrayé par pareille dispute.

Ill. 5. Andrés de Islas, *De español y negra, nace mulata*, 1774, Museo de América, Madrid.

Les femmes d'origine africaine, en premier lieu les noires, sont vues dans ces tableaux comme des femmes provocantes, désobéissantes et insolentes. Certaines de ces images contrastent notablement avec les représentations de femmes indigènes ou métisses et, bien sûr, espagnoles, qui s'approchent davantage du modèle idéal féminin, associé à la soumission, la modestie et l'obéissance. Ces images paraissent vouloir mettre en relief les « dangers » que peuvent courir ceux qui s'unissent à des femmes d'origine africaine, spécialement les Espagnols qui, dans la majorité des toiles, se distinguent par une attitude mesurée. Il est important de souligner qu'en quelques occasions, dans des scènes ou le chocolat est présent, la femme noire, agissant comme aucun autre personnage féminin le ferait, se montre sur le point de frapper son compagnon, justement avec le *molinillo* (ill. 5), attitude pour le moins exceptionnelle et désavouable pour une femme de l'époque, en particulier asservie ou peu élevée dans la hiérarchie sociale.

En résumé, des éléments comme le costume, le chocolat, le caractère et les coutumes, associés dans ces œuvres aux femmes noires et mulâtres, paraissent montrer, entre autres choses, que les femmes d'origine africaine contrastaient avec les types féminins valorisés de l'époque. Dans la double intention que recèlent ces tableaux – celle de montrer soi-même avec une certaine fierté une image de la diversité culturelle de la Nouvelle-Espagne et celle d'insister sur la nécessité d'une hiérarchie des « qualités » –, les femmes noires et mulâtres se présentent comme provocantes, désobéissantes et habitées d'instincts sauvages, peu civilisés. En même temps, elles sont peintes comme des femmes de caractère, altières et audacieuses, dont les attitudes et les expressions, ajoutées à des dons magiques, des manières extravagantes de se vêtir et des gestes lascifs, expriment leur résistance à se conformer aux normes et règles sociales, et surtout à accepter la sujétion et l'exploitation qu'elles devaient bien souvent affronter.

Traduit de l'espagnol par Julia Azaretto

Codes de représentations des corps dominés

Kongo, Brésil, France et colonies : les enjeux du visible et de l'invisible dans la *Tenture des Indes* de la Villa Médicis

Cécile Fromont

Comme il se doit, sans doute, s'agissant de tapisseries, plusieurs fils s'entrecroisent dans l'histoire de la création et de la réception au cours des siècles de la *Tenture des Indes*, créée au début du XVIIIe siècle et toujours exposée dans les années 2020 dans le Grand Salon de la Villa Médicis à Rome (ill. 1a à d)[1]. Certains de ces fils semblent évidents. Il s'agit bien sûr d'objets décoratifs de grand prestige, marqués, qui plus est, aux couleurs des rois de France : fleurs de lys sur fond azur couronné en haut, au centre, et chiffre du roi sur la bordure du bas. Il est aussi facile, en adoptant le point de vue du spectateur européen du siècle des Lumières au regard duquel les tapisseries étaient destinées, d'admirer ces compositions chatoyantes et leur séduisant mélange de plantes et d'animaux exotiques comme objets esthétiques et épistémiques. On se trouve ainsi plongé dans l'univers des salons princiers ou des cabinets de curiosité européens des temps modernes, ces espaces ancêtres des musées dans lesquels princes, savants et artistes de leurs entourages collectionnaient et étudiaient les merveilles créées par la nature comme par l'homme aux quatre coins du monde[2].

1. Ce texte a initialement paru dans la revue *Studiolo*, n° 18, 2022, p. 182-203.
2. Paula Findlen, *Possessing Nature : Museums, Collecting, and Scientific Culture in Early Modern Italy*, Berkeley, University of California Press, 1994 ; Surekha Davies, « Catalogical Encounters : Worldmaking in Early Modern Cabinets of Curiosities », dans P. Findlen (dir.), *Early Modern Things : Objects and their Histories, 1500-1800*, Londres/New York, Routledge, 2021 [2012], p. 227-254.

Ill. 1a à d. Vues de la *Tenture des Indes* installée dans Grand Salon de la Villa Médicis, Rome, 2014.

D'autres fils ne se distinguent que plus difficilement en observant les différents tableaux de la tenture. D'où vient cette ménagerie tropicale dont certains des détails sont aussi dignes d'un ouvrage d'histoire naturelle que d'une nature morte ? Qui sont ces personnages qui se fondent dans cette nature luxuriante ? Que sont ces constructions qui se dessinent au centre de la tapisserie intitulée *Les Deux Taureaux*, comme une image dans l'image, nettement encadrée par la barre et le tissu du hamac et vers laquelle pointent toutes les diagonales de la composition : les feuilles des palmiers, les cornes des taureaux, les cannes à sucre empilées dans le chariot (ill. 4) ? On pourrait aussi se demander – à juste titre – pourquoi l'historienne des cultures visuelles de l'Afrique et des diasporas africaines que je suis serait l'auteure d'un article sur des tapisseries françaises du XVIIIe siècle exposées aujourd'hui à Rome.

Toutes ces questions sont plus que rhétoriques, car elles attirent notre attention sur certains aspects de la tenture longtemps restés invisibles, bien qu'au cœur de cette œuvre pensée, fabriquée et consommée dans les remous de la première modernité, cette période ancrée entre ce que les Européens appelèrent leurs « Grandes Découvertes », commencées à la fin du XVe siècle, et l'âge des révolutions débutant à la fin du XVIIIe siècle. L'espace qui s'ouvre lorsque l'on considère les conditions qui ont rendu partiellement ou complètement invisibles certains traits, certains acteurs et certains processus présents ou à l'œuvre dans les tapisseries *des Indes* est le terrain sur lequel se joue ma contribution. Je me penche ainsi sur le contexte historique de la création et de la provenance de la tenture pour éclairer son statut dans la culture visuelle et la sphère publique contemporaine. Ces deux épisodes de sa biographie – sa création au XVIIe siècle et sa réception au XXIe siècle – sont intimement liés. Le moment de sa conception la situe au sein d'un contexte historique marqué par les aspirations coloniales et impériales de l'Europe, par la recherche parmi ses élites politiques comme intellectuelles de savoirs botaniques, zoologiques ou encore ethnographiques à l'échelle globale, et par la création concomitante d'un discours visuel appuyant ces entreprises. Le moment de sa réception appartient pour sa part au long et tortueux dénouement de la période coloniale, une ère qui a joué un rôle déterminant dans les relations entre l'Europe et une grande partie du monde depuis les débuts des Temps modernes. Dans cet épilogue, le traitement des images, objets, monuments et collections créés ou assemblés par et pour le projet colonial est un enjeu social et politique déterminant pour l'Europe et ses relations aux autres et à elle-même. La restitution des œuvres spoliées durant les guerres de conquête et sous les régimes coloniaux, la représentation du rapport entre Européens et non-Européens dans l'espace public, la présence de monuments célébrant le rôle dans la mise en place ou le maintien des systèmes coloniaux et impériaux de personnalités historiques, sont autant de sujets dont la résolution sera déterminante tant pour la redéfinition des relations entre l'Europe et les parties du monde qui furent ses colonies que pour la justice sociale au sein de ses propres populations d'origine diverses[3].

La *Tenture des Indes* est l'un de ces monuments. Elle prend part à un discours visuel structurant l'imaginaire européen de l'autre et de l'ailleurs qui a pris forme aux Temps modernes, de concert avec la construction et la mise en œuvre du projet colonial, de la traite et de l'exploitation esclavagiste atlantique et des idéologies raciales les sous-tendant. Curiosité esthétique et proto-scientifique, mais aussi ambitions de conquête et construction de l'altérité se fondant sur une idéologie raciale se dessinent derrière les motifs de plumes et de plantes intégrés dans les décors des palais européens, y compris italiens, dès l'entrée du continent américain dans l'histoire européenne, après 1492[4]. Puis, au long du XVIIe siècle, dans les eaux-fortes d'éditeurs entreprenants et les productions d'objets décoratifs, l'iconographie de l'ailleurs se formalise dans les cartes, estampes, céramiques et étoffes « décrivant ou évoquant » le monde extra-européen, et « inventant l'exotisme » pour un public non plus de patrons princiers, mais de clients dont les aspirations esthétiques et intellectuelles ouvrent un nouveau marché[5]. Plumes, pagnes, turbans, peaux brunes, pagodes et perroquets se sculptent, s'impriment, se fondent, se peignent et se gravent au long du XVIIIe siècle dans les intérieurs nobles et bourgeois, reflétant l'impérialisme sans complexes de leurs nations[6]. Le XIXe et le XXe siècles verront

3. Dan Hicks, *The Brutish Museums : The Benin Bronzes, Colonial Violence and Cultural Restitution*, Londres, Pluto Press, 2020 ; Felwine Sarr et Bénédicte Savoy, *Restituer le patrimoine africain*, Paris, Seuil, 2018.

4. Lia Markey, *Imagining the Americas in Medici Florence*, University Park, Pennsylvania State University Press, 2016. Au sujet des plumes et de leur rôle dans l'iconographie européenne des Amériques, voir William C. Sturtevant, « La tupinambisation des Indiens d'Amérique du Nord », *Les Cahiers du département d'études littéraires*, n° 9, 1988, p. 293-303.

5. Benjamin Schmidt, *Inventing Exoticism : Geography, Globalism, and Europe's Early Modern World*, Philadelphie, University of Pennsylvania Press, 2015.

6. Meredith Martin, « Left Bank/Right Bank : Two Views of the "Indies" in Paris », *Journal18*, n° 8, 2021 (en ligne) ; Anne Lafont, *L'Art et la race. L'Africain (tout) contre l'œil des Lumières*, Dijon, Les presses du réel, 2019.

les motifs et représentations qui auparavant relevaient de l'exotisme se cristalliser en discours pseudo-scientifiques établissant une hiérarchie plaçant l'Europe et les Européens à son sommet[7]. Un demi-siècle après la vague de victoires anticoloniales des années 1960, l'héritage de ces discours sur l'autre est encore bien présent dans le quotidien européen du début des années 2020. Prenons comme exemple les collections de haute couture comme de prêt-à-porter, qui se déclarent régulièrement pour le printemps/été d'inspiration tribale ou ethnique[8]. S'y retrouvent motifs et imprimés se disant inspirés par les cultures visuelles de populations autochtones d'Afrique ou des Amériques, ou par la nature tropicale aux côtés de pièces évoquant les tenues et uniformes du personnel colonial.

J'ai deux objectifs dans cet article. Le premier est de revenir sur l'origine de la tenture et les sources de son iconographie, dont certaines restent encore obscures malgré les nombreuses études dont elle a fait l'objet. Les ouvriers des ateliers royaux des Gobelins, qui ont créé ces tableaux au fil de milliers d'heures de travail, ont tissé, en plus de la laine et de la soie dont sont faites les tapisseries, plusieurs histoires qui s'entrecroisent. L'histoire d'un prince ruiné du nord de l'Europe en quête de reconnaissance et d'argent. Celle de l'intérêt qu'il suscita à la cour de Louis XIV à un moment de son histoire marqué par un vif désir d'expansion coloniale. L'histoire d'une ambitieuse mais éphémère colonie hollandaise au nord-est du Brésil au milieu du XVIIe siècle. Celle, enfin, moins connue, d'un royaume africain converti de sa propre initiative au catholicisme autour de l'an 1500 et dont les efforts diplomatiques dans le monde atlantique sont au cœur des tapisseries[9].

7. Darcy Grimaldo Grigsby, *Extremities : Painting Empire in Post-Revolutionary France*, New Haven, Yale University Press, 2002 ; Linda Nochlin, « The Imaginary Orient », *Art in America*, vol. 71, n° 5, p. 118-131 ; Edward Said, *Orientalism : Western Representations of the Orient*, New York, Pantheon Books, 1978.

8. Voir par exemple la collection Printemps/Été 2016 de Valentino, Printemps/Été 2010 de Jean-Paul Gaultier ou les vestes dites « sahariennes » de Chanel Croisière 2020, ou Yves Saint Laurent Haute Couture Printemps/Été 1969.

9. Voir les études sur la tenture des Indes citées dans cet article ainsi que Petronella J. Albertin, « Arte e ciência no Brasil holandês *Theatri Rerum Naturalium Brasiliae* : um estudo dos desenhos », *Revista Brasileira de Zoologia*, vol. 3, n° 5, 1986, p. 249-326 ; Claudia P. Damiani, *A imagem nômade : a tapeçaria das Índias e o Brasil do século XVII*, Porto Alegre, ediPUCRS, 2022 ; Mariana de Campos Françozo, *De Olinda a Olanda : Johan Maurits van Nassau e a circulação de objetos e saberes no Atlântico holandês (século XVII)*, thèse de doctorat, Universidade Estadual de Campinas, 2009.

Mon second objectif est de « défamiliariser », de rendre visibles certains motifs issus du projet colonial et impérial de la France, longtemps restés inaperçus en raison du succès et de la prévalence du discours visuel au service duquel ils ont été conçus. Je chercherai à montrer les ressorts et les implications artistiques, politiques et sociales de cette invisibilité en identifiant et en mettant en perspective les phénomènes historiques qui ont donné le jour à ces motifs et auxquels ils ont, à leur tour, contribué. En cela, j'invite à une réflexion sur la nature, les conditions et les implications de la visibilité et de l'invisibilité de l'histoire coloniale dans les monuments du patrimoine ainsi que, plus largement, dans l'environnement visuel européen des années 2020. Je m'arrêterai enfin sur les conséquences de la manière dont ces objets au lourd bagage historique et au lourd poids social contemporain sont remis en question.

Des tropiques pour les salons : colonialisme, exotisme, et collections princières

Les tapisseries de la Villa Médicis font partie d'une série connue sous le nom de *Tenture des Indes*[10]. Ce nom désigne plus précisément deux séries successives produites par les ateliers royaux des Gobelins, les *Anciennes Indes*, tissées dès 1687, et les *Nouvelles Indes*, une composition remaniée produite à partir de 1738. Les *Anciennes Indes* sont formées de huit compositions : *Le Cheval rayé, Le Combat d'animaux, Les Deux Taureaux, L'Éléphant* ou *Le Cheval isabelle, L'Indien à cheval, Le Chasseur indien, Le Roi porté, Les Pêcheurs indiens*[11] (ill. 2 à 9). Les tapisseries aujourd'hui à la Villa forment une série complète (avec deux exemplaires du *Combat des animaux*) des *Anciennes Indes*, ou plus spécifiquement des *Petites Indes*, une version réduite à 4,1 m de hauteur,

10. Maurice Fenaille, *État général des tapisseries de la Manufacture des Gobelins depuis son origine jusqu'à nos jours, 1600-1900*, Paris, 1903, vol. 2, part. 2, p. 371-398 ; vol. 4, p. 40-74 ; Gerlinde Klatte, « New Documentation for the Tenture des Indes tapestries in Malta », *The Burlington Magazine*, vol. 153, n° 1300, 2011, p. 464-469 ; Gerlinde Klatte, Helga Prüssmann-Zemper, Katharina Schmidt-Loske, *Exotismus und Globalisierung. Brasilien auf Wandteppichen : die « Tenture des Indes »*, Berlin, Deutscher Kunstverlag, 2016.

11. La série tissée pour Malte, mentionnée ci-dessous compte deux autres compositions, deux des tableaux ayant été dédoublés, *L'Éléphant* donnant une nouvelle composition, *Le Cheval isabelle* et *Le Chasseur indien* donnant *Les Autruches*. Gerlinde Klatte, art. cité.

cadre tissé compris, par rapport aux 4,75 m de la série d'origine, qui devait en permettre une utilisation plus aisée. Réalisée aux Gobelins entre 1723 et 1726, elle constitue le sixième tissage des *Anciennes Indes* et le premier des *Petites Indes*. Elle arrive au Palais Mancini, l'ancienne maison de l'Académie, en 1726[12], puis est transférée à la Villa Médicis en 1803. Renvoyée à l'atelier de rentraiture du Mobilier national en 1961[13], la restauration des tapisseries ne sera entreprise que dans les années 1980. Six d'entre elles étaient de retour à Rome en 1988 et furent montrées dans l'exposition « Restauro a Villa Medici » (16 novembre-8 décembre 1988)[14]. Les autres furent restaurées peu après et revinrent à Rome les années suivantes[15]. Deux fragments du *Cheval rayé* sont toujours au Mobilier national[16].

Cet aller-retour de Rome à Paris fut à l'origine d'une transformation profonde pour les tapisseries, tant dans leur forme que dans leur contexte d'exposition. Leur format, qui avait été modifié au cours du temps et des interventions des résidents et administrateurs de l'Académie, est à cette occasion restauré à son état d'origine, celui d'une série de panneaux. Décrochées des murs d'espaces à vocation principalement privée tels que l'appartement de la direction, une chambre ou la salle à manger, elles seront raccrochées dans l'un des lieux les plus publics de la Villa : le Grand Salon et les pièces attenantes, où se tiennent nombre d'événements ouverts au public de l'Académie de France à Rome[17] (ill. 1a à d).

12. Pierre Arizzoli-Clémentel, « Les envois de la couronne à l'Académie de France à Rome au XVIIIe siècle », *Revue de l'art*, vol. 68, n° 1, p. 73-84, p. 76 ; Manolo Guerci, « Palazzo Mancini, culla della cultura romana e francese : 1660-1804 », dans Marc Bayard, Émilie Beck Saiello et Aude Gobet (dir.), *L'Académie de France à Rome. Le Palais Mancini : un foyer artistique dans l'Europe des Lumières (1725-1792)*, Rennes, PUR, 2016, p. 59-75, p. 64.

13. P. Arizzoli-Clémentel, art. cité.

14. Philippe Morel (dir.), *Restauro a Villa Medici*, cat. exp. (Rome, Académie de France à Rome – Villa Médicis, 1988), Rome, 1988, Carte Segrete, p. 14.

15. Archives de l'Académie de France à Rome, Correspondances de Jean-Marie Drot, dossier « tapisseries ».

16. AFR 80-20/1 / MN T64.

17. Arch. AFR boîte 330 – 1952 – Directorat Ibert.

Ill. 2. *Le Cheval rayé* de la *Tenture des Indes, 6ᵉ* série, tapisserie haute lisse, d'après le carton d'Albert Eckhout, v. 1644-1652, Manufacture royale des Gobelins, Paris, 1723-1726, 390 × 401 cm, Rome, Académie de France à Rome – Villa Médicis.

Ill. 3. *Le Combat d'animaux* de la *Tenture des Indes, 6ᵉ* série, tapisserie haute lisse, d'après le carton d'Albert Eckhout, v. 1644-1652, Manufacture royale des Gobelins, Paris, 1723-1726, 399,5 × 327 cm, Rome, Académie de France à Rome – Villa Médicis.

Ill. 4. *Les Deux Taureaux* de la *Tenture des Indes*, 6e série, tapisserie haute lisse, d'après le carton d'Albert Eckhout, v. 1644-1652, Manufacture royale des Gobelins, Paris, 1723-1726, 399,5 × 452,5 cm, Rome, Académie de France à Rome – Villa Médicis.

Ill. 5. *L'Éléphant* ou *Le Cheval isabelle* de la *Tenture des Indes*, 6e série, tapisserie haute lisse, d'après le carton d'Albert Eckhout, v. 1644-1652, Manufacture royale des Gobelins, Paris, 1723-1726, 409 × 431,5 cm, Rome, Académie de France à Rome – Villa Médicis.

Ill. 6. *L'Indien à cheval* de la *Tenture des Indes*, *6e* série, tapisserie haute lisse, d'après le carton d'Albert Eckhout, v. 1644-1652, Manufacture royale des Gobelins, Paris, 1723-1726, 402 × 288 cm, Rome, Académie de France à Rome – Villa Médicis.

Ill. 7. *Le Chasseur indien* de la *Tenture des Indes*, *6e* série, tapisserie haute lisse, d'après le carton d'Albert Eckhout, v. 1644-1652, Manufacture royale des Gobelins, Paris, 1723-1726, tapisserie de lice, 1724-1726, 400 × 285 cm, Rome, Académie de France à Rome – Villa Médicis.

Ill. 8. *Le Roi porté* de la *Tenture des Indes*, 6e série, tapisserie haute lisse, d'après le carton d'Albert Eckhout, v. 1644-1652, Manufacture royale des Gobelins, Paris, 1723-1726, tapisserie de lice, 1724-1726, 296 × 226 cm, Rome, Académie de France à Rome – Villa Médicis.

Ill. 9. *Les Pêcheurs indiens* de la *Tenture des Indes*, 7e série, d'après le carton d'Albert Eckhout, v. 1644-1652, Manufacture royale des Gobelins, Paris, 1727, 410 × 255 cm, Paris, Mobilier National.

Avant leur décrochage, les tapisseries se trouvaient dans un état de conservation paradoxal. Si leurs couleurs étaient d'une fraîcheur remarquable, leur format avait été modifié pour certaines par la découpe des panneaux et des bordures afin de les adapter à la forme d'une des chambres de l'appartement du directeur, appelées depuis la découverte des fresques en 1962 « de Joseph et de la Genèse »[18] (ill. 10). Une photographie des archives de la Villa Médicis, de date inconnue, montre l'aménagement de l'une de ces pièces, telle que le collectionneur et historien de l'art Maurice Fenaille l'avait décrite en 1900[19]. Les tapisseries forment une scène continue grâce à des raccords peints exécutés par « plusieurs peintres de l'Académie[20] ». Leurs bordures coupées sont arrangées en frise autour de la pièce et de l'encadrement de la porte. Le mobilier paraît minuscule par rapport aux personnages et animaux déambulant sous les hauts plafonds. L'effet d'immersion dans le paysage tropical est saisissant. Cet accrochage dix-neuvième fait écho au projet orientaliste de la Chambre turque installée en 1833 par Horace Vernet[21]. Le réalisme quasi documentaire dans la représentation de chaque élément contribue à créer des scènes pittoresques et atemporelles où se retrouvent les trois absences identifiées par Linda Nochlin comme caractéristiques de l'Orient imaginaire des peintres orientalistes du XIXe siècle, dont Vernet faisait partie : l'absence d'histoire, l'absence des Européens, et l'absence d'art[22]. Dans l'accrochage immersif de la chambre transformant leur composition en une sorte de diorama, les tapisseries forment, y compris par leur apparence trompeuse d'exotisme inoffensif, « un document visuel de l'idéologie coloniale du XIXe siècle[23] ». Elles dépeignent un monde associé à l'Afrique et aux Amériques par la présence de personnages à la peau noire, de plantes et d'animaux tropicaux, comme un espace dont

18. Éveline Schlumberger, « Les fresques retrouvées de la Villa Médicis », *Connaissance des arts*, 1962, p. 62-68.

19. M. Fenaille, *op. cit.*, vol. 2, part. 2, p. 389 ; Zoé Ouvry, *Rapport sur les décors de Balthus et les restaurations effectuées sous son directorat (1961-1977) à l'Académie de France à Rome – Villa Médicis*, mené sous la direction d'Annick Lemoine, AFR, juillet 2011-mars 2012.

20. M. Fenaille, *op. cit.*, vol. 2, part. 2, p. 389.

21. François Fossier, Isabelle Chave et Jacques Kuhnmunch (éd.), *Correspondance des directeurs de l'Académie de France à Rome : Horace Vernet (1828-1834)*, Saint-Haon-le-Vieux, Éd. le Manuscrit, 2010.

22. Linda Nochlin, « The Imaginary Orient », *Art in America*, vol. 71, n° 5, p. 118-131 ; Michèle Hannoosh, « Horace Vernet's "Orient" : Photography and the Eastern Mediterranean in 1839, Part I : A Daguerrean Excursion », *The Burlington Magazine*, vol. 158, n° 1357, p. 264-271.

23. Linda Nochlin, art. cité, p. 119.

les populations seraient en dehors de l'histoire, et dont la nature luxuriante est prête à être mise en valeur par l'industrie coloniale, qui saura transformer la canne en sucre, l'éléphant en ivoire, le palmier en huile, et les corps solides mais nonchalant des personnages en travailleurs.

Au moment de leur envoi à Rome en 1726, les *Anciennes Indes* participaient à une économie esthétique, idéologique et commerciale qui ne relevait pas de l'orientalisme, mais, comme nous le verrons, n'était pas entièrement sans rapport avec ses ressorts politiques et visuels. Elles étaient des objets de luxe recherchés, circulant comme marchandises, mais aussi comme cadeaux diplomatiques offerts stratégiquement par la couronne de France. On les retrouve ainsi de la France à la Chine, au gré des flux et reflux des dynamiques politiques, commerciales et esthétiques jalonnant l'histoire des relations entre l'Europe et le monde aux XVIIIe et XIXe siècles. Décors de châteaux en France et d'ambassades à l'étranger, elles habillèrent aussi les murs de résidences princières hors de l'Hexagone. Une commande spéciale exécutée entre 1701 et 1718, sur mesure et incluant deux compositions supplémentaires, destinée au grand maître des Hospitaliers de Saint-Jean, fut installée au palais des Chevaliers de Malte où elle demeure jusqu'à ce jour[24] (ill. 11). Le tsar Pierre le Grand les choisit comme cadeau et souvenir de ses visites en mai 1717 aux ateliers des Gobelins et les fit copier dans ses propres manufactures nouvellement créées à partir de 1720[25]. Parvenues à Guangzhou en Chine dans les coffres d'un marchand français, quatre des *Grandes Indes* seront achetées comme curiosités par le gouverneur général de Guangdong et Guangxi, Li Shiyao, qui les offrit à son souverain. Elles entrèrent ainsi au Palais d'été à l'européenne de l'Empereur Qianlong de la dynastie Qing en 1771[26]. L'une d'entre elles, *Le Combat des animaux*, se retrouve aujourd'hui à l'Ashmolean Museum d'Oxford en Grande-Bretagne. L'institution l'a acquise en 1901 des biens du secrétaire de Lord Elgin, le général Henry Hope Crealocke, qui écrira plus tard l'avoir « trouvée » dans le Palais

24. M. Fenaille, *op. cit.*, vol. 2, part. 2, p. 383 ; Madeleine Jarry, « L'Exotisme au temps de Louis XIV : tapisseries des Gobelins et de Beauvais », *Medizinhistorisches Journal*, vol. 11, n° 1-2, 1976, p. 52-71 (en ligne) ; Gerlinde Klatte, art. cité.
25. Coutau-Bégarie et Cie, *Chasse Mobilier & Objets d'Art Haute Époque*, vendredi 24 mai 2019, p. 148-149, en ligne, https://cdn.drouot.com/d/catalogue?path=140/96259/catacoutau_20190524_bd.pdf. ; M. Fenaille, *op. cit.*, vol. 2, part. 2, p. 382-383.
26. Mei Mei Rado, « Qing Imperial Encounters with European Tapestries : The Tenture Chinoise and Beyond », dans Pascal-François Bertrand, Audrey Nassieu Maupas (dir.), *Arachné. Un regard critique sur l'histoire de la tapisserie*, Rennes, PUR, 2017.

d'été durant les guerres de l'Opium, un euphémisme caractéristique des récits de spoliations liées aux campagnes coloniales[27].

La popularité de la *Tenture des Indes* se mesure aisément par sa production soutenue pendant plus d'un siècle[28]. Huit tissages des *Anciennes Indes* entre 1687 et 1732 ont été suivis de sept tissages complets et douze partiels des *Nouvelles Indes*. La sérialité de ces œuvres est une particularité importante pour leur analyse. Chaque tapisserie, mais aussi chaque tissage, comporte des variations plus ou moins marquées de couleur, de composition, de taille et d'encadrement. De plus, les cartons peints servant de modèle aux lissiers changent à chaque mise en laine, au fil des retouches apportées par les peintres des ateliers pour réparer les traces d'usure laissées par le processus de fabrication. Ces marques sont visibles sur les cartons du *Combat des animaux* (ill. 12).

Les tentures sont donc similaires mais jamais identiques. Leurs différences commencent au moment de leur manufacture et s'accroissent au long de leurs parcours individuels, qui laissent eux aussi leurs traces, matérielles ou immatérielles. Les tentures sont parfois découpées. Elles palissent et s'usent. Elles peuvent aussi être restaurées, réparées, recomposées. Mobiles et transportables relativement aisément, elles s'inscrivent aussi au fil du temps dans différents contextes d'exposition, de collection et d'interprétation, et acquièrent au sein de chacun d'entre eux de nouveaux contours façonnant leur identité individuelle et collective.

Le trait commun des tentures d'une mise en laine à l'autre est les cartons peints sur lesquels les lissiers fondent leur travail (ill. 12). Ces peintures sur toile ou papier, patrons à taille réelle pour l'exécution des tapisseries, sont en général des versions agrandies par les cartonniers, les artistes spécialisés dans ce travail, de modèles peints plus petits, qui, eux, sont souvent l'œuvre d'artistes célèbres. Les cartons se présentent en bandes verticales pour faciliter leur utilisation sur le métier à tisser. Ils se dégradent au cours du travail des lissiers et nécessitent régulièrement retouches et réparations. Seuls quelques cartons et fragments de cartons des *Anciennes Indes* existent toujours[29]. Certains, comme ceux du *Combat des animaux*, ont fait l'objet de restauration pour les stabiliser et les rendre accessibles à la consultation et à l'exposition.

---

27. La citation de Crealocke se trouve dans *Ibid.*, p. 125-127, note 172. La tenture est celle du musée Ashmolean, Oxford, n° d'accession WA1901.1.

28. Un tissage tardif des *Nouvelles Indes* a eu lieu dans les années 1940.

29. Au Mobilier national, n° d'inventaire GOB-828-001, GOB-746-000, GOB-745-001, GOB-744-000, OB-747-000, GOB-743-000.

Ill. 10. *Chambre de Joseph ou de la Genèse avant restauration*, s. d. (1945 ?), Rome, Photothèque de l'Académie de France à Rome.

Ill. 11. Charles Frederick Brocktorff, *Salle des tapisseries du palais du gouverneur de la ville de Valette*, 1781-1850, aquarelle sur papier, 27,8 × 19,4 cm, New York, The Morgan Library and Museum.

Ill. 12. Albert Eckhout, *Cartons pour le Combat d'animaux*, 1725, huile sur toile, 341 × 405 cm, Paris, Mobilier National.

Les modèles pour la *Tenture des Indes* sont issus d'une histoire singulière mêlant un projet d'histoire naturelle à grande échelle, ambition coloniale et goût de l'exotisme. À leur source se trouve Johan Maurits van Nassau-Siegen, un prince allemand qui, âgé et en quête de fonds, offrit en 1679 à Louis XIV, dans l'espoir d'obtenir paiement en retour, un « cadeau » de « raretés *[sic]* [qui] représentent tout le Brésil »[30]. Johan Maurits avait été entre 1636 et 1644 gouverneur

30. Sur le contenu du cadeau, voir Peter James Palmer Whitehead et M. Boeseman, *A Portrait of Dutch 17th-Century Brazil : Animals, Plants, and People by the Artists of Johan Maurits of Nassau*, Amsterdam/New York, Print Book, 1989, p. 109-116. Rüdiger Joppien, « The Dutch Vision of Brazil : Johan Maurits and His Artists », dans Ernst van den Boogaart (dir.), *Johan Maurits van Nassau-Siegen 1604-1679 : A Humanist Prince in Europe and Brazil*, La Haye, 1979, p. 297-376, p. 325-328. Erik Larsen, *Frans Post, interprète du Brésil*, Amsterdam/Rio de Janeiro, Colibris Editora Ltda, 1962, p. 255-259. À propos de la compensation financière escomptée, voir Jean Vittet, « Jean-Maurice de Nassau-Siegen et Louis XIV. Récit d'une passion partagée pour la vie sauvage du Brésil », dans Gerlinde Klatte, Helga Prüssmann-Zemper et Katharina

général du Brésil hollandais, où il s'était entouré d'artistes et de savants. Le cadeau consistait en quarante-deux peintures réalisées par Albert Eckhout et Frans Post, deux peintres à son service au Brésil, ainsi que de spécimens correspondant aux objets et animaux représentés, y compris un hamac dans lequel le Dauphin se fit balancer[31]. Les archives écrites se rapportant au don notent la mention par Johan Maurits de la possibilité de créer des tapisseries d'après les tableaux qui, dit-il, s'y prêteraient parfaitement. Eckhout, aidé peut-être de Post, avait en effet déjà créé huit cartons à partir de leurs œuvres brésiliennes que Johan Maurits avait fait tisser en Hollande avant de les prêter en 1652 à l'électeur de Brandebourg Frederick Whilelm, qui commanda une autre série de tapisseries au lissier Maximilian van der Gucht à La Haye en 1667-1668[32]. Aucun exemple de ces deux mises en laine n'a été identifié ou n'est parvenu jusqu'à nous. Les huit cartons semblent avoir fait partie du cadeau à Louis XIV et être le modèle pour les *Anciennes Indes.*

Le don de Johan Maurits à Louis XIV opérait à plusieurs niveaux. Il s'inscrivait dans les pratiques princières d'échange d'objets luxueux et rares, appréciés pour leur caractère curieux et exotique, et en tant que sources de plaisir esthétique comme de savoirs sur le monde et les hommes. Mais ce cadeau arrivait aussi à point au vu des projets ultramarins du Roi-Soleil. Il fournissait en effet au roi de France une collection d'images et de spécimens qui lui permettrait de donner forme visuellement à ses ambitions coloniales aux Amériques, encore loin d'être réalisées. La canne et le moulin à sucre dans *Les Deux Taureaux*, ainsi que les personnages à la peau noire dont la juxtaposition à ces

---

Schmidt-Loske (dir.), *Exotismus und Globalisierung. Brasilien auf Wandteppichen. Die Tenture des Indes*, Berlin, DKV, 2016, p. 60-61. Voir aussi Carrie Anderson, « The Old Indies at the French Court : Johan Maurits's Gift to Louis XIV », *Early Modern Low Countries*, vol. 3, n° 1, 2019, p. 32-59.

31. Madeleine Jarry, « L'Exotisme au temps de Louis XIV : tapisseries des Gobelins et de Beauvais », *Medizinhistorisches Journal*, vol. 11, n° 1-2, 1976, p. 52-71, p. 54-55 (en ligne) ; Rebecca Parker Brienen, *Visions of Savage Paradise : Albert Eckhout, Court Painter in Colonial Dutch Brazil*, Amsterdam, Amsterdam University Press, 2006 ; R. Joppien, « The Dutch Vision of Brazil », art. cité.

32. Charissa Bremer-David, « *Le Cheval Rayé* : A French Tapestry Portraying Dutch Brazil », *The J. Paul Getty Museum Journal*, vol. 29, 1994, p. 21-29 ; R. Joppien, « The Dutch Vision of Brazil », art. cité, p. 324-325 ; Nello Forti-Grazzini, « The Striped Horse », dans *Tapestry the Baroque : Threads of Splendor*, dans Thomas P. Campbell (dir.), cat. exp. New York The Metropolitan Museum of Art ; Madrid, Palacio Real, 2007-2008, New Haven/Londres, 2007, p. 390-397, p. 391.

outils d'exploitation coloniale suggère l'esclavisation, illustrent particulièrement bien les sources du profit économique que la France espérait tirer d'éventuelles possessions américaines.

Jusqu'au règne de Louis XIV, la présence française dans la Caraïbe était le fait d'initiatives privées telles que celles de la Compagnie des Îles d'Amérique, puis de seigneurs propriétaires dans les Petites Antilles ou encore de l'organisation de flibustiers, les Frères de la Côte, basée à Tortuga, au large de la future Saint-Domingue[33]. La « royalisation » de la région s'était opérée sous l'égide du ministre de Louis XIV, Jean-Baptiste Colbert, mais l'emprise de la France sur les Antilles restait précaire. Elle dépendait des réseaux transatlantiques de traite esclavagiste et se trouvait sous la constante pression des ambitions rivales de la Grande-Bretagne et des Pays-Bas. L'envoi du cadeau de Johan Maurits coïncida donc à la cour de France avec un intérêt appuyé pour la situation de la France aux Amériques. C'est par exemple à cette époque que fut composé le Code noir signé par Louis XIV en 1685. Cet ensemble de règles gouvernant la pratique de l'esclavage dans les colonies françaises forme un document, qui, comme l'a noté Joseph Roach, est résolument tourné vers le futur, s'adressant dès son préambule « À tous présents et à venir » et réglant la mise en place de sociétés esclavagistes encore en devenir[34].

C'est dans ce contexte que s'inscrivent la réception positive du cadeau de Johan Maurits, la création de la *Tenture des Indes*, et son utilisation comme outils de prestige et de projection diplomatique par la couronne de France. L'historienne de l'art Carrie Anderson analyse les tapisseries comme un pendant mobile de la proclamation immobile de l'*Escalier des Ambassadeurs*, un monument au cœur de Versailles par lequel Louis XIV célèbre ses victoires contre la Hollande et met en image ses aspirations globales en portrayant des spectateurs venus des quatre continents se penchant, depuis des loggias en trompe-l'œil, sur les va-et-vient de l'escalier de réception[35]. L'intérêt de Louis XIV pour les tableaux et objets envoyés par Johan Maurits est démontré par des documents récemment analysés ou reconsidérés par Jean Vittet : le roi

33. Jean Meyer, Jean Tarrade, Annie Rey-Goldzeiguer, Jacques Thobie, *Histoire de la France coloniale. Des origines à 1914*, Paris, Dunod, 2016.

34. Joseph Roach, « Body of Law : The Sun King and the Code Noir », dans Sara E. Melzer, Kathryn Norberg (dir.), *From the Royal to the Republican Body*, Berkeley, University of California Press, 1998, p. 113-129.

35. C. Anderson, « The Old Indies », art. cité, p. 42-52.

alla les voir à plusieurs reprises, commanda plus tard leur mise en laine, et utilisa les tapisseries ainsi créées à la fin du XVIIe siècle comme décoration dans ses palais et comme ornementation éphémère lors d'une célébration de la Fête-Dieu[36]. Elles ont donc bien leur place dans l'univers visuel profane et sacré que le Roi-Soleil créa autour de lui, dans lequel aspirations coloniales et ambitions globales étaient mises en exergue[37].

Saisir le Brésil par l'image

Le règne, pour ainsi dire, de Johan Maurits comme gouverneur général du Brésil néerlandais, dura de 1637 à 1644. La mission qui lui avait été confiée était de réorganiser la colonie établie en 1630, dont l'activité principale était la production de sucre de canne destinée à l'exportation, mais il arriva en Nouvelle-Hollande armé d'ambitions bien plus vastes que celles d'un administrateur. Il s'y établit en prince savant et patron des arts entouré d'artistes et d'hommes de science recrutés en Hollande. En sept ans, il bâtit deux palais, fit sortir la ville de Mauritsstad de terre, et y créa un zoo et un jardin botanique. Il commanda aux peintres Albert Eckhout et Frans Post, au naturaliste Georg Marcgraf, et au médecin Willem Piso, la réalisation d'un « portrait » des territoires et peuples de l'Amérique du Sud, un vaste projet dont l'ampleur ne sera égalée que dans les siècles suivants, à l'ère des expéditions scientifiques du capitaine Cook ou d'Alexandre von Humboldt[38]. Ensemble, artistes et savants produisirent une œuvre colossale en forme de palimpseste d'images et de descriptions écrites de la flore, de la faune, et des populations du Brésil et de l'Amérique du Sud[39]. Les paysages de Frans Post, peints sur place et à son retour aux Pays-Bas (ill. 13), les vignettes naturalistes, natures mortes tropicales et peintures ethnographiques ébauchées ou achevées de Eckhout (ill. 14-15), l'œuvre savante monumentale que forme l'*Historia Naturalis Brasiliae* de Piso et Marcgraf, publiée en 1648 (ill. 16),

36. Jean Vittet, « Jean-Maurice de Nassau-Siegen », art. cité, p. 62-65.
37. Meredith Martin, *The Sun King at Sea : Maritime Art and Galley Slavery in Louis XIV's France*, New York, Getty Research Institute, 2022.
38. M. de Campos Françozo, *De Olinda a Olanda*, thèse citée ; P. J. P. Whitehead et M. Boeseman, *op. cit.* ; R. Parker Brienen, *Visions of Savage Paradise*, *op. cit.* ; R. Joppien, « The Dutch Vision of Brazil », art. cité.
39. Voir le projet BRASILIAE. Indigenous Knowledge in the Making of Science : Historia Naturalis Brasiliae (1648) ERC Grant agreement ID : 715423.

témoignent d'un moment éphémère mais profond d'efflorescence intellectuelle et artistique[40].

Au retour de Johan Maurits en Europe, ces œuvres se dispersèrent au fil des dons auxquels il procéda pour faire avancer ses ambitions. Il devint ainsi Électeur de Clèves grâce à un premier cadeau à l'Électeur de Brandebourg en 1652, qui consistait en un ensemble d'études peintes à l'huile par Eckhout, ordonnées et rangées au sein de cinq volumes reliés aujourd'hui à la bibliothèque Jagielionska de Cracovie[41] (ill. 9-21). Il obtint peu après la distinction de l'Ordre de l'Éléphant blanc après avoir offert au roi Frederik III du Danemark, en 1654, une série de peintures de très grande taille de différents types ethniques du Brésil, aujourd'hui pièces majeures du Musée national de Copenhague[42] (ill. 15). Le troisième don princier sera celui qu'il adressa en 1679, quelques mois avant sa mort, à Louis XIV.

Ill. 13. Frans Post, *Un Moulin à sucre tourné par l'eau avec les fours où on cuit le liquide de la canne dont on fait le sucre au Brésil*, milieu du XVIIe siècle, huile sur toile, 117 × 167 cm, Paris, musée de Louvre.

40. Willem Piso, *Historia naturalis Brasiliae*, Leiden/Amsterdam, Elzevier, 1648.

41. Il s'agit d'Albert van der Eeckhout, Johan Maurits, Christian Mentzel, *Brasil – Holandês = Dutch – Brazil*, 5 vol., Rio de Janeiro, 1995, vol. 4 : « Theatrum rerum naturalium Brasiliae », p. 1637-1644.

42. R. Parker Brienen, *Visions of Savage Paradise*, *op. cit.*

Ill. 14. Albert Eckhout, *Fruits*, v. 1640, huile sur toile, 91 × 91 cm, Copenhague, Nationalmuseet Danmark.

Ill. 15. Albert Eckhout, *Femme et enfant d'origine africaine*, v. 1641-1650, huile sur toile, 282 × 189 cm, Copenhague, Nationalmuseet Danmark.

Ill. 16. Willem Piso, Georg Marcgraf, *Historia naturalis Brasiliae*, Lugdun, Batavorum, apud Franciscum Hackium / Amstelodami, apud Lud. Elzevirium, 1648, frontispice.

Ill. 17. *Jeune Afro-brésilien entouré de fruits, d'un toucan et d'un ibis rouge*, détail de la tapisserie *L'Éléphant* ou *Le Cheval isabelle* de la *Tenture des Anciennes Indes*, 2e série, d'après le carton d'Albert Eckhout, v. 1644-1652. Manufacture royale des Gobelins, Paris, Atelier Mozin, 1689-90, 470 × 485 cm, Paris, Collection du Mobilier national, GMTT 192/1. Photo Gerlinde Klatte.

Ces peintures et études de Eckhout et Post nous intéressent non seulement car elles sont les sources, directes et indirectes, des tapisseries, mais aussi car la confrontation des deux séries d'images montre le glissement qui s'est opéré d'un projet à l'autre dans la signification des motifs représentés. Ce glissement s'observe en particulier avec les accessoires et les types humains dépeints dans les tableaux de Copenhague ou les études de Cracovie (ill. 15 et 19-21) et repris dans les tapisseries (ill. 4-8). Dans les dessins et peintures brésiliens de Eckhout, les représentations, tirées d'une observation très détaillée, étaient au service du projet de Johan Maurits de produire un « portrait[43] » de la Nouvelle-Hollande, entreprise polyvalente et novatrice dont les précédents se trouvent dans les illustrations de livres de costume, de récits de voyage ou d'histoire naturelle ainsi que dans le portrait et la nature morte. Ces mêmes motifs changent de nature dans les tapisseries où ils se retrouvent au service de scènes de genre exotiques. Les plumes et pagnes jouent dans ce processus un rôle majeur, transformant la nature et les personnages représentés, les faisant passer de spécimens observés à des illustrations répétant une imagerie européenne préconçue sur les « Indes », concept abstrait plus que réalité géographique, vaguement compris comme une ou plusieurs régions lointaines, luxuriantes et peuplées de sauvages[44]. L'exotisme des *Anciennes Indes* contribue ainsi à l'élaboration d'un discours par lequel l'Europe définit son rapport au monde en faisant de la nature, mais aussi des cultures qu'elle juge distantes tant en kilomètres qu'en mœurs, des miroirs d'altérité. Ces miroirs encadrent, domestiquent et transforment l'autre, l'ailleurs, l'étrange, en font des objets esthétiques et politiques face auxquels les spectateurs européens peuvent mesurer leur propre civilité et grâce auxquels conquête et exploitation coloniale peuvent être justifiées comme des impératifs dictés par la religion, la morale et le progrès.

Dans un glissement parallèle et lié, les peintures de fruits et de plantes dans l'œuvre brésilienne de Eckhout (ill. 14), où se mêlent représentations naturalistes et sensibilité esthétique liée à la nature morte, deviennent des repoussoirs foisonnant au premier plan des

43. E. Larsen, *Frans Post*, *op. cit.*, p. 255.
44. W. C. Sturtevant, « La tupinambisation... », art. cité ; Jill Burke, « Nakedness and Other People : Rethinking the Italian Renaissance Nude », *Art History*, vol. 36, n° 4, 2013, p. 714-739 ; Alessandro Arcangeli, « Dancing Savages : Stereotypes and Cultural Encounters across the Atlantic in the Age of European Expansion », dans Melissa Calaresu, Filippo de Vivo et Joan-Pau Rubiés (dir.), *Exploring Cultural History : Essays in Honour of Peter Burke*, Farnham, Routledge, 2010, p. 289-308.

tapisseries. Ils évoquent dans ce nouveau contexte les cartouches entourant les cartes géographiques (ill. 16), ou bien se lisent comme des cornes d'abondance célébrant les ressources naturelles et humaines qu'offrent les colonies[45] (ill. 5). Malgré son titre, la tenture de *L'Éléphant* n'est qu'en partie une illustration du mammifère géant. Le pachyderme se trouve au deuxième plan, caché en grande partie non seulement par le cheval, emblème de l'Europe, mais aussi par la scène se déroulant à ses pieds et juste au niveau des yeux des spectateurs. Là, des fruits tropicaux entourent une femme noire penchée dans le coin inférieur sous le poids d'un panier lourdement chargé de produits. Elle garde un œil dans son effort sur un jeune enfant escaladant ou pris dans l'avalanche d'une montagne de fruits et légumes tropicaux (ill. 17). Dans la tenture, fruits, femme, et enfant sont visuellement mis à la disposition des spectateurs européens, suggérant qu'ils le sont ou le seront aussi de fait dans le projet colonial de la France. Plus que des motifs naturalistes ou des figures témoignant de la diversité humaine, ils apparaissent dans la tenture comme emblèmes des capacités productives et reproductives que la nature américaine et la main-d'œuvre esclavisée africaine nécessaire à son exploitation mettent à disposition de la métropole.

L'amoncellement de fruits tropicaux hypersexualisés (courges phalliques, fruits fendus révélant un intérieur vulvaire) associés à la femme noire dans *L'Éléphant* trouve son pendant dans la mise en scène du labeur masculin dans les *Deux Taureaux* (ill. 4). Deux hommes africains y portent un hamac – celui dans lequel l'anecdote historique place le Dauphin de France – dont la courbe du textile et la barre de transport encadrent un moulin et pointent vers un chariot de canne à sucre, deux motifs dérivés de représentations de plantations sucrières brésiliennes de Frans Post[46] (ill. 13). Le moulin à sucre et le travail montré ou suggéré des Africains esclavisés révèlent, au-delà de l'esthétique et de l'exotisme, la dimension économique du discours que les tapisseries assoient. En ce sens, les *Anciennes Indes*, et en particulier les *Deux Taureaux*, peuvent être appréhendées comme des méta-images, des images qui ont conscience d'elles-mêmes[47]. Les tapisseries révèlent ainsi

45. Samir Boumediene, *La Colonisation du savoir. Une histoire des plantes médicinales du « Nouveau Monde » (1492-1750)*, Vaulx-en-Velin, Éd. des Mondes à faire, 2016.
46. Voir aussi le dessin d'un pressoir à sucre de Post aujourd'hui dans les Musées royaux des Beaux-Arts de Belgique, Inv. 4060/2888.
47. À propos des méta-images, voir Victor I. Stoichita, *The Self-Aware Image : An Insight into Early Modern Metapainting*, New York, 1997 ; Wu Hung, *The*

dans leur iconographie la source du luxe dont elles sont la manifestation. Elles laissent aussi entrevoir dans ce tableau-dans-le-tableau les systèmes d'exploitation humaine, naturelle et écologique qui sous-tendent le projet colonial européen. En somme, leur imagerie esthétisante montre autant qu'elle le cache le côté obscur de l'histoire que leurs fils tissent : il faut comprendre les « Indes » auxquelles la tenture se réfère comme une abstraction évoquant un ailleurs exotique, mais aussi comme un enjeu politique et économique concret d'expansion coloniale et de compétition impériale, y compris entre la France et la Hollande.

Mais ce n'est pas là toute l'histoire. Le glissement sémantique à l'œuvre est encore plus grand, car à la source des tapisseries et de la dimension atlantique de leur iconographie se trouve, au-delà du Brésil néerlandais, le Kongo[48]. Indépendant et profondément engagé dans les réseaux commerciaux, diplomatiques et religieux du XVIIe siècle, ce royaume d'Afrique centrale est à l'opposé de la vision étriquée de l'Afrique et des Africains comme source de labeur servile et de matières premières que l'on voit se profiler dans la tenture.

Le Kongo, de l'Afrique à Rome

Le Royaume du Kongo s'étendait au XVIIe siècle au sud du fleuve éponyme, dans l'ouest de ce qui est aujourd'hui la République démocratique du Congo et le nord de l'Angola. Il était depuis 1483 en contact et en dialogue avec le Portugal ainsi qu'avec les cultures visuelles et matérielles de l'Europe et de la chrétienté. Dès les premiers moments de leur histoire commune, le roi du Portugal et le roi du Kongo échangèrent des émissaires libres et captifs ainsi que de somptueux cadeaux, établissant des relations amicales ancrées sur une reconnaissance réciproque de leur souveraineté. Le Kongo envoya au Portugal des ivoires sculptés et des tissus de fibre de raphia dont la facture exceptionnelle suscita l'admiration de leur nouveau public européen[49].

Double Screen : Medium and Representation in Chinese Painting, Chicago, Reaktion Books, 1996 ; W. J. Thomas Mitchell, *Picture Theory : Essays on Verbal and Visual Representation*, Chicago, The University of Chicago Press, 1994, p. 35-82.

48. Les historiens distinguent par l'orthographe le royaume historique du Kongo des colonies puis états indépendants du Congo.

49. Cécile Fromont, « Getting to know Early Modern Western Central African Textiles : New Evidence, Old Shadows, and the Puzzle of Pineapple Fibers », *The Textile Museum Journal*, vol. 48, n° 1, 2021, p. 138-151 ; Christine Giuntini et Susan Brown, *Patterns without End : The Techniques and Designs of Kongo Textiles. Kongo*

Lisbonne, en retour, expédia vers le Kongo des peintures venues de ses ateliers les plus renommés ainsi que des étoffes et objets décoratifs pieux et laïcs[50]. Le roi et les nobles du Kongo choisirent de se convertir au catholicisme dès 1491, s'appropriant ainsi de nouvelles ressources spirituelles. En 1506, une guerre de succession entre partisans et opposants à la nouvelle religion donna le pouvoir au roi Afonso Ier, un ardent partisan de la chrétienté. Sous son règne, le royaume devint officiellement catholique et se tourna vers le monde atlantique dont il fut dès lors un acteur de poids, ce que documente une correspondance soutenue entre le Kongo et Rome, Lisbonne et d'autres nations européennes[51].

Une figure principale se détache dans le Kongo ainsi transformé, celle du chevalier chrétien arborant une combinaison d'emblèmes de pouvoir locaux et importés, qui, ensemble, forment les symboles de l'aristocratie Kongo chrétienne : croix, bonnet, longs manteaux importés, pagnes en raphia ou en étoffes venues d'Europe ou d'Asie. Ces figures emblématiques représentèrent le Kongo chrétien non seulement en Afrique, mais aussi dans le monde atlantique où les ambassadeurs du royaume circulèrent régulièrement dès le début du XVIe siècle. La mission la mieux connue est celle d'António Ne Vunda, qui mourut à Rome en 1608, peu après son arrivée à la cour du pape. Sa visite se conclut par un enterrement en grande pompe et fut commémorée par une série d'œuvres d'art mettant en scène l'ambassadeur africain et son voyage que les papes utilisèrent comme un épisode illustrant le succès de leurs politiques étrangères aux ambitions globales. António Ne Vunda apparaît ainsi sur son lit de mort recevant la visite du pape dans une peinture murale de la Biblioteca Vaticana. Une médaille papale commémore sa réception officielle apocryphe par le souverain pontife en grande pompe. Un monument en marbre polychrome par Francesco Caporale représentant António Ne Vunda d'après son masque mortuaire et dans ses habits d'apparat Kongo sera érigé dans la basilique de Santa Maria Maggiore, presque vingt ans après sa visite[52] (ill. 18).

Exhibition Blog, catalogue en ligne ; Alisa LaGamma, *Kongo : Power and Majesty*, New York, Metropolitan Museum of Art, 2015.

50. António Brásio, *Monumenta missionaria africana. África ocidental*, Lisbonne, Agência Geral do Ultramar, 1952, vol. 1, p. 247-253.

51. Une grande partie de cette correspondance est publiée, *ibid.*

52. C. Fromont, *The Art of Conversion : Christian Visual Culture in the Kingdom of Kongo*, Chapel Hill, The University of North Carolina Press, 2014, p. 155-164.

Deux autres missions importantes sont celles envoyées en 1642-1643 au Brésil néerlandais, l'une par le roi du Kongo et l'autre par le prince de Soyo, une province côtière du royaume, dont les portraits ont été peints par Eckhout (ill. 19-21). Avec ses émissaires, Garcia II, roi du Kongo, envoya un ensemble de cadeaux tirés de ses collections, se montrant ainsi lui-même prince collectionneur, comme ses homologues européens : un collier en or et pierres précieuses ainsi qu'un plateau en argent doré fabriqué à Potosí au Pérou, provenant sans doute des routes du commerce esclavagiste liant le Kongo à l'estuaire du fleuve de la Plata, autour de Buenos Aires[53].

Après leur séjour au Brésil, les ambassadeurs venus du Kongo se rendirent en Hollande où ils firent peindre leur portrait qu'ils emportèrent ensuite avec eux en Afrique. Trois peintures aujourd'hui dans les collections du Statens Museum for Kunst à Copenhague ont été produites à peu près en même temps (ill. 22-24). Ces tableaux exécutés vers 1643 par Jasper Beckx saisissent non seulement l'apparence de Miguel de Castro et ses adjoints Pedro Sunda et Diego Bemba, mais aussi l'échange de présents diplomatiques entre le Kongo et la Hollande. Les archives écrites précisent que Johan Maurits fit don aux émissaires du Kongo d'un chapeau de feutre de castor et d'une épée tels que ceux que Miguel de Castro arbore fièrement dans la peinture. Ses deux assistants portent quant à eux l'un une défense en ivoire, l'autre une boîte en vannerie finement tressée, représentant les objets offerts par la mission africaine à leurs hôtes européens[54].

Ces ambassades envoyées du Kongo outre-Atlantique au cours des siècles ont efficacement affirmé le rôle du royaume comme acteur sur la scène internationale et, pendant une longue période du XVIIe siècle, comme allié crucial des Hollandais dans l'Atlantique Sud contre leurs ennemis communs les Portugais[55]. C'est précisément cette alliance qui permit aux Hollandais de se saisir du nord-est du Brésil, et au projet de Johan Maurits de voir le jour. Cette histoire d'alliance, de coopération et de réception diplomatique entre le Kongo et la Hollande est un volet central de la trame historique aux sources des *Anciennes Indes*.

53. *Ibid.*, p. 165-169.

54. P. J. P. Whitehead et M. Boeseman, *op. cit.*, p. 173-174.

55. John Kelly Thornton, Andrea Mosterman, « A Re-Interpretation of the Kongo-Portuguese War of 1622 according to New Documentary Evidence », *The Journal of African History*, vol. 51, n° 2, 2010, p. 235-248 (en ligne).

Ill. 18. Francesco Caporale, *Buste d'António Manuel ne Vunda*, 1629, marbre polychrome, Rome, Santa Maria Maggiore, Baptistère.

Ill. 19. Albert Eckhout, *Portrait d'un ambassadeur du Kongo à Recife*, 1637-1644, huile sur papier, 30 × 50 cm, Cracovie, Biblioteka Jagiellońska, *Libri picturati* 34, folio 5.

Ill. 20. Albert Eckhout, *Portrait d'un ambassadeur du Kongo à Recife*, 1637-1644, huile sur papier, 30 × 50 cm, Cracovie, Biblioteka Jagiellońska, *Libri picturati* 34, folio 9.

Ill. 21. Albert Eckhout, *Portrait d'un ambassadeur du Kongo à Recife*, 1637-1644, huile sur papier, 30 × 50 cm, Cracovie, Biblioteka Jagiellońska, *Libri picturati* 34, folio 11.

Ill. 22. Jaspar Beckx, *Don Miguel de Castro, émissaire du Congo*, 1641-1645, huile sur bois, 75 × 62 cm, Copenhague, *Statens Museum* for *Kunst.*

Ill. 23. Jaspar Beckx, *Pedro Sunda : servant de Don Miguel de Castro*, 1641-1645, huile sur bois, 75 × 62 cm, Copenhague, *Statens Museum* for *Kunst.*

Ill. 24. Jaspar Beckx, *Diego Bemba : servant de Don Miguel de Castro*, 1641-1645, huile sur bois, 75 × 62 cm, Copenhague, S*tatens Museum* for *Kunst*.

Certains des motifs saisis par les peintres dont la tâche était de brosser le « portrait » de la Nouvelle-Hollande sont des images de la représentation que les diplomates Kongo chrétiens donnèrent d'eux-mêmes à leur allié d'Europe du nord lors de leur séjour au Brésil. Le processus sophistiqué par lequel les nobles du Kongo ont forgé leur image d'aristocrates à la fois africains et chrétiens, une image qu'ils projetèrent par leurs activités diplomatiques dans le monde Atlantique, se trouve donc aux sources des peintures de Eckhout et des motifs des tapisseries.

Le Roi porté et ses serviteurs sont ainsi tirés des études de Eckhout aujourd'hui à Cracovie portrayant les diplomates Kongo en tenue africaine (ill. 8, 19-21). On y reconnaît les détails de leur habillement, du haut bonnet rouge et blanc du personnage principal à sa croix en or, des dessins géométriques du textile d'écorce à la fourrure attachée à la taille des porteurs. Cependant, dans les nouvelles compositions pour les cartons, ces figures changent de statut. Elles ne sont plus des portraits d'une élite Kongo cosmopolite et engagée sur la scène internationale, mais deviennent, comme les autres plantes, animaux et personnages des tapisseries, des curiosités exotiques et des motifs allégoriques. Ainsi, l'aristocrate africain est associé dans la tapisserie à un parasol en plumes et un hamac, deux attributs curieux mais lisibles comme marques de statut, dignes du titre de roi que le titre de l'œuvre lui confère. Toutefois, ni ombrelle ni hamac n'ont de lien avec le Kongo. Elles interviennent dans la composition comme emblèmes européens de l'autre et dressent l'allégorie d'une souveraineté imparfaite, celle d'un monarque à moitié dénudé, plus fardeau que majesté, perché de manière inconfortable, voire précaire, sur un hamac, embarrassé par son arc et ses flèches, et réduit à porter son propre parasol.

Ce glissement évident du spécifique vers l'exotique dans les images est aussi présent dans les documents écrits. Le portrait de Copenhague (ill. 22) est déjà décrit en 1674 dans un inventaire de la collection royale danoise d'art comme « un maure avec un chapeau avec une plume », bien que le nom de Miguel de Castro soit inscrit au dos même du tableau[56]. En 1679, quand ils sont donnés à Louis XIV, les cartons de Eckhout sont toujours identifiés comme représentant « comment les principaux nègres d'Angola sont portés en hamac », mais en 1690, il ne s'agit plus que d'« un roi noir porté par deux esclaves, ledit roi portant une flèche »[57].

Au fil des versions et des catalogues, l'exotisme fit son travail. Dans les *Nouvelles Indes*, peintes par François Desportes, les aristocrates Kongo sont transformés désormais en personnages anonymes et même en esclaves. Ils ne portent plus des textiles Kongo tant admirés en Europe depuis le XVIe siècle, mais des peaux de fauves et des tissus sans rapport avec les pratiques vestimentaires de leur région. Les fourrures les marquent comme sauvages et les étoffes rayées comme personnes esclavisées. Ces étoffes rayées font en effet partie de l'iconographie typique des figures d'esclaves domestiques dans l'art européen de la période moderne, où elles sont aussi plus généralement des signifiants de l'étrangeté[58]. Le « roi » se voit quant à lui transformé en femme à la poitrine dénudée et devient dans les inventaires « une négresse portée[59] ».

56. P. J. P. Whitehead et M. Boeseman, *op. cit.*, p. 173.
57. *Ibid.*
58. Kate Lowe, « Visible Lives : Black Gondoliers and Other Black Africans in Renaissance Venice », *Renaissance Quarterly*, vol. 66, n° 2, 2013, p. 412-452, p. 443-446 (en ligne).
59. M. Fenaille, *op. cit.*, vol. 4, 1907, p. 56.

Pour conclure

L'idéologie sous-tendant les compositions des tentures est manifeste. Il est par exemple aisé de discerner dans les *Deux Taureaux* l'axe liant le moulin à sucre, le travail d'Africains esclavisés rendu par le parallèle visuel entre les porteurs du hamac et les bêtes de somme sous leur joug, et la production de richesses coloniales dont l'Europe pourra jouir. Les tentures, on l'a vu, mettent en scène les aspirations de la France à un empire colonial aux Amériques et au profit qu'elle pourra en tirer grâce au travail d'Africains esclavisés, quand bien même la faune et la flore foisonnantes des tableaux rendent cette formulation moins grossière en lui donnant une forme esthétiquement plaisante et une allure scientifique. Il ne s'agit pas seulement d'exploitation, suggèrent-elles, mais de satisfaire un désir de savoir et un noble appétit pour l'appréhension du monde et de ses curiosités naturelles comme humaines.

Analyser la tenture revient à reconnaître le travail idéologique qu'elle opère et l'imagerie colonialiste que sa circulation comme bannière de l'industrie et de l'art français au long du XVIIIe siècle diffusa au-delà des frontières de la France. Le discours porté par les tapisseries se devait d'être énergique afin de contrer les nombreuses autres formulations similaires circulant autour d'elles, venant de nations rivales d'Europe ou d'ailleurs. Les efforts de représentation du Kongo sur la scène internationale comptent aussi parmi les discours en compétition avec l'idéologie mise en œuvre dans les tapisseries pour la construction du monde atlantique de la première modernité. Ces affirmations africaines connurent un succès évident, illustré par exemple par l'indépendance du royaume ou par le haut statut donné à ses représentants à Rome, alors que dans le même temps, les déclarations de souveraineté et d'égalité du Kongo, bien que continuellement formulées, se heurtèrent à la mise en place des ressorts structurels et intellectuels au service de la traite esclavagiste. Elles devinrent de moins en moins audibles et leurs représentations visuelles de moins en moins visibles. C'est ainsi qu'elles purent figurer dans la tenture tout en restant quasiment invisibles.

Une part importante de mon travail d'historienne de l'Afrique centrale dans la première modernité est d'identifier et d'analyser la manière dont le Kongo se projeta dans les réseaux commerciaux, diplomatiques, religieux et artistiques du monde atlantique. Les histoires, objets et discours ainsi mis en lumière offrent une perspective plus vaste et plus riche de cette période d'où le monde contemporain tient ses contours. Ils défient aussi de nombreuses préconceptions sur le monde moderne. Ils s'opposent évidemment aux récits faux et désuets de conquête et domination européenne facile aux Amériques et en Afrique. Ils vont en outre à l'encontre d'une analyse binaire opposant oppression européenne et résistance autochtone pour rendre compte d'une réalité plus confuse, aux ressorts complexes et à l'issue longtemps incertaine.

L'analyse des origines et des trajectoires des motifs de la *Tenture des Indes* démontre la grande complexité et les multiples dimensions des relations entre l'Afrique et l'Europe. Elle nous met en garde contre le piège de succomber aux discours présentés dans les tapisseries de manière si attrayante, présentant sous un jour anodin, voire séduisant, l'exploitation d'hommes et de territoires lointains au profit de l'Europe. Mais elle nous empêche aussi de simplement écarter ces tapisseries. Elles sont le théâtre d'images éprouvantes où est mise en scène une conception hiérarchique de la différence et de l'altérité dont les sociétés européennes continuent de pâtir, et elles doivent être confrontées de manière à rendre leur sous-texte visible et vulnérable aux critiques. De même, le témoignage, assez rare pour être précieux, qu'elles donnent des succès diplomatiques du Kongo au XVIIe siècle auprès de plusieurs nations européennes mérite d'être noté et analysé.

La *Tenture des Indes* de la Villa Médicis ainsi que celles qui se trouvent ailleurs en France et en Europe posent sans détour la question du rôle de l'Afrique, des Amériques, des Africains, des Afro-descendants et des populations autochtones des Amériques, mais aussi celui de leur image dans la société française et plus largement européenne des années 2020[60]. Dans leurs formes et destinations premières, les tapisseries les ont montrés en tant que corps et paysages exotiques, prêts à être conquis et exploités par l'Europe pour son plaisir et son profit.

60. À propos de récentes installations de la *Tenture des Indes*, voir M. Martin, « Left Bank/Right Bank », art. cité. Certaines tapisseries de la *Tenture des Indes* sont depuis la deuxième moitié du XXe siècle dans des collections privées ou publiques du Brésil, où leur présence et leurs motifs, notamment de figures esclavisées, recouvrent une autre signification que celles qu'ils ont en Europe. À propos des collections brésiliennes, voir Maria Amália Schmidt de Oliveira, Odair Hansen-Figueira et Gerlinde Klatte, « As Tapeçarias das Índias (Tenture des Indes) nas coleções brasileiras », dans G. Klatte, H. Prüssmann-Zemper et K. Schmidt-Loske (dir.), *Exotismus und Globalisierung*, *op. cit.*, p. 111-117.

L'installation de la Chambre de Joseph ou de la Genèse les avait remaniées dans un projet romantique, comme pendant atlantique à la Chambre turque conçue selon une esthétique orientaliste et dont l'implication dans la construction de l'idéologie coloniale du XIXe siècle a été amplement démontrée. Pendues dans le Grand Salon et le Salon Bleu de la Villa Médicis depuis plusieurs décennies, elles font entrer au cœur de l'Académie de France à Rome les idéologies coloniales, raciales et impériales qui leur ont donné le jour et qu'il était de leur rôle d'asseoir. C'est en connaissant et en reconnaissant leurs histoires entrecroisées que la question de leur place au sein de l'institution doit être abordée.

Analyser et opérer une réflexion critique de la *Tenture des Indes* permet aussi de développer une interprétation mesurée des œuvres du patrimoine liées au projet colonial européen et porteuses de son lourd héritage, qui prend en compte les ambivalences, les complexités et les paradoxes du contexte politique et visuel dans lequel elles ont vu le jour. L'enjeu de telles analyses est d'abord de rendre visibles les idéologies que ces objets patrimoniaux portent, longtemps restées imperceptibles car totalement naturalisées. Il est ensuite de rendre de nouveau visible les éléments que ces idéologies se sont efforcées d'effacer ou de reléguer à l'arrière-plan, comme par exemple, dans les *Anciennes Indes,* le rôle joué par le Kongo dans le jeu des alliances du monde atlantique. Il est enfin d'ouvrir la voie à une appropriation de ce patrimoine par les sociétés contemporaines, que ce soit comme objet de réflexion, comme terrain de mobilisation ou comme terreau pour la réinvention du rapport de l'Europe à l'autre et à elle-même.

Comment la couleur est devenue un marqueur racial. Perspectives d'histoire de l'art sur la race

Anne Lafont

« On sera toujours réduit en dernière analyse
aux trois couleurs primitives
... auxquelles on joint le blanc pour exprimer
la lumière & le noir pour
en exprimer la privation. »
Claude-Henri Watelet, 1788[1]

En 1788, le théoricien de l'art Claude-Henri Watelet déclara dans son article sur la couleur, publié dans le *Dictionnaire des Beaux-Arts*, que le blanc exprimait la lumière et, par conséquent, à l'époque des Lumières, la clairvoyance et l'intelligence humaine guidées par l'ambition de la perfectibilité[2]. Au XVIIIe siècle, on utilisait déjà la métaphore des Lumières pour évoquer un ensemble de projets et de débats en droit, en philosophie, en art et en littérature[3]. L'association de la race blanche, d'une part, avec le progrès rationnel, et d'autre part, de la

1. Les couleurs primaires sont le rouge, le jaune et le bleu dans l'article de Watelet. Claude-Henri Watelet et Pierre-Charles Lévesque, *Dictionnaire des Beaux-Arts* in Charles-Joseph Panckoucke éd., *L'Encyclopédie méthodique*, Paris, 1788, 1, p. 160.
2. Cet article a paru initialement sous le titre « How Skin Color Became a Racial Marker ? Art Historical Perspective on Race », dans *Eighteenth-Century Studies*, vol. 51, n° 1, 2017, p. 89-113. J'aimerais exprimer mes remerciements les plus chaleureux à Mechthild Fend, Richard J. Powell et Silvia Sebastiani, car leurs commentaires et suggestions ont amélioré et nuancé les arguments de cet article de manière significative.
3. Il existe une abondante littérature sur *Les Lumières* ou le *Siècle des Lumières* ; voir en particulier la synthèse de Dan Edelstein, *The Enlightenment : A Genealogy*, Chicago, University of Chicago Press, 2010.

race noire avec l'absence et la privation de tels avantages – que l'on peut déduire non seulement de cette phrase apparemment anodine mais plus généralement des discours sur l'esthétique du XVIIIe siècle –, correspondait au sentiment largement répandu selon lequel l'intelligence se répartissait entre les hommes selon la couleur de peau, une démarcation fondée sur la pigmentation, objective et évidente à l'œil nu. Watelet adaptait au champ esthétique la théorie des couleurs de Sir Isaac Newton, selon laquelle le blanc se compose du spectre visible de toutes les couleurs qui s'y réfléchissent tandis que le noir ne réfracte pas la lumière. Newton développa cette théorie dans son traité *Opticks* en 1704, que Jean-Paul Marat, médecin, journaliste, abolitionniste et bientôt révolutionnaire, traduisit en 1787, un an avant la publication de l'article de Watelet dans le *Dictionnaire des Beaux-Arts*[4]. En s'appropriant la théorie des couleurs de Newton presque un siècle après, le théoricien de l'art chargea cette analyse descriptive de preuves physiques de décennies de débats philosophiques qui avaient trait aux Lumières, à l'esclavage et à la diversité humaine. En effet, cette théorie faisait écho à la pluralité des couleurs de peau et à la bipolarité majeure des Blancs et des Noirs dans le processus de catégorisation humaine et de cartographie de la terre[5].

Dans cet article, je cherche à démontrer que la production et le discours artistiques du XVIIIe siècle ont forgé des outils d'observation et d'analyse qui ont rendu possible la différentiation entre les êtres humains, de même que leur classification implicite sur une échelle morale, une entreprise qui aboutirait plus tard à un racisme explicite. Si je cherche à isoler cette période longue et hésitante où évolue la question de la peinture et de la pigmentation, c'est parce qu'elle illustre comment, par le biais d'une figuration ou d'une représentation visuelle, on peut manipuler synthétiquement un élément naturel – la couleur de la peau – pour y trouver l'indice ou la preuve de hiérarchies humaines.

4. Voir la version française de l'*Optique* d'Isaac Newton, qui comporte une longue introduction de Michel Blay (Paris, Dunod, 2015, p. 1-69) : édition originale traduite par Jean-Paul Marat (Paris, Leroy, 1787).

5. Je suis l'argumentation convaincante de James Delbourgo concernant l'appropriation de la théorie de Newton pour comprendre l'origine de la couleur de peau et surtout de la couleur de peau noire. Delbourgo fonde son article sur des exemples tels que le médecin virginien John Mitchell et des abolitionnistes comme Thomas Clarkson et Olaudah Equiano. J. Delbourgo, « The Newtonian Slave Body : Racial Enlightenment in the Atlantic World », *Atlantic Studies : Literary, Cultural and Historical Perspectives*, vol. 9, n° 2, 2012, p. 185-207.

L'épigraphe de Watelet, inspirée par l'autorité scientifique éminente de Newton, montre comment la race s'est construite *via* la couleur de la peau et signale les arts visuels comme éléments fondamentaux des débuts de l'anthropologie. Cette nouvelle science de l'humanité a pris naissance dans le corpus théorique des Lumières, dont le projet – visant à comparer mais également à catégoriser – était d'écrire l'histoire naturelle de l'espèce humaine, entre autres objectifs. L'art, l'histoire naturelle, l'anthropologie naissante, l'esthétique et le droit colonial ont convergé autour de 1700 (1685-1745) pour établir puis stabiliser la couleur comme principal marqueur racial dans l'inventaire de la diversité humaine.

Une des contributions majeures à la discussion sur la race d'un point de vue d'histoire de l'art est le livre séminal de David Bindman *Ape to Apollo : Aesthetics and the Idea of Race in the Eighteenth Century*[6]. Bindman écrit l'histoire de deux disciplines parallèles et émergentes – l'esthétique et l'anthropologie – à travers les textes naturalistes et artistiques du XVIIIe siècle européen où il suit les occurrences du concept de race[7]. Après avoir écrit ce livre qui appartient à l'histoire des idées, Bindman, en compagnie de Henry Louis Gates Jr., a supervisé le projet *The Image of the Black in Western Art*, où le problème principal n'est pas la question de la race, mais de retrouver les traces, sur un plan universel et encyclopédique, des images représentant des personnages noirs[8].

J'aimerais dans les pages qui suivent mieux définir le rôle déterminant joué par les beaux-arts, tout particulièrement la peinture et le dessin, dans le surprenant processus combinant l'imagination et la science qui a ancré la catégorie de race dans celle de couleur de peau. Je me pencherai sur ce que l'on suppose être une couleur de peau blanche et une couleur de peau noire, dans la mesure où en les comparant, on parcourt un ensemble significatif d'œuvres visuelles du XVIIIe siècle, et parce que, en même temps, ces données ont constitué les principaux repères des débats et des œuvres d'art portant sur la race.

6. David Bindman, *Ape to Apollo : Aesthetics and the Idea of Race in the Eighteenth Century*, Ithaca, Cornell University Press, 2002.
7. Pour une contextualisation du travail déterminant de David Bindman, voir mon article « Zoomorphismes avant Darwin », *Perspective*, n° 3, 2009, p. 461-466.
8. Pour ce projet particulier à Harvard, voir http://www.imageoftheblack.com. Voir également mon article « La représentation des Noirs : quel chantier pour l'histoire de l'art ? », *Perspective*, n° 1, 2013, p. 67-73.

En fait, comme les travaux récents l'ont démontré, au XVIIIe siècle, la construction des Jaunes et des Rouges en tant que groupes humains telle qu'elle apparut à travers les écrits de Linné et ses contemporains, s'ancra dans des relations diplomatiques et commerciales, de même que des rencontres entre cultures[9]. Et cependant, à la différence des textes écrits, il apparaît que les arts visuels n'eurent pas une tendance systématique à ethniciser ces deux groupes humains supposés[10]. Si l'on s'intéresse par exemple à quelques représentations artistiques d'autochtones à la fin du XVIIIe siècle (par exemple : *Indian Widow* de Joseph Wright of Derby, 1784, Derby Museum and Art Gallery, ou même *La mort d'Atala* par Girodet, 1808, Paris, musée du Louvre, un tableau plus tardif qui montre l'Indien Chactas), les Amérindiens n'ont pas du tout l'air d'avoir la peau rouge. Il faut cependant prendre en considération le fait que Girodet peignit le portrait de l'Afro-descendant Jean-Baptiste Belley (1797, Versailles) qui paraissait être ethnicisé de manière précise dans ce tableau. Par conséquent, l'homme noir était ethnicisé en 1797, alors que les Amérindiens ne l'étaient pas, même en 1808 dans la peinture académique.

Bien que le concept de race sous l'Ancien Régime ait fait l'objet d'un travail historique et épistémologique remarquable, que ce soit en histoire des sciences, en histoire politique et en esthétique, on ne s'est pas encore suffisamment intéressé au rôle des images et des beaux-arts, une réelle nécessité qu'il faut affirmer avec conviction[11]. Les particularités explicatives et matérielles de ces œuvres – leurs moyens et

9. Voir Nancy Shoemaker, « How Indians Got to Be Red », *The American Historical Review*, vol. 102, n° 3, 1997, p. 625-644 ; et Michael Keevak, *Becoming Yellow : A Short History of Racial Thinking*, Princeton, Princeton University Press, 2011. Je remercie Silvia Sebastiani pour ces références.

10. Même si, comme Linda Nochlin l'a montré, les figures asiatiques dans le *St Francis Xavier* de Poussin (1641, Paris, musée du Louvre) ont le teint jaune. Linda Nochlin, Anne Lafont et Todd Porterfield, « Entretien avec Linda Nochlin », *Perspective*, n° 1, 2015.

11. Roxann Wheeler, *The Complexion of Race : Categories of Difference in Eighteenth-Century British Culture*, Philadelphie, University of Pennsylvania Press, 2000 ; D. Bindman, *Ape to Apollo, op. cit.* Voir également le travail collectif pionnier mené par Sarga Moussa à la suite d'un colloque à Lyon en 2000 : S. Moussa (dir.), *L'idée de « race » dans les sciences humaines et la littérature (XVIIIe et XIXe siècles)*, Paris, L'Harmattan, 2003. Voir également Claude Blanckaert, « La classification des races au XVIIIe siècle. L'anthropologie naturaliste entre méthode et anti-méthode », dans « L'invention et la représentation des races au XVIIIe siècle », Isabelle Baudino (dir.), numéro spécial, *Lumières* 14, 2009, p. 13-41 ; Andrew Curran, *The Anatomy of Blackness : Science and Slavery in an Age of Enlightenment*, Baltimore, Johns Hopkins University Press, 2011 ; Silvia Sebastiani, *The Scottish Enlightenment : Race, Gender,*

méthodes propres – sont fondamentalement mêlées à l'ancrage de la race et de la division de l'espèce humaine en couleurs de peau[12]. À partir de cette perspective, les ressources de l'histoire de l'art en tant que discipline des sciences humaines et sociales que caractérisent certains domaines de compétence (les questions de représentation et de visibilité, la politique du regard, l'histoire des formes et de l'observation visuelles, de même que les questions matérielles et la question de la diffusion) nous fournissent des outils remarquables qui permettent d'explorer le sujet de la construction de la race et de la couleur de peau en tant que catégories opératoires dans l'histoire naturelle de l'humanité, des catégories qui fondent la différentiation, la comparaison et la création de hiérarchies entre êtres humains.

Les années 1680 : la couleur de la peau, matrice de la race

En 1682, le peintre Pierre Mignard (1612-1695) peignit un des premiers serviteurs africains qui aient été représentés dans la peinture française. Ce jeune page noir qui se tient auprès d'une femme blanche de l'aristocratie forme un tandem pictural dont la réussite tient à ce qu'il révèle la présence coloniale dans la vie publique et privée des métropoles françaises et britanniques de la fin des XVIIe et XVIIIe siècles. Ce portrait précoce, qui dépeint Louise de Kéroualle, la duchesse de Portsmouth (ill. 1), montre la maîtresse française du roi d'Angleterre dans un environnement emblématique de la dynamique impériale et maritime qui gouverna le destin de cette jeune noble du Finistère. Par le biais d'une relation avec Charles II, qui dura plus de quinze ans, Louise de Kéroualle garantit l'union stratégique des puissances française et anglaise contre les Provinces-Unies ; elle offrait un sujet remarquable au portraitiste Pierre Mignard qui interprète Kéroualle comme une actrice française de cette compétition impériale. L'Angleterre, qui s'engagea en 1671, comme la France, dans une guerre contre les Provinces-

and the Limits of Progress, New York, Palgrave Macmillan, 2013 ; Jean-Frédéric Schaub, *Pour une histoire politique de la race*, Paris, Seuil, 2015.

12. Dans le monde ibérique, les peintures représentant les castes furent le principal médium par lequel on se saisit de la question des couleurs de peau et du mélange de ces couleurs ; ces représentations servaient également d'explications et de descriptions. Plusieurs études très éclairantes ont été produites sur le sujet, qui s'appuient sur l'ouvrage pionnier d'Ilona Katzew, *Casta Painting : Images of Race in Eighteenth-Century Mexico*, New Haven, Yale University Press, 2004.

Unies (l'une sur mer, l'autre sur terre), plaçait ses espoirs de domination commerciale maritime en une victoire définitive contre l'empire commercial rival. Ainsi, dix ans plus tard, alors que Louise de Kéroualle, toujours la favorite du roi d'Angleterre, séjournait en France, Mignard entreprit de peindre son portrait en lui prêtant un ensemble d'attributs qui symbolisaient l'alliance secrète qu'elle incarnait et au cœur de laquelle dominait la question maritime. Le corail, les coquillages, les perles et la fillette noire apparaissent comme les nombreuses richesses naturelles que les mers déverseraient sur qui voudrait bien s'en saisir, à savoir cette association de nations durable, entre l'Angleterre et la France, que Louise de Kéroualle avait contribué à établir une décennie auparavant[13].

Ill. 1. Pierre Mignard, *Portrait de Louise de Kéroualle, Duchesse de Portsmouth*, huile sur toile, 1682, Londres, National Portrait Gallery.

13. Catharine Macleod et Julia Marciari Alexander, *Painted Ladies : Women at the Court of Charles II*, Londres, National Portrait Gallery en association avec le Yale Center for British Art, 2001, p. 149. David Williamson, *Kings and Queens*, Londres, National Portrait Gallery, 2010, p. 116.

Ce portrait de la duchesse de Portsmouth indique une augmentation des ressources naturelles des puissances européennes grâce à leurs colonies prospères et à l'exploitation du travail noir, que l'on présente comme docile et consentant. Cependant, le tableau nous guide aussi vers un autre type d'iconographie : celui du plaisir esthétique que fournit le contraste de la chair, de la taille (dans ce genre de peinture, l'enfant est toujours petit) et celui du contact, car les mains blanches semblent apprécier le contact avec ces « poupées » noires. En France comme en Angleterre, les portraitistes reproduisirent ce schéma de peinture académique bien particulier dont le succès étonnant nous indique à quel point l'identité européenne, marchande, impériale et maritime s'incarnait, sur un mode allégorique, dans la femme de l'aristocratie. En outre, le teint de Mme de Kéroualle paraît d'autant plus clair qu'il voisine avec la présence d'une petite personne au teint foncé, dont le statut est manifestement servile.

Le *Portrait de la Duchesse de Portsmouth* dialogue avec un autre portrait, plus tardif (1691), réalisé par le même peintre : le *Portrait de la Marquise de Seignelay* (ill. 2). Le sujet du tableau est aussi représenté orné de corail, de coquillages et de perles mais n'est pas accompagné d'un page noir. L'ange agenouillé dans le coin droit en bas semble avoir endossé le rôle qu'occupe le jeune Africain dans des tableaux contemporains similaires tels que le *Portrait de Madame Claude Lambert de Thorigny* (ill. 7). La marquise de Seignelay était la veuve de Jean-Baptiste Colbert (1651-1690), qui avait succédé à son père en 1683 au poste de secrétaire d'État de la Marine, à partir duquel il élabora le *code noir* de 1685, un édit paternaliste et colonial. Ce texte législatif, destiné à réglementer les droits et les devoirs des maîtres envers leurs esclaves dans les colonies françaises des Amériques, révéla dans le domaine juridique les mêmes liens unissant les colons européens et les esclaves africains ou les domestiques libérés que l'on pouvait déceler dans les portraits contemporains d'aristocrates blancs et de leurs serviteurs noirs. Inspiré par le monde atlantique et l'esclavage, Mignard inaugura ce genre qui constituait une sorte de version révisée du motif vénitien orientaliste de la jeune servante noire avec sa maîtresse blanche adulte, comme dans le *Portrait of Laura Dianti* par Titien (1520, Kreuzlingen, Kisters Collection). Mignard s'appropria ce motif et l'introduisit dans un nouveau contexte historique, le faisant passer de la Méditerranée à l'océan Atlantique, du commerce avec l'Orient

Ill. 2. Pierre Mignard, *Portrait de la Marquise de Seignelay*, huile sur toile, 1691, Londres, National Gallery.

aux XVe et XVIe siècles au trafic d'êtres humains occidental dans la peinture de la fin du XVIIe siècle et tout au long du XVIIIe siècle[14]. Dès lors, ce genre s'incarna dans des représentations où se distinguait la présence d'un serviteur prépubère assimilé à un objet vivant ou à un animal de compagnie, qui sert de repoussoir en raison de sa pigmentation. Ce schéma fréquemment employé dans l'art des débuts de l'époque moderne forgea l'image de l'Africain comme mineur éternel, voué pour toujours à s'incarner dans des figures immatures et enfantines.

À la même période, dans les années 1680, François Bernier (1620-1688), médecin, voyageur et homme de lettres, publia un texte intitulé « Nouvelle Division de la terre, par les différentes Espèces ou Races d'hommes qui l'habitent », dans le *Journal des Sçavans* du

14. Voir Paul H. D. Kaplan, « Italy 1490-1700 », dans David Bindman et Henry Louis Gates Jr., *The Image of the Black in Western Art*, vol. 3 : *From the « Age of Discovery » to the Age of Abolition*, Cambridge, Harvard University Press, 2010-2011, p. 93-189 (en particulier p. 109-115 pour Titien).

24 avril 1684[15]. Dans ce texte, Bernier développa pour la première fois le concept d'une répartition par couleur des êtres humains dans leur diversité et mit en relief deux groupes principaux, les Noirs et les Blancs, bien qu'il ait conceptualisé cette répartition sur une échelle globale en quatre ou cinq groupes (1. Les Blancs ; 2. Les Noirs ; 3. Les Blancs d'Asie ; 4. Les Lappons ; 5. Les Vert olive). Voici comment Bernier expliquait la nécessité d'une division nouvelle des peuples de la terre, et ce qui était « essentiel » (le terme qu'il employa) chez les Noirs Africains.

> Les Geographes n'ont divisé jusqu'icy la Terre que par les differens Pays ou regions qui s'y trouvent. Ce que j'ay remarqué dans les hommes en tous mes longs & frequents Voyages, m'a donné la pensée de la diviser autrement. Car quoy que dans la forme esterieure du corps, & principalement du visage, les hommes soient presque tous differens les uns des autres, selon les divers Cantons de Terre qu'ils habitent... *j'ay neanmoins remarqué qu'il y a sur tout quatre ou cinq Especes ou Races d'hommes dont la difference est si notable, qu'elle peut servir de juste fondement à une nouvelle division de la Terre.* [...].
> Sous la 2e espèce je mets toute l'Afrique, excepté les Costes dont nous venons de parler [celles de la Méditerranée]. Ce qui donne lieu de faire une espèce différente des Africains, ce sont
> 1. Leurs grosses lèvres & leur nez écaché [*sic*].
> 2. *La noirceur qui leur est essentielle,* & dont la cause n'est pas l'ardeur du Soleil, comme on le pense ; puisque si l'on transporte un noir & une noire d'Afrique en un Pays froid, leurs enfans ne laissent pas d'être noirs aussi bien que tous leurs descendans jusques à ce qu'ils se marient avec des femmes blanches[16].

Silvia Sebastiani et Claude-Olivier Doron, les deux interprètes les plus récents du texte de Bernier, prennent en compte le milieu politique et intellectuel dans lequel fut publié l'article de 1684. Leur lecture démontre que Bernier ne fut ni l'inventeur ni le héraut d'un système taxonomique, mais qu'il modernisa bien le concept de race en minimisant dans la définition de la race l'idée prépondérante du lignage et de la transmission héréditaire. Tout d'abord, il promut une échelle atlantique et globale (aux dimensions de la terre) dans la catégorisation des êtres humains, et ensuite, il mit en relief le trait essentialisant de

15. François Bernier, « Nouvelle Division de la terre, par les différentes Espèces ou Races d'hommes qui l'habitent », *Journal des Sçavans*, 24 avril 1684, p. 133-140.
16. *Ibid.*, p. 133-135 (c'est moi qui souligne).

la noirceur dans le processus de stabilisation et de naturalisation de l'altérité des Africains[17].

Au milieu du XVIIIe siècle, le savant suédois Linné allait reprendre cette division fondée sur des groupes de personnes dotées d'une pigmentation différente et il en identifierait quatre : blanc, jaune, noir et rouge[18]. En même temps, une littérature philosophique et naturaliste s'emparait de la question de la division de l'espèce humaine, et forgeait des catégories différentes sans s'arrêter aux quatre races fondées sur la couleur de peau, qui ne s'imposèrent qu'au XIXe siècle. C'est ainsi que nous trouvons la race des Lappons dans les écrits de Buffon, la race des Pygmées dans ceux de l'Abbé du Bos, la race humaine chez Kant, ou les Nègres, les Hottentots et les Albinos chez Voltaire. Finalement, en 1805, Georges Cuvier, s'appropriant le concept de la race caucasienne élaboré par Christophe Meiner et Johan Heinrich Blumenbach dans les années 1780, écrivit dans sa *Leçon d'anatomie comparée* qu'un « museau proéminent[19] » est plus prononcé chez les individus de la race caucasienne[20].

Le terme « race » devint d'une utilisation plus répandue au cours du XVIIIe siècle, mais au départ ni l'articulation du concept de couleur de peau ni la division de l'espèce humaine en quatre parties n'étaient fixées. Cependant, le recours constant à la notion de race pour désigner un groupe ethnique (ou effectivement pour désigner la race humaine dans sa globalité, par opposition aux espèces d'animaux) révèle un

17. Voir Silvia Sebastiani, « François Bernier », dans Pierre-André Taguieff (dir.), *Dictionnaire historique et critique du racisme*, Paris, PUF, 2013, p. 206-207 ; et Claude-Olivier Doron, « Le cas Bernier », dans *L'homme altéré. Races et dégénérescence*, Paris, Champ Vallon, 2016, p. 429-433.
18. C'est dans la dixième édition de *Systema Naturae* (première éd. 1735) publiée à Stockholm en 1758-1759, tome 1, que Linné embrasse une classification de l'espèce humaine qui place l'homme blanc au sommet de l'échelle et l'homme noir en bas.
19. Georges Cuvier, *Leçons d'anatomie comparée* (Paris, 1805), t. 3, p. 17.
20. Ces exemples ont tendance à prouver l'instabilité originale et durable du concept de race tel que l'argumentent Sebastiani dans « François Bernier », *op. cit.*, Doron, dans « Le cas Bernier », *op. cit.*, et également Aaron Garrett et Silvia Sebastiani dans « David Hume on Race », N. Zack (dir.), *The Oxford Handbook of Philosophy and Race*, New York, Oxford University Press, 2017. Abbé Jean-Baptiste Dubos, *Réflexions critique sur la poésie et la peinture*, Paris, Mariette, 1719, vol. 2, p. 294 ; Georges Louis Leclerc, comte de Buffon, *Histoire naturelle*, Paris, Imprimerie royale, 1749, vol. 3, p. 319 ; Voltaire, « Des différentes races d'hommes », *Essai sur les mœurs et l'esprit des nations* (1756), Paris, Classique Garnier, 1990, vol. 1, p. 6 ; Immanuel Kant, I. *Des différentes races humaines*, 1775 et IV. *Définition du concept de race humaine*, 1785, dans *Opuscules sur l'histoire*, Paris, Garnier Flammarion, 1990, I., p. 47-67 et IV, p. 123-144. Cuvier, *Leçons*, *op. cit.*, p. 17.

processus de différentiation fondé sur la perception visuelle de signes anatomiques (la couleur de la peau, la texture et la couleur des cheveux, la forme des yeux et du nez) partagé, à un degré plus ou moins fort, par les individus formant une communauté habitant le même territoire. La prépondérance de la couleur par rapport aux autres signes anatomiques est perceptible dans la remarque ironique que fit Montesquieu : « On peut juger de la couleur de la peau par celle des cheveux[21] ».

La race a donc été conceptualisée en tant que manifestation de signes corporels dignes de confiance et lisibles, qui se révélaient à la vue indépendamment de la volonté de ceux qui en étaient porteurs. Elle n'avait rien à voir avec une disponibilité sociale[22], mais servait plutôt de marqueur anatomique distinctif et inévitable. Être d'une certaine race, cela signifiait que l'on était porteur d'une série d'éléments anatomiques distinctifs, que l'on montrait et transmettait ; des éléments anatomiques auquel nul ne pouvait échapper, quelle que soit sa situation, et qu'aucun observateur ne pouvait ne pas percevoir. En retraçant ce contexte, j'ai voulu montrer comment nous pouvons améliorer notre compréhension de la notion de race en l'appréhendant sous l'angle des arts visuels. Plus précisément, les arts visuels ont contribué à la division des humains en races, des catégories dont le fondement – jusqu'à ce que des évolutions de la science moderne rendent possibles des divisions humaines basées sur la génétique – était la couleur de la peau, un marqueur primordial, dont la traduction artistique consiste en l'application de pigments : entre autres termes, la peinture[23].

La première décennie du règne de Louis XIV, une période de centralisation des institutions dans le royaume de France, coïncida avec la convergence de programmes juridiques, politiques et artistiques qui établirent le concept d'une race blanche supérieure et dominante qui était européenne – et même française et parisienne, si l'on suit les

21. Montesquieu, *L'Esprit des lois*, Livre 15 (Paris, 1748), chap. 5, « De l'esclavage des Nègres ». (Paris : Nourse, 1772) 15–V, p. 305. A. Curran, dans *The Anatomy of Blackness*, p. 130-137, commente le célèbre chapitre de Montesquieu et contextualise ce tour de pensée ironique dont se sert l'essayiste français.

22. J'emprunte les concepts de disponibilité et d'indisponibilité à J.-F. Schaub, *Pour une histoire politique de la race*, *op. cit.* Ce que l'auteur veut dire, c'est l'impossibilité de la dissimulation des stigmates de la race, ce qui est tout à fait différent des signes sociaux.

23. Mechthild Fend a expliqué la migration sémantique du terme *pigment* du champ de la peinture à celui du discours médical à la fin du XVIIIe siècle. Voir M. Fend, « Fleshtones, Skin-color and the Eighteenth-Century Color Print », dans Felix Ensslin et Charlotte Klink (dir.), *Aesthetics of the Flesh*, Berlin, Sternberg Press, 2013, p. 211-233.

initiatives institutionnelles de Colbert. Les discours et les théories sur l'art, entrepris en particulier par l'Académie royale de peinture et de sculpture, fondée en 1648, ne faisaient pas exception et furent impliqués dans un débat opposant deux camps esthétiques à partir des années 1660 : les disciples de Charles Lebrun, ardents partisans de la suprématie du dessin, et les disciples de Pierre Mignard (le portraitiste que j'ai évoqué précédemment) qui, à l'inverse, défendait la primauté de la couleur dans la peinture. C'est dans ce contexte politico-esthétique de conflit théorique que l'on doit comprendre l'émergence d'une obsession concernant la race basée sur la couleur de la peau. Montesquieu a écrit : « Il est si naturel de penser que c'est la couleur qui constitue l'essence de l'humanité[24] », résumant ainsi le point de vue commun selon lequel les individus se révélaient « essentiellement », ou en d'autres termes, fondamentalement, par la couleur de leur peau.

L'aristotélisme et l'esthétique de la diversité

Il semble nécessaire d'esquisser un panorama, si sommaire soit-il, des enjeux principaux du discours qui considérait que la couleur était le vecteur de différentiation et le marqueur racial prépondérant de la vie intellectuelle et artistique du XVIIIe siècle. Autour de 1700, le débat opposant les partisans du dessin, ou Poussinistes, aux partisans de la couleur, ou Rubenistes, se déroulait par le biais de conférences à l'Académie royale de peinture en France[25]. Les arguments avancés par les partisans de la couleur (le cercle de Mignard) s'ancraient dans une dynamique politique de contestation de la suprématie stylistique de Charles Lebrun. Ce dernier était à la tête du groupe d'influence qui recommandait un type de dessin clair et sans équivoque, aux dépens de la pluralité stylistique qui aurait permis l'épanouissement de formes ou de couleurs variées et le potentiel particulier de celles-ci du point de vue des sens[26].

Alors que les partisans de la couleur cherchaient à affaiblir l'hégémonie du dessin et que les partisans du dessin voulaient défendre sa

24. Montesquieu, « De l'esclavage des Nègres », *op. cit.*, 15–V, p. 305.
25. Jacqueline Lichtenstein, *La couleur éloquente. Rhétorique et peinture à l'âge classique*, Paris, Flammarion, 1989.
26. Pour une histoire plus englobante, voir Bernard Teyssèdre, *Roger de Piles et les débats sur le coloris au siècle de Louis XIV*, Paris/Lausanne, La bibliothèque des arts, 1965 ; Nathalie Heinich, *Du peintre à l'artiste. Artisans et académiciens à l'âge classique*, Paris, Minuit, 1993 ; Jacqueline Lichtenstein et Christian Michel (dir.), *Les conférences de l'Académie royale de peinture de sculpture (1648-1792)*, 6 vol., Paris, ENSBA, 2006-2015.

supériorité, les deux côtés s'évertuaient à mieux définir l'essence et le pouvoir de la couleur dans les sphères sociales et politiques, ce qui causa l'apparition de nombreux textes ayant trait aux connotations culturelles de la couleur et des figures dans les cercles sociaux et politiques. Parmi les peintres académiques qui élaborèrent des discours destinés à associer la singularité de la peinture à l'utilisation de la couleur, on trouve le connaisseur et théoricien Roger de Piles[27]. Il alla jusqu'à expliquer que la couleur d'un corps était la condition, non seulement de sa visibilité, mais aussi de son caractère distinctif, étant donné la vaste gamme d'incarnations possibles. Sans la couleur, expliquait Piles, le corps n'était qu'une simple idée, une forme seule :

> Dieu en créant les corps a fourni une ample matière aux créatures de le louer et de le reconnaître pour leur Auteur ; mais en les rendant colorés et visibles, il a donné lieu aux Peintres de l'imiter dans toute sa puissance, et de tirer comme du néant une seconde Nature qui n'avait l'être que dans leur idée. En effet, tout serait sur la terre et les corps ne seraient plus sensibles que par le toucher, *si la diversité des couleurs ne les avait distingués les uns des autres*[28].

La variété des couleurs de peau trouva également un partisan chez Jean Nocret, qui rappela que le génie de Titien résonnait dans « l'union des couleurs et leurs gradations, surtout si l'on prenait en considération le teint merveilleux de la femme dans le tableau du Louvre *Allégorie conjugale* (1530)[29] ». Le défi du colorisme demeura une préoccupation des artistes d'un bout à l'autre du XVIIIe siècle, de Nattier (*Mademoiselle de Clermont en Sultane*, 1733, ill. 3) à Ingres (*L'Odalisque à l'esclave*, 1839, ill. 4) et, sur le plan théorique, de Roger de Piles à Watelet et Lévesque qui, dans l'article « couleur » du *Dictionnaire des Beaux-Arts* de 1788 (déjà cité au début de l'article), écrivit :

> Il faut penser aux nuances différentes qu'exigent les objets divers. Les nuances ne sont pas les mêmes dans les chairs des hommes, des femmes, des enfants ; elles varient encore dans les différents individus du même âge et du même sexe, suivant la couleur qu'ils ont reçue de la nature, suivant le climat qu'ils habitent, la profession qu'ils exercent, l'habitude de vivre à l'abri de l'air ou d'être exposés à l'ardeur du soleil, à la rigueur des saisons[30].

27. J. Lichtenstein et C. Michel, *Les conférences*, *op. cit.*, vol. 1, livre 1, p. 436-439.
28. Roger de Piles, *Conversations sur la connaissance de la peinture* (1677), dans J. Lichtenstein, *La couleur éloquente*, *op. cit.*, p. 179-181 (c'est moi qui mets les italiques).
29. Jean Nocret, conférence du 1er septembre 1668, dans J. Lichtenstein et C. Michel, *Les conférences*, *op. cit.*, vol. 1, livre 1, p. 258.
30. C.-H. Watelet et P.-C. Lévesque, *Dictionnaire des Beaux-Arts*, vol. 1, p. 162.

La question du colorisme resta un sujet majeur au XVIIIe siècle, bien que l'enseignement traditionnel continuât de s'appuyer exclusivement sur le dessin dans les institutions académiques, ce qui laissait aux maîtres privés la tâche de s'occuper dans leur atelier de la transmission du savoir en matière de préparation et d'application des pigments, et effectivement, de s'occuper de l'art de la peinture, que les débats théoriques et officiels considéraient comme accessoire.

Néanmoins, en même temps, la littérature artistique recommandait un soin extrême dans la représentation de la peau et, en général, du sombre et du clair. Par exemple, en 1670, le peintre Philippe de Champaigne donna à l'Académie une conférence sur la théorie des ombres qui reliait les questions esthétiques et raciales :

> pour faire une figure avec entente, il faut qu'il y en ait une partie ombrée, aussi une ordonnance ne peut bien réussir qu'il n'y en ait aussi une partie dans l'ombre, laquelle, outre le repos qu'elle donne à la vue, fait avancer les figures que l'on dispose sur le devant, qui ne peuvent jamais faire un effet extraordinaire sans cet agréable artifice[31].

L'introduction d'une figure noire qui jouait pour la figure blanche le rôle d'un faire-valoir essentiel – ici appelée un artifice agréable – constituait une réussite sur le plan pictural, et traduisait les hiérarchies existant entre individus qui appartenaient à la société racialisée d'Ancien Régime, c'est-à-dire une société blanche et noire. À partir de cette perspective, on peut mieux comprendre la popularité de l'iconographie du page noir accompagnant une aristocrate blanche. L'intrusion du page dans le champ pictural est doublement opportune car elle illustre une réalité sociale de 1700 – la présence de serviteurs noirs dans les métropoles européennes[32] – tout en servant le projet artistique d'harmonie et d'impact coloriste introduit par la théorie de l'efficacité picturale qui s'appuyait sur le contraste entre la lumière et l'obscurité.

Pendant cette période, les orateurs des conférences des académies exprimaient un argument commun : ils s'appropriaient le concept aristotélicien de différence spécifique et l'appliquaient au domaine de la peinture. En effet, comme l'a affirmé Jacqueline Lichtenstein, il y avait

31. Conférence du 7 juin 1670, J. Lichtenstein et C. Michel, *Les conférences*, *op. cit.*, vol. 1, livre 1, p. 371-373.
32. Érick Noël (dir.), *Dictionnaire des gens de couleur dans la France moderne*, Genève, Droz, 2011.

Ill. 3. Jean-Marc Nattier, *Mademoiselle de Clermont en Sultane*, huile sur toile, 1733, Londres, Wallace Collection.

Ill. 4. Jean-Auguste-Dominique Ingres, *L'Odalisque à l'esclave*, huile sur toile, 1839, Cambridge, Fogg Art Museum.

une « affinité très proche... entre, d'un côté, le platonisme et les théories artistiques qui s'efforçaient d'imposer dans la représentation [ici la peinture] l'homogénéité d'un ordre fondé sur un idéal abstrait [le dessin], et de l'autre, entre l'aristotélisme et les théories qui exigeaient que la représentation soit un espace de désir et d'hétérogénéité où la nature s'exprimait en sa variété [couleur][33] ». On pourrait comparer cette théorie binaire du dessin et de la couleur dans la sphère de la représentation avec les théories républicaines universalistes que discutaient les députés durant les débats concernant la définition du nouveau citoyen dans les assemblées de la France révolutionnaire. Les arguments politiques recommandaient un gommage des différences et la promotion d'une unité commune (la République, une et indivisible, ou la langue française contre les dialectes régionaux), un débat précurseur qui cherchait à faire face au défi de la prise en compte de la différence dans une communauté. En lien avec ce sujet, on soulignait souvent le registre féminin de la couleur qui caractérisait les discours académiques des XVIIe et XVIIIe siècles : le féminin était une perversité qui menaçait le tempérament normatif du dessin, entendu, alors, comme son tempérament masculin[34].

Le connaisseur Roger de Piles avançait même que « [certains] disent [qu'on trouve peu de vérité dans] les ouvrages de Rubens, quand on les examine de près, que les couleurs et les lumières y sont exagérées, que ce n'est qu'un fard, et qu'enfin ce n'est point ainsi que l'on voit ordinairement la Nature. Ô le beau fard ![35] ». Ce concept de « fard » signale un point de divergence, plus précisément une différence ontologique entre la couleur picturale et la couleur humaine, car cette dernière est une couleur sans fard, c'est-à-dire sans artifice et sans prise de distance, et la teinte de la peau (comme dans le cas du fard ou du tatouage) était si naturalisée et si absorbée dans la peau qu'elle en faisait partie[36].

33. J. Lichtenstein, *La couleur éloquente*, *op. cit.*, p. 65.

34. Même au milieu du XIXe siècle, Charles Blanc pouvait écrire : « Le dessin est le sexe masculin de l'art ; la couleur en est le sexe féminin... La couleur joue dans l'art le rôle féminin, le rôle du sentiment ; soumise au dessin comme le sentiment doit être soumis à la raison, elle y ajoute du charme, de l'expression et de la grâce. » C. Blanc, *Grammaire des arts du dessin*, Paris, J. Renouard, 1867, p. 22-24.

35. Roger de Piles, « Dialogue sur le coloris », *Dissertation sur les ouvrages des plus fameux peintres*, Paris, N. Langlois, 1681, p. 59.

36. Je reconnais ma dette sur ce point envers l'important travail de Melissa Hyde sur le concept de *fard*. Voir M. Hyde, *Making Up the Rococo : François Boucher and his Critics*, Los Angeles, Getty Publications, 2006.

Textiles et tatouages : mettre en valeur la couleur de la peau

Dans une étude consacrée aux questions de race telles que les arts visuels les transmirent et les conceptualisèrent au XVIIIe siècle, on peut ajouter, pour mieux comprendre la couleur de peau, une enquête portant sur les textiles, les tissus colorés et les nouvelles étoffes de coton légères sur lesquelles étaient imprimés des motifs variés. Cette variété était le résultat de la globalisation des ressources naturelles utilisées pour la création des couleurs, telles que l'indigo, le roucou, la garance et l'acajou. Les toiles créées par des artistes qui s'emparaient ostensiblement des nuances de teintes qu'offrait un monde en expansion et mobile – à Paris comme à la Martinique ou à la Barbade, en raison du transfert forcé des populations et du métissage colonial – réclament l'analyse d'une sorte de continuum de la peau à la toile, qui renforçait la distinction sociale déjà créée par la pigmentation. Les artistes faisaient souvent écho à cette gamme de teintes en jouant avec les tissus dont ils habillaient leurs modèles. L'*Indienne*, un tissu de coton importé, comme son nom l'indique, d'Inde, ou son imitation produite dans les usines européennes, était largement représentée dans la consommation de textiles[37]. En Europe comme dans les colonies et en Afrique, toutes les classes sociales s'arrachaient ces vêtements voyants, légers et merveilleux, dont la gamme de prix permettait la préservation de la fonction signifiante du vêtement en termes de classe[38].

À compter de 1733, Jean-Marc Nattier introduisit magistralement ce recoupement des couleurs de peau et des accessoires. On retrouve ce modèle pommelé dans la fantaisie du sérail, le harem auquel préside le corps blanc de la sultane, Mademoiselle de Clermont (ill. 3).

37. Voir la définition de Nicole Pellegrin dans *Les vêtements de la Liberté. Abécédaire des pratiques vestimentaires françaises de 1780 à 1800*, Aix-en-Provence, Alinea, 1989, p. 103.

38. Danielle C. Skeehan, « Caribbean Women, Creole Fashioning and the Fabric of Black Atlantic Writing », *The Eighteenth Century* 56, n° 1, 2015, p. 105-123. Voir également Madeleine Dobie, « The Fabric of the Two Worlds », *Trading Places : Colonization and Slavery in Eighteenth-Century French Culture*, Ithaca, Cornell University Press, 2010, p. 89-124. Daniel Roche, qui pourtant n'inclut pas les sociétés coloniales dans son étude déterminante du vêtement au XVIIIe siècle, écrit qu'« une problématique renouvelée de l'histoire du vêtement est un moyen direct d'aller au cœur de l'histoire sociale ». D. Roche, *La culture des apparences. Une histoire du vêtement (XVIIe-XVIIIe siècle)*, Paris, Fayard, 1989, p. 13.

Les couches de couleur allaient de la teinte la plus claire – assise en majesté au centre – à la plus foncée, repoussée sur les bords de la toile. C'est à la femme métissée, cependant, qu'est donnée la place la plus remarquable. Ses bras étendus mettent en valeur le long tissu blanc (et *vice versa*), tandis que son turban et son vêtement sont dépeints dans des tons de crème, beige et brun, laissant apparaître son sein droit. Elle semble couronnée par le plafond en arche illuminé, qui représente la forme architecturale d'un halo.

Cette peinture lance un croisement visuel de matériaux appartenant au corps et au tissu, qui faisait écho à la croyance, largement répandue dans certains cercles, selon laquelle certaines populations altéraient leur couleur de peau à l'aide de tatouages et de cosmétiques. Le missionnaire Joseph-François Lafitau développa ce point de vue dans son anthropologie culturelle, dans laquelle il expliqua l'origine de la couleur des « Rouges » en postulant qu'ils avaient appliqué sur leur peau des tatouages et autres cosmétiques de couleur. Imaginant que les auteurs de l'Antiquité connaissaient l'Amérique, il décrivit trois éléments qu'il croyait être à l'origine de la couleur des peaux « sauvages » :

> Ce récit d'Euphémus me paraît assez vraisemblable, et la description de ces Insulaires convient parfaitement aux Caraïbes qui étaient maîtres des Antilles, de la plus grande partie desquelles ils ont été chassés par les Européens en ces derniers temps. La chair de ces Peuples est fort rougeâtre : elle l'est naturellement ; & c'est moins un effet du climat, que de l'imagination des Mères, qui trouvant de la beauté dans cette couleur, la transmettent à leur fruit ; elle l'est aussi par artifice : car ces barbares se font peindre tous les jours avec le rocou qui leur tient lieu de vermillon, et les fait paraître rouges comme du sang[39].

Lafitau proposait donc deux explications du rouge des « peaux rouges » : premièrement, que l'imagination d'une mère peut se transmettre par le fœtus – une théorie répandue dans le monde moderne[40] –

39. Joseph-François Lafitau, *Mœurs des sauvages américains comparées aux mœurs des premiers temps*, Paris, Saugrain, 1724, p. 29. Madeleine Dobie discute et contextualise cette argumentation dans *Trading Places*, *op. cit.*, p. 108-109. Voir également de Voltaire, *Abrégé de l'histoire universelle* (Paris, 1753), 1, p. 29 ; *Essai sur les mœurs et l'esprit des Nations* (1756-1771 ; Paris, Bordas, 1990) 2, p. 330-344 ; *Œuvres complètes* (Paris, Bechot, 1840), 15 : 36 ff. et 43 : 368, ainsi que Raynal, *Histoire des deux Indes* (Paris, 1780), 15, p. 11-12.

40. En 1765, Claude-Nicolas Le Cat, qui rassemblait des théories sur l'origine de la peau noire, mentionne l'ancienne théorie qui concerne l'imagination de la mère dans son *Traité de la couleur de la peau humaine en général et de celle des Nègres en*

et deuxièmement, que la capacité absorbante de la peau permet à un artifice de devenir naturel, à un fard rouge artificiel de devenir la teinte organique de la peau. Ces deux arguments sont extrêmement importants car ils contredisent l'idée d'une compréhension racialisée de la couleur de la peau selon laquelle la définition première de la race repose sur sa transmission héréditaire. L'imagination de la mère et la contamination par la peau ne sont pas les canaux habituels de la transmission raciale, que l'on pensait être des fluides tels que le sang et le sperme. Les arguments de Lafitau, ancrés dans une anthropologie culturelle qui apparaissait alors, élargissaient d'une certaine façon la définition de la race et l'étendaient au concept de groupes ethniques.

Ainsi, Lafitau proposait-il une contextualisation de l'engouement pour les textiles dont on voyait la trace dans l'imagination artistique de peintres comme Nattier. L'interprétation de Lafitau montre de manière lumineuse comment, dans des peintures représentant des populations de races variées, les techniques picturales et la logique artistique exigeaient la convergence de toutes les métamorphoses possibles des ressources pigmentaires naturelles – et que ces matériaux soient transformés, puis déposés, sur des supports de textile et de chair. Les pigments destinés à la coloration et à la teinture s'incarnaient, et finalement contribuaient au teint de la peau ; ils semblaient être la cause de la couleur des diverses populations de la terre. Le Nouveau Monde était par conséquent un monde de couleurs de tout type – naturel, artisanal, humain –, car la nature rendait possible l'exploitation de ces pigments, des ressources naturelles locales dont la transformation manufacturée altérait l'apparence de la peau des humains tout autant que celle de leurs accessoires.

Il était donc évident que les artistes, *a fortiori* les coloristes du XVIIIe siècle, se fissent l'écho de ces sentiments à travers l'imbrication des corps et des décors dans la conception des personnages/figures de leurs toiles. Ils se lancèrent dans cette entreprise avec un plaisir manifeste pour ce qui était des ornements entourant leurs protagonistes : les turbans, les tapis, les vêtements et les tissus d'ameublement. Ce fut quelque peu différent dans le cas du fard, bien qu'il appartienne également au champ lexical du maquillage, du tatouage et des teintures ; le terme fard servait à désigner avant tout l'outil symbolique de la

particulier (Amsterdam, 1765). Voir Anne Lafont, « Étrange étrangeté : la science au cœur de la représentation de l'Africain », dans id. (dir.), *L'artiste savant à la conquête du monde moderne*, Strasbourg, PUS, 2010, p. 141-156.

blancheur. La notion de tatouages correspondait à la couleur des personnes de couleur (obtenue par des agents colorants naturels qui étaient censés pénétrer la peau) plutôt qu'à la notion de *fard*, qui désignait une opération d'exacerbation du blanc – conçu, par des monogénistes comme Buffon, comme une *non-couleur* – comme la couleur originale de la peau avant la maculation[41]. En tant que telle, elle pouvait être renforcée par l'ajout de poudres à base de gomme ou de crème, qui jouaient le rôle d'agents blanchissants et à l'aide de touches de rose ou rouge sur les joues censées en souligner l'effet.

Le blanc est-il une couleur ? Et comment se racialisa-t-il en peinture ?

La construction d'identités européennes en relation avec un élément anatomique distinct – la peau blanche – correspondit à une période d'expéditions maritimes intensifiées, à laquelle fait écho le nombre croissant de figures noires dans la peinture vénitienne du XVIe siècle ; elle correspondit également à l'établissement des empires français et anglais, qui a pour parallèle la prolifération des pages noirs dans les portraits de Largillière, Zoffany et d'autres[42]. Dans les beaux-arts, ces jeunes figures africaines participèrent au dispositif performatif de la blancheur européenne. Dans le domaine de la peinture, les Européens poursuivirent deux explorations supplémentaires de la constitution pigmentaire de la race ; tout d'abord, la curieuse obsession pour l'albinisme développée par les scientifiques et les artistes, et deuxièmement, l'utilisation de maquillages, poudres et fards à joues sophistiqués par l'aristocratie européenne.

Tandis que les philosophes et naturalistes blancs tels que Buffon, Maupertuis, Le Cat, Voltaire et Blumenbach s'interrogeaient sur les origines de la noirceur de la population africaine de même que sur les qualités morphologiques de la population noire[43], les artistes partici-

41. Ce terme inhabituel fait référence au « fait de tacher » : la macule est une tache en latin. J'ai choisi ce terme parce qu'il dialogue avec l'idée d'immaculée conception en référence à la virginité de Marie. La tache n'est pas pure, dans la mesure où elle gâche la pureté supposée de la blancheur, dans un sens physique comme dans un sens spirituel.
42. Voir D. Bindman et H. L. Gates Jr., *Image of the Black*, vol. 3, *op. cit.*, et également Viktoria Schmidt-Linsenhoff (dir.), *Weisse Blicke : Geschlechtermythen des Kolonialismus*, Marbourg, Jonas Verlag, 2004.
43. Pierre Louis Moreau de Maupertuis, *Dissertation physique à l'occasion d'un Nègre blanc* (Leyde, 1744) ; Claude Nicolas Le Cat, *Traité de la couleur de la peau humaine en général, de celle des nègres en particulier et de la métamorphose d'une de ces couleurs*

pèrent à cette entreprise en explorant en détail les formes et les frontières de l'humanité. Par conséquent, de nombreux peintres furent attirés par le défi que représentait le « nègre blanc », d'autant que le système académique qui formait à l'art du dessin et à son appréciation reposait principalement sur l'évaluation de talents d'illusionniste en matière d'anatomie et de peau, comme l'expliqua en détail Antoine Leblond de Latour (1635-1706), un artiste et théoricien bordelais. Dans sa dissertation sur la peinture, ce dernier dédia un long passage à la représentation de la peau blanche dans sa forme féminine comme masculine, après avoir affirmé que rien n'était aussi nécessaire « à la perfection de notre Art que la science des proportions du corps humain… En effet les corps de l'homme, de la femme et du petit enfant, sont les plus beaux objets de nos sens et la plus vaste matière de cet art divin et merveilleux[44] ». La représentation du corps humain constituait l'exercice artistique suprême, à tel point que quand celui-ci prenait des formes particulières, comme dans le cas des albinos, le défi artistique n'en devenait que plus grand et requérait une connaissance et une imagination accrues. Jean-Baptiste Perroneau affronta ce défi avec un pastel époustouflant, le *Portrait de Maponde* (1745), qui est conservé depuis au château de Drottningholm en Suède (ill. 5)[45].

Ce tableau de Perroneau est un des nombreux dessins et peintures que les artistes du XVIIIe siècle consacrèrent à l'iconographie des albinos – que certains naturalistes contemporains comme Buffon considéraient comme des monstres – où ils voyaient un modèle adapté à l'exploration de l'exception picturale. Ce jeune modèle donna à l'artiste l'occasion de peindre une peau inhabituelle à l'aide d'outils artistiques spécifiques puisque le pastel, dans la théorie de l'art de l'époque, était censé être le médium le plus adéquat pour montrer la peau, quelle que soit sa couleur. Perroneau ne surjoua pas cette opportunité doublement pigmentaire et, quoique le modèle porte des vêtements sophistiqués et un chapeau, l'artiste choisit la sobriété pour représenter un modèle distant et digne.

en l'autre, soit de naissance, soit accidentellement (Amsterdam, 1765) ; Johann-Friedrich Blumenbach, *De l'unité du genre humain et de sa variété* (en latin en 1795 et en allemand en 1798, édition française : Paris, Allut, 1804), p. 211-213.

44. Antoine Leblond de Latour, *Lettre de Le Blond de la Tour à un de ses amis contenant quelques instructions touchant la Peinture* (Bordeaux, 1669), p. 24. Je remercie Mechthild Fend d'avoir porté cette référence à mon attention.

45. Paul Ratouy de Limais et Léandre Vaillat, *Jean-Baptiste Perronneau (1715-1783). Sa vie et son œuvre*, Paris/Bruxelles, Librairie nationale d'art et d'histoire, 1923, p. 10-13, pl. 3.

Ill. 5. Jean-Baptiste Perroneau, *Portrait de Maponde*, pastel, 1745, château de Drottningholm, Suède.

La construction de l'identité européenne, comme en témoigne la prolifération de serviteurs noirs dans les portraits de femmes blanches de l'aristocratie et l'intérêt pour les figures albinos, s'appuya symboliquement sur la relation des Français et des Britanniques avec l'Africain en tant qu'Autre : absolument, partiellement ou même temporairement[46]. Dans cette perspective, si l'on admet que les Européens développèrent une sorte d'obsession pour placer cet Autre – l'homme noir,

46. Ces discours avaient deux axes philosophiques principaux : tout d'abord, le monogénisme de Buffon, et deuxièmement, le polygénisme, par exemple celui professé par Voltaire. Ces deux conceptions décidaient de la fixité ou de l'instabilité et de la relativité des marqueurs raciaux. En fait, selon Voltaire, le polygénisme expliquait la variété originale, génétique des espèces humaines : voir Voltaire, *Traité de métaphysique* (1734) in *Œuvres complètes* (Paris, Garnier Frères, 1879), *Mélanges*, 1, p. 181-193, « Des différentes espèces d'hommes ». Pour sa part, Buffon supposait que l'unité originale de l'espèce humaine et que sa variété dépendait du climat : « Dans l'espèce humaine l'influence du climat ne se marque que par des variétés assez légères, parce que cette espèce est une, et qu'elle est très distinctement séparée de toutes les autres espèces ; l'homme, blanc en Europe, noir en Afrique, jaune en Asie, et rouge en Amérique, n'est que le même homme teint de la couleur du climat ». Buffon, *Histoire naturelle*, Paris, Imprimerie royale, 1761, vol. 9, p. 1-2.

la femme noire ou l'enfant noir – si près, aux frontières d'eux-mêmes, on comprend mieux le rôle totémique de l'albinos (et en particulier un Africain étrange, blanc) dans la culture philosophique et naturaliste de l'Europe des Lumières[47]. Car, chez ces individus qui résistaient tant à la catégorisation, la Nature semblait jouer avec certains critères morphologiques censés être infaillibles (la peau noire et la « laine » noire en guise de cheveux selon l'expression de l'époque) mais pas avec d'autres (les lèvres épaisses ou le nez plat), de telle sorte que les marqueurs présumés évidents du soi et de l'autre s'affaiblissaient, causant un floutage des frontières délimitant Noirs et Blancs. Le cas de l'albinos au XVIIIe siècle posait une question : comment résoudre la catégorisation des êtres humains selon le critère de la couleur de peau, si la race la plus éloignée des Européens blancs, la race noire, pouvait, à de rares occasions, mais néanmoins indubitablement, devenir blanche ?

La performance de la blancheur

Après avoir envisagé la blancheur naturelle (le teint européen), la blancheur réversible (suivant la suggestion de Buffon selon laquelle la peau noire est une détérioration temporaire de la peau blanche originelle), et une blancheur soit pathologique soit monstrueuse selon la compréhension de l'époque (l'albinisme), j'aimerais me tourner vers des formes de blancheur artificielle produites par le maquillage ou les masques, et examiner comment elles furent représentées en peinture. Sur ce plan, le *Portrait du comte d'Orsay*, un pastel de Joseph Boze (ill. 6), est particulièrement révélateur, dans la mesure où le peintre rend visible cette ligne de couleur sur son modèle en soulignant la démarcation entre le blanc de la poudre et le blanc de la peau. La blancheur artificielle était aussi mise en scène par les masques de la Commedia dell'Arte, dans laquelle Harlequin le malicieux porte le masque noir tandis que Pedrolino (Pierrot), l'innocent, porte un costume blanc et un maquillage composé de poudre ou de farine, et est amoureux d'une *blanchisseuse* – littéralement, faiseuse de blanc – Colombine.

Le travail méticuleux de Catherine Lanoë concernant l'histoire des cosmétiques nous renseigne précisément sur les préparations quasiment alchimiques des maîtres parfumeurs et sur les risques médicaux que

47. Andrew Curran, « Rethinking Race History : The Role of the Albino in the French Enlightenment Life Sciences », *History and Theory* 48, n° 3, 2009, p. 151-179 ; et A. Curran, *Anatomy of Blackness*, p. 74-115.

Ill. 6. Joseph Boze, *Portrait du comte d'Orsay, de profil, poudré*, pastel, avant 1793, Paris, musée du Louvre.

posaient les onguents et autres crèmes destinées à orner les aristocrates de la cour[48]. Ses recherches nous enseignent que, pour la plupart, ces apprêts servaient à éclairer le teint, en agissant directement sur le derme pour blanchir la peau, de manière physiologique. En d'autres mots, comme l'explique Lanoë, le teint blanc, qu'il soit obtenu naturellement ou artificiellement, était porteur d'une valeur sociale, était convoité et recherché par l'intermédiaire d'un millier de produits, qui avaient donné naissance à des manuels pratiques. Ce goût pour le blanchiment de la peau se retrouve très clairement dans la pâleur des figures peintes, comme dans les portraits de femmes de Nicolas de Largillière (*Thorigny*, ill. 8), qui dépeignent aussi la servante noire comme le repoussoir de la femme blanche de l'aristocratie. Ce format est bien décrit par le théoricien de l'art Leblond de Latour :

> Lors que nous voulons exprimer les traits d'une belle Princesse, d'une Reyne, ou d'une Imperatrice, nous avons accoustumé de leur donner pour Suivantes, sur qui elles s'appuyent d'ordinaire en marchant, des

48. Catherine Lanoë, *La poudre et le fard. Une histoire des cosmétiques de la Renaissance aux Lumières*, Seyssel, Champ Vallon, 2008.

femmes un peu bazannées & de vieilles moresques, des Pages avec des gestes fort libres, & et de petits Nains fort difformes, pour donner plus de Grace & de Majesté au sujet principal[49].

Angela Rosenthal et Elsa Dorlin, par différents moyens, ont démontré que la femme blanche incarnait la matrice de la race : pour l'une, elle incarnait le siège de la nation ; pour l'autre, une citadelle qu'il fallait impérativement rendre inaccessible à la souillure de l'ombre, au risque du hâle, et simplement à ce qui était sombre[50]. Dans ce contexte, il semble évident qu'au XVIIIe siècle, on ne considérait pas simplement que la blancheur était porteuse d'une valeur sociale, mais aussi et peut-être surtout qu'on estimait qu'elle avait une valeur raciale. Dans ce siècle où s'accéléraient les contacts avec des populations noires dans les colonies comme en Europe, les schémas esthétiques promouvaient la blancheur, en l'érigeant au sommet de la hiérarchie des êtres humains selon des critères raciaux, que ce soit dans la société britannique, comme l'a adéquatement décrite Rosenthal, ou dans la société française, comme on le voit par exemple dans le *Portrait de Madame Claude Lambert de Thorigny* (ill. 7). Ce tableau, qui date de 1696, est contemporain des portraits semblables peints par Mignard, et tous démontrent que la blancheur est une valeur supérieure. Le visage et le décolleté de la jeune femme révèlent un teint laiteux, que relève une touche de rose sur les lèvres et les joues. D'ailleurs, cette altération presque imperceptible des joues sous l'effet de l'émotion était perçue comme une garantie de la supériorité de la race. On percevait ces quelques touches de couleur discrètes, rappelant le fard, comme participant à l'efficace de la blancheur – pour emprunter l'expression de Louis Marin[51] : la blancheur, siège de l'identité, doit s'animer, et c'est ce qui se passe lorsqu'on rougit naturellement. En même temps, les cheveux poudrés, les avant-bras d'albâtre, la transparence de l'eau, de même que la peau – à la fois voile et éponge sur laquelle s'impriment les mouvements de l'âme – et la blancheur de marbre des jambes de la statue à l'arrière-plan (une série d'éléments blancs) fonctionnent en conjonction pour démontrer métaphoriquement une couleur raciale sophistiquée aux nombreux échos et avatars plastiques. À l'inverse, dans une dynamique picturale bien connue, le garçon noir au collier d'esclave porte un petit chien et,

49. A. Leblond de Latour, *Lettre*, *op. cit.*, p. 59.
50. Angela Rosenthal, « Visceral Culture : Blushing and the Legibility of Whiteness in Eighteenth-Century British Portraiture », *Art History* 27, n° 4, 2004, p. 563-592 ; et Elsa Dorlin, *La Matrice de la Race. Généalogie sexuelle et coloniale de la Nation française*, Paris, La Découverte, 2006.
51. Louis Marin, « L'être de l'image et son efficace », *Des pouvoirs de l'image, gloses*, Paris, Seuil, 1993, p. 9-21.

sur le plan formel, joue le rôle de pendant du perroquet, dont les plumes aux couleurs vives évoquent le divers et le varié – en bref, le contraire du blanc. De même la guirlande d'ornements domestiques animés (le chien, le perroquet et l'esclave noir) fournit un contrepoint décoratif à ce déploiement de blanc et, implicitement, le contrepoint non-humain de cette démonstration d'une humanité supérieure.

Le sujet est légèrement modifié en 1720 dans le *Portrait de la Princesse Charlotte-Amelia Rakoczi* (ill. 8), où le sujet principal est représenté à nouveau avec un jeune homme noir. Pour comprendre la signification de ce tableau, il peut être utile de s'aider de certaines des propositions de Rosenthal qui, dans son étude de la blancheur en peinture (essentiellement dans le cas britannique[52], mais que l'on peut adapter à la peinture de Largillière, formé en Angleterre), détaille une première étape, celle d'une altérité extérieure au corps blanc (le petit domestique qui sert de repoussoir d'une certaine façon) ; il décrit une deuxième étape, où l'altérité, internalisée dans le corps blanc, correspond à un afflux de sang au niveau des joues (le premier tableau de Largillière, ill. 7) ; et il présente finalement une troisième étape, où le contraste nécessaire est insuffisamment naturel et doit être obtenu de manière artificielle. Le rouge à lèvres et le rouge aux joues, particulièrement prononcés dans ce tableau, compensent un défaut dans la blancheur naturelle de la princesse, qui ne peut s'imposer comme une citadelle nationale ou raciale. Car, lorsqu'on regarde la plupart de ces tableaux, il est clair que ces teints d'une blancheur laiteuse, garants de l'inviolabilité et de la pureté du sang, reposent aussi sur l'idée de la jeunesse. À la différence de Madame Thorigny, la princesse Rakoczi n'était plus jeune, et elle ou son portraitiste dut exagérer le mélange subtil de blanc et de rose en renforçant et en intensifiant le maquillage rouge.

Dans les deux cas, les jeunes esclaves noirs (qui portent le collier distinctif, même si la législation ne permettait pas officiellement et directement la présence d'esclaves sur le sol métropolitain[53]), repoussés aux marges des peintures, et plus petits que leurs maîtresses, les regardent avec adoration, comme si le peintre se sentait obligé de

52. Voir Rosenthal, « Visceral Culture », pour le matériau pictural, and voir Wheeler, *Complexion of Race*, pour le contexte britannique plus général, sur les plans littéraire, intellectuel et économique.

53. Voir les travaux de Frédéric Régent et Jean-François Niort concernant le droit français et les droits des personnes de couleur en France et dans ses colonies. En particulier : F. Régent, J.-F. Niort et Pierre Serna (dir.)., *Les colonies, la Révolution française, la loi*, Rennes, Presses Universitaires de Rennes, 2014.

Ill. 7. Nicolas de Largillière, *Portrait de Madame Claude Lambert de Thorigny*, huile sur toile, 1696, New York, Metropolitan Museum.

Ill. 8. Nicolas de Largillière, *Portrait de la Princesse Charlotte-Amelia Rakoczi,* huile sur toile, 1696, Londres, National Gallery.

montrer qu'ils acceptaient l'autorité de la race blanche. Ces regards soumis et admiratifs correspondent à une stratégie fréquente mise en œuvre pour faire disparaître l'embarras moral suscité par cette violente hiérarchisation des populations. Par conséquent, l'adhésion des Noirs – quoiqu'elle soit impossible à évaluer, dans un tel contexte de violence – était souvent une garantie, un soulagement et une nécessité, qui prenait la forme d'un simulacre destiné à apaiser la conscience des propriétaires d'esclaves tels l'Américain Thomas Jefferson, qui l'exprima en écrivant que « le jugement des Noirs eux-mêmes, qui reconnaissent leur propre préférence pour les Blancs de manière aussi constante que l'orang-outan préfère les femmes noires aux femelles de son espèce[54] ». Cet exemple, un parmi de nombreux autres, nous incite à prêter attention à une question atlantique emblématique qui fait des différents aspects de la blancheur raciale une construction occidentale et intercontinentale. Les propos de Jefferson incarnent cette relation étroite entre esthétique et politique.

Esthétique et politique : la couleur racialisée

Lors de son séjour en France de 1784 à 1789, Thomas Jefferson fréquenta des salons littéraires et aida même Jean-Nicolas Démeunier à écrire son article sur les États-Unis pour l'*Encyclopédie méthodique* de Pancoucke, qui était aussi responsable du *Dictionnaire des Beaux-Arts* d'où est extraite l'épigraphe. Jefferson devint également un proche de Maria Cosway, une peintre anglo-italienne vivant à Paris qui devait s'impliquer dans l'ambitieuse aventure éditoriale qui consistait à graver les chefs-d'œuvre du Louvre. La peintre de 27 ans et le sculpteur Jean-Antoine Houdon, portraitiste de Jefferson en 1789[55], devinrent les amis de l'homme politique américain et partagèrent avec lui leur connaissance de l'art. En 1785 Jefferson succède à Benjamin Franklin en tant qu'ambassadeur des États-Unis et, la même année, publie la

54. Thomas Jefferson, *Notes on the State of Virginia*, Londres, John Stockdale, 1787, p. 230. La première édition, en anglais, fut publiée anonymement à Paris en 1785 et la seconde, une traduction en français, l'année suivante (Thomas Jefferson, *Observations sur la Virginie*, Paris, Barrois, 1786). La traduction française de référence de l'édition de Stockdale est celle de François Specq, publiée en 2015 (Thomas Jefferson, *Observations sur l'État de Virginie*, trad. et postface de F. Specq, Paris, Éditions rue d'Ulm/Presses de l'ENS, 2015). C'est cette édition qui sera utilisée. Ici p. 169.

55. Une version en marbre du buste se trouve au Museum of Fine Arts de Boston.

première version de son ouvrage *Notes on the State of Virginia* (*Observations sur l'État de Virginie*), où il écrit que la cohabitation des Noirs et des Blancs était impensable pour de nombreuses raisons, en particulier parce que, entre les deux races et d'un point de vue visuel, « la première différence qui nous frappe est celle de la couleur[56] ». Il poursuit par les extrapolations scientifiques suivantes : « Que la noirceur des nègres réside dans la membrane réticulaire située entre la peau et l'épiderme, ou dans l'épiderme lui-même, qu'elle découle de la couleur du sang, de celle de la bile ou bien de quelque autre sécrétion, la différence est inscrite dans la nature et bien réelle même si son siège et sa cause ne nous sont pas mieux connus. Cette différence est-elle sans importance[57] ? »

La couleur de la peau était par conséquent la différence essentielle entre Noirs et Blancs et, comme nous le verrons, la cause de l'impossibilité de l'empathie des Blancs envers les Noirs, une dynamique émotionnelle et cependant indéniable qui, selon Jefferson, fondait la communauté politique. Voici ce qu'il écrivait :

> N'est-elle pas [la différence raciale] le fondement d'un degré de beauté différent entre les deux races ? Le délicat mélange de rouge et de blanc et l'expression de diverses passions selon qu'une couleur prend le dessus sur l'autre, ne sont-ils pas préférables à cette éternelle monotonie qui prévaut dans la contenance de l'autre race, cet inamovible voile noir qui enveloppe toutes les émotions de celle-ci[58] ?

Les Noirs étaient donc relégués à une altérité non partageable, qui les excluait de la communauté des hommes blancs (en Amérique, en Europe, en Occident) et les empêchait de partager également leurs droits et responsabilités. C'est dans la théorie esthétique que se trouvait la source de cette distinction fondamentale que traça Jefferson entre Noirs et Blancs :

> Ajoutez encore en faveur des Blancs la légèreté de la chevelure, une plus élégante symétrie des formes et le jugement des Noirs eux-mêmes, qui reconnaissent leur propre préférence pour les Blancs... Une beauté supérieure est considérée comme une circonstance digne d'attention dans la reproduction des chevaux, des chiens et d'autres animaux domestiques, alors pourquoi pas chez l'homme[59] ?

---

56. Jefferson, trad. Speck, *Observations sur l'État de Virginie*, p. 168.
57. *Ibid.*, p. 168-169.
58. *Ibid.*, p. 169.
59. *Ibid.*

Ainsi, selon Jefferson – qui était certainement au courant des théories naturalistes concernant les Noirs, y compris l'origine de la couleur de la peau, de même que des théories proto-évolutives de Petrus Camper (1722-1789)[60] – la beauté est blanche, et même les Noirs le reconnaissent. Il invoque un second élément qui établissait également la théorie esthétique défendant la supériorité du dessin sur la couleur : l'expression de la passion. Ce paramètre artistique, comme la couleur, fit lui aussi son apparition dans le domaine politique.

Suivant les enseignements de physiognomonie contemporaine de Johann-Kaspar Lavater (1741-1801) portant sur la lecture possible de l'âme d'un individu à travers l'observation de son corps et de son visage, Jefferson fonda l'établissement de la confiance entre individus – instrument de la construction d'une communauté politique – dans sa capacité à « se lire » mutuellement. La blancheur était perçue comme la transparence de l'âme, alors que la noirceur était impénétrable et menait à la défiance. Dans le texte de Jefferson, qui adapte la théorie de la lumière et de la couleur de Newton, la blancheur était associée à la transparence émotionnelle et la noirceur à une opacité émotionnelle qui menait à l'invisibilité et, par conséquent, à la défiance.

J'espère avoir montré à quel point la catégorie raciale se forgea dans le monde visible, dans la perception visuelle, et se basa sur l'existence d'une limite intuitive du soi et de l'autre dans laquelle le sens de la vue était prépondérant. À partir du début du XVIIIe siècle, la couleur de la peau semble avoir été le site principal de la division de l'espèce humaine. Depuis lors, elle joue le rôle d'une frontière naturelle qui n'est pas contestable en raison de son évidence visible et de sa nature symptomatique, comme l'exprima Montesquieu dans sa formule frappante : « vous pouvez deviner la couleur de la peau à celle des cheveux ». Cela voulait dire que la peau noire signifiait davantage que simplement une peau noire ; elle était considérée comme un symptôme et comme un signe de la race noire dans toutes ses spécificités et ses manifestations spécifiques.

Dans ce contexte, les moyens et les fins de l'histoire de l'art (études de la culture visuelle et matérielle, les histoires institutionnelles du monde de l'art et l'histoire intellectuelle de la théorie artistique) se

60. Voir A. Lafont, « Étrange étrangeté », *op. cit.*

révèlent être des outils remarquablement efficaces en études critiques de la race. Une connaissance profonde et informée de l'art et des images s'avère essentielle lorsque nous cherchons à discerner ce qui a préparé, équipé et accompagné notre regard, que ce soit dans le passé ou aujourd'hui, lorsque nous « altérisons » certains corps et que nous créons des hiérarchies entre êtres humains. Et ces hiérarchies, au moment des Lumières, se fondaient la plupart du temps sur un unicum, en qui l'on voyait le premier, l'original, le supérieur : l'homme blanc, ou son modèle idéalisé, la sculpture de l'homme selon l'Antiquité grecque.

Traduit de l'anglais par Marie-Jeanne Rossignol

Contacts rapprochés. La culture du goût et la souillure de l'esclavage

Simon Gikandi

Le 24 janvier 1790, le gouverneur Morris, citoyen new-yorkais de la nouvelle République américaine, écrit une lettre à George Washington, alors président des États-Unis, l'exhortant à « fixer le goût » du nouveau pays et à devenir un modèle de ce que nous appellerions aujourd'hui le moi esthétique[1] : « C'est [...] mon souhait que tout ce qui vous entoure soit profondément bon et majestueusement simple, fait pour durer[2]. »

Cette demande était sincère mais inhabituelle pour trois raisons. Tout d'abord, elle laisse perplexe car, à première vue, il n'y a aucune raison apparente pour que Morris s'inquiète de la capacité de Washington à être une personne de goût et à servir de modèle à ses concitoyens en matière de conduite et de style. Après tout, Washington était issu de ce que Louis Wright a appelé « l'aristocratie agraire » de la période *ante*

1. Ce texte a initialement paru dans le livre de Simon Gikandi, *Slavery and the Culture of Taste*, Princeton, Princeton University Press, 2011, chap. 4, « Close Encounters : Taste and the Taint of Slavery », p. 145-187.

2. Cité dans Louis B. Wright *et al.*, *The Arts in America : The Colonial Period*, New York, Charles Scribner's Sons, 1966, p. 11-12. Pour la culture et les attitudes de l'élite *ante bellum*, voir L. B. Wright, *The First Gentlemen of Virginia : Intellectual Qualities of the Early Colonial Ruling Class*, San Marino, Huntington Library, 1940 ; Mechal Sobel, *The World They Made Together : Black and White Values in Eighteenth-Century Virginia*, Princeton, Princeton University Press, 1988, p. 54-63 ; Michael Sugrue, « South Carolina College : The Education of an Antebellum Elite », Thèse d'histoire, New York, Columbia University, 1992 ; Maurice D. McInnis, *The Politics of Taste in Antebellum Charleston*, Chapel Hill, University of North Carolina Press, 2005 ; et Daniel Kilbride, *An American Aristocracy : Southern Planters in Antebellum Philadelphia*, Columbia, University of South Carolina Press, 2006.

bellum, une classe de propriétaires terriens qui imitaient la vie des familles rurales anglaises, s'appuyant sur leur propriété et leur attachement à la terre pour faire valoir leur distinction (*gentility*), la vertu civique et le bon goût[3]. Par exemple, dans une peinture de Thomas Pritchard Rossiter et Louis Remy Mignot représentant une rencontre entre le Président et le marquis de Lafayette à Mount Vernon en 1784, Washington est présenté comme l'archétype du *gentleman* campagnard (ill. 1). Deuxièmement, la demande était déroutante car on ne voyait pas pourquoi, en pleine naissance de la république américaine, Morris, écrivant à son Président, placerait la question du goût au centre du projet national. Troisièmement, l'homme qui demandait à Washington de fixer la norme du goût dans le nouveau pays n'était ni un correspondant ordinaire, ni un novice en matière de culture détaché des questions urgentes de la politique. Au contraire, Morris était au centre du processus qui allait permettre la création de la nation américaine.

Ill. 1. Thomas Pritchard Rossiter et Louis Remy Mignot,
Washington and Lafayette at Mount Vernon, 1859.

Né dans une riche famille de propriétaires terriens gallois et huguenots dans le comté de Westchester, New York, Morris fait ses études au King's College, le prédécesseur de l'université de Columbia, où il reçoit une éducation fortement imprégnée des idéaux des Lumières. Plus

3. L. Wright *et al*, *The Arts in America*, *op. cit.*, p. 11.

tard, il représentera la Pennsylvanie à la convention de Philadelphie en 1787 et il est généralement considéré comme l'auteur de la Constitution des États-Unis, le texte qui a placé la question de la liberté au centre des débats sur les relations que les sujets entretiennent avec leurs gouvernements[4]. En d'autres termes, Morris était peut-être celui qui se rapprochait le plus d'un aristocrate né aux États-Unis au XVIIIe siècle.

Pourquoi, donc, un homme aussi au fait de l'ensemble de la vie coloniale considérait-il que les questions de goût étaient au cœur du processus de construction d'une identité américaine ? Quel était ce manque qu'il demandait à Washington de combler ? Pourquoi ennuyer le général Washington avec des questions de comportement et de représentation de soi, en cet hiver 1790, alors que ce dernier envisageait l'avenir des États-Unis ? Pourquoi Morris, *gentleman* de la nouvelle République américaine, s'inquiéterait-il du comportement public de l'aristocratie de la nouvelle nation et de sa conduite en matière de goût ?

Les inquiétudes de Morris avaient probablement deux sources. Premièrement, il s'inquiétait peut-être du retard pris par l'aristocratie coloniale américaine qui s'inscrivait dans une tradition agraire n'ayant pas sa place au sein de la culture moderne et de son imaginaire social. Deuxièmement, et ce qui paraît plus crucial, Morris devait être parfaitement conscient, comme beaucoup d'intellectuels de son époque, que toutes les questions relatives à la liberté et au goût aux États-Unis étaient hantées par la problématique de l'esclavage. Dans un tel contexte, il n'y avait aucune garantie que le comportement naturel de la noblesse terrienne ou des hommes de goût puisse résister aux pressions de l'institution esclavagiste. Il ne fait guère de doute que l'esclavage avait été un sujet important lors de la Convention constitutionnelle de 1787, où Morris avait joué un rôle majeur. Nous savons qu'il a alors adopté une position intermédiaire entre les États du Sud, désireux de poursuivre le trafic des corps noirs, et les États du Nord, qui considéraient l'esclavage comme une abomination au regard de la doctrine de la liberté. Comme John Madison le dit très bien dans ses notes : « M. le Gouverneur Morris souhaitait que l'ensemble du sujet soit abordé, y compris les clauses relatives aux taxes sur les exportations

4. Sur la vie de Morris, William Howard Adams, *Gouverneur Morris : An Independent Life*, New Haven, Yale University Press, 2003 et Richard Brookhiser, *Gentleman Revolutionary : Gouverneur Morris, the Rake Who Wrote the Constitution*, New York, Free Press, 2003.

et à une loi sur la navigation. Ces éléments pourraient constituer une base de négociation entre les États du Nord et du Sud[5] ».

En considérant la question de l'esclavage essentiellement au prisme des tarifs d'importation et des droits de douane plutôt que de la morale et du droit, Morris n'avait peut-être pas pleinement compris à quel point la présence des esclaves au cœur de la république hantait les idéaux de comportement et de goût qu'il voulait que Washington défende. Mais les *gentlemen* du Sud comme Washington n'ont jamais pu échapper à l'ombre portée de l'esclavage et à son impact sur le processus de construction du sujet libre. Même lorsque la présence de l'esclave semblait marginale dans les débats nationaux sur le caractère et la destinée de l'Amérique, les discussions sur le goût et les manières dans le Sud *ante bellum* ne pouvaient passer outre l'institution de l'esclavage et les expériences vécues par les esclaves.

Ainsi, abordant la question des bonnes manières à la fin de ses *Notes sur l'État de Virginie*, Thomas Jefferson exprime sa vive inquiétude face à ce qu'il appelait « l'influence malheureuse de l'esclavage sur les bonnes manières de notre peuple » ; il associait l'esclavage à « l'exercice perpétuel des passions les plus violentes, au despotisme le plus implacable d'une part, et à des actes de soumission dégradants d'autre part[6] ». Jefferson s'inquiétait constamment du fait que les enfants américains étaient élevés dans une culture où la gestion de l'esclavage exigeait de l'intempérance plutôt que de la retenue, condition essentielle d'une identité moderne, et il réfléchissait à la manière dont l'esclavage allait à l'encontre de l'ordonnancement des passions qui étaient essentielles à une culture du goût :

> Si un parent ne pouvait trouver dans sa philanthropie ou son amour-propre un motif pour réfréner l'excès de sa fureur envers son esclave, la présence de son enfant devrait toujours être un motif suffisant. Mais en général, cela ne suffit pas. Le parent tempête, l'enfant regarde, saisit les traits de la colère, prend les mêmes airs en présence des esclaves plus petits, donne libre cours à ses pires passions, et ainsi nourri, éduqué, et

5. Cité dans Wendell Phillips, *The Constitution a Pro-Slavery Compact ; or, Extracts from the Madison Papers*, 3e éd., New York, Anti-Slavery Society, 1856, p. 48.
6. Thomas Jefferson, *Notes on the State of Virginia*, éd. par William Peden, Chapel Hill, University of North Carolina Press, 1995, p. 162. Pour la relation paradoxale de Jefferson avec l'esclavage, voir de Peter S. Onuf « "To Declare Them a Free and Independent People" : Race, Slavery, and National Identity in Jefferson's Thought », *Journal of the Early Republic* 18, n° 1, 1998, p. 1-46 et *The Mind of Thomas Jefferson*, Charlottesville, University of Virginia Press, 2007.

quotidiennement exercé à la tyrannie, il ne peut qu'être doté par elle d'odieuses dispositions. L'homme doit être un prodige qui peut conserver ses manières et sa moralité non dépravées dans de telles circonstances. Et de quelle exécration devrait être chargé l'homme d'État qui, en permettant à une moitié des citoyens de piétiner ainsi les droits de l'autre, transforme ceux-ci en despotes, et ceux-là en ennemis, détruit la morale des uns et l'*amor patriae* des autres[7].

Jefferson avait un sens aigu de la façon dont l'esclavage remettait en question les principes en vigueur à l'ère du goût : l'esclavage excitait les passions là où la contrainte était nécessaire ; il favorisait le despotisme là où la liberté aurait dû s'imposer ; il corrompait les manières et les mœurs des maîtres blancs, les transformant en victimes de pratiques despotiques en contradiction avec les principes d'une culture rationnelle.

Et pourtant, en dépit de ses préoccupations, Jefferson n'arrivait pas à imaginer un moyen de sortir du bourbier de l'esclavage ; il semblait en avoir conclu qu'il était à la fois le fondement de la politique américaine et sa malédiction. Comment, se demandait Jefferson, les libertés d'une nation pouvaient-elles être considérées comme sacrosaintes lorsqu'elles étaient éloignées – ou dissociées – de la raison d'être de la construction d'une nation, à savoir « la conviction dans l'esprit du peuple que ces libertés sont un don de Dieu[8] ? » Quand il réfléchissait ainsi, Jefferson était parfaitement conscient de la manière dont l'esclavage hantait et minait la signification de l'identité américaine :

> Oui, je tremble pour mon pays quand je pense que Dieu est juste, que sa justice ne peut pas dormir éternellement, qu'en considérant uniquement les effectifs, la nature et les moyens naturels, une révolution de la roue de la fortune, un renversement de situation, sont parmi les événements possibles, et qui pourraient devenir probables par une intervention surnaturelle ! Le Tout-Puissant n'a pas d'attribut qui puisse prendre parti pour nous dans une telle lutte – Mais il est impossible d'être tempéré et de traiter ce problème à la lumière des diverses considérations de politique, de morale, d'histoire, naturelle et civile. Nous devons nous contenter d'espérer qu'elles se frayeront un chemin dans l'esprit de chacun. Je pense qu'un changement est déjà perceptible depuis le début de la révolution actuelle. L'esprit du maître s'apaise, celui de l'esclave se relève de la poussière, sa condition s'adoucit, le chemin se prépare, je l'espère, sous les auspices du ciel, vers une émancipation totale, et que celle-ci est prête,

7. T. Jefferson, *Notes on the State of Virginia*, *op. cit.*, p. 162.
8. *Ibid.*

dans l'ordre des événements, à se faire avec le consentement des maîtres, plutôt que par la force[9].

Les angoisses de Jefferson concernant le statut de la liberté dans une culture de l'esclavage, tout comme l'injonction de Morris à Washington, préfigurent précisément les questions que je souhaite aborder dans cet article : une culture du goût pouvait-elle s'enraciner dans la géographie de l'esclavage ? Et si oui, comment pouvait-elle se justifier devant le tribunal de l'opinion publique, puisque dans les Amériques, on ne pouvait tout simplement pas refouler ou dénier la réalité de l'esclavage ? Et pourquoi la violence est-elle entrée en résonance avec le goût dans différentes régions des Amériques[10] ? Pour répondre à ces questions, il faut cependant considérer la particularité de l'esclavage américain en rapport avec les institutions de la culture, du comportement et du goût dont il a été question plus haut. En effet, il faut commencer par une question simple mais fondamentale : qu'est-ce qui différencie l'esclavage américain de l'époque moderne des autres systèmes de domination ?

Les institutions de la haute culture au XVIIIe siècle anglais étaient financées par l'argent gagné dans les plantations antillaises. Il existait une relation dialectique forte, bien que souvent tacite, entre les hommes de goût des cafés londoniens et des galeries d'art et le planteur antillais chez lui. Les hommes de goût, comme Joseph Addison et Richard Steele, étaient directement ou indirectement soutenus financièrement par de riches planteurs comme Christopher Codrington, héritier d'une fortune barbadienne. Les institutions culturelles bénéficiaient des largesses de discrets barons coloniaux comme William Beckford, qui pouvaient passer commande à des artistes, des architectes et des musiciens pour satisfaire leur ambition de devenir des hommes de goût. Ce sont les largesses des planteurs qui ont permis le développement de la culture de la politesse et la croissance de la consommation, essentielles à l'émergence de la culture du goût.

Les planteurs antillais tiraient un capital culturel de leurs liens avec les hommes de goût. Ainsi, c'est en parrainant des activités

9. *Ibid.*, p. 163.
10. Cette dernière question est abordée dans Bertram Wyatt-Brown, *Honor and Violence in the Old South*, New York, Oxford University Press, 1986, en particulier au chapitre 7.

culturelles, qui allaient des pièces de théâtre aux œuvres de vulgarisation, que Christopher Codrington a pu pénétrer la haute société anglaise, qu'il a subventionné le *All Souls College* d'Oxford et qu'il est devenu un personnage établi dans les cercles culturels londoniens. Par son mécénat de l'art et du goût, la plantocratie esclavagiste, à l'instar des nababs indiens, blanchissait son argent sale et redéfinissait son identité. Dans des cas encore plus extrêmes (mon étude de cas concernant William Beckford[11]), le fait de mener une vie d'esthète, même excentrique, permettait de passer du statut de fils d'un planteur jamaïcain un peu rustre à celui d'homme de goût. À ce titre, les planteurs antillais pouvaient mettre en œuvre une sorte de mécanisme de refoulement au cours duquel le pouvoir de l'art et du bon goût les transformait en une aristocratie culturelle, et les tenait à l'écart de la scène primitive de l'esclavage dont ils devaient assumer l'héritage et la charge. Dans ces circonstances, la pureté et la propreté de l'art s'opposaient au danger et à la souillure et à la tache de l'esclavage[12].

Mais les hommes de culture antillais[13] ne peuvent pas être considérés comme représentatifs de la manière dont l'art et le bon goût peuvent servir à louer des pratiques sociales et commerciales peu recommandables pour les transformer en modes de comportement acceptables. En effet, on pourrait dire que si Beckford et Codrington ont pu envisager de mener une vie d'esthète, une existence ostensiblement protégée des dangers représentés par les esclaves qu'ils possédaient en grand nombre, c'est parce qu'ils avaient réussi à se séparer physiquement du régime de la plantation esclavagiste. En tant que propriétaires terriens absentéistes, ces planteurs antillais pouvaient s'immerger dans la culture du goût, sans se soucier de l'expérience vécue de l'esclavage, qui pouvait être strictement mise à l'écart de leur conscience et de leur existence quotidienne. L'homme de goût qui vivait à proximité des esclaves pouvait-il séparer son existence de planteur et de maître d'esclaves de son identité de *gentleman* ? Les hommes de goût qui dirigeaient les plantations esclavagistes de Virginie et des Carolines

11. NdE : ce cas est traité dans le dernier chapitre de l'ouvrage dont est tiré ce chapitre.

12. La terminologie utilisée ici est empruntée à Freud, *Malaise dans la civilisation*, en particulier le chapitre 4 ; et à Mary Douglas, *Purity and Danger : An Analysis of Concepts of Pollution and Taboo*, Londres, Routledge, 1966.

13. NdE : ces hommes sont plus largement présentés dans le chapitre 3 de l'ouvrage dont est tiré ce chapitre.

pouvaient-ils maintenir une culture esthétique capable de transcender la souillure de l'esclavage[14] ?

Un coup d'œil sur les images que nous avons conservées de la quintessence du *gentleman* américain, comme Washington, pourrait suggérer qu'il n'y avait pas de contradiction évidente entre la posture du bon goût et la présence de l'esclave, que le refoulement ou le déni[15] n'étaient pas nécessaires. Alors qu'il accomplissait le périple qui allait inaugurer la république américaine, un périple qui avait commencé à l'Académie militaire de West Point, dans l'État de New York, et s'était achevé à Mount Vernon, en Virginie, Washington avait constamment à ses côtés son esclave William Lee, qu'il avait acheté en 1768. Étant donné que presque tous les gentilshommes de l'époque *ante bellum* possédaient des esclaves, cet état de fait ne prête pas à débat ; ce qui est intriguant, c'est la présence de cet esclave dans les portraits de son maître. La figure de Lee est présente dans deux des plus importants portraits de Washington qui nous soient parvenus, à savoir celui de John Trumbull représentant le jeune officier à West Point (ill. 2) et celui d'Edward Savage représentant le général à la retraite chez lui à Mount Vernon (ill. 3).

Commentant la présence marginale mais visible de Lee dans ces deux tableaux, Sidney Kaplan et Emma Nogrady Kaplan affirment que la représentation de l'esclave dans le monde imaginaire du maître blanc allait bien au-delà des peintures (génériques) conventionnelles de l'époque, ils suggèrent qu'elle « recèle peut-être le sentiment profond que Washington avait pour son camarade révolutionnaire[16] ». Mais cette vision assez romantique des relations raciales à l'époque de la Révolution américaine fait fi de la situation et du statut précaires de l'esclave dans les œuvres d'art de cette période. Lee était, bien évidemment, l'un des esclaves de Washington, et non un camarade. La loi l'obligeait à servir le général depuis sa naissance jusqu'à ce qu'il soit affranchi à titre posthume. En même temps, et surtout dans le cadre du symbolisme interne du tableau, il ne fait aucun doute que la présence de Lee était nécessaire pour ajouter de l'aura à l'image que le héros, aristocrate et patriarche américain, se faisait de lui-même.

---

14. Étant donné les liens commerciaux étroits entre les colonies mid-Atlantic : le Maryland, la Virginie, les Carolines et les Caraïbes, j'utilise le terme Amérique pour désigner les deux territoires.

15. NdE : évoqués dans le dernier chapitre du livre dont est tiré ce chapitre.

16. Sidney Kaplan et Emma Nogrady Kaplan, *The Black Presence in the Era of the American Revolution*, éd. revisée, Amherst, University of Massachusetts Press, 1989, p. 36.

Ill. 2. John Trumbull, *George Washington,* 1780.

Ill. 3. Edward Savage, *George Washington,* 1804.

Cette présence/absence de l'esclave dans l'image du monde américain souligne la puissante hantise de l'esclavage dans la culture du goût. Et il n'y a pas de meilleure représentation de cette hantise qu'un tableau anonyme de Virginie appelé à juste titre *Virginian Luxuries*[17] (ill. 4). Peint aux alentours des deux premières décennies du xviiie siècle, il s'agit d'un tableau en deux parties, représentant toutes deux la duplicité qui caractérisait les relations entre maîtres et esclaves dans le système de la plantation. D'un côté, un homme noir est fouetté ; de l'autre, une femme noire est embrassée. Dans la mesure où la femme était une esclave, on peut supposer que sa relation avec l'homme blanc s'inscrivait déjà dans le cadre d'une relation forcée, une forme de violence sexuelle ; l'homme est soumis à la flagellation, la forme la plus courante de mise en œuvre de la servitude. Dans ce contexte, les deux parties de l'image représentaient deux formes d'assujettissement.

Ill. 4. Anonyme, *Unidentified Man / Virginian Luxuries*, America, New England (probablement). Vers 1815. Huile sur toile, Abby Aldrich Rockefeller Folk Art Museum, The Colonial Williamsburg Foundation, Williamsburg, Virginia.

Bien que les intentions du peintre anonyme de ce tableau ne soient pas claires, la coexistence de ces deux modes distincts d'assujettissement dans le monde de l'élite de Virginie viserait finalement à attirer notre attention sur la duplicité de l'institution de l'esclavage elle-même, où les maîtres présentaient les Noirs comme l'antithèse de la vie cultivée tout en entretenant constamment avec eux des relations intimes d'un genre ou d'un autre. C'est dans cette image et son dédoublement que s'inscrivent certaines des angoisses les plus

17. Voir aussi Alex Bontemps, « Seeing Slavery : How Paintings Make Words Look Different », dans « Representing Slavery : A Roundtable Discussion », *Common-Place*, juillet 2001.

profondes qui animent la culture du Sud durant la période de l'*ante bellum*, inquiétudes liées au genre, à la sexualité et à la violence qui sont essentielles à l'identité du Sud tentant de tracer la ligne de démarcation entre la civilisation blanche et la barbarie africaine[18]. Nous pouvons déceler ces mêmes angoisses dans les *Notes sur l'État de Virginie*, où, en plus de répéter les arguments biologiques habituels pour expliquer la différence noire, Jefferson avait souligné le rôle des passions dans la stigmatisation de l'esclave en tant qu'Autre. Il avait répété la calomnie d'Edward Long sur « la préférence de l'Oranootan (Orang-Outan) pour les femmes noires par rapport à celles de sa propre espèce » ; il avait ensuite affirmé que les hommes noirs étaient « plus ardents avec leurs femmes », mais que « l'amour semble être chez eux plus un désir avide qu'un mélange tendre et délicat de sentiment et de sensation »[19].

Non sans ironie, *Virginian Luxuries* fait du « désir ardent » l'apanage de l'homme blanc. En fait, l'un des aspects les plus curieux du tableau est la façon dont à la fois la « romance » et la punition prennent un caractère sexuel. C'est dans l'interaction entre la race et le sexe que le tableau expose la dualité de la société *ante bellum* en lien avec la présence du corps noir. Conscient de la nature délicate du sujet, le peintre a cherché à dissimuler son œuvre, cachant *Virginian Luxuries* au dos d'une autre peinture, *Unidentified Man*. Cette duplicité ne pouvait que transformer la culture du goût dans les colonies esclavagistes elles-mêmes, où le maître ou le propriétaire d'esclaves ne pouvaient se détacher de la géographie de l'esclavage et étaient donc contraints d'adopter divers procédés de dissimulation.

Ici, certains contrastes entre l'aventure du goût en Grande-Bretagne et dans les colonies américaines peuvent éclairer ce que la proximité physique signifiait pour les esclavagistes qui ne pouvaient s'absenter de leurs exploitations. Considérons, par exemple, le rôle des réunions mondaines dans la formation du sujet du goût. Comme l'a fait remarquer John Brewer, la haute culture au XVIIIe siècle était « moins un ensemble d'œuvres d'art individuelles qu'un phénomène façonné par les cercles de conversation et de critique formés par ses créateurs,

18. Susan Juster, « Virginian Luxuries : Sex and Power in a Slave Society », *Reviews in American History* 25, n° 3, 1997, p. 379-385 ; Kathleen M. Brown, *Good Wives, Nasty Wenches, and Anxious Patriarchs : Gender, Race, and Power in Colonial*, Chapel Hill, University of North Carolina Press, 1996, p. 107-136.
19. T. Jefferson, *Notes on the State of Virginia*, *op. cit.*, p. 138-139.

diffuseurs et consommateurs[20] ». Et si l'on devait désigner l'institution spécifique qui représentait le mieux ce cercle des créateurs, diffuseurs et consommateurs de la culture à cette époque, ce serait l'omniprésent *coffeehouse*, qui, au XVIIIe siècle, remplaça la cour en tant que centre de la haute culture. C'est dans les cafés que la vie sociale et culturelle prend forme. En effet, Richard Steele, Joseph Addison et Samuel Johnson idéalisent le *coffeehouse* comme le lieu de la conversation polie, l'endroit « où les effets bénéfiques d'une sociabilité raffinée forment des hommes de goût et de bonne moralité[21] ».

Le café n'était pas un lieu de rencontres culturelles occasionnelles. Au contraire, c'est l'espace dans lequel Addison et Steele « ont façonné une institution exemplaire, fabriquant un idéal de conduite polie et de bon goût développé dans un environnement convivial. Ils ont fait du café l'institution représentative de la vie citadine[22] ». Ces éminents hommes de lettres et de goût affirment que le café est l'espace où les agents du commerce et de l'art se retrouvent et s'influencent mutuellement. Leur rencontre allait devenir, en fait, l'union philosophique du commerce et de la vertu ; une exposition à la culture esthétique améliorerait le comportement des acteurs commerciaux, les éloignant pour ainsi dire du commerce vulgaire et de l'alcool pour les amener au café et à la conversation polie, et les sujets cultivés pourraient sans doute parvenir ainsi à une certaine compréhension du commerce. Dans l'espace du café, les habitudes grossières générées par les activités commerciales sont passées au tamis de la sensibilité : « Le *coffeehouse* était vu comme une nouvelle sorte de territoire urbain, accessible et ordonné, une institution publique perméable où les habitués et les étrangers pouvaient se rencontrer pour une conversation polie[23]. » À la fin du long XVIIIe siècle, le *coffeehouse* était suffisamment établi pour faire l'objet d'une représentation burlesque dans les œuvres d'artistes tels que William Hogarth et Thomas Rowlandson, qui ont efficacement caricaturé et inversé l'image de l'institution en tant que lieu de rassemblement des sujets civilisés.

Cependant, dans l'univers colonial de l'Amérique du XVIIIe siècle, le café et les sensibilités qui y sont associées ont été éclipsés par la

---

20. John Brewer, *The Pleasures of the Imagination : English Culture in the Eighteenth Century*, Londres, HarperCollins, 1997, p. 3.
21. *Ibid.*, p. 38.
22. *Ibid.*
23. *Ibid.*

présence de cette autre institution particulière qu'était l'esclavage, qui engendrait un autre type d'espace de sociabilité. L'homme de vertu était bien souvent un esclavagiste ; et on avait donc plus de chances de le rencontrer en transaction sur des marchés d'esclaves et dans des tavernes que dans des lieux de conversation polie[24]. Le territoire urbain de l'asservissement dans de nombreuses capitales d'État du Sud *ante bellum* était dominé par la vente aux enchères d'esclaves, l'équivalent de notre bourse des valeurs ou des marchandises. Dans des communautés où la vente des corps africains constituait le principal mode d'échange, ni le commerce ni la conversation n'étaient modérés par la politesse ; la violence du commerce des esclaves et la rustauderie des capitaines de ce commerce excluaient totalement la conversation et les conduites polies. Si les marchands d'esclaves avaient plus de chances de se rencontrer sur le marché aux esclaves que n'importe où ailleurs sur le territoire des Amériques, alors on peut légitimement penser que ces rencontres étaient avant tout marquées par la brutalité de l'esclavage.

Tandis qu'elle revient sur les circonstances de sa vente sur un marché d'esclaves aux Bermudes, Mary Prince fait partager à ses lecteurs son expérience marquante de la terreur qui accompagnait la rencontre entre les Européens et les Africains dans les Amériques :

> Enfin, le maître des enchères, qui devait nous mettre en vente comme des moutons ou du bétail, arriva et demanda à ma mère qui était l'aînée. Elle ne répondit rien et me désigna du doigt. Il me prit par la main, me conduisit au milieu de la rue et, me faisant lentement pivoter, m'exposa à la vue de ceux qui s'occupaient de la vente. Je fus bientôt entourée d'hommes étranges, qui m'examinaient et me manipulaient de la même manière qu'un boucher le ferait pour un veau ou un agneau qu'il s'apprête à acheter, et qui parlaient de ma forme et de ma taille avec des mots semblables, comme si je ne pouvais pas plus comprendre leur signification que les bêtes muettes. Je fus alors mis en vente. Les enchères commencèrent à quelques livres, et montèrent graduellement jusqu'à cinquante-sept, quand je fus adjugée au plus offrant ; et les gens qui se

24. On peut trouver une discussion sur la relation entre la vertu, le commerce et l'histoire dans J. G. A. Pocock, *Virtue, Commerce, and History : Essays on Political Thought and History, Chiefly in the Eighteenth Century*, Cambridge, Cambridge University Press, 1985. ; voir en particulier le chapitre 2, où il discute de la « vertu du patriote » dans une culture de l'esclavage. Pour les débats américains sur la relation entre la citoyenneté, l'esclavage et la vertu, voir Josiah Tucker, *A Treatise Concerning Civil Government*, Londres, T. Cadell, 1781.

tenaient là dirent que j'avais atteint une forte somme pour une esclave si jeune[25].

Mary Prince note avec acuité que la mise aux enchères de sa famille, qui assurerait un revenu à ses vendeurs, signifiait aussi la destruction brutale de leur unité familiale : « J'ai alors vu mes sœurs emmenées et vendues à différents propriétaires, de sorte que nous n'avions pas la triste satisfaction d'être des comparses de servitude. Lorsque la vente fut terminée, ma mère nous embrassa et nous serra dans ses bras, et pleura notre départ, nous suppliant de garder bon cœur et de faire notre devoir envers nos nouveaux maîtres. Ce fut une triste séparation ; l'une est partie d'un côté, l'autre de l'autre, et notre pauvre maman est rentrée à la maison sans rien[26]. »

Nul ménagement pour atténuer la brutalité de la vente de Mary Prince et de ses sœurs, un fait souvent confirmé par les gravures mettant en évidence la situation dramatique des familles sur le marché aux enchères, juste avant la séparation. Mais, pour les gentilshommes blancs impliqués dans ces activités, l'histoire était bien différente. Une journée au marché aux esclaves ressemblait à une journée passée au café ou aux courses. En fait, c'est ce paradoxe de la destruction d'une unité familiale pour permettre le bien-être d'une autre qui frappait le plus souvent l'imagination des voyageurs européens dans le Sud de l'*ante bellum*.

Lorsque Eyre Crowe accompagna William Thackeray au cours d'un voyage aux États-Unis en 1852-1853, il eut par exemple l'occasion de visiter un marché aux esclaves à Richmond, en Virginie. Il a laissé derrière lui une description puissante et une série d'illustrations sur l'impact des transactions d'esclaves noirs sur le marché de la ville. Dans son récit, publié sous le titre *With Thackeray in America*, Crowe remarque que le commerce des esclaves dominait et imprégnait le paysage culturel de la capitale de la Virginie. Il se souvient avoir lu le

---

25. Mary Prince, *The History of Mary Prince* [1831], éd. par Sarah Salih, Londres, Penguin Books, 2001. p. 11-12. Pour des analyses portant sur Prince, les récits d'esclaves et les économies du genre, voir Moira Ferguson, *Subject to Others : British Women Writers and Colonial Slavery, 1670-1834*, Londres, Routledge, 1992 ; Jennifer Feischner, *Mastering Slavery : Memory, Family, and Identity in Women's Slave Narratives*, New York, New York University Press, 1996 ; Keith A. Sandiford, *Measuring the Moment : Strategies of Protest in Eighteenth-Century Afro-English Writing*, Selinsgrove, Susquehanna University Press, 1988 ; et Sarah Salih, *Introduction to The History of Mary Prince* [1831], Londres, Penguin Books, 2001, p. VII-XXXIV.
26. M. Prince, *The History of Mary Prince*, *op. cit.*, p. 11-12.

journal local un jour de mars 1853 : « Ce ne sont toutefois pas les dirigeants ou la politique qui ont attiré mon attention, mais plutôt les rubriques publicitaires, contenant les annonces de ventes d'esclaves, dont certaines devaient avoir lieu ce matin-là, tout près, à Wall Street, à onze heures[27]. »

La description que fait Crowe du marché des esclaves le jour d'une vente aux enchères ressemble à celle d'une bourse des temps modernes, avec ses employés et ses agents. Les salles de vente, note-t-il, sont « des salles basses, grossièrement blanchies à la chaux, au sol usé et sale, ouvertes, pour ce qui est des portes et des fenêtres, sur la rue, le long de laquelle elles sont disposées[28] ». Crowe brosse ensuite un portrait saisissant de la vente d'esclaves et des réactions radicalement différentes des acheteurs et des vendeurs :

> La vente était annoncée en accrochant un petit drapeau rouge à une perche sur le seuil de la porte. Sur chacun de ces drapeaux était épinglé un avis manuscrit sur le lot à vendre. Je lus ainsi : « Quinze individus, probablement nègres, à vendre entre neuf heures et demie et midi – cinq hommes, six femmes, deux garçons et deux filles. » Suit la signature du marchand, qui correspond à celle inscrite au-dessus de la porte. [...] L'épreuve que subissaient ces nègres commença lorsqu'on fit aller et venir dans le lieu un homme robuste, comme on le ferait avec un cheval, afin de noter son comportement. Cette méthode s'étant avérée satisfaisante, des doutes furent exprimés quant à sa capacité visuelle. Un *gentleman* s'employa à la vérifier en plaçant sans cérémonie l'un de ses pouces dans l'orbite de l'œil supposé valide, et, tenant un cheveu de son autre main, il demanda au nègre de dire ce qu'il voyait. Le nègre était manifestement déconcerté et souffrait de toute cette opération, et il a immédiatement baissé dans les enchères. D'autres mains se sont levées, mais à ce moment-là, ayant envie d'air frais, je suis sorti, passant devant les autres magasins et les nègres qui s'y trouvaient regroupés dans l'attente[29].

Crowe a même laissé une série de gravures qui illustrent à la fois la tragédie de la vente aux enchères d'esclaves et son rôle central dans l'économie politique (ill. 5 et 6). Ici, la vente et l'achat d'esclaves étaient une affaire de *gentlemen* ; c'était du moins l'un des moyens par lesquels l'aristocratie réglait ses factures.

---

27. Eyre Crowe, *With Thackeray in America*, Londres, Cassell, 1893, p. 183.
28. *Ibid.*
29. *Ibid.*

Ill. 5. Eyre Crowe, *Slaves Waiting for Sale : Richmond, Virginia,* huile sur toile, 1861. Peint d'après une esquisse de 1851. Peinture à l'huile exposée à la Royal Academy.

Ill. 6. Eyre Crowe, *After the Sale : Slaves Going South from Richmond,* huile sur toile, 1853.

Une vente aux enchères d'esclaves particulièrement importante, organisée à la veille de la Guerre civile, concernant la cession de 436 hommes, femmes, enfants et nourrissons appartenant à Pierce M. Butler, débuta le 3 mars 1859. Butler, propriétaire de deux plantations en Géorgie, s'était endetté (l'un des vices des *gentlemen*) et devait se débarrasser d'une partie de ses biens pour rembourser ses créanciers. Ces marchandises humaines furent amenées à l'hippodrome de Savannah, en Géorgie, et placées dans des stalles pour chevaux en attendant des acheteurs :

> La vente était annoncée depuis plusieurs semaines. Tous les hôtels de Savannah étaient remplis d'acheteurs potentiels. Les jours précédant la vente, les acheteurs se rendirent à l'hippodrome pour examiner les personnes à vendre. Les esclaves étaient très inquiets lorsque les acheteurs leur ouvraient la bouche pour voir leurs dents et leur pinçaient les bras et les jambes pour vérifier leur force musculaire. Les esclaves ne disaient rien, sauf s'ils espéraient être achetés par la personne qui les examinait. Ils savaient qu'ils devaient être vendus par famille, mais la « famille » était définie comme le mari et la femme, la mère et le jeune enfant, et non comme un frère, une sœur ou un parent. Certains essayaient de convaincre les acheteurs potentiels d'acheter toute leur famille[30].

Dans les semaines qui suivirent, les familles furent divisées en divers lots qui allèrent à différents acheteurs. Les propriétaires d'esclaves – tous des *gentlemen* sudistes – étaient venus à Savannah pour faire une bonne affaire dans ce qui était considéré comme la plus grande vente d'esclaves du pays ; pour les Noirs asservis, cependant, l'événement fut surnommé « *The Weeping Time* » (le temps des pleurs).

L'ironie du système esclavagiste américain, bien sûr, c'est que les personnes que Butler vendait avaient jusque-là fait partie de sa « famille » élargie et avaient vécu au sein de sa communauté. Comme je l'ai noté plus haut, alors que les planteurs antillais absentéistes tels que Codrington et Beckford se trouvaient à bonne distance de l'esclavage, les maîtres américains étaient contraints par la géographie et les circonstances d'entrer dans une relation intime avec ceux qu'ils considéraient comme des non-sujets. Ainsi, le premier jour de sa grande vente d'esclaves à Savannah, Pierce Butler « marchait parmi ses gens, leur

30. Library of Congress, « The Largest Slave Auction, March 3, 1859 », America's Library, en ligne : https://www.loc.gov/item/today-in-history/march-03/

parlant et serrant la main de ses serviteurs préférés[31] ». Ils lui appartenaient et il était sur le point de s'en débarrasser pour payer ses dettes, et cependant ils faisaient partie de sa « famille ».

Ce type de relation n'était pas inhabituel. William Lee était la propriété de George Washington, mais la vie des deux hommes – et leur expérience du monde – était intimement liée à la culture de l'esclavage. C'est comme si la loi qui permettait à l'un de posséder l'autre les avait également rendus inséparables. Parfois, comme dans le cas de Thomas Jefferson et de son esclave personnel, Jupiter Jefferson, cette intimité s'apparentait presque à un mariage, décrété et voulu par la loi et la coutume sociale : « Pendant plus de cinquante ans, les vies de Jupiter et de Thomas Jefferson furent liées par la loi, car l'un des deux hommes considérait l'autre comme sa propriété. Tous deux sont nés à Shadwell en 1743, une plantation nouvellement ouverte à la frontière occidentale de la Virginie. Enfants, ils ont peut-être pêché ensemble dans la rivière Rivanna, tendu des pièges le long de ses rives et partagé des parties de chasse dans les bois environnants. Jeunes hommes, ils ont parcouru ensemble toute la Virginie et rencontré leur épouse dans la même plantation près de Williamsburg[32]. » Le monde du maître était lié à celui de l'esclave ; la liberté et la servitude allaient de pair.

Lorsque l'on passe de l'Europe à l'Amérique, les espaces sociaux dans lesquels la culture du goût opère deviennent également différents. En effet, si la fonction première du *coffeehouse* en Grande-Bretagne était d'offrir un lieu dans lequel la conversation polie pourrait remplacer l'idiome grossier des transactions commerciales et permettrait ainsi à ceux qui avaient gagné de l'argent dans le commerce de séparer les moyens des fins, la vente aux enchères d'esclaves, en revanche, signifiait l'alliance de moyens brutaux et de fins agréables. Dans le contexte de l'esclavage, le goût n'a pas pu effacer le commerce ; tout ce qu'il a pu faire, peut-être, c'est le confronter à ses contradictions par l'ironie. C'est ce type d'ironie que l'on retrouve dans le tableau de John Greenwood, *Sea Captains Carousing in Surinam* (1778), qui représente un groupe d'éminents capitaines de navire que le peintre a rencontrés au Suriname (ill. 7).

31. *Ibid.*
32. Lucia Stanton, *Free Some Day : The African-American Families of Monticello*, Monticello, Thomas Jefferson Foundation, 2000, p. 19.

Ill. 7. John Greenwood, *Sea Captains Carousing in Surinam,* huile sur toile, vers 1752-1758.

Si on le considère d'un œil critique, le caractère sulfureux du marché aux esclaves et les réjouissances peu vertueuses des marchands d'esclaves semblent être l'antithèse du goût. En effet, selon l'*Oxford English Dictionary*, « carouse » signifie « boire jusqu'à plus soif ; boire librement et de façon répétée », soit les activités mêmes que le café londonien était censé refouler et dépasser. Plutôt que de représenter une norme de conduite, l'attitude des capitaines dans le tableau de Greenwood reflète la dimension carnavalesque et excessive des comportements autorisés par les institutions culturelles des sociétés esclavagistes[33]. Ici, la fête apparaît non pas comme une aberration sociale, mais comme un mode de comportement que l'on trouvait même parmi les membres respectables de la classe esclavagiste. Il n'est donc pas très surprenant de constater que les noceurs peints par Greenwood n'étaient pas de simples boucaniers, mais d'éminents marchands d'esclaves de Newport, dont Esek Hopkins, futur commandant de la marine américaine, et Joseph Wanton, qui allait devenir le chef de la police de Newport, et bientôt gouverneur de Rhode Island[34]. L'esclavage

33. Selon l'*Oxford English Dictionary*, l'une des premières utilisations du mot « carouse » pour désigner l'excès se trouve dans l'œuvre de François Rabelais, maître du carnavalesque. Sur Rabelais et le carnaval, voir Mikhaïl Bakhtine, *L'œuvre de François Rabelais et la culture populaire au Moyen Âge et sous la Renaissance*, Paris, Gallimard, 1982 [1970].

34. Cette information provient de la légende de la peinture de Greenwood dans Hugh Thomas, *The Slave Trade : The Story of the Atlantic Slave Trade, 1440-1870*, New York, Simon and Schuster, 1997.

américain était-il compatible avec la culture du goût ? Une culture esthétique pouvait-elle émerger à l'ombre de l'esclavage ?

Un idéal esthétique a certes vu le jour dans le Sud de l'*ante bellum*, mais il était intimement lié à l'esclavage. Comme l'a noté Louis Wright dans *The First Gentlemen of Virginia*, à la fin du XVIIe siècle, une « aristocratie restreinte » s'est développée en Virginie et « a rapidement acquis un pouvoir et une influence bien supérieurs à l'importance numérique de ses membres, qui étaient largement surpassés en nombre par la classe des *yeomen*[35] ». Comme les planteurs de la Caraïbe[36], les membres de cette aristocratie coloniale américaine étaient des hommes d'affaires constamment hantés par des doutes quant à leur capacité à se mesurer à la norme de civilité anglaise à laquelle ils aspiraient, ainsi que par des soupçons persistants quant à leurs origines aristocratiques. Il n'était pas inhabituel pour l'aristocratie virginienne de s'inventer de fantasques généalogies royales, mais cela ne les préservait pas des railleries quant à leurs origines potentiellement non aristocratiques. Comme Marcus W. Jernegan l'a fait remarquer avec causticité, les archives de la prison de Newgate et de l'Old Bailey, plutôt que la pairie de Burke, pourraient « s'avérer une source plus fructueuse d'informations généalogiques » sur l'aristocratie de la période de l'*ante bellum*[37].

Lorsqu'il écrivit son livre, Wright était désireux de sauver l'image de l'aristocratie américaine en tant que digne équivalent de son homologue européenne, mais la véritable réussite de son travail fut de reconnaître qu'un ensemble différent de circonstances sociales, y compris le code de l'honneur qui régissait la vie de la classe des propriétaires d'esclaves, avait conduit à la modification de l'idéal du goût. Les *gentlemen* de Virginie, observe Wright, avaient prospéré grâce à un code qui reconnaissait « l'inégalité inhérente à l'humanité » ; ils postulaient, en effet, que la classe supérieure jouissait « d'un droit naturel et héré-

35. L. B. Wright, *The First Gentlemen of Virginia*, *op. cit.*, p. 2. Voir également, William Kauffman Scarborough, *Masters of the Big House : Elite Slaveholders of the Mid-Nineteenth-Century South*, Baton Rouge, Louisiana State University Press, 2003 ; et James Oakes, *The Ruling Race : A History of American Slaveholders*, Londres, W. W. Norton, 1998.

36. Voir le chap. 3 du livre duquel est extrait ce chapitre.

37. Cité dans L. B. Wright, *The First Gentlemen of Virginia*, *op. cit.*, p. 4.

ditaire » ; ils considéraient la richesse comme la condition préalable au rang et ils cultivaient les bonnes manières comme l'essence même de leur identité[38]. Néanmoins, Wright note que l'introduction de ce qu'il appelle « le système esclavagiste africain » fut « le facteur le plus important dans l'évolution de l'aristocratie virginienne, car il permit aux riches planteurs d'écraser, peut-être inconsciemment, le pouvoir économique des petits propriétaires terriens qui dépendaient de leur propre travail[39] ». Mais ce que Wright n'a pas relevé, c'est la manière spécifique et sans précédent dont l'introduction des esclaves dans l'économie coloniale a remis en question, puis transformé, la culture du goût et l'imaginaire social de la classe dirigeante américaine.

Les transformations que j'évoque ici sont le fruit de nombreuses trajectoires. Par exemple, il a fallu transformer ou modifier la façon d'envisager les inégalités et les droits naturels pour préserver les distinctions raciales tout en maintenant les différences entre les classes. Dès les débuts de la colonie de Virginie, note Winthrop Jordan, même à une époque où les conditions de travail et de vie des *yeomen* anglais et des esclaves africains étaient relativement similaires, « on distinguait les Noirs des hommes blancs en utilisant le mot Nègres (Negroes)[40] ». Mis en place comme une puissante figure de la différence, ce terme allait également fonctionner comme la marque la plus visible de la distinction sociale, connotant un statut dégradé et la « non-liberté » pour ceux qui le portaient. Et si on a pu expliquer cette situation d'avilissement et de non-liberté d'abord en termes de changement des conditions de travail, elle avait aussi une composante symbolique importante : l'avilissement des Africains était nécessaire pour établir la différence entre les esclaves noirs et les *yeomen* anglais ; en retour, cette différence assurait à ces derniers une place distincte en opposition à la classe des propriétaires terriens. Privés de liberté, les « Nègres » et les « Indiens » s'inscrivaient dans une structure sociale où leur situation était figée et où ils ne pouvaient rien faire pour influer sur la nature de leur statut social au sein de la société coloniale. Les Noirs pouvaient, bien sûr, rejoindre le monde anglais par la conversion ou l'assimilation, mais dans les années 1680, au moment où le racisme devenait un fondement de la culture coloniale américaine, les Africains d'Amérique

38. *Ibid.*, p. 45.
39. *Ibid.*
40. Winthrop Jordan, *White over Black : American Attitudes toward the Negro, 1550-1812*, Chapel Hill, University of North Carolina Press, 1968, p. 73.

étaient confrontés à un nouveau terme – blanc – qu'ils ne pouvaient ni s'approprier ni revendiquer[41].

La confusion règne parfois quant à savoir si les codes de l'esclavage étaient à l'origine destinés à contrôler les hiérarchies raciales ou de classe, mais les lois contre le métissage étaient indubitablement conçues pour garantir une identité blanche nouvellement inventée[42]. Plus important encore, la nature des hiérarchies dans l'Amérique coloniale et la signification de termes tels qu'égalité, inégalité et droits naturels étaient compliquées par la culture de l'esclavage ; ayant exclu les Noirs de l'économie symbolique de la blancheur/blanchité (*whiteness*), pour ainsi dire, les distinctions de richesse et de statut ne pouvaient s'appliquer qu'aux seuls Européens. En effet, l'existence d'une catégorie de personnes dont l'identité se situait dans la servitude compliquait la définition même de la blanchité. On ne pouvait pas, par exemple, être un *gentleman* uniquement par rapport aux esclaves, qui étaient par nature exclus des hiérarchies sociales « normales » en raison de leur couleur et de leur statut. En tant que catégorie de classe, le statut de *gentleman* n'était efficace que par rapport aux blancs pauvres ; par rapport aux esclaves, en revanche, tous les blancs avaient du pouvoir et du rang. Comme le note Orlando Patterson à la fin de *Slavery and Social Death* : « l'aliénation de naissance et l'isolement généalogique » de l'esclave en faisaient le vecteur idéal pour renforcer le statut de sujet du propriétaire : « L'esclavagiste se nourrit de l'esclave pour obtenir les satisfactions très directes du pouvoir sur l'autre, renforcement de l'honneur et de l'autorité. L'esclave, qui perdait ainsi toute prétention à un pouvoir autonome, était dégradé et réduit à un état de liminalité[43] ».

L'esclavage modifiait aussi la signification de la richesse, élément central de la théorie et de la pratique de l'identité moderne. En termes de possessions, seuls ceux qui possédaient des esclaves et des terres étaient

41. *Ibid.*, p. 78.
42. Écrivant sur le contrôle du statut dans le Maryland et la Virginie dans les années 1660, W. Jordan note que « lorsque l'esclavage a été reconnu par la loi, les assemblées ont réagi avec une bruyante indignation contre le métissage », *ibid.*, p. 79. Pour les lois sur l'esclavage dans les Caraïbes au cours du XVIIIe siècle, voir Elsa V. Goveia, *A Study on the Historiography of the British West Indies to the End of the Nineteenth Century, 1956*, Washington, Howard University Press, 1980.
43. Orlando Patterson, *Slavery and Social Death*, Cambridge, Harvard University Press, 1982, p. 337. Il n'y a peut-être pas de meilleure illustration de la façon dont la dégradation de l'esclave a renforcé le statut et l'honneur du maître que l'exemple de Sutpen dans William Faulkner, *Absalom Absalom*, New York, Random House, 1936.

en mesure d'aspirer au statut de *gentlemen*. L'étude des inventaires de la Jamaïque réalisée par Richard S. Dunn montre clairement que « les esclaves nègres étaient la principale richesse » de la colonie[44]. L'héritage d'esclaves était également essentiel au rang social et à l'ensemble des relations qui liaient l'aristocratie du nouveau monde à travers le mariage. Par exemple, dans le monde dans lequel Thomas Jefferson a grandi et est devenu adulte, la richesse était calculée en nombre d'esclaves et de terres. Comme le note John Chester Miller, « l'un des piliers du monde de Thomas Jefferson était l'esclavage des Noirs » et « les esclaves étaient omniprésents dans la société dans laquelle il a été élevé et a atteint sa majorité[45] ». Dans les cercles privilégiés dans lesquels évoluait Jefferson, « il était difficile de trouver quelqu'un qui ne possédait pas d'esclaves » : « Son père était un propriétaire d'esclaves et Thomas a hérité à la fois des terres et des esclaves ; tous les Randolph, auxquels il était lié par sa mère, possédaient des esclaves. [...] La dot de l'épouse de Jefferson comprenait 132 esclaves et plusieurs milliers d'hectares de terres. Comme d'autres patriciens de Virginie, il comptait sa richesse principalement en esclaves et en terres ». Au moment où Jefferson s'est fait connaître comme l'un des grands défenseurs de la liberté et des Lumières américaines, « il était, par héritage, acquisitions et mariage, l'un des principaux propriétaires d'esclaves et l'un des hommes les plus riches de Virginie[46] ». L'esclavage était la monnaie d'échange de ce territoire ; il se situait au carrefour où convergeaient l'héritage, le mariage et le statut social, et l'utilisation d'esclaves en guise de dot était un indice marquant de sa primauté dans les relations domestiques.

L'un des principaux paradoxes de la culture esclavagiste réside donc dans le fait que les esclaves étaient considérés comme appartenant à un ordre inférieur de la nature et que leur statut les privait de toute mobilité dans les sphères publiques et privées, mais qu'ils constituaient des marqueurs importants de l'identité blanche dans le nouveau monde. Et, un autre paradoxe structurait les relations entre maîtres blancs et esclaves noirs : en privé, maîtres et esclaves entretenaient des liens étroits, mais en public, des limites morales et physiques strictes étaient maintenues. L'un des aspects les plus intéressants de l'architecture des

44. Richard S. Dunn, « The English Sugar Islands and the Founding of South Carolina », dans T. H. Breen (éd.), *Shaping Southern Society : The Colonial Experience*, New York, Oxford University Press, 1976, p. 55.
45. John Chester Miller, *The Wolf by the Ears : Thomas Jefferson and Slavery*, New York, Free Press, 1977, p. 2.
46. *Ibid.*

demeures de la période *ante bellum*, par exemple, est la façon dont leur façade – le visage de la noblesse coloniale s'offrant au regard du public – dissimulait le monde privé et domestique, à l'intérieur ou derrière la grande maison, dans lequel l'esclavage se donnait à voir[47].

Prenons le cas de William Byrd II de Virginie. Lorsqu'il revint d'Angleterre à la fin des années 1720, Byrd considéra que la plantation de son père dans la Virginie rurale était loin de la civilisation et trop éloignée de la culture du goût qu'il avait acquise à l'étranger. Il entreprit donc de construire une nouvelle maison, Westover, qui incarnerait la culture du goût dans le Sud *ante bellum*. Westover a été construite dans un style géorgien presque parfait, avec « des balustrades en plâtre sculpté et orné, des boiseries décoratives sculptées à la main, des pièces richement lambrissées et une cheminée noire inhabituelle qui ajoutaient des touches d'élégance à l'intérieur de la demeure[48] ». La façade géorgienne du bâtiment dissimulait toutefois l'activité économique florissante qui permettait à Byrd de satisfaire ses goûts, car non loin derrière le bâtiment, bien qu'invisible de la rue ou de l'allée, se trouvait une rangée de maisons d'esclaves. Comment un *gentleman* de l'*ante bellum* comme Byrd conciliait-il la présence physique d'esclaves et l'institution esclavagiste avec ses idéaux importés en matière de goût ?

Bien que les *gentlemen* américains aient cherché à maîtriser la culture du goût qui circulait en Angleterre au XVIIIe siècle et se soient efforcés d'être à la hauteur d'un style anglais réel ou imaginé, leurs aspirations se sont souvent heurtées aux exigences physiques et culturelles d'une géographie sociale du nouveau monde dominée par l'esclavage. Dans les Antilles, par exemple, les planteurs aisés construisaient des bâtiments « à l'anglaise », dans l'espoir d'impressionner leurs pairs européens. Cela impliquait l'utilisation de « la brique ou de la pierre de préférence au bois et au plâtre, la construction de maisons à plusieurs étages de préférence aux bungalows larges et bas, et l'utilisation de fenêtres vitrées plutôt que des persiennes ou des volets[49] ». Une vue panoramique de Bridgetown, à la Barbade, dessinée par Samuel Copen vers 1695, rendait « ce port des Caraïbes indiscernable d'une ville commerciale d'Angleterre ou de Hollande » : « Les maisons se pressent

47. Voir John Michael Vlach, *The Planter's Prospect : Privilege and Slavery in Plantation Paintings*, Chapel Hill, University of North Carolina Press, 2002.
48. Bruce Roberts, *Plantation Homes of the James River*, Chapel Hill, University of North Carolina Press, 1990, p. 53.
49. Richard S. Dunn, « The English Sugar Islands », *op. cit.*, p. 55.

près des quais, ne laissant pas de place pour les jardins ou les arbres d'ombrage. Ce sont des constructions hautes et étroites, de trois à cinq étages, sans balcons ni vérandas. Ce style architectural était mieux adapté à l'Europe du Nord qu'aux Caraïbes », mais cette architecture ostensiblement élégante, ornée ou classique était souvent en contradiction avec la géographie physique des Amériques. À en juger par l'inventaire de sa maison, Sir Henry Morgan, le roi flibustier, « dormait dans une chemise de nuit en soie sur un lit luxueux équipé de rideaux en mohair, d'une doublure en persan et d'un "*musketo nett*". Ses serviteurs, qui dormaient dans des hamacs, et même ses esclaves, qui dormaient à même le sol, étaient sans doute plus à l'aise[50] ».

Pourtant, c'est précisément parce qu'ils étaient entourés d'esclaves, des personnes considérées comme occupant les échelons les plus bas de la nature et de la culture, que les planteurs en sont venus à apprécier les notions en vigueur de haute culture et à s'y identifier. Désireux de prendre modèle sur l'aristocratie anglaise, les *gentlemen* coloniaux comme Byrd faisaient souvent référence à cette haute culture pour « évaluer ou indiquer un statut ou bien pour créer un statut et monopoliser des privilèges[51] ». Cela pouvait se faire selon des modalités à la fois directes et indirectes. Byrd, par exemple, était connu pour suivre scrupuleusement les habitudes culturelles dont il avait été témoin en Angleterre et pour reproduire les espaces de sociabilité de la haute culture britannique. À Westover, par exemple, il construisit une bibliothèque de quatre mille volumes en anglais, français, latin, hébreu et grec. Cette bibliothèque, la plus grande de Virginie, contenait « presque tous les livres qu'un aristocrate cultivé et éclairé pouvait désirer[52] ».

Cette reproduction/répétition de l'anglicité témoignait cependant d'une profonde anxiété, qui obligeait Byrd, comme beaucoup de membres de l'élite coloniale, à s'engager dans une démarche baptisée « mimétisme colonial » : imitation « des manières anglaises dans des situations de déplacement[53] ». Comme William Beckford, Byrd semblait avoir une idée assez claire de sa propre relation troublée à la culture

50. *Ibid.*
51. Voir Michèle Lamont et Marcel Fournier (dir.), introduction à *Cultivating Differences : Symbolic Boundaries and the Making of Inequality*, Chicago, University of Chicago Press, 1992, p. 9.
52. L. B. Wright, *The First Gentlemen of Virginia*, *op. cit.*, p. 335.
53. J'emprunte le concept de mimétisme colonial à Homi Bhabha, « Of Mimicry and Man. The Ambivalence of Colonial Discourse », dans id., *Location of Culture*, Londres, Routledge, p. 85-92.

du goût. ; lui aussi « répétait » la culture pour rendre compte de sa propre position de « déplacé » dans la politique du goût. En effet, il existe des similitudes frappantes entre les Beckford de Jamaïque et les Byrd de Virginie. Comme les Beckford, les Byrd étaient issus d'une famille londonienne pauvre. Ils se sont engagés dans le commerce transatlantique au XVIIe siècle et, grâce à leurs relations matrimoniales et commerciales, ils ont pu accroître leurs biens et améliorer leur statut social, devenant ainsi l'une des familles les plus en vue de Virginie. En ce sens, la vie de Byrd peut être interprétée comme le passage du commerce à l'élégance, de débuts modestes à la richesse et au statut.

Cependant, il est important de noter que le comportement aristocratique que l'on a fini par associer à Byrd – son attitude patriarcale, son éducation littéraire et même son rationalisme – était motivé par une forme d'hypersensibilité à l'égard du rang et de la position sociale. Par exemple, il fut blessé par l'omission de son nom de la liste des membres de la Royal Society en 1741, dont il avait l'honneur « d'être l'un des plus anciens membres » et à laquelle il avait contribué par un article scientifique sur « le curieux phénomène d'un nègre à la peau tachetée[54] ». Comme l'indique la lettre suivante de Byrd au comte d'Orrery datée du 5 juillet 1726, le *gentleman* colonial était désireux de rappeler à ses contemporains européens que sa situation dans les colonies ne l'excluait pas de la sphère du goût :

> J'ai une famille nombreuse et mes portes sont ouvertes à tout le monde, mais je n'ai pas de factures à payer et une demi-couronne pourra rester dans ma poche sans être dérangée pendant de nombreuses lunes. Comme l'un des patriarches, j'ai à ma disposition mes troupeaux, mes hommes et femmes de confiance, et toutes sortes de métiers exercés par mes propres serviteurs, de sorte que je vis dans une sorte d'indépendance à l'égard de tous, sauf de la Providence. Mais, si ce genre de vie est sans frais, il est accompagné de beaucoup d'ennuis. Je dois veiller à ce que tous mes employés fassent leur devoir, à ce que tous les rouages soient mis en mouvement et à ce que chacun obtienne sa part pour faire avancer la machine. Mais c'est une distraction dans ce pays silencieux et un exercice permanent de notre patience et de notre sens de l'économie. Une chose encore, Monseigneur, qui recommande beaucoup ce pays : nous pouvons rester assis en toute sécurité sous nos vignes et nos figuiers, sans aucun danger pour nos biens. Nous n'avons ni voleurs publics ni voleurs privés, ce que votre seigneurie jugera très étrange, alors qu'on nous envoie souvent des

54. L. B. Wright, *The First Gentlemen of Virginia*, *op. cit.*, p. 332.

gouverneurs indigents et des bagnards chapardeurs. [...] Ainsi, Monseigneur, nous sommes très heureux dans nos pays de Canaan, si seulement nous pouvions oublier les oignons et les pots de viande de l'Égypte[55].

Ce que nous voyons ici, c'est le langage du mimétisme qui, comme l'a noté Jacques Lacan, « donne à voir quelque chose en tant qu'il est distinct de ce qu'on pourrait appeler un lui-même qui est derrière. L'effet du mimétisme est le camouflage[56] ». Le mimétisme colonial opère par l'équivoque : il imite et camoufle ses désirs et ses intentions dans le même registre. Dans l'exemple ci-dessus, Byrd parlait donc le langage du comte d'Orrery – le langage de la providence, du devoir et de la vertu – mais, ce faisant, il dissimulait également son autre identité, son rôle d'inflexible maître d'esclaves. Installé sur ce que Homi Bhabha a décrit avec justesse comme « les marges du désir métropolitain[57] », Byrd utilise la langue et présente une image de lui-même de manière à dissimuler le fait que ce qu'il appelait « mes gens » étaient, en réalité, des esclaves africains.

Pourquoi Byrd a-t-il cherché une identité dans le mimétisme ? Pour répondre à cette question, il faut se rappeler que la culture, comme nous l'ont appris Lamont et Fournier, se situe dans le monde des organisations et des institutions de pouvoir : « La culture n'est pas seulement un code ou un mode de communication : c'est aussi une forme de domination, une idéologie au service des classes dominantes[58] ». Pour Byrd, reconnaître ouvertement la valeur des cultures africaines et africanisées serait une forme d'abnégation sociale, une menace fatale pour les hiérarchies raciales et de classe. Comme d'autres membres de la plantocratie américaine, Byrd avait besoin des formes européennes d'art et de culture afin de maintenir son statut au sein du système esclavagiste. La haute culture européenne était associée à des notions d'ordre ; elle renvoyait à « l'unité, l'harmonie, l'équilibre, la justesse et la rationalité » et était censée être le fruit d'un « consensus humain » donnant naissance à « une communauté harmonieuse »[59]. Dans ces circonstances, le mimétisme anglais de Byrd était à la fois

55. Cité dans *Ibid.*, p. 330-331.

56. Jacques Lacan, *Les quatre concepts fondamentaux de la psychanalyse*, Paris, Seuil, 1973, p. 92.

57. Homi Bhabha, *Les lieux de la culture. Une théorie postcoloniale*, trad. Françoise Bouillot, Paris, Payot, 2007, p. 92.

58. M. Lamont et M. Fournier, *Cultivating Differences*, *op. cit.*, p. 3.

59. Arthur Humphreys fournit une analyse complète de la doctrine de l'art et de l'ordre dans « The Arts in Eighteenth-Century Britain », dans Boris Ford (dir.), *The Cambridge Cultural History of Britain*, vol. 5, Cambridge, Cambridge University

une marque d'affiliation et l'expression de profondes angoisses quant à son appartenance.

Cependant, Byrd vivait dans un monde saturé d'esclaves africains et, comme la plupart des planteurs, il entretenait des rapports intimes avec eux[60]. Des Antilles au Sud de la période *ante bellum*, l'esclave noir était considéré comme l'incarnation de ce que j'appellerai dans les chapitres suivants un sensorium négatif : sa couleur, sa silhouette et ses cheveux étant des « distinctions physiologiques prouvant une différence de race[61] ». L'esclave noir était l'incarnation vivante de ce que la classe des planteurs considérait comme vulgaire et répugnant. Les propriétaires d'esclaves partageaient souvent la crainte, exprimée de la manière la plus poignante par Jefferson, que l'existence de l'esclavage ne déprave « les manières et les mœurs » des maîtres[62]. Byrd, quant à lui, exprimait la crainte que la Virginie ne soit un jour connue sous le nom de « Nouvelle-Guinée[63] ».

Le spectre de la noirceur (*blackness*) se manifestera lors de la révolution haïtienne, un événement spectaculaire et source de nombreux fantasmes, aussi redouté que la menace qui pesait sur la civilisation blanche elle-même. Décrivant la destruction de la ville de Cap Français en septembre 1791, le planteur et historien jamaïcain Bryan Edwards

---

Press, 1992, p. 3-5. Voir également Joseph Burke, *English Art, 1714-1800*, Oxford, Oxford University Press, 1976.

60. Cette intimité est documentée dans de nombreuses études sur la vie dans les plantations. M. Sobel, par exemple, note que dans la Virginie du XVIIIe siècle, les Noirs et les Blancs vivaient ensemble « dans une grande intimité, s'influençant les uns les autres de manière plus ou moins importante » ; voir *The World They Made Together*, *op. cit.*, p. 3. Le processus d'échange culturel entre les Africains et les Européens est souligné dans les essais rassemblés dans Ted Ownby (dir.), *Black and White Cultural Interaction in the Antebellum South*, Jackson, University of Mississippi Press, 1993. Pour une analyse détaillée de Byrd et de la culture de l'esclavage, voir A. Bontemps, *The Punished Self : Surviving Slavery in the Colonial South*, Ithaca, Cornell University Press, 2001. Pour la vie de Byrd en tant que *gentleman*, voir Ormond Bolton, « The Architecture of Slavery : Art, Language, and Society in Early Virginia », Thèse, New York, College of William and Mary, 1991, chapitre 2 ; Berland, Gilliam et Lockridge, *Common-place Book of William Byrd II* ; Lockridge, *Diary and Life of William Byrd II* **et** *On the Sources of Patriarchal Rage*, p. 1-28 ; et Marambaud, *William Byrd of Westover*. Les questions de genre et de relations sexuelles dans les colonies sont abordées par K. Brown dans *Good Wives, Nasty Wenches*, en particulier au chapitre 10.

61. T. Jefferson, *Notes on the State of Virginia*, p. 138.

62. *Ibid.*

63. Cité dans M. Sobel, *The World They Made Together*, *op. cit.*, p. 3.

la présente comme un événement épouvantable et terrifiant, « un spectacle plus terrible que ce que l'esprit d'un homme, non accoutumé à une telle scène, pourrait concevoir[64] ». Edwards allait décrire l'écrasement de la civilisation blanche, par ce que Dayan a nommé avec justesse « les horreurs de l'Afrique », en termes esthétiques[65] : « Jusqu'à ce que les ravages et les dévastations que j'ai eu la douloureuse tâche de rapporter, aient défiguré et détruit, avec une barbarie aveugle, à la fois les bienfaits de la nature et les œuvres de l'art, les possessions de la France dans cette noble région étaient considérées comme le jardin des Indes occidentales, et de par la beauté du paysage, la richesse du sol, pouvaient à juste titre être considérées comme le Paradis du Nouveau Monde[66]. » La culture avait été l'une des conditions favorables à la civilisation blanche sous les tropiques ; sa destruction par les esclaves en révolte signalait la précarité de la beauté sur la scène de l'asservissement. Plus concrètement, c'est la crainte que la barbarie africaine puisse vaincre la logique de la civilisation – la crainte que la Virginie ne devienne une Nouvelle-Guinée – qui a incité les maîtres d'esclaves comme Byrd à prendre « des mesures énergiques pour maintenir le mode de vie civilisé de la classe sociale à laquelle ils aspiraient[67] ». Mais ce « mode de vie civilisé », incarné par l'art, pouvait-il aller de pair avec l'esclavage et l'asservissement ?

---

64. Bryan Edwards, *Preface to An Historical Survey of the French Colony in the Island of St. Domingo*, Londres, Printed for John Stockdale, Piccadilly, 1797, préface, p. v.
65. Joan Dayan, *Haiti, History, and the Gods*, Berkeley, University of California Press, 1995, p. 149. Pour Haïti, la question de la race et la crise de la modernité, les textes suivants ont été d'une valeur inestimable : C. L. R. James, *The Black Jacobins : Toussaint L'Ouverture and the San Domingo Revolution*, 2e éd., New York, Vintage, 1989 ; Michel-Rolph Trouillot, *Silencing the Past : Power and the Production of History*, Boston, Beacon Press, 1997 ; Laurent Dubois, *Avengers of the New World : The Story of the Haitian Revolution*, Cambridge, Harvard University Press, 2005. ; David Scott, *Conscripts of Modernity : The Tragedy of Colonial Enlightenment*, Durham, Duke University Press, 2004 ; Sibylle Fischer, *Modernity Disavowed : Haiti and the Cultures of Slavery in the Age of Revolution*. Durham, Duke University Press, 2004 ; David P. Geggus, *The Impact of the Haitian Revolution in the Atlantic World*, Columbia, University of South Carolina Press, 2002 ; et Susan Burck-Morss, « Hegel and Haiti », *Critical Inquiry* 26, n° 4, 2000, p. 821-865.
66. B. Edwards, *Historical Survey*, *op. cit.*, p. 143.
67. La relation entre l'isolement des planteurs et leur soif de « culture civilisée » est examinée par L. B. Wright *et al.*, « From Wilderness to Republic, 1607-1787 », dans id., *The Arts in America : The Colonial Period*, New York, Scribner's, 1966, p. 12.

L'économie politique de l'esclavage rendait difficile la transplantation pure et simple d'un mode de vie civilisé – ou d'une culture du goût – dans les colonies américaines. Dans l'univers de l'esclavage, une nouvelle économie est apparue qui a transformé les notions de temps et d'espace et, par conséquent, a perturbé la relation du sujet à son monde. Comme l'a souligné Mechal Sobel dans ses études sur la construction de soi chez les Noirs et les Blancs dans la Virginie coloniale, l'esclavage a bouleversé presque toutes les normes européennes et africaines établies en matière d'identité, de temporalité et d'espace[68]. Le défi pour la caste des propriétaires d'esclaves consistait à développer des formes d'art qui évoquaient une image pure et raffinée de soi et de la communauté tout en étant enracinées dans la totalité de la vie de la plantation.

En tant que sujets civilisés en puissance, les planteurs ne pouvaient renoncer à l'idée que les manières et la morale, ou même la culture des arts, étaient les insignes de la vie moderne ; en effet, l'émergence de la peinture en tant que forme d'art la plus prestigieuse a coïncidé avec la prise de conscience par la classe des planteurs de l'importance de la haute culture dans la construction coloniale de soi. La peinture allait être adoptée dans les colonies américaines comme l'art du prestige, mais elle allait aussi être structurée par un paradoxe. D'une part, elle apparaissait comme la forme d'art la plus prestigieuse, parce qu'elle était la moins liée à la réalité et aux difficultés de la vie quotidienne dans les Amériques et qu'elle permettait donc la mise en place d'une identité européenne imaginaire dans les colonies ; d'autre part, n'ayant pas de « valeur d'usage », les artistes n'étaient pas incités à produire de l'art pour lui-même[69]. Plus précisément, les peintures américaines n'avaient pas besoin de rendre compte de leur identité locale, ni même de faire référence à de leur contexte géographique.

Comparées à leurs homologues européennes, les peintures coloniales américaines ont un caractère amateur et semblent de qualité médiocre, ce qu'on a pu expliquer par l'étroitesse des marchés de l'art, l'absence d'une classe aisée pour les acquérir et le sentiment d'infériorité de la plantocratie face aux connaisseurs européens.

Certains critiques ont également attribué l'échec de l'art colonial américain au fait que la classe cultivée se satisfaisait d'y voir un « reflet provincial

68. Outre le livre de Sobel, *The World They Made Together*, déjà cité, voir L. B. Wright, *Teach Me Dreams : The Search for Self in the Revolutionary Era*, Princeton, Princeton University Press, 2000.
69. Sur ce point, voir McCoubrey, « Painting ».

des grands styles de peinture européenne transmis *via* l'Angleterre[70] ». Mais même les modèles artistiques européens outre-Atlantique étaient inadéquats, car jusqu'à l'arrivée des peintres continentaux à la fin du XVIIe siècle, les portraits américains ne prenaient pas appui sur des styles artistiques réels, mais sur ce que l'on imaginait être l'art européen. En effet, un examen rapide de certaines peintures coloniales américaines représentatives souligne leur limitation par rapport au style traditionnel en vigueur ; ces œuvres semblent maintenant à la fois très éloignées du grand style européen de l'époque et étrangères à leur contexte immédiat.

Certaines comparaisons sont utiles ici. Les principaux portraits de la cour d'Angleterre peints par Sir Anthony van Dyck, par exemple, témoignent d'un sens aigu du lieu ; ils se distinguent des tableaux de la cour des Tudor par la capacité de l'artiste à situer les individus dans leur milieu. Le génie de Van Dyck, comme l'a fait remarquer l'historien de l'art anglais Ellis Waterhouse, résidait dans sa capacité à comprendre le tempérament de l'individu selon « les lignes du goût dominant » et à orienter sa sensibilité « vers les nations et les classes de la société[71] ». Waterhouse remarque qu'un portrait de Van Dyck faisait nettement référence à son contexte, tout en soulignant soigneusement l'identité du modèle : « Tenant compte du tempérament et du costume national, il a conçu une série de motifs appropriés à ces différentes classes. L'individu n'apparaît que dans les traits du visage, que Van Dyck a étudié et dessiné avec une fidélité méticuleuse[72] ». En revanche, même lorsqu'ils dépeignent des gestes et des mouvements expressifs, les portraits américains de la même époque manquent de caractère et d'arrière-plan. Les portraits coloniaux américains, que ce soit en Nouvelle-Angleterre ou en Nouvelle-Amsterdam, semblent plats, désuets, à la recherche de modèles et de contextes appropriés (souvent élisabéthains et jacobites) qui sont très éloignés de l'expérience américaine. Les célèbres portraits coloniaux américains s'inspirent d'un certain style européen, mais un style dont on se souvient vaguement ou que l'on maîtrise mal.

Un excellent exemple de ce type de portrait est le portrait anonyme d'Elizabeth Freake et de son enfant (ill. 8), conservé au Worcester Art Museum, dans le Massachusetts. Les commentateurs de ce portrait ont admiré la maîtrise du style élisabéthain-jacobite par l'artiste anonyme, évidente dans la présentation de la posture frontale, la rigidité de la

70. *Ibid.*, p. 50.
71. Ellis Waterhouse, *Painting in Britain, 1530-1790*, New Haven, Yale University Press, 1994, p. 74.
72. *Ibid.*

forme humaine et l'attention prêtée aux détails, en particulier dans les vêtements et les ornements portés par les sujets. Cependant, l'accent mis sur les détails de la surface du portrait est réalisé au détriment de la forme humaine : l'artiste ignore presque tout de l'anatomie humaine, de sorte que les sujets, bien qu'assis, n'ont pas de genoux. Le portrait a manifestement été réalisé sans aucun souci « du modèle et d'anatomie réaliste[73] ». Il cherche à maîtriser un style européen mais finit par appauvrir son contexte propre et donc par atténuer « l'image reconnaissable d'une personne en particulier », ce qui est censé être la condition même de l'art du portrait[74]. Le peintre anonyme de Freake produit ce qu'il se fait de mieux pour son époque, mais les limites dans lesquelles il fonctionne invitent à une réflexion plus approfondie.

Ill. 8. Anonyme, *Mrs. Elizabeth Freake and Baby Mary*, huile sur toile, vers 1671/1674. American School.

73. Elizabeth L. Roarke, *Artists of Colonial America*, Westport/Londres, Greenwood Press, 2003, p. 3-44. Voir aussi Wayne Craven, *American Art : History and Culture*, New York, McGraw-Hill Professional, 2003.
74. David Mannings, « The Visual Arts », dans B. Ford, The Cambridge Cultural History, *op. cit.*, p. 133.

Deux questions se posent ici, et toutes deux conduisent, directement et indirectement, à l'aura de noirceur (*blackness*) qu'incarne la figure de l'esclave. La première question concerne le caractère tardif du portrait de Freake. Bien qu'il ait été peint en Nouvelle-Angleterre à la fin du XVIIe siècle, ce portrait reflète un style élisabéthain et jacobite, qui était déjà dépassé, même en Angleterre. Le deuxième problème est l'absence de relation dynamique entre le portrait et son contexte. Dans ce tableau, comme dans beaucoup d'autres de son époque et de son genre, il n'y a pas de reconnaissance de la différence coloniale comme condition de production de l'œuvre d'art ou à travers l'évocation des objets qui constituaient le tissu de la vie coloniale américaine. Lorsque les premiers portraitistes de l'Amérique coloniale cherchent à commémorer la grandeur de leurs sujets sans inscrire ou reconnaître la source et la nature de cette grandeur dans le tableau, ils privent ce tableau de son pouvoir auratique, ce que Walter Benjamin a appelé « l'autorité de la chose[75] ». Et ce qui a été exclu du tableau mondial de l'Amérique coloniale, en particulier du Sud *ante bellum*, c'est la figure de l'esclave, le sujet/objet qui distinguait cette région du monde de l'Europe qu'elle s'évertuait pourtant à imiter.

Paradoxalement, c'est lorsque l'esclave a été inclus dans l'image du monde américain, soit comme icône de la différence américaine, soit comme symbole du contexte du nouveau monde, qu'une révolution iconographique s'est produite. Les œuvres de Justus Engelhardt Kühn, peintre allemand émigré dans le Maryland, illustrent parfaitement cette transformation. Vers 1710, Kühn, qui s'était spécialisé dans les peintures destinées à rehausser le statut des « colonialistes aisés au sein de l'aristocratie foncière en expansion », peint un portrait d'Henry Darnall III enfant (ill. 9). Comme d'autres portraits de Kühn de l'époque, cette représentation répondait au besoin du client d'être présenté d'une manière qui imitait un style européen conventionnel, dans lequel la couleur, le vêtement et l'ornementation incarnaient la richesse et le statut du sujet dans la société. Ce tableau renvoie à un style de portrait typique du XVIIe siècle, en particulier par l'utilisation d'ornements ostentatoires visant à traduire la souveraineté royale et la noblesse. La peinture de Henry Darnall par Kühn reflète donc le même sens de la couleur et de « l'interprétation romantique » que nous avons fini par associer aux grands peintres européens du XVIIe et du début du XVIIIe siècles, y compris Van Dyck et ses contemporains[76].

75. W. Benjamin, « L'œuvre d'art à l'époque de sa reproductibilité technique ».
76. E. Waterhouse, *Painting in Britain*, *op. cit.*, p. 60.

Ill. 9. Justus Engelhardt Kühn, *Henry Darnall III,* huile sur toile, vers 1710. Maryland Historical Society.

Le jeune Darnall est idéalisé dans le tableau de Kühn ; son statut de jeune *gentleman* est rehaussé par ses élégants et extravagants habits royaux et ses accessoires exotiques, notamment l'oiseau et l'arc, autant d'éléments significatifs de ce que l'on appellera plus tard le baroque colonial[77]. Cette peinture combine parfaitement couleurs et posture aristocratiques, ce que Guy C. McElroy appelle à juste titre le baroque international : « Henry Darnall est vêtu d'un manteau brocardé et d'une écharpe en dentelle, de chaussures à talon ornées de bijoux et d'une cape en luxueux tissu – une parure qui sied à sa richesse et à

77. Robin Blackburn a noté avec justesse qu'un terme « pour évoquer l'éthos et les aspirations du premier colonialisme européen est "le baroque" » : voir *The Making of New World Slavery : From the Baroque to the Modern*, Londres, Verso, 1997, p. 20. Selon Rubert de Ventós, le baroque était une tentative « de conserver les idéaux classiques dans un monde où tout semble les submerger : un effort prémonitoire pour contenir les éléments afin qu'ils ne débordent pas de tout périmètre figuratif ». Voir Xavier Rubert de Ventós, *The Hispanic Labyrinth : Tradition and Modernity in the Colonization of the Americas*, New Brunswick, Transaction, 1991, p. 116.

son statut. Adoptant les conventions du baroque international pour satisfaire le désir de sa clientèle de se voir comme une *gentry* européenne transplantée, Kühn utilise le costume, les accessoires et les demeures palatiales qui servent de toile de fond pour suggérer une richesse que l'on rencontrait en fait rarement dans l'Amérique du dix-huitième siècle[78]. »

Cette *baroquité* émerge du désir de l'artiste d'inscrire le rang et la position sociale de son sujet dans la sphère coloniale, et c'est cette inscription même qui fait ressembler le tableau de Kühn aux peintures de cour anglaises de la fin du XVIIe siècle, comme le tableau de Gerard Soest représentant Cecil Calvert, Lord Baltimore. Cependant, ce qui en fin de compte confère à la peinture de Darnall par Kühn un sens plus aigu de la personne et du cadre que les portraits coloniaux antérieurs, c'est ce qui se trouve en marge du cadre plutôt qu'en son centre, à savoir la figure d'un garçon noir, considérée comme « la première représentation connue d'un sujet afro-américain dans la peinture américaine[79] ». C'est ce garçon noir qui, à la fois, met en valeur le rang et le caractère du jeune Darnall au sein de la société coloniale et renvoie au contexte socioculturel dans lequel les notions américano-coloniales de l'être et de l'identité ont été établies et élaborées. Il est la marque de la différence américaine qui faisait défaut dans le portrait de Freake évoqué plus haut.

Comment devons-nous lire cette différence et quel est le travail culturel qu'elle accomplit ici ? La plupart des observateurs du portrait de Henry Darnall III par Kühn se sont concentrés sur ce que McElroy appelle la « position d'obéissance » du garçon noir : « Son expression humble, sa position inférieure dans la composition et l'écart évident de rang illustrent de manière frappante le gouffre qui existait entre l'aristocratie terrienne et les Afro-Américains dont la servitude forcée permettait à ce système de prospérer[80] ». D'autres commentateurs ont été frappés par « la présence et le rapetissement » du « jeune esclave[81] ». Le collier au cou du garçon noir est souvent interprété comme « un symbole de sa servitude » tandis que le premier plan palatial représenterait les ambitions sociales de la famille Darnall[82].

78. Guy C. McElroy, *Facing History : The Black Image in American Art, 1710-1940*, San Francisco/Washington, Bedford Arts, The Corcoran Gallery of Art, 1990, p. 3.
79. *Ibid.*
80. *Ibid.*
81. Page duBois, *Slaves and Other Objects*, Chicago, University of Chicago Press, 2003, p. 79.
82. W. Craven, *American Art*, *op. cit.*, p. 74-75.

Ces descriptions sont précises et fortes, mais ce que je trouve fascinant dans ce tableau, ce n'est pas tant le statut de sujétion du garçon noir anonyme par rapport à Master Darnall, que la question plus dérangeante de l'entrée soudaine des esclaves dans la représentation du monde américain. Pourquoi la famille Darnall a-t-elle souhaité la présence d'un esclave dans une composition dont le but était de rehausser le statut de leur fils ? Pourquoi ne pas s'être contenté du chien que Kühn a utilisé dans son tableau de la sœur d'Henry, Eleanor ? Ou d'une carte du Maryland ? Ou simplement de mettre en avant le cadre palatial du tableau pour souligner l'aspiration à la grandeur des Darnall ?

Il y a deux réponses possibles à cette question. La première est simplement qu'à la fin du XVIIe siècle et au début du XVIIIe les conventions de la peinture de portrait en étaient venues à intégrer l'esclave noir comme une marque de richesse et de prestige. Dans cette perspective, le Noir n'était qu'une figure d'ornementation parmi d'autres, un substitut au chien ou au perroquet qui avaient toujours été une composante essentielle du portrait aristocratique. La deuxième réponse possible serait que le Noir ajoute une certaine aura au tableau et transforme la fonction que l'art est appelé à remplir dans l'imaginaire social. Dans la sphère coloniale, l'esclave noir opérait dans un contexte modifié et renvoyait à un double récit. Situé à l'intérieur du cadre du tableau mais décentré, il ou elle était nécessaire pour conférer à l'aristocrate américain une valeur et un sens ; à l'extérieur du tableau, en revanche, l'esclave était associé à l'abjection et au danger et était souvent considéré comme représentant tout ce qui était répugnant dans la culture *ante bellum* ou coloniale[83]. L'une des grandes réussites de Kühn dans le tableau de Darnall a été de reconnaître la valeur et l'aura de la marginalité noire et de la faire jouer efficacement en faisant comprendre que la dimension baroque du *gentleman* colonial était profondément liée aux couleurs et aux richesses que l'esclavage avait permis d'acquérir. C'est la leçon que Kühn a transmise à ses successeurs américains, comme John Hesselius, qui, dans une peinture de 1760 du jeune Charles Calvert, un autre futur Lord Baltimore, présente l'esclave comme faisant partie intégrante de l'aura de maîtrise et d'autorité (*mastering and mastery*).

L'affirmation selon laquelle l'esclave en marge du portrait rehausse le statut du maître n'est pas inhabituelle en soi, et n'est pas non plus

83. Jacques Derrida, *La Vérité en peinture*, Paris, Flammarion, coll. « Champs essais », 1978, p. 14.

un phénomène exclusivement américain. Dans le cadre des conventions du XVIIe et du début du XVIIIe siècles, le Noir, incontournable dans le portrait, était le signe d'un certain type d'érotisme, mais représenté avec la même splendeur et les mêmes couleurs que celles du maître ou de la maîtresse. Occasionnellement, un Noir apparaissait en marge du portrait aristocratique, non pas pour marquer un statut ou un standing, ni même un contraste, mais, au contraire, une continuité visuelle. On voit des pages noirs en marge des tableaux de Louise de Kéroualle, duchesse de Portsmouth et maîtresse de Charles II, peints par Sir Godfrey Kneller, Pierre Mignard et d'autres artistes éminents, mais dans ce cas, comme dans la plupart des portraits européens de l'époque, ces figures sont là à des fins purement décoratives, déconnectées de tout contexte significatif.

Comme Kneller et Mignard, Kühn et Hesselius placent leurs sujets noirs dans une relation de subordination à leurs maîtres ; ils utilisent des couleurs très similaires ; et le foulard en dentelle du maître et la couleur de servitude de l'esclave étaient aussi élégants que les robes de soie qui drapent la duchesse de Portsmouth ou tout autre personnage aristocratique dans une peinture européenne. Il existe cependant une différence subtile entre les portraits aristocratiques des Américains et ceux de leurs pairs européens. Les insignes de subordination peuvent être semblables en ce qui concerne la couleur ou les nuances, mais en termes de valeur sociale ou culturelle, on demande aux enfants noirs de ces œuvres d'accomplir des tâches dissemblables. Dans le portrait de Louise de Kéroualle par Pierre Mignard (voir ill. 1 p. 146), par exemple, le garçon noir porte un collier de perles ; dans le portrait de Kühn, le jeune Noir porte un collier d'esclave en métal. Le collier d'esclave était un puissant symbole de servitude, qui affirmait que l'esclavage était la condition qui rendait possible l'univers de jeux et de loisirs du jeune maître.

Mais la servitude n'est pas ce que des peintres comme Kühn et Hesselius avaient à l'esprit lorsqu'ils décidèrent d'intégrer la figure de l'esclave dans leurs tableaux. En effet, si les peintres américains semblaient désireux de rendre l'esclave visible dans leurs tableaux, c'est parce qu'ils comprenaient comment le fait d'être noir conférait une aura et un statut à l'aristocrate américain autodidacte. C'est la présence de l'esclave qui distingue le propriétaire d'esclaves des sujets blancs ordinaires, faisant de lui un aristocrate digne d'être portraituré, comme l'exigent les théories de la peinture du XVIIIe siècle. Et il n'est pas exagéré de dire que c'est la présence de l'esclave dans le cadre qui a permis l'avènement du portrait américain.

Contrairement au tableau de Freake évoqué plus haut, les peintures de Kühn révèlent un sens de la personnalité (*character*) et du contexte ; l'artiste comprenait que le statut des jeunes maîtres qui occupaient le centre du tableau ne dépendait pas uniquement de l'héritage et de la pairie ; au contraire, le rang social dépendait de la place que l'on occupait au cœur de la culture *ante bellum* et de ses caractéristiques. Ici, au lieu d'être de simples sujets exotiques, les esclaves étaient les véritables sources de la richesse de la nation et, par conséquent, au fondement du statut et de la personnalité.

En mettant l'accent sur ce processus de transformation du Noir en objet d'art, j'ai cherché à détourner notre visée interprétative d'une préoccupation aujourd'hui dominante pour les images positives ou négatives du Noir dans la culture occidentale[84]. Je soutiens qu'indépendamment du fait que les images soient positives ou négatives, la représentation de sujets noirs dans la tradition iconographique est une opération symbolique qui est souvent en décalage avec la condition réelle de l'esclave dans le monde moderne, mais qui, dans le même temps, la transcende. En ce qui concerne spécifiquement l'esclavage colonial, il est intéressant de noter que le corps noir, enfermé et brisé, exposé sur les marchés aux esclaves et considéré comme un bien meuble au regard de la loi, est entré dans l'imaginaire européen et américain dans un cadre élevé.

En attirant l'attention sur la fonction esthétique de l'esclave dans l'économie de l'esclavage, je ne dis pas que les corps noirs ont existé uniquement en tant que figures des désirs des planteurs et du Sud *ante bellum*. Au contraire, j'ai essayé de comprendre la nature de la relation entre les esclaves en tant qu'objets d'art et la matérialité de leur vie, c'est-à-dire leur présence en tant que partie intégrante du tissu de la vie américaine. La figure de l'esclave s'inscrit dans le portrait aristocratique comme *parergon* : « ni œuvre (ergon), ni hors d'œuvre, ni dedans, ni dehors, ni dessus, ni dessous[85] ». Cependant, la présence du corps soumis inscrirait ainsi « quelque chose qui vient en plus, extérieur au champ propre », et sa localisation en marge du cadre

84. C'est la perspective adoptée par Hugh Honour dans *The Image of the Black in Western Art*, vol. 4 : *From the American Revolution to World War I*, Section 1 : « Slaves and Liberators », Cambridge, Harvard University Press, 1989.
85. J. Derrida, *La Vérité en peinture*, p. 14.

attirerait l'attention sur l'extériorité absente du tableau, celle qui « manque de quelque chose et se manque à [elle] – même[86] ».

Ce qui manque à l'œuvre d'art, c'est bien sûr l'économie politique de l'esclavage, qui est éludée lorsque l'esclave est transformé en objet d'art. Le paradoxe du portrait de Kühn est donc qu'il donne à l'esclave l'aura et le statut qu'il n'a pas dans la vie réelle, mais qu'il détourne aussi l'attention du spectateur de la violence qui accompagne l'esclavage. Dans ce contexte, le portrait semble avoir joué ce que Walter Benjamin, dans sa célèbre discussion sur l'aura, a appelé une fonction rituelle. Contre les présupposés de l'esclavage, les maîtres pouvaient s'ennoblir en commandant des œuvres dans lesquelles le culte du pouvoir et de l'autorité serait renforcé par la fonction rituelle de l'esclave ; à son tour, ce rituel sécularisé permettrait d'éviter la crise associée à l'esclavage en tant que mode pervers de reproduction mécanique, dans lequel l'humain avait été transformé en objet mobilier[87]. En résumé, les peintres des maîtres d'esclaves déployaient l'aura de la noirceur pour vaincre la logique qui conduisait au travail déshumanisé. Et c'est à ce moment – au moment où le corps noir auratique marque l'absence du labeur de la plantation dans le cadre du tableau, mais attire aussi l'attention sur sa présence transcendante comme ce qui rend possible les rêves des maîtres – que la violence devient une contrepartie essentielle de l'œuvre d'art.

Traduit de l'anglais par Bruno Poncharal

86. *Ibid.*, p. 65.

87. Je paraphrase et simplifie les affirmations de Walter Benjamin au sujet de l'aura. Voici la citation originale tirée de « L'œuvre d'art à l'époque de sa reproductibilité technique » : « La forme originelle d'intégration de l'œuvre d'art dans la tradition se réalisait dans le culte. Nous savons que les œuvres d'art les plus anciennes s'élaborèrent au service d'un rituel d'abord magique, puis religieux. Or, il est de la plus haute signification que le mode d'existence de l'œuvre d'art déterminé par l'aura ne se sépare jamais absolument de sa fonction rituelle. En d'autres termes : la valeur unique de l'œuvre d'art authentique a sa base dans le rituel. Ce fond rituel, si reculé soit-il, transparaît encore dans les formes les plus profanes du culte de la beauté. Ce culte, qui se développe au cours de la Renaissance, reste en honneur pendant trois siècles – au bout desquels le premier ébranlement sérieux qu'il subit décèle ce fond. Lorsqu'à l'avènement du premier mode de reproduction vraiment révolutionnaire, la photographie (simultanément avec la montée du socialisme), l'art éprouve l'approche de la crise, devenue évidente un siècle plus tard […] ». Walter Benjamin, *Œuvres III*, Paris, Gallimard, coll. Folio/essais, 2000, p. 280-281. (traduit de l'allemand par Maurice de Gandillac).

L'abolition de l'esclavage par des images et des objets

Les esclaves suppliants et les esclaves triomphants : la traversée de l'Atlantique d'une icône de l'abolitionnisme

Jeffrey R. Kerr-Ritchie

Beaucoup d'entre nous connaissent la célèbre icône de l'abolitionnisme représentant un esclave agenouillé, les poignets enchaînés, les yeux levés au ciel et les bras tendus pour implorer la pitié[1]. Sans aucun doute la familiarité de cette image est due au long effort des universitaires pour se concentrer sur l'une des dialectiques suivantes : dans le domaine religieux, transformation d'un Africain païen en un chrétien ; du point de vue du genre, transformation d'un esclave agenouillé en une esclave agenouillée ; dans le contexte transatlantique, conjonction de la mobilisation abolitionniste britannique au même mouvement aux États-Unis. Les paramètres spatio-temporels vont habituellement des années 1780 aux années 1850 en Grande-Bretagne et dans les États du nord des États-Unis, c'est-à-dire de l'époque de Josiah Wedgwood à celle d'Harriet Beecher-Stowe[2].

---

1. Ce texte a initialement paru dans Ana Lucia Araujo (dir.), *Paths of the Atlantic Slave Trade : Interactions, Identities and Images*, Amherst, Cambria Press, 2011, p. 327-358, sous le titre « Slaves Supplicant and Slaves Triumphant : The Middle Passage of an Abolitionist Icon ».

2. La bibliographie sur ce sujet est considérable, mais les quatre ouvrages qui embrassent ces dialectiques transformatives sont : David Brion Davis, *In the Image of God : Religion, Moral Values, and Our Heritage of Slavery*, New Haven, Yale University Press, 2001 ; Clare Midgley, *Women Against Slavery : The British Campaigns, 1780-1870*, Londres, Routledge, 1992 ; Adam Hochschild, *Bury the Chains : Prophets and Rebels in the Fight to Free an Empire's Slaves*, New York, Houghton Mifflin, 2005 ; Jan Nederveen Pieterse, *White on Black : Images of Africa and Blacks in Western Popular Culture*, New Haven, Yale University Press, 1992.

Contrairement à ces orientations, ce texte étudie les images antérieures à l'abolition et représentant des esclaves agenouillés jusqu'à celles postérieures représentant d'anciens esclaves dans des contextes de temps et de lieu différents. Plus précisément, il examine la transformation dans la vision qu'en a la société de l'image d'un esclave suppliant en celle d'un ancien esclave reconnaissant, dans les univers anglais, français et américain des années 1790 jusque dans les années 1870. Dans cette étude, je soutiens que l'image populaire de la supplication des esclaves a influencé la manière dont fut représentée la gratitude des anciens esclaves désormais libres. En outre, les images des esclaves et des anciens esclaves dans la posture du suppliant ont inspiré les récits historiques de l'abolition et de la période qui a suivi l'émancipation. Cependant, à la même époque, certains artistes et militants remirent en cause ces images de suppliants et présentèrent en contraste des images héroïques d'esclaves combattants et se libérant. Bien qu'elle ait eu moins d'influence, cette image d'un ancien esclave triomphant constitua un important défi pour l'image de l'esclave ou de l'ancien esclave suppliant de la même époque. Cette étude a en partie pour objectif d'expliquer non seulement la popularité durable de cette icône de la subordination mais aussi pourquoi il est si difficile de faire tomber de telles représentations de leur piédestal[3]. Un large éventail de sources visuelles, orales et écrites – médaillons, monnaies, lithographies, banderoles de défilés, gravures, caricatures, lithographies, ex-libris, textes, et discours – a été mobilisé et certaines – les moins connues et les moins facilement accessibles d'entre elles – sont reproduites plus bas.

L'esclave suppliant

Commençons par la création et la diffusion populaire de l'image de l'esclave suppliant. L'orfèvre William Hackwood imagina un camée

3. Alfred Boime a étudié l'iconographie des populations noires aux prismes de la cruauté, de la compétence et du salut religieux, en superposant les univers qui se trouvent de part et d'autre de l'Atlantique. Mais il est regrettable que ce troisième thème (la religion chrétienne des esclaves) soit examiné sans la moindre référence à l'icône abolitionniste. Ce texte centré sur l'image de l'esclave suppliant remet en cause la thèse de Boime selon laquelle « la christianité naturelle des noirs reçut son expression la plus significative et la plus influente » dans le célèbre roman de Sowe. Voir Albert Boime, « Francisco Oller and the Image of Black People in the 19th Century », *Horizontes : Revista de la Universidad Catolica de Puerto Rico* 28, 1985, p. 35-77.

de jaspe noir et blanc (mesurant environ 5 cm sur 5) peu avant 1788. Par la suite, ce médaillon de pierre porteur d'un message hostile à l'esclavage fut produit en série par le patron d'Hackwood, l'industriel quaker et abolitionniste Josiah Wedgewood, avec l'image de l'esclave agenouillé et enchaîné encerclée par cette devise : « Ne suis-je pas un homme et ton frère ? ». Il devint le sceau officiel de la Société pour l'abolition du commerce des esclaves en Grande-Bretagne qui fut établie en 1787[4]. Dans l'une des premières vastes campagnes de publicité modernes, des hommes et des femmes affichèrent avec fierté leur opposition au commerce transatlantique des esclaves grâce à une grande variété d'objets : des livres, des pamphlets, des boîtes de tabac à priser, des boutons de manchette, des broches et des camées[5].

Au Musée national de la Mer à Greenwich se trouve actuellement ce qu'une récente publication commémorative décrit comme « une étonnante collection d'objets utilitaires ou décoratifs » portant l'image de l'esclave suppliant[6]. Ces différents objets contribuèrent à populariser le mouvement contre le commerce des esclaves qui permit finalement son abolition en Grande-Bretagne en 1808. Lorsque l'esclavage colonial britannique fut aboli une génération plus tard dans les années 1830, cette image avait traversé l'Atlantique pour devenir aussi l'emblème du mouvement abolitionniste américain. Rapidement, l'esclave suppliant devint le symbole le plus reconnaissable du mouvement en faveur de l'abolition du commerce des esclaves et de l'institution de l'esclavage au XIXe siècle en Grande-Bretagne et aux États-Unis.

Il faut insister ici sur deux aspects du pouvoir de transformation de cette célèbre image : d'abord le mouvement abolitionniste cherchait à transformer la conception générale de l'esclave africain comme païen n'appartenant pas au genre humain en suppliant du Christ et membre de la fraternité universelle de l'humanité. La figure du suppliant agenouillé était bien connue du public de la fin du XVIIIe siècle, puisque le pénitent suppliant était depuis longtemps associé à la soumission chrétienne. Les *Recherches sur les costumes et sur les théâtres de toutes les nations* de Jean-Charles Le Vacher de Charnois, publiées en 1790,

4. Hugh Honour, *The European Vision of America*, Kent, Kent University Press, 1975, p. 342.
5. A. Hochschild, *Bury the Chains*, *op. cit.*, p. 128, p. 181.
6. Douglass Hamilton et Robert J. Blyth (dir.), *Representing Slavery : Art, Artefacts and Archives in the Collections of the National Maritime Museum*, Aldershot, Lund Humphries, 2007, p. 193-201. Merci à Ana Lucia Araujo pour cette référence.

reproduisent d'anciennes monnaies frappées à l'image de vassaux agenouillés devant des soldats romains[7]. Ceux qui s'opposaient au commerce transatlantique des esclaves pensaient qu'un symbole populaire représentant les Africains comme des enfants de Dieu et soumis à lui faciliterait l'abolition de l'esclavage. On insiste ici sur cette transformation car une image qui avait commencé à représenter une tentative pour autonomiser les peuples d'origine africaine était devenue de manière ironique une représentation de leur perte d'autonomie.

Ensuite le glissement de la représentation d'un esclave suppliant à une esclave suppliante se produisit surtout en raison de la participation massive de militantes dans le mouvement contre l'esclavage, du glissement stratégique de l'activisme contre l'esclavage à l'opposition à l'esclavage des familles, et de l'émergence d'une politique du genre dans le mouvement abolitionniste américain[8]. Douze mois après sa fondation, l'hebdomadaire abolitionniste de Boston *The Liberator* utilisait l'image d'une esclave agenouillée les yeux levés au ciel et encerclée de la devise : « Ne suis-je pas une femme et ta sœur ? » en tête de sa section consacrée aux femmes[9]. En 1838 il n'y avait pas moins de quarante et une sociétés auxiliaires contre l'esclavage dans l'État américain du Massachusetts. Certaines de ces militantes cousaient aussi l'image des suppliants sur des sacs, des pelotes d'épingles et des linges pour les porte-plumes pour lever des fonds lors de différents meetings abolitionnistes[10]. Il faut noter que si ce changement de genre de l'image du suppliant eut lieu pendant la période de pré-émancipation, après l'émancipation les représentations d'anciennes esclaves continuèrent souvent de dépeindre ces femmes comme des suppliantes.

Transformer l'image de l'esclave suppliant en un ancien esclave reconnaissant était pourtant particulièrement fréquent dans les représentations abolitionnistes de l'Empire britannique. Pour y célébrer la

7. Jean-Charles le Vacher de Charnois, *Recherches sur les costumes et sur les théâtres de toutes les nations, tant anciennes que modernes ; ouvrage utile aux peintres, statuaires, architectes, décorateurs, comédiens, costumiers, en un mot aux artistes de tous les genres*, Paris, Drouhin, 1790. Merci à Caroline Winterer pour cette référence.

8. C. Midgley, *Women Against Slavery*, *op. cit.* ; Julie Roy Jeffrey, *The Great Silent Army of Abolitionism : Ordinary Women in the Antislavery Movement*, Chapel Hill, University of North Carolina Press, 1998.

9. *The Liberator*, 14 janvier 1832.

10. Karen Sanchez-Eppler, « Bodily Bonds : The Intersecting Rhetorics of Feminism and Abolition », *Representations* n° 24, 1988, p. 34.

fin du commerce des esclaves inscrite dans la loi en 1807 et rendue effective en 1808, le peintre et illustrateur Robert Smirke (1752-1845) imagina une Britannia bienveillante, une femme blanche assise sur un trône, accordant sa liberté à une famille d'esclaves dont tous les membres étaient agenouillés et levaient des bras implorants vers cette figure d'autorité. Un ange les survolait pour cautionner cet acte de piété. Derrière Britannia est placée une puissante tête du lion. Une gravure du tableau de 1809 de Smirke fit partie d'une collection publiée la même année par R. Bowyer à Londres : *Poems on the Abolition of the Slave Trade* (*Poèmes sur l'abolition du commerce des esclaves*) éditée par James Montgomery, James Grahame, et E. Benger[11]. En bref, la fin du commerce britannique des esclaves fut représentée dans les arts et en littérature comme l'action humanitaire et vertueuse d'une nation témoignant sa magnanimité envers la race africaine, et la manière symbolique de la dépeindre se basa sur une icône abolitionniste bien connue d'une génération de Britanniques hostiles au commerce des esclaves. Il est clair que l'ange voletant du peintre Smirke alliait le séculier et le sacré dans l'abolition décidée dans la première décennie du XIXe siècle. Il n'est donc guère surprenant que des représentations comparables inspirèrent la perception des missionnaires chrétiens lorsqu'ils organisèrent des célébrations pour marquer l'abolition de l'esclavage colonial aux Antilles britanniques une génération plus tard. La nuit du 31 juillet 1834, la veille de la mise en application légale de l'émancipation dans les Antilles britanniques qui eut lieu le 1er août, deux abolitionnistes américains qui visitaient une chapelle méthodiste à Antigua racontèrent que les anciens esclaves applaudirent, bondirent et tombèrent à terre « en brandissant leurs mains libérées[12] ». Quatre ans plus tard, en 1838, le système de l'apprentissage qui suivit l'abolition dans les Antilles britanniques touchait à sa fin, éliminant avec lui les vestiges du travail asservi dans cette région. Juste avant minuit, le 1er août 1838, selon le Révérend Francis A. Cox d'une chapelle baptiste de la ville de Brown en Jamaïque, « une imposante assemblée s'agenouilla et dans un silence solennel supplia Dieu d'accorder sa bénédiction à la liberté qu'elle attendait[13] ». Le lendemain, le 2 août 1838, James Mursell Phillippo, un mission-

11. Cette gravure est commentée dans C. Midgley, *Women Against Slavery*, *op. cit.*, p. 31.
12. *Frederick Douglass Papers*, 18 août 1854.
13. Francis A. Cox, *History of the Baptist Missionary Society from 1792 to 1842*, Londres, T. Ward, 1842, p. 266-277.

naire baptiste comme Cox, rapporta que les anciens enfants esclaves paradèrent à Chatham et à Spanish Town en Jamaïque avec des banderoles et des drapeaux où était inscrite cette citation de la Bible : « L'Éthiopie tend ses mains vers Dieu[14] ». Au musée municipal et galerie d'art Wilberforce House de Hull est accroché un tableau de Britannia debout, le doigt pointé vers le ciel et protégeant une famille d'esclaves agenouillés les yeux levés vers leur grande bienfaitrice pour l'implorer tandis que les fouets et les chaînes brisées de l'esclavage gisent à leurs pieds[15]. Ainsi, ces représentations qui ont traversé deux générations de manifestations hostiles à l'esclavage et au commerce des esclaves ont transformé l'image de l'esclave suppliant en celle de l'esclave reconnaissant. Dans les deux cas on retrouvait une posture assujettie et subalterne.

Cette représentation de l'abolition britannique comme un don fait aux anciens esclaves reconnaissants s'épanouit sur le sol fertile du mouvement abolitionniste américain et sa lutte contre l'esclavage aux États-Unis. L'édition de mai 1840 du *Colored American*, un hebdomadaire afro-américain publié à New York et à Philadelphie entre 1837 et 1841, republia une illustration intitulée « Britannia accordant la liberté à ses esclaves ». La figure d'une Britannia martiale coiffée d'un casque, portant une lance et secondée par la puissante marine britannique symbolisée par un navire est assise sur son trône, le doigt pointé vers le ciel. Elle offre un livre, sans doute la Bible du roi James, à un ancien esclave dont la femme et les enfants sont agenouillés derrière lui dans une posture de supplication. Sur le sol gisent les restes brisés de fouets et de chaînes. Tous ces anciens esclaves portent des vêtements à l'égyptienne, vraisemblablement une référence à l'épisode biblique de l'exode des esclaves de leur terre d'asservissement (ill. 1). Cette illustration a des points communs avec le tableau de Smirke de 1809, non seulement dans sa représentation de la bienveillance britannique à travers sa représentation d'une Britannia assise sur son trône, mais aussi dans sa manière de dépeindre l'ancienne esclave suppliante dont la posture contraste avec celle de son mari, l'ancien esclave qui se tient debout. Dans les États du nord des États-Unis, les lecteurs du *Colored American* apprenaient donc clairement que la décision de l'abolition dans les colonies de l'Empire britannique

14. James Mursell Phillippo, *Jamaica : Its Past and Present State*, Philadelphie, J. M. Campbell, 1843, p. 71.
15. Ce tableau est reproduit dans A. Hochschild, *Bury the Chains*, *op. cit.*, p. 309, 431.

avait été le don d'une nation bienveillante symbolisée par un monarque bienveillant. Bien qu'il ne m'ait pas été possible d'identifier l'auteur de cette illustration, Martha Katz-Hyman a récemment identifié une gravure intitulée « Britannia protégeant les Africains » reproduite sur une cruche en céramique et produite entre 1817 et 1819 à Shelton en Grande-Bretagne par Christopher Whitehead. Cette image présente des motifs comparables à ceux de l'illustration de 1840 comme une Britannia en armes, un navire à l'arrière-plan, et des Africains dans une posture de subordination[16]. La popularité de l'image de l'esclave suppliant est confirmée par sa fréquente présence dans les œuvres de différents artistes de chaque côté de l'Atlantique pendant les premières décennies du XIXe siècle.

Ill. 1. « Britannia Giving Freedom to Her Slaves » (« Britannia donnant la liberté à ses esclaves »), *The Colored American*, mai 1840.

En outre la figure du Christ debout prit une place centrale dans la représentation des anciens esclaves reconnaissants d'avoir été émancipés. L'illustration du *Colored American* va dans cette direction : bien que les anciennes esclaves restent dans une posture de subordination, les anciens esclaves, eux, étaient désormais debout et ils le faisaient en tant que chrétiens libérés. Aux commémorations du West Indian Day de 1844 près de Boston dans le Massachusetts, on rapporta que

16. Martha Katz-Hyman, « Doing Good While Doing Well : The Decision to Manufacture Products that Supported the Abolition of the Slave Trade and Slavery in Great Britain », *Slavery and Abolition* 29, n° 2, 2008, p. 225.

des médaillons blancs en forme d'étoile furent distribués à la foule qui comprenait entre six et huit mille participants. D'un côté du médaillon se trouvait l'image d'un esclave suppliant qui rappelait les chrétiens agenouillés. À son revers se tenait debout un ancien esclave aux bras grands ouverts ; des chaînes brisées, des fers et un fouet gisaient sur le sol ; une légende encerclait cette image : « C'est de l'Éternel que cela est venu, c'est un prodige à nos yeux[17]. » Cette image des esclaves libérés et debout fut aussi utilisée par l'American Colonization Society (ACS). Fondée en 1816, l'ACS avait pour but affiché de résoudre les problèmes de l'émancipation et d'améliorer les relations raciales aux États-Unis. Elle se concentrait sur le rapatriement des Noirs en Afrique tout en s'opposant au colonialisme américain de l'Afrique, mais son véritable objectif était de faire partir tous les Noirs libres des États-Unis et d'établir une république américaine réservée aux citoyens blancs. En février 2007, à la passionnante exposition de la New York Historical Society consacrée aux « Divisions à New York », j'ai remarqué un document très rare, le certificat d'adhésion à la State Colonization Society de New York appartenant à un certain Alexander Fraser, datée du 26 février 1854. Ce certificat dépeint une côte d'Afrique de l'Ouest avec un navire à quai ainsi qu'un homme blanc rencontrant des hommes noirs dont les mains sont tendues vers lui. Sur le rivage derrière ces hommes noirs, d'autres hommes noirs brandissent leurs mains vers les cieux. Il n'y a pas de doute, la liberté est représentée ici en termes bibliques : l'Éthiopie tendra les mains vers Dieu pour la cause de la colonisation et de la civilisation. À la même exposition, le frontispice de l'Almanach de l'American Anti-Slavery Society représentait un homme libéré et tendant joyeusement les bras avec cette légende : « Émancipation aux Antilles britanniques[18] ».

Il est désormais évident que les représentations des esclaves suppliants ont profondément influencé la création de l'image de l'ancien esclave reconnaissant dans le discours de l'abolition dans les colonies britanniques de l'autre côté de l'Atlantique. Cependant à la même époque se développèrent des représentations moins fréquentes mais tout aussi importantes, celles des esclaves triomphants. Entre la fin de décembre 1831 et le début de janvier 1832, Samuel Sharpe, un prédicateur baptiste et un esclave, prit la tête d'une révolte d'esclaves

17. *The Liberator*, juillet-août, 1844 ; *Herald of Freedom*, 26 juillet 1844.
18. « New York Divided », *New York Historical Society Exhibition*, 2007.

à l'ouest de la Jamaïque, la plus importante en deux cents ans dans l'histoire de l'esclavage colonial britannique. Cette révolte échoua, plus de 500 esclaves jamaïcains perdirent la vie et Sharpe fut exécuté de manière épouvantable pour servir d'exemple. Cependant cette importante révolte noire provoqua une enquête parlementaire qui révéla les difficultés de la gestion coloniale et finalement permit de mettre fin à l'esclavage dans les colonies britanniques[19]. Bien que les opposants de l'abolition décrivissent Sharpe comme un rebelle assoiffé de sang, ses partisans cherchèrent sa rédemption : pour eux c'était un combattant de la liberté qui avait contribué à mettre fin à l'esclavage colonial britannique. En 1835, le missionnaire baptiste Henry Bleby publia *The Death Struggles of Slavery* (*Les luttes mortelles des esclaves*) qui défend le rôle central des esclaves sur le chemin de l'émancipation grâce à leur rébellion. Cinq ans plus tard, lors d'une commémoration de l'abolition britannique à Abingdon dans le Massachusetts, le Révérend Bleby déclara à un public américain hostile à l'esclavage que cinq mille esclaves jamaïcains avaient réussi à « porter un coup en faveur de la liberté » et qu'avant son exécution Sharpe avait déclaré qu'il « préférait mourir au gibet que de vivre en esclave »[20]. Le célèbre ancien esclave abolitionniste américain Frederick Douglass avait fait une remarque similaire l'année précédente dans un meeting abolitionniste à Canandaigua dans l'État de New York : il reconnut que « ce que Wilberforce s'efforçait d'obtenir du Sénat britannique grâce à sa merveilleuse éloquence, les esclaves eux-mêmes s'efforçaient de l'obtenir par des flambées de violence[21] ». Depuis les années 1970 Samuel Sharpe est devenu l'un des pères fondateurs de la Jamaïque ; le centre de Montego Bay, la ville qui est proche de son lieu de naissance, a été rebaptisé en son honneur Place Sam Sharpe.

19. Jeffrey R. Kerr-Ritchie, *Rites of August First : Emancipation Day in the Black Atlantic World*, Baton Rouge, Louisiana State University Press, 2007, p. 15-17.

20. *Speech of the Reverend Henry Bleby, Missionary From Barbados, on the Results of Emancipation in the British West Indies Colonies, delivered at the Celebration of the Massachusetts Anti-Slavery Society, held at Island Grove, Abingdon, July 31, 1858*, Boston, R. F. Wallcut, 1858, p. 4, 10.

21. Frederick Douglass, « West Indian Emancipation Day Speech, Canandaigua, New York, 3 août 1857 », dans Frederick Douglass et John W. Blassingame (éd.), *The Frederick Douglass Papers*, New Haven, Yale University Press, 1985, vol. 3, p. 207.

Une image des deux côtés de l'Atlantique

Il est important de reconnaître que cette transformation de l'image de l'esclave suppliant a dépassé les frontières des mondes britanniques et américains. La figure de l'esclave suppliant fut rapidement adoptée par la Société des Amis des Noirs, un mouvement hostile au commerce des esclaves fondé à Paris en 1788 et qui avait des liens étroits avec son organisation apparentée en Grande-Bretagne (ill. 2)[22].

Ill. 2. *Sceau de la Société des Amis des Noirs*, 1788.

En février 1794 l'Assemblée nationale abolit le commerce des esclaves et l'esclavage dans toutes les colonies françaises. Les chercheurs continuent de débattre pour identifier quel fut l'élément déclencheur qui a permis le vote de cette loi : l'initiative du visionnaire commissaire civil Léger-Félicité Sonthonax, le commandement militaire remarquable de l'ancien esclave Toussaint Louverture ou l'émancipation des esclaves par eux-mêmes[23] ? Cependant, à l'époque, c'est la Révolution française

22. Robin Blackburn, *The Overthrow of Colonial Slavery, 1776-1848*, Londres, Verso, 1988, p. 169-177.

23. Pour leurs positions respectives voir Robert Louis Stein, *Léger Félicite Sonthonax : The Lost Sentinel of the Republic*, Londres, Associated University Press, 1985 ; Madison Smartt Bell, *Toussaint Louverture : A Biography*, New York, Vintage, 2007, chap. 3 et 4 ; Laurent Dubois, *Avengers of the New World : The Story of the Haitian Revolution*, Cambridge, Harvard University Press, 2004, p. 192. Carolyn E. Fick, *The Making of Haiti : The Saint Domingue Revolution from Below*, Knoxville, University of Tennessee

qui fut décrite comme étant la principale instigatrice de l'abolition de l'esclavage dans les colonies. En 1794, le peintre et dessinateur Nicolas-André Monsiau (1754-1837) terminait son tableau *L'Abolition de l'esclavage par la convention, le 16 pluviôse an II/4 février 1794*. Il montre des hommes et des femmes anciens esclaves, agenouillés et exprimant leur gratitude pour le don de la liberté que leur ont fait les députés de l'Assemblée nationale. Les anciens esclaves les remercient en tendant les bras vers eux tandis que les instigateurs de l'abolition acceptent leurs remerciements, le plus souvent debout. Le fait que d'anciens esclaves aient pu être exclus d'un théâtre politique aussi prestigieux n'enlève rien à l'immense pouvoir du tableau, avec sa juxtaposition d'ordre et de chaos, ses foules tumultueuses, et sa splendide façade néoclassique[24]. Mais ce qu'il y a peut-être de plus frappant dans *L'Abolition* est le fait d'y avoir remplacé la figure d'un esclave suppliant par celle d'un ancien esclave reconnaissant : entre la fin des années 1780 et le milieu des années 1790, cette évolution des représentations peut s'observer des deux côtés de l'Atlantique.

La commande officielle la plus célèbre de Monsiau fut son tableau de 1808, *La consulta de la République Cisalpine décerne la présidence à Bonaparte*, pour commémorer l'attribution par Napoléon 1er d'une constitution autoritaire à la République Cisalpine de Lyon le 26 janvier 1802. C'est la même année que l'Empereur rétablit l'esclavage dans les colonies françaises, une décision qui ne devait y être annulée qu'après la révolution de 1848 qui installa la Seconde République[25]. Le 27 avril 1848, l'Assemblée nationale proclama neuf articles dont le premier décrétait : « L'esclavage est totalement aboli dans toutes les colonies et possessions françaises[26]. » Tout comme la première abolition de 1794, la seconde fut dépeinte à l'image d'un État éclairé.

Le peintre François-Auguste Biard (1799-1882), né à Lyon, expose au Salon de Paris de 1849. Il peint pendant les années cruciales du mouvement abolitionniste et devient célèbre pour son œuvre qui critique l'esclavage et le commerce des esclaves. En 1835, il termine

Press, 1990, p. 161-162, soutient que l'émancipation fut permise par l'ensemble de ces facteurs.

24. *L'Abolition* de Monsiau est accessible à https://histoire-image.org/etudes/premiere-abolition-esclavage-1794.

25. La république de Haïti abolit l'esclavage en 1804.

26. Junius Rodriguez (dir.), *Encyclopedia of Emancipation and Abolition in the Transatlantic World*, Armonk, Sharpe Reference, 2007, p. 707.

Traite d'esclaves dans la côte Ouest de l'Afrique (huile sur toile, 162,5 × 228,6 cm), qui représente ce commerce quelque part sur une côte africaine : des marchands blancs et des marchands noirs négocient tranquillement la vente d'esclaves châtiés par des fouets, des chaînes et des fers rouges ; une esclave agenouillée et terrifiée lève les yeux au ciel avant d'être marquée au fer rouge (voir ill. 2 p. 32). Un an après la seconde abolition Biard termine *L'abolition de l'esclavage dans les colonies françaises, 27 avril 1848* (huile sur toile, 260 × 391 cm). Ce tableau dépeint d'anciens esclaves debout qui se réjouissent ; leurs chaînes sont brisées et un fonctionnaire colonial bienveillant les regarde, le doigt pointé vers le symbole du pouvoir national, le drapeau tricolore (voir ill. 2 p. 32). D'un tableau à l'autre, l'esclave suppliante a été transformée en une femme reconnaissante, redevable envers ses généreuses sœurs blanches. Ce tableau fut exposé au Salon de 1849, puis acquis par l'État et présenté à Versailles[27]. La joie, le triomphe et le caractère séculier de cette représentation de l'émancipation ne laissent aucun doute dans ce tableau historique remarquable de Biard. Tout comme est remarquable l'image de l'ancien esclave reconnaissant d'avoir été émancipé, une image qui se rattache à l'ancien symbole du militantisme contre l'esclavage de part et d'autre de l'Atlantique.

On ignore si le fonctionnaire colonial du tableau de Biard de 1849 pourrait être Victor Schœlcher (1804-1893), un législateur, écrivain et abolitionniste. Ses positions radicales contre l'esclavage semblent avoir pris forme pendant ses voyages aux États-Unis, au Mexique et aux Antilles pendant les années 1830 et au début des années 1840[28]. En 1843 il publia *Colonies étrangères et Haïti, résultats de l'émancipation anglaise*, un ardent appel pour mettre fin à l'esclavage colonial. Il y écrivait : « Nous avons décrit l'esclavage et exposé nos raisons sur la nécessité de l'abolir. L'étude des colonies étrangères complétera le tableau en montrant la préparation de l'affranchissement dans les îles danoises, l'affranchissement dans les îles britanniques et la liberté à Haïti[29]. »

27. H. Honour, *The European Vision of America*, *op. cit.*, p. 348-350. La *Proclamation* de Biard est actuellement exposée au musée du Château de Versailles.
28. Marcel Dorigny, *The Abolitions of Slavery : From Léger-Félicite Sonthonax to Victor Schoelcher, 1793, 1794, 1848*, New York, Berghahn, 2003.
29. Victor Schœlcher, *Colonies étrangères et Haïti. Résultats de l'émancipation anglaise*, Paris, Pagnerre, 1843, p. 3.

Schœlcher devait jouer un rôle déterminant dans la décision de l'émancipation dans les colonies françaises en 1848. Presque quatre décennies plus tard, Frederick Douglass se souvint d'avoir rendu visite au vieil homme aux cheveux gris. Ce que Douglass trouva dans l'appartement parisien de Schœlcher fut un véritable autel composé d'objets liés à l'esclavage et à l'abolition :

> Hier j'ai eu le grand plaisir de rendre visite à un sénateur, le vénérable et très distingué Victor Schoelcher, l'homme qui dans les toutes premières heures de la révolution de 1848 rédigea le décret et fit voter la mesure visant à émanciper les esclaves dans toutes les colonies françaises... Son implication est visible chez lui sous la forme d'une figure en bronze de la Liberté brisant les chaînes d'un esclave. Chez ce vénérable philanthrope se trouvent de nombreuses reliques de la barbarie et de la cruauté esclavagistes. Aux côtés de fers et de chaînes brisés qui avaient un jour martyrisé les membres des esclaves il me montra un collier garni de quatre énormes broches que l'on plaçait autour du cou des esclaves réfractaires et qui servaient à les prendre au piège dans les broussailles s'ils tentaient de s'enfuir[30].

Bien que la transformation de l'esclave suppliant en ancien esclave reconnaissant influençât le système colonial français, elle ne fut nullement hégémonique. La Révolution haïtienne ainsi que son succès dans le renversement de l'esclavage colonial rappelait sans cesse le rôle que les esclaves peuvent prendre dans leur propre émancipation. Toussaint Louverture, ancien esclave, général et diplomate, dont l'un des premiers biographes fut Schœlcher, fut un exemple particulièrement marquant de l'esclave triomphant[31]. Nicolas Eustache Maurin (1798-1850) produisit une lithographie, *Portrait de Toussaint L'Ouverture* (41 × 31 cm), caractérisée par son buste de profil, son splendide uniforme de général, et son regard ferme et droit devant lui (ill. 3)[32]. Dans l'historiographie haïtienne du XIXe siècle, les intellectuels et les hommes politiques ne s'accordaient pas tous sur le rôle de Toussaint Louverture comme père fondateur de la nation, mais ils étaient rares à soutenir l'idée que la liberté avait été accordée à des Haïtiens reconnaissants par un État français bienveillant[33].

30. « Fred. Douglass in Europe », *The Christian Recorder*, 10 février 1887.
31. Victor Schœlcher, *Vie de Toussaint Louverture*, Paris, Karthala, 1982.
32. Le portrait de Toussaint Louverture par Maurin est au musée du Nouveau Monde à La Rochelle. Il a été reproduit maintes fois dans les histoires de la Révolution haïtienne.
33. David Nicholls, *From Dessalines to Duvalier : Race, Colour, and National Independence in Haiti*, New Brunswick, Rutgers University Press, 1979, p. 95-97.

Ill. 3. Nicolas Eustache Maurin, *Portrait de Toussaint L'Ouverture.*

En outre, cette image particulière d'un esclave triomphant ne se limita pas aux colonies françaises outre-Atlantique : Toussaint Louverture fut salué comme le grand libérateur par les abolitionnistes américains dans des discours prononcés aux commémorations du West India Emancipation ; dans les États du nord des milices noires indépendantes prirent son nom dans les années 1850 et des abolitionnistes noirs donnèrent aussi son nom à leur fils[34]. Dans l'un de ses plus célèbres discours, celui qu'il prononça en décembre 1861, le patricien abolitionniste de Boston Wendell Phillips conclut ainsi :

> Dans cinquante ans, quand la Vérité se fera entendre, la Muse de l'Histoire nommera Phocion pour les Grecs, Brutus pour les Romains, Hampden pour l'Angleterre, La Fayette pour la France, Washington, cette belle fleur parfaite des débuts de notre civilisation, et John Brown, le fruit mûr d'aujourd'hui (tonnerres d'applaudissements), puis trempant sa plume dans le soleil elle écrira dans l'azur au-dessus d'eux le nom du soldat, de l'homme d'état, du martyr, TOUSSAINT L'OUVERTURE (applaudissements prolongés)[35].

34. J. R. Kerr-Ritchie, *Rites of August First, op. cit.*, p. 228, 175.
35. Wendell Phillips, « Toussaint L'Ouverture », dans Louis Filler (dir.) *Wendell Phillips on Civil Rights and Freedom*, New York, Hill and Wang, 1965, p. 184.

Même ceux qui étaient hostiles à l'abolition avaient du mal à résister à la figure de Toussaint Louverture en esclave triomphant. Dans un article critiquant la Révolution haïtienne pour son « Négro-agrarianisme » réactionnaire, un auteur anonyme fit l'éloge de Toussaint Louverture, ce « Washington noir » des Haïtiens[36]. À la même époque un abolitionniste tel que J. W. Johnson chantait les louanges de la Révolution haïtienne :

En dix-sept cent quatre-vingt-un
Sous les rayons du soleil des Antilles
Une étincelle de patriotisme traversa Haïti
Et fit grand bruit dans tout le pays.
Les patriotes haïtiens parcoururent les terres
Et y plantèrent la liberté à force d'efforts ;
Que leur étendard flotte longtemps sur leur butin
Et garde ce noble pays[37].

L'esclave triomphant

Bien que Toussaint Louverture et la Révolution Haïtienne aient servi d'exemples pour représenter la figure de l'esclave triomphant des deux côtés de l'Atlantique, nombreuses étaient les représentations alternatives de l'esclavage américain et de l'abolition. En 1829, l'imprimeur David Walker, qui était noir et habitait Boston, publia l'*Appeal to the Colored Citizens of the World* (*Appel aux citoyens de couleur du monde entier*), qui préconisait la lutte armée contre les propriétaires d'esclaves des États du sud et la fin de l'esclavage aux États-Unis[38]. À la convention de Buffalo dans l'État de New York en 1843, le discours d'une heure de l'esclave en fuite Henry Highland Garnet, « Appel aux esclaves », fit à la fois rire et pleurer le public mais concluait sans ambiguïté par une incitation à prendre les armes contre l'esclavage : « Si vous devez verser votre sang, que ce soit sans hésiter, plutôt mourir libres que de vivre en esclaves[39]. » Garnet, qui n'avait jamais rencontré Walker (mort dans des circonstances mystérieuses), avait tellement été impressionné par son *Appel* qu'il le réimprima avec sa propre contribution, et, en 1848,

36. « Negro Agrarianism », *Debow's Review* 5, n° 2, février 1868, p. 137.
37. *Provincial Freeman*, 12 juillet 1856. La fin du poème demeure obscure (« And keep the noble land in coil ») NdT.
38. Peter P. Hinks (dir.), *David Walker's Appeal to The Colored Citizens of the World*, University Park, Pennsylvania State University Press, 2002.
39. J. R. Kerr-Ritchie, *Rites of August First*, *op. cit.*, p. 114.

le pamphlet de Walker et le discours de Garnet parurent ensemble dans un fascicule de 96 pages intitulé *Walker's Appeal, in Four Articles [by] David Walker. An Address to the Slaves of the United States of America by Henry Highland Garnet.* (*L'Appel de Walker en quatre articles, par David Walker, Discours aux esclaves des États-Unis d'Amérique, par Henry Highland Garnet*). Sur la page de garde se trouvait un homme noir au sommet d'un rocher sur une montagne, les bras tendus vers un message venu du ciel, LIBERTAS JUSTICIA. Dans le coin gauche on voyait une foule gravir un sentier de montagne (ill. 4)[40]. Cette référence visuelle à la formule biblique « l'Éthiopie tendant ses mains vers Dieu » rappelle clairement l'image de l'esclave suppliant. Mais bien sûr il y a une différence, c'est que cette illustration introduisait deux appels importants formulés par des militants abolitionnistes et incitant les esclaves à la lutte armée pour parvenir à l'émancipation.

Ill. 4. Henry Highland Garnet, *David Walker's Appeal in Four Articles* [*by*] *David Walker. An Address to the Slaves of the United States of America* (1848), New York, Arno Press, 1969, page de garde.

40. Henry Highland Garnet, *David Walker's Appeal in Four Articles [by] David Walker. An Address to the Slaves of the United States of America*, [1848], New York, Arno Press, 1969.

Des images d'auto-émancipation comparables ont été produites lors des commémorations annuelles de l'abolition dans les colonies britanniques par des personnes d'origine africaine en Amérique du Nord, lors des West India Day ou de l'Emancipation Day qui avaient lieu le premier jour du mois d'août pour commémorer l'abolition de 1834. À la cérémonie du 1er août 1839 à Detroit dans le Michigan, l'orateur afro-américain Robert Banks salua l'occasion qui lui était ainsi donnée, lui, un homme noir, de « se tenir debout et de se sentir un homme[41] ». Lors du West India Day de 1842, la Young Man's Vigilant Association de Philadelphie parada avec une banderole dépeignant la figure d'un esclave émancipé désignant d'un doigt les chaînes brisées gisant à ses pieds et de l'autre le mot *liberté* en lettres d'or au-dessus de sa tête. Ce défilé se termina en émeute mais l'important est sa représentation publique de l'auto-émancipation[42]. En 1852, lors d'un défilé pour célébrer l'Emancipation Day à Windsor (ouest du Canada, aujourd'hui Ontario), un groupe de participants portèrent une banderole représentant un esclave agenouillé et enchaîné d'un côté et de l'autre un homme debout, des chaînes brisées à ses pieds et des menottes brisées à la main. Cette banderole rappelait l'image abolitionniste bien connue des anciens esclaves libérés parce que tous les hommes ont été créés égaux devant Dieu. La différence était que la plupart des participants à ce défilé étaient des esclaves en fuite qui s'étaient libérés de l'esclavage en Amérique en se rendant au Canada britannique, terre libre depuis l'abolition de l'esclavage dans les colonies britanniques dans les années 1830. Ils se réunissaient pour célébrer cette abolition du passé ainsi que pour se mobiliser en vue de l'abolition de l'esclavage en Amérique dans l'avenir. Tel est clairement le sens de cette commémoration ; c'est aussi la raison pour laquelle l'événement a été relaté dans *The Voice of the Fugitive*, un journal éphémère mais important publié à Sandwich (ouest du Canada), et fondé par Henry Bibb, un esclave en fuite du Kentucky[43].

Trois ans avant le 1er août 1852, à Windsor, Bibb avait publié son autobiographie, *Narrative and adventures of Henry Bibb* (*L'histoire et les aventures d'Henry Bibb*). Ce récit haletant d'au moins six

41. Robert Banks, *An Oration Delivered at a Celebration in Detroit of the Abolition of Slavery in the West Indies, Held by Colored Americans, August 1, 1839*, Detroit, Harsha and Bates, 1839, p. 3.

42. *The Liberator*, 10 août 1842 ; *The Liberator*, 19 août 1842.

43. *Voice of the Fugitive*, 12 août 1852.

tentatives d'évasions infructueuses avant de réussir à s'enfuir, ainsi que des actions menées par l'auteur en faveur de l'abolition, fait apparaître l'image des esclaves triomphants. Un esclave en pleine fuite figure en effet sur la page garde de l'œuvre de Bibb et offre une représentation frappante de l'esclave partie prenante de sa propre émancipation. Les chercheurs qui travaillent sur Bibb reproduisent souvent la gravure de l'artiste afro-américain Patrick H. Reason et ont tendance à passer sous silence une image moins importante en bas de la page qui montre Bibb s'enfuyant d'une vente d'esclaves (ill. 5). En vérité, on pourrait faire le même raisonnement sur le genre des récits d'esclaves dans leur ensemble : ce sont des esclaves en fuite qui ont triomphé du monstre malfaisant de l'esclavage aux États-Unis. Par ailleurs, ces récits d'esclaves font ressortir la valeur stratégique de la souffrance, souvent illustrée par l'image du suppliant. Plus précisément cependant, l'œuvre de Bibb de 1849 incluait cinq illustrations d'esclaves suppliants : trois d'entre elles montrent des femmes esclaves, la quatrième une famille, et la dernière un suppliant dont le sexe reste incertain[44]. Ces images diffèrent de celles de l'auto-émancipation mais reflétaient sans aucun doute la valeur de la souffrance comme moyen de toucher un public populaire.

Avec la déclaration de la guerre de Sécession et sa transformation d'une lutte sur l'Union à une lutte sur l'esclavage advint la création de l'image de l'esclave reconnaissant dans le discours émergent de l'émancipation aux États-Unis. Nathaniel Currier et James Merrit dirigeaient une imprimerie à New York ; leurs scènes représentant la vie quotidienne d'Américains ordinaires eurent du succès et une estimation qui n'a pas été confirmée évalue leur production à plus d'un million de lithographies coloriées à la main entre 1835 et 1907[45]. En réponse à la Proclamation d'émancipation de Lincoln, Currier et Ives produisirent une lithographie intitulée *Liberté aux esclaves*. Elle dépeint une famille d'esclaves rendant hommage au Président et tendant les bras vers le ciel. L'homme libéré et age-

44. Henry Bibb, *The Life and Adventures of Henry Bibb : An American Slave* [1849], Madison, University of Wisconsin Press, 2001, p. 44, 105, 111, 149 et 200. Le récit de Bibb est également accessible en ligne : Henry Highland Garnet, *David Walker's Appeal in Four Articles [by] David Walker. An Address to the Slaves of the United States of America,* [1848], New York, Arno Press, 1969 ; *Documenting the American South,* http://docsouth.unc.edu/neh/bibb/menu.html.
45. « Currier and Ives », Wikipedia, http://en.wikipedia.org/wiki/Currier_and_Ives. Consulté le 9 juillet 2024.

Ill. 5. Henry Bibb, *The Life and Adventures of Henry Bibb : An American Slave* [1849], Madison, University of Wisconsin Press, 2001, page de garde.

nouillé exprime sa gratitude à ce héros de l'émancipation. La femme libérée est debout derrière lui avec leurs enfants. Sous cette image figure une référence au *Lévitique* 25 : 10, « Vous proclamerez la liberté dans le pays pour tous ses habitants. » Derrière le Président se trouve une simple cabane de bois. Cette image des anciens esclaves exprimant leur gratitude d'avoir été libérés s'inspire clairement de la génération précédente d'iconographie présidentielle et abolitionniste (ill. 6).

Même si le décret de Lincoln de 1863 ne libéra pas un seul esclave dans le pays parce qu'il excluait le territoire fédéral et ne s'appliquait qu'aux États en sécession sur lesquels l'Union n'avait aucun contrôle, l'image du Grand Émancipateur s'avéra très influente. Le chapitre 4 du livre de Kirk Savage *Standing Soldiers, Kneeling Slaves* (*Soldats debout, esclaves agenouillés*) examine plusieurs exemples de représentations

Ill. 6. *Freedom to the Slaves*, Currier and Ives, 1863.

artistiques du Grand Émancipateur qui apparurent dans la décennie qui suivit la fin de la guerre de Sécession[46]. À Lincoln Park au sud-est de Washington, se trouve un de ces monuments. Il s'appelle *Freedom's Memorial* et son origine est gravée sur le bronze au-dessous de la statue :

> En souvenir reconnaissant à Abraham Lincoln
> Ce monument fut érigé par la Commission sanitaire de St. Louis Missouri avec des fonds provenant exclusivement de citoyens émancipés des États-Unis déclarés libres par sa proclamation du 1er janvier 1863.
> La première contribution de cinq dollars fut faite par Charlotte Scott, une femme libérée de Virginie.
> Ce fut le premier salaire qu'elle gagna une fois libre et elle suggéra et demanda en entendant la nouvelle de la mort du président Lincoln qu'un monument soit érigé à sa mémoire.

46. Kirk Savage, *Standing Soldiers, Kneeling Slaves : Race, War, and Monument in Nineteenth-Century America*, Princeton, Princeton University Press, 1997, p. 89-128.

Sur le piédestal, le Grand Émancipateur tient le décret de la main droite ; son bras gauche est au-dessus d'un esclave agenouillé qui tient des chaînes brisées et regarde le décret. Entre la statue et l'inscription se trouve le mot Émancipation en caractères gras. Ce monument est un exemple frappant de la transformation de l'esclave en ancien esclave suppliant. Cependant sa contribution au récit de l'émancipation demeure douteuse puisque aujourd'hui les piétons vaquant à leurs diverses activités ne semblent remarquer ni l'esclave agenouillé ni le Grand Émancipateur (ill. 7)[47].

Ill. 7. Freedom's Memorial, Lincoln Park, Washington.
Photographie de J. R. Kerr-Ritchie.

Cette image de l'esclave reconnaissant se dissémina largement et elle est à l'origine de la croyance actuelle, très commune, selon laquelle

47. K. Savage, *Standing Soldiers, Kneeling Slaves*, *op. cit.*, p. 91. On peut aussi y voir une photographie non datée mais plus ancienne d'un jeune garçon noir qui examine ce monument, vraisemblablement pour assimiler cette interprétation iconographique de l'émancipation comme don.

Lincoln libéra les esclaves. Cependant d'autres représentations de l'auto-émancipation ne devraient pas être négligées. Deux exemples suffiront à le prouver. D'abord le 22 mai 1863 fut créé le Bureau of Colored Troops au ministère de la Guerre des États-Unis ; son objectif était de former des régiments d'hommes noirs pour contribuer à faire face au défi militaire posé par l'État Confédéré et par la dissolution de l'Union. Sur une affiche de l'armée pour recruter des troupes noires à Philadelphie en 1863, les anciens esclaves, qui se réjouissent tout en étant agenouillés, sont juxtaposés avec un officier recruteur blanc qui regarde devant lui, portant le drapeau fédéral d'une main et de l'autre son épée pointée vers le ciel dans une posture bien connue. Vers la droite de l'image, des troupes noires sont en marche vers la liberté comme les soldats chrétiens de la Bible, sous le gigantesque drapeau du régiment[48].

Le second exemple a lieu lors des terribles émeutes de New York au début de juillet 1863. Ce soulèvement urbain contre la mobilisation, qui concerna surtout les immigrants irlandais de fraîche date (une histoire racontée avec brio par Martin Scorsese dans son film de 2002 *Gangs of New York*), provoqua plus d'une centaine de morts dont des dizaines d'Afro-américains. Le 1er août 1863 l'édition de *Harper's Weekly*, le célèbre hebdomadaire de New York, contenait un dessin intitulé « Comment échapper à la mobilisation » où l'on voyait des Irlandais brandissant des massues et menaçant un vieil homme noir agenouillé qui d'un bras protégeait une petite fille de la violence qui l'entourait et de l'autre tentait d'éviter de possibles coups. Les visages des émeutiers irlandais sont simiesques, celui du Noir est humain[49]. Ce qui est frappant dans ces deux images, c'est que malgré les anciens motifs de la subordination, la représentation des Afro-américains montre aussi un subtil glissement attribuant une virilité courageuse et une intervention dans l'histoire aux Américains d'origine africaine, une conséquence des liens tissés en temps de guerre entre attachement à l'Union et émancipation.

Pendant cette période d'instabilité sociale, une petite voix se fit entendre, elle n'en fut pas moins significative, ce fut celle d'Edmonia Lewis (v. 1843-1909). Née d'une mère Chippewa et d'un père Afro-

48. Cette affiche de l'armée est reproduite dans John David Smith (dir.), *Black Soldiers in Blue : African American Troops in the Civil War Era*, Chapel Hill, University of North Carolina Press, 2002, p. 27.
49. *Harper's Weekly*, 1er août 1863, p. 496. L'ébauche de ce dessin peut être vue à http://www.sonofthesouth.net/leefoundation/civil-war/1863/august/draft-cartoon.htm.

américain, elle étudia au Oberlin College, dans l'Ohio, une institution abolitionniste, où elle fut accusée d'avoir tenté d'assassiner deux autres élèves en les empoisonnant. Lewis fut enlevée par une horde d'hommes blancs et rouée de coups. Elle partit à Boston où elle se lia avec des abolitionnistes influents et devint sculptrice. Beaucoup de ses premières œuvres reflètent son insertion dans le milieu abolitionniste : des médaillons représentant John Brown, Maria Weston Chapman et William L. Garrison, ainsi qu'un buste du Colonel Robert Gould Shaw, le commandant du 54e d'infanterie du Massachusetts. Étant donné les horreurs auxquelles elle avait survécu, il n'est pas surprenant que l'esclavage et l'oppression raciste aient joué un rôle central dans son œuvre[50].

Ill. 8. Edmonia Lewis, *Forever Free*, 1867, Howard University, album de collection.

50. « Edmonia Lewis' medallion of Lincoln », *The Liberator*, 28 avril 1865 ; Kirsten P. Buick, « The Ideal Works of Edmonia Lewis : Invoking and Inventing Autobiography », *American Art* 9, n° 2, 1995, p. 4-19 ; Lynda Roscoe Hartigan, « Mary Edmonia Lewis », dans Jack Saltzman, David L. Smith et Cornel West (dir.) *Encyclopedia of African-American Culture and History*, New York, MacMillan Reference, 1976, p. 716-719.

Lewis alla vivre à Rome où elle poursuivit son travail de sculptrice. En 1867 elle créa *Forever Free* (« Libre pour toujours »). Cette sculpture représente un couple dont les yeux sont levés au ciel, l'homme est debout, la femme agenouillée a les mains jointes, et des chaînes gisent à leurs pieds. Visiblement ils forment un couple, et ne sont vraisemblablement plus séparés par l'esclavage. Cette œuvre contient tous les éléments que nous connaissons bien désormais : une femme suppliante, un homme debout, et l'indication (avec les yeux levés au ciel) du rôle de Dieu dans cette scène. Mais l'homme debout semble avoir lui-même brisé ses chaînes et la femme agenouillée semble moins suppliante que triomphante (ill. 8). Cette interprétation s'inspire du triomphe personnel de Lewis sur l'adversité. Bien que le titre de l'œuvre vienne de la Proclamation d'émancipation de Lincoln, « Forever Free », elle offre une représentation des esclaves et des anciens esclaves très différente de celle qui figure dans la statue du Grand Émancipateur. Cette œuvre est aujourd'hui à University Hall à l'université d'Howard grâce à l'initiative de l'archiviste Dorothy Porter qui en fit l'acquisition dans une galerie d'art de New York en 1867, c'est-à-dire un siècle après sa création[51]. Bien que cette statue soit rarement vue de nos jours, sauf lorsqu'elle est prêtée à différentes institutions pour y être exposée, elle demeure un exemple important de l'esclave triomphant comme alternative à l'esclave suppliant.

Les transformations iconographiques étudiées sont significatives pour plusieurs raisons. L'analyse faite par les chercheurs de l'image de l'esclave suppliant se cantonne habituellement à la période qui précède l'abolition, même si cette figure s'est transformée en celle de l'ancien esclave reconnaissant, une image qui a perduré longtemps après l'émancipation. En outre, la construction et la diffusion de ces images ne se sont pas limitées à certaines nations ou même aux circuits coloniaux de ces nations. Ces deux images se sont trouvées dans les colonies outre-Atlantique de la Grande-Bretagne, de la France et de l'Espagne. Nous n'avons pas examiné ces dernières ici mais elles ont été tout aussi marquées par ces images. Ainsi la couverture du numéro du 22 décembre 1872 de l'hebdomadaire politique catalan *La Campana de Gracia* (« La Cloche de Grâce ») mérite d'être mentionnée. La déesse française Liberté y porte de la main droite un drapeau sur lequel est inscrit « À bas l'esclavage, vive la Liberté » tandis que de sa main gauche elle

51. Scott Baker, Howard University Gallery of Art, communication personnelle.

tient des chaînes brisées. Ce symbole international de la liberté se trouve entre un marchand d'esclaves cubain menaçant et un esclave agenouillé et terrifié aux traits simiesques. Cette image nous est familière, mais à sa gauche se trouvent des Afro-cubains en marche, qui portent eux aussi un drapeau sur lequel on peut lire « Vive la Liberté » (ill. 9), sans aucun doute une référence aux milliers d'esclaves soldats qui se sont battus pour leur liberté pendant la première guerre d'indépendance à Cuba (1868-1878)[52]. Elle rappelle aussi les représentations des soldats Afro-américains de l'Union qui se battirent quelques années plus tôt[53].

Bien qu'il ne faille pas négliger les représentations alternatives de l'auto-émancipation, il est clair que l'image de l'ancien esclave reconnaissant était plus fréquente. L'image de l'esclave triomphant apparaissait sur les banderoles anonymes des manifestants aussi bien que dans les œuvres littéraires et artistiques de Walker, Garner et Lewis mais les images de l'esclave suppliant utilisées par les abolitionnistes et les images des anciens esclaves reconnaissants associées aux récits d'émancipation ainsi que le fait que la recherche historique a été dominée par des Blancs se désintéressant de l'histoire des non-Blancs, tous ces facteurs ont empêché les populations d'origine africaine de prendre en main leur propre histoire[54].

52. Pour le rôle des esclaves soldats dans la Guerre de Dix Ans voir Ada Ferrer, *Insurgent Cuba : Race, Nation, and Revolution, 1868-1898*, Chapel Hill, University of North Carolina Press, 1999, première partie.

53. Voir l'affiche de l'armée dont la référence est donnée en note 49, John David Smith (dir.) *Black Soldiers in Blue*, *op. cit.*, p. 27.

54. Un bon exemple en est donné par l'éminent historien comparatiste Arnold J. Toynbee : « La race noire n'a rien contribué de positif à aucune civilisation, en tout cas pas encore. » Arnold J. Toynbee, *A Study of History*, Londres, Oxford University Press, 1947, abrégé des vol. 1-4, p. 54. Un exemple plus récent est donné par A. Boime, « Francisco Oller and the Image of Black People in the 19th Century », art. cité, p. 52 : « Si les noirs qui servaient dans l'armée de l'Union étaient faits prisonniers par les Confédérés, ceux-ci ne faisaient pas de quartier et les tuaient. » D'une part, cette remarque est exacte comme le montre le tristement célèbre épisode de Fort Pillow au Tennessee en avril 1864. D'autre part, elle passe sous silence la prise en main des soldats noirs de leur propre histoire en se battant et en mourant pour l'Union et pour l'émancipation, y compris ceux qui, après le massacre des troupes noires de l'Union à Fort Pillow chargèrent comme si de rien n'était dans la bataille en criant « Souvenez-vous de Fort Pillow ! », un cri effrayant pour les soldats confédérés parce qu'il signifiait qu'ils affrontaient des soldats déterminés et prêts à se battre jusqu'à la mort. De plus la remarque de Boime a pour source l'historien américain marxiste Herbert Aptheker, *To Be Free : Studies in American Negro History*, New York, International Publishers, 1948, qui regroupe des études dont la dédicace est célèbre, les noirs y sont les acteurs de leur histoire et non pas les victimes.

Ill. 9. Couverture de *La Campana De Gracia*, 22 décembre 1872.

Le travail acharné d'une génération pionnière de chercheurs dans les années 1930 ainsi que les soulèvements sociaux des années 1960 et l'émergence de l'histoire socioculturelle dans les années 1970 et suivantes ont beaucoup contribué à y remédier ; cependant, l'image de l'esclave suppliant continue de perdurer[55]. En 1969, Arno Press et

55. La liste de ces chercheurs des années 1930 comprend W. E. B. Du Bois, Charles Wesley, C. L. R. James, Herbert Aptheker, Eric Williams, Arna Bontemps, ainsi que les contributeurs à des revues comme *The Journal of Negro History*. On ne peut sous-estimer la valeur de ces œuvres pionnières. Walter Rodney, un important historien de l'expérience des Noirs dans le monde fit un jour remarquer l'importance des travaux de Williams et de James pour sa propre génération d'intellectuels radicaux dans les

le *New York Times* ont réimprimé le journal de voyage abolitionniste des militants James A. Thome et J. Horace Kimball, *Emancipation in the West Indies* (*Émancipation aux Antilles*) qui datait de 1838. Bien qu'une génération de chercheurs (dont je fais partie) ait bénéficié de la réimpression de cet ouvrage très utile, on se demande pourquoi les éditeurs ont choisi une image d'un esclave suppliant pour figurer sur la couverture ; au mieux, ce pourrait être un clin d'œil ironique aux tumultueux mouvements des droits civils et du Black Power de la fin des années 1960 ; au pire ce choix perpétue le fait de percevoir les populations d'origine africaine comme incapables de se saisir de leur propre histoire. De la même manière le romancier britannique Barry Unsworth ne put résister à la fameuse icône abolitionniste dans son roman de 1992 *Sacred Hunger* (*Faim sacrée*) qui est consacré au commerce des esclaves d'un bord à l'autre de l'Atlantique : « L'un des nègres était debout, impassible, mais l'autre avait cédé à la peur, il avait brandi les mains en l'air pour demander pitié et baissé la tête comme pour se soumettre à ses oppresseurs[56]. » Il ne s'agit pas de toujours s'attendre à ce que les personnages de roman se révoltent (encore qu'il serait souhaitable qu'il y en ait davantage), mais de remarquer le pouvoir durable de l'image de l'esclave suppliant parmi les intellectuels libéraux. À l'office de la veillée de Noël de 2006 à la chapelle de l'université Duke, le souvenir de l'esclave suppliant me revint quand l'assistance chanta ce chant de prédilection à cette période de l'année, *O Holy Night*, avec son refrain : « Il brisera les chaînes car l'esclave est notre frère, et en Son nom toute oppression cessera. » L'auteur de ces paroles est Adolphe Adam (1803-1856), qui les a écrites à l'apogée de la construction sociale des images de l'esclave et de l'ancien esclave suppliant[57]. Une fois de plus, cet hymne rappelle l'idée troublante selon laquelle les esclaves ne pouvaient se libérer sans l'aide d'un bienfaiteur. Enfin, quand ce travail fut présenté pour la première fois en 2007 à un colloque au sud de la Grande-Bretagne pour commémorer le bicentenaire de l'abolition britannique de l'esclavage, il fut

---

années 1960, parce que ces travaux concernaient « des Noirs impliqués et faisant des choix, des Noirs impliqués dans les véritables mouvements de l'histoire, une histoire dans laquelle il y avait des divisions et de laquelle certains furent écartés, mais des Noirs qui avaient une extraordinaire force sous-jacente et qui parvinrent à un véritable accomplissement », Robert A. Hill (dir.) *Walter Rodney Speaks : The Making of an African Intellectual*, Trenton, African World Press, 1990, p. 14-15.

56. Barry Unsworth, *Sacred Hunger*, New York, W. W. Norton & Co, 1993, p. 383.

57. Chapelle de l'université Duke, 38e office de la veillée de Noël, Livret de prières et de chants de Noël de 2006.

pénible d'entendre de nombreux participants parler de ce que les abolitionnistes avaient fait pour leurs pauvres frères et sœurs opprimés, ce qui rappelle aussi la vieille image du suppliant[58].

Cependant il existe des représentations contemporaines qui intriguent davantage. Quand j'étais boursier en résidence au Centre Schomburg de la culture noire à New York en 2002 et 2003, j'ai emprunté de nombreux livres venant de la réserve, et beaucoup d'entre eux avaient sur leur jaquette l'image d'une esclave agenouillée (ill. 10). Quand je me suis renseigné sur cette image, un bibliothécaire me dit que cet ex-libris avait été utilisé jusqu'au début des années 1980. Il semble étrange qu'une succursale de la Public Library de New York, consacrée depuis longtemps à l'autonomisation intellectuelle des populations d'origine africaine, ait gardé une image de suppliant comme ex-libris de sa collection de recherche.

Ill. 10. Ex-libris, Schomburg Center for Research in Black Culture, New York Public Library.

58. « Imagining Transatlantic Slavery », Chawton House Library, Alton, Hampshire, UK, 17 mars 2007.

Était-ce un hommage à l'œuvre du graveur afro-américain Patrick Reason, qui diffusa cette image parmi les abolitionnistes américains dans les années 1830 ? Ou était-ce le choix d'un bibliothécaire en chef libéral du réseau de bibliothèques publiques de la ville pour lequel cette image du suppliant symbolisait l'expérience des Noirs dans l'histoire ? De la même manière, l'image de l'esclave suppliant apparaît sur la jaquette de la revue britannique *Slavery and Abolition*. Pourquoi une revue née en 1980 et consacrée à une présentation enthousiaste des esclaves et des anciens esclaves faisant partie prenante de leur propre histoire se place-t-elle sous l'égide de l'image du suppliant ? À la veille des commémorations du bicentenaire de l'abolition de l'esclavage britannique et américain de l'autre côté de l'Atlantique, une icône abolitionniste poursuit sa traversée de l'Atlantique.

Traduit de l'anglais par Pascale McGarry

Visualiser le Passage du milieu. Le *Brooks* et la réalité de l'entassement à bord pendant la traite transatlantique

Nicholas Radburn et David Eltis

En janvier 1789, la Société pour l'abolition de la traite (*Society for Effecting the Abolition of the Slave Trade*, SEAST) publia son célèbre dessin du négrier de Liverpool, le *Brooks*, une image qui vint par la suite incarner l'expérience des Africains lors du Passage du milieu (ill. 1). Établi sur la base de mesures prises par le Parlement britannique, ce modèle à l'échelle comprenait 470 hommes, femmes et enfants tassés entre les ponts du bateau[1]. Cette représentation traduisait l'inhumanité de la traite mieux que des volumes de témoignages et de pamphlets déposés devant le Parlement. Bien consciente du potentiel du *Brooks*, qui allait certainement dynamiser sa campagne, la SEAST diffusa des milliers d'exemplaires de cette image dans des journaux, magazines, livres, pamphlets et sous forme d'affiches. Le dessin traversa rapidement la Manche en direction de la France, puis l'Atlantique vers les États-Unis, où sa diffusion refléta et accrut tout à la fois l'évolution des mentalités concernant la traite, à un moment où ces pays, à eux trois, contrôlaient plus de la moitié de toutes les expéditions négrières[2].

1. Ce texte a initialement paru sous le titre « Visualizing the Middle Passage : The Brooks and the Reality of Ship Crowding in the Transatlantic Slave Trade », dans *Journal of Interdisciplinary History*, 2019, p. 533-565.
2. Pour l'histoire de cette représentation du *Brooks*, voir Marcus Wood, « Imaging the Unspeakable and Speaking the Unimaginable : The "Description" of the Slave Ship Brookes and the Visual Interpretation of the Middle Passage », *Lumen*, XVI, 1997, p. 211-45 ; Adam Hochschild, *Bury the Chains : Prophets and Rebels in the Fight to Free an Empire's Slaves*, Boston, Houghton Mifflin Harcourt, 2006 [2005],

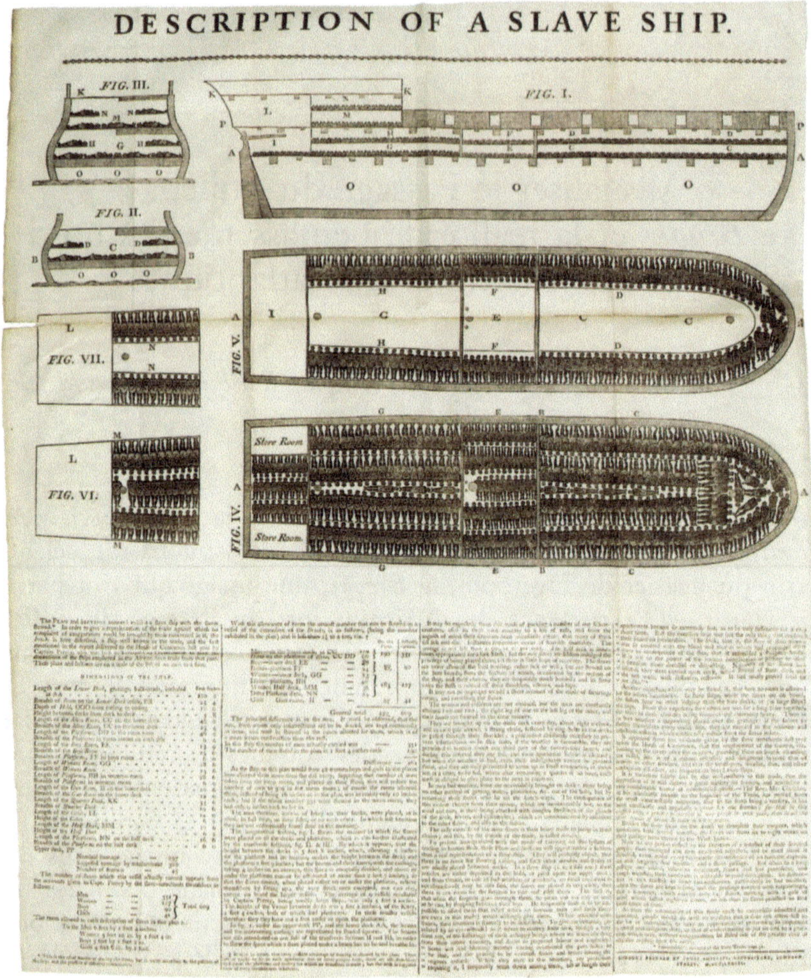

Ill. 1. Plan et coupes du *Brooks*, 1788. Image diffusée par la SEAST.

Le *Brooks* demeure une des images les plus reconnaissables dans toute l'histoire de la culture de l'imprimé. On peut la comparer à d'autres images qui ont incarné une cause au-delà des frontières nationales, comme la photographie de Phan Thi Kim Phuc, la petite Vietnamienne de 9 ans essayant d'échapper à une attaque au napalm,

p. 152-166 ; Marcus Rediker, *The Slave Ship : A Human History*, Londres, Penguin Books, 2007, p. 308-342.

ou la photo de Che Guevara prise par Alberto Días. Sa notoriété a continué de s'accroître en 2007 à l'occasion du bicentenaire de la loi d'abolition en Grande-Bretagne, alors que l'exposition consacrée à la commémoration de l'abolition de la traite au Parlement lui donna une place de premier plan. Dans plusieurs villes britanniques, on reprit les mesures exactes du *Brooks* et des centaines de personnes s'allongèrent sur le sol pour recréer les cales du bateau. Cette représentation du *Brooks* occupe également une place centrale dans l'exposition permanente consacrée à la traite dans le nouveau musée dédié à l'histoire et à la culture africaines-américaines de la Smithsonian Institution ; et dans le monde entier, on ne cesse de la voir dans les musées qui consacrent des salles à l'esclavage. Dans les histoires de l'expérience africaine du Passage du milieu, il est bien rare de ne pas la voir. Reproduit sans fin dans des livres, des magazines, des salles de musées, des expositions artistiques, des émissions télévisées, et même sur des T-shirts, le plan du *Brooks* demeure, comme Marcus Wood l'écrivit avant les célébrations du bicentenaire, « l'image la plus célèbre, la plus largement diffusée, et la plus communément adaptée, qui ait jamais représenté les conditions de voyage des esclaves lors du Passage du milieu[3] ».

En dépit de sa notoriété et de sa large diffusion, les historiens n'ont commencé à s'interroger sur sa longue histoire que lors des vingt dernières années. Marcus Rediker, qui a étudié la réalisation et l'utilisation de ce plan dans son livre *The Slave Ship : A Human History* (dont la couverture est ornée du dessin du *Brooks*), a montré que ce dessin « donna une réalité au vaisseau négrier » car il transcrivait puissamment « le processus par lequel des humains étaient ravalés au niveau d'une propriété ». Marcus Wood a exploré ses liens avec d'autres œuvres d'art

3. Pour l'intérêt majeur porté au *Brooks*, voir M. Wood, *Blind Memory : Visual Representations of Slavery in England and America*, New York, Routledge, 2000, p. 19-77 ; Jacqueline Francis, « The Brooks Slave Ship Icon : A "Universal Symbol" ? », *Slavery & Abolition*, XXX, 2009, p. 327-338 ; Celeste-Marie Bernier, « "The Slave Ship Imprint" : Representing the Body, Memory, and History in Contemporary African American and Black British Painting, Photography, and Installation Art, » *Callaloo*, XXXVII, 2014, p. 990-1022 ; « The *Brooks* – Visualizing the Transatlantic SlaveTrade », *1807 Commemorated : The Abolition of the Slave Trade*, en ligne : www.history.ac.uk/1807commemorated/exhibitions/museums/brookes.html ; Cheryl Finley, *Committed to Memory : The Art of the Slave Ship Icon*, Princeton, Princeton University Press, 2018 ; M. Wood, *The Horrible Gift of Freedom : Atlantic Slavery and the Representation of Emancipation*, Athens, The University of Georgia Press, 2010, p. 267 et p. 197-353.

abolitionnistes et comment cette image a proliféré sous de multiples formes jusqu'à aujourd'hui. Comme il le signale, les spectateurs contemporains de l'image du *Brooks* semblent « juste très contents d'accepter que cette version idéalisée d'une cale remplie d'esclaves constitue la version standard des événements. Bien qu'elle soit schématique et irréaliste, elle semble paradoxalement représenter la vérité, ou au moins une vérité[4] ».

Cet article poursuit la critique qu'a faite Marcus Wood de la description de l'« entassement à bord des négriers » des Africains esclavisés tel que le dessin du *Brooks* le présente. Le plan, à l'origine, devait révéler à quel point les esclavisés étaient serrés pour « donner au spectateur, comme l'écrivit plus tard l'abolitionniste Thomas Clarkson, une idée des souffrances des Africains lors du Passage du milieu ». En utilisant cette image en même temps que les témoignages de nombreux participants aux voyages liés à la traite, les abolitionnistes affirmaient que l'entassement à bord des négriers avait pour conséquence directe la mort d'Africains esclavisés – une question qui a par la suite absorbé l'attention des historiens[5].

Nous n'avons pas pour objectif de revisiter cette question. Nous proposons plutôt d'identifier deux problèmes liés à la représentation de l'entassement dans l'image du *Brooks*. Tout d'abord, cette image propose une représentation erronée de ce que ressentaient les Africains au plus fort de la traite entre 1700 et 1788. Elle ne révèle pas à quel point les personnes esclavisées étaient entassées, que ce soit sur le *Brooks* ou sur la majorité des autres vaisseaux engagés dans la traite au

4. M. Rediker, *The Slave Ship*, *op. cit.*, p. 308-342. Pour l'absence d'agentivité des Africains sur le dessin du *Brooks*, voir M. Wood, « Significant Silence : Where Was Slave Agency in the Popular Imagery of 2007 ? », dans Cora Kaplan et John Oldfield (dir.), *Imagining Transatlantic Slavery*, New York, Palgrave Macmillan, 2010, p. 162-190 ; *id.*, « Significant Silence », *op. cit.*, p. 169.

5. Thomas Clarkson, *The History of the Rise, Progress, and Accomplishment of the Abolition of the African Slave-Trade, by the British Parliament*, Londres, Longman, Hurst, Rees, and Orme, 1808, II, p. 111. Il y eut un débat vigoureux sur ce sujet lors des trois dernières décennies du XXe siècle, auquel mit un terme provisoire l'article de Herbert S. Klein, Stanley L. Engerman, Robin Haines et Ralph Shlomowitz, « Transoceanic Mortality : The Slave Trade in Comparative Perspective », *William and Mary Quarterly*, LVIII, 2001, p. 93-118. Nicolas Duquette, dans « Revealing the Relationship Between Ship Crowding and Slave Mortality », *Journal of Economic History*, LXXIV, 2014, p. 535-552, a récemment relancé ce débat en repérant un lien entre la mortalité des esclaves et l'entassement à bord des négriers avant 1789.

XVIIIe siècle. Deuxièmement, en ne montrant qu'un seul vaisseau britannique du XVIIIe siècle, elle ne rend pas compte des nombreuses autres formes de transport forcé que les Africains esclavisés furent contraints d'endurer du début à la fin de presque quatre siècles de traite. Or le traitement des esclaves durant les premières traversées transatlantiques du début du XVIe siècle se distinguait nettement de celui qui leur fut réservé après 1807, comme de celui qui prévalut lors des expéditions de traite organisées par la Grande-Bretagne et la France à la fin du XVIIIe siècle – deux pays sur lesquels porte l'essentiel des travaux de recherche concernant le commerce transocéanique des personnes captives.

Notre article éclaire ces deux questions en comparant le dessin du *Brooks* à d'autres représentations picturales de l'entassement à bord des négriers et en les confrontant à des données quantitatives et aux témoignages des négociants engagés dans la traite transatlantique. Les abolitionnistes n'eurent jamais l'intention de faire une représentation exacte de l'entassement à bord lors du Passage du milieu avant 1789, quand le Parlement britannique se mit à réglementer la traite. Si les historiens peuvent utiliser ce plan du *Brooks* pour expliquer la réussite de la propagande visuelle abolitionniste, ils ne devraient pas le mobiliser pour décrire ce que vécurent les Africains lors du Passage du milieu au-delà d'une période resserrée de la traite britannique, à savoir les années 1789 à 1807.

Plusieurs autres images nous fournissent de meilleures descriptions de l'évolution des conditions de voyage des esclavisés à bord des négriers au fil du temps et en fonction de l'espace concerné. C'est le cas par exemple de l'illustration du négrier français, la *Marie-Séraphique* (retrouvée en 2005), qui transporta 307 personnes esclavisées en 1769-1770[6]. À la différence de l'image du *Brooks*, réalisée par des abolitionnistes, cette représentation talentueuse fut semble-t-il l'œuvre de deux officiers de bord qui assistèrent eux-mêmes à l'entassement des esclaves. En outre, trois illustrations du XIXe siècle, représentant des vaisseaux participant à la traite illégale après 1807, permettent de mettre au jour la variété des situations du transport forcé, de même que les informations recueillies sur les méthodes pratiquées lors des premiers temps de la traite des esclaves. À l'avenir, les technologies numériques promettent de fournir de nouveaux moyens de visualiser

6. Voir la base de données « Trans-Atlantic Slave Trade – Database », *Slavevoyages.org*. ID du voyage : 30910.

le Passage du milieu qui ne s'appuieront pas simplement sur des images contemporaines aussi problématiques que le *Brooks*.

Le *Brooks* et l'entassement à bord des négriers britanniques à la fin du XVIIIe siècle

En se concentrant de manière stratégique sur l'entassement des Africains esclavisés lors du Passage du milieu, la campagne de la SEAST recherchait un sujet clivant qui se prêtait à l'utilisation de données quantitatives et auquel des témoins oculaires pourraient donner vie. Pour Clarkson, il était « évident » que la SEAST devrait « sélectionner un navire ayant été engagé dans la traite des esclaves », dessiner un plan du vaisseau « aux dimensions exactes », puis dépeindre les personnes esclavisées prises au piège à l'intérieur. Étant donné qu'aucun membre de l'association ne pouvait monter à bord d'un négrier et l'utiliser comme modèle, la SEAST dut compter sur les quarante-trois mesures qu'avait réalisées en juin 1788 le Capitaine de marine Robert Parrey à partir de neuf navires de Liverpool, à la suite d'une demande du Parlement. Tous ces vaisseaux avaient encore les « salles » réservées (comme Parrey les appela dans son rapport) où les Africains étaient enfermés entre les ponts. Le Parlement compila ces données et les mit à la disposition des abolitionnistes comme des négociants d'esclaves pour qu'elles soient utilisées lors des débats ultérieurs. « En haut de la liste de [Parrey], écrivit Clarkson, se trouvait le navire *Brookes*[7] » que la SEAST utilisa pour sa campagne car on considéra qu'« en choisissant le premier [navire] de la liste plutôt qu'un autre, on susciterait moins d'objections[8] ».

7. Les noms *Brooks* et *Brookes* étaient utilisés de manière interchangeable. Par souci de cohérence, nous avons choisi d'utiliser *Brooks* dans l'ensemble de l'article.
8. Pour les raisons qui menèrent au choix du *Brooks*, voir T. Clarkson, *History*, *op. cit.*, II, p. 111-112. Concernant les huit autres navires mentionnés dans le rapport de Parrey, trois étaient plus grands et cinq plus petits. Le *Brooks* décrit par les abolitionnistes était le second navire du même nom. Le premier, construit en 1772, fit deux voyages de traite, en 1775 (ID 92522) et 1777 (ID 92521). Concernant les expéditions de traite du second *Brooks*, voir « Trans-Atlantic Slave Trade – Database », *Slavevoyages.org*, en ligne : http://slavevoyages.org/voyages/aA02Tkz Brooks 2 (sauf indications contraires, les liens indiqués dans le reste de l'article sont issus de la même base de données). Sur un navire marchand typique, l'entrepont était un espace où se trouvaient des cabines, des salles de stockage et un plafond bas. Sur un négrier, les charpentiers abattaient les cabines et les salles de stockage pour construire des

Les registres du port de Liverpool, qui donnent les dimensions précises de 606 négriers qui réalisèrent 2 083 voyages de traite entre 1782 et 1807, révèlent que le Brooks était d'une taille inhabituelle. Un négrier mesurait alors en moyenne 26,20 mètres de long et 7,30 mètres de large, et avait pour hauteur entre deux ponts 1,57 mètre. Or la hauteur entre deux ponts du *Brooks* était de 1,68 mètre et il mesurait 30,38 mètres de long pour une largeur de 8,10 mètres. En choisissant le *Brooks*, la SEAST avait peut-être évité les accusations de partialité, mais il en découlait que le dessin des abolitionnistes représentait un navire particulièrement rempli d'un nombre particulièrement élevé de prisonniers africains. Il n'y avait que son gréement, sa plage arrière, son gaillard d'avant et la configuration des barrières destinées à créer des prisons temporaires pour les esclaves qui rappelaient le négrier britannique typique[9].

« divisions » horizontales ou « cloisons » pour créer trois « salles » séparées – la pièce des femmes, qui allait du mât de misaine au mât principal ; la pièce des petits garçons, et la pièce des hommes, qui se terminait à l'avant du navire. Les charpentiers construisaient les cloisons à base de planches de bois d'une épaisseur de 1,20 m, soit sous forme de grille (comme une porte de prison) ou de cloison pleine ; chaque cloison disposait d'une porte fermée à clef. Voir « Testimony of James Jones », dans Sheila Lambert (dir.), *House of Commons Sessional Papers of the Eighteenth Century* [*HCSP*], Wilmington, Scholarly Resources, 1975, LXVIII, p. 39-44. Dans son rapport, Parrey décrivit cette séparation et les abolitionnistes utilisèrent cette même nomenclature pour décrire le *Brooks*. Pour les mesures de Parrey, voir « Dimensions of the following Ships in the Port of Liverpool, employed in the African Slave Trade », dans S. Lambert (dir.), *op. cit.*, p. 6. Ces cloisons situées dans l'entrepont ne doivent pas être confondues avec le « barricado », un mur de bois qui divisait l'espace sur le pont supérieur au niveau du mât principal.

9. Avant 1786, les documents officiels britanniques n'incluaient presque aucune information sur la taille d'un navire à part son tonnage, un chiffre que les armateurs manipulaient pour économiser sur les droits de douanes. La loi de 1786 sur la navigation (« Shipping and Navigation Act ») (26 Geo. III, c.60) imposait aux navires d'être mesurés par un géomètre indépendant qui devait calculer le tonnage. Ces informations ont été perdues pour Bristol et Londres, mais on dispose de toutes les données en ce qui concerne les navires marchands de Liverpool entre 1786 et 1807, y compris pour les négriers. Voir Rupert C. Jarvis, « Liverpool Statutory Registers of British Merchant Ships », dans *Transactions of the Historic Society of Lancashire & Cheshire*, 1953, p. 107-122. Nous avons isolé les négriers et vérifié les données les concernant ; elles sont au Merseyside Maritime Museum (C/EX/L/4), on peut y accéder par slavevoyages.org/voyage/search. Ces registres couvrent 95 % des expéditions négrières entre 1787 et 1807 et 43 % des expéditions qui eurent lieu entre 1782 et 1786. On dispose de moins d'informations pour les années suivantes parce que les seuls navires qui pouvaient être suivis furent enregistrés avant et après 1786. Nous remercions Stephen D. Behrendt qui nous a fourni une base de données des registres des navires de Liverpool qui incluait les mesures des navires.

Mais la SEAST ne voulait pas dépeindre un négrier standard ; ses membres souhaitaient s'opposer aux intentions du Parlement, qui voulait réglementer la traite au lieu de l'abolir. En juillet 1788, en effet, le Parlement avait voté la loi de Sir William Dolben, qui limitait le nombre d'Africains que pouvaient transporter les négriers britanniques en fonction de leur tonnage. La SEAST devait donc produire un dessin qui convaincrait le public de l'« inhumanité » d'une traite des esclaves réglementée. Par conséquent, la SEAST conçut cette image, comme Clarkson l'expliqua, afin de montrer « combien de personnes » d'une certaine hauteur et largeur pouvaient, hypothétiquement, être « rangées » dans le *Brooks* si on leur donnait suffisamment d'espace pour qu'elles s'allongent sur le dos « sans empiéter sur l'espace alloué aux autres ». Un artiste, dont nous ne connaissons pas le nom et qui travaillait pour le comité de Plymouth de la SEAST, adapta approximativement les mesures de Parrey en décembre 1788 afin de reproduire la forme du vaisseau « en utilisant des proportions calculées de manière générale et rudimentaire », comme l'écrit Marcus Wood. Il aboutit à l'esquisse du plan d'un pont basique – plutôt un schéma – à l'intérieur duquel il dessina 295 captifs. Le comité de Londres améliora l'exactitude de ce schéma en se servant des mesures exactes de Parrey et en ajoutant des mâts et des « plateformes » tout autour des côtés du vaisseau, sur lesquelles les personnes esclavisées auraient dormi pendant le voyage. À la version bidimensionnelle de Londres manquaient des cordes, des voiles, des toilettes, des grilles et des portes séparant les salles mais elle incluait des schémas séparés représentant le vaisseau en coupe[10].

Après avoir dessiné les captifs, la SEAST découvrit que le *Brooks* pouvait contenir 470 Africains (190 hommes, 183 femmes, 70 petits garçons et 27 petites-filles). Comme l'écrivit Clarkson sur un ton sardonique, ceux qui regardaient cette image voyaient « les avantages apportés par la loi de Dolben » parce que « nombre d'entre eux, en regardant cette représentation, considéraient que cette réglementation elle-même constituait une parfaite barbarie ». Mais le *Brooks* n'avait jamais transporté ce nombre d'Africains lors d'aucun de ses voyages précédents ; il transporta 650 personnes en 1782, 619 en 1784, 740

10. Pour la réalisation du *Brooks*, voir T. Clarkson, *History*, *op. cit.*, II, p. 111 et M. Wood, *Blind Memory*, *op. cit.*, p. 26 ; pour le Plymouth, *Plan of an African Ship's Lower Deck with Negroes in the proportion of only One to a Ton*, Plymouth, 1789 ; pour la version de Londres, *Description of a Slave Ship*, Londres, 1789. Nous faisons référence à la version de Londres, sauf indication contraire.

en 1785, et 609 en 1787[11]. Le dessin représentait par conséquent le nombre d'esclaves qu'il était possible de transporter sur le *Brooks* en application de la loi de Dolben, et non le nombre d'esclaves que le bateau avait transporté lors d'un de ses quatre précédents voyages[12].

La SEAST simplifia les images des esclaves pour calculer combien de personnes identiques rentreraient à l'intérieur d'un dessin des contours du bateau. L'artiste dessina des hommes, des femmes, des petits garçons et des petites filles en ne les distinguant qu'en modifiant leur taille par groupe, en ajoutant une poitrine aux femmes, et en mettant des chaînes aux chevilles et aux poignets des hommes. À l'intérieur de chaque groupe d'âge et de genre, les personnes dessinées ont la même taille et la même apparence et portent les mêmes pagnes. Les esclaves réels auraient été nettement différents des corps représentés sur le dessin. Bien que les marchands d'esclaves cherchassent à acquérir des captifs de taille et d'âge similaires, la taille des captifs d'un même groupe de genre et d'âge pouvait varier de presque 30 cm ; ils étaient plus ou moins corpulents et leurs cheveux n'étaient pas tous coiffés de la même façon. Dans le cas des hommes, ils étaient entièrement nus. En outre, aucun des captifs de l'image ne paraît malade ou estropié ; or beaucoup d'entre eux étaient dans cette situation lors du Passage du milieu. La représentation du *Brooks* n'a donc qu'une ressemblance lointaine avec le navire lui-même. Aucun des deux artistes de la SEAST n'avait vu le bateau, et encore moins ses captifs. Ce dessin est une représentation picturale d'un tableau de mesures et de tailles humaines – une méthode acceptable s'il s'agit de représenter le schéma d'un bateau, mais très insuffisante si l'on veut représenter un véritable négrier.

Les données des registres de Liverpool confirment que ce dessin ne donne pas une représentation satisfaisante de l'entassement à bord

11. Respectivement ID 80663, 80664, 80665 et ID 80666.

12. Selon T. Clarkson, *History*, *op. cit.*, II, p. 113, les hommes esclavisés étaient représentés dans des espaces qui mesuraient 1,83 mètre par 41 cm ; les femmes, 1,52 mètre par 41 cm ; les petits garçons, 1,52 mètre par 36 cm et les petites filles, 1,22 mètre par 30 cm. Le Dolben Act (28 Geo. III, c.54) précisait que les négriers britanniques pouvaient transporter cinq esclaves par tonneau dans la limite de 201 tonneaux. Ensuite on pouvait ajouter un esclave par tonneau supplémentaire. Le *Brooks*, avec 320 tonneaux, pouvait légalement transporter 454 esclaves : (201/3) /5+(320-201) = 454. Certaines versions du dessin représentaient le bateau selon le Dolben Act. Voir *Stowage of the British Slave Ship « Brookes » Under the Regulated Slave Trade Act of 1788*, Londres [?], v. 1789.

des bateaux britanniques avant le passage du Dolben Act en 1788 (pour notre méthode de calcul de l'entassement, voir l'appendice). Selon le rapport de Parrey, le dessin du *Brooks* dépeignait des ponts à esclaves de 1 021 m^2. Ainsi, les 470 captifs décrits sur le dessin disposaient chacun en moyenne de 2,18 m^2. Par comparaison, l'espace disponible en moyenne par esclave lors de 251 voyages ayant eu lieu avant 1789 était de 2,44 m^2 ; lors de seulement 68 de ces voyages (27 %), les captifs étaient moins entassés que ne le montre le *Brooks*. Lors de 114 des 251 voyages (46 %), on entassa les captifs dans des espaces qui mesuraient moins de 1,83 m^2 par personne – en « emballage serré » selon le sombre langage du commerce d'esclaves. Ces 114 voyages incluaient les quatre voyages du *Brooks*. L'espace moyen disponible lors de 895 voyages entre 1789 et 1799 était de 2,24 m^2, presque exactement les conditions décrites dans le *Brooks*. Avant 1800 – quand le Parlement vota de nouvelles réglementations limitant le nombre d'esclaves que pouvaient transporter les navires britanniques en fonction de leurs dimensions plutôt que de leur tonnage – et l'abolition de la traite en 1807 – l'espace par captif s'accrut pour atteindre 2,87 m^2. Par conséquent, le *Brooks* représente les conditions dans lesquelles 726 000 captifs furent transportés à bord des vaisseaux britanniques après 1788 – l'époque de la traite réglementée. Mais il nous informe seulement de ce que vécut une petite fraction des 2 millions 500 000 esclaves transportés à bord de vaisseaux britanniques lors de la période où la traite n'était pas réglementée.

La SEAST écrivit une longue description sous le dessin, car elle craignait que les « Plans et Coupes » du Brooks seuls « paraissent constituer davantage une fiction qu'une représentation réelle d'un négrier ». La SEAST admit que le *Brook*s avait transporté 690 personnes lors de son précédent voyage[13], et non les 470 représentées sur le dessin. Lors de ce voyage, écrivit la SEAST, « elles ne disposaient en réalité que de 25 centimètres et non les 41 centimètres du plan ». « Les hommes, ajoutait la SEAST, étaient placés, comme c'est ordinairement le cas, dans des bateaux pleins, sur le côté ou l'un sur l'autre ». Le texte continuait en décrivant les malheurs que subissaient les Africains dans une telle situation d'entassement – la « chaleur excessive » de l'entrepont, les « flux et fièvres », et l'atmosphère suffocante quand il fallait fermer les écoutilles par gros temps[14].

13. ID 80666.
14. *Description of a Slave Ship*, *op. cit.*

Généralement, les utilisateurs actuels du dessin du *Brooks* le montrent sans l'accompagner de ce texte. Ils isolent ainsi des explications nécessaires une image dont mêmes ses créateurs connaissaient les graves défauts. Mais, encore une fois, la stratégie de la SEAST relevait davantage de la licence poétique que d'une volonté de dissimulation. En faisant du *Brooks* un outil destiné à convaincre le public qu'une traite des esclaves réglementée s'apparentait à de la « barbarie », l'association reconnaissait que l'image avait des limites en tant que représentation visuelle réelle du Passage du milieu[15].

La *Marie-Séraphique* et les réalités de l'entassement à bord au cours du XVIIIe siècle

Si la représentation du *Brooks* a été largement utilisée, en dépit de ses défauts évidents, c'est parce que peu d'autres images contemporaines dépeignent des négriers avec un plein chargement d'esclaves pendant la période où la traite était légale – du moins jusqu'à ce que soit découverte en 2005 l'image du négrier de Nantes, la *Marie-Séraphique*[16], où l'on voit 307 personnes esclavisées (189 hommes, 60 femmes, 49 petits garçons et 9 petites filles) emprisonnées dans le bateau dans le cadre d'un voyage de Loango à Saint-Domingue en 1769-1670 (ill. 2). Ce dessin est intégré à une plus large peinture qui décrit la cale inférieure, la cale supérieure, le pont des esclaves et le pont supérieur en coupe ; le vaisseau ancré au large de Loango (ill. 3) ; et des tableaux donnant le détail des profits du voyage. Cette peinture correspond à une autre image, qui elle a été retrouvée en 1893, qui montre la *Marie-Séraphique*[17] à Saint-Domingue au cours de son voyage de 1772-1773 : il s'agit là de la seule image d'une vente d'esclaves lors de la période où la traite transatlantique des esclaves était légale. Si l'on regarde attentivement l'image de 2005, on se rend compte qu'il s'agit de la représentation contemporaine la plus exacte des conditions de vie à bord d'un négrier lors de la traite transatlantique au XVIIIe siècle, l'ère du *Brooks*[18].

---

15. T. Clarkson, *History*, *op. cit.*, II, p. 115.
16. ID 30910.
17. ID 30968.
18. Pour des images d'autres négriers, voir Jane Webster « "Success to the Dobson" : Commemorative Artefacts Depicting 18th-Century British Slave Ships », *Post-Medieval Archaeology*, XLIX, 2015, p. 72-98. Pour les voyages de la *Marie-Séraphique*, voir

Ill. 2. Plan du pont de la *Marie-Séraphique*, 1770.
Détail de Jean-René L'Hermite et Jean-Baptist Fautrel-Gaugy [?], [1770 ?], « Plan, Profil, et Distribution du Navire *La Marie Séraphique*... », reproduit avec l'autorisation du Musée d'histoire de Nantes.

Avec la *Marie-Séraphique* on découvre mieux ce qu'étaient en général les navires négriers britanniques et français lors de la seconde moitié du XVIIIe siècle qu'on ne peut le faire en examinant le *Brooks*, un très gros vaisseau. Construit à Nantes et destiné spécialement à la traite – ce qui n'était pas le cas de la plupart des navires négriers –, il fut lancé en octobre 1764 sous le nom de *Dannecourt*. La disposition du bateau n'avait rien de particulier : ses deux ponts, gaillard d'avant et plage arrière correspondaient à la plupart des négriers du XVIIIe siècle,

http://slavevoyages.org/voyages/VgGUpWdt. Aux deux images de la *Marie-Séraphique* s'ajoute un bol de rasage de marin qui représente à nouveau le bateau. Bernard Guillet, le directeur du Musée d'Histoire de Nantes où sont exposées les images de la *Marie-Séraphique*, considère que l'image de 1893 a été reproduite dans presque cent volumes différents, la plupart du temps en français. À l'inverse, les historiens de la traite, qu'ils soient français ou anglophones, ne se sont pas encore emparés de l'image de 2005. Voir Bertrand Guillet, *La Marie-Séraphique, navire négrier*, Nantes, MeMo, 2010.

y compris le *Brooks*. Cependant, à la différence de ce dernier, navire gréé à trois mâts, la *Marie-Séraphique* n'avait que deux mâts, une configuration qui réduisait les coûts et accroissait la vitesse. Le bateau faisait 499 m^2 (20,42 mètres par 7,44 mètres) quand on le mesure comme un rectangle, soit juste plus petit de 21 % que les 629 m^2 typiques des négriers de Liverpool à l'époque (1782-1807), et plus petit de 38 % que les 808 m^2 du *Brooks*. La *Marie-Séraphique* transporta en moyenne 357 personnes lors de ses six voyages en Afrique ; au XVIIIe siècle, les bateaux britanniques transportaient d'ordinaire environ 267 captifs et les négriers français approchaient des 325. Par comparaison, le *Brooks* transportait toujours le double de la cargaison moyenne des vaisseaux britanniques. La *Marie-Séraphique* était légèrement plus petite que de nombreux négriers contemporains, sa configuration était étrange, mais elle représentait bien les négriers qui naviguaient dans la seconde moitié du XVIIIe siècle. Elle ressemblait également davantage au négrier britannique typique que le *Brooks*[19].

Bien que la représentation de 2005 de la *Marie-Séraphique* soit anonyme, la peinture de 1893 est signée de Jean-René L'Hermite, qui servit de second lieutenant lors du voyage. En 1773, L'Hermite était monté en grade en accomplissant quatre autres expéditions de traite, y compris les voyages de la *Marie-Séraphique* de 1769-1770 et celui de 1770-1771 ; il s'était probablement aussi impliqué dans la peinture de l'expédition de 1769-1770. Bertrand Guillet, le directeur du musée de Nantes, affirme cependant, après avoir comparé préci-

19. Le *Dannecourt* entreprit une expédition de traite (ID 30806) en 1765-1766 avant d'être vendu en juin 1769 à Jacques Gruel, un marchand qui rebaptisa le navire en lui donnant le prénom de sa femme, Marie-Séraphique. Après avoir envoyé la *Marie-Séraphique* faire quatre expéditions de traite vers l'Angola, Gruel la vendit à un groupe de marchands de Nantes en 1776. Ces derniers l'équipèrent, sous le nom de *Sartine* cette fois-ci, et l'expédièrent une quatrième et dernière fois vers les côtes de l'Afrique (ID 31051). Voir B. Guillet, *La Marie-Séraphique*, *op. cit.*, p. 31-38. Le TSTD ne nous donne pas d'informations sur le gréement des négriers français. Des 7 597 expéditions de traite britanniques entreprises entre 1701 et 1807, seules 1 244 d'entre elles furent effectuées sur des deux mâts équipés en complément d'une voile aurique. La plupart des navires (4 225) étaient des trois mâts, comme le *Brooks*. Voir http://slavevoyages.org/voyages/guIxHdwP. Nous ne disposons pas de données systématiques concernant les dimensions des négriers français et britanniques qui naviguaient avant 1782 car les armateurs n'étaient pas obligés d'évaluer le tonnage. Concernant les dimensions des négriers de Liverpool, voir l'appendice. Quant au nombre moyen d'esclaves transportés par les négriers britanniques, voir http://slavevoyages.org/voyages/ORscp1uo ; pour les navires français, http://slavevoyages.org/voyages/XLg0gTt9.

sément les images de 2005 et de 1893, que les deux tableaux ne sont pas l'œuvre de L'Hermite seul. Selon Guillet, Jean-Baptiste Fautrel-Gaugy, capitaine du *Marie-Séraphique*, fut probablement le second artiste. Fautrel-Gaugy servait en tant que capitaine de navire depuis 1765-1766, un poste auquel il s'était élevé après avoir servi comme second sur de nombreux autres navires négriers. De manière symptomatique, Fautrel-Gaugy était le fils d'une famille d'artistes nantais accomplis, de qui il aurait pu hériter les compétences qui lui permirent de peindre les détails et la perspective de manière remarquable, ce qui est évident dans les images de 2005 et 1893. Fautrel-Gaugy et L'Hermite ont peut-être passé leur temps libre à bord à réaliser les peintures ensemble, ou bien les ont-ils réalisées à leur retour. Quoi qu'il en soit, le travail des deux hommes reflète un niveau de compétence artistique qui dépasse largement celui du dessinateur abolitionniste qui réalisa le *Brooks*. En outre, les deux hommes savaient très bien dans quelles conditions les personnes esclavisées étaient transportées à bord du *Marie-Séraphique* – un vaisseau à bord duquel Fautrel-Gaugy et L'Hermite passèrent chacun 1 716 jours entre 1769 et 1775[20].

L'image de 2005 du pont aux esclaves sur la *Marie-Séraphique* contient tous les éléments d'un négrier de l'époque (ill. 2). L'entrepont se divise en trois compartiments : un pour les hommes à l'avant du mât principal, un pour les petits garçons au milieu du bateau et un

20. L'Hermite servit comme premier lieutenant lors du voyage de *Marie-Séraphique* en 1773-1774 (ID 31003), puis comme second capitaine à bord du *Roi Nègre* en 1776-1777 (ID 31059), à nouveau sous les ordres de Fautrel-Gaugy. Il fut officier sur des navires ordinaires lors de la guerre d'Indépendance américaine avant d'être promu capitaine du *Prince Noir* en 1783 (ID 31108). Après 1785, il disparaît des archives. Concernant L'Hermite, voir B. Guillet, *La Marie-Séraphique*, *op. cit.*, p. 11-12. C'est à bord du *Roi Guinguin* (ID 30789), en 1764, que Fautrel-Gaugy fut commandant pour la première fois. Concernant Fautrel-Gaugy, voir *ibid.*, p. 12, 45. On évalue le temps que les deux hommes passèrent à bord de la *Marie-Séraphique* sur la base de la durée des expéditions telle qu'elle apparaît dans http://slavevoyages.org/voyages/odStmxUW. On ignore pourquoi Fautrel-Gaugy et L'Hermite décidèrent de dessiner la *Marie-Séraphique*. Il est possible que Gruel ait commandé les dessins pour commémorer celui de ses négriers qui avait le plus de valeur et portait également le prénom de sa femme ; les deux images incluent des tableaux qui rappellent le succès financier des expéditions. Dans la mesure où il avait résidé dans le passé à Saint-Domingue, il est aussi possible que Gruel ait conservé la peinture de 1893 en guise de souvenir. Quoi qu'il en soit, il semblerait que Gruel ait conservé les images de la *Marie-Séraphique* comme mémentos d'un investissement dans une entreprise qu'il considérait clairement comme légitime sur le plan moral.

autre, à l'arrière, pour les femmes. Cette configuration de l'espace, que l'on retrouve sur l'image du *Brooks*, était omniprésente dans la traite du XVIIIe siècle. Le gaillard d'avant de la *Marie-Séraphique*, fermé par une cloison en bois, contient des barriques, des billes de bois et une partie de la livarde. Sur le *Brooks*, cette zone paraît réservée aux hommes, mais il était commun d'utiliser le gaillard d'avant comme lieu de stockage. La base du cabestan de la *Marie-Séraphique* traverse la zone des hommes et constitue une barrière de bois incommode sur laquelle les esclaves hommes sont appuyés. Les cloisons de bois de la salle, qui apparaissent sur la peinture sous la forme de lignes blanches et noires, ne se coupent pas nettement à angle droit comme c'est le cas sur le *Brooks* ; sur la *Marie-Séraphique*, elles forment deux zones resserrées près des écoutilles qui mènent sous le pont – des barrières qui empêchaient les esclaves hommes de s'introduire violemment dans la cale. L'espace entre la salle des hommes et celle des femmes ne fait qu'entre 1,5 et 1,8 mètre, alors que, dans le dessin du *Brooks*, il paraît plus large et rempli de petits garçons esclavisés. L'étroitesse de la salle s'explique par l'espace de stockage de voiles, de cordes et d'outils qui est fermé par des murs nus du côté des hommes et par des murs percés de portes du côté des femmes. Des plateformes avancent à partir du côté de la salle des femmes mais ne vont pas jusqu'à l'arrière du vaisseau en raison des placards et des casiers qui y sont situés ; du côté des hommes il n'y a aucune plateforme. Il semble que la *Marie-Séraphique*, bateau à voiles, a été convertie en prison flottante grâce à la modification de l'espace encombré entre les ponts, ce qui contraste avec les espaces vides représentés sur le dessin du *Brooks*[21].

La représentation de la *Marie-Séraphique* capture avec précision la complexité de l'entrepont d'un négrier, que modifiaient les hommes d'équipage pour y accueillir des proportions variées d'hommes, de femmes et d'enfants. Le rapport de Parrey nous apprend, par exemple, que les marchands de Liverpool ajustaient les salles et les plateformes pour contenir des nombres plus ou moins grands d'hommes et de femmes selon la destination d'un vaisseau se rendant en Afrique. Un des vaisseaux venant de la Côte au vent, où les capitaines achetaient un nombre significatif d'hommes esclavisés, était équipé de plate-

21. Pour une description des esclaves pénétrant dans la cale par les écoutilles, voir « Testimony of Ecroyde Claxton », dans S. Lambert (dir.), *HCSP*, LXXXII, p. 36 ; « Testimony of James Arnold », *ibid.*, LXIX, p. 133.

formes dans les salles des hommes et des garçons mais pas dans la salle des femmes. À l'inverse, un des vaisseaux revenant du Golfe du Biafra, où les capitaines s'attendaient à acheter des femmes en très grand nombre, n'était équipé de plateformes que dans la salle des femmes. Il est possible que les fournisseurs de la *Marie-Séraphique* aient adapté le bateau pour y emprisonner plutôt des femmes, mais ce qui est plus probable, c'est que l'absence de plateformes dans la salle des hommes s'explique par son plafond bas. Comme le dit le capitaine de Liverpool Robert Norris au Parlement : « Il arrive parfois [*sic*] qu'il n'y ait qu'une plateforme dans la salle des femmes » car une « Rupture du Pont » [*sic*] faisait que « la salle des Hommes était plus basse et qu'il n'y avait pas de plateforme ». Cette configuration, décrite par Norris, apparaît clairement dans l'image de 1893 de la *Marie-Séraphique*, qui montre que la salle des femmes a un plafond plus haut que celle des hommes. En outre, la section encombrée visible à l'arrière de la salle des femmes empêchait probablement la construction de plateformes, autre trait que l'on trouve régulièrement sur les négriers[22].

Fautrel-Gaugy et L'Hermite ont dépeint leurs prisonniers africains d'une manière remarquable et très détaillée. Les esclaves hommes apparaissent, comme cela aurait été le cas sur le navire, entièrement nus, leur jambe droite attachée à la jambe gauche d'un autre homme par des fers en forme de barre. Les femmes portent des pagnes à carreaux bleus et ne sont pas entravées. La plupart des captifs sont allongés en rangées parallèles, comme dans le dessin du *Brooks*, parce que, selon les descriptions de nombreux témoins, des hommes d'équipage conduisaient chaque soir les Africains sous le pont en longues lignes et les obligeaient alors à adopter cette position. On voit que les captifs occupent simplement 1,98 m^2 par personne, quelques centimètres carrés de moins que la surface moyenne occupée lors des voyages partant de Liverpool entre 1782 et 1788. À la différence des rangées d'esclaves

22. Pour les mesures réalisées par Parrey, voir *ibid.*, LXVII, p. 6. Parrey nota que trois autres navires qu'il n'avait pas mesurés précisément étaient « équipés de la même manière » que les navires de la Côte au vent et du Biafra, ce qui voulait dire qu'il était courant d'ajouter ou de retirer des plateformes de salles particulières. Concernant les navires qui ne disposaient pas de plateformes ou qui n'avaient de plateformes que dans certaines salles, voir « Testimony of John Matthews », *ibid.*, LXVIII, p. 19 ; « Testimony of William Littleton », *ibid.*, LXVIII, p. 224 ; « Testimony of James Towne », *ibid.*, LXXXII, p. 19 ; « Testimony of Robert Norris », *ibid.*, LXVIII, p. 17.

couchés figurant sur l'image du *Brooks*, les captifs de la *Marie-Séraphine* sont pressés contre leurs voisins – « comme on range les petites cuillers » ainsi que le décrivit le médecin de bord du *Brooks* devant le Parlement. En outre, certains captifs individuels sont entassés dans les petits espaces où l'on ne pouvait faire tenir des rangées d'individus, autour du cabestan, ou même sur les bordures des murs. Presque tous les captifs sont allongés sur leur côté droit – une position considérée comme « préférable pour le fonctionnement du cœur », ainsi que le formula un marin d'un négrier au XIXe siècle – le bras droit maintenu fermement en dessous de celui de leur voisin et leur bras gauche déployé au-dessus de leur tête tel un oreiller ou drapé en travers de leur poitrine. Quoiqu'ils soient alignés en rangées, ils ressemblent à des personnes qui se trouveraient dans une prison surpeuplée : leurs jambes, bras et têtes mêlés, et leurs corps étendus dans une position incommode sur des poutres en bois ou tassés dans des coins[23].

Cette description des esclaves individuels à bord de la *Marie-Séraphique* est plus authentique que l'image schématique du *Brooks*. À la différence des clones du *Brooks*, les esclaves de la *Marie-Séraphique*

23. La zone du pont réservée aux esclaves à bord de la *Marie-Séraphique* était calculée de la façon suivante : on prenait l'espace horizontal des salles (560 m^2) et on l'ajustait aux plateformes de la salle dédiée aux femmes, qui mesurait 7 m par 1, 83 m de chaque côté de la pièce. Ces plateformes accroissaient la zone du pont réservée aux esclaves de 84 m^2, ce qui amenait la surface totale à 583 m^2. Que ce soit les livres de bord des négriers ou les nombreux marchands d'esclaves qui témoignèrent devant le Parlement, tous confirmèrent que les Africains esclavisés étaient sur le pont pendant la journée sur les navires britanniques et français au XVIIIe siècle. Le naturaliste Henry Smeathman, qui visita un négrier britannique dans les années 1770, donne la meilleure description de la manière dont on faisait descendre les esclaves à la fin de la journée. Les esclaves hommes étaient « retirés du groupe l'un après l'autre ou par paires » et les officiers inspectaient les chaînes de chaque paire de captifs avant de les faire descendre par l'écoutille à la fin de la journée. Voir Henry Smeathman (éd. Deirdre Coleman), « Oeconomy of a Slave Ship », dans Brycchan Carey et Peter J. Kitson (dir.), *Slavery and the Cultures of Abolition : Essays Marking the Bicentennial of the British Abolition Act of 1807*, Rochester, Boydell & Brewer Ltd, 2007, p. 146. Un ancien capitaine de négrier écrivit que lorsque les esclaves étaient en bas, « un blanc descendait et les alignait en rangées afin d'occuper l'espace au mieux », voir John Newton, *Thoughts on the African Slave Trade*, Londres, J. Buckland, J. Johnson, St. Paul's Church-yard, 1788, p. 34. Un autre ancien officier de négrier dit au Parlement qu'il « ajustait leurs bras et jambes et prescrivait une place pour chacun », voir « Testimony of William James », dans S. Lambert (dir.), *HCSP*, LXIX, p. 137. En ce qui concerne le chirurgien du Brooks, voir « Testimony of Thomas Trotter », *ibid.*, LXXIII, p. 83-84. Brantz Mayer, *Captain Canot ; or, Twenty Years of an African Slaver*, Londres, D. Appleton and Company, 1854, p. 104.

diffèrent de taille, corpulence et d'apparence. Dans la salle des hommes, les captifs hommes de grande taille occupent les côtés les plus larges du navire, tandis que les adolescents et enfants de petite taille sont entassés dans les espaces intermédiaires plus petits où les hommes d'équipages leur avaient sans doute dit de s'installer. Les femmes dorment sur des armoires, des étagères, des rebords étroits, leurs têtes et leurs corps émergent du bas des plateformes de manière désordonnée. Certaines femmes portent des perles autour des chevilles, d'autres ont échangé leur pagne pour une tunique plus longue qui va du nombril aux genoux. Une femme qui porte un long vêtement en forme de jupe allaite un bébé ; les Européens achetaient souvent des mères et leurs nourrissons, voire des femmes enceintes qui donnaient naissance à bord. Une autre femme est étendue sur un rebord étroit au-dessus de la tête de la femme qui allaite et un petit enfant, peut-être sa fille, est à ses pieds : les jambes d'une voisine pendent par-dessus ce même rebord. Sept captives enveloppées de tissu bleu sont souffrantes et reposent à l'intérieur des écoutilles fermées – les captives malades que l'équipage essayait de maintenir en quarantaine loin de leurs compagnes de voyage[24].

Les autres vues des ponts supérieurs et de la cale de la *Marie-Séraphique*, comme du navire à l'ancre en Afrique, ajoutent des détails supplémentaires qui nous permettent de comprendre encore mieux ce que vécurent les esclaves (ill. 2 et 3). Des barriques de bois remplies d'eau remplissent la cale, chacune maintenue en place par des billes de bois qui servaient à cuire les deux repas journaliers des esclaves dans un chaudron à l'arrière du mât principal ; les haricots secs, le riz, le manioc, la farine et le pain sont stockés dans des compartiments à l'arrière de la cale. Emprisonnés la nuit dans l'entrepont de la *Marie-Séraphique*, les captifs pouvaient sans doute entendre l'eau clapoter dans les barriques en dessous d'eux, et les rats courir

24. Selon Canot, quand il rangeait les captifs, il « faisait attention à la taille, les plus grands étaient installés là où le navire était le plus large, alors que les plus petits et les plus jeunes étaient logés près de la proue » : voir B. Mayer, *Captain Canot, op. cit.*, p. 104. En ce qui concerne le port de vêtements et de perles par les femmes et les enfants esclavisés, voir le *Journal Book* de Henry Smeathman, 17 décembre 1771, Uppsala University Library, D.26, No. 3 ; pour l'utilisation de zones fermées réservées aux malades, voir S. Lambert (dir.), HCSP, LXIX, p. 35 ; « Testimony of Robert Norris », *ibid.*, LXVIII, p. 5 ; « Testimony of Archibald Dalzell », *ibid.*, LXIX, p. 121 ; pour l'utilisation de vêtements quand les esclaves étaient malades, voir « Testimony of Ecroyde Claxton », *ibid.*, LXXXII, p. 33.

entre l'eau et la nourriture. Par beau temps, les hommes d'équipage pouvaient faire monter les captifs sur le pont principal le matin en les faisant passer par les épaisses écoutilles grillagées – l'une d'entre elles est représentée ouverte sur le dessin du pont supérieur. Le pont supérieur de la *Marie-Séraphique* n'était pas une zone vide, comme dans le cas du *Brooks* : on y stockait en fait des barriques d'eau, de la nourriture, des marchandises destinées au commerce, du bétail en cage et les treuils et poulies nécessaires au fonctionnement du navire. Des anneaux de fer placés sur le bord des grilles indiquent l'endroit où deux longues « chaînes de pont » se seraient trouvées le long du pont avant. C'est à cette chaîne que l'équipage pouvait attacher les hommes dès leur arrivée sur le pont, ce qui les confinait entre les barriques positionnées sur le côté et la barrière haute et large située au milieu du bateau et que l'on appelait le barricado, qu'on voit sur l'image de 1893. Cette mesure était destinée à empêcher les insurrections. Les femmes, en moins grand nombre, auraient eu plus de place sur la plage arrière et n'auraient pas été enchaînées, mais l'espace disponible aurait été réduit par la présence de l'équipage : 41 hommes, qui restaient presque tous derrière le barricado au cas où les hommes, de l'autre côté de la barrière, lancent une rébellion. Comme on le voit sur le dessin qui représente le bateau à l'ancre au large de Loango, l'encombrement du pont de la *Marie-Séraphique*, où s'entassaient 307 esclaves, n'aurait pu que susciter un sentiment d'oppression. Les captifs apparaissent sur l'image sous la forme d'une masse dense qui devait être le jouet du tangage et du roulis du bateau, leurs têtes dépassant à peine des plats-bords et protégées du soleil par deux larges voiles[25].

25. Concernant les compartiments dédiés aux provisions, voir « Testimony of John Knox, », dans S. Lambert (dir.), *HCSP*, LXVIII, p. 90 ; pour les rats et les souris qui pénétraient dans « les barriques de provisions et d'eau », voir Pieter Gallandat (trad. Lieneke Timpers), *Necessary Instructions for the Slave Traders*, Middelburg, 1769 ; pour l'installation des esclaves sur le pont et leur emprisonnement au moyen de « chaînes de pont », voir J. Newton, *Thoughts…*, *op. cit.*, p. 15. H. Smeathman, « Oeconomy of a Slave Ship », *op. cit.*, p. 141-142, rapporte que seuls trois membres d'équipage se tenaient devant le barricado à un moment donné : « autrement les esclaves hommes auraient pu s'emparer de la moitié de l'équipage tout d'un coup et rapidement devenir maîtres du navire ». Il ajoute que la plage arrière du négrier *Afrique* qu'il visita (ID 91495) était « si encombrée » de femmes, d'enfants et de membres d'équipage qu'il y avait à peine la « place de passer », voir H. Smeathman, *Journal Book*, 17 décembre 1771, *op. cit.*

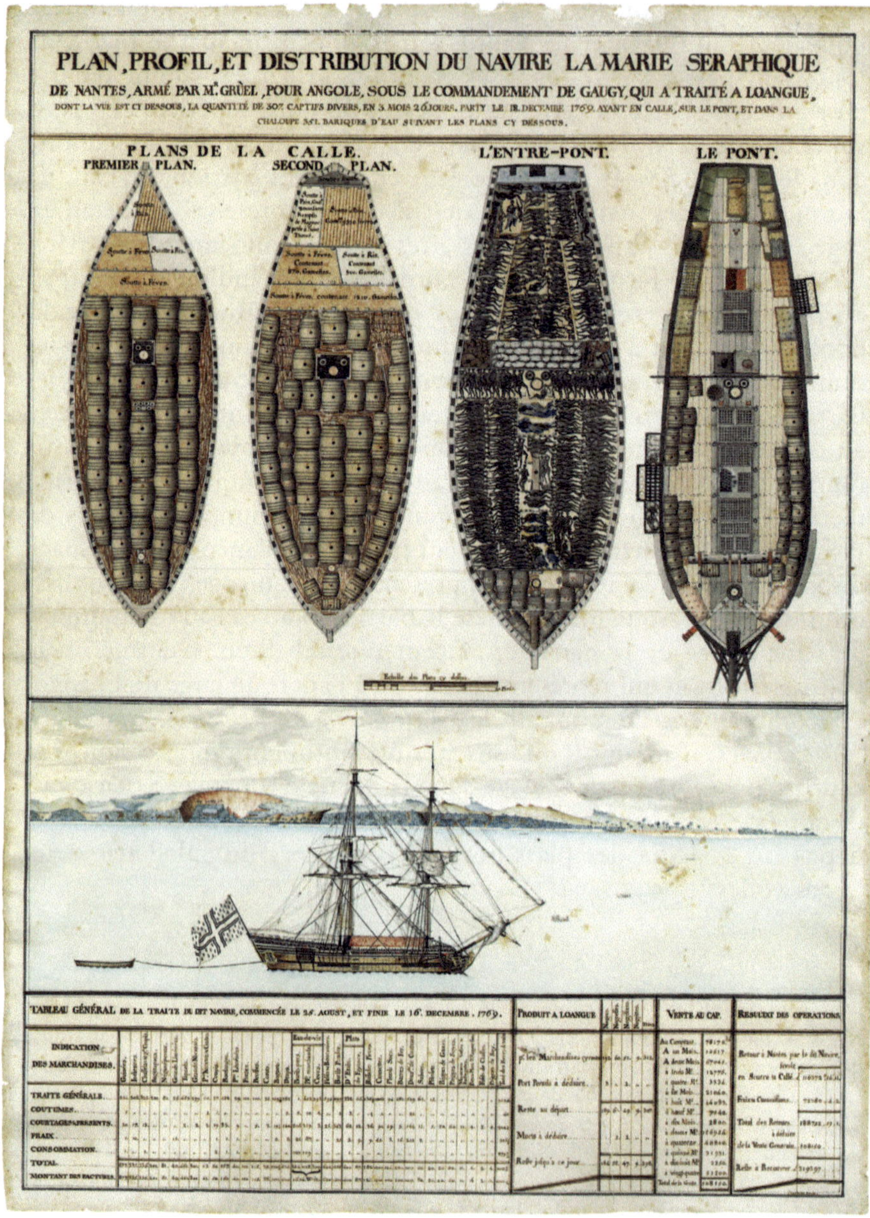

Ill. 3. La *Marie-Séraphique* au large de Loango, 1773.
Jean-René L'Hermite et Jean-Baptiste Fautrel-Gaugy [?], [1770],
« Plan, profil et Distribution du Navire *La Marie-Séraphique*… »,
reproduit avec la permission du Musée d'histoire de Nantes.

En incluant des images des différents niveaux du navire et en ajoutant une vue du bateau à l'ancre, les artistes nous donnent à voir avec un niveau de détail et de complexité bien plus important que dans le cas du *Brooks* un négrier opérationnel sur lequel s'entassaient des centaines d'individus. Bien que le dessin de la *Marie-Séraphique* dépeigne des personnes esclavisées « couchées », comme le suggère Marcus Wood pour le *Brooks*, il inclut nombre de détails qui révèlent que le navire était une véritable prison flottante[26].

L'entassement à bord des bateaux avant et après le XVIIIe siècle

La traite transatlantique existait depuis deux cent cinquante ans quand on réalisa des dessins de la *Marie-Séraphique* qui lui permirent de passer à la postérité, et elle continua jusqu'en 1867 dans des conditions extrêmement différentes. Aucune illustration d'esclaves transportés à bord de navires avant le XVIIIe siècle ne semble avoir été conservée ; la plus ancienne est une peinture en ex-voto du négrier de La Rochelle *Le Saphir*[27]. Mais les premiers captifs transatlantiques ont probablement voyagé dans des conditions que n'auraient pu imaginer leurs successeurs. Marc Wheat et David Eagle ont récemment collecté des données pour presque 100 bateaux arrivés à Puerto Rico directement d'Afrique entre 1520 et 1540. En moyenne, ils ne transportaient que 16 esclaves. Il est fort probable que ces bateaux aient été des galions ou des caraques équipés de gaillards d'avant très hauts et d'un mélange de voiles carrées et latines. Ils n'auraient pas été radicalement différents des vaisseaux portugais qui naviguaient sur l'océan Pacifique et l'océan Indien. Ils seraient partis de la péninsule Ibérique chargés de marchandise européenne et de migrants espagnols avant de récupérer des esclaves – tous originaires de la zone s'étendant du Sénégal au Liberia –

26. Bien que l'image de 2005 soit une description plus précise des conditions à bord que le *Brooks*, elle ne traduit pas complètement l'entassement des Africains à bord de la *Marie-Séraphique* parce que les captifs avaient moins d'espace, parfois beaucoup moins, lors de ses cinq autres expéditions. L'espace alloué à chaque esclave lors des six expéditions de la *Marie-Seraphique* fut de 1,5 m^2 par personne en 1765-1766 (ID 30806) ; 1,91 en 1769-1770 (ID 30910) ; 1, 83 en 1770-1771 (ID 90941) ; 1,70 en 1772-1773 (ID 30968) ; 1,57 en 1773-1774 (ID 31003) ; et seulement 1, 32 en 1776-1777 (ID 31051).
27. ID 32119.

lors d'un arrêt aux Îles Canaries. Comme les membres d'équipage et les migrants étaient beaucoup plus nombreux qu'eux, les esclaves hommes auraient peut-être voyagé dans des conditions proches de celles des migrants libres, à l'exception peut-être des chaînes qui les auraient entravés[28].

Au milieu des années 1550, le nombre moyen d'esclaves transportés commença à ressembler à celui des esclaves qui voyagèrent à bord de la *Marie-Séraphique* et du *Brooks*, bien que la traite ne soit en aucune façon comparable. Les premiers marchands d'esclaves transatlantiques, des Portugais principalement, organisaient leurs opérations autour de zones fortifiées sur le rivage où les esclaves étaient rassemblés et en partie hébergés. Les navires pouvaient passer un an ou plus sur la côte atlantique, fréquemment avec peu d'esclaves à bord, quand ils n'étaient pas totalement vides. Les navires n'embarquaient pas les esclaves tant qu'ils n'avaient pas atteint leur « capacité » complète, ce qui se produisait, en général, juste avant le départ. Sur les îles et les établissements de la côte, les Portugais créèrent un environnement sûr où ils pouvaient faire le commerce des esclaves et les détenir pendant des périodes prolongées. Aucune autre puissance européenne ne fut en mesure de parvenir à une situation aussi sûre en dehors de certains forts situés principalement sur la Côte de l'or ou dans le Golfe du Bénin. Dans ces golfes et au nord du fleuve Congo, les commerçants engagés dans la traite française, hollandaise ou anglaise – traites extrêmement actives –, utilisaient leurs navires comme plateformes commerciales, leurs capitaines interagissant directement avec les fournisseurs africains. Aucune de ces plateformes commerciales ne put jamais rivaliser avec Luanda, noyau de la traite atlantique portugaise d'où partirent 2 800 000 esclaves. Cet avantage dont bénéficièrent les Portugais est l'un des facteurs largement sous-étudiés permettant d'expliquer pour-

28. Jean-Michel Deveau, *La traite rochelaise*, Paris, Karthala, 2009, p. 132. Dans les années 1550, des données détaillées concernant deux grands navires transatlantiques laissent entendre que chacun d'entre eux débarqua plus de cent esclaves, respectivement à Hispaniola et à Vera Cruz. Mais à leur arrivée, on constata que ces bateaux transportaient également d'importants volumes de vin et d'huile d'olive, de même qu'une gamme étendue de biens manufacturés. Voir M. Eagle et D. Wheat, « The Early Iberian Slave Trade to the Spanish Caribbean, 1500-1580 », dans Alex Borucki, D. Eltis et D. Wheat (dir.), *From the Galleons to the Highlands : Slave Trade Routes in the Spanish Americas*, Albuquerque, University of New Mexico Press, 2020. Nous remercions les auteurs de nous avoir donné accès à ces données avant leur publication.

quoi ils dominèrent tous les aspects de la traite euro-américaine jusqu'à la deuxième moitié du XVIIIe siècle et l'essentiel du XIXe siècle[29].

Les esclaves soumis au système transatlantique portugais faisaient l'expérience de conditions de transport différentes de celles des esclaves saisis dans le cadre des systèmes français, hollandais et anglais, concernant deux points fondamentaux en particulier. Ils passaient moins de temps à bord du négrier, puis moins de temps en mer. Entre 1640 et 1807, les négriers français, britanniques et hollandais accueillaient en moyenne leur premier captif 80 jours après avoir quitté leur port d'attache. Il fallait ensuite encore 140 jours pour réunir un plein chargement, et le passage transatlantique ajoutait 73 jours. Il fallait souvent une semaine avant le début de la vente des captifs dans les Amériques. Par conséquent, les premiers captifs achetés pénétraient en général dans un navire presque vide, où ils passaient en moyenne sept mois. Ensuite il y avait progressivement plus de monde à bord au fur et à mesure que le capitaine continuait à acheter des personnes esclavisées pendant les mois suivants. L'entassement dans l'entrepont commençait d'ordinaire deux à trois semaines avant le départ, quand les capitaines « poussaient à l'intérieur » des groupes d'esclaves pour « compléter » la « capacité » [*sic*] du bateau, comme le décrit avec candeur un officier britannique[30].

On manque de données précises concernant les vaisseaux portugais, étant donné que le moment où ils arrivaient sur la côte africaine n'est pas bien corrélé à la date où les esclaves montaient à bord. Mais, à la lumière des données présentées plus haut, les captifs seraient probablement montés à bord ensemble et auraient été immédiatement compressés ensemble. En ce qui concerne la durée du séjour en mer, les négriers portugais amenaient leur « chargement » au Brésil, le point des Amériques le plus proche de l'Afrique. Leurs homologues britan-

29. David Eltis, « Iberian Dominance and the Intrusion of the Northern Europeans : Slave Trading as a Result of Economic Growth ? », *Almanack*, 22, mai-août 2019 et les sources qui y sont citées. De toutes les traites menées par les systèmes esclavagistes d'Europe du Nord, c'est celle que mena le Danemark, assez limitée, qui ressembla le plus à la traite portugaise.

30. Concernant l'entassement des esclaves avant le départ des navires britanniques de la côte africaine, voir Captain William Thoburn to Richard Miles, *Annamaboe*, 22 octobre 1776, T70/1534, The National Archives, United Kingdom (désormais TNAUK) ; James Field Stanfield, *Observations on a Guinea Voyage, In a Series of Letters Addressed to the Rev. Thomas Clarkson*, Londres, James Phillips, George-Yard, Lombard-Street, 1788, p. 32.

niques, français et hollandais devaient faire face à des voyages qui prenaient, en moyenne, cinquante pour cent de plus de temps pour atteindre leurs principaux marchés dans les Caraïbes que les voyages portugais à destination du Brésil, quelle que soit la période considérée entre 1676 et 1807. À bord d'un navire portugais, les Africains subissaient l'entassement pendant moins de deux mois. Les marchands luso-africains étaient bien conscients de ces temps de voyage plus réduits et comme Miller l'écrit « bourraient l'entrepont d'autant d'esclaves que possible ». Leurs homologues transportés dans des navires britanniques et français subissaient de plus longues périodes à bord des bateaux sur la côte africaine ; ils étaient de plus en plus entassés au fur et à mesure que leur bateau se remplissait de prisonniers, et ils devaient ensuite supporter des voyages transatlantiques bien plus longs sur des bateaux encombrés[31].

En quoi les conditions de vie pour les esclaves à bord de ces navires portugais différaient-elles de celles que donnent à voir les représentations du *Brooks* et de la *Marie-Séraphique* ? Ces deux images montrent un élément clé des navires du XVIIIe siècle – un barricado au milieu du navire qui permettait à l'équipage de nourrir toute la cargaison humaine sur le pont pendant la journée. Il est curieux que les historiens ne se soient pas demandé à partir de quel moment les marchands d'esclaves ont commencé à se servir du barricado, mais rien ne prouve qu'on y ait eu recours avant 1700, que ce soit dans la traite portugaise ou celle d'autres nations. Sandoval, qui recueillit des informations auprès de centaines d'Africains à Carthagène au début du XVIIe siècle, a écrit ce qui est probablement le meilleur traité d'ethnologie sur l'Afrique à l'époque moderne, y compris une description des conditions à bord des négriers. Selon lui, les esclaves étaient enchaînés ensemble et « enfermés dans la cale et privés du soleil comme de la lune », allongés de telle sorte que « la tête d'une personne touchait les pieds d'une autre personne ». Cela signifie que l'on maintenait les hommes adultes dans l'entrepont pendant tout le voyage, bien qu'il existe des preuves abondantes au XVIIIe siècle qui contredisent cette idée à l'exception, importante, de la traite portugaise. Miller, qui a largement étudié la traite portugaise, a noté par exemple que les captifs étaient

31. Pour les temps de traversée par région de débarquement, voir http://slavevoyages.org/voyages/FdFBrwz5, table 5 ; Joseph Miller, *Way of Death : Merchant Capitalism andthe Angolan Slave Trade, 1730-1830*, Madison, University of Wisconsin Press, 1988, p. 336, 406.

étroitement entassés dans l'entrepont et ségrégués par sexe. L'équipage faisait monter « des petits groupes de dix esclaves environ pour les nourrir » pendant la journée mais « tous les esclaves ne profitaient pas de ce bref moment de soulagement car l'encombrement sur le pont de nombreux navires ne permettait pas de nourrir les esclaves à l'air libre ». Apparemment, les négriers portugais n'avaient pas besoin d'un barricado car ils craignaient moins la révolte, étant donné que les esclaves montaient sur le pont seulement par petits groupes. Par conséquent, les images du *Brooks*, voire de la *Marie-Séraphique*, ont une valeur limitée s'il s'agit de dépeindre ce qu'ont enduré les Africains dans la traite portugaise ou, d'ailleurs, dans la traite britannique ou française avant le XVIIIe siècle[32].

La phase illégale de la traite des esclaves après 1807 introduisit encore davantage de variété dans les pratiques de navigation de la traite. Alors que les patrouilles navales britanniques étendaient leur blocus de la côte africaine, la stratégie portugaise, qui constituait à enfermer les esclaves à terre avant l'embarquement, devint le seul moyen de poursuivre le négoce des esclaves. Cette stratégie visait à éviter les contrôles des navires de la marine britannique qui n'étaient autorisés à retenir un négrier que s'il avait des esclaves à bord, au moins jusqu'à l'inclusion des « clauses d'équipement » des traités antitraite dans les années 1830. En outre, les marchands d'esclaves, poussés à la fois par l'amélioration des techniques de construction navale et le déploiement de l'escadre britannique antitraite, furent contraints d'employer des bateaux plus rapides conçus pour aller plus vite que les croiseurs de la marine britannique et capables de transporter le plus vite possible ce qu'ils considéraient comme des chargements humains précieux et « périssables ». Le développement rapide de la technologie maritime aboutit à l'utilisation de navires de type « yacht » ou « clipper » et plus

32. Alonso de Sandoval (éd. et trad. Nicole von Germeten), *Treatise on Slavery Selections from De instauranda Aethiopum Salute*, Indianapolis, Hackett, 2008, p. 56-57 ; J. Miller, *Way of Death, op. cit.*, p. 412-413. Les capitaines James Barbot et Thomas Phillips décrivent la ségrégation des sexes et l'arrivée des esclaves sur le pont à la fin du XVIIe siècle, mais ni l'un ni l'autre ne décrivent explicitement l'utilisation d'un barricado. Voir Awnsham Churchill, *A Collection of Voyages and Travels* ; Londres, 1745, II, p. 546 ; Thomas Phillips, *A Journal of a Voyage Made in the Hannibal of London*, Ann. 1693, 1694, Walthoe, 1732, p. 229. On trouve la première référence à ce type de structure dans John Atkins, *A Voyage to Guinea, Brasil and the West Indies*, Londres, 1735, p. 173, où sont décrites des expéditions qui eurent lieu en 1720-1721.

tard, à celle de navires à vapeur. Comme aujourd'hui, le ratio de voiles par coque de même que la forme de la coque déterminaient la vitesse. À partir des années 1810, comparées à la *Marie-Séraphique* et au *Brooks*, les coques des négriers avaient un profil plus allongé, moins de ponts, un point d'entrée dans l'eau plus effilé et des mâts qui pouvaient supporter une plus grande surface de voiles[33].

Ces changements très nombreux dans les pratiques de la navigation pendant la période illégale, à la fois pour maximiser les profits et faire face aux interdictions du transport d'esclaves, introduisirent une immense variété dans les modes de transport et, par conséquent, dans les conditions de transport des captifs. Par exemple, entre 1816 et 1850, des esclaves allèrent d'Afrique au Brésil à bord de dix grosses barques dont on sait qu'elles arrivèrent presque toutes, ce qui constitua pour eux une expérience radicalement différente de celle des millions de captifs qui avaient voyagé sur des navires à plusieurs ponts comme le *Brooks*. Lors de la période illégale, les marchands d'esclaves entassaient les captifs dans des espaces remarquablement petits qui aggravèrent de façon dramatique les conditions de traversée des Africains. Prenons l'exemple d'un navire de 29 tonneaux[34] qui alla d'Ambriz au Brésil en 1842 avec à bord 127 captifs, dont plus de la moitié était des enfants. L'espace existant entre les fûts d'eau et le dessous du pont était seulement de 36 centimètres : « la moitié des esclaves était obligée d'être en permanence sur le pont où ils étaient si serrés qu'il n'y avait pas un centimètre de libre, et les autres esclaves étaient écrasés les uns contre les autres en dessous ». Le *Veloz*[35], arraisonné alors qu'il se rendait au Brésil en 1829, avait entassé 562 personnes dans un espace qui ne mesurait que 332 m^2, ce qui ne laissait à chaque captif qu'un espace de 61 cm^2, soit moins du tiers de l'espace qui était alloué aux prisonniers de la *Marie-Séraphique* lors de son voyage de 1769-1770.

33. Pour une évaluation des progrès de la marine à voiles à cette époque, voir Morgan Kelly et Cormac Ó Gráda, « Speed under Sail, 1750-1850 », communication non publiée (Univ. College Dublin, 2014), http://www.ucd.ie/t4cms/WP14_10.pdf. Pour les évolutions des techniques de transport des esclaves pendant la période où la traite était illégale, voir Hugh Thomas, *The Slave Trade : The History of the Atlantic Slave Trade, 1440-1870*, New York, Simon & Schuster, 1997, p. 561-785. Les évolutions de la conception des navires négriers sont particulièrement visibles sur les images des croiseurs interceptant des navires capturés, voir par exemple http://slavevoyages.org/resources/images/category/ Vessels.
34. ID 317.
35. ID 1126.

Selon un Britannique qui monta à bord, les esclaves étaient assis « entre les jambes les uns des autres » dans l'entrepont et étaient « rangés si près les uns des autres qu'il était impossible qu'ils s'allongent, ou changent leur position, de nuit ou de jour ». On doit remarquer que le petit mètre qui séparait les ponts très bas du *Veloz* – à peine plus que la moitié de la hauteur du pont du *Brooks* – constituait une hauteur très acceptable si on la compare aux standards d'autres négriers. Sur l'*Aerostatica*[36], un navire battant pavillon espagnol à destination de Cuba en 1829, par exemple, 108 « petits garçons et petites filles » étaient entassés dans une cale qui ne mesurait pas plus de 56 cm de hauteur. L'officier qui força les enfants à descendre dans l'entrepont décrit qu'ils ressemblaient à « des sardines dans une boîte »[37].

À l'inverse, en utilisant de grands cargos comme vaisseaux négriers pendant la traite illégale, les marchands d'esclaves forçaient leurs captifs à traverser l'Atlantique sur des navires relativement spacieux. L'*Onion*[38] se distinguait, selon l'officier qui effectua l'arrestation en 1857, par « le

---

36. ID 2854.
37. Pour des exemples tirés de la traite illégale, voir http://slavevoyages.org/voyages/sse2CNIZ. L'affaire la plus spectaculaire concerna un navire quittant Freetown, le centre de commandements des efforts britanniques destinés à supprimer la traite. Cinq marins d'un négrier récemment condamné volèrent un bateau appartenant à la Mixed Court Commission et, comme le relata le Juge britannique de la Commission, « s'approcha du Rio Pongo où ils kidnappèrent ou achetèrent cinq ou six esclaves, et à bord d'un bateau de 8 ou 9 mètres de long, ils partirent en direction du Brésil où ils arrivèrent et se mirent à l'abri. » Voir James Hook, Sierra Leone, to Lord Palmerston, 11 novembre 1849, FO84/752, TNAUK. Pour le bateau de 29 tonneaux, dont nous ne connaissons pas le nom, Admiralty to Lord Aberdeen, 15 septembre 1842 (enc.), FO84/441, TNAUK ; pour le *Veloz*, Robert Walsh, *Notices of Brazil in 1828 and 1829*, Londres, F. Westley et A. H. Davis 1830, II, p. 478-494. Les officiers de marine qui accompagnèrent Walsh lui dirent que d'autres bateaux interceptés avaient des ponts de simplement 46 centimètres de haut « de telle sorte que les malheureuses créatures ne pouvaient pas se retourner ou se mettre sur le côté, comme la hauteur était inférieure à la largeur de leurs épaules ». Walsh inclut une représentation du *Veloz*, mais sa description des captifs est aussi schématique que celle du *Brooks*. Pour l'*Aerostatico*, voir B. Mayer, *Captain Canot*, *op. cit.*, p. 74. Les ponts de vingt navires, y compris tous ceux qui sont mentionnés dans ce paragraphe et le suivant, était d'une hauteur moyenne de 1, 9 cm (données disponibles auprès des auteurs). Cet échantillon n'est cependant pas pris au hasard, sachant que les observateurs étaient plus susceptibles de relever les mesures de cas extrêmes, dont les hauteurs étaient particulièrement basses. Par comparaison, pour les navires de Liverpool qui naviguaient entre 1782 et 1807, la moyenne s'établissait à 1,52 cm.
38. ID 4807.

pont à esclaves le plus confortable que j'aie jamais vu, 2,44 mètres de haut et vide à l'avant et à l'arrière ». En outre, le blocus mis en œuvre par l'escadre britannique l'avait contraint à quitter la côte avec à bord seulement deux tiers des captifs qu'il comptait emporter. Deux ans plus tard, le pont à esclaves du *Manuela*[39] était haut de 2,13 mètres et était également « bien ventilé ». L'*Onion* et le *Manuela* étaient des navires de type clipper, dans la gamme de 600 à 700 tonneaux, et ils avaient sans aucun doute été convertis en hâte de cargo en négrier ; l'un d'entre eux était à l'origine destiné au commerce avec la Chine. Les vingt-trois navires à vapeur répertoriés dans la base de données « *Slave voyages* », en moyenne de 361 tonneaux, débarquèrent en moyenne 1 004 captifs : c'est à quoi ressemblait la traite à l'ère industrielle[40].

Bien qu'il soit impossible de rendre la variété de ces pratiques de transport maritime sur le plan visuel, on peut d'une certaine façon appréhender les différences de conditions de vie à bord des esclaves en comparant les images du *Brooks* et de la *Marie-Séraphique* avec trois autres images. Les négriers n'avaient jamais été de grands navires si l'on les compare aux standards des navires qui traversaient l'océan. Mais pendant le quart de siècle qui suivit 1820, le tonnage moyen standardisé d'un négrier diminua de 23 %. Les négriers n'abandonnèrent pas simplement le barricado ; certains abandonnèrent même les ponts à esclaves après la ratification de traités qui autorisaient la saisie de navires sur la base de la présence d'équipements liés à la traite, tels que des ponts à esclaves et une quantité excessive de fûts remplis d'eau. L'illustration 4 reproduit le plan de la cale de la *Isla de Cuba*[41] lors de son voyage de 1859 ; on y voit les barriques d'eau et les provisions qui occupaient l'essentiel de l'espace sur un négrier. Elle ressemble au premier panneau qui montre la *Marie-Séraphique* presque un siècle auparavant (ill. 2), bien que dans cette nouvelle image, le pont à esclaves consiste en des planches regroupées de chaque côté de la cale, prêtes à être étendues sur les barriques. Alors qu'il tentait d'échapper à une condamnation pour traite des esclaves, le capitaine affirma dans un tribunal américain qu'il comptait vendre les planches sur la côte

39. ID 46907.
40. Pour l'*Orion*, voir « Admiralty to Lord John Russell, March 13, 1860 », « enc. Lt. Simpson to Capt. Courtenay, Dec 1, 1859 », FO84/1123, TNAUK ; pour le *Manuela*, Michael R. Bouquet, « The Capture of the "Sunny South" Slaver », *History Today*, X, 1960, p. 573-578.
41. ID4961.

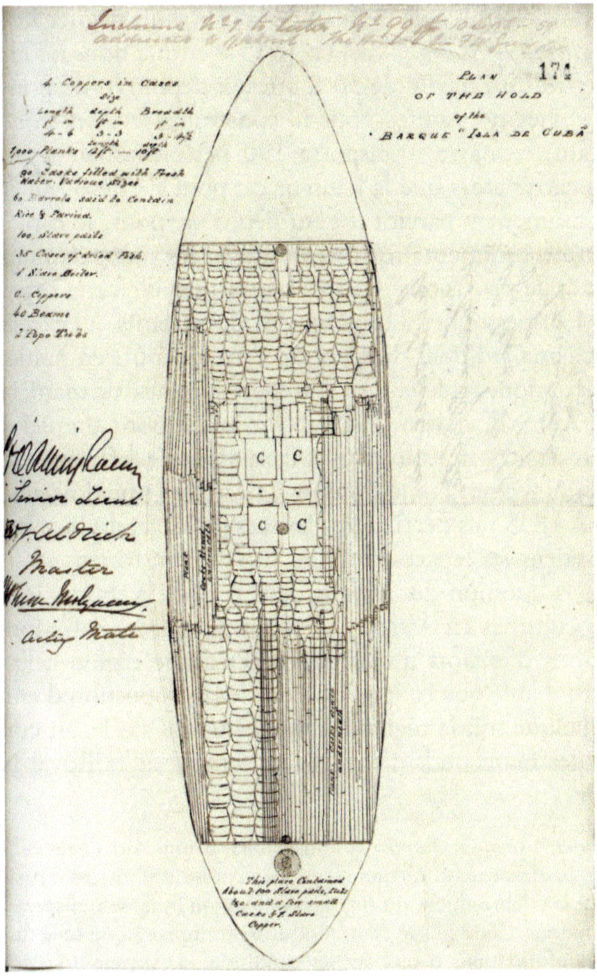

Ill. 4. Plan de la cale du navire *Isla de Cuba*, 1859
The National Archives, United Kingdom, FO84/1100, f. 174.
Reproduit avec la permission des National Archives, United Kingdom.

africaine et non les utiliser comme pont à esclaves et que les barriques d'eau devaient seulement servir de ballast[42].

42. « Return of Slavers Cruizing on the West Coast of Africa waiting for an opportunity to Ship ; vessels supposed to have shipped, and Slavers whose arrival is daily expected », février à juillet 1859, FO84/1100, ff. 93, 174, p. 242-245, TNAUK ; John Harris, *The Last Slave Ships : New York and the End of the Middle Passage*, New Haven, Yale University Press, 2020.. Nous remercions Harris d'avoir attiré notre attention sur le cas

Une esquisse semblable du plan de la cale d'un négrier ironiquement nommé *Legitimo Africano*[43], saisi en 1835 – et que nous ne reproduisons pas ici – dépeint un navire de 50 tonneaux dépourvu de pont à esclaves (ou des planches nécessaires pour le construire) et construit pour aller vite. Pourtant, ce navire transporta 190 personnes sur une surface de 122 mètres carrés alors que la hauteur du pont ne dépassait pas 51 centimètres. Comment y parvint-il ? Au lieu d'un pont, le capitaine réalisa une plateforme rudimentaire en remplissant les interstices entre les barriques de sacs de provisions. Ce qui rendit possible cette organisation ce fut que les 190 personnes à bord étaient des enfants, à l'exception d'une seule. Ce schéma réduisait dramatiquement les coûts en matière de sécurité. Les Britanniques créèrent un entrepont organisé de manière identique sur le *Jesus Maria*[44], navire de 45 tonneaux, à bord duquel seuls 5 des 246 Africains étaient des adultes – et il s'agissait de 5 femmes. Les officiers de la British Navy rendirent compte d'au moins une douzaine de cas de ce type après 1835 ; ils décrivirent des sacs de sable, du bois ou des peaux qui remplissaient les espaces entre les fûts. Les historiens se sont surtout penchés sur la question des enfants dans la traite à travers les différences de modèles culturels en Afrique, et en particulier les variations majeures de proportions d'enfants d'une ethnie ou d'une région à l'autre. Il est cependant probable que l'augmentation de la proportion d'enfants transportés, quelle que soit la région d'origine au XIXe siècle, ait constitué une adaptation des marchands d'esclaves à l'activité de la Royal Navy[45].

de l'*Isla de Cuba*. Nous n'incluons pas l'image bien connue du *Vigilante* (ID 2734) en date de 1822. Le dessinateur, inconnu, peupla le vaisseau d'images d'Africains copiées directement de la célèbre affiche du *Brooks* si ce n'est qu'ils ne sont dispersés que jusqu'à la moitié du bateau. Cette image était donc aussi trompeuse que celle du *Brooks* et ne donnait pas d'informations fiables sur les conditions de voyage des Africains sur un négrier. Néanmoins, on considéra que le dessin du *Vigilante* était une représentation authentique. En 1848 encore, l'*Illustrated London News* republia ce dessin, sans attribution, en indiquant qu'il représentait bien les conditions de transport prévalant dans le commerce des esclaves (vol. 13, 26 avril 1848, p. 123). C'est ainsi que le *Brooks* continua à dominer la perception publique du commerce des esclaves lors des dernières années de la traite, comme c'est encore le cas aujourd'hui.

43. ID 3049.

44. ID 2071.

45. Papiers de Sir Thomas Fowell Buxton, vol. 27, feuille volante, Bodleian Library, Oxford (désormais BL) ; « Report of the Case of the Portuguese schooner "Legitimo Africano" », FO84/169, ff. 67-75, TNAUK. Pour le *Jesus Maria*, voir Admiralty to Palmerston, 31 mars 1840 (enc.), FO84/383, TNAUK ; J. Kennedy and C. J. Dalrymple to Lord Palmerston, Jan. 20, 1841, FO313/18, TNAUK. Pour les navires qui ne disposaient pas de ponts à esclaves, voir les sources des ID suivants : 2097, 3466, 3458, 3483, 3484, 3629,

Ill. 5. Le pont aux esclaves du navire *Albanez*, 1845

La peinture réalisée par Francis Meynell de la cave de l'*Albanez*[46] juste après qu'il a été intercepté dans la Rivière Congo en 1845 rend bien compte de la manière dont les Africains étaient sans doute transportés sur des navires qui ne disposaient pas d'un pont à esclaves fixe (ill. 5). Meynell est probablement assis sur l'escalier à l'avant et regarde vers l'arrière ; on voit les Africains sur les barriques. Fréquemment reproduite, cette image est certainement authentique – et sur ce point, elle équivaut au dessin de la *Marie-Séraphique*. Cette peinture n'était pas destinée à rendre compte des conditions de vie lors du Passage du milieu car le croiseur qui l'avait appréhendé, l'*HMS Albatross*, avait pris à son bord une bonne partie des captifs avant le long voyage qui devait les amener à Freetown pour la vente du navire négrier. Par

3689, 4057, 4072, 4073, 4082, et 4940 ; pour l'usage des peaux dans la création d'un pont à esclaves, Charlotte Pilkington, Rio de Janeiro, September 23, 1840, in « Papers of the Anti-Slavery Society, 1757–1982 », MSS. Brit. Emp. S. 22, G79, BL ; pour les pourcentages d'enfants, Eltis, « Fluctuations in the Age and Sex Ratios of Slaves in the Nineteenth-Century Transatlantic Slave Traffic », *Slavery and Abolition*, VII, 1986, p. 257-272 ; *id.* et Engerman, « Fluctuations in Sex and Age Ratios in the Transatlantic Slave Trade, 1663-1864 », *Economic History Review*, XLVI, 1993, p. 308-323 ; Paul Lovejoy, « The Children of Slavery – the Transatlantic Phase », *Slavery and Abolition*, VII, 2006, p. 197-217.

46. ID 3483.

conséquent, lorsqu'on regarde la peinture, on voit le véritable entrepont d'un négrier, mais seulement certains des captifs. Néanmoins, cette image évoque assez bien le chaos de la cale mal éclairée d'un négrier illégal. Les Africains sont étendus de manière incommode sur le sommet des barriques, des matelas et des morceaux de bois. Un des seuls éléments que ce navire a en commun avec le *Brooks* et la *Marie-Séraphique*, consiste en des plateformes qui courent sur les côtés du navire, où de nombreux autres captifs se serrent les uns contre les autres. La lumière du plafond n'illumine que les captifs situés au centre de l'image. C'est ainsi que les Africains auraient fait l'expérience du Passage du milieu pendant la journée, entassés dans l'entrepont dans les quelques centimètres d'espace qu'ils pouvaient trouver.

L'*Albanez* nous permet d'appréhender d'une certaine manière la réalité de la cale d'un négrier illégal, tandis que la peinture de la *Diligente* (ill. 6), que l'on vient également récemment de découvrir, expose la masse humaine que les marchands d'esclaves faisaient pénétrer de force dans leurs navires. La *Diligente*[47], un brick de 174 tonneaux, penche légèrement sur l'image en direction du peintre. Elle transportait 475 Africains – les survivants des 520 qui avaient embarqué à Lagos. Arraisonné par l'*HMS Pearl* alors qu'elle faisait route vers Cuba, la *Diligente* nous fournit, à première vue, la description la plus exacte de ce que vivaient les captifs par beau temps, en journée, quelle que soit la période considérée ; même l'image de la *Marie-Séraphique* (ill. 3) ne donne pas tant d'informations. Et pourtant on ne voit sur le pont que moins de la moitié du nombre de captifs qui auraient débarqué quelques jours après l'arraisonnement, selon les documents officiels. En outre, les sept personnes vêtues de bleu sont les membres d'équipage du navire sous contrôle de la British Navy et non l'équipage d'origine du négrier. On peut en déduire que l'artiste était probablement installé sur la plage arrière de l'*HMS Pearl* qui emmenait la *Diligente* arraisonnée jusqu'à Nassau aux Bahamas – puisque l'arraisonnement avait eu lieu dans les Caraïbes, et non au large de la côte africaine. Les deux cents Africains que l'on ne voit pas se trouvent dans l'entrepont, ce que l'on peut voir dans les deux écoutilles ouvertes de chaque côté du mât principal. On ne voit pas sur la *Diligente*, comme sur tous les autres navires dont nous avons parlé, de barricado, probablement parce que l'équipage confinait les captifs dans l'entrepont et ne les faisait monter que par petits groupes pour les repas. Pour se faire une bonne idée des conditions de transport

47. ID 2588.

à bord de la *Diligente* avant sa capture, il faut imaginer le double du nombre de personnes décrites dans le tableau, toutes entassées dans l'entrepont. Comme l'écrivit un Britannique qui séjourna sur un négrier illégal, il est « impossible » d'imaginer comment 475 personnes auraient pu être « dissimulées » sous le pont d'un navire tel que la *Diligente.* Mais les captifs y étaient bien entassés, probablement dans une situation d'exiguïté qui avait peu de ressemblance avec l'entrepont du *Brooks*, relativement grand par comparaison[48].

Quoique ces trois dernières illustrations ne puissent résumer à elles seules les conditions de transport des captifs au XIXe siècle, elles indiquent une évolution au fil du temps. Les rapports volumineux produits par les officiers britanniques rendent compte de la phase illégale de la traite en la dépeignant comme une période où tout était presque possible, surtout après les clauses d'équipement de 1835. On ne saurait donc se contenter de l'idée d'une expérience moyenne. Les pratiques furent très variées et l'image du *Brooks* ne peut donc aucunement servir à décrire des expériences de traversée propres à des périodes ultérieures. Ni l'illustration du *Brooks* ni celle de la *Marie-Séraphique* n'apportent un témoignage sur les différences majeures qui existaient entre le système nord-européen et le système portugais, que ce soit avant et après 1807.

Pendant plus de deux cents ans, l'image du *Brooks*, avec 470 Africains entassés dans des espaces équivalents à 2,18 m^2 par personne qui leur permettait uniquement de rester allongés sur le dos, a suscité, comme Clarkson en fit l'observation, « une impression d'horreur chez tous ceux qui la virent ». Avant le passage en 1788 de lois qui réglementèrent la traite, seul un cinquième des Africains transportés dut subir de telles conditions de voyage sur les négriers britanniques. La plupart des captifs transportés d'un côté à l'autre de l'Atlantique devaient se contenter d'un espace exigu qui mesurait en moyenne seulement 1,93 m^2, comme le décrit l'illustration de la *Marie-Séraphique.* Ces Africains n'étaient pas alignés en rangées nettes,

48. Quand les 517 captifs survivants du négrier illégal *Veloz* furent remontés, Walsh écrit que « le pont fut encombré jusqu'à un point de suffocation, de la proue à la poupe. Avant que le navire ne soit intercepté, l'équipage du *Veloz* n'avait permis aux esclaves de monter sur le pont – où il n'y avait pas de barricado – que par petits groupes, de crainte que les esclaves ne les "assassinent tous [l'équipage]", selon un des officiers du bord » (R. Walsh, *Notices of Brazil*, *op. cit.*, p. 482-483).

Ill. 6. Le négrier portugais *Diligente* sous le commandement d'un équipage britannique l'ayant arraisonné, 1838. Lt. Henry Samuel Hawker, *The Portuguese slaver Diligente captured by H.M. Sloop Pearl with 600 slaves on board, taken in charge to Nassau*, 1838[49]. Reproduit avec la permission du Musée d'Histoire et de Culture Africaines Américaines de la Smithsonian Institution.

épaule contre épaule, dans une cale propre comme c'est le cas sur le *Brooks*. Ils étaient collés l'un contre l'autre et incapables de bouger, bloqués de toute part par des barriques, des cordes, des voiles de rechange, des murs et des plafonds bas. De façon tout à fait remarquable, ces conditions de transport se sont peut-être encore dégradées au XIXe siècle quand les marchands d'esclaves ont cherché à échapper au blocus de la Royal Navy en utilisant des navires qui sacrifiaient l'espace à la vitesse. Les images d'époque révèlent ces changements importants et montrent les captifs perchés au sommet des barriques dans la cale du négrier ou serrés les uns contre les autres en foule compacte sur le pont supérieur. Notre analyse de l'image du *Brooks*, comparée à d'autres représentations, nous pousse à conclure que pour nombre d'Africains, l'expérience du Passage du milieu fut pire encore que l'« horreur » décrite dans le dessin du *Brooks*, et que leurs

49. Le navire transportait 475 esclaves (et non les 600 indiqués dans les sources), dont on peut observer certains sous le pont.

conditions à bord s'aggravèrent lors de la période illégale de la traite[50].

Notre analyse révèle également qu'il serait vain d'espérer que des images d'époque, plates et schématiques, nous permettent de visualiser le Passage du milieu. Bien que l'image de la *Marie-Séraphique* soit remarquablement détaillée, elle souffre des mêmes défauts que le dessin du *Brooks* et d'autres images contemporaines des négriers. Les représentations bidimensionnelles sous forme de plans et schémas ne nous permettront pas de recréer l'expérience de la traite telle que vécue les Africains, même si elles s'accompagnent de commentaires réfléchis et sensibles caractéristiques des travaux récents sur le Passage du milieu. En outre, les images plates d'un seul navire d'une période particulière ne traduisent pas la complexité d'un commerce qui évolua énormément au fil des siècles sur lesquels s'étendit son histoire[51].

Par conséquent, les historiens ont besoin de trouver de nouvelles méthodes pour visualiser le Passage du milieu. Il est à noter que la SEAST elle-même avait proposé une solution. William Wilberforce, bien conscient des limites de la représentation schématique du *Brooks*, commanda en effet un modèle en trois dimensions, qui existe toujours. L'abolitionniste français Honoré Gabriel Riqueti, comte de Mirabeau, possédait lui aussi un modèle du *Brooks* qui « faisait à peu près un mètre ». On y trouvait de « petits personnages en bois, hommes et femmes, peints en noir pour représenter les esclaves ». Mirabeau et Wilberforce se rendirent compte que ces modèles en trois dimensions traduisaient la réalité de l'entassement à bord mieux que des images plates. Plusieurs historiens reprennent désormais ces exemples du XVIIIe siècle en créant des modèles numériques de négriers. Les Archives nationales des Pays-Bas ont récemment réalisé une courte vidéo du négrier *Unity*, qui fit trois expéditions dans les

50. Selon T. Clarkson, l'archevêque d'Aix-en-Provence fut tellement « saisi d'horreur » quand il vit le dessin du *Brooks* qu'il « put à peine parler ». L'évêque de Chartres dit aussi à Clarkson qu'il n'avait pas accordé foi à la description du Passage du milieu par les abolitionnistes avant d'avoir vu le *Brooks*. Voir T. Clarkson, *History*, *op. cit.*, II, p. 90, 153.

51. Des travaux récents ont essayé de décrire « l'histoire humaine » de la traite : voir Stephanie E. Smallwood, *Saltwater Slavery : A Middle Passage from Africa to American Diaspora*, Cambridge, Harvard University Press, 2007 ; Sowande M. Mustakeen, *Slavery at Sea : Terror, Sex, and Sickness in the Middle Passage*, Urbana, University of Illinois Press, 2016.

années 1760[52]. Bien que ce modèle en trois dimensions n'inclue pas de représentations d'esclaves, il transmet cependant une réalité physique qui permet d'appréhender ce qu'était un négrier comme l'*Unity* quand il était opérationnel. Une équipe d'Emory University travaille également à une version numérique du négrier français de 1785 l'*Aurore*[53], en se servant des plans de l'architecte naval Jean Boudriot et en surimposant les dessins de la *Marie-Séraphique* pour transmettre l'expérience vécue par les Africains lors de leur traversée. Les projets *Aurore* et *Unity*, sans doute les premiers d'une longue série, promettent tous deux de surmonter les limites des images réalisées à l'époque, parce qu'ils permettent aux historiens de sélectionner des vaisseaux représentatifs de différentes périodes. Les progrès de la technologie numérique nous permettent enfin de « donner réalité » au négrier[54].

Traduit par Marie-Jeanne Rossignol

52. ID 10542, 10543, et 10544.

53. ID 32359. Une maquette du navire est présentée au Musée de l'histoire de l'immigration. Michel Bellelle, Maquette de l'*Aurore,* années 1990, Musée national de l'histoire de l'immigration, inv. 2022.25.1.

54. Jean Bourdiot, *Traite et Navire Négrier*, Paris, coll. « Archéologie navale française », 1984. Le modèle de Wilberforce est au Wilberforce House Museum de Hull, voir http://museumcollections.hullcc.gov.uk/collections/subtheme.php?irn=154 ; le modèle de Mirabeau est à présent perdu, voir T. Clarkson, *History, op. cit.*, II, p. 153. La vidéo de l'*Aurore* est disponible sur www.slavevvoyages.org. Pour l'*Unity*, voir https://eenigheid.slavenhandelmcc.nl/slaves-journey/?lang=en.

Appendice

Comment mesurer l'entassement à bord des négriers

Le registre des bateaux de Liverpool inclut la longueur et la largeur des négriers, de même que la hauteur entre les ponts. Quand un géomètre mesura le navire négrier le *Bess* en 1789 (ID 80 500), par exemple, il mesurait 20,88 m de long, 6,65 m de large et 1,35 m de haut entre les ponts. En multipliant la longueur du navire par sa largeur, on obtient la surface rectangulaire du pont du *Bess*, soit 455,68 m^2. En divisant la surface du pont par le nombre de captifs embarqués selon slavevoyages.org/voyage/search, on obtient la zone disponible pour chaque personne, c'est-à-dire le niveau d'entassement. Les 206 Africains esclavisés embarqués de force sur le *Bess* à New Calabar en 1789 disposaient de 2,21 m^2 par personne selon cette manière de mesurer[55].

Les géomètres de Liverpool ne prirent cependant pas les dimensions exactes des salles et espaces réservés aux esclaves, qui, de manière caractéristique, incluaient des plateformes qui augmentaient la quantité d'espace où les Africains devaient dormir. Les espaces réservés aux esclaves ne pouvaient occuper toute la longueur et toute la largeur d'un navire parce qu'il fallait souvent laisser un espace de stockage à l'arrière. En outre, un navire n'était pas un rectangle parfait : il y avait un renflement au milieu, la proue se terminait en pointe et il était plus large en dessous que sur le pont. Par conséquent, les calculs présentés dans cet article ajustent la surface rectangulaire des ponts obtenus à partir du registre – en faisant référence à une constante que nous tirons du rapport de Parrey – pour déterminer la zone effectivement occupée par les esclaves. Parrey avait mesuré la longueur et la largeur des « salles » réservées aux esclaves et des « plateformes » que les négriers construisaient sur les côtés de ces salles. Ne prenant en compte que les espaces où les esclaves étaient emprisonnés, les données fournies par Parrey n'incluent pas non plus les salles de stockage et les cabines utilisées par l'équipage. Dans son rapport, Parrey montre que l'espace total réservé aux esclaves était en moyenne 16 % plus grand que la zone du pont selon le registre de Liverpool. Dans le cas du *Bess*, l'espace alloué aux esclaves augmente, passant de 455,68 m^2 à 528, 52 m^2, chaque esclave se voyant alloué un espace en moyenne de 2,57 m^2 (soit 528,52 m^2 pour 206 captifs)[56].

55. Le Parlement utilisa cette même méthodologie pour calculer l'entassement quand il se mit à réguler la traite. En 1799, il passa une loi qui limitait le nombre d'esclaves que pouvait transporter un vaisseau en divisant la surface horizontale de son pont inférieur par 8. La surface du pont était calculée en multipliant « la longueur et la largeur extrêmes, en pieds et en inches, du pont inférieur de ce vaisseau ». Voir « An Act for better regulating the Manner of carrying Slaves, in British Vessels, from the Coast of Africa, 1799 » (Une loi pour mieux réglementer le transport des esclaves sur les vaisseaux britanniques, à partir de la côte de l'Afrique) 39 Geo III, c.80.

56. Pour l'utilisation des mesures de Parrey par le Parlement afin d'évaluer l'entassement à bord des navires, voir S. Lambert (dir.), *HCSP*, LXVIII, p. 42-43.

Contre-regard porté sur la culture visuelle de l'esclavage au Brésil

Matthew Francis Rarey

Au cours des quatre premières décennies du XIXe siècle, la ville de Salvador (état de Bahia) et la région sucrière qui l'entoure, le Recôncavo, furent le théâtre de plus d'une révolte d'esclaves par an[1]. La Révolte des Malês, qui eut lieu les 24 et 25 janvier 1835, est la plus importante d'entre elles et de tous les soulèvements ayant eu lieu dans l'histoire du continent américain. En raison des craintes d'un effet domino provoqué par la Révolution haïtienne, les révoltes de Bahia furent d'une grande portée et propagèrent une onde de choc politique à travers toute l'économie esclavagiste brésilienne, tout en fournissant des arguments aussi bien aux abolitionnistes qu'aux défenseurs de l'esclavage. Bien que les motifs politiques, économiques et culturels à l'origine de ces révoltes soient bien établis, je souhaite explorer la possibilité que ces révoltes aient été en partie motivées, menées et réprimées à travers une politique de représentation visuelle[2]. Plus précisément, je considère les révoltes de Bahia comme une lutte contre un ordre symbolique qui normalisait (*naturalized*) le spectacle public de corps noirs torturés comme fondement au pouvoir impérial.

Je décris d'abord la concrétisation de ce spectacle à travers ce que j'appelle les « codes du regard » qui faisaient de la torture un principe

1. Ce texte a initialement paru sous le titre « Counter witnessing the Visual Culture of Brazilian Slavery », dans Ana Lucia Araujo (dir.), *African Heritage and Memories of Slavery in Brazil and the South Atlantic World*, Amherst, Cambria Press, 2015, p. 71-108.
2. Sur les rébellions de Bahia et la révolte des Malês, voir João José Reis, *Rebelião escrava no Brasil : A história do levante dos Malês em 1835*, éd. revue et augmentée, São Paulo, Companhia das Letras, 2003.

organisateur central de la visualité impériale brésilienne. Les codes juridiques, la culture de l'imprimé et certains éléments de l'architecture urbaine, tour à tour, naturalisaient les spectacles de torture tout en positionnant les spectateurs comme autant de témoins actifs de ces violentes démonstrations de l'autorité. J'emprunte le terme de « visualité » à Nicholas Mirzoeff, qui le définit comme le désir (souvent impérial) de contrôler et d'ordonner le visible à travers des processus de nomination, de classification et de définition[3]. Cette organisation faite pour apparaître esthétique et donc correcte, exacte, empêche les sujets politiques visualisés de définir collectivement leurs propres systèmes d'organisation[4]. Pour Mirzoeff, toute tentative de défaire les classifications visuelles impériales est un acte de désobéissance politique ; pour moi, cela équivaut à un acte de rébellion. Si ces codes déterminant la manière de regarder la culture visuelle de l'esclavage brésilien étaient des agents de la visualité impériale, une forme de contre-visualité était activée par ce que je nomme le contre-témoignage ou contre-regard : une manière volontairement rebelle d'être spectateur qui subvertit activement la façon dont on a été éduqué à regarder.

Ensuite, je fais de ces actes de contre-témoignage une stratégie politique partagée par des Africains, libres ou asservis, et leurs descendants au Brésil. Ainsi, je décris comment ces stratégies de contre-témoignage mises en œuvre par les esclaves face aux flagellations publiques ont fini par être craintes et considérées comme les principales causes de révoltes. Au cours des quatre premières décennies du XIXe siècle, la culture visuelle et les codes juridiques brésiliens limitèrent les effets potentiellement subversifs du contre-témoignage, mais avec de moins en moins de succès. Finalement, le 7 septembre 1835, le Conseil municipal de Salvador votait le retrait du *pelourinho* de la ville (poteau auquel étaient attachés les condamnés au fouet), qui était en place depuis 1549, comme s'il reconnaissait le pouvoir d'un tel contre-témoignage. J'analyse cet ordre de retrait pour défendre l'idée selon laquelle on ne peut séparer la portée esthétique et politique des révoltes de Bahia des spectacles de torture des (corps) Noirs dans les centres urbains du Brésil, à la fin de la période coloniale et au début de la période impériale.

3. Nicholas Mirzoeff, *The Right to Look : A Counterhistory of Visuality*, Durham, Duke University Press, 2011, p. 2.
4. *Ibid.*, p. 2-3.

Comme le soutient Saidiya Hartman : « Le récit des contre-histoires de l'esclavage n'est jamais séparable de l'écriture d'une histoire du présent[5]. » Le spectacle de la punition des esclaves fut pendant cinq siècles un moteur culturel central dans la reproduction des structures de pouvoir de la traite transatlantique. Par conséquent, analyser les images de punition des esclaves, c'est se demander comment et pourquoi les spectateurs sont appelés à participer à leurs performances du pouvoir[6]. Pour Hartman, le danger qu'il y a à reproduire l'esthétique spectaculaire de la torture réside dans l'identification empathique qui peut déplacer la souffrance des sujets asservis à l'instant même où elle devient visible. Ce problème est au cœur de la recherche récente sur l'esthétique de l'esclavage, tout particulièrement en relation avec des tentatives d'analyse des processus de mémorialisation de celui-ci par les théories du trauma et de la conscience collective[7]. Cependant, des questions telles que la problématique du témoignage, les conceptions du trauma collectif et l'expérience corporelle (*embodied experience*), et le rôle des images de l'esclavage dans l'analyse historique partagent un trait commun : la nécessité de comprendre les dynamiques du public

5. Saidiya V. Hartman, « Venus in Two Acts », Small Axe 26, juin 2008, p. 4.

6. Id., *Scenes of Subjection : Terror, Slavery, and Self-Making in Nineteenth-Century America*, New York, Oxford University Press, 1997, p. 3. Le travail de S. V. Hartman est avant tout une analyse des documents textuels sur l'esclavage. Pour ma part, j'ai choisi ici de compliquer la distinction image/texte.

7. Un grand nombre de recherches récentes ont été consacrées aux relations entre les traumatismes culturels, la mémoire et la commémoration. Pour une étude de cas fondamentale sur le Brésil et l'Atlantique Sud, voir Ana Lucia Araujo, *Public Memory of Slavery : Victims and Perpetrators in the South Atlantic*, Amherst/New York, Cambria Press, 2010. Pour des études plus générales sur la commémoration dans la sphère publique, voir Ana Lucia Araujo (dir.), *Living History : Encountering the Memory of the Heirs of Slavery*, Newcastle upon Tyne, Cambridge Scholars Publishing, 2009 ; et Celeste-Marie Bernier et Judie Newman (dir.), *Public Art, Memorials, and Atlantic Slavery*, New York, Routledge, 2009. Les idées de conscience collective, en particulier celles qui émergent du traumatisme collectif de l'esclavage, ont commencé avec le travail fondateur de Frantz Fanon dans son ouvrage *Peau noire, masques blancs* (Paris, Seuil, 1952). Dans *Lose Your Mother : A Journey Along the Atlantic Slave Route*, New York, Farrar, Straus and Giroux, 2007, Saidiya V. Hartman pose un regard nuancé sur les possibilités de mémoire et de perte offertes par les approches transatlantiques. Enfin, il convient de citer trois études fondamentales de Marcus Wood : *Blind Memory : Visual Representations of Slavery in England and America, 1780-1865*, New York, Routledge, 2000 ; *Slavery, Empathy, and Pornography*, New York, Oxford University Press, 2002 ; et *The Horrible Gift of Freedom : Atlantic Slavery and the Representation of Emancipation*, Athens, University of Georgia Press, 2010.

dans la culture visuelle de l'esclavage. Il ne s'agit pas de chercher à découvrir le « public » visé d'une image en particulier, mais plutôt de montrer comment l'analyse de la culture visuelle de la punition révèle la manière dont les images performatives créent et manipulent activement l'expérience spectaculaire de ceux qui les regardent à travers ce que Huey Copeland et Krista Thompson appellent des « obstacles au regard » qui surgissent même quand ces images de l'esclavage sont les plus visibles[8]. Pour les chercheurs contemporains, le fait de reproduire des images de châtiments d'esclaves implique un choix éthique : les utiliser comme des illustrations qui reproduisent les structures de pouvoir qu'elles étaient censées servir ; ou bien, porter sur celles-ci un contre-témoignage.

Nous sommes tou·te·s, insiste Diana Taylor, des spectateurs directement installés à l'intérieur du « cadre » de la scène, et de ce fait, les questions de subjectivité, de public, de responsabilité éthique ne peuvent s'exclure mutuellement[9]. Qui est appelé à participer à ces scènes de punition d'esclaves ? Pourquoi ? Et de quelles manières sommes-nous appelés à y participer – en tant que punisseurs, spectateurs empathiques, voyeurs, ou bien agents de la résistance ? Tout comme Taylor plaide en faveur du rôle « politiquement crucial » du « spectateur résistant », je souhaite activement subvertir les codes du regard qui ne cessent de réinscrire les corps noirs définis à travers et par la souffrance[10]. De ce fait, il ne suffit pas d'utiliser les images comme des « représentations » qui traduisent une logique esthétique appliquée de l'extérieur, ou comme des « illustrations » qui mettent en évidence une histoire plus problématique extérieure à l'image elle-même. Je définis la culture visuelle de l'esclavage comme un ensemble d'images, d'objets et de textes unis par une « agency » performative qui manipule activement les distinctions entre sujets et spectacles, empathie et voyeurisme, pouvoir et rébellion. Et donc, alors que le spectacle des punitions d'esclaves et ses codes du regard stéréotypés sont en mesure de reproduire son pouvoir par des moyens d'abord visuels, cette reproduction met tellement à nu la logique d'hégémonie raciale, que les images elles-mêmes deviennent un

8. Huey Copeland et Krista Thompson, « Perpetual Returns : New World Slavery and the Matter of the Visual », *Representations* 113, 2011, p. 2.
9. Voir Diana Taylor, *The Archive and the Repertoire : Performing Cultural Memory in the Americas*, Durham, Duke University Press, 2003, p. 53-79.
10. Id., *Disappearing Acts : Spectacles of Gender and Nationalism in Argentina's « Dirty War »*, Durham, Duke University Press, 1997, p. 22.

champ de bataille, tandis que le contre-témoin peut semer les graines de la rébellion depuis les positions les plus improbables[11]. À la suite de ma réflexion sur l'histoire et le déploiement à la fois des codes du regard et des actes de contre-témoignage dans la culture visuelle de l'esclavage brésilien, je conclus sur une discussion des enjeux éthiques que comporte l'analyse des images de l'esclavage par les chercheurs.

Codes du regard, *pelourinhos* et visualité urbaine dans le Brésil colonial

Les théâtres de punition dans les villes brésiliennes étaient construits autour des *pelourinhos*, colonnes de pierre symbolisant l'autorité impériale séculière, qui étaient aussi utilisées comme poteaux de flagellation[12]. Presque toutes les villes brésiliennes possédaient leur *pelourinho*[13]. Ces derniers étaient étroitement associés au maintien de l'ordre social, tout comme ils servaient de point d'attache aux chaînes qui entravaient les criminels au cours des flagellations publiques[14]. Vers la fin des années 1700, les fustigations de criminels, la plupart du temps des roturiers affranchis, étaient des événements fréquents à Bahia, Rio de Janeiro, Pará et Minas Gerais[15]. Les sujets étaient amenés jusqu'au *pelourinho*, tandis qu'on procédait à l'énoncé de leurs crimes et que les spectateurs étaient rassemblés pour assister à la scène. Ces spectacles publics stigmatisaient le criminel et en faisaient une incarnation de la déviance sociale. Cependant, cette stigmatisation

11. Sur les « formes clandestines de résistance », voir S. V. Hartman, *Scenes of Subjection*, *op. cit.*, p. 49-78.
12. Antônio Gilberto Costa, *Rochas e histórias do patrimônio cultural do Brasil e de Minas*, Rio de Janeiro, Bem-Te-Vi, 2009, p. 135. Sur les villes brésiliennes coloniales en tant que « théâtres du pouvoir », voir Silvia Hunold Lara, *Fragmentos Setecentistas : Escravidão, Cultura, e Poder na América Portuguesa*, São Paulo, Companhia das Letras, 2007, p. 29-78.
13. Sur les *pelourinhos* du Brésil colonial, voir Vasco da Costa Salema, *Pelourinhos do Brasil*, Lisbonne, Editora da Sociedade Histórica da Independência de Portugal, 1992. Sur les *pelourinhos* dans l'Empire portugais dans son ensemble, voir Luís Chaves, *Pelourinhos do Ultramar Português*, Lisbonne, Divisão de Publicações e Biblioteca Agência Geral das Colónias, 1948.
14. A. G. Costa, *Rochas e Histórias…*, *op. cit.*, p. 135.
15. Stuart B. Schwartz, *Sovereignty and Society in Colonial Brazil : The High Court of Bahia and its Judges, 1609-1751*, Berkeley, University of California Press, 1973, p. 236.

n'était possible qu'avec la participation d'un public dont l'attention faisait du spectacle de la souffrance un agent de dissuasion : ce que Lynn Hunt nomme le « rite sacrificiel » de la communauté criminalisée[16].

Le style des *pelourinhos* était lié à leur fonction, ceux des riches cités étant ornés d'ouvrages de ferronnerie ou de pierre. Le *pelourinho* de Mariana, dans le Minas Gerais, en est l'un des rares exemples encore en place (ill. 1). Érigés en 1750, désinstallés en 1871, et reconstruits à l'identique en 1970, son socle de pierre étagé et ses ornements en fer forgé sont recouverts de l'iconographie de l'Empire global, de la justice locale et de la violence bienfaitrice. Au sommet, une couronne impériale portugaise repose sur un globe ajouré, symbole de la souveraineté maritime globale du Portugal et présent sur le drapeau brésilien jusqu'à la fin de la période impériale. Sur la colonne principale se trouvent des éléments anthropomorphiques figurant un juriste impérial dont un des bras métalliques tient la balance de la justice et l'autre brandit une épée, symbole de la main armée de la violence nécessaire au maintien de l'ordre social. Au centre, maintenant l'équilibre entre les objets tenus à bout de bras, se trouve une armoirie portugaise qui sert de torse au *pelourinho*. Au pied de la colonne, se trouvent deux chaînes auxquelles les prisonniers devaient être attachés. Tandis que, comme le fait remarquer Marcus Wood, ces chaînes sont censées figurer l'expérience vécue par les condamnés, elles renvoient aussi au gouffre d'empathie qui sépare les spectateurs des victimes[17]. Les fers comme ceux du *pelourinho* de Mariana, souvent utilisés pour évoquer le souvenir enfoui de la torture des esclaves, en raison de leur étroite association avec les corps réels, ont souvent pour effet de déplacer l'expérience incarnée/corporelle ; en effet, à Mariana, il n'est plus besoin de la présence du corps pour se souvenir, ou prétendre se souvenir, de l'esclavage[18]. Fruit d'une habile inversion, les sculpteurs portugais ont anthropomorphisé le *pelourinho*, exprimant la présence éternelle de l'autorité royale en humanisant une colonne de pierre qui s'efforce de maintenir l'équilibre entre la justice et l'ordre social sur fond des spectacles violents visant à le préserver.

16. Lynn Hunt, *Inventing Human Rights : A History*, New York, W.W. Norton & Company, 2007, p. 94-95.
17. M. Wood, *Blind Memory*, *op. cit.*, p. 220-221.
18. *Ibid.*, p. 223.

Ill. 1. *Pelourinho* de Mariana, Minas Gerais, Brésil. Construit en 1750 ; enlevé en 1871 ; réinstallé en 1970. Photographie de l'auteur, 2012.

Le *pelourinho* de Mariana révèle comment, avec la création d'arènes publiques pour la punition des condamnés, le gouvernement colonial portugais avait besoin de prescrire des manières de visualiser le châtiment tout en neutralisant, dans le même temps, ses effets spectaculaires. De la même manière, les images de villes portugaises autour des *pelourinhos* représentent leurs fonctions symbolique et physique, tout en occultant la disposition à la rébellion des spectateurs. En effet, les représentations coloniales portugaises du *pelourinho* comprennent deux traits quasi universels : il est toujours représenté au sein d'un vaste espace ouvert de la ville, et il n'est jamais montré pendant un épisode de flagellation. Au lieu de cela, le *pelourinho* est placé au point focal du paysage. Dans *Prospecto da nova Praça do Pelourinho* (« Vue de la nouvelle place du pilori »), l'artiste portugais Joaquim José Codina (mort en 1790) représente une vue aérienne de la place centrale du *pelourinho* à Belém, à l'embouchure de l'Amazonie (ill. 2). Codina était l'un des principaux artistes ayant participé à l'expédition naturaliste d'Alexandre Rodrigues Ferreira en Amazonie (1783-1792) financée par la reine Maria Ire de Portugal[19]. Codina crée une image qui projette une relation à la présence et à l'autorité gouvernementales sans la prescrire. La mise en valeur du *pelourinho* au centre des lignes de fuite est renforcée par le choix d'une perspective aérienne. À l'arrière-plan, la présence sur le fleuve Pará de petits bateaux marchands et de vaisseaux de la flotte portugaise place le *pelourinho* à l'intérieur du port de commerce global et de l'autorité conférée à l'architecture de la place. Les alignements d'étalages couverts créent un cadre visuel bien défini pour le *pelourinho* qui est situé en leur centre. La perspective aérienne voulue par Codina, les rares personnages présents sur la place et la focalisation sur ces étalages couverts contribuent à faire du *pelourinho* un agent de surveillance sur ce théâtre de pouvoir de la ville. Dans ce lieu éminemment public, Codina fait du *pelourinho* une quasi-incarnation du panoptique de Jeremy Bentham : le *pelourinho* surveille ses citoyens en l'absence de toute présence humaine, tout en soulignant les modalités du déplacement et du regard au sein de l'ordre social de la ville[20].

À la fin du XVIIIe et au début du XIXe siècles, les personnes assistant aux spectacles publics de punition, délibérément non représentées dans les images de *pelourinhos*, étaient considérées comme suspectes par les autorités portugaises et brésiliennes. Pour le gouvernement impérial et les classes supérieures, la tranquillité publique devait être maintenue par la possibilité d'une violence illimitée, tout en garantissant que ce pouvoir sans limite ne soit jamais exercé[21]. Pour faire des individus punis des exemples publics, les autorités enseignaient à la foule rassemblée les bonnes manières de regarder la scène : il fallait être attentif, passif et dénué d'empathie.

Ces codes du regard se démarquent significativement des constructions de peur dissuasive ou de rédemption festive observées précédemment. Lynn Hunt fait remonter l'origine de ce changement à une contradiction fondamentale qui voit le jour dans la montée d'un discours sur la nature de la personnalité à la fin du XVIIIe siècle :

19. Alexandre Rodrigues Ferreira, *Viagem Filosófica pelas Capitanias do Grão Pará, Rio Negro, Mato Grosso e Cuiabá, 1783-1792*, Rio de Janeiro, Conselho Federal de Cultura, 1971.
20. Voir Michel Foucault, *Surveiller et punir. Naissance de la prison*, Paris, Gallimard, 1975, p. 196-229.
21. S. V. Hartman, *Scenes of Subjection*, *op. cit.*, p. 92.

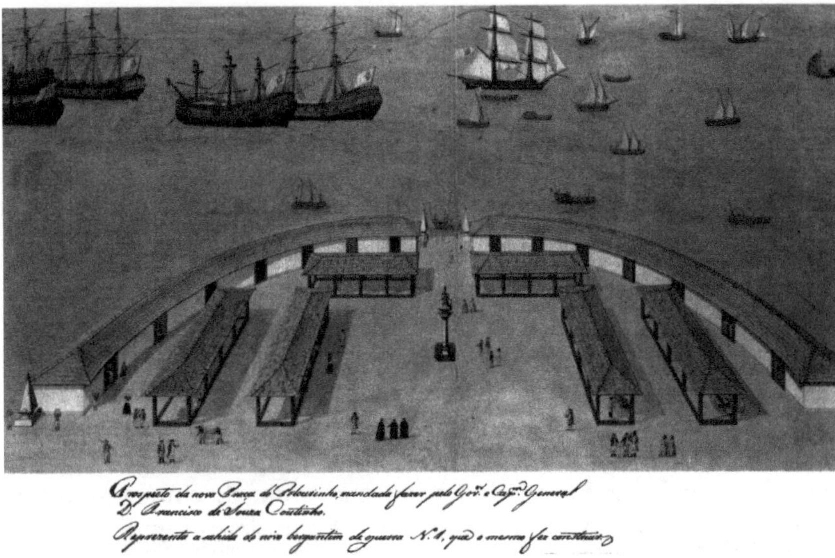

Ill. 2. Joaquim José Codina, *Prospecto da nova Praça do Pelourinho mandada fazer pelo Gov. or e Cap. m General D. Francisco de Souza Coutinho,* aquarelle, 1784. Reproduit dans E. C. Falcão, *Viagem filosófica às Capitanias do Grão-Pará, Rio Negro, Mato Grosso e Cuiabá,* São Paulo, Gráficos Brunner, 1970. Avec l'aimable autorisation de la Memorial Library, University of Wisconsin-Madison.

l'idée selon laquelle la personne serait un individu autonome pour lequel le public pourrait éprouver de l'empathie[22]. Les victimes de flagellation devenaient désormais des contre-exemples permettant de définir le bon ordre social et les bons comportements, et ces comportements devaient être intériorisés par la foule. Ces codes du regard ont une contrepartie : dans leur quête du maintien de l'ordre social, tel qu'énoncé dans une déclaration royale portugaise, ces flagellations publiques pouvaient « offrir au Public un Théâtre de Massacre, plus propre à susciter leur pitié que leur désir de justice[23] ». Ces spectacles de flagellation montraient donc l'esthétique spectaculaire de la punition comme constitutive des relations de pouvoir de la ville ; mais, en même temps, ils manifestaient implicitement la précarité de l'autorité politique de l'état.

22. Voir L. Hunt, *Inventing Human Rights*, *op. cit.*, p. 70-112.

23. Arquivo Nacional do Brasil, Historica, Cod. 68 – « Correspondencia dos Vice-Reis para a Corte ». Cité par Patricia Ann Aufderheide, dans *Order and Violence : Social Deviance and Social Control in Brazil, 1780-1840*, Thèse, University of Minnesota, 1976, p. 304.

Des lois édictées après l'indépendance du Brésil en 1822 avaient pour objet la possibilité qu'une rébellion soit déclenchée par la présence ou par l'absence de la personne punie. Au cours des deux décennies suivantes, des mouvements de réforme carcérale témoignèrent des doutes allant grandissant quant à l'efficacité des flagellations publiques. Alors que la nouvelle constitution brésilienne de 1824 interdisait explicitement l'emploi « du fouet, de la torture, du fer rouge et autres châtiments cruels » pour tous les citoyens, cela ne concernait pas les esclaves[24]. C'est pourquoi on retira cette même année le *pelourinho* de Rio[25]. Immédiatement après, en 1830, le Brésil établissait un nouveau code pénal et criminel qui supprimait les flagellations publiques pour les hommes affranchis, tout en les maintenant pour les esclaves[26]. Le code pénal distinguait trois niveaux de peine : la peine capitale pour les infractions graves ; la condamnation aux galères pour les infractions de second degré ; et le fouet (un maximum de cinquante coups par jour) pour les infractions mineures[27]. Les esclaves fugitifs (*fugido*) étaient soit condamnés au fouet, soit rendus à leurs propriétaires[28].

Alors que dans les premières années de l'Empire, la crainte des révoltes d'esclaves faisait que les châtiments publics étaient tolérés en contrepartie de la paix sociale, après 1830 les flagellations publiques commencèrent à être vues comme des motifs potentiels des révoltes de Bahia[29]. La légalisation des châtiments d'esclaves par la Constitution de 1824 et le Code pénal de 1830 était une réponse directe à la crainte persistante de révoltes. L'article 113 du Code pénal de 1830 définissait le crime « d'insurrection [...] comme le fait que vingt ou plus esclaves se regroupent pour prendre leur liberté par la force[30] ». Les leaders de la révolte furent condamnés à la peine capitale ; les participants les moins impliqués furent envoyés aux galères ; et « pour tous les autres :

24. Collecção das leis do Imperio do Brazil de 1824, Rio de Janeiro, Imprensa Nacional, 1886, p. 33 ; Agostinho Marques Perdigão Malheiro, *Escravidão No Brasil : Ensaio histórico-jurídico-social*, São Paulo, Edições Cultura, 1944.

25. Luis Gonçalves dos Santos, *Memorias para servir à História do Reino do Brasil*, vol. 1, Rio de Janeiro, Editora Zelio Valverde, 1943, p. 93.

26. P. A. Aufderheide, *Order and Violence*, thèse citée, p. 307.

27. Robert Edgar Conrad, *Children of God's Fire : A Documentary History of Black Slavery in Brazil*, University Park, The Pennsylvania State University Press, 1994, p. 253.

28. P. A. Aufderheide, *Order and Violence*, thèse citée, p. 333.

29. Emilia Viotti da Costa, *The Brazilian Empire : Myths and Histories*, Chapel Hill, University of North Carolina Press, 2000, p. 134-135.

30. R. E. Conrad, *Children of God's Fire*, p. 253.

[ce fut] le fouet[31] ». L'efficacité de cette nouvelle définition et des peines qu'elle entraînait n'allait pas tarder à être mise à l'épreuve avec le début de la Révolte des Malês à l'aube du 25 janvier 1835. Un groupe d'environ 600 hommes armés de bâtons et de couteaux, presque tous originaires d'Afrique, s'opposèrent frontalement aux autorités de Salvador et prirent le dessus sur les forces de l'ordre de la ville avant de l'assiéger. Bien que cette révolte ait été matée en quelques heures, elle déclencha une vague de réactions juridiques et culturelles à travers tout le Brésil. L'une de ces réactions consista à limiter la visibilité des punitions infligées aux participants condamnés. Comme le relève João José Reis, pour ceux des Malês qui ne furent pas exécutés :

> Les scènes de torture publiques ne pouvaient pas être plus révoltantes. Les victimes étaient nues, attachées et fouettées sur le dos et les fesses, spectacle d'intimidation pour les autres Africains qui assistaient à ces souffrances pendant des jours et des jours dans divers lieux. [...] Il arrivait que les autorités s'inquiètent du fait que ces spectacles ne viennent perturber la paix civile. La condamnation à Mille coups de fouet du [leader Malê] Alufá Pacífico Bilãl Licutan, se déroulerait donc dans un lieu public, « mais pas dans les rues de la ville »[32].

Même après les pertes effroyables subies par sa communauté, le pouvoir symbolique d'Alufá Licutan ne cessa de croître : le gouvernement de Bahia, tout en continuant à prôner la flagellation, avait pris garde de ne pas faire des coups de fouet infligés à Licutan un spectacle public. Le 10 juin 1835, toujours en réaction à cette révolte, l'empereur Pedro II signa la loi dite « extraordinaire » qui étendait la liste des crimes passibles de la peine capitale, rappelait la nécessité de la flagellation pour les infractions « légères » et restreignait drastiquement la possibilité pour les esclaves de témoigner devant un tribunal ou de faire appel d'une condamnation[33].

Les décisions juridiques prises dans le sillage des révoltes de Bahia, qui visaient à restreindre la présence du public lors de la punition des esclaves, ne répondaient pas seulement à un désir de limiter les risques de soulèvements futurs, mais aussi à une volonté d'éviter aux législateurs l'exposition aux horreurs de ces châtiments. Le 6 septembre 1829, le

31. *Ibid.*
32. J. J. Reis, *Rebelião escrava no Brasil, op. cit.*, p. 470-471, « pas dans les rues de la ville » est une citation de « Devassa do levante de escravos ocorrido em Salvador em 1835 », Anais do Arquivo do Estado da Bahia, 38, 1968, p. 53.
33. R. E. Conrad, *Children of God's Fire, op. cit.*, p. 254.

Conseil municipal de Salvador fit voter une recommandation pour limiter les flagellations publiques d'esclaves emprisonnés[34]. Le 21 juillet 1835, le conseil municipal approuva la demande « de ne pas infliger le châtiment corporel du fouet aux esclaves ou à d'autres individus dans la cour de la prison publique, car de tels actes perturbent les employés durant leurs heures de travail dans ce service et dans cette Maison, car il est dégradant d'entendre les plaintes des condamnés pendant les séances[35] ». Cette demande fut votée à l'unanimité. Ce même conseil municipal, qui supervisait l'exécution des peines à la demande des esclavagistes, s'empêchait lui-même non seulement de voir, mais aussi d'entendre, les séances de fouet. J'interprète ces deux dispositions comme une reconnaissance par le conseil municipal de Salvador de la possibilité d'éprouver de l'empathie lors des punitions publiques : précisément l'empathie personnelle qui était si systématiquement évitée jusqu'à ce moment-là dans la manipulation des assemblées de spectateurs. Face à une situation susceptible de déclencher leur propre empathie – et toutes les contradictions que cela impliquait – les membres du conseil mirent hors la loi leur propre affect.

Ambivalences des codes du regard : souffrance, empathie et voyeurisme dans les voyages au Brésil

Au cours du XIXe siècle, le besoin de perpétuer l'esclavage comme fondement politique et économique de l'avenir du Brésil entraîna la poursuite des châtiments violents à l'encontre des esclaves dans les cours de prison et sur les places publiques. Les punitions corporelles restaient des rituels gouvernementaux importants, tout en étant toujours plus porteuses de révoltes potentielles du fait du contre-regard/contre-témoignage des spectateurs. Cette ambivalence donna lieu à des conceptions contradictoires de l'emprisonnement et de la punition qui firent naître une nouvelle tendance dans la représentation des spectacles de flagellation dans la culture de l'imprimé. À la suite de l'afflux de voyageurs européens au Brésil après le transfert de la cour portugaise à Rio de Janeiro en 1808, et en particulier après l'indépendance en 1822, presque toutes les représentations de flagellation sont produites par des Européens dans des récits de voyage illustrés. Ces images sont constam-

34. Arquivo Municipal de Salvador, Papeis Avulsos, Oficios e Requerimentos : Escravos, Est. 68, Prot. 05, document sans titre daté du 6 septembre 1829.
35. Arquivo Municipal de Salvador, Atas da Camara Municipal, liv. 1835-1838, f. 44v.

ment centrées sur l'esclavage dans les cours de prison ou sur les places publiques, et presque toutes incluent des représentations de témoins dans des lieux publics.

Les visiteurs européens qui publiaient des images et des récits de flagellation d'esclaves étaient une source d'embarras pour les citoyens éduqués de la nouvelle nation, tout particulièrement pour ceux qui recherchaient ardemment l'approbation de leur monarchie constitutionnelle par les Européens. En ce sens, on peut partiellement expliquer le déclin des flagellations publiques comme la conséquence d'une aseptisation de l'espace public brésilien *para ingês ver* (« pour que les Anglais voient »), une expression toujours en usage au Brésil pour décrire l'occultation de la violence et des inégalités sociales aux yeux des étrangers. En même temps, la large diffusion des images de flagellations d'esclaves démontre comment, dans un système où les punitions de personnes asservies étaient explicitement extralégales, les excès de cette violence (ce qui suscitait empathie et horreur chez les visiteurs européens) ne sont pas nécessairement distincts des excès de sa reproduction ou de sa représentation. Les récits et les images de châtiments d'esclaves remplissaient désormais les livres illustrés recherchés par un plus large public de l'autre côté de l'Atlantique, tout comme les colonnes de pierre sur lesquelles ces châtiments étaient perpétrés continuaient à occuper les places publiques du Brésil.

Dans ce contexte, la question du désir et celle de la répulsion issue du trauma de l'esclavage ne sont pas nécessairement séparables[36]. La nature ambiguë des descriptions de la souffrance et du plaisir dans ces récits de voyage et leurs représentations visuelles se rejoignent, tandis qu'une technique de discipline – la punition elle-même – se métamorphose en plaisir, lui-même travesti en transformation personnelle et sociale. Cette interaction apparaît comme une caractéristique des modes de représentation polyvalents et contradictoires des spectacles de flagellation au cours de cette période, ainsi que comme une exposition potentielle des possibilités de rébellion inhérentes à des codes du regard stéréotypés.

Dans une lithographie intitulée *Punitions publiques sur la place Ste. Anne*, l'artiste bavarois Johann Moritz Rugendas (1802-1858) témoigne de sa vision de la flagellation publique d'un esclave sur ce qui est

36. S. V. Hartman, *Scenes of Subjection*, *op. cit.*, p. 78.

aujourd'hui le Campo de Santana à Rio de Janeiro (ill. 3). La gravure fait partie d'un ensemble de cent lithographies représentant les paysages, la vie quotidienne et la société brésilienne dans l'ouvrage *Voyage pittoresque dans le Brésil*, publié en 1835[37]. Rugendas était un fervent abolitionniste, ce qu'il essaye de transmettre à travers ses images[38]. Il montre un esclave mâle, debout, pratiquement immobilisé, les mains levées au-dessus de la tête et attachées au *pelourinho*. Ses fesses sont dénudées et son dos est tourné vers la foule ; le visage grimaçant, il se prépare à recevoir le premier coup de fouet à même la peau. Les yeux écarquillés du flagellateur traduisent tout à la fois son empressement et sa réticence. La personne chargée de donner le fouet était souvent, comme on le voit ici, un esclave. Tandis que le public rassemblé regardait, il était nécessaire de s'assurer que les esclaves participaient à l'exécution en continu de la justice. Mais ce choix n'était pas le fait de l'esclave : tout à gauche et à droite de l'image, ses surveillants sont assis et regardent, pour s'assurer que la violence de la punition est accomplie selon leurs préconisations.

Pourtant, qui Rugendas souhaite-t-il que nous voyions regarder cette flagellation ? Une foule diverse assiste au châtiment, qui n'a ni début ni fin. Cette ambiguïté temporelle se révèle dans la figuration de deux hommes : l'un, au premier plan, s'effondre au sol, le corps presque brisé d'avoir subi la punition, l'autre, à l'arrière-plan, résiste tandis qu'on l'entraîne vers le pilori. L'importance numérique de la foule agglutinée est accentuée par sa proximité au poteau de flagellation et par les corps en mouvement. Notre regard est orienté par une assistance où sont représentées des personnes de toutes les catégories raciales : à gauche, un couple de Noirs affranchis (témoin leurs longs manteaux et le haut-de-forme) se penche pour regarder la scène, tandis que deux soldats assis sur une caisse devant eux redirigent notre attention en pointant la victime du doigt. Rugendas non seulement demande à tout le monde de voir, mais s'assure également du fait qu'on les voit en train de voir : les spectateurs sont mélangés, des individus d'origines africaine et européenne regardant ensemble la scène.

---

37. Johann Moritz Rugendas, *Voyage pittoresque dans le Brésil*, trad. Mr. de Golbéry, Paris, Engelmann & Cie, 1835.
38. Robert W. Slenes, « African Abrahams, Lucretias and Men of Sorrows : Allegory and Allusion in the Brazilian Anti-slavery Lithographs (1827-1835) of Johann Moritz Rugendas », *Slavery & Abolition* 23, n° 2, 2002, p. 149.

Ill. 3. Johann Moritz Rugendas, *Punitions publiques sur la place Ste. Anne*, lithographie, 1835, dans J. M. Rugendas, *Voyage pittoresque dans le Brésil*, Paris, Engelmann, 1835, livre 4, pl. 15.

En dépit de la violence présente dans cette scène, Rugendas ne montre aucune trace de scarification ou de sang. Le dos de l'homme Noir déjà flagellé est tourné, afin qu'aucun d'entre nous ne puisse le voir ; quant aux deux autres, ils n'ont pas encore été punis. La présence de ces corps mettant en scène une flagellation « à la chaîne », Rugendas remet à son public la responsabilité de mettre fin au spectacle. Ainsi, cette gravure cherche à associer la position du public à une position de pouvoir. La gravure met en avant la subjectivité du public, qui, confronté aux ambiguïtés de cette position, doit choisir entre un appel à prolonger les flagellations ou bien à les arrêter tout à fait, en s'identifiant avec la posture abolitionniste de l'artiste.

Jean-Baptiste Debret (1768-1848), peintre français à la cour de Napoléon Ier, ne partageait pas les opinions politiques de Rugendas. Entre 1834 et 1839, Debret, qui défendait le système esclavagiste brésilien, publia en trois volumes son *Voyage pittoresque et historique au Brésil*, un récit richement illustré de son séjour au Brésil entre 1816 et 1831[39]. Le *Voyage pittoresque*, en particulier dans le deuxième volume, recourt à de nombreuses illustrations et descriptions qui reflètent les opinions de Debret sur l'esclavage, l'espace public, la visibilité et la politique de la race dans les centres urbains brésiliens. L'artiste cherche avant tout à illustrer toutes les formes que peuvent prendre les châtiments infligés aux esclaves, ainsi que les instruments utilisés pour les exécuter. Il ouvre sa discussion en faisant remarquer que bien que le Brésil soit « la partie du nouveau monde dans laquelle on traite le nègre avec le plus d'humanité », le code pénal portugais avait besoin des peines de flagellation pour maintenir l'ordre parmi une population d'esclaves si nombreuses[40]. La planche intitulée *L'exécution de la punition du fouet* nous présente la vision qu'a l'artiste de ces punitions publiques, à travers une série de représentations d'esclaves masculins (ill. 4).

Ill. 4. Jean-Baptiste Debret, *L'exécution de la punition du fouet*, dans Jean-Baptiste Debret, *Voyage pittoresque et historique au Brésil*, Paris, Firmin Didot Frères, Imprimeurs de l'Institut de France, 1835, vol. II, pl. 45 (haut).

39. Jean-Baptiste Debret, *Voyage pittoresque et historique au Brésil*, 3 vol., Paris, Firmin Didot Frères, 1834, 1835, et 1839.
40. *Ibid.*, vol. 2, p. 139.

La description de sa gravure offre l'une des visions les plus instructives et contradictoires sur les flagellations publiques de la part d'un auteur européen au Brésil. « Les poteaux de correction [comme il les appelle] sont plantés dans toutes les places les plus fréquentées » de Rio de Janeiro, comme si ces poteaux de bois avaient été érigés pour refaçonner le paysage de l'ordre social urbain[41]. Dans sa lithographie, la punition du fouet exécutée sur un esclave par un autre esclave est regardée par de nombreux spectateurs qui forment un cercle autour du *pelourinho*. Mais cette foule est très différente de celle dépeinte par Rugendas. Le visage de la victime nous est caché, son corps est vigoureusement enserré par des cordes, le réduisant à une représentation frappante de ses fesses qui forment le point central de la scène. La foule assemblée est constituée presque uniquement d'esclaves. La plus grande partie de cette foule apparaît indistinctement à l'arrière-plan, tandis que les visages lointains sont indéchiffrables. Les seuls personnages visibles, et ceux que l'on voit en train de voir, sont intimement liés au spectacle lui-même : ce sont ceux qui sont sur le point d'être fouettés, ceux qui viennent de l'être et ceux qui s'assurent que le châtiment a bien lieu. Sur la gauche, quatre esclaves attendent leur tour ; derrière eux, se trouvent deux gardes, le regard tourné vers le sol au moment où le bourreau s'apprête à abattre son fouet ; deux autres hommes allongés sur le ventre près du *pelourinho* attendent que leurs plaies guérissent.

Il est possible que la différence entre la vision de Rugendas et celle de Debret soit fondée sur la divergence de leurs motivations politiques. La gravure de Rugendas reconnaît que tous les citoyens du Brésil sont considérés comme faisant partie du public du spectacle de flagellation, et on les voit en train de voir. Il est donc impossible de rester un voyeur passif face à un spectacle si violent. En produisant une gravure qui permet aux membres du public de se voir en train d'être vus regardant la scène de flagellation, Rugendas construit un public contraint de concilier le voyeurisme de sa participation au spectacle avec la violence de la scène. L'artiste espère ainsi provoquer une prise de position abolitionniste. En ce qui concerne la gravure de Debret, l'effet créé est à l'opposé : en réduisant la foule à ceux qui prennent directement part au châtiment, il tente de réduire son impact comme spectacle public. Cela dissocie le spectacle de sa propre spectacularité, en en faisant un élément inhérent au système esclavagiste,

41. *Ibid.*

et pour cette raison facilement ignoré (du moins par les regards étrangers et blancs).

Comme celles de Rugendas, les illustrations de Debret ne mettent guère en avant les effets réels de la flagellation. Il préfère les évoquer au travers de marqueurs visuels renvoyant à une violence en puissance : en bas à gauche de l'image, une série de fouets prêts à l'emploi quand celui en usage sera trop trempé de sang ; deux hommes au sol, ayant déjà été châtiés ; et une rangée de condamnés à l'arrière-plan gauche, attendant d'être menés au *pelourinho*. Le simple comptage de ces fouets, de ces corps, de ces êtres humains, comme sur une chaîne de montage souligne ce que Saidiya Hartmann a appelé « la terreur du prosaïque et du quotidien[42] ». Pour citer Debret :

> On croira sans peine que de tous les assistants, les plus attentifs au nombre des coups qui se distribuent sont les deux nègres qui forment les extrémités du groupe qui attendent la correction, parce qu'ils sont ordinairement destinés l'un ou l'autre à remplacer le patient que l'on expédie au [...] poteau de correction ; aussi voit-on leur tête s'abaisser de plus en plus, à mesure que le nombre de coups s'augmente[43].

Dans une telle scène spectaculaire, l'une des terreurs infligées aux victimes du châtiment est l'acte de compter les coups. Alors qu'ils sont forcés de rester debout à regarder, l'énumération des chiffres est un acte de torture morale : le fait de compter silencieusement les coups de fouet infligés à un autre ne sert qu'à rendre plus présente la violence :

> C'est à ce poteau de douleur que l'on juge le caractère du nègre fustigé [...] Il y a même des exemples de modification dans l'exécution du nombre des coups de fouet ordonnés, en raison de l'épuisement des forces de l'individu trop impressionnable [...] C'est là aussi, quoique strictement garrotté, comme le dessin l'indique, que sa douleur lui donne l'énergie de se hausser sur la pointe des pieds, à chaque coup qu'il reçoit ; mouvement convulsif réitéré tant de fois, que le frottement du ventre et du haut des cuisses de la victime laisse sur le poteau une marque de sueur qui le polit à cette hauteur ; sinistre empreinte qui se retrouve sur chacun de ces poteaux élevés dans les places publiques. [...] Mais quelques-uns de ces condamnés (et ceux-ci sont à craindre) affichent une grande force de caractère, en souffrant en silence jusqu'au dernier coup de fouet[44].

42. S. V. Hartman, *Scenes of Subjection*, *op. cit.*, p. 4.
43. J.-B. Debret, *Voyage pittoresque et historique au Brésil*, *op. cit.*, vol. 2, p. 140.
44. *Ibid.*

« Souffrant en silence ». Pour Debret, la marque ultime du « caractère » pour un être humain dont l'humanité a été définie par la douleur éprouvée est le fait qu'il ne puisse pas en parler. À l'encontre de la formule d'Elaine Scarry, souvent citée, selon laquelle la souffrance détruit le langage, Debret pense qu'il serait possible de parler en éprouvant une telle souffrance[45]. D'autres, laisse entendre Debret, ont élevé la voix pour demander l'arrêt de leur châtiment, pour parler de « l'épuisement des forces ». Pour Debret, l'unique signe de leur humanité, de ce qui peut les rattacher à ceux qui ne sont pas soumis à de telles tortures, est, ironiquement et de manière révoltante, d'affirmer qu'ils ne devraient jamais en parler. Comme l'a remarquablement résumé Marcus Wood : « Revendiquer le droit de décrire l'expérience des esclaves torturés, c'est déclarer avoir accès à cette expérience[46]. » Debret n'appréhende cette expérience qu'au prisme de son jugement sur la capacité de l'esclave à endurer la douleur, et à travers leur manifestation d'humanité définie par la violence terroriste ; si l'on suit la logique de Saidiya Hartman, la « nature tronquée » de l'esclave en tant que personne vise à lui conférer un statut de bien mobilier, en signifiant son existence comme personne (*personhood*) par le corps meurtri[47]. Debret projette sa voix sur l'expérience des esclaves qui, insiste-t-il, doivent rester silencieux[48].

Dans mon analyse de la culture visuelle des punitions infligées aux esclaves au Brésil, j'ai jusqu'ici exposé la problématique du témoignage (*witnessing*) et des ambiguïtés de l'affect lorsqu'on considère le public. Des manières stéréotypées de regarder les corps noirs d'esclaves font de ces spectacles des sites privilégiés pour la projection de la contemplation de soi par un public de Blancs continuellement forcés de choisir leur position comme spectateurs. Paradoxalement, c'est précisément cette subjectivité qui devient objet d'identification, au moment même où le corps de l'esclave noir se retrouve au centre de l'attention. La lecture que fait Debret de la scène de fustigation inscrit l'humanité de l'esclave dans sa capacité à ne pas donner voix à sa souffrance excessive, ce qui déplace l'empathie de la scène au cœur de l'interprétation faite par Debret de la « grande force de caractère » de ceux qui gardent le silence. Même la gravure abolitionniste de Rugendas réinscrit la

45. Elaine Scarry, *The Body in Pain : The Making and Unmaking of the World*, New York, Oxford University Press, 1985, p. 14.
46. M. Wood, *Blind Memory*, *op. cit.*, p. 219.
47. S. V. Hartman, *Scenes of Subjection*, *op. cit.*, p. 93-94.
48. E. Scarry, *The Body in Pain*, *op. cit.*, p. 14.

dynamique raciale du pouvoir, et ce faisant transforme un corps humain en un spectre de souffrance pour l'apitoiement sur soi. Les questions et les signes du désir, de la répulsion et de l'humanité tronquée qui traversent les lectures par Rugendas et Debret des punitions par le fouet sont modulées par des codes du regard stéréotypés et réinscrits, qui se manifestent dans les distinctions juridiques et les pratiques du regard dans le Brésil du XIXe siècle. Dans le contexte de ce système symbolique généralisé et oppressif, quelles stratégies esthétiques peut-on utiliser pour critiquer, voire démanteler la représentation du corps de l'esclave tel qu'il est défini par un spectacle violent publiquement cautionné ?

Le *Cristo na coluna* de Chagas : contre-témoigner du spectacle de flagellation

Le 7 septembre 1758, les carmélites de Salvador commandèrent au « Maître sculpteur » Francisco das Chagas[49] trois sculptures du Christ pour l'église et le couvent du Tiers-Ordre du Carmel. Si le statut de Chagas n'est pas remis en question par l'historiographie de la sculpture du XVIIIe siècle à Bahia, les informations sur sa vie et son travail sont si rares et si contradictoires que de nombreux chercheurs doutent même de la paternité de certaines œuvres qui lui sont attribuées[50]. Les déclarations sur son génie artistique, son identité comme sculpteur Noir affranchi et les spéculations sur ses influences personnelles se retrouvent toutes dans les analyses consacrées au *Christo na coluna* (« Le Christ à la colonne »), une œuvre qui lui est généralement attribuée. Cette sculpture se trouve aujourd'hui à l'extrémité sud de la

49. Arquivo da Ordem Terceira do Carmo do Salvador, Resoluções de 1745-1793, f. 41r. Même les documents connus concernant le nom de Chagas sont contradictoires. La commande pour un travail de 1758 le désigne sous le nom de « Francisco das Chagas ». José Roberto Teixeira Leite l'appelle « Francisco Manoel das Chagas » dans son essai « Negros, Pardos, e Mulatos na Pintura e na Escultura Brasileira do Século XVIII », *A Mão Afro-Brasileira : Significado da Contribuicão Artística e Histórica, ed. Emanoel Araújo*, São Paulo, Imprensa Oficial do Estado de São Paulo/Museu AfroBrasil, 2010, p. 62. Dans *Blind Memory*, Marcus Wood le nomme « Francisco Xavier Chagas ». J'ai choisi de conserver la version simplifiée « Francisco das Chagas » dans un souci de cohérence et de concision.

50. Jacques Résimont, « Os escultores baianos Manoel Inácio da Costa e Francisco das Chagas, "o Cabra" », dans Emanoel Araújo (éd.), *O Universo Mágico do Barroco Brasileiro*, São Paulo, Serviço Social da Indústria, 1998, p. 152-167.

Ill. 5. Francisco das Chagas (attribué à), *Cristo na coluna*, vers 1760.
Statue appartenant au Tiers-Ordre du Carmel et conservée dans l'église
Convento do Carmo et l'hôtel Pestana Convento do Carmo, Salvador, Bahia.
Image publiée avec l'aimable autorisation du Tiers-Ordre du Carmel.
Photographie de l'auteur, 2012.

Ill. 6 Francisco das Chagas (attribué à), *Cristo na coluna*, vers 1760 (détail du dos).
Statue appartenant au Tiers-Ordre du Carmel et conservée dans l'église
Convento do Carmo et l'hôtel Pestana Convento do Carmo, Salvador, Bahia.
Image publiée avec l'aimable autorisation du Tiers-Ordre du Carmel.
Photographie de l'auteur, 2012.

sacristie du couvent (ill. 5). La statue représente les effets de la flagellation du Christ livré aux mains des soldats romains avant sa crucifixion, comme cela est rapporté dans deux des quatre évangiles canoniques – c'était une commande fréquente de la part des ordres religieux à l'apogée de l'époque baroque[51]. L'accent mis par l'artiste sur l'extrême souffrance corporelle oppose la fragilité du corps amaigri du Christ à la monumentalité de la colonne de pierre à laquelle il est attaché. Représenté en un contrapposto exagéré, les genoux du Christ cèdent sous le poids de son torse flagellé, tandis que ses mains croisées pendent au-dessous de ses poignets immobilisés par les cordes enroulées autour de la colonne. De nombreuses taches rouges, qui aujourd'hui vont du violet au noir, représentent les entailles, lacérations et coupures qui marquent le corps du Christ. L'application d'une quantité importante de peinture entraîna des coulures et des taches évoquant le sang qui goutte.

Toute trajectoire interprétative pour cette sculpture se doit de commencer par examiner le dos du Christ (ill. 6). Marcus Wood, considérant le sujet de la statue au prisme de l'identité raciale de Chagas et des représentations des esclaves africains, la décrit comme

> [S]i la peau parfaite d'un homme, finie par le sculpteur, avait ensuite été travaillée par le tortionnaire, faisant de son fouet son ciseau de sculpteur, de la chair son matériau. Cet être meurtri devrait se trouver dans un service de traumatologie, pas dans une église [...] L'œuvre de Chagas est séparée du toucher et du regard par des reflets rassurants et une épaisse paroi transparente ; comme si elle avait dû être placée dans quelque unité de soins intensifs esthétiques, ou quelque vitrine protectrice[52].

Cette « vitrine protectrice » manifeste la double contrainte à laquelle est soumis le regard qui anime l'impact iconographique du *Christo na coluna*, contre-témoignage porté sur le spectacle de flagellation qui, pendant trois siècles, s'est déroulé sur une place non loin du couvent. À la fois barrière et invitation (au regard), la vitrine de verre sépare la sculpture de l'architecture de la sacristie, tout en invitant à la regarder. En sculptant de grands yeux blancs en verre, révulsés, Chagas tente de dépeindre non seulement l'effondrement de la réalité extérieure pendant la torture, mais aussi l'impossibilité pour le Christ d'appréhender sa propre expérience corporelle. Même durant les siècles où le couvent était en fonction, seules les carmélites, un groupe de femmes ayant fait

51. La flagellation du Christ est décrite dans Jean 19 : 1 et Matthieu 27 : 26.
52. M. Wood, *Blind Memory*, *op. cit.*, p. 265.

vœu de chasteté, pouvaient avoir accès à cette vision du corps du Christ. Cette mise à l'abri des regards est appropriée si l'on considère le contexte historique dans lequel Chagas travaillait, et, comme je souhaite le montrer, le commentaire polyvalent et autoréflexif que la sculpture constitue en elle-même sur les codes du regard que j'ai jusqu'ici décrits. C'est une sculpture qui demande à son public de regarder par-delà les codes en vigueur qui dictaient comment regarder, et qui devait regarder les spectacles de châtiments violents dans les centres urbains du Brésil.

Le surnom grossier de Chagas, o cabra (la chèvre), une appellation déterministe qui le suit dans toutes les analyses publiées de son œuvre, sert à marquer son corps et l'histoire de sa vie. Dans la première moitié du XIXe siècle, le terme renvoyait à un statut racial et colonial portugais pour une personne née de parents noirs et mulâtres[53]. Pourtant, ce surnom est absent de tous les comptes rendus sur sa vie de son époque, il n'apparaît qu'en 1911 dans l'histoire des artistes de Bahia rédigée par Manoel Querino[54]. Mais, au cours du dernier siècle, ce surnom en est venu à définir la vie et l'œuvre de Chagas, non pas en raison du manque de sources historiques mais en raison d'un excès. En effet, le nom qui lui a été donné, Chagas, « blessures », est aussi commun dans les registres de naissance et de mariage de Bahia que les punitions qui dans l'historiographie surdéterminent les histoires de vie des esclaves africains au Brésil. Ne serait-ce qu'en vertu de son nom, la vie et l'œuvre de Chagas écrivent une contre-histoire de la punition, une trajectoire interprétative alternative au travers de la description que fait Saidiya Hartman de l'excès de violence qui transforme les expériences vécues des individus en « marchandises et en cadavres[55] ».

En tant que sculpteur, Chagas occupait l'une des professions les moins prestigieuses dans la société brésilienne du XVIIIe siècle. Comme tous les artisans, les sculpteurs étaient considérés comme des travailleurs manuels dans un système qui plaçait les arts visuels au-dessous des autres arts[56]. Autour de 1750, le système colonial de travail au Brésil,

53. Cette définition est tirée du *Diccionario da Lingua Portuguesa* de Luiz Maria da Silva Pinto, Ouro Preto, Na Typographia de Silva, 1832.

54. Manoel Raymundo Querino, *Artistas Bahianos (Indicações Biographicas)*, 2e éd., Salvador, A Bahia, 1911, p. 11.

55. S. V. Hartman, « Venus in Two Acts », art. cité, p. 2.

56. Tania Costa Tribe, « The Mulatto as Artist and Image in Colonial Brazil », *Oxford Art Journal 19*, n° 1, 1996, p. 70.

qui se développait, commença à proposer aux artistes et artisans de nouvelles possibilités, et en particulier aux sculpteurs. Nombre de ces possibilités furent offertes aux personnes Noires affranchies. La liberté esthétique des sculpteurs était limitée, car les commandes pour des sujets prédéterminés émanaient en grande majorité des églises, les organisations les plus riches à Salvador[57]. Compte tenu de la liberté esthétique limitée dont ils jouissaient, les sculpteurs Noirs firent des sculptures de saints Noirs des sujets populaires ; ainsi, même dans le cadre de commandes très spécifiques, comme l'a montré Tania Costa Tribe, il existait « des occasions liminales d'alléger les pressions d'une structure sociale insupportablement rigide tout en les gardant sous le contrôle des groupes blancs dominants[58] ».

La liminalité du choix esthétique s'étendait à la fois au statut racial et de travail de Chagas. Dans les codes pénitentiaires de la fin du XVIIIe siècle, la réinsertion des esclaves emprisonnés était rarement un objectif, car ils auraient appris un nouveau métier, privant les travailleurs libres de la possibilité de l'exercer[59]. Ainsi, la logique du châtiment et de la réinsertion pénale dans les années 1750 était intimement liée à la valeur sociale de la production des images : les institutions pénitentiaires n'ont cessé de mettre en question la valeur du travail pénitentiaire dans une institution où le travail manuel était une marque de pauvreté, de racisme et de servage[60]. Même si le statut racial n'équivalait pas au statut d'esclave, il enfermait bel et bien les sculpteurs noirs comme Chagas dans un dilemme potentiel : ils étaient suspectés d'être les alliés tacites des esclaves rebelles, tout en étant considérés comme une force de travail manuel essentielle au nouveau pays.

Dans ces conditions, que signifie lire le dos du *Cristo na coluna* en tenant compte de la vie même de Chagas et des flagellations publiques qui se déroulèrent à Salvador pendant presque trois cents ans ? Le *Cristo na coluna* peut être interprété comme un dialogue artistique stratégique avec les codes du regard qui n'allaient cesser de se rigidifier au cours des décennies à venir. La sculpture exprime non seulement le souvenir d'une flagellation, même si jamais infligée, mais aussi les conséquences politiques de ce spectacle public ininterrompu à Salvador. Alors que le *Cristo na coluna* émane d'une commande par

57. *Ibid.*, p. 73.
58. *Ibid.*
59. P. A. Aufderheide, *Order and Violence*, thèse citée, p. 307.
60. *Ibid.*, p. 310.

les carmélites pour représenter le corps du Christ, son sculpteur en décolle la chair pour accomplir une subversion esthétique et une réimagination de la structure sociale et politique de Bahia. Le dos de la statue ne ressemble pas à la représentation conventionnelle d'une flagellation. Les marques habituelles de lacération laissent la place à une surface couverte de boursoufflures noires et ensanglantées, qui est en contraste violent avec la blancheur de la peau du Christ, comme si des lambeaux de blancheur avaient été décollés, comme autant de pièces que l'on pourrait recoudre. Dans un contexte, où l'humanité des esclaves était définie par leur capacité à endurer la violence, le *Cristo na coluna* nous montre la résistance à la violence d'un corps blanc poussée à l'extrême, jusqu'à pénétrer dans le royaume de la noirceur. Chagas passe véritablement au-delà des frontières de l'humain pour entrer dans le champ tout à la fois de l'animalité et du divin, traversant les limites de la visibilité des corps noirs ainsi que les limites de la violence en excès inhérente au spectacle de la flagellation.

En tant qu'artiste noir et libre, Chagas a peut-être compris tous les aspects des codes du regard et il aurait ainsi trouvé l'occasion parfaite pour subvertir les formes établies de la représentation des flagellations ainsi que les structures implicites du public dont elles dépendaient. Tenue à l'écart du public, cette statue subvertit l'identification du corps noir souffrant avec le Christ en révélant le caractère fallacieux d'une telle comparaison. Si les œuvres de Rugendas et Debret, dans leurs tentatives de documenter les punitions par le fouet, menaient à des formes fallacieuses d'identification empathique, alors le geste de Chagas, qui consiste à représenter sans représenter, dans un lieu à l'écart, défait efficacement ce régime visuel. Pour les Brésiliens blancs, ce dos est un rappel troublant et puissant que le choix entre voyeurisme et empathie est un faux choix, puisque dans les deux cas le pouvoir du spectacle reste entre leurs mains. Mais pour la communauté diverse d'individus d'origine africaine, libres ou asservis, vivant à Salvador, cette statue peut être lue comme une affirmation d'autonomie (*agency*) et de colère face aux flagellations publiques qui se déroulaient à l'extérieur de l'église.

Tout cela vaut, bien sûr, si l'on attribue bien cette sculpture à Chagas. Tant d'interprétations précédentes rattachent le *Cristo na coluna* au travail d'un artiste noir affranchi identifié par son surnom, et, à ce titre, peuvent être considérées comme des lectures surdéterminées par la race de Chagas. Les Noirs affranchis de Salvador, en particulier les sculpteurs, étaient objet de suspicion de la part aussi bien des classes dominantes que des esclaves ; et aujourd'hui encore, on continue d'envisager le travail d'un artiste noir en contexte colonial comme un commentaire sur l'esclavage. Alors que j'insiste sur les choix et les dilemmes éthiques contemporains posés par la culture visuelle de l'esclavage, cette lecture ambiguë peut être comprise comme la manifestation des contradictions marquant le statut racial et social de Chagas. On peut interpréter le *Cristo na coluna* comme une commande typique de l'époque baroque, aussi bien que comme une forme puissante de contre-témoignage portant sur les codes du regard confrontés aux spectacles de châtiment. En réalité, le *Cristo na coluna* n'est pas un cas unique : de nombreuses églises de Salvador exposent des œuvres comparables, représentations du Christ attaché à une colonne de pierre, le dos lacéré caché au regard. De manière provocatrice, on pourrait penser que l'omniprésence de ces commandes révèle l'omniprésence des contre-témoignages, dont les habiles méditations esthétiques sur les codes du regard peuplent, de manière indigne, les plus riches institutions religieuses de Bahia.

Dans cet espace entre l'excès de documentation qui vient obscurcir la vie de Chagas et le manque d'informations sur le Cristo na coluna, cette statue apparaît comme une méditation stratégique sur les spectacles de flagellation, performant une révolte stratégique contre les manières de regarder les vies Noires brutalisées dont les pratiques propres eurent du mal à être définies dans les années qui suivirent. Mais elle apparaît aussi comme un lieu pour la contemplation de la position sociale ambiguë occupée par Chagas, et sa relation ambivalente aux codes du regard dont le *Cristo na coluna* fournit, selon moi, un commentaire. Les récits de voyage européens et les représentations coloniales portugaises et brésiliennes ne cessaient d'inscrire une dynamique stricte du pouvoir qui rendait naturels les spectacles des châtiments infligés aux vies Noires dans l'espace public. Mais les données visuelles se révèlent contradictoires et contredites, ne cessant d'exposer les failles dans ce système de visualité régulée, et de rechercher des manières efficaces d'accomplir les spectacles de flagellation dans l'espace public.

Défaire le *Pelourhino*, défaire la visualité

Dans les mois qui suivirent la révolte des Malês et compte tenu des inquiétudes croissantes concernant le risque de nouvelles rébellions résultant du châtiment public de ses participants, le conseil municipal de Salvador conclut qu'il n'y avait pas moyen de mettre en scène des punitions publiques sans potentiellement engendrer la révolte du public visé, comme le montre le *Cristo na coluna.* De manière plus explicite par rapport à l'argumentation que je développe ici, il n'est pas possible de promouvoir des codes du regard sans révéler la possibilité de rébellion engendrée par son contre-témoignage. Le 7 septembre 1835, le conseil municipal approuva une demande présentée plus tôt dans l'année par la Société Patriotique du 2 juillet à Bahia, demandant que le *pelourinho* de la ville, vieux de trois siècles, soit retiré du *Largo do Pelourinho,* aujourd'hui officiellement appelé Praça José de Alencar[61]. La demande originale ayant été perdue ou détruite, les informations sur l'emplacement final et le retrait du *pelourinho* de Salvador sont rares et contradictoires. La première mention connue de cette demande date de 1881, dans le *Resumo Chronologico e Noticioso da Provincia da Bahia* (« Résumé chronologique des nouvelles de la province de Bahia ») de José Alvares do Amaral :

> A été démoli, sur ordre de la municipalité, le *Pelourinho,* qui était érigé au sommet de la ladeira do Rosário da Baixa dos Sapateiros. Il s'agissait d'une colonne en pierre, avec de grands anneaux en bronze, à laquelle étaient attachés les condamnés à la flagellation à l'époque coloniale. La société patriotique – *Dous de Julho* – constituée dans cette capitale pour célébrer le faste de notre émancipation politique, a demandé, au nom de la liberté, une audience au conseil municipal pour plaider contre la présence de cet instrument dégradant, qui a avili la civilisation de notre pays, surtout après que les fers de la servitude ont été brisés, et a demandé la démolition de ce poteau de la honte, ce qui a été fait par le conseil[62].

Amaral avance deux motifs pour la suppression du *pelourinho* qui correspondent à des demandes similaires de retrait ailleurs au Brésil : d'une part, les flagellations de prisonniers étaient étroitement liées à l'« époque coloniale » et d'autre part, l'existence du *pelourinho* n'était pas conforme aux valeurs civilisatrices de l'Empire brésilien après l'indépendance. Amaral décrit le retrait du *pelourinho* de Salvador comme une rupture symbolique des liens du Brésil avec les pratiques oppressives et violentes du colonialisme portugais.

---

61. Waldemar Mattos, *Evolução Histórica e cultural do Pelourinho,* Rio de Janeiro, Cia Editora Gráfica Barbero, 1978, p. 117.

62. José Alvares do Amaral, *Resumo Chronologico e Noticioso da Provincia da Bahia, Desde o Seu Descobrimento em 1.500,* 2e edition, Salvador, Imprensa Official do Estado, 1922, p. 368-369. « Les fers de la servitude ont été brisés » est une référence à l'indépendance du Brésil en 1822.

Pourtant, même après ce retrait, les spectacles de violence sont restés des rituels importants dans les espaces publics de l'Empire brésilien. Les lois et les résolutions adoptées à la suite de la révolte des Malês ont maintenu les flagellations, limitant seulement leur visibilité publique par crainte de nouvelles insurrections. En outre, João Luiz Ribeiro a montré comment la loi extraordinaire mentionnée plus haut, qui prévoyait la peine de mort en cas d'insurrection (et dont l'adoption a été accélérée à la suite de la rébellion des Malês), a donné lieu au spectacle fréquent d'exécutions publiques d'esclaves au cours de la seconde moitié des années 1830 et des années 1840[63]. Cette apparente poursuite de la violence publique souligne l'importance de la requête de la Société Patriotique du 2 juillet, qui demande non seulement la cessation des châtiments par fustigation, mais aussi le retrait du poteau de flagellation lui-même. Ce geste indique une claire perception du lien constitutif entre la terreur publique et une colonne de pierre chargée de mémoire historique. Si, en un sens, l'augmentation du nombre des exécutions publiques après 1835 peut être considérée comme une continuation de la violence publique que le retrait du *pelourinho* visait justement à annuler, dans le même temps – comme je l'ai soutenu en référence aux images de Debret et Rugendas – la terreur engendrée par la flagellation-torture réside précisément dans la permanence de la souffrance pour les victimes ; dans la possibilité qu'une telle souffrance soit infligée, apaisée et infligée à nouveau au cours d'une seule vie. La dimension intemporelle d'un tel spectacle vient s'associer à l'apparente permanence d'une colonne de pierre destinée à l'infliger.

Pour mettre fin aux possibilités de contre-témoignage, il est nécessaire d'invisibiliser et de défaire le *pelourinho* en tant que lieu et spectacle des corps et des mémoires meurtris. Tout comme on craignait un « Théâtre du Massacre » potentiel pour les rebelles condamnés, l'existence continue du *pelourinho* a servi de symbole constant, très visible, du spectacle public de la flagellation. Ainsi, la présence du *pelourinho* à Salvador était une tentative de concrétiser les codes du regard en manifestant physiquement les châtiments publics dont dépendait la visualité impériale. Comme je l'ai montré, ces codes du regard nous apparaissent comme ambivalents et conflictuels dans la représen-

63. João Luiz Ribeiro, *No meio das galinhas as baratas não têm razão : a lei de Junho de 1835 : os escravos e a pena de morte no Império do Brasil, 1822-1889*, Rio de Janeiro, Renovar, 2005.

tation des places publiques, et dans la conception des *pelourinhos*, ainsi que dans les images et les écrits des voyageurs européens au Brésil. Dans chaque cas, les codes du regard stéréotypés cherchaient à naturaliser le corps Noir souffrant, tout en semant involontairement les graines de la rébellion tant redoutée par les représentants du gouvernement et les spectateurs publics. C'est cette contre-visualité, ces actes de contre-témoignage, qui sont rendus subtilement manifestes par le *Cristo na coluna*, puis reconnus de la manière la plus ouverte par le conseil municipal avec la suppression du *pelourinho* de Salvador. Ainsi, les révoltes de Bahia ont effectivement défait la visualité impériale qui s'appuyait sur la normalisation de l'assujettissement public des vies Noires. Ainsi, pour défaire le régime visuel qui cherche à rendre naturel le spectacle de la douleur Noire, je soutiens que nous devrions continuer à porter un contre-témoignage, ou contre-regard, sur la culture visuelle de l'esclavage. Tout comme la position de Chagas en tant que contre-témoin dépend de nos interprétations actuelles de son œuvre, la position des spectateurs contemporains en tant que témoins reste présente et palpable lors de l'analyse de la culture visuelle collective de l'esclavage brésilien. Revenons à la question lancinante de Saidiya Hartman : Comment les historiens et les chercheurs sont-ils amenés à participer à la reproduction de la dynamique du pouvoir racial par le biais d'images et d'objets ? Comme j'ai essayé de le montrer ici, la première tâche de l'historien devrait être de toujours être conscient de la manière dont les supports visuels performent et désirent leurs publics, et d'être capable de naviguer habilement dans ces eaux. Pour ce faire, il faut résister à notre impulsion consistant à utiliser la culture visuelle de l'esclavage comme un ensemble de sources documentaires. En bref, j'affirme la nécessité d'un contre-témoignage porté sur la culture visuelle de l'esclavage dans les textes contemporains. Les auteurs et les lecteurs doivent être constamment prêts à se positionner comme des contre-témoins des codes du regard que ces images ont créés, à se garder de traiter les images ou les objets comme les seuls constituants d'une « culture visuelle de l'esclavage » qui reste distincte des textes. En effet, j'ai essayé de montrer que la mise en scène du pouvoir et de la révolte dans la culture visuelle de l'esclavage est produite par la manipulation consciente et nuancée des distinctions entre texte, objet et image, d'une part ; et entre spectateur, public et affect, d'autre part. S'il s'agit de mieux comprendre le rôle que joue la culture visuelle dans la production active de la race, de la culture et de l'histoire de l'esclavage, alors notre reproduction des images doit aller au-delà de l'utilisation de la culture visuelle comme un ensemble de sources documentaires, et s'efforcer de produire un contre-témoignage de ces images et objets, de les repositionner par rapport aux spectacles de violence et d'assujettissement pour lesquels ils ont été produits à l'origine.

Traduit de l'anglais par Bruno Poncharal

Matérialité du quotidien dans l'Atlantique esclavagiste

Archéologie de l'esclavage en Afrique de l'Ouest

Yaw Bredwa-Mensah

Introduction : contact avec les Européens en Afrique de l'Ouest

Pour l'archéologie de l'Afrique de l'Ouest, la période de contact avec les Européens est un domaine de recherche de plus en plus important[1]. Cette période, qui débute au XVe siècle et s'étend sur cinq cents ans, fut d'abord marquée par l'exploitation commerciale des ressources africaines, naturelles et humaines entrant dans la fabrication des produits manufacturés européens. Au XIXe siècle, les revendications territoriales européennes débouchèrent sur la colonisation du continent.

La recherche de minéraux précieux tels que l'or et d'itinéraires alternatifs pour rejoindre l'extrême orient avait poussé les explorateurs portugais vers la côte ouest de l'Afrique, contribuant ainsi à la colonisation des îles des Açores, de Madère, du Cap-Vert et de Sao Tomé

1. Cet article a initialement paru sous le titre « Archaeology of Slavery in West Africa » dans *Transactions of the Historical Society of Ghana, 3*, p. 27-45.

Ce texte a été rédigé lors d'une visite de recherche à l'Institut de géographie de l'Université de Copenhague et aux Archives nationales de Copenhague. Cette visite a été financée par le projet ENRECA, un projet soutenu par la DANIDA comprenant les universités du Ghana, de Legon et de Copenhague. Je tiens à remercier les professeurs Henrik Bruening-Madsen et Henrik Jeppesen (doyen de la faculté des sciences) de l'université de Copenhague, ainsi que S. K. A. Danso, directeur du laboratoire écologique de l'université du Ghana à Legon, pour leur soutien. Je souhaite exprimer ma gratitude au professeur Martin Hall, de l'université de Cape Town, et à Enoch Boateng, du CSIR, à Accra, pour leurs encouragements.

dans l'Atlantique[2]. En 1482, ils établirent leur principale base commerciale à Elmina, avec le château São Jorge da Mina (Saint-Georges-de-la-Mine) sur la Côte de l'Or. À partir de cette base d'opération, les Portugais monopolisèrent le commerce de l'or pendant plus d'un siècle[3]. Mais, dès le milieu du XVIe siècle, le monopole portugais s'affaiblit en raison d'une concurrence commerciale croissante avec les autres nations européennes.

Au cours des XVIIe et XVIIIe siècles, les Hollandais, les Danois, les Français, les Anglais, les Suédois et les Brandebourgeois luttèrent pour assurer leur domination sur l'Afrique de l'Ouest. Plusieurs comptoirs fortifiés furent alors établis dans les zones côtières ou dans l'immédiat arrière-pays de l'Afrique de l'Ouest. En Sénégambie, des comptoirs commerciaux anglais et français furent installés le long des fleuves Sénégal et Gambie. En 1661, les Anglais construisirent fort James et dans les années 1670, les Français installèrent à leur tour des comptoirs commerciaux près du fleuve Sénégal. C'est dans la région côtière du Ghana, traditionnellement connue sous le nom de Côte de l'Or, que se trouvait la plus grande concentration de comptoirs fortifiés européens de toute l'Afrique durant la période de présence européenne[4]. On dénombre plus de cinquante comptoirs implantés le long des 240 kilomètres de la côte ghanéenne[5]. Comme son nom l'indique, la Côte de l'Or regorgeait de ce métal précieux. C'est pourquoi les nations européennes luttèrent pour y demeurer de manière permanente et ainsi prendre

2. David Richardson, « The rise of the Atlantic Empires », dans Anthony Tibbles (dir.), *TransAtlantic Slavery : Against Human Dignity*, Londres, Liverpool University Press, 1994, p. 17.

3. Per Oluf Hernæs, « European Fort Communities on the Gold Coast in the Era of the Slave Trade », dans John Everæt et Jan Parmentier (dir.) *Shipping, Factories and Colonisation*, Bruxelles, Académie royale des sciences d'outre-mer, 1996, p. 168 ; id., *Dansk-Norske handelsutposter på Gullkysten i slavehandelens æra*, Særtrykk, av Norsk Sjøfartmuseum, 1998, p. 130.

4. Christopher DeCorse, « Historical Archaeology », dans Joseph O. Vogel (dir.), *Encyclopedia of Precolonial Africa : Archaeology, History, Languages, Cultures and Environments*, Londres, Walnut Creek, Altamira Press, 1997, p. 564 ; P. O. Hernæs, « European Fort Communities... », art. cité, p. 167.

5. Arnold Walter Lawrence, *Trade Castles and Forts of West Africa*, Londres, Jonathan Cape, 1963 ; Albert van Dantzig, *Forts and Castles of Ghana*, Accra, Sedco, 1980 ; Merrick Posnansky et Christopher DeCorse, « Historical Archaeology in Sub-Saharan Africa : a review », *Journal of Historical Archaeology*, 20, n° 1, 1986, p. 1-14.

part au commerce de l'Or. Au tournant du XVIIe siècle, seuls trois établissements européens, les Danois, les Hollandais et les Anglais, menaient leurs opérations depuis leur siège central respectif à Christiansborg (Accra), Elmina et Cape Coast. Chacune de ces directions fonctionnait comme un pôle de coordination qui contrôlait un certain nombre de comptoirs satellites[6]. Le Golfe du Bénin, une zone géographique s'étendant du Togo au Nigeria occidental, autrefois connue sous le nom de Côte des Esclaves, fut aussi le théâtre d'une intense activité commerciale européenne, du milieu du XVIIe jusqu'au XIXe siècle[7]. Par contraste avec les très nombreux comptoirs de la Côte de l'Or, la Côte des Esclaves n'avait qu'un seul point de départ important, l'actuelle Ouidah (Whydah), appelée Glegué (Glewhe) par les autochtones[8]. Ouidah, située à trois kilomètres de la mer et reliée à d'étroites plages de sable par un chemin boueux qui traverse un système de lagunes, est devenue un important port de commerce où les Hollandais, les Anglais, les Français et les Portugais implantèrent leurs comptoirs afin de contrôler leurs échanges avec les royaumes d'Allada, de Ouidah (Whydah), et plus tard du Dahomey et d'Oyo. C'est depuis ces comptoirs commerciaux que les Européens interagissaient avec les communautés africaines côtières et leurs ressources minières dans l'arrière-pays[9].

Le contact avec les Européens a entraîné l'émergence et la croissance de colonies de peuplement puis d'États en Afrique de l'Ouest. Sur la côte, là où furent implantés les comptoirs européens, des villes africaines de tailles variées se développèrent derrière les fortifications. À l'intérieur

6. P. O. Hernæs, « European Fort Communities… », art. cité, p. 168.
7. Robin Law (dir.), *Correspondence from the Royal African Company's Factories at Offra and Whydah on the Slave Coast of West Africa in the Public Records Office, London, 1678-93*, Édimbourg, Edingburgh University Press, 1989 ; Pieter de Marees (trad. Albert van Dantzig et Adam Jones), *Description and Historical Account of the Gold Kingdom of Guinea, 1602*, Oxford, Oxford University Press, 1987 ; A. van Dantzig, *The Dutch and the Guinea Coast, 1674-1742 : A Collection of Documents from the General State Archive at the Hague*, Accra, Ghana Academy of Arts and Sciences, 1978.
8. Kenneth G. Kelly, « The Archaeology of African-European Interaction : Investigating the Social Roles of Trade, Traders and the Use of Space in the Seventeenth and Eighteenth Century Heuda Kingdom, Republic of Benin », *World Archaeology*, 28, 1997, p. 351-369, p. 358.
9. Yaw Bredwa-Mensah, « Slavery and Plantation Life at the Danish Plantation Site of Bibease, Gold Coast (Ghana) », *Ethnographisch-Archäologische Zeitschrift (EAZ)*, 37, 1996, p. 445.

des terres, des villes d'une certaine importance, telles que Kumasi, Savi, Notse et Ife, virent le jour quand les puissants royaumes d'Asante, de Ouidah, du Dahomey et d'Oyo s'établirent en raison de leurs échanges commerciaux avec les Européens.

L'or était le premier objectif du commerce au cours des XVIe et XVIIe siècles, mais les Européens recherchaient aussi d'autres marchandises comme l'ivoire, la cire, le poivre et les peaux[10]. Cependant, dès le XVIIIe siècle, les esclaves étaient devenus les premiers produits commerciaux en raison du développement des économies de plantation fondées sur l'esclavage dans la Caraïbe et dans les Amériques[11]. Des millions d'hommes et de femmes, soit kidnappés soit victimes de conflits, étaient vendus toujours en plus grand nombre aux différents marchands européens présents en Afrique de l'Ouest. Après des années de recherches universitaires et de débats, les opinions sur le nombre d'Africains exportés de l'autre côté de l'Atlantique divergent. Toutefois, la plupart des chercheurs s'accordent pour estimer à 12 ou 13 millions les Africains réduits en esclavage et transportés vers le Nouveau Monde[12].

Le commerce des esclaves fut aboli par les Européens et remplacé par le commerce dit « légitime » (*legitimate trade*) au XIXe siècle. En Afrique de l'Ouest, ce commerce intégrait les anciennes marchandises « légitimes » comme l'or et l'ivoire, ainsi que les nouveaux produits, principalement l'huile de palme et les arachides[13]. Dans certaines régions de l'Afrique de l'Ouest, après l'abolition, les Européens commencèrent à encourager la culture de produits coloniaux dans des plantations. Sur la Côte de l'Or, les plantations danoises installées le long du fleuve Volta et dans l'arrière-pays, au pied des collines de l'Akuapem sont décrites et représentées par des illustrations dans des

10. Adu Boahen, *Topics in West African History*, Londres, Longman, 1981, p. 107.
11. John D. Fage, *A History of Africa*, Cambridge, Cambridge University Press, 1986, p. 252 ; Douglas A. Farnie, « The Commercial Empire of the Atlantic, 1607-1783 », *Economic History Review*, 15, 1962, p. 205.
12. Paul E. Lovejoy, « The impact of the Slave Trade on Africa : A review of the Literature », *Journal of African History*, 30, 1989, p. 365-394 ; P. O. Hernæs, « European Fort Communities... », art. cité, p. 171 ; *Dansk-Norske handelsutposter på Gullkysten i slavehandelens æra, op. cit.*, p. 134.
13. Robin Law (dir.), *From Slave Trade To « Legitimate » Commerce : the Commercial Transition in Nineteenth-Century West Africa*, Cambridge, Cambridge University Press, 1995, p. 1 ; Ole Justesen, « Danish settlements on the Gold Coast in the nineteenth century », *Scandinavian Journal of History*, 4, 1979, p. 21.

documents d'archive[14]. La main-d'œuvre était fournie par des esclaves, appartenant à des propriétaires privés ou publics, qui cultivaient des produits comme le café, le coton, des plantes colorantes ainsi que des denrées locales comme le maïs et toutes sortes de fruits et légumes[15]. Ce « commerce légitime » impliquait une présence commerciale européenne continue, ce qui entraîna l'intervention des puissances impérialistes. En effet, afin de promouvoir leurs intérêts dans ce commerce, les Européens furent progressivement amenés à s'impliquer politiquement en Afrique de l'Ouest, ce qui se conclut par la partition de la sous-région entre différentes sphères d'influence et la mise en place de la domination coloniale.

L'aperçu historique qui précède, quoique non exhaustif, illustre bien l'impact considérable de l'expansion européenne en Afrique de l'Ouest. Cette présence prolongée affecta les modes de peuplement, les systèmes d'échange, l'organisation sociopolitique, les évolutions démographiques et les paysages agricoles et architecturaux de cette sous-région ouest-africaine. Un tour d'horizon des études historiques et anthropologiques portant sur la période de contact avec les Européens montre bien que plusieurs aspects de l'impact de cette présence en Afrique de l'Ouest ont déjà été largement étudiés[16]. Ces

14. Kwamina B. Dickson, *A Historical Geography of Ghana*, Cambridge, Cambridge University Press, 1971, p. 128 ; A. van Dantzig, *Forts and Castles*, *op. cit.*, p. 80.
15. Charles Dennis Adams, « Activities of Danish Botanists in Guinea, 1783-1850 », *Transactions of the Historical Society of Ghana*, 3, 1957, p. 30-46 ; Henrik A. Jeppesen, « Danske plantageanlæg på Guldkysten, 1788-1850 », *Geografisk Tidsskrift*, 65, 1966.
16. Ralph Austen, *African Economic History*, Londres, James Currey, 1987 ; Philip D. Curtin, *Economic Change in Precolonial Africa : Senegambia in the Era of the Slave Trade*, Madison, University of Wisconsin Press, 1975 ; Kwame Y. Daaku, *Trade and Politics on the Gold Coast, 1600-1720*, Oxford, Oxford University Press, 1970 ; Basil Davidson, *Black Mother : Africa, the Years of Trial*, Londres, Gollancz, 1961 ; Kenneth Onwuka Dike, *Trade and Politics in the Niger Delta, 1830-1885*, Oxford, Oxford University Press, 1966 ; John K. Fynn, *Asante and Its Neighbours, 1700-1807*, Evanston, Northwestern University Press, 1971 ; O. Hernæs, « European Fort Communities… », art. cité ; Anthony G. Hopkins, *An Economic History of West Africa*, New York, Columbia University Press, 1973 ; Adam Jones, *From Slaves to Palm Kernels*, Stuttgart, Franz Steiner Verlag Wiesbaden, 1983 ; Ray A. Kea, *Settlements, Trade and Polities in the Seventeenth Century Gold Coast*, Baltimore, John Hopkins University Press, 1982 ; Michael A. Kwamena-Poh, *Government and Politics in the Akuapem State*, Londres, Evanston, Longman, 1973 ; Robin Law, *The Slave Coast of West Africa, 1550-1750 : The Impact of the Atlantic Slave Trade on an African Society*, Oxford, Clarendon Press, 1991 ; R. Law (dir.), *From Slave Trade*, *op. cit.* ; Karl

études, et de nombreuses autres non citées ici, ont généré une abondante littérature qui permet d'éclairer les transformations ayant eu lieu en Afrique de l'Ouest durant cette période de contact avec l'Europe.

Les archéologues ont également contribué à une meilleure compréhension des changements et des évolutions qui ont touché l'Afrique de l'Ouest au cours de cette même période. Il est donc utile de se pencher sur la nature des recherches entreprises sur les sites archéologiques de la région au cours des cinq derniers siècles.

Étude archéologique de la présence européenne en Afrique de l'Ouest

L'étude archéologique de la période de contact avec les Européens en Afrique de l'Ouest a commencé avec les enquêtes sur les comptoirs européens de commerce[17], l'identification des constructions coloniales existantes et la documentation les concernant[18], et les problèmes de gestion du patrimoine[19]. En 1951 et 1957, A. W. Lawrence a mené une enquête approfondie sur les comptoirs européens présents en Afrique de l'Ouest. Il a rassemblé des informations détaillées sur l'his-

---

Polanyi, *Dahomey and the Slave Trade : An Analysis of an Archaic Economy*, Seattle, University of Washington Press, 1966 ; Margaret Priestley, *West African Trade and Coastal Society*, Oxford, Oxford University Press, 1969 ; Edward Reynolds, *Trade and Economic Change on the Gold Coast, 1807-1874*, New York, Longman, 1974 ; Walter Rodney, *How Europe Underdeveloped Africa*, Washington, Howard University Press, 1982.

17. A. W. Lawrence, *Trade Castles, op. cit* ; id., *Fortified Trade Posts : the English in West Africa, 1645-1822*, Londres, Jonathan Cape, 1969 ; William Jones Varley, « The Castles and Forts of the Gold Coast », *Transactions of the Gold Coast and Togoland Historical Society*, 1, 1952, p. 1-15 ; Raymond Wood, « An Archaeological Appraisal of Early European Settlement in the Senegambia », *Journal of African History*, 8, 1967, p. 39-64.

18. Niels Bech, *Christiansborg i Ghana 1800-1850 : Det Tropiske Hus af Europæisk Oprindelse*, Særtryk Af Architectura, Copenhague, 1989 ; Anthony David Charles Hyland, *Documentation and Conservation.* Faculty of Architecture Occasional Report 13, Kumasi, University of Science and Technology, 1970.

19. N. Bech et Anthony David Charles Hyland, *Elmina : A Conservation Study*, Faculty of Architecture Occasional Report, 17, Kumasi, University of Science and Technology, 1978 ; Van Dantzig, *Forts and Castles of Ghana, op. cit.* ; Abdoulaye Camara et Joseph Roger de Benoist, *Goree : The Island and the Historical Museum*, IFAN, Dakar, 1993.

toire de ces comptoirs en combinant des données architecturales et historiques tirées d'archives européennes et issues du terrain. Cependant, les informations qu'il fournit sur la vie sociale dans les forts restent limitées. Il présente les esclaves, pourtant le groupe social le plus important des forts, comme des acteurs passifs dans les interactions socio-économiques. Le travail de Lawrence illustre en fait l'eurocentrisme des études pratiquées par l'école européenne d'histoire africaine avant les années 1960. W. R. Wood a lui aussi fourni des informations sur l'histoire, l'architecture et le peuplement des colonies européennes le long des fleuves Sénégal et Gambie. En outre, il a évalué le potentiel archéologique de ces colonies[20].

Des recherches portant sur de nombreux autres comptoirs européens ont également été menées dans le cadre de la gestion du patrimoine. Le fort de Cape Coast, les forts Saint-Georges-de-la-Mine et Saint-Jean au Ghana ont été inscrits au Patrimoine mondial par l'Unesco[21]. Ces dernières années, ces édifices ont été profondément rénovés grâce à des financements internationaux. De petits travaux d'excavation ont été entrepris sur les forts de Cape Coast et Saint-Jean, en marge des travaux de restauration[22]. Les artefacts retrouvés à l'occasion des fouilles sont conservés dans les musées qui ont été aménagés sur les sites. Le fort portugais à Ouidah au Bénin et le fort d'Estrée sur l'île de Gorée au Sénégal ont également été restaurés[23]. Ces travaux de rénovation ont été entrepris pour transformer ces édifices en destinations touristiques : ces bâtiments européens attirent de plus en plus de touristes internationaux, en particulier issus de la diaspora africaine.

Les historiens de l'architecture se sont intéressés à certaines constructions coloniales, en particulier au Ghana et en Côte d'Ivoire. Au Ghana, ce sont les constructions européennes du XIXe siècle situées à Elmina, Cape Coast et Christiansborg (Accra danois) qui ont d'abord été étudiées[24]. Ces bâtiments appartenaient à des marchands européens

20. R. Wood, « An Archaeological Appraisal... », *op. cit.*
21. Unesco, *World Cultural Heritage Information Bulletin*, Paris, 1982.
22. James R. Anquandah, « Archaeological investigations at Fort St. Jago, Elmina, Ghana », *Archaeology in Ghana* 3, 1992, p. 38-45.
23. Alain Sinou, « Architectural and Urban Heritage : The Example of the City of Ouidah, Benin », article présenté à la Conférence internationale pour la culture et le développement, Washington, 1992 ; A. Camara et J. Roger de Benoist, *Goree*, *op. cit.*
24. N. Bech, *Christiansborg i Ghana*, *op. cit.* ; Anthony David Charles Hyland, « The Architectural History of Cape Coast », *Transactions of the Historical Society of Ghana*, n° 16(2), 1995, p. 163-184.

ou afro-européens qui profitaient du commerce avec l'Europe. Malheureusement, ces études sont surtout descriptives et ne s'intéressent qu'à la documentation relative à l'histoire architecturale, sans relier les caractéristiques architecturales de ces édifices à leurs fonctions sociales.

Quelques projets archéologiques axés sur la résolution de problèmes et portant sur un nombre limité de comptoirs européens font exception. On peut citer les fouilles entreprises au fort Ruychaver, un avant-poste hollandais du XVIIe siècle construit sur le fleuve Ankobra au Ghana[25]. Ce fort n'a existé que pendant quatre ans avant d'être détruit par une explosion déclenchée par son propre commandant. Le plan du bâtiment a été mis au jour dans sa totalité, mais le matériau archéologique s'est révélé très pauvre. Hormis quelques morceaux épars de tuiles de toit vitrifiées, aucun objet matériel n'a été retrouvé. Les archives hollandaises confirment la brève existence du fort et sa brutale destruction. L'explosion avait été destinée à supprimer le régisseur hollandais et les chefs africains locaux réunis pour résoudre une dispute commerciale. Cet incident est révélateur des tensions, de la méfiance et de l'incompréhension qui caractérisaient parfois les relations socio-économiques entre Européens et Africains durant la période de contact. Un autre bref projet de fouilles à Bantama, près d'Elmina, conduit par David Calvocoressi[26] visait à vérifier la tradition orale selon laquelle un fort normand y avait été construit. Les analyses des objets découverts, comprenant des perles de verre, des céramiques, des bouteilles, des pipes en verre et en argile, ont montré que les ruines étaient celles d'une redoute hollandaise du XIXe siècle. Bien que des matériaux produits localement par les Africains aient été découverts et décrits (céramiques, coquillages marins, alliages de cuivre, or, perles en os et en écaille), leur signification en lien avec les interactions avec les Européens n'est pas discutée.

Pour obtenir une interprétation plus équilibrée des interactions amorcées en Afrique de l'Ouest durant la période d'expansion européenne, les recherches archéologiques récentes se sont concentrées sur les implantations africaines. Ces nouveaux programmes de recherche

25. Merrick Posnansky et Albert Van Dantzig, « Fort Ruychaver rediscovered », *Sankofa* 2, 1976, p. 7-8.
26. David Calvocoressi, « European traders on the Gold Coast », *West African Archaeological Newsletter* 10, 1968, p. 16-19 ; « Excavations at Bantama, near Elmina, Ghana », *West African Journal of Archaeology* 7, 1977, p. 117-141.

se sont penchés sur les changements socioculturels associés à la présence européenne. Christopher Decorse a adopté cette nouvelle approche pour effectuer des fouilles sur le site de l'ancienne ville d'Elmina détruite par les Anglais en 1873[27]. Quand les Portugais ont atteint Elmina en 1482 et ont construit le fort Saint-Georges, il s'agissait d'un village de seulement quelques centaines d'Africains. Mais au XIXe siècle, il s'était transformé en une ville relativement importante de 15 à 20 000 habitants. En s'appuyant sur un large échantillon de biens commerciaux européens et d'artefacts africains, il a étudié le mode de vie des habitants de la ville, leurs habitudes alimentaires, le système d'échange en vigueur et ce qui avait changé ou pas pour la communauté africaine à la suite de la présence européenne. Ses recherches ont révélé qu'Elmina jouait un rôle important dans le commerce avec l'Europe, recevant ainsi des marchandises de différentes parties du monde. En conséquence, ses habitants appréciaient les produits de luxe étrangers : boissons en bouteille, céramiques, pipes et objets en verre. En outre, les riches marchands de la ville vivaient dans des maisons en pierre de plusieurs étages. Malgré ces nouveaux comportements, les habitants des villes avaient conservé un mode de vie africain dans leur système de croyances : ils entretenaient des sanctuaires domestiques et enterraient leurs morts sous le sol de leur maison. De même, les habitudes alimentaires révélées par les meules de pierre, les restes d'animaux et les céramiques fabriquées localement en témoignent.

Au Bénin, Savi, la capitale du royaume de Ouidah/Whydah a été fouillée par Ken Kelly[28]. La ville avait été détruite par le Dahomey en 1727, sans jamais être occupée à nouveau. Le royaume de Ouidah/Whydah, situé à environ 60 km de la côte du Bénin, a acquis une renommée internationale à la fin du XVIIe siècle et Savi est devenu un port commercial important pour le commerce européen. Les commerçants européens, en particulier les Hollandais, les Anglais, les Français et les Portugais, y ont établi des comptoirs. Les esclaves des régions intérieures et côtières de la baie du Bénin, achetés par les commerçants européens sur le marché de Savi étaient expédiés au Brésil et dans

27. Christopher DeCorse, « Culture Contact, Continuity and Change on the Gold Coast. A.D.1400-1900 », *The African Archaeological Review*, 10, 1992, p. 163-196 ; « Historical Archaeology », *op. cit.* ; « Culture contact and change in West Africa », dans James G. Cusick (dir.) *Studies in Culture Contact : Interaction, Culture Change and Archaeology*, Centre for Archaeological Investigations, Occasional Paper N° 25. Southern Illinois University, 1998.
28. K. G. Kelly, « The Archaeology of African-European Interaction », art. cité.

d'autres parties du Nouveau Monde. Les fouilles archéologiques ont révélé que le village s'étendait sur plus de 2 km. La configuration de la surface du site était caractérisée par des monticules de dimensions variables provenant de décharges d'ordures ménagères et d'anciens bâtiments, ainsi que par un important système de fossés et talus. Les fouilles ont montré que Savi était divisée en deux secteurs distincts le quartier royal et le quartier roturier. Le quartier royal était confiné à l'intérieur d'un système de fossés, tandis que la population vivait à l'extérieur. Un complexe palatial composé de pièces longues et étroites avec des sols revêtus de briques hollandaises, disposées de manière à entourer une grande enceinte fortifiée rectiligne, a été mis au jour dans le quartier des élites. Kelly a combiné des preuves documentaires, des informations tirées de la tradition orale et des données archéologiques pour étudier les significations politiques et sociales des contacts commerciaux entre la société de Ouidah/Whydah et les commerçants européens qui vivaient à Savi. L'image qui se dégage de ces contacts avec les Européens est celle d'un roi de Ouidah /Whydah exploitant les avantages du commerce européen pour renforcer son statut. Les comptoirs européens de Savi ont été construits dans l'enceinte du palais royal. La présence européenne était donc circonscrite par des murs et des règlements royaux. Cette situation est tout à fait unique par rapport à d'autres régions de la côte où les comptoirs européens étaient implantés directement sur le rivage et surplombaient les villes africaines. Le marché de Savi était situé dans le quartier de l'élite et tout près du complexe du palais où les interactions commerciales pouvaient ainsi être surveillées et contrôlées par la classe dirigeante.

Dans les régions intérieures, les travaux d'Ann Stahl, dans la zone de Banda au centre-ouest du Ghana, se sont concentrés sur le site de Makala Kataa[29]. Elle examine les variations et les continuités dans les modes de vie de la population locale pendant la période de présence coloniale européenne. La région de Banda est passée sous contrôle britannique dans les années 1890, après que l'hégémonie des Asante sur les autres groupes ethniques vivant dans la forêt et la savane intérieure a été brisée par l'invasion britannique de 1874. Les fouilles ont révélé deux phases d'occupation : une première au début du XIXe siècle qui coïncide avec le contrôle des Asante et une phase terminale, de la fin du XIXe siècle au début du XXe siècle, qui correspond à la période

29. Ann B. Stahl, « Change and continuity in the Banda Area, Ghana : the Direct Historical Approach », *Journal of Field Archaeology*, 21(2), 1994, p. 181-203.

d'influence britannique. Les recherches ont montré que les communautés de la région de Banda dépendaient fortement des ressources locales pour leur subsistance, la construction, la production artisanale et le commerce au cours de la première phase d'occupation. Les seuls objets importés retrouvés datant de la première phase sont quelques perles de verre. Selon Ann Stahl, la rareté des importations témoigne du contrôle efficace exercé par les Asante sur les réseaux d'échange à longue distance dans les régions de l'arrière-pays. Au cours de la dernière phase, en revanche, on constate une dépendance accrue à l'égard des produits manufacturés européens, y compris des produits de luxe tels que les pipes en kaolin, les perles de verre et les bouteilles, dont certaines contenaient probablement des boissons alcoolisées. On constate également, au cours de la phase tardive, une plus grande dépendance à l'égard du maïs, une culture vivrière du Nouveau Monde, et un déclin de la consommation de sorgho, une céréale africaine indigène.

Archéologie de l'esclavage en Afrique de l'Ouest

Bien que ces nouveaux programmes de recherche, en se concentrant sur les établissements africains et en adoptant une approche différente, aient fourni des informations nouvelles et précieuses sur la période de contact, il reste encore de vastes domaines qui n'ont fait l'objet que de recherches superficielles, voire d'une absence complète de recherche. La traite des esclaves et son impact sur les sociétés d'Afrique de l'Ouest constituent une dimension importante du contact avec l'Europe qui a rarement été étudiée par les archéologues. C'est ainsi que dans son article « Toward an Archeology of the Black Diaspora », Posnansky écrit :

> En tant qu'archéologues de l'Afrique, nous sommes d'abord confrontés au fait que nous avons rarement étudié les plus grandes migrations de l'Afrique, et que nous avons été attirés par des mouvements bien moins importants dont nous ne sommes même pas sûrs qu'ils aient été des mouvements de population. Nous nous sommes surtout intéressés à la période précédant le contact avec l'Europe et avons inconsciemment accepté comme plus significatives, du moins en Afrique de l'Ouest, les sociétés qui avaient le moins subi les effets de ce contact avec les Européens. Nous n'avons pas essayé d'étudier l'impact de la traite des esclaves, si ce n'est en notant l'augmentation spectaculaire de diverses catégories d'importations, telles que les armes à feu. Nous avons laissé

aux historiens le soin d'étudier les effets démographiques de la traite. Et ces dernières années, ils ont rassemblé de très nombreuses données permettant d'évaluer le nombre d'esclaves exportés et leurs points de départ, mais pas nécessairement leur origine ethnique [...] cependant, en tant qu'archéologues, nous n'avons pratiquement pas pris part aux importantes discussions ayant eu lieu entre historiens d'Europe, d'Afrique et d'Amérique, ainsi qu'entre historiens et sociologues[30].

Au moment de la parution de cet article, un seul des nombreux projets archéologiques entrepris sur des sites issus de la période de contact avec l'Europe s'intéressait à un problème directement lié à l'esclavage. Doig Simmons (1973) a fouillé les donjons fortifiés du château de Cape Coast avec pour objectif de découvrir des objets permettant d'étudier la situation des esclaves aux points de départ vers le Nouveau Monde. L'inventaire des objets retrouvés témoigne des maigres possessions de ces esclaves alors qu'ils attendaient d'être expédiés de l'autre côté de l'Atlantique pour rejoindre la diaspora africaine.

En Afrique de l'Ouest, les sites directement liés à la présence d'esclaves se sont développés à la fois en raison de la présence européenne et de la traite. Les esclaves étaient regroupés dans trois sortes de lieux : les quartiers d'esclaves situés dans les villes africaines, les donjons fortifiés dans les forts européens et les habitations d'esclaves sur les plantations. Ces sites présentent de nombreuses possibilités de recherche pour les archéologues de l'esclavage, tant du point de vue historique que théorique.

Depuis 1992, je participe à des recherches archéologiques sur certaines plantations danoises au Ghana[31]. Jusqu'à présent, deux des sites, Bibease et Frederiksgave, ont été étudiés. Ces sites offrent une occasion unique d'examiner les modes de vie des esclaves et montrent également le potentiel et la pertinence de l'archéologie historique pour l'étude de l'impact de la traite des esclaves sur les sociétés d'Afrique de l'Ouest.

30. *Journal of Black Studies*, 15 (2) 1984, p. 196.

31. Y. Bredwa-Mensah, « Historical-Archaeological investigations at the Bibease Plantation Site Near Abokobi, Eastern Accra Plains, Ghana », *Nyame Akuma*, 42, 1994, p. 2-6 ; id., « Slavery and Plantation Life », art. cité ; id., *Frederiksgave Plantation : A Status Report, 1977*, Archaeological Report submitted to the Danish International Agency (DANIDA), Accra, 1998 ; id. et Leonard Brighton Crossland, « A preliminary report on archaeological investigations at the Danish plantation settlements alongthe south Akuapem Ridge, Ghana », *Papers from the Institute of Archaeoogy (PIA)* 8, 1997, p. 59-71.

Les sites étant relativement petits, il a été possible de procéder à un examen global. De plus, comme ils sont situés loin des agglomérations côtières, on peut être certain que les artefacts récupérés ici constituent des indices matériels de la vie du propriétaire de la plantation ou de celle des esclaves africains. Les sources écrites jettent également une certaine lumière sur la structure, l'organisation et la gestion du système de plantation danois[32].

Les modes de vie des esclaves : le cas des travailleurs de la plantation de Bibease

Dans cette section, les sources documentaires et les données archéologiques sont utilisées pour examiner les modes de vie des esclaves sur la plantation de Bibease. Les ruines de cette plantation sont situées près du village d'Abokobi, à environ 26 km d'Accra. La plantation a été créée par Peder Meyer, un marchand danois, au début du XIXe siècle, lorsqu'il a acheté le droit d'utiliser une parcelle de terre aux habitants de Berekuso[33]. Une maison construite en pierres taillées dans les montagnes de l'Akuapem y était installée. Le lieu était relié à la « King's High Road », une route bordée d'arbres qui allait de Christiansborg (Accra danois) sur la côte jusqu'aux plantations situées dans les montagnes de l'Akuapem, en passant par Legon Hill. Meyer cultivait du café, du coton, des oranges, des citrons et des tamarins. La main-d'œuvre de la plantation était composée d'esclaves du fort et d'esclaves de Meyer. En 1804, quinze esclaves du fort, neuf hommes, quatre femmes et deux enfants travaillaient sur la plantation[34]. En 1807, sept des travailleurs étaient inscrits comme débiteurs dans le livre des dettes de Christiansborg et, neuf ans plus tard, la main-d'œuvre se composait presque exclusivement

32. C. D. Adams, « Activities of Danish botanists », art. cité ; H. Jeppesen, « Danske plantageanlæg », art. cité ; O. Justesen, « Danish settlements on the Gold Coast », art. cité ; Ray A. Kea, « Plantations and Labour in the South-East Gold Coast from the Eighteenth to the Mid-Nineteenth Century », dans *From Slave Trade To « Legitimate » Commerce : the commercial transition in nineteenth century West Africa*, Cambridge, Cambridge University Press, 1995 ; Georg Norregård, *Danish Settlements in West Africa*, Boston, Boston University Press, 1966.

33. *Ibid.*, p. 182.

34. K. L. Berg, *Danmark-Norges Plantasjeanlegg på Gullkysten, 1788-1811*, mémoire de Master, Department of History, Norges Teknisk-Naturvitenskapelige Universitet, Trondheim, 1997.

d'esclaves achetés et gagés[35]. Ces esclaves vivaient dans un village sur la plantation.

Les fouilles pratiquées sur un grand monticule de déchets dans le village des esclaves ont permis de découvrir des marchandises européennes et des artefacts produits localement. Les matériaux produits localement, qui étaient plus nombreux que les importations européennes, comprenaient de la poterie, du matériel de meunerie en pierre, des morceaux d'argile avec des empreintes de poteaux, des scories de fer, une unique perle de pierre et des restes d'animaux. Les objets issus du commerce européen comprenaient quant à eux des pipes en argile, du verre de bouteille, des cauris, des céramiques, des perles de verre, des silex pour armes à feu, des couteaux, un unique bouton en métal et une charnière de porte métallique.

Les données archéologiques nous permettent d'étudier le mode de vie des esclaves sur la plantation. L'ensemble des données archéologiques énumérées ci-dessus, associées aux documents historiques écrits, nous renseigne sur les activités quotidiennes, la nourriture, l'habillement, le système d'échange, le modèle de peuplement, l'architecture de l'habitat, les « loisirs » et le mode de vie global des esclaves travaillant sur la plantation de Bibease.

Les récits européens du début du XIXe siècle décrivant les établissements agricoles dans les montagnes de l'Akuapem nous indiquent que « les plantations avaient chacune un petit village ». Comme nous l'avons déjà mentionné, il y avait un village d'esclaves africains sur la plantation de Bibease. Une étude au sol a révélé que ce village était relativement petit et n'occupait pas plus de 0,5 ha. Son étendue a été grossièrement définie par la distribution des baobabs et la dispersion des artefacts de surface sur le site. Bien qu'aucune trace physique de bâtiment n'ait été trouvée, les morceaux d'argile avec des empreintes de poteaux récupérés lors des fouilles pourraient être des débris de construction. Ces indices archéologiques concordent avec les descriptions des habitations faites par Balthazar Christensen, un fonctionnaire danois, qui écrit que les esclaves des plantations vivaient dans des « maisons en argile, recouvertes de bois et coiffées de chaume »[36].

La principale tâche des esclaves de la plantation de Bibease était la culture de produits coloniaux destinés à l'exportation. Le système

35. R. A. Kea, *Plantations and Labour*, *op. cit.*, p. 133.
36. *Ibid.*, p. 136.

de gestion de la plantation prévoyait que les esclaves devaient travailler pour leur maître trois ou quatre jours par semaine sous la supervision d'un surveillant ou d'un contremaître. Leurs tâches comprenaient le débroussaillage, la plantation, le binage, la récolte, le séchage à la fumée des grains de café et le transport des récoltes par portage sur la tête jusqu'à la côte, ainsi que l'acheminement des provisions vers les plantations[37].

Le reste de la semaine, les esclaves consacraient leur temps « libre » aux tâches ménagères, à la pêche, au commerce, au tabac, à la chasse, à la collecte et à la culture de leur propre nourriture. Ils consacraient une part particulièrement importante de ce temps à la chasse et à la cueillette. Christensen, cité par Kea[38], explique que les propriétaires de plantation danois fournissaient à leurs esclaves une femme, ainsi que des outils, des articles ménagers, un mousquet à silex, etc. Les silex retrouvés lors des fouilles indiquent que les esclaves possédaient probablement des armes à feu. Ils utilisaient soit les fusils à silex fournis par leur maître, soit divers types de pièges pour capturer des animaux sauvages : antilopes, rats géants, aulacodes, écureuils terrestres et petits oiseaux (des restes de francolins ont été retrouvés lors des fouilles). Les esclaves ramassaient également des coquillages d'eau douce et deux sortes d'escargots terrestres géants pour leur alimentation. Ces escargots (Achatina achatina et Archachatina) sont aujourd'hui présents dans la forêt galerie qui longe les rives du Dakkobi.

Les esclaves passaient aussi leur temps libre à pêcher. Des restes de poissons de vase et de diverses espèces de coquillages marins et estuariens ont été retrouvés. Les ressources halieutiques constituaient un élément important de leur régime alimentaire. Les poissons de vase pouvaient être capturés à l'aide de pièges à panier dans la petite rivière Dakkobi, tandis que les ressources marines et estuariennes pouvaient être obtenues chaque fois que les esclaves se rendaient à Accra, sur la côte, ou dans la ville marchande voisine de Dodowa. Ils élevaient probablement aussi des volailles, des porcs et des chèvres. Ces animaux étaient sans doute laissés en liberté dans le voisinage pendant la journée et étaient rentrés chez leurs propriétaires au village des esclaves à la tombée de la nuit. Les œufs de poulet et de dinde complétaient ce régime alimentaire. Certains de ces animaux d'élevage pouvaient être

37. Georg Norregård (éd. et trad.), *Guvernør Edward Carstensens Indberetninger Fra Guinea, 1842-1850*, København I Kommission Hos G.E.C. Gad, 1964, p. 44-45.
38. R. A. Kea, *Plantations and Labour*, *op. cit.*, p. 136.

vendus pour obtenir l'argent nécessaire à l'achat de produits de première nécessité tels que le sel et d'autres marchandises.

Les sources écrites et les données archéologiques fournissent des informations sur le régime de base des esclaves de Bibease. La pratique voulait que ces derniers soient responsables de leur propre subsistance. Ils se voyaient donc attribuer des parcelles de terre pour cultiver le maïs, les ignames, le manioc, la banane plantain et toute une variété de légumes dont ils avaient besoin pour assurer leurs besoins quotidiens en nourriture. Les données archéologiques retrouvées comprennent des ustensiles de transformation des aliments et des restes alimentaires. La plupart des os d'animaux retrouvés étaient brisés et seuls quelques-uns présentaient des marques de dépeçage. Certains os étaient également carbonisés, ce qui indique que la viande avait été rôtie. L'état des os observés correspond aux pratiques alimentaires en vigueur au Ghana aujourd'hui. La viande est rôtie pour éviter qu'elle ne se détériore. Les os sont souvent fendus lors de la consommation pour en extraire la moelle. Les soupes étaient probablement composées d'un mélange de légumes broyés associé à de la viande, du poisson et des escargots en plus ou moins grande quantité. Les ignames, le manioc, les bananes plantains et le maïs cuits étaient peut-être associés de différentes manières et consommés avec des soupes, des ragoûts et des sauces.

Parmi les céramiques retrouvées, qu'elles soient fabriquées localement ou importées, on trouve des bols liés à la transformation, au service ou à la consommation des aliments. Les ustensiles des esclaves de Bibease comprenaient des marmites (*buetswoi*), des bols à manger (*ka*), des bols à râper (*pui kpom ka*) et des bols à préparer la soupe (*pobue*) fabriqués localement. Les poteries importées étaient des bols profonds et des tasses à boire. Ces indices suggèrent que les esclaves préparaient des repas qu'ils mangeaient à la main dans des bols. Il s'agit d'un mode de consommation courant dans les sociétés traditionnelles contemporaines du Ghana.

Il existe des preuves archéologiques que les esclaves de la plantation de Bibease buvaient de l'alcool et consommaient du tabac. Parmi les bouteilles en verre retrouvées lors des fouilles, des bouteilles vert olive et une bouteille à corps carré laissent penser que les esclaves buvaient des boissons alcoolisées et du schnaps. Les morceaux de pipes en argile kaolinite découverts lors des fouilles indiquent également que les esclaves fumaient du tabac. Norregård écrit que « les indigènes (de la côte d'Accra) étaient friands de bonne liqueur danoise. Ils étaient prêts à faire presque n'importe quoi pour s'emparer d'une bouteille et ils en profitaient tout particulièrement lors des banquets locaux[39] ». En ce qui concerne le tabagisme, il observe « qu'il y avait également un marché pour le tabac et les pipes. Le tabac était l'un des articles que les commerçants de Christiansborg préféraient acheter aux Portugais, ou aux Hollandais interlopes ».

Un bouton en métal et diverses perles attestent l'existence de vêtements d'esclaves. La présence de perles témoigne de l'expression par les esclaves d'une identité culturelle et sociale africaine riche et complexe. L'utilisation de perles est antérieure à l'arrivée des Européens sur la côte d'Afrique de l'Ouest. Les perles y étaient utilisées non seulement pour la parure corporelle mais aussi au cours de divers rites de passage[40]. Celles retrouvées sur la plantation de Bibease montrent qu'il s'agit de pièces individuelles perdues accidentellement et balayées avec les ordures ménagères. Il semble que ces perles constituaient des éléments de parure corporelle constants et réguliers chez les esclaves de Bibease.

Les éléments matériels retrouvés à Bibease nous renseignent sur la nature des articles commerciaux locaux et importés acquis par les esclaves. La diversité des produits exotiques découverts lors des fouilles rend compte de l'intégration dans le système économique mondial du XIXe siècle, dominé par les Européens, des colonies côtières de la Côte de l'Or et de leurs homologues situés à l'intérieur du pays. En outre, la présence sur la plantation de poteries probablement fabriquées par des potiers de la région de Dangbe-Shai ou de la vallée de Densu, deux centres de production situés à environ 30 km, et les vestiges de ressources alimentaires marines provenant de la côte d'Accra évoquent un système de commerce interne actif. Les esclaves de la plantation ont probablement acquis leurs biens matériels soit par troc direct, soit par achat en utilisant les cauris comme monnaie d'échange. Les deux espèces de cauris (*Cypreae annulus* et *moneta*) obtenues lors des fouilles sont connues pour avoir été utilisées comme monnaie en Afrique de l'Ouest en particulier, de la fin du XVIIe siècle au début du XIXe siècle[41].

39. G. Norregård, *Danish settlements in West Africa*, *op. cit.*, p. 161.
40. M. L Kumekpor, Y. Bredwa-Mensah et J. E. J. M. Landewijk, *The Ghanaian Bead Tradition.* Wilco Publicity Special Paper 1, Accra, 1995, p. 16.
41. Marion Johnson, « The Cowrie Currencies of West Africa, Part. 1 », *Journal of African History*, 11, 1970, p. 17-49 ; Thurstan Shaw, *Unearthing Igbo Ukwu*, Ibadan, 1977, p. 86 ; R. N York, « Cowries as type fossils in Ghanaian archaeology », *West African Journal of Archaeology*, 2, 1972, p. 93-101.

L'impact de la présence européenne en Afrique de l'Ouest a été dépeint à grands traits par les anthropologues et les historiens. Les sociétés ouest-africaines ont réagi à cette présence et interagi avec les Européens de diverses manières. Les conditions dans lesquelles s'effectuaient les contacts étaient donc dynamiques et complexes. J'ai voulu attirer l'attention sur ces questions et également démontrer que l'archéologie est un outil pertinent pour étudier l'impact de la traite des esclaves en Afrique de l'Ouest.

Traduit de l'anglais par Bruno Poncharal

Esclaves sans chaînes : une archéologie de la vie quotidienne sur l'île de Gorée (Sénégal)

Ibrahima Thiaw

Pendant ces quarante dernières années, l'île de Gorée a été au centre du débat sur la nature, l'impact et les conséquences du commerce atlantique des esclaves en Afrique de l'Ouest[1]. Ce débat fut provoqué par la publication du recensement mené par Philip Curtin sur le commerce atlantique des esclaves. Il y concluait que, tout comme dans le reste de la Sénégambie, seul un petit nombre d'esclaves transitèrent par Gorée et que l'île joua donc un rôle mineur dans ce commerce atlantique tristement célèbre. La réaction la plus vive au recensement de Curtin provint de la célèbre Maison des Esclaves, ou hangar à esclaves, qui devint au fil du temps le principal site de commémorations sur l'île et produisit un récit qui se basa à la fois sur les souvenirs des Africains et sur ceux de la diaspora africaine. Pendant ces dernières décennies, la culture populaire et les milieux officiels se sont approprié ce récit et il a considérablement gagné en importance sur l'île en alimentant le tourisme local et international.

Jusqu'à la naissance de notre programme de recherche en 2001, l'archéologie avait peu contribué au débat sur Gorée. Étant l'une des plus anciennes colonies afro-européennes en Afrique de l'Ouest, l'île de Gorée offre pourtant un potentiel unique pour avoir une perspective à long terme sur le contact entre Europe et Afrique, ainsi que sur

---

1. Ce texte a initialement paru sous le titre « Slaves without Shackles : An Archaeology of Everyday Life on Gorée Island, Senegal », dans Paul Lane et Kevin C. MacDonald (dir.), *Slavery in Africa : Archaeology and Memory*, Londres, Proceedings of the British Academy, 2011, p. 147-166.

l'expérience de l'esclavage alors que les sociétés africaines « traditionnelles » étaient englobées dans les réseaux économiques du monde atlantique. Contrairement à la plupart des études initiales sur Gorée, qui se concentrent séparément sur les Européens, sur le transport des esclaves, ou sur les Afro-Européens, le Programme Archéologique de Gorée est inclusif et conçu pour retrouver les informations essentielles concernant toutes les identités sur lesquelles existent des documents historiques sur l'île, y compris sur les esclaves indigènes[2] dont les propriétaires et les employeurs vivaient à Gorée. Ces esclaves indigènes comprenaient des esclaves généralement nés dans la maison de leur maître et ils apparaissent dans les textes en français sous le nom d'« esclaves de case » ou « esclaves de maison »[3].

Les innovations socio-économiques, technologiques et politiques engendrées par l'expansion du commerce atlantique affectèrent en profondeur la trajectoire de l'histoire de Gorée. À la lumière des sources documentaires, de nouvelles identités (c'est-à-dire afro-européennes) et de nouveaux systèmes économiques et politiques (c'est-à-dire le capitalisme) ont émergé et ont donc totalement modifié et/ou assimilé les systèmes africains « traditionnels » en mode de vie européens[4]. Alors que cette conception de l'expérience du contact entre Europe et Afrique a été reconsidérée au cours ces dernières décennies, il demeure de profondes divergences sur son impact et ses conséquences sur les sociétés africaines[5]. L'évaluation archéologique récente des expériences de ces contacts sur les sociétés africaines a prouvé la variabilité des réactions

2. Le terme d'indigène a été produit dans un contexte colonial. L'expression « esclaves locaux » est davantage utilisée dans l'historiographie actuelle sur les esclavages en Afrique.
3. Boubacar Barry, *Senegambia and the Atlantic Slave Trade*, Cambridge, Cambridge University Press, 1998 ; Martin Klein, *Slavery and Colonial Rule in French West Africa*, Cambridge, Cambridge University Press, 1998.
4. B. Barry, « The Subordination of Power and the Mercantile Economy : The Kingdom of Waalo, 1600-1831 », dans Rita Cruise O'Brien (dir.), *The Political Economy of Underdevelopment. Dependence in Senegal*, Beverly Hills, Sage Publications, 1979, p. 39-63 ; Abbé David Boilat, *Esquisses Sénégalaises*, Paris, Karthala, 1984.
5. B. Barry, *Senegambia*, *op. cit.* ; Abdoulaye Bathily, *Les portes de l'or. Le royaume de Galam (Sénégal) de l'ère musulmane au temps des négriers (VIII-XVIIIe siècle)*, Paris, L'Harmattan, 1989 ; Philip D. Curtin, *Economic Change in Precolonial Africa : Senegambia in the Era of the Slave Trade*, Madison, The University of Wisconsin Press, 1975 ; id., *The Atlantic Slave Trade : A census*, Madison, The University of Wisconsin Press, 1969 ; Walter Rodney, *How Europe Underdeveloped Africa*, Washington, Howard University Press, 1982.

des Africains et suggéré que leurs conséquences doivent être replacées dans leur contexte historique et culturel[6]. Pour éviter des généralisations abusives, une approche archéologique qui se concentre sur la vie quotidienne peut offrir de nouvelles perspectives sur les schémas d'interaction culturelle alors que les trouvailles archéologiques offrent un regard local sur des processus globaux[7].

Cette étude examine comment l'esclavage a laissé son empreinte sur la culture matérielle et la vie coloniale de Gorée. Elle analyse l'évolution des schémas de la vie coloniale, de l'accès aux biens, et de l'émergence de goûts nouveaux afin de mieux connaître la vie quotidienne et les interactions culturelles sur l'île. À partir du XVIIIe siècle, Gorée se développa rapidement en colonie urbaine avec une population hétérogène qui comprenait à la fois des Africains libres, des Africains réduits en esclavage et plusieurs identités européennes. L'interaction entre ces différentes identités fut ponctuée par d'intenses négociations qui eurent pour résultat l'émergence d'une communauté vraiment transnationale. Alors que ces changements significatifs étaient relevés dans les structures coloniales et la culture matérielle retrouvées dans les vestiges archéologiques, la part de l'esclavage, qui est surtout critique dans la plupart des récits oraux et des sources écrites concernant l'île, reste relativement opaque dans les données archéologiques. Cette étude tente de déterminer, à partir des preuves documentaires et archéologiques, une meilleure connaissance des interactions entre les communautés vivant sur l'île, y compris celle des esclaves indigènes.

---

6. Christopher R. DeCorse, *An Archaeology of Elmina : Africans and Europeans on the Gold Coast, 1400-1900*, Washington, Smithsonian Institution Press, 2001 ; id., « Culture Contact in West Africa », *Studies in Culture Contact : Interaction, Culture Change, and Archaeology* (éd. J. G. Cusick), Center for Archaeological Investigations, Occasional Paper N° 25, Southern Illinois University, 1998 ; Kenneth G. Kelly, « The Archaeology of African-European Interaction : Investigating the Social Roles of Trade, Traders, and the Use of Space in the Seventeenth-and Eighteenth-Century Hueda Kingdom, Republic of Benin », *World Archaeology*, vol. 28, n° 3, 1997, p. 351-369 ; I. Thiaw, « Atlantic Impacts on Inland Senegambia : French Penetration and African Initiatives in Eighteenth- and Nineteenth-Century Gajaaga and Bundu », dans J. Cameron Monroe et Akinwumi Ogundiran (dir.), *Power and Landscape in Atlantic West Africa*, Cambridge, Cambridge University Press, 2012.
7. Ann B. Stahl, *Making History in Banda : Anthropological Visions of Africa's Past*, Cambridge, Cambridge University Press, 2001.

Un gâteau, un miroir et une croix sur une feuille de papier

En 1445, le capitaine Lançarote et son équipage portugais, venus de l'avant-poste d'Arguin, jetèrent l'ancre près de Gorée. Quand ils aperçurent cette petite île de seulement 17 ha située à environ 3 km des côtes de Berzeguiche (là où se trouve actuellement Dakar, la capitale du Sénégal), ils remarquèrent plusieurs guerriers qui s'y trouvaient et les empêchaient d'y débarquer. Lançarote commanda alors à l'un de ses officiers, le capitaine Gomez Piriz, d'aller en canoé déposer des marchandises sur la côte et de rembarquer immédiatement pour éviter tout danger. Parmi ces marchandises se trouvaient un gâteau, un miroir et une feuille de papier sur laquelle était dessinée une croix, selon Pierre André Carriou[8]. Ce geste avait pour objectif de montrer la bonne volonté des Portugais désireux de commercer et d'établir des liens d'amitié. Cependant les Africains détruisirent le gâteau et le miroir et déchirèrent la feuille de papier[9]. C'est alors que des échanges de coups de feu et de flèches empoisonnées initièrent la première confrontation afro-européenne sur cette petite île qui deviendrait plus tard un important refuge sur la côte de Sénégambie.

Cette première expédition ne mentionne aucune tentative pour réduire des Africains en esclavage mais insiste au contraire sur les intentions commerciales des Portugais, bien que celles-ci aient bien pu inclure le commerce des esclaves. Selon Cariou, Gorée était alors un refuge pour les populations côtières de la péninsule du Cap Vert qui étaient en guerre avec les gouvernements de l'intérieur. Par ailleurs, l'île voisine de Madeleine, où les Portugais débarquèrent finalement, était un refuge pour le bétail. Plus tard, Gorée devait jouer un rôle bien plus important que l'île de Madeleine grâce à son excellent port et aux différents services qu'elle pouvait offrir aux navigateurs européens, comme la possibilité de faire des réparations, d'avoir de la nourriture, des ressources en eau, etc.

Le témoignage de Cariou semble toutefois embellir la situation. Les occupants de Gorée refusèrent tout commerce et il est bien pos-

8. Dr Cariou, *Promenade à Gorée*, manuscrit non publié, s. d. Pierre André Cariou, médecin de marin, a servi au Sénégal pendant la Seconde Guerre mondiale. Il est l'auteur de plusieurs articles historiques et de ce roman historique qu'est *Promenade à Gorée* (NdT).
9. *Ibid.*

sible que leur mépris pour les babioles offertes par les Portugais ait caractérisé le premier contact entre Africains et Européens sur l'île. D'autres témoignages indiquent qu'à leur arrivée à Gorée, les Portugais n'y trouvèrent personne, si ce n'est des chèvres sauvages aux longues oreilles[10]. En tout cas, il semblerait que les Portugais n'aient rien installé de permanent sur l'île, si ce n'est une chapelle où ils enterrèrent certains de leurs compagnons qui étaient morts sur la côte de Sénégambie[11]. Ce sont les Hollandais qui érigèrent le premier fort européen sur l'île beaucoup plus tard, vers 1627 ou 1628. On pense qu'ils achetèrent l'île, sans qu'il n'y ait de combat, à un pêcheur qui n'y venait qu'occasionnellement en partant de la péninsule du Cap Vert et qui l'échangea contre une poignée de clous et quelques babioles[12].

Environ presque deux cents ans séparent l'occupation portugaise de l'occupation hollandaise de l'île. On apprend de ces récits que l'appétit des Africains pour les produits venus d'Europe s'accrut considérablement, au point d'abandonner leur île pour presque rien. Quant aux témoignages plus tardifs des contacts entre Africains et Européens à Gorée, ils présentent les Afro-Européens et les Africains comme des consommateurs assez avisés et de bon goût[13].

Le naturaliste français Michel Adanson, qui vécut sur l'île de 1749 à 1753, décrivit une population de Gorée friande de marchandises européennes[14]. À la suite de leurs liens dans le temps long avec les Européens avec lesquels ils se marièrent, les *signares* (des Africaines libres et des femmes afro-européennes), leurs familles et leurs esclaves accaparèrent le pain de froment, le vin, le cognac et les marchandises locales de qualité telles que la viande, le poisson ou le bois. Adanson ajouta qu'ils recevaient même de la viande et du millet pour leurs esclaves, trop souvent aux dépens des Européens ordinaires. Avec la complicité de leurs partenaires européens, ils achetaient des marchan-

10. Gomes Eanes de Zurara, *Chronique de Guinée*, Dakar, IFAN, « Mémoire de l'Institut français d'Afrique noire n° 60 », 1960.
11. Raymond Mauny, *Guide de Gorée*, 2e édition, Dakar, IFAN, « Initiations et études africaines n° 7 », 1954.
12. D. Boilat, *Esquisses sénégalaises*, *op. cit.*
13. George Metcalf, « A Microcosm of Why Africans Sold Slaves : Akan Consumption Patterns in 1770's », *Journal of African History*, vol. 28, 1987, p. 377-394.
14. C. Becker et V. Martin, « Mémoires d'Adanson sur le Sénégal et l'île de Gorée (1763) », *Bulletin de l'Institut fondamental d'Afrique noire*, vol. 42, série B, n° 4, 1980, p. 722-779.

dises de luxe qui étaient hors de prix pour les Européens ordinaires[15]. En 1837 par exemple, l'inventaire pour la succession d'Anne Pépin indique une fortune considérable qui donne une idée de la richesse des *signares*[16]. En plus de ces importations coûteuses, au XVIIIe siècle les *signares* étaient propriétaires de presque toutes les terres et les maisons de l'île[17].

Les fouilles archéologiques à Gorée nous permettent d'évaluer la vitalité du commerce et son impact sur la vie quotidienne. De vastes quantités de marchandises européennes importées furent retrouvées, et il est vraisemblable que beaucoup d'autres importations, notamment de textiles, arrivèrent dans l'île mais ont disparu sans laisser de traces dans les données archéologiques. Cependant les preuves matérielles indiquent que c'est seulement au XVIIIe siècle que ces importations européennes commencèrent à affluer en quantité dans l'île. Cela coïncide avec l'apogée du commerce transatlantique des esclaves, une période de prospérité pour le commerce afro-européen et d'influence sur la côte de Sénégambie[18]. Mais cela provoque une nouvelle interrogation sur la véritable importance quantitative des échanges avant cette période. Par ailleurs, il reste très peu de vestiges matériels ayant appartenu aux colons portugais et hollandais dans les sites de Gorée fouillés jusqu'ici. La plupart des vestiges culturels retrouvés ne furent fabriqués qu'au XVIIIe siècle ou après, quand Gorée fut tour à tour sous le joug des puissances coloniales françaises et britanniques[19].

Parmi les vestiges archéologiques importés d'Europe, on trouve des briques, des tuiles, des clous et divers objets en métal, des boissons

15. *Ibid.*
16. Mark Alan Hinchman, *African Rococo : House and Portrait in Eighteenth-Century Senegal*, thèse de doctorat, 2 vol., The University of Chicago, Department of art history, 2000.
17. Voir de Marie-Hélène Knight-Baylac, « Gorée au XVIIIe siècle : l'appropriation du sol », *Revue française d'histoire d'outre-mer*, n° 234, 1977, p. 33-59 et « La vie à Gorée de 1677 à 1789 », *Revue française d'histoire d'outre-mer*, n° 209, 1970, p. 377-420.
18. G. Brooks, « The Signares of Saint Louis and Gorée : Women Entrepreneurs in Eighteenth-Century Sénégal », dans Nancy J. Hafkin et Edna G. Bay (dir.), *Women in Africa : Studies in Social and Economic Change*, Stanford, Stanford University Press, 1927, p. 19-44 ; Peter Mark, *« Portuguese » Style and Luso-African Identity : Precolonial Senegambia, Sixteenth-Nineteenth Centuries*, Bloomington, Indiana University Press, 2002.
19. G. F. Richard, Mission archéologique à Gorée. Rapport préliminaire sur les importations de marchandises, date inconnue ; I. Thiaw, « The Gorée Archaeological Project (GAP) : Preliminary results », *Nyame Akuma*, n° 60, 2003, p. 27-35.

alcoolisées (bouteilles en verre de vin, liqueur, et bière), pierre à fusil ou céramique[20]. Gorée était restée une île aride dépendante de denrées alimentaires africaines et de ressources en eau pour alimenter à la fois sa population africaine et sa population européenne[21]. Les vestiges trouvés lors des fouilles indiquent des schémas qui peuvent nous renseigner sur l'accès, les modes de consommation et de rebut, et peut-être aussi sur l'identité des différents groupes de population. On peut distinguer quatre sortes de gisements sur la base des sites fouillés et examinés dans l'île.

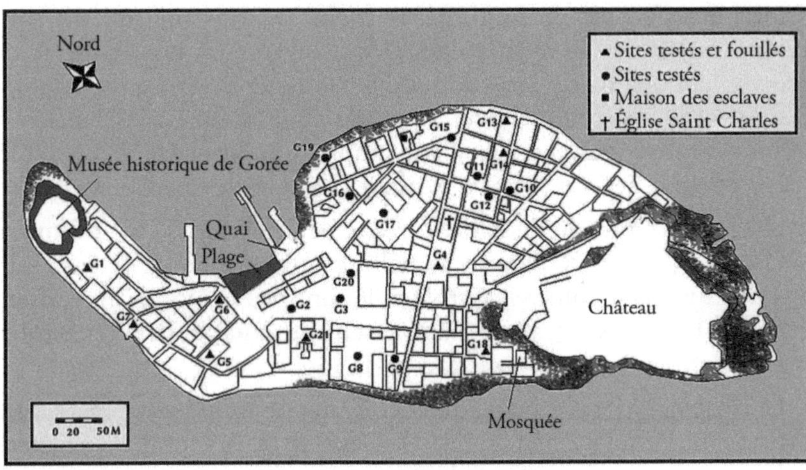

Ill. 1. Carte des différents sites

Le premier comprend des sites où les gisements mesurent environ trois mètres de profondeur, avec des monceaux de débris domestiques recouvrant des tertres de dépôts de coquillages plus anciens datés de la fin du premier et du début du second millénaire avant J.-C. Ils concernent des sites au nord-ouest et à l'ouest de l'île, la zone de l'ancien Fort Nassau et ses alentours (G1, G5, G6, G7, G8, G21) (ill. 1). Bien que des fondations d'habitations et des débris de matériaux de construction y aient été retrouvés, cette implantation semble relativement stable. Il est intéressant de noter que les sites de cette première catégorie qui sont dans le périmètre du Fort (G5 et G6) ne firent

20. *Ibid.*
21. P. Brau, « L'Île sortilège », *BCEHSAOF*, t. XI, 1928, p. 553-606.

apparaître que peu de marchandises importées d'Europe, alors que ceux qui sont situés le long de la côte (G1, G7, G21) en produisirent beaucoup plus.

Le second concerne surtout des sites au centre et au sud de l'île dans l'ancien quartier de Bambara (G4, G22, G11, G14) (ill. 1). On y retrouva globalement relativement moins de vestiges que dans le premier. Les sédiments de ces sites se composent le plus souvent de sable argileux avec moins de coquillages que dans le premier. Les gisements firent apparaître des couches de débris de construction provenant souvent de pierres, de brique rouge et de fragments calcaires. Bien que ces gisements soient profonds (entre deux et trois mètres), ils sont rarement antérieurs au XVIIIe siècle, ce qui suggère un processus rapide d'accumulation et de construction, suivi par des épisodes de démolition. L'essor urbain qui commença au XVIIIe siècle fut marqué par l'expansion de l'implantation dans cette zone qui auparavant avait été peu habitée, et peut-être par des esclaves indigènes réunis dans le quartier Bambara.

Un seul site fut fouillé dans la troisième catégorie (G18) : il inclut des sites au pied du Château, la colline qui surplombe l'île au sud (ill. 1). Les vestiges culturels retrouvés là sont peu profonds et reposent sur un lit de roches calcaires. G18, le seul site fouillé dans cette zone, comprend trois tombes creusées dans la roche.

Le quatrième ne concerne que G13, un site formé d'un vaste fossé de rebuts fouillé à l'est de l'île (ill. 1). Des tests et des fouilles suggèrent aussi que les gisements retrouvés dans cette partie de l'île ne sont pas antérieurs au XVIIIe siècle. Un fossé de rebuts fouillé a permis de retrouver beaucoup de vestiges culturels, comme de la céramique venue d'Europe, des boîtes de sardines, des vitres de fenêtres, des clous, et différents objets en fer. Ces vestiges se trouvaient à 95 cm de profondeur dans un fossé de rebuts qui apparaît être d'un seul tenant. La céramique venue d'Europe qui y a été retrouvée comprend un grand nombre de vaisselle « *pearlware* » blanche très tardive et de vaisselle « *whiteware* » plus ancienne, ainsi que des assiettes « *whiteware* » typiques avec des motifs rustiques datés de 1810 à 1849. L'analyse contextuelle et matérielle y a révélé que la plupart devaient avoir été de la vaisselle de rechange, ce qui peut indiquer une occupation militaire[22]. Selon Cariou, les casernes des marins n'étaient qu'à une petite

22. A. MacCourt, *G13A Artifact Analysis*. Report on file. IFAN/University of Chicago Field Class, août 2008.

distance de G13, du moins au XIXe siècle et au début du XXe siècle, et c'est la raison pour laquelle nous avons mené des fouilles à cet endroit[23]. Dans le reste de l'île il était rare de se débarrasser ainsi des rebuts.

Bien qu'il soit malaisé d'estimer le rôle des activités du passé et du présent sur les processus de la formation d'un site et sur la répartition des objets, il est vraisemblable qu'ils affectent les schémas observés dans les fouilles. Depuis le contrôle de gouvernements européens sur l'île, l'utilisation de l'espace y fut gérée et contrôlé de manière stricte[24]. L'essor urbain et la croissance démographique qui commença à Gorée dans la seconde partie du XVIIIe siècle ainsi que les nettoyages passés et présents ont eu un très grand impact sur les gisements archéologiques. Des processus rapides de construction, de destruction et de reconstruction, parfois au gré des changements du pouvoir colonisateur (britannique ou français) et de la gestion de l'espace, ont eu un profond effet sur les gisements qui montrent trop souvent des signes de bouleversement. Les transferts rapides de terres et des processus complexes rendent particulièrement difficile l'établissement de liens entre les sites et les vestiges matériels retrouvés avec tel ou tel groupe social ou identité. Dans ce contexte particulier, il est virtuellement impossible de distinguer les esclaves des personnes libres, les Africains des Afro-Européens ou les Européens. Si on les compare au niveau des gisements antérieurs au contact de l'île avec l'extérieur où l'on retrouve surtout des poteries africaines, il est clair que le commerce transatlantique a eu un impact significatif sur la vie quotidienne des habitants de Gorée. Les données dont on dispose suggèrent un accès de grande ampleur et généralisé aux marchandises européennes pour tous ceux qui vivaient sur l'île, y compris les esclaves indigènes[25]. L'essor des importations européennes sur l'île qui a commencé au XVIIIe siècle s'est aussi accompagné de rapides changements dans la structure de la colonisation.

À Gorée, les Européens étaient impliqués dans les affaires des Africains mais leur pouvoir sur les populations locales était loin d'être absolu. Ils introduisirent de nouvelles techniques, des objets de luxe, de nouveaux animaux domestiques et des plantes cultivées et ils inter-

23. Dr Cariou, *Promenade à Gorée*, *op. cit.*

24. I. Thiaw, « Every House Has a Story : The Archaeology of Gorée Island, Sénégal », dans Livio Sansone *et al.* (dir.), *Africa, Brazil and the Construction of Trans-Atlantic Black Identities*, Trenton, Africa World Press, 2008, p. 45-62.

25. *Ibid.*

vinrent dans la vie de la population locale[26]. En plus des forts qu'ils bâtirent, ils inspirèrent un nouveau style architectural « en dur » (avec des briques et des tuiles) au lieu des matériaux meubles caractérisant les constructions africaines traditionnelles (la terre, la paille et le bois)[27].

Au début du XVIIIe siècle, Gorée était divisée en un village de « Bambaras » ou d'esclaves, un village de « Gourmettes » (des Africains christianisés), un village d'*habitants* (surtout des mulâtres mais aussi des Africains libres), et des employés ou des commerçants européens. Le débat actuel sur l'esclavage à Gorée porte surtout sur les esclaves exportés de l'île et sur le rôle et l'importance de la Maison des Esclaves. J'ai soutenu ailleurs que les archives et les sources écrites, malgré leurs limites inhérentes, sont plus fructueuses que l'archéologie pour obtenir une estimation statistique du nombre d'esclaves en transit sur l'île[28]. Cependant, estimer l'impact du commerce transatlantique ne peut se limiter à une équation statistique consistant à recenser le nombre d'esclaves déportés ou réduits localement en esclavage. Bien que cette méthode ait ses mérites, les dynamiques socioculturelles, économiques, psychologiques et politiques qui accompagnaient le processus selon lequel on réduisait en esclavage ou l'on était propriétaires d'esclaves sont tout aussi intéressantes.

Les recensements du commerce transatlantique sont trop souvent controversés parce que leurs résultats sont en général insuffisants et fragmentaires. Cependant, ceux qui concernent les populations habitant à Gorée à une date précise offrent des estimations fiables grâce à la taille réduite de l'île. Beaucoup d'entre eux ont été réalisés maison par maison et permettent d'obtenir des informations importantes sur les résidents, leur statut et leurs activités. Une série de recensements sont disponibles pour Gorée à partir de la moitié du XVIIIe siècle et ce sont sans doute les autorités coloniales qui en ont fait la commande pour des besoins administratifs. Beaucoup d'entre eux insistent sur

26. C. Becker et V. Martin, « Mémoires d'Adanson… », art. cité ; Abbé Demanet, *Nouvelle Histoire de l'Afrique Française*, Paris, Veuve Duchesne, 1767 ; François Froger, *Relation d'un Voyage de 1695 en 1697 aux Côtes d'Afrique*, Amsterdam, A. Schelte, 1699 ; M. Lamiral, *Mémoire sur le Sénégal*, Paris, Imprimerie du Postillon, 1791. ; James F. Searing, « Aristocrats, Slaves, and Peasants : Power and Dependency in the Wolof States, 1700-1850 », *The International Journal of African Historical Studies*, 21 (3), 1988, p. 475-503.

27. M. Hinchman, *African Rococo*, *op. cit.*, p. 70-71.

28. I. Thiaw, « The Gorée Archaeological Project », *op. cit.*

l'importance de l'esclavage indigène et suggèrent que la fortune des Goréens libres provenait surtout du commerce côtier, du travail et de l'esclavage. Les esclaves étaient des artisans qualifiés employés par leurs maîtres ou loués aux Européens comme menuisiers, maçons, marins, domestiques, etc.[29].

Selon certaines indications, à partir du XVIIIe siècle, la majorité de la population était composée d'esclaves indigènes[30]. Dans ces conditions, il est possible pour l'archéologie de contribuer au débat sur l'impact et les conséquences de l'esclavage au niveau local. Kenneth Kelly nous met en garde sur le fait que les sociétés africaines ne sauraient être évaluées « en comptant des babioles[31] ». De plus, il suggère qu'à la place de « monceaux de chaînes et de types de captivités » l'impact du commerce des esclaves « doit être examiné à partir des changements dans la colonisation, l'émergence de sociétés complexes et politiquement centralisées, et la mise en place de nouvelles routes commerciales[32] ».

Nos recherches et nos fouilles archéologiques à Gorée furent conçues à la lumière de cartes historiques nous permettant de cibler des quartiers spécifiques, dont l'histoire était attestée, pour mieux connaître l'identité de leurs habitants. Les cartes et les plans disponibles montrent la rapidité des changements de la colonisation dont la structure est passée de la ségrégation (ill. 2) à la déségrégation avec la croissance démographique de la population (ill. 3). Il existe plusieurs plans historiques détaillés de Gorée, bien qu'il faille signaler que certains aient pu n'être que de simples projections ne correspondant pas à la réalité du terrain. Il est même vraisemblable que certaines indications n'aient été que des projets d'aménagement. Par exemple, dans un plan établi par Aine en 1725 on parle d'« une zone qui conviendrait pour des huttes de nègres ». Bien que ces huttes figurent bien sur le dessin, cette information rend douteuse leur présence effective à cet endroit. Ce qui ajoute à la confusion, c'est que de nombreux auteurs ont fait des compilations en se contentant de plagier leurs prédécesseurs.

---

29. C. Becker et V. Martin, « Mémoires d'Adanson… », art. cité ; D. Boilat, *Esquisses Sénégalaises, op. cit.* ; James F. Searing, *West African Slavery and Atlantic Commerce : The Senegal River Valley, 1700-1860*, Cambridge, Cambridge University Press, 1993.
30. *Ibid.*
31. K. Kelly, « Indigenous Responses to Colonial Encounters on the West African Coast : Hueda and Dahomey from the Seventeenth through the Nineteenth Century », dans Claire L. Lyons et John K. Papadopoulos (dir.), *The Archaeology of Colonialism*, Los Angeles, Getty Research Institute, 2002, p. 96-120, p. 99.
32. *Ibid.*

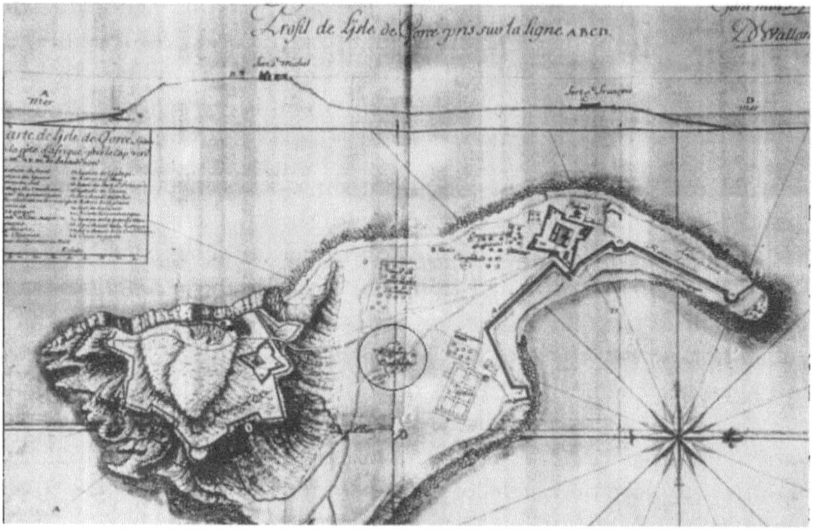

Ill. 2. Plan de Gorée par Wallon, 1723.

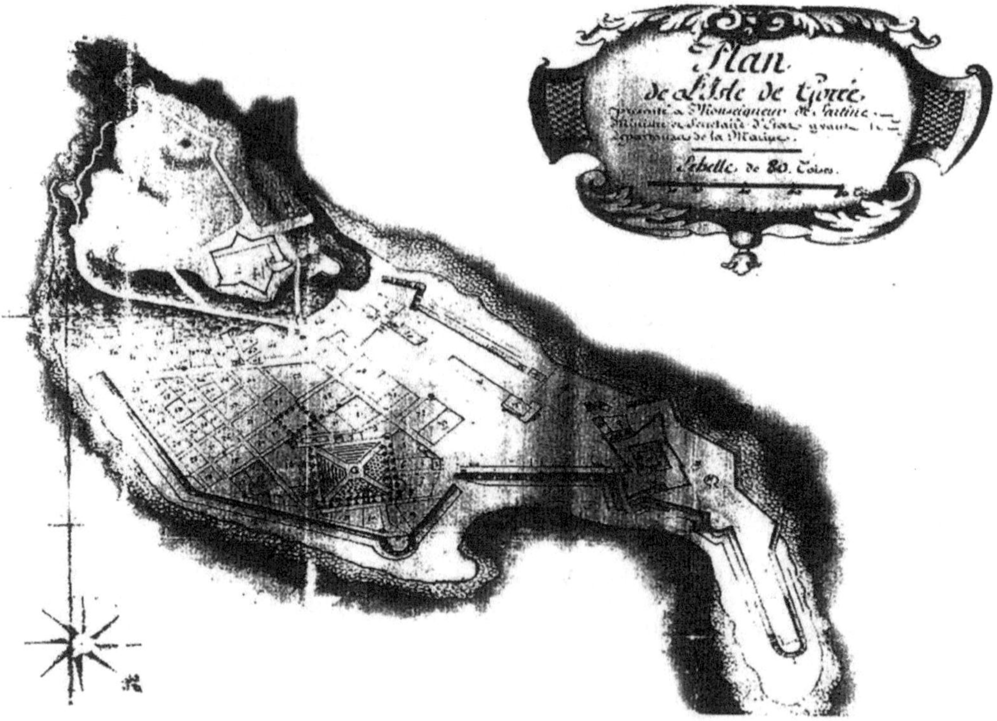

Ill. 3. Plan de Gorée par Evrard Duparel, 1778.

Les plans disponibles dépeignent d'évidentes transformations dans la structure de la colonisation de l'île pendant le XVIIIe siècle. Dans son troisième quart, de nombreux Européens qui avaient d'abord habité dans l'enceinte du fort, furent relogés dans des huttes préalablement occupées par des Africains après la destruction de leurs baraques lors d'un incendie[33]. Il s'ensuivit une démilitarisation de la colonisation européenne et un déplacement spatial vers des zones préalablement occupées par des Afro-Européens, des Africains libres, et des Africains réduits en esclavage. Une rivalité accrue pour contrôler l'île entre différentes nations européennes au XVIIIe siècle ainsi qu'une expansion démographique sans précédent posa des problèmes de sécurité. De nombreux plans furent dessinés à cette époque : ils se préoccupaient surtout de la nature et de la position des fortifications pour mieux sécuriser le territoire de l'île. Par exemple, dans la seconde moitié du XVIIIe siècle, les Britanniques autorisèrent la construction d'habitations personnelles le long de la côte pour remplacer les fossés et les remparts. Ces maisons devaient être construites en pierre et en brique (donc « en dur ») et ceux de leurs murs qui faisaient face à l'océan devaient être percés pour pouvoir tirer au mousquet en cas d'attaque[34].

Il est possible qu'un quartier africain ait existé jusqu'à la fin du XVIIIe siècle, comme l'indiquent les cartes d'Armény de Paradis en 1766 et en 1768[35]. Il aurait été situé au pied de la colline surplombant l'île au sud que l'on appelle le Castel. Bien que Knight-Baylac distingue des huttes carrées et rondes respectivement habitées par des Africains libres et des Africains réduits en esclavage, il est aussi possible que ce quartier ait été habité par la population la plus pauvre de l'île[36]. L'essor des bâtiments « en dur » au XVIIIe siècle[37] coïncide avec celui du commerce avec l'Europe, qui est attesté par les données archéologiques[38]. Cela coïncide également avec l'essor des élites afro-européennes dont les *signares* qui étaient propriétaires de la plupart des maisons et des

33. M.-H. Knight-Baylac, « Gorée au XVIIIe siècle », art. cité, et id., « La vie à Gorée de 1677 à 1789 », art. cité.
34. Jean Delcourt, *La turbulente histoire de Gorée*, Dakar, Éditions Clairafrique, 1982, p. 56-58.
35. M.-H. Knight-Baylac, « La vie à Gorée de 1677 à 1789 », art. cité, p. 379.
36. M.-H. Knight-Baylac, « Gorée au XVIIIe siècle », art. cité, et id., « La vie à Gorée de 1677 à 1789 », art. cité.
37. M. Hinchman, *African Rococo*, *op. cit.*
38. I. Thiaw, « The Gorée Archaeological Project » art. cité et id., « Every House Has a Story », *op. cit.*

terres de l'île à cette époque[39]. Il est donc vraisemblable que ce nouveau style architectural ait été un signe de statut, de fortune et de prestige.

Bien que la division spatiale de la colonisation se soit réduite au fil du temps, la population de l'île continua à se répartir selon son statut. Mais cette caractéristique s'accompagna sans doute de plus grandes interactions sociales et interraciales qui permirent un plus important brassage culturel et génétique[40]. Entre le dernier quart du XVIIIe siècle et le début du XIXe siècle, le nombre d'esclaves indigènes correspondait à 70-75 % d'une population totale qui atteignit 5 000 personnes à son niveau le plus haut[41]. Pour mieux comprendre les conséquences d'une évolution aussi spectaculaire, il faut examiner la gestion sociale et politique des espaces publics et privés dans l'île en relation avec l'institution de l'esclavage.

Gorée était une colonie européenne où Européens, Afro-Européens, Africains libres et Africains réduits en esclavage vivaient côte à côte. C'était aussi un pôle commercial où transitaient les esclaves devant être déportés. Ce statut particulier suggère l'existence de divers modes de détention des esclaves. Dans son étude de l'esclavage indigène[42] dans l'Afrique de l'Ouest française, Martin Klein distingue quatre types de détention allant de systèmes « à basse densité » à des systèmes « à haute densité »[43]. Il suggère que dans les premiers les maîtres et leurs esclaves travaillaient ensemble et mangeaient « au même bol ». En revanche, dans les seconds, les esclaves travaillaient et les maîtres les surveillaient. Dans ce second cas, les différences de statut avaient sans doute un impact dans l'utilisation de l'espace.

Ces deux types de détention des esclaves coexistèrent à Gorée. D'une part, il y avait des esclaves en transit qui étaient traités comme des biens meubles, et de l'autre, des esclaves indigènes qui faisaient partie de la famille bien qu'ils y aient eu un statut inférieur. Il est

39. G. Brooks, « The Signares of Saint Louis and Gorée », *op. cit.* ; M.-H. Knight-Baylac, « Gorée au XVIIIe siècle », art. cité ; id. « La vie à Gorée de 1677 à 1789 », art. cité ; P. Mark, *« Portuguese » Style and Luso-African Identity*, *op. cit.*

40. I. Thiaw, « Every House Has a Story », *op. cit.*

41. M.-H. Knight-Baylac, « La vie à Gorée de 1677 à 1789 », art. cité ; J. F. Searing, *West African Slavery*, *op. cit.*

42. L'expression « esclavage interne » est davantage utilisée dans l'historiographie actuelle sur les esclavages en Afrique. NdE.

43. Martin Klein, *Slavery and Colonial Rule in French West Africa*, Cambridge, Cambridge University Press, 1998, p. 4.

vraisemblable que les premiers aient été enfermés dans les forts européens et d'autres structures d'enfermement de l'île, alors que les seconds habitaient dans des résidences personnelles et aient été plus visibles dans la vie quotidienne de l'île. À Gorée, les esclaves indigènes travaillaient comme maçons, menuisiers, soldats, marins, domestiques, etc. Les sources d'archives et les documents indiquent que la majorité d'entre eux étaient des femmes dont le nombre atteignit 75 % dans la seconde moitié du XVIIIe siècle[44]. Elles appartenaient aux *signares* et à leur famille qui les louaient à des Européens pour divers services d'ordre domestique et sexuel[45].

Grâce à cette information, on voit la main des esclaves indigènes dans la culture matérielle retrouvée dans les sites archéologiques. Dans son étude de l'architecture de Gorée, Hinchman a montré l'empreinte des travailleurs et des artisans qui étaient sans doute celle des esclaves, plutôt que celle des architectes européens[46]. Les maisons construites avant 1782 (et peut-être beaucoup plus tard puisque le plan de maison le plus ancien présent dans les archives du Sénégal date de 1829) sont caractérisées par des pièces irrégulières et des plans asymétriques, ce qui donne l'impression d'avoir probablement été construites à partir d'instructions données de vive voix plutôt qu'à partir de plans dessinés[47]. Comme ils constituaient l'essentiel de la main-d'œuvre sur l'île, les esclaves étaient impliqués dans la production des matériaux, de la richesse et des paysages. C'est ainsi qu'ils laissèrent leur empreinte sur le paysage de Gorée.

L'analyse des structures de la colonisation laisse à penser qu'au fil du temps les maîtres et les esclaves vécurent de plus en plus côte à côte sur l'île. Alors que les élites afro-européennes s'appropriaient les terres, avec l'essor de constructions « en dur » et l'essor urbain, les quartiers d'esclaves disparurent des cartes et des plans à partir de la seconde moitié du XVIIIe siècle[48]. À la même époque, la population des esclaves indigènes augmenta de manière considérable[49]. Les recensements maison par maison menés de la moitié du XVIIIe siècle au début

44. M.-H. Knight-Baylac, « Gorée au XVIIIe siècle », art. cité ; id., « La vie à Gorée de 1677 à 1789 », art. cité ; J. F. Searing, *West African Slavery*, *op. cit.*
45. I. Thiaw, « Every House Has a Story », *op. cit.*
46. M. Hinchman, « House and Household on Gorée, Sénégal, 1758-1837 », *JSAH*, vol. 65, n° 2, 2006, p. 66-187, p. 182.
47. *Ibid.*
48. M.-H. Knight-Baylac, « Gorée au XVIIIe siècle », art. cité.
49. J. F. Searing, *West African Slavery*, *op. cit.*

du XIXe siècle indiquent que les esclaves vivaient avec leurs maîtres dans les mêmes maisons[50].

Bien qu'ils aient été propriétaires d'esclaves indigènes, les habitants de Gorée avaient de l'aversion pour l'esclavage lorsque les esclaves étaient traités comme des biens meubles et ils le tenaient en profond mépris. Au XIXe siècle, l'abbé Boilat fut témoin de leurs réactions lors de l'arrivée dans le port de l'île de plusieurs esclaves en transit qui étaient décharnés, nus, et pouvaient à peine se mouvoir. Il nota que tous les habitants de l'île étaient venus regarder cet horrible spectacle. À cette vue, les *signares* versèrent des larmes, se déshabillèrent pour revêtir les esclaves et leur donnèrent de quoi manger. Elles allèrent même se plaindre aux autorités coloniales[51]. Bien que cet incident eût lieu à la fin de la première moitié du XIXe siècle, quand l'esclavage touchait à son terme, il est vraisemblable qu'à Gorée il fut marqué par des relations intimes entre les maîtres et leurs esclaves libres de chaînes, des relations très différentes de celles qui existaient entre les maîtres et les esclaves en transit.

Des documents existent sur des cas de violence contre des esclaves indigènes en Sénégambie[52], mais l'on admet généralement qu'ils étaient dans l'ensemble mieux traités que les esclaves destinés à être exportés[53]. Certains esclaves jouissaient de privilèges et exerçaient des pouvoirs au nom de leurs maîtres[54]. Hinchman rapporte qu'à Gorée, au XIXe siècle, un esclave nommé Mercure était un maître menuisier qui dirigeait un atelier de construction de canoës creusés dans des troncs d'arbre ou de pirogues et qui était aussi un expert dans les enquêtes sur les naufrages. En tant que tel, il assumait parfois le même statut que les experts européens et pouvait participer à des

50. Archives Nationales du Sénégal (ANS) 1767, 3G2/123I ; C. Becker et V. Martin, « Mémoires d'Adanson… », art. cité ; I. Thiaw, « Every House Has a Story », *op. cit.*
51. D. Boilat, *Esquisses Sénégalaises*, *op. cit.*, p. 34-35.
52. François Manchuelle, « Slavery, Emancipation and Labour Migration in West Africa : The case of the Soninke », *Journal of African History* 30, 1989, p. 89-106 ; id., « The "Patriarchal Ideal" of Soninke Labour Migrants : From Slave to Employers of Free Labour », *Canadian Journal of African Studies* 23, n° 1, p. 106-125 ; J. F. Searing, « Aristocrats, Slaves, and Peasants », art. cité.
53. B. Barry, *Senegambia and the Atlantic Slave Trade*, *op. cit.* L'historiographie actuelle a mis en évidence que l'esclavage interne en Afrique était une institution basée sur la violence. Celle-ci pouvait être intériorisée et minimisée de façon à ce que l'asservissement paraisse un moindre mal en comparaison à la déportation sous la captivité, NdT.
54. M. Klein, *Slavery and Colonial Rule*, *op. cit.*

décisions pouvant déterminer le sort d'Européens libres comme d'Africains[55].

Les fouilles archéologiques offrent de nouveaux éclairages sur l'usage de l'espace et des structures des foyers de Gorée. En général, les sources documentaires écrites et non écrites insistent sur le fait qu'il y avait une majorité de maisons à deux étages. On suppose alors que l'élite des *signares* habitait au premier étage, dont les pièces étaient mieux aérées et avaient des balcons, et qu'au rez-de-chaussée devaient se trouver la cuisine, l'arrière-cuisine et des cellules pour les esclaves en transit[56]. La présence d'arrière-cuisines et de débarras est bien confirmée par les fouilles archéologiques puisque leurs fondations furent retrouvées dans un certain nombre de maisons. Cependant, le fait d'y voir aussi des cellules pour les esclaves en transit, comme c'est le cas dans le récit présenté par la Maison des Esclaves et par certains visiteurs qui y voient des lieux d'enfermement s'appliquant à toute forme d'esclavage sur l'île, peut conduire à une erreur d'interprétation.

Bien que certains aient pu détenir des esclaves en transit chez eux, la plupart étaient sans doute détenus dans les forts européens. La démolition des forts coloniaux à la fin du XIXe siècle et au début du XXe siècle a déplacé l'attention sur les habitations privées comme la Maison des Esclaves ou hangar aux esclaves. Dans une autre publication, j'ai défendu l'idée que les maisons particulières comme la Maison des Esclaves permettent de mieux comprendre l'esclavage indigène que l'exportation des esclaves[57].

À Gorée, bien que les esclaves indigènes aient eu d'étroites relations avec leurs maîtres, beaucoup avaient une existence précaire qui était reflétée dans leur logement à l'intérieur du foyer. L'iconographie le prouve en montrant des dessins de maisons qui indiquent la persistance de huttes à toit de chaume dans des cours entourées de bâtiments en brique ou en pierre dans un certain nombre de foyers à Gorée jusqu'au XIXe ou beaucoup plus tard[58] (ill. 4).

55. M. Hinchman, *African Rococo*, *op. cit.*, p. 259-260.
56. G. Brooks, « The Signares of Saint Louis and Gorée », *op. cit.*, p. 38.
57. I. Thiaw, « The Archaeology of the Memories of the Atlantic Slave Trade on Goree Island, Senegal », Séminaire sur les savoirs africains et les savoirs des diasporas africaines, University of Cape Town, 23-25 octobre 2006.
58. M. Hinchman, *African Rococo*, *op. cit.*, p. 354.

Ill. 4. Intérieur d'une maison à Gorée, XIXe siècle.

D'un point de vue ethnographique, de telles structures correspondent aux habitations de parents ou de clients moins importants ou moins riches mais pourraient aussi être des cuisines. Il est vraisemblable que le sol en terre battue retrouvé dans les fouilles menées sur l'île était un vestige de telles structures qui ont bien pu être habitées par des esclaves. Dans ce cas, ces vestiges prouveraient que les esclaves indigènes n'étaient peut-être pas traités comme des biens meubles mais que leur vie n'était pas facile non plus.

L'archéologie de la vie quotidienne à Gorée

Dans les six dernières années, un grand nombre de vestiges ont été retrouvés à Gorée. Des études préliminaires et des fouilles ont été menées dans différentes parties de l'île comme Bambara, ou quartier des esclaves, les ruines du fort Nassau, érigé en 1627-1628, la résidence attribuée au gouverneur hollandais de 1617 à 1697, une résidence attribuée à la *signare* Anne Pépin, la maîtresse du gouverneur français, le chevalier de Boufflers, etc. Des chantiers furent également ouverts place du Gouvernement où se trouvaient les autorités locales, à la base sud-ouest du Castel et dans d'autres endroits associés au XIXe siècle avec les Sœurs de la Congrégation de Cluny, avec des casernes etc. (ill. 1).

Cinq tombes furent aussi exhumées lors de notre travail archéologique à Gorée. Il s'agit de deux femmes adultes, d'un homme et de deux jeunes enfants retrouvés dans des contextes permettant de les dater au XIXᵉ siècle. Tous ces ossements furent retrouvés au sud de l'île. Alors que peu d'éléments peuvent être donnés sur les rites funéraires dans leur cas, il est intéressant de noter que tous reposaient dans des cercueils de bois, ce qui indique peut-être une influence européenne dans ces pratiques funéraires. Aucun objet ne put leur être attribué comme ce serait le cas en Afrique pré-islamique ou avant les contacts avec l'Europe. Cependant, dans un contexte différent du contexte funéraire, un récipient de métal – contenant de gros morceaux de charbon de bois, sept nodules de quartz, et de vieilles feuilles de papier pliées – fut trouvé enterré devant une maison, ce qui laisse supposer que certains rites africains ont perduré[59].

Les vestiges animaux n'ont pas encore été complètement analysés. Cependant, ceux retrouvés dans l'une des zones fouillées montrent la prédominance des poissons de haute mer sur ceux de la côte et sur les poissons d'eau douce après le XVIIIᵉ siècle. Là encore, cela correspond à l'apparition et à l'essor du commerce avec les Européens sur l'île : ces pratiques de pêche peuvent être liées à des innovations techniques telles que l'introduction de filets et de bateaux plus efficaces en haute mer[60].

Alors que les sources documentaires écrites situent le premier contact entre les Africains et les Européens sur l'île au milieu du XVᵉ siècle, les vestiges archéologiques retrouvés indiquent que le commerce de marchandises européennes importées et leur consommation étaient négligeables jusqu'au début du XVIIIᵉ siècle et qu'il coïncida avec un net essor du commerce atlantique des esclaves et de l'identité afro-européenne sur l'île et sur la côte occidentale de l'Afrique en général[61].

Sa nature et son volume étaient variables d'une localité à l'autre, mais il est clair que le commerce des marchandises s'étendit rapidement

---

59. I. Thiaw, « Every House Has a Story », *op. cit.*
60. Vrijders Lien, *Het Slaveneiland, Gorée : een archeozoölogische studie van material uit de pre-en post-18ᵉ eeuw*, mémoire de Licence, département de biologie, Université catholique de Louvain.
61. G. Brooks, *EurAfricans in Western Africa : Commerce, Social Status, Gender and Religious Observance from the Sixteenth to the Eighteenth Century*, Athens, Ohio University Press, 2003 ; P. Mark, *« Portuguese » Style and Luso-African Identity*, *op. cit.*

sur l'île, ce qui suggère un accès accru et de plus en plus répandu des marchandises européennes. Il s'agissait de matériaux de construction (brique, pierres, tuiles, clous, etc.), de boissons alcoolisées (bouteilles en verre de vin, cognac, gin, etc.), de perles, de pierres à fusil, de céramiques, d'objets divers en fer, etc. En particulier à Gorée les *signares*, ou femmes afro-européennes, étaient propriétaires de la plupart des maisons et des esclaves indigènes qui étaient loués aux Européens pour différents services domestiques et sexuels[62]. Cependant, comme on l'a déjà remarqué, à partir de la seconde moitié du XVIIIe siècle, les Africains libres, ceux qui étaient réduits en esclavage, les Afro-européens et les Européens vivaient côte à côte. La dissémination et la circulation rapide des marchandises, associées aux transformations de la colonisation sur l'île à cette époque, rendent particulièrement délicate l'étude de ces différentes identités d'un point de vue archéologique. Pourtant la répartition homogène des vestiges européens retrouvés et les structures des foyers à Gorée laissent penser que les esclaves indigènes avaient, dans une certaine mesure, accès à ces importations européennes.

À Gorée, un foyer typique devait comprendre un homme européen ou afro-européen, sa femme *signare*, leurs enfants et un ou plusieurs esclaves indigènes qui étaient employés comme travailleurs qualifiés ou comme domestiques. Contrairement aux *signares*, les hommes afro-européens avaient tendance à montrer leur identité européenne[63]. En général, les Européens ne restaient que quelques années en Afrique, le temps d'y faire fortune, puis retournaient en Europe et laissaient leur famille aux soins des *signares* qui recevaient en échange une partie de leur fortune. Les esclaves destinés à être exportés transitaient sur l'île, mais les recherches archéologiques n'aident guère à quantifier ou à évaluer leur impact sur la vie quotidienne de l'île. Il est possible que certains aient été employés à des travaux non qualifiés pendant leur transit. Les récits concernant l'esclavage à Gorée se sont surtout penchés sur cette catégorie d'esclaves alors que les esclaves indigènes qui ont dominé dans la population de l'île à partir du XVIIIe siècle sont davantage restés dans l'ombre, que ce soient dans les études générales ou locales. Les recherches archéologiques menées sur l'île nous ont permis de combler cette lacune.

Les données archéologiques trouvées à Gorée pendant les six dernières années nous ont permis de poser un certain nombre de questions qui

62. G. Brooks, « The Signares of Saint Louis and Gorée », *op. cit.* ; M.-H. Knight-Baylac, « Gorée au XVIIIe siècle », art. cité, et id., « La vie à Gorée de 1677 à 1789 », art. cité.
63. *Ibid.*

remettent en cause les vieux débats sur la nature et l'impact du commerce atlantique des esclaves sur l'île. Alors qu'ils sont limités en ce qui concerne les esclaves en transit destinés à l'exportation, les vestiges retrouvés offrent de nouvelles perspectives pour mieux comprendre les relations quotidiennes sur l'île. Ce faisant, l'intérêt s'est déplacé vers des groupes jusqu'ici négligés comme les esclaves indigènes qui prédominèrent à Gorée à partir du XVIIIe siècle.

Cette période correspond en grande partie avec l'occupation de l'île par les pouvoirs coloniaux français et britanniques ainsi que l'essor du commerce. Les importations européennes dominent les constructions à cette époque, ce qui laisse penser à un accès plus important d'un plus grand nombre de personnes à de telles importations, y compris de la part des esclaves indigènes.

Pour mieux comprendre comment ces esclaves faisaient l'acquisition de ces marchandises, il faut relier ce processus aux différents systèmes de détention des esclaves en vigueur sur l'île. Les esclaves destinés à être exportés et les esclaves indigènes avaient des statuts différents et ne partageaient pas le même sort. Bien que certains marchands européens aient pu être propriétaires d'esclaves indigènes pour les aider dans les tâches domestiques ainsi que pour le commerce côtier et intérieur à l'île, ils se consacraient surtout au transit des esclaves qui étaient en général enfermés dans des forts en attendant leur départ. Il est possible que certains esclaves destinés à l'exportation aient été employés sur place pendant leur transit sur l'île mais contrairement aux esclaves indigènes, ils étaient traités comme des biens meubles, et comme leur passage était de courte durée, leur visibilité dans les données archéologiques s'en trouve limitée.

Il est possible que la destruction plutôt que la restauration des principaux forts européens de l'île à la fin du XIXe siècle et au début du XXe siècle soit venue du désir des autorités coloniales d'effacer ce pan de l'histoire de l'île. De tels bâtiments ayant été démolis, des sites comme la Maison des Esclaves, qui permet pourtant de mieux comprendre les esclaves indigènes que les esclaves en transit, ont été sortis de leur contexte et réinterprétés pour devenir des sites de commémoration du transit des esclaves. Simultanément, le problème difficile de l'esclavage indigène était passé sous silence. La notoriété internationale de la Maison des Esclaves est survenue en même temps que l'apparition de nouveaux rapports de force en Afrique et dans la diaspora du Nouveau Monde. L'ironie, c'est que les élites africaines et celles de la diaspora ont élaboré des récits commémoratifs pour guérir du traumatisme de la séparation et de l'exil, mais ce faisant, elles ont toutes deux fait disparaître la question épineuse de l'esclavage indigène.

L'importance de l'île de Gorée dans l'économie transatlantique de la Sénégambie était surtout fondée sur les services qu'elle offrait aux marchands européens. Les archives prouvent clairement que posséder et employer des esclaves était une activité économique profitable dans laquelle de nombreux habitants de l'île commencèrent à investir au moins à partir de la deuxième moitié du XVIIIe siècle. Les esclaves indigènes étaient présents dans de nombreux foyers de Gorée comme travailleurs qualifiés et comme domestiques, et, en tant que tels, ils contribuèrent aux diverses activités ainsi qu'à la production de l'économie et de la culture transatlantiques sur le plan local et sur le plan global.

Cependant, l'analyse des données documentaires et archéologiques indique que le rôle de Gorée dans l'économie et la culture transatlantiques fut en mutation au lieu de demeurer statique. Avant le XVIIIe siècle, la présence des Européens sur l'île, bien qu'elle soit mentionnée dans les sources écrites, a laissé très peu de vestiges archéologiques, elle est assez discrète ou même absente. Les plans dessinés au début du XVIIIe siècle montrent une colonisation avec une ségrégation qui a disparu avec l'essor de cette colonisation. Par conséquent, la distance sociale entre les habitants de l'île s'en trouva réduite en ce qui concerne le statut, le genre, l'identité ou la race. L'essor d'un nouveau type d'architecture de brique et de pierre au milieu du XVIIIe siècle et le monopole des terres par les *signares* et par les élites afro-européennes qui accompagnèrent ces changements signalent d'importantes mutations ayant de profondes implications pour la société.

Les grandes quantités de marchandises importées d'Europe laissent penser que des goûts nouveaux s'étaient développés. Pourtant Gorée continua à dépendre du continent pour ses ressources en eau et en nourriture. De la même manière, les pratiques funéraires montrent de fortes influences européennes mais d'autres vestiges indiquent la persistance de systèmes de croyance et de visions du monde africaines. Dans ces conditions, malgré l'introduction de produits de luxe, l'émergence de nouvelles identités ayant différentes visions du monde, des innovations techniques et un gouvernement européen qui s'est imposé, Gorée apparaît comme une communauté transnationale en devenir.

Traduit de l'anglais par Pascale McGarry

D'autres cartographies de la plantation. Espaces, paysages et culture matérielle dans le sud-est esclavagiste

Flávio Gomes

Grâce à des théories et des méthodologies diverses, l'archéologie historique, champ d'études relativement nouveau, s'est intéressée ces dernières décennies à l'esclavage africain atlantique, et a permis la reconstruction de sa culture matérielle[1]. En analysant les vestiges archéologiques, leurs situations comme les paysages qui les entourent, il est possible de comprendre comment différentes formes d'« adaptation » et de « création » ont été mises en place dans les sociétés esclavagistes. Durant les vingt dernières années, l'archéologie brésilienne a offert d'importantes contributions pour penser le quotidien de l'esclavage[2]. En s'appuyant sur les vestiges archéologiques – en plus des mémoires, des chroniques, des inventaires et des registres paroissiaux –, on peut approcher la vie des esclaves et saisir les significations que les Africains et les *crioulos*[3] ont données eux-mêmes à leurs expériences et à la culture matérielle[4]. Des recherches plus récentes, reposant sur la

1. Ce texte a initialement paru sous le titre « Outras cartografias : espaços, paisagem e cultura material no sudeste escravista », dasns Camilla Agostini (dir.), *Objetos da Escravidão : abordagens sobre a cultura material da escravidão e seu legado*, 1re éd. Rio de Janeiro, 7 Letras, vol. 1, 2013, p. 83-104.
2. Luis C. Symanski, « Arqueologia Histórica no Brasil : uma revisão dos últimos vinte anos », dans Walter F. Morales et Flavia Prado (dir.), *Cenários Regionais de uma Arqueologia Plural*, São Paulo, Annablume, 2009.
3. Le terme « *crioulos* » désigne ici les esclaves afro-descendants nés au Brésil (NdT).
4. C. Agostini, « Resistência cultural e reconstrução de identidades : um olhar sobre a cultura material de escravos do século XIX », *Revista de História Regional* 3, n° 2, 1998, p. 115-137 ; id., « Cultura material e a experiência africana no Sudeste oitocentista : cachimbos de escravos em imagens, histórias, estilos e listagens », *Topoi*, Rio de Janeiro,

collaboration entre des chercheurs dans différents domaines et des projets institutionnels, ont encore élargi les possibilités de réflexion autour du passé de l'esclavage à travers l'archéologie.

Au Brésil, les archéologues qui se sont intéressés à l'esclavage se sont surtout concentrés sur les *quilombos*. D'une certaine manière, il s'agissait d'identifier un versant de la culture matérielle[5]. Il reste cependant bien des chemins possibles pour élargir le champ archéologique sur l'esclavage et la post-émancipation au Brésil, qu'il s'agisse de fouilles dans les zones de *fazendas* (fermes), de *senzalas* (habitations

---

10, 2009, p. 39-47 ; Scott J. Allen, « A "Cultural Mosaic" at Palmares ? Grapling with Historical Archaeology of a Seventeenth-Century brazilian quilombo », dans Pedro Paulo A. Funari (dir.), *Cultura Material e Arqueologia Histórica*, Campinas, Unicamp, 1998, p. 141-178 ; id., « Identidades em Jogo : negros, índios e a arqueologia da Serra da Barriga », dans L. Almeida, M. Galindo et J. Elias (dir.), *Índios do Nordeste : temas e problemas 2*, Maceió, EDUFAL, 2000, p. 45-275 ; Pedro P. A. Funari, « Etnicidad, identidad e cultura material : un estudio del cimar rón Palmares, Brasil, siglo XVII », dans Andrés Zaranki et Félix A. Acuto (dir.), *Sed non Satiata – Teoria Social en la Arqueologia Latinoamericana Contemporánea*, Buenos Aires, Ediciones Del Tridente, 1999, p. 77-96 ; Pedro P. A. Funari, « Desaparecimento e emergência dos grupos subordinados na Arqueologia brasileira », *Horizontes Antropológicos*, 8 (18), 2002, p. 131-153 ; Luis C. Symanski, « O domínio da tática. Práticas religiosas de origem africana nos engenhos de Chapada dos Guimarães (MT) », *Revista Latino-Americana de Arqueologia Histórica*, 1 (2), 2007, p. 9-36 ; id. et Marcos A. T. Souza, « O registro arqueológico dos grupos escravos : questões de visibilidade e preservação », *Revista do Patrimônio Histórico e Artístico Nacional*, 33, 2007, p. 215-244 ; Marcos A. T. Souza et L. C. Symanski, « Potery Variability and Slave Communities in Western Brazil », *International Journal of Historical Archaeology*, 2010, p. 513-548.

5. Outre les recherches déjà citées : Scott J. Allen, « Os desafios da arqueologia de Palmares », dans Flavio Gomes (dir.), *Mocambos de Palmares : histórias e fontes (séc. XVI-XIX)*, Rio de Janeiro, 7Letras, 2010, p. 119-130 ; Carlos M. Guimarães, « Esclavitud, Rebeldia y Arte », *Arte Rupestre Colonial y Republicano de Bolívia y Países Vecinos*, La Paz, 1, 1992, p. 212-219 ; id., « Mineração colonial e arqueologia : potencialidades », Revista de Arqueologia, Rio de Janeiro/Soc. Arq. Brasil, 9, 1996, p. 55-64 ; Carlos M. Guimarães et Anna L. D. Lanna, « Arqueologia de Quilombos em Minas Gerais », *Revista de Antropologia*, 31, 1980, p. 23-28 ; Pedro P. A. Funari, « A "República de Palmares" e a Arqueologia da Serra da Barriga », *Revista USP*, 28, 1995-1996, p. 6-13 ; P. A. Funari, « Novas perspectivas abertas pela Arqueologia na Serra da Barriga », dans Lilia M. Schwarcz et Leticia V. de S. Reis (dir.), *Negras imagens : escravidão e cultura no Brasil*, São Paulo, Edusp, 1996, p. 139-151 ; id., « A Arqueologia de Palmares – Sua contribuição para o conhecimento da história da cultura afro-americana », dans Joao J. Reis et Flavio dos S. Gomes, *Liberdade por um fio. História dos Quilombos no Brasil*, São Paulo, Companhia das Letras, 1996, p. 26-51 ; Pedro P. A. Funari et Charles E. Orser, « Pesquisa arquelógica inicial em Palmares », *Estudos Ibero-Americanos*, 18(2), 1994, p. 53-69.

d'esclaves), des ports de débarquement d'Africains, ou du référencement de lieux dans les plantations et les aires d'approvisionnement. Comment, et à partir de quels aspects, s'est construite la culture matérielle – architecture, bâtiments, plantations, cultures, etc. – dans les diverses régions esclavagistes ? À partir seulement de la volonté des seigneurs-propriétaires ? De décisions rationnelles de fermiers dans une perspective de contrôle et de coercition ? Et qu'en est-il des premières générations d'esclaves, majoritairement africains, qui sont responsables de la création et/ou ont accompagné l'« organisation » de ces paysages et de ces géographies ? Ne furent-elles que des variables passives de ce mouvement de construction symbolique et physique ? Comment des géographies sociales et culturelles, ainsi qu'un agencement de « territoires » de mobilité, d'autonomie et de reproduction de la culture matérielle et immatérielle ont-ils pu se constituer dans les plantations ? Dans cet article – qui veut aborder la création des espaces de la culture esclave –, nous analyserons les procès-verbaux de procès judiciaires pour réfléchir aux perceptions esclaves et à celles des propriétaires concernant les géographies des fermes, des habitations d'esclaves, des *terreiros* (cours), des *roças* (parcelles d'agriculture de subsistance) et de la forêt environnante dans les zones de plantation du Vale do Paraíba.

Lors de leurs expériences de captivité, les premières générations d'Africains ont en effet certainement développé des communautés et des cultures, à partir d'origines, de coutumes et de langues distinctes – mais pas toujours si différentes –, dans des paysages spécifiques – physiques, démographiques, symboliques, identitaires et matériels. Venant de diverses régions de l'intérieur africain, entre le littoral et le *sertão* (hinterland), des hommes et des femmes esclavisés ont construit autant que possible de nouveaux modes de vie. Les plantations de café et leurs environs, comme les espaces entre les plantations, les villages de *roceiros* (petits agriculteurs), les maisons de négociants et les grandes propriétés, où les captifs ont subi une autre face de l'oppression – notamment à travers un travail exténuant –, étaient aussi l'environnement dans lequel ils organisaient leurs vies. Là, aussi bien les logiques de domination que des identités et des communautés complexes se sont trouvées redéfinies[6].

6. Robert W. Slenes, « As provações de um Abrão africano : a nascente nação brasileira na viagem alegórica de Johann Moritz Rugendas », *Revista de História da Arte e Arqueologia* (IFCH/UNICAMP), 2, 1995-1996, p. 271-536 ; id., « "Malungu, Ngoma vem !" : África coberta e descoberta no Brasil », *Revista USP*, 12, déc.-fév. 1991-1992.

Voisinages et espaces

Les récits des fuites, relatant les attentes des fugitifs, leurs objectifs et leurs parcours d'évasion, contenus dans les procès judiciaires, permettent d'analyser la formation d'espaces/territoires de connexions qui rapprochaient les fermes et, partant, les communautés esclaves, les *roceiros*, les *roças*, les cultures, les tavernes, les cultivateurs et les propriétaires. Ils fonctionnaient comme des espaces de « circum-voisinage », pour reprendre les termes de Kaye[7]. Même s'ils ne sont pas toujours perceptibles dans les différentes sources (inventaires, testaments, procès, registres ecclésiastiques), nous avons tenté de localiser des paysages, des géographies, des territoires, des environnements mobiles et des frontières entre les espaces de domination et d'autonomie où se jouaient des échanges sociaux et des changements socio-économiques. Les espaces de la plantation apparaissent ainsi moins isolés (maîtres *versus* esclaves) et davantage comme une reconstruction permanente et en dialogue de sociabilités, d'échanges culturels, de la production et de la consommation de la culture matérielle. Ces sources nous indiquent les espaces occupés, les trajets parcourus, les réseaux d'alliances et d'intérêts concernant divers acteurs du monde de l'esclavage. Croiser ces documents avec les listes de plantations, de bâtiments et de biens mobiliers dans les inventaires, les trajectoires personnelles et l'accumulation de biens dans les testaments, les rituels de baptêmes, les mariages et les décès dans les registres paroissiaux, ainsi que les descriptions détaillées des annonces de fuites dans les journaux, permet d'identifier des décors, des paysages et des espaces sociaux créés et séparés de l'esclavage, des relations de travail, et des régimes démographiques et architectoniques de domination, de violence et de pouvoir.

Nous avons identifié quelques procès-verbaux qui concernent des tentatives d'homicide, des assassinats, des atteintes corporelles ou des offenses physiques. L'un d'entre eux relate comment, au début de l'année 1836, l'esclave africain Matheus Rebolo s'est enfui depuis un certain temps avec pour but déterminé de tuer son maître. Il s'était échappé de la maison de son propriétaire, Joaquim de Bastos Valbão, à Vassouras, et avait parcouru bien des chemins[8]. Il s'était rendu tout

7. Anthony Kaye, *Joining Places : Slave Neighborhoods in the Old South*, University of North Carolina Press, 2008.

8. Centro de Documentação Histórica da Universidade Severino Sombra, Vassouras (dorénavant CDH), Vassouras, processo-crime, 1836.

d'abord auprès du fermier Joaquim Fernandes, qu'il a pris comme « parrain » pour que ce dernier intervienne auprès de son maître et obtienne son affranchissement. Matheus disposait probablement d'un certain pécule, tout du moins suffisant pour faire une telle revendication. Il a déambulé ensuite à travers les bois, peut-être « en travaillant » ici ou là, rendant de menus services à de petits cultivateurs locaux. Bénéficier de la protection de cultivateurs, de taverniers et même des communautés des *senzalas* proches était fondamental pour les fugitifs. On sait qu'à un moment donné, Matheus a cherché protection auprès de *senzalas* du voisinage quand, par exemple, il a été « recueilli par les Noirs » du fermier José da Rosa Medeiros. Cependant, Matheus a fini par être pris. Il a été jugé et condamné à mort, mais le procès qui lui a été intenté éclaire les intentions et les attentes d'un fugitif qui a parcouru, des années durant, plusieurs fermes et *senzalas* de la région. Pendant son interrogatoire, il révéla qu'il était marié, même s'il ne savait pas dire exactement quel âge il avait ; son apparence permit au juge de lui donner 60 ans. Il était donc un Africain adulte, d'un âge avancé, marié et fugitif et sans doute était-il au Brésil depuis un bon moment. Matheus avait servi Bastos Valbão pendant environ quatre ans. Son temps passé en captivité était suffisant pour tenter de négocier – par l'intermédiaire d'un « parrain » – son affranchissement. Même si on lui donnait un âge avancé, il semblait avoir la force (physique et morale) suffisante pour s'enfuir, demeurer caché dans les environs, rechercher un « parrain » et projeter de tuer son maître. Il n'est pas difficile de supposer que sa tentative d'assassinat était directement liée au refus de ce dernier de l'affranchir. La fuite pouvait constituer un mécanisme de plus pour forcer les maîtres à négocier les conditions de la captivité – mais aussi la possible liberté – avec les communautés esclaves. Quant aux raisons de la fuite, Matheus répondit qu'il s'était échappé « la veille de Mardi gras, de peur que son maître ne le batte ». Le fermier Medeiros, propriétaire des esclaves qui avaient donné « asile » à Matheus, fut également interrogé par les autorités locales qui voulaient s'enquérir de son éventuelle connivence. En vain. Ce fermier ne voulait ni se compromettre ni compromettre les esclavisés dans le délit de protection de fugitifs ; il souhaitait avant tout protéger sa propriété. Sur le point d'être condamné, l'Africain Matheus a fait de même : il n'a dénoncé personne, afin de protéger les réseaux de solidarités et d'alliances qu'il maintenait avec les diverses communautés esclaves locales. Il affirma qu'il cherchait seulement des *senzalas*

« pour se protéger du froid, trouvant le maître de la maison et ses esclaves en train de dormir[9] ».

La solidarité et les conflits entre les fugitifs et les esclaves des *senzalas* pouvaient connaître des dénouements variés, mais leurs relations produisaient des géographies qui connectaient des espaces et des territoires entre les fermes et la forêt entourant les plantations de café dans la région. C'est encore à Vassouras, en 1860, que le captif João Crioulo, appartenant au commandeur José Joaquim Botelho, a été jugé pour le meurtre d'un Noir africain, du nom d'Ignácio, esclave de Manuel Francisco Alves[10]. La trame de cette histoire s'est nouée autour des plaintes répétées du commandeur et d'autres propriétaires concernant des groupes de fugitifs qui constituaient une véritable « terreur des habitants », pratiquant des « vols » et « [avec une telle] audace, [qu'ils] venaient jusqu'aux abords des fermes armés de couteaux, et l'un d'eux de pistolets ». Les fermiers ont rassemblé alors leurs surveillants, leurs dépendants, des pauvres ainsi que quelques esclaves pour « battre » les bois et capturer les fugitifs. Ce sont ces recherches répétées dans la forêt voisine qui ont permis la rencontre du fugitif Ignácio avec l'esclave João, qui faisait partie de l'expédition répressive. En tentant de résister à sa capture, Ignácio a aggravé la situation et a fini mortellement blessé par un tir de fusil. Le Commandeur Botelho n'a pas ménagé ses efforts pour prouver l'innocence du *crioulo* João, qui était par ailleurs un domestique de sa ferme. Il pouvait compter sur plusieurs témoignages en sa faveur, y compris ceux d'autres esclaves. Dans leurs dépositions, l'administrateur, le surveillant et les esclaves dépendants du commandeur ont défendu la version selon laquelle João Crioulo avait tiré au cours de sa poursuite, parce qu'il était tombé dans un trou, et qu'« ayant trébuché, l'arme qu'il portait s'était déclenchée ». Un épisode semblable eut lieu quelques années plus tard dans la localité de Morro dos Coveiros, également à Vassouras[11]. Cette fois-ci, le litige concernait quelques esclaves de Caetano Gonçalves da Costa, qui avaient été recrutés pour aider à « battre » les bois des fermes à proximité et détruire les cabanes de fugitifs qui avaient été repérés

9. Flavio dos S. Gomes, Carlos Eugênio Líbano Soares, « Em busca de um "risonho futuro" : seduções, identidades e comunidades em fuga no Rio de Janeiro escravista (século XIX) », *Locus – Revista de História*, 7 (13), 2001, p. 9-28 ; Flavio Gomes et Carlos E. L. Soares, « Identidades escravas, conexões e narrativas : Notas de pesquisas », *Revista Sesmaria*, 1(1), 2001, p. 21-45.

10. CDH, Vassouras, processo-crime, 1860.

11. CDH, Vassouras, processo-crime, 1872.

à la suite de dénonciations. La victime était un certain Antônio, esclave fugitif appartenant à Manuel Ignácio de Jesus. Dans l'affrontement, il reçut des blessures par balle, et, après son transfert à l'hôpital de la Santa Casa de Misericórdia à la Cour, finit par mourir. Mais avant cela, les autorités avaient eu le temps de lui arracher une déposition. Antônio était un *crioulo*, natif de Pernambuco, d'environ 50 ans.

> « Il répondit qu'il avait fui la maison de son maître et cherché un endroit appelé Morro da Vacca, et avait construit une cabane sur les terres d'Augusto Perret. Il vivait là caché, achetant parfois ce dont il avait besoin dans un point de vente à proximité. La veille, à midi, sa cabane fut assaillie par des camarades et des esclaves de Caetano Gonçalves da Costa, au nombre de sept, armés, les uns de bâtons et le *crioulo* José d'un fusil. Comme il tentait de s'enfuir, José lui tira dans les jambes et le mit à terre. Ils lui donnèrent des coups, causant les blessures qu'il avait. »

La première chose que fit le fermier Gonçalves da Costa, en apprenant ce qu'il s'était passé, fut de réprimander « ses esclaves et camarades d'avoir donné le fusil à José », un captif, car les esclaves accompagnaient les expéditions punitives particulières, mais jamais armés. Dans le procès qui suivit, au tribunal de la Paroisse de Nossa Senhora da Conceição, le fermier chercha à défendre ses esclaves, par crainte des conséquences de leur condamnation. Sa première allégation était « qu'il y avait depuis longtemps en cet endroit un *quilombo* de noirs fugitifs », et qu'il avait toujours craint « que les *quilombolas* viennent une nuit dans sa maison ». Aussi, de sa propre initiative, « il fit appeler son voisin Manuel Dias Maciel et deux de ses fils, en plus des captifs Ambrosio, Bibiano, João et Posidônio » pour réprimer les fugitifs. Sur les événements qui avaient provoqué les blessures de l'esclave Antônio, le fermier Gonçalves da Costa croyait avoir une justification convaincante. Un de ses captifs, qui portait le fusil et finit par tirer, avait agi de manière irréfléchie et imprudente mais, selon lui, le fugitif en question avait résisté et était en réalité très dangereux. Les éléments recueillis sur ces événements par l'inspecteur de secteur, Camilo Souza Barreto, allaient dans le même sens. Les esclaves de sa propriété étaient innocents et le responsable – des blessures comme de sa propre mort – était le fugitif Antônio. D'autres témoins furent entendus, comme Manoel Dias Maciel, le voisin cultivateur, peut-être un dépendant du fermier Gonçalves Costa. Ayant participé à la capture, il ajouta peu de choses, déclarant que le fusil était arrivé dans les mains des esclaves par mégarde, vu que c'était son fils cadet, Hermogenes, qui le portait. Par ailleurs, il affirma que le fugitif avait résisté, et, plus important, que la quasi-totalité des esclaves qui l'accompagnaient étaient des « mineurs », entre 14 et 16 ans. Un seul était adulte. Les principaux accusés finirent par être disculpés au terme du jugement. La défense argua que la mort du fugitif Antônio ne résultait pas des blessures, mais du fait que « la diligence nécessaire pour le déplacer » n'avait pas été appliquée, et que les blessures avaient été commises par des mineurs de moins de 21 ans en état de légitime défense.

Comment étaient perçus les espaces, les territoires et les paysages qui entouraient les grandes fermes ? Nous savons encore peu de chose sur l'occupation et la perception des zones qui reliaient les caféières, les cultures vivrières, les abattages de bois, les routes des bouviers et les chemins vicinaux reliant les fermes, les petites propriétés, les foires et les entrepôts locaux, les villages ou les tavernes. Les paysages particuliers dessinés par les *casas-grandes*, les *senzalas*, les *terreiros* et les caféières occultent d'autres espaces physiques et symboliques dans la plantation, qui étaient constitués – en termes à la fois visuels et imaginaires – par des maîtres, des surveillants, des esclaves, des affranchis et des dépendants à divers endroits. Les cimetières dans les fermes, les chapelles, les hangars pour charriots, les greniers, les cultures vivrières, les potagers de l'économie de subsistance, les circuits d'échanges sociaux concernant les propriétés et les réseaux de sociabilités à l'intérieur et entre les plantations étaient également des espaces importants, et étaient perçus sous divers aspects par la société esclavagiste environnante. La construction, l'occupation, la domination, l'invention et la définition de tels espaces et géographies avaient des conséquences dans le quotidien : émergeaient des espaces de pouvoir, de négociation, de domination, d'invisibilité, d'autonomie, de vie familiale et d'économie personnelle, qui étaient mouvants et faisaient s'articuler des pouvoirs seigneuriaux, des logiques de contrôle, mais aussi des cultures esclaves de communautés de générations différentes, en situation d'alliance, de tension, de dispute ou de compétition. Ces espaces, mais aussi des temps, étaient constamment reconstruits par des expériences, des attentes et des perceptions, concernant le travail, la culture, la parenté, la famille et la religion.

Si on ne les considère pas sous l'angle exclusif de la protestation, les conflits, les crimes et les fuites – et plus particulièrement, les comptes rendus qui en furent donnés – aident à comprendre les perceptions de tels espaces et du temps dans des situations spécifiques. Dans la plupart des régions où des esclaves fugitifs s'établissaient, la localisation géographique était fondamentale, non seulement par rapport à la constitution d'économies, d'écosystèmes et de territorialités, mais aussi dans les luttes permanentes contre les expéditions punitives. La plupart des fugitifs s'établissaient autant que possible dans des endroits qui n'étaient pas totalement isolés des zones de cultures, qu'elles soient exportatrices ou pas, ni des petits centres de commerce et entrepôts marchands voisins. Une telle proximité assurait, parmi d'autres fonctions, les échanges marchands fréquents entre les esclaves des *plantations* et les vendeurs locaux. Dans tous les *quilombos*, on peut constater des contacts entre fugitifs et captifs, qui impliquaient, suivant les circonstances, des cultivateurs, des dépendants et des fermiers, configurant des relations qui dépassaient largement le cadre strictement économique. Ces constats ont constitué la base d'une trame plus vaste d'intérêts et de relations sociales diverses, dont les esclaves ont su tirer profit pour conserver leur autonomie. Cependant, dans les marges des plantations, il y avait d'autres frontières mobiles, invisibles, qui mobilisaient des cultures, des parentés, des fuites temporaires, des réseaux marchands de communautés esclaves de différentes fermes. De tels réseaux de communication et de connexions socio-économiques et culturelles sont encore mal connus.

Dans diverses régions du Brésil, comme dans le reste de l'Amérique, les esclaves – avec leurs cultures et leur propre économie – et les fugitifs – avec leurs diverses pratiques économiques – ont fini par développer des formes de paysannat[12]. En développant diverses pratiques et relations économiques (y compris par l'accès aux marchés locaux), les esclaves, avec le système de cultures vivrières (*roças*), et les fugitifs organisés en communautés mobiles, ont conquis des marges d'autonomie et ont fini par se transformer en paysans[13]. Ils ont contribué à transformer des paysages dans les plantations, qui ne furent jamais restreints au seul domaine de la *casa-grande*, avec son pouvoir sur les *senzalas*, et à la résistance des fugitifs. Il pouvait y avoir des frontières brouillées entre la domination seigneuriale et l'autonomie esclave.

12. Sidney W. Mintz, « A note on the Definition of Peasantries », *Journal of Peasant Studies*, 1 (1), 1973, p. 91-106 ; id., *Caribbean Transformations*, Baltimore, The Johns Hopkins University Press, 1974, p. 146-179 ; id., « Slavery and the Rise of Peasantries », Historical Reflections, 6 (1), 1979, p. 213-253.

13. Ciro F. S. Cardoso, *Agricultura, escravidão e capitalismo*, Petropólis, Vozes, 1979. Voir aussi du même auteur, *Escravo ou camponês ? O protocampesinato negro nas Américas*, São Paulo, Brasiliense, 1987.

Dans diverses zones – conservant leurs spécificités économiques et démographiques –, des captifs, des fugitifs et des communautés de *senzalas* ont développé des pratiques économiques, produisant des excédents qu'ils cherchaient à négocier. Des esclaves fréquentaient les foires et les marchés locaux les samedis et dimanches, leurs habituels « jours libres », où ils montaient leurs étalages et vendaient les excédents de leurs propres économies, qui pouvaient être aussi bien des produits agricoles (tabac, maïs, haricot, etc.) que des produits de la chasse et de la pêche. À la fin des années 1870, un journal de la région de Vassouras publiait l'annonce suivante : « Rio Bonito – On prie Monsieur le Contrôleur d'aller à cet endroit, les dimanches, vers 3 h de l'après-midi, pour voir dans une maison près de la petite chapelle, un regroupement d'esclaves vendant leurs étalages[14]. » Malgré l'interdiction qui leur était faite par certains fermiers et les plaintes d'une partie de la population, des esclaves de diverses régions ont cherché à développer leur propre économie, conquérant et élargissant la définition de l'autonomie[15].

Des recherches en histoire agraire au Brésil – notamment des études sur la province de Rio de Janeiro au XIXe siècle – ont ouvert la voie pour une compréhension plus complexe des questions liées à la propriété de la terre, aux stratégies de culture de secteurs agricoles tournés vers le marché intérieur, avec la production d'aliments et le développement de secteurs paysans constitués d'affranchis et d'hommes libres pauvres au Brésil, sous l'esclavage et après l'émancipation. Ainsi, d'autres espaces et paysages prenaient des contours plus précis à partir de l'interrelation des divers secteurs concernés, depuis les grands propriétaires de terres et d'esclaves, qui produisaient pour l'exportation, jusqu'à d'autres secteurs paysans constitués par des *roceiros* et des affranchis, en passant par des fermiers tournés vers le marché intérieur, des producteurs d'aliments, des locataires-esclavagistes, des possédants, des occupants, des micropropriétaires, etc.

La culture de leurs propres parcelles (*roças*) par les esclaves, en même temps que les pratiques paysannes itinérantes de petits groupes de fugitifs, ont pu être de plus en plus articulées, avec un contexte, des paysages et des territoires constitués. Tandis que les esclaves voyaient dans la possibilité de posséder des parcelles et de vendre leur production

14. « Anúncios », *O Município*, 30/3/1879, p. 4.
15. Ira Berlin et Philip D. Morgan (dir.), « The Slaves' Economy. Independent Production by Slaves in the Americas », *Slavery & Abolition*, 2 (1), 1991, p. 1-27.

l'occasion d'obtenir davantage d'autonomie, les fermiers avaient une perspective plus globale de contrôle social sur la population captive. Les *roças* et les connexions socio-économiques autour d'elles, ou la circulation des produits qui y étaient cultivés, donnèrent lieu à de nouveau paysages de la culture esclave. Mais les *roças* de plantations de café que les esclaves eux-mêmes entretenaient pour leur propre économie jusqu'aux potagers et jardins où ils plantaient des légumes et même des plantes pour leurs remèdes n'étaient pas les seuls espaces qui dessinaient de nouvelles cartographies de la *plantation*. Surgissaient également des espaces de loisir, de pratiques religieuses, de rencontres amoureuses entre des esclaves de différentes fermes, d'échanges et de contacts avec des fugitifs et des taverniers.

Fruits de négociations, de concessions et d'accommodations dans les relations de contrôle, de pouvoir et d'autonomie entre maîtres et esclaves, de tels espaces pouvaient être perçus aussi bien comme des sources de tension et des espaces de protestation que comme des formes de contrôle dans le contexte de peur qui resurgissait régulièrement dans des situations déterminées. En 1858, avec l'augmentation des rumeurs concernant un soulèvement esclave, le Baron de São João do Príncipe du Vale do Paraíba écrivait ainsi au délégué de la Police locale : « Je note que les esclaves ne s'occupent plus des *roças* qu'ils faisaient les dimanches et jours saints. » Il percevait « même beaucoup d'insubordination », car « les dimanches, ils [les esclaves] ne cherchent qu'à se rassembler avec ceux d'autres fermes, il y a des réunions, et ils disent qu'ils vont s'occuper à tuer tous les Blancs [...] »[16]. Les jours libres, divers esclaves – bénéficiant peut-être d'une relative plus grande capacité à circuler hors de portée du regard des maîtres, des administrateurs, des surveillants et des contremaîtres – visitaient d'autres fermes pour retrouver leurs parents et des esclaves d'autres plantations. Certains esclaves pouvaient même avoir leur épouse et enfants captifs qui travaillaient dans d'autres fermes. Il existait ce que l'on nommait des « entrevues », durant lesquelles des hommes et des femmes esclaves de différentes propriétés entretenaient des « rencontres amoureuses ». Cette pratique n'était généralement pas tolérée par les maîtres, mais il arrivait que ces derniers, ou les surveillants, ferment les yeux.

16. Arquivo Público do Estado do Rio de Janeiro (dorénavant APERJ), Fundo P, Coleção 100, Carta do Barão de São João Príncipe enviada ao Delegado de Polícia, 10/12/1858.

Une autre possibilité de communication surgissait quand certains esclaves, avec l'autorisation ou non de leurs maîtres, fréquentaient les tavernes, ventes et foires locales pour faire commerce des produits excédentaires de leurs *roças*. Il y avait aussi des possibilités de communication non seulement les jours de repos, mais aussi dans leur quotidien de travail. Il n'était pas inhabituel que des groupes d'esclaves en viennent presque à s'affronter dans les cultures de café durant la cueillette. Des esclaves bouviers, chargés de transporter les sacs de café vers les entrepôts, pouvaient se trouver sur les routes et dans les hangars qui stockaient la production caféière locale avant d'être exportée. D'ailleurs, les bouviers qui traversaient cette région n'étaient pas que des esclaves, mais également des affranchis et des Noirs libres. En 1848, à la suite de dénonciations de révoltes d'esclaves concernant plusieurs municipalités de São Paulo et de Rio de Janeiro, y compris Vassouras, la participation de bouviers dans l'organisation d'une révolte est évoquée. Dans les frontières du Vale du Paraíba, le délégué de Police de la municipalité de Lorena, à São Paulo, informait le délégué de la municipalité de Parati, à Rio de Janeiro, que des esclaves étaient en train de préparer une insurrection qui devait éclater pendant les fêtes de São João et/ou de São Pedro, et que les esclaves « travaillaient depuis longtemps dans des "Sociétés Secrètes" en association avec les esclaves de plusieurs municipalités », en précisant : « ils se servent des esclaves bouviers comme émissaires, et ceux-ci apportent la nouvelle de ce qu'ils font »[17]. Outre les bouviers, des captifs aux tâches spécialisées, comme les charpentiers, les ferronniers et les maçons avaient une plus grande mobilité que ceux qui étaient occupés dans les cultures, ce qui leur donnait davantage d'occasions de se retrouver avec des captifs d'autres fermes. Malgré l'isolement dans lequel se trouvaient quelques fermes – et, par conséquent, les captifs –, les fermiers devaient reconnaître que les contacts entre les esclaves de différentes fermes n'étaient pas seulement sporadiques. En 1855, par exemple, dans la région de Campos, les autorités informaient que :

> « les esclaves d'Antônio Martins de Oliveira, de Serafim Pereira, Jacob da Costa Pereira et João Martins, se réunissent dans des regroupements nocturnes dans la maison de Francisco Martins qui n'est occupée que par les esclaves de ceux-là, et que les routes qui mènent à la maison de

17. APERJ, Fundo SP, Coleção 171, documento 9/A, Ofício do Delegado de Polícia de Lorena (Província de São Paulo) enviado ao Delegado de Polícia de Parati (Província do Rio de Janeiro), 4/2/1848.

Jacob da Costa et Serafim Pereira révèlent des indices évidents de communications nocturnes parce qu'on y trouve beaucoup de mèches de bambou brûlées[18]. »

À la fin de l'année 1858, arrivèrent des nouvelles de la municipalité de São João do Príncipe – également située dans le Vale do Paraíba fluminense – faisant état d'un plan de révolte d'une « association étendue », qui se serait « ramifiée à travers la totalité ou presque de la population esclave de cette municipalité comme des voisines ». On affirmait que, « trompant la vigilance la plus active, les esclaves des fermes font des réunions nocturnes, qu'ils dénomment tables, dans des lieux occultes, et ils procèdent là à des pratiques grossières et mystérieuses dans lesquelles ils apprennent l'usage de certaines herbes vénéneuses, et où ils reçoivent de leurs chefs, les surnommés sorciers, des reliques de plusieurs sortes, qui sont, semble-t-il, des talismans contre les maîtres ». En 1861, dans les municipalités de Valença et de Barra Mansa, surgirent des rumeurs concernant « un plan d'insurrection concerté entre les esclaves » de plusieurs paroisses, organisés en « regroupements nocturnes bien connus sous le nom de *cangerês*, où des esclaves indisciplinés, associés à des hommes libres méprisables, vagabonds, ignorants, exploités par tel ou tel spéculateur, se rassemblent pour célébrer certaines cérémonies et des rites grossiers d'apparence mensongère[19] ».

On voit ainsi se dessiner clairement des géographies entre des territoires produisant des matrices d'insurrection, d'autonomie, d'accommodations, de tensions, de conflits, de confrontations et de formations culturelles originelles. De nombreux rapports font état de rumeurs – probablement exagérées dans certains cas, et même mises à profit par les propriétaires dans des discours politiques de domination – qui conduisent à reconsidérer la perception qu'avaient les maîtres et les esclaves des relations de domination, de contrôle et de pouvoir, de même que d'autonomie. C'était moins ce que les esclaves faisaient, ou avaient fait, qui retenait l'attention, que ce qu'ils pouvaient faire,

18. APERJ, Fundo P, Coleção 96, documento 30, Ofício do Subdelegado da Freguesia de Guarulhos enviado ao Delegado de Campos, 13/1/1855.

19. Voir Arquivo Nacional (dorénavant AN), IJ1, maço 869, Ofícios de Presidentes de Província (RJ), Ofício do Juiz de Direito do Município de Campos enviado ao Presidente da Província do Espírito Santo (ES), 26/8/1860 ; maço 463, Ofícios de Presidentes de Província (RJ), Ofício do Chefe de Polícia enviado ao Presidente da Província (RJ), 10/12/1861. Voir également, AN, IJ1, maço 871, Relatório do Chefe da Polícia José Caetano de Andrade Pinto, 12/4/1862.

et surtout comment et où ils pouvaient le faire. L'imagination et les craintes en pagaille formaient la toile de fond des sociabilités (manipulées pour maintenir le contrôle, mais aussi potentiellement subversives) constituées par les communautés esclaves dans leur plantation et en dehors d'elle.

Senzalas, bois et autres territoires de la culture esclave

Il est possible de comprendre comment les esclaves – en particulier, les Africains et les premières générations qui arrivèrent dans la région du Vale do Paraíba – ont organisé des « espaces » particuliers à l'intérieur de la plantation, à partir d'une volonté d'autonomie et de culture de la terre. Les événements du quotidien d'esclaves fugueurs, de réseaux de solidarité, d'actions isolées de répression seigneuriale avec des capitaines des bois etc., révèlent des « territoires » autour des fermes, où circulaient des fugitifs et où se développaient leurs connexions. On peut ainsi penser les « espaces » de la plantation, et ceux constitués par les communautés esclaves, par-delà les volontés de contrôle, de domination et la pensée des maîtres, sur essentiellement les *senzalas* et les modèles d'habitat esclave. Paradoxalement – si l'on compare cette région à d'autres zones de plantation –, il y a peu de documents historiques concernant la formation de grands *quilombos* et de communautés durables d'esclaves fugitifs dans le Vale do Paraíba. Certains y ont vu l'indice du succès des formes de contrôle et de coercition sur la population esclave caféière au XIXe siècle. La littérature classique sur les *quilombos* au Brésil a elle-même contribué à construire une vision politique et culturaliste opposant – comme des décors qui s'excluaient – les *senzalas*, vus comme des espaces de domination, et les *quilombos*, comme des espaces de résistance.

Où se trouvaient les *quilombos*, les *quilombolas*, et les fugitifs des dizaines (très grandes) fermes esclavagistes de la Paraíba du Sud, de Vassouras, de Valença et d'autres zones du sud-est caféier esclavagiste ? Ont-ils existé ? Nous avons localisé, dans des dizaines de procès-verbaux concernant des assassinats, des agressions, des atteintes corporelles et des tentatives d'homicide, des trajectoires de fugitifs qui circulaient autour des communautés de *senzalas*. Elles se transformaient ainsi, en même temps mais aussi de manière paradoxale, en des paysages à la fois naturels, d'accommodation et dangereux pour les maîtres et les esclaves. Pour chaque ferme, grande ou petite, proche ou distante, avec de nombreuses *senzalas* et/ou des cabanes dispersées, il y avait des fugitifs itinérants, des *quilombos* circulant en groupes, qui connectaient les *senzalas* à d'autres espaces de médiation et de territoires de la plantation, qui reconfiguraient en un mouvement permanent les cartographies de la culture esclave. *Senzalas* et cabanes de communautés de fugitifs produisaient des zones de frontières brouillées, qui impliquaient des pratiques, des alliances, des savoirs et la production de culture matérielle. Avec un pareil processus historique, on peut localiser dans divers lieux, l'émergence de communautés rurales noires et de survivants de *quilombos* après l'émancipation. Comment définir et identifier, dans les dernières décennies de l'esclavage, et les premières décennies de l'émancipation, l'origine de communautés noires, base d'une paysannerie itinérante, formée par des groupes de fugitifs et des communautés de *senzalas* en interaction, mutation et migration constantes ? Des personnages et des décors différents, où l'accès à la terre (partie de territoires plus vastes) et l'économie particulière (y compris sur des terres léguées par testament et la mémoire générationnelle de fermiers) ont été fondamentaux.

Un exemple dans la Paraíba du Sud, en 1882, concerne un réseau de connexion entre des *quilombolas* itinérants et des esclaves des *senzalas*. Selon le délégué local qui y a enquêté, il y avait eu là, depuis des années, des fugitifs de plusieurs fermes. À l'occasion de l'emprisonnement de certains d'entre eux, on sut qu'il y avait un « *quilombo* » à l'intérieur de la ferme Três Barras :

> « Deux esclaves de mon beau-frère Maximiano s'étant enfui il y a un certain temps, de même que quatre esclaves de Luis Pinto, ils firent diverses rondes et dans l'une d'elles, en passant par Três Barras, on y captura trois esclaves, dont l'un de mon beau-frère, un du Docteur Mario et l'autre d'un individu de Cebolas ; ce dernier confessa que, dans les bois des Três Barras, il y avait un *quilombo* de beaucoup de Noirs fugitifs, qui étaient aidés par les esclaves des Três Barras ; à la suite de cette confession, Pinto et Maximiano firent attaquer le *quilombo* et quatre esclaves de Pinto, dont trois hommes et une femme noire furent pris, je dis que furent pris cinq esclaves, dont trois esclaves et une esclave de Pinto, et un esclave d'Antonio Cabral qui était en fuite depuis plus de six mois. Hier, suivant l'escorte de sept personnes pour attaquer de nouveau le *quilombo*, et en passant par les terres des Três Barras, ils ont été attaqués par les Noirs des Três Barras, qui étaient plus d'une centaine, entre hommes et femmes, tous armés de faucilles et de haches, et reprenant aux gens de l'Escorte le chef du *quilombo* qui avait été pris pour

rendre compte des autres esclaves fugitifs, ils saisirent un esclave de mon beau-frère, du nom de Daniel, contremaître et Noir de confiance, qui assistait l'escorte ; ils le prirent, et tous criaient à voix haute qu'ils allaient le tuer parce qu'il était contre les autres ; voyant que l'escorte était insuffisante pour résister à tant de Noirs, ils se mirent en fuite au galop, et ils étaient accompagnés par les Noirs qui criaient : à mort, à mort, mais le Noir Daniel est resté malheureusement entre les mains des agresseurs et jusqu'à cette heure (douze heures) il n'est pas apparu, sans que l'on sache s'il était vivant ou mort[20]. »

Les esclaves de la ferme Três Barras, qui travaillaient « tranquillement » aux champs, réagissaient violemment contre une action destinée à attaquer un *quilombo* proche. Les esclaves libérèrent non seulement le « chef du *quilombo* », qui avait été pris pour indiquer les campements des fugitifs, mais ils tentèrent également de punir un « contremaître noir », le rendant responsable de leur dénonciation et des emprisonnements. Ces esclaves, en agissant en faveur des fugitifs, tentaient de préserver des marges d'autonomie qui pouvaient aller d'arrangements sociaux et familiaux jusqu'au maintien d'une économie particulière partagée par les *quilombolas*, entre petits vols, produits de *roças* et des échanges marchands avec des vendeurs locaux. Avec davantage de preuves, il serait possible de conclure qu'à cette occasion, dans la Paraíba du Sud, les esclaves avaient élaboré des stratégies communes pour avoir accès et gérer des *roças* et des lotissements de terres – soit ceux destinés aux esclaves par les maîtres, soit ceux contrôlés par des *quilombolas*, qui s'établissaient sur des terres abandonnées de la région et/ou à l'intérieur des fermes locales – révélant ainsi l'intégration de pratiques économiques paysannes. Cet épisode permet de penser comment les membres des *senzalas* et des *quilombos* pouvaient avoir des intérêts partagés – y compris dans la construction d'espaces communs d'interaction – qui se trouvaient alors menacés par la répression des fermiers locaux. Dans cette région, quelques maîtres avaient pour coutume de destiner des lots de terres aux captifs pour qu'ils y fassent leurs cultures de subsistance. Des enquêtes démographiques ont conclu que plus d'un tiers des élevages étaient sous la responsabilité de groupes familiaux – qui étaient d'ailleurs préservés au fil du temps, en dépit des négociations d'achat et de vente et/ou des partages des héritages. Ces familles esclaves étendues qui devenaient stables, comprenant par-

20. APERJ, Fundo SP, Coleção 166, documento 43, Pública Forma enviada ao Delegado de Polícia do Município de Paraíba do Sul, 4/9/1882.

fois trois générations ou plus, possédaient également des *roças* organisées autour de la parenté. Les captifs dans la Paraíba du Sud possédaient non seulement une tradition de culture de *roças*, mais aussi d'organisation familiale, qui se sont consolidées à travers plusieurs générations d'esclaves. Même s'il n'existe pas de preuves de *quilombos* plus durables formant des communautés indépendantes, il est possible de considérer que les membres des *senzalas* et des *quilombos* entretenaient des relations économiques. À cette occasion, les esclaves de la ferme Três Barras qui attaquèrent l'expédition, et tentèrent de capturer des *quilombolas* locaux, cherchaient très certainement, non seulement à les défendre, mais aussi à protéger les relations sociales et économiques qui avaient été mises en place[21].

Cette histoire, extraite de journaux, a suggéré les interprétations présentées plus haut. Nous n'en savons pas davantage sur les espaces et les territoires qui entourent une telle situation, apparemment inhabituelle. Plus récemment, nous avons repéré un procès concernant des actions similaires qui invite à travailler plus précisément sur ces espaces de formation de la culture et de la communauté esclaves. Près de quatre ans plus tard, dans la même région de la ferme Três Barras, des crimes et des connexions entre des fermes voisines et des *quilombos* itinérants ont mobilisé les autorités policières et judiciaires. Un procès fut ouvert en 1886, plusieurs interrogatoires furent menés, ainsi que des examens des délits et des « recherches » dans les *senzalas* de la région[22]. La déposition la plus importante fut faite par l'esclave Justino, qui déclara avoir 55 ans. Capturé au cours des investigations policières réalisées à cette occasion, il assurait qu'il était fugitif depuis quatorze ans. Il révéla qu'il habitait « dans le bois près de la ferme de São Joaquim, du côté du bois de la ferme du Jequitibá et, dernièrement, dans le bois des Três Barras, où il réside depuis deux ans environ ». Concernant son emprisonnement, il dit n'avoir pas eu de chance, car « sortant, il y a quelques jours, pour aller chaparder du manioc dans la ferme de Santa Rita, il s'est endormi au bord du chemin » et a fini par être localisé et pris. Concernant les accusations de crimes dans la région, il révéla le quotidien de sa fuite : « quand j'étais réfugié dans le bois de la ferme de São Joaquim, il y eut une altercation avec [son] compagnon de

21. ANRJ, GIFI, pacote 5 B 543, « Extracto diário de Jornais da Corte », *O Globo*, 9/09/1882 et *Provinciano* (Paraíba do Sul), 7/09/1882.
22. ANRJ, Relação do Rio de Janeiro, Série Habeas Corpus, Paraíba do Sul, 1886, número 1033, maço 6.

quilombo du nom de Pedro, à cause d'une calebasse de nourriture et d'un bidon d'eau-de-vie, en présence des compagnons Rufo et Damião, esclaves d'Amandio Cardoso Garcez, et lui, le déclarant, donna un coup de couteau sur la tête de Pedro ». Ce qui intéressait le plus les autorités qui l'interrogeaient portait sur les connexions entre les fugitifs, les *quilombos* voleurs et les fermes de la région.

> « Interrogé sur les personnes avec qui il négociait durant le temps où il était fugitif, il répondit qu'il volait du maïs dans la *roça* et le vendait dans le point de vente de l'Italien Vicente Guecca, dans le Corrego Sujo de cette paroisse, et que ce dernier le payait en argent et en eau-de-vie ; que dernièrement, il négociait dans un point de vente de la Bocca do Fogo, dont il ignorait le nom du propriétaire, à qui le, je veux dire, où il apportait du bois le produit de sa chasse et on lui donnait de l'argent et de l'eau-de-vie ».

Sur ses connexions avec les captifs et les *senzalas* à proximité, Justino – semble-t-il – s'est égaré, car quand il lui fut « demandé s'il ne connaissait pas une Noire ou un Noir des fermes voisines des *quilombos* où il resida », il répondit qu'il connaissait « seulement la Noire Alexandrina de la ferme de São Joaquim, avec laquelle il fut en relation quelque temps et dont il se sépara à cause des recherches policières qui avaient été menées ». D'autres esclaves des fermes voisines révélèrent dans leurs dépositions « avoir connaissance d'un *quilombo* dans la paroisse ». Le sous-délégué local, après des « investigations et des enquêtes », informa dans un rapport annexé au procès de la « communication de l'existence d'un *quilombo* dans les bois... » et que « les esclaves pratiquaient d'innombrables vols dans les fermes et, avec les marchandises volées, ils faisaient commerce avec divers individus ». Dans les investigations et les dépositions de ce procès sont indiqués précisément les noms des fermes, des endroits, des points de vente et des paroisses qui faisaient partie des connexions et des parcours de *quilombolas* et de captifs des *senzalas*. Une véritable cartographie de mobilité, de conflits, d'alliances et de réseaux, se trouve ainsi suggérée, articulant les communautés esclaves locales, les fugitifs récalcitrants, ceux qui en avaient l'habitude comme ceux qui échappaient au contrôle de manière provisoire et intermittente[23].

23. L. C. Symanski, « O domínio da tática », *op. cit.* Utilisant les perspectives théoriques de Michel de Certeau et d'autres, il aborde le « caractère tactique des pratiques religieuses des esclaves dans les moulins à sucre du Mato Grosso ». Je remercie L. Symanski d'avoir attiré mon attention sur cet aspect théorique.

Quelques considérations pour conclure

Agostini a été pionnière, en attirant l'attention sur les possibilités d'identifier des espaces – symboliques et rituels – autour des *senzalas* et des fermes, où les esclaves avaient constitué des cultures qui leur étaient propres[24]. Marquese a analysé, dans plusieurs articles, la formation de paysages dans la plantation (qu'il compare avec Cuba), en suggérant l'idée d'un régime visuel dans la disposition des maisons de résidence, des fermes et des modèles de *senzalas*, ainsi que des maisons d'esclaves. Ce serait là une des faces d'un projet de domination esclavagiste – avec une dimension atlantique – qui organisait la pensée des planteurs dans diverses régions esclavagistes des Amériques, entre les XVIe et XIXe siècles[25]. Dans son livre sur l'histoire des idées et de la pensée esclavagiste, Marquese avait déjà signalé comment les manuels esclavagistes dans les Amériques étaient des produits culturels de dimension atlantique, mais que leurs spécificités indiquaient des formes locales de la pensée esclavagiste et de celle des sociétés nationales[26]. Robert Slenes, dans une étude désormais classique, proposait une analyse de la culture esclave à partir de la parenté, de la famille et des structures d'habitats et de *roças*. Ses travaux sont devenus des références pour une histoire sociale renouvelée de l'esclavage au Brésil[27].

Mais nous pouvons aussi « envahir » les plantations, les *casas-grandes*, les cahutes ou les *senzalas*, en examinant la constitution de

24. Camilla Agostini, « Espaços estruturais e espaços liminares na ordem escravista : um estudo dos espaços construídos por africanos e afrodescendentes no complexo cafeeiro do século XIX », dans Carlos G. Terra et Ruben de Andrade (dir.), *Coleção Paisagens Culturais, v. I – Materialização da Paisagem Através das Manifestações Sócio-Culturais*, 2008, p. 39-47. Nous la remercions pour l'envoi de ces textes.

25. Rafael de Bivar Marquese, *Feitores do corpo, missionários da mente. Senhores, letrados e o controle dos escravos nas Américas, 1660-1860*, São Paulo, Companhia das Letras, 2004 ; id., « Revisitando casas-grandes e senzalas : a arquitetura das *plantations* escra-vistas americanas no século XIX », *Anais do Museu Paulista* (São Paulo), 14, 2006, p. 11-57 ; id., « Moradia escrava na era do tráfico ilegal : senzalas rurais no Brasil e em Cuba, c. 1830-1860 », *Anais do Museu Paulista* (São Paulo), 13 (2), 2005, p. 165-188 ; id., « Diáspora africana, escravidão e a paisagem da cafeicultura escravista no Vale do Paraíba oitocentista », *Almanack Braziliense*, São Paulo, 7, 2008, p. 138-152 ; id., « O Vale do Paraíba cafeeiro e o regime visual da segunda escravidão : o caso da fazenda Resgate », *Anais do Museu Paulista*, 18, 2010, p. 83-128.

26. R. de B. Marquese, *Feitores do corpo*, *op. cit.*

27. Robert W. Slenes, *Na senzala uma flor : esperanças e recordações na formação da família escrava*, Rio de Janeiro, Nova Fronteira, 1999.

« territoires » permettant de localiser et d'entendre des témoignages – historiques, anthropologiques mais aussi archéologiques – de la culture matérielle produite dans l'esclavage et par les esclaves. Des études pionnières sur les paysages, l'architecture et les symboles de la vie matérielle des maîtres et des esclaves[28] peuvent être associées aux enquêtes sur la culture esclave, dans les analyses archéologiques et dans la documentation archivistique[29]. Quels sont les « territoires » qui ont été constitués, au-delà des paysages de pouvoir et de contrôle seigneurial, par les communautés des *senzalas* autour des plantations ? Ces questions ouvrent des perspectives pour retrouver des traces de la culture matérielle et immatérielle de l'esclavage et de son héritage. Dans un projet de recherche en cours – au croisement de la recherche empirique et des dimensions comparatives offertes par la bibliographie spécialisée qui traite de cette thématique pour les Caraïbes et les États-Unis –, nous envisageons d'identifier des « territoires » empiriques (dans l'optique de l'archéologie historique) et analytiques comme autant d'espaces de la culture matérielle de l'esclavage autour des *senzalas*, des *roças*, des zones de chasse, de « rencontres », des *jongos*, des tavernes, de la pêche, etc. Ils constituent des « territoires » de circulation culturelle – également traversés de conflits et de confrontations – entre les *senzalas*, les *casas-grandes*, les cahutes et la vie paysanne dans diverses zones de *plantation*[30].

---

28. Sheila Siqueira de Castro Faria, « Fontes Textuais e Vida Material : Observações sobre as Casas de Moradia nos Campos dos Goitacases, Séculos XVIII e XIX », *Anais do Museu Paulista*, São Paulo, vol. 1, 1993, p. 107-129 ; R. de B. Marquese, « O Vale do Paraíba cafeeiro », *op. cit.* ; Ana Lucia Vieira dos Santos, « Habitação escrava nas propriedades rurais do Rio de Janeiro », *Revista do Instituto Histórico e Geográfico do Rio de Janeiro*, Rio de Janeiro, 12, 2003, p. 95-101 ; Symanski et Souza, « O registro arqueológico dos grupos escravos », *op. cit.* Souza, M. A. T., « Uma outra escravidão : a paisagem social do Engenho de São Joaquim, Goiás », *Vestígios : Revista Latino-Americana de Arqueologia Histórica*, 1(1), 2007, p. 57-88.

Souza, M. A. T., « Esencializando las Cerámicas : Culturas Nacionales y Prácticas Arqueológicas en América », dans F. Acuto & A. Zarankin (ed.), *Sed nos Satiata II : acercamientos sociales en la arqueologia latinoamericana*, Buenos Aires, Encuentro Grupo Editor, 2008, p. 141-155.

29. Agostini, « Resistência cultural e reconstrução de identidades », *op. cit.*

30. Laurie A. Wilkie, *Creating Freedom : Material Culture and African-American Identity at Oakley Plantation, Louisiana, 1840-1950*, Baton Rouge, Louisiana State University Press, 2000, p. 209 et suiv. ; J. Deetz, *Flowerdew Hundred : The Archaelogy of a Virginia Plantation, 1616-1864*, Charlottesville/Londres, University of Virginia Press, 1995, p. 72 et suiv. ; Ira Berlin, *Many Thousands Gone : The first two Centuries of Slavery in North America*, Cambridge, Harvard University Press, 1998, p. 162-163 ;

En s'appuyant sur la métaphore de la recherche archéologique, on peut penser ces « territoires » comme des *seuils* constitués par les esclaves – avec leurs propres dynamiques et contenus culturels profonds – à l'intérieur de la plantation, dans des zones de frontière entre pouvoir, hiérarchies, alliances, confrontations et négociations. Ils constitueraient des espaces de silence de la narration historique, mais inscriraient des visions du monde, adaptées par les Africains et les *crioulos*, fondées sur ce qu'ils voyaient, apportaient et produisaient à partir de leurs pratiques sociales et de la vie matérielle[31]. L'analyse de divers matériaux, les connexions interdisciplinaires et la relecture de la documentation manuscrite peuvent être des chemins, parmi d'autres, afin d'enrichir la connaissance des processus de créolisation dans le contexte brésilien[32]. Entre les concepts de *diaspora* et de *créolisation*, il s'agit d'examiner les expériences des Africains[33].

Étudier la constitution de ces espaces de voisinages dans la plantation peut contribuer à l'interprétation des vestiges archéologiques – pipes, pots, par exemple –, voire à celle des permanences de la culture

Philip D. Morgan, *Slave Counterpoint : Black Culture in the Eighteenth-Century Chesapeake & Lowcountry*, Chapel Hill/Londres, University of North Carolina Press, 1998, p. 113 et suiv. ; Theresa A. Singleton, « Slavery and Spatial Dialects on Cuban Cofeee *Plantations* », *World Archaeology*, 33 (1), 2001, p. 98-114.

31. Tania A. Lima, Maria Cristina Bruno, Marta P. Fonseca, « Sintomas do modo de vida burguês no Vale do Paraíba, século XIX : a Fazenda São Fernando, Vassouras, RJ », *Anais do Museu Paulista*, História e Cultura Material, Nova série, 1, 1993, p. 170-206.

32. En ce qui concerne le Brésil, voir les perspectives récentes de Luis N. Parés, « O processo de crioulização no Recôncavo baiano (1750-1800) », *Afro-Asia* (CEAO/UFBA), Salvador, 33, 2005, p. 70-101 ; R. W. Slenes, « "Malungu, Ngoma vem !" » art. cité ; id., « As provações de um Abrão africano »., art. cité. Voir un débat dans Richard Price, « The Miracle of Creolization : a Retrospective », *New West Indian Guide*, 75, 2000, p. 35-64 et David Scott, « That Event, This Memory : Notes on the Antropology of African Diasporas in the New World », *Diaspora*, 1 (3), 1991, p. 261-284.

33. Voir, entre autres, Paul E. Lovejoy, « Transatlantic Transformations : the Origins and Identities of Africans in the Americas », dans Livio Sansone, Elisée Soumonni et Boubacar Barry (dir.), *Africa, Brazil and the Construction of Trans-Atlantic Black Identities*, Trenton, Africa World Press/SHEPIS, 2008, p. 81-112 ; Kristin Mann, « Shifting paradigms in the Study of the African Diaspora and Ad Atlantic History and Culture », *Slavery & Abolition*, 22 (1), 2001, p. 3-21 et Joseph C. Miller, « Retention, Reinvention, and Remembering Identities through Enslavement in Ăfrica and under Slavery in Brazil », dans Jose C. Curto, Paul E. Lovejoy, *Enslaving Connections. Changing Cultures of Africa and Brazil during the Era of Slavery*, New York, Humanity Books, 2004, p. 81-124.

immatérielle dans la période post-émancipation, comme le *jongo* et le *caxumbu* – et ouvre à des recherches prometteuses[34]. Par-delà l'importance des *casas-grandes* et le nombre des *senzalas* – avec leurs divers styles, proches ou lointains – des bois, des *roças*, des tavernes et des circuits de connexions itinérants permettaient aux cultures esclaves dans une région donnée de s'exprimer. Des espaces de parenté, des communautés linguistiques, des pratiques funéraires et des identités se sont constituées finalement entre les territoires de production, de consommation et de circulation de la culture matérielle, sous l'esclavage et après l'émancipation.

Traduit par Guida Marques

34. R. W. Slenes, « "Eu venho de muito longe, eu vem cavando" : jongueiros cumba na senzala centro-africana », dans Silvia H. Lara, Gustavo Pacheco (dir.), *Memória do Jongo. As gravações históricas de Stanley J. Stein. Vassouras, 1949*, Rio de Janeiro/Campinas, Folha Seca/CECULT, 2007, p. 109-156.

Les habitudes alimentaires des esclaves dans les plantations des Antilles françaises, XVIIIe-XIXe siècles

Kenneth G. Kelly et Diane Wallman

Les villages où vivaient et mouraient les esclaves des plantations des Caraïbes, les rues Cases-Nègres, font partie intégrante de l'expérience des Caraïbes[1]. Dans ces colonies de plantations, les esclaves africains et leurs descendants étaient contraints de se forger un système d'habitudes alimentaires leur permettant d'obtenir assez de nourriture pour pouvoir survivre avec les ressources qui étaient à leur disposition. Sans le travail de ces communautés d'esclaves, le sucre et les autres produits tropicaux qui contribuèrent à l'essor de la révolution industrielle et à la transformation du monde qu'elle suscita n'auraient pu être produits. Les sites de ces villages, les lieux où la « paysannerie » des Caraïbes prend son origine, gardèrent toute leur importance après la fin de l'esclavage. C'est là que la culture créole est née et là qu'elle continua à se développer[2]. La capacité des esclaves travaillant dans les plantations de trouver un système de subsistance dans ces communautés témoigne de leur créativité, et la cuisine qu'ils élaborèrent continue de vivre parmi les plats préparés aujourd'hui dans les anciennes colonies d'esclaves. C'est dans ces villages que la créativité, la résilience et la résistance de ces populations d'origine africaine sont les plus tangibles.

La nourriture, la manière de se la procurer, les méthodes de préparations et les ustensiles de cuisine utilisés rassemblent des

1. Ce texte a initialement paru sous le titre « Foodways of Enslaved Laborers on French West Indian Plantations (18th-19th Century) », dans *Afriques*, 2015.
2. Sidney W. Mintz, *Caribbean transformations*, Chicago, Aldine Pub. Co., 1974.

influences africaines, européennes et américaines qui reflètent l'environnement, l'héritage culturel et les réalités économiques. Tout ceci rend d'autant plus surprenant le fait que des sites d'une telle importance culturelle n'aient pas encore fait l'objet d'une véritable recherche digne de ce nom.

Les fouilles archéologiques menées sur les sites de cette vie culturelle sont récentes puisqu'elles ont commencé dans les années 1970 et 1980 en Jamaïque, et plus tard encore à Montserrat, à la Barbade, à Tobago et dans les Bahamas[3]. Au début des années 2000, dans les villages d'esclaves, les chercheurs avaient fouillé un certain nombre de sites des Caraïbes et le résultat de ce travail archéologique avait fait la preuve que cette démarche pouvait être fructueuse pour mieux comprendre les processus de créolisation et d'adaptation qui étaient en jeu dans ce contexte de plantations d'esclaves[4]. Cependant, les fouilles archéologiques pour mieux connaître les habitudes alimentaires et la cuisine des Caraïbes demeurent un champ de recherche encore embryonnaire, loin derrière les recherches concernant les sites des villages en général. Les recherches qui ont été menées se sont consacrées presque exclusivement aux Antilles britanniques[5]. Il est surprenant de noter que les principales lacunes dont souffre la connaissance des habitudes alimen-

---

3. Douglas V. Armstrong, *The Old Village and the Great House : An Archaeological and Historical Examination of Drax Hall Plantation, St. Ann's Bay, Jamaica*, Urbana, University of Illinois Press, 1990 ; id. et Kenneth G. Kelly, « Settlement Patterns and the Origin of African Jamaican Society : Seville Plantation, St. Ann's Bay, Jamaica », *Ethnohistory*, 472, n° 2, 2000, p. 369-397 ; Christopher Ohm Clement, « Settlement Patterning on the British Caribbean Island of Tobago », *Historical Archaeology*, 31, 1997.
4. James Delle, « A spatial analysis of sugar plantations on St. Eustatius N.A. », dans Donald W. Linebaugh, Gary G. Robinson (dir.), *Spatial Patterning in Historical Archaeology : Selected Studies of Settlement*, Williamsburg, William and Mary Center for Archaelogical Research, 1994, p. 33-61 ; James A. Delle, *An Archaeology of Social Space : Analyzing Coffee Plantations in Jamaica's Blue Mountains*, New York, Plenum Press, 1998 ; James A. Delle, « The Governor and the Enslaved : An Archaeology of Colonial Modernity at Marshall's Pen, Jamaica », *International Journal of Historical Archaeology*, 13, n° 4, 2009, p. 488-512 ; Heather R. Gibson, *Daily Practice and Domestic Economies in Guadeloupe : An Archaeological and Historical Study*, thèse de doctorat, Université de Syracuse, 2007.
5. D. V. Armstrong, *The Old Village and the Great House*, *op. cit.* ; Barry W. Higman, *Montpelier, Jamaica : A Plantation Community in Slavery and Freedom, 1739-1912*, Kingston, Jamaica, The Press University of the West Indies, 1998 ; Walter Kipple, « Sugar Monoculture, Bovid Skeletal Part Frequencies, and Stable Carbon Isotopes », *Journal of Archaeological Science*, 28, 2001, p. 1191-98 ; Laurie A. Wilkie et Paul

taires aux Caraïbes à l'aube du nouveau millénaire se trouvent dans les régions les plus étroitement associées au terme de « créole », les îles des Antilles françaises. Ces îles, colonisées par les Français dans les années 1630, furent habitées par un nombre significatif d'esclaves africains dans le dernier tiers du XVIIe siècle et continuèrent à en recevoir jusqu'à la moitié du XIXe siècle. Les actuels départements français de la Martinique et de la Guadeloupe comptèrent le plus grand nombre d'esclaves africains des Petites Antilles et se trouvaient en troisième position derrière St Domingue et la Jamaïque pour le nombre de leurs esclaves et l'importance économique de ceux-ci. En 2001, Kelly commença un projet archéologique pour étudier la vie des esclaves africains et de leurs descendants en Guadeloupe puis en Martinique grâce à l'identification, puis aux fouilles, des plantations de sucre où vivaient et travaillaient les esclaves afin de mieux connaître leur vie quotidienne, c'est-à-dire leurs logements, leur culture matérielle et leurs habitudes alimentaires[6]. Ce travail compléta la belle étude bioarchéologique déjà menée en Guadeloupe par Courtaud et Romon[7] ainsi que les minutieuses recherches d'archéologie industrielle coordonnées par Danielle Bégotat de l'université des Antilles-Guyane[8].

Pour comprendre complètement la vie quotidienne des esclaves, il faut retrouver les données qui nous renseignent sur leurs activités. Comme nous le savons, ils pouvaient rarement garder des traces écrites

Farsworth, *Sampling Many Pots : An Archaeology of Memory and Tradition at a Bahamian Plantation*, Gainesville, University Press of Florida, 2005.

6. K. G. Kelly, « African Diaspora Archaeology in Guadeloupe, French West Indies », *Antiquity*, 76, 2002, p. 333-334 ; id., « Plantation Archaeology in the French West Indies », dans *Archéologiques*, dossier *Rêves d'Amériques. Regard sur l'archéologie de la Nouvelle-France / Dreams of the Americas : Overview of New France Archaeology*, hors-série 2, 2008, p. 55-69 ; id., « *La vie quotidienne* : Historical Archaeological Approaches to the Plantation Era in Guadeloupe, French West Indies », dans id. et Meredith D. Hardy (dir.), *French Colonial Archaeology in the Southeast and Caribbean*, Gainesville, University Press of Florida, 2011, p. 189-205.

7. Patrice Courtaud, André Delpuech, Thomas Romon, Jay B. Haviser, « Archaeological Investigations at Colonial Cemeteries on Guadeloupe : African Slave Burial Sites or Not ? », dans Jay B. Haviser (dir.), *African Sites Archaeology in the Caribbean*, Princeton, Markus Wiener, 1999, p. 277-290 ; Patrice Courtaud et Thomas Romon, « Le site d'Anse Sainte-Marguerite (Guadeloupe, Grande-Terre) : Présentation d'un cimetière d'époque colonial », *Journal of Caribbean Archaeology*, n° special 1, 2004, p. 58-67.

8. D. Begotat, « Les habitations-sucreries du littoral guadeloupéen et leur évolution », *Caribena*, 1, 1991, p. 149-190.

de leurs expériences que nous pourrions lire aujourd'hui, et ceux qui témoignaient à ce sujet, comme les planteurs ou les voyageurs, étaient rarement des observateurs objectifs, bienveillants ou nuancés de ces vies. En outre, quand il existe des témoignages sur la vie de ces esclaves, c'étaient rarement leurs aspects les plus concrets tels que les comportements associés à leurs habitudes alimentaires qui étaient notés par les observateurs. Cela signifie qu'un grand nombre de personnes, qui, se battant contre des obstacles considérables, imaginèrent des cultures et développèrent des stratégies pour survivre encore vivantes dans la cuisine créole de ces régions, ont souvent été reléguées dans les marges de l'histoire, bien qu'elles aient contribué de manière durable à ces cultures de la société moderne. On peut remédier à cette marginalisation due aux silences de l'histoire grâce aux contributions de la recherche archéologique qui permettent de révéler un héritage de la créativité de la cuisine africaine ou inspirée de l'Afrique, qui sans cela resterait ignorée. Le travail archéologique mené en Guadeloupe a prouvé que les sites où cette activité eut lieu dans les plantations, les rues Cases-Nègres, pouvaient être identifiés, et que les fouilles pouvaient contribuer à mieux connaître les expériences du passé, y compris les habitudes alimentaires de ces esclaves. Depuis ces premières recherches, un certain nombre de villages d'esclaves ont été étudiés en Guadeloupe ainsi qu'en Martinique, et plusieurs d'entre eux ont fait l'objet de fouilles archéologiques selon des techniques diverses.

En général, les études universitaires se penchant sur la subsistance des esclaves examinent la manière de se procurer de la nourriture, de la préparer, de la partager, de la préserver, de la consommer, et de mettre au rebut. Cet ensemble d'éléments a été défini en anthropologie comme habitudes alimentaires ou cuisine. Cependant les anthropologues étudient aussi les étapes historiques de ces habitudes alimentaires et leurs manifestations diverses pour examiner leur sens et leur signification pour les cultures, les communautés et les individus[9]. Une grande partie du travail historique, folklorique et anthropologique s'est concentrée sur les habitudes alimentaires et la nutrition des esclaves, et elle montre que

9. Mary Douglas, *Food and the Social Order*, New York, Russell Sage Foundation, 1984 ; Peter Farb, Georges J. Armelagos, *Consuming Passions : the Anthropology of Eating*, Boston, Houghton Mifflin, 1980 ; Sidney W. Mintz et Christine B. Dubois, « The Anthropology of Food and Eating », *Annual Review of Anthropology*, 31, 2002, p. 99-119.

dans les Caraïbes, les esclaves souffraient de diverses formes de malnutrition, étaient exposés à davantage de maladies que d'autres populations, présentaient un taux de mortalité plus élevé, une fertilité moindre, et avaient une espérance de vie plus courte. Cependant les études historiques et anthropologiques sur le sens et la signification culturelle de la nourriture ont permis de nuancer davantage la connaissance des habitudes alimentaires « créoles » des Caraïbes. Cette recherche analyse le rôle actif des esclaves pour imaginer des systèmes de subsistance ayant un sens d'un point de vue culturel ainsi que le rôle persistant de la nourriture comme symbole de lutte et de résistance[10]. Le régime alimentaire des esclaves avait besoin d'être complété. Bien que le Code noir et d'autres textes de loi stipulaient que les esclaves devaient recevoir une certaine quantité de provisions, ils étaient en réalité souvent contraints de se nourrir dans la nature en posant des pièges, grâce à la cueillette et à d'autres moyens de compléter leur alimentation pour compenser l'insuffisance de leurs rations. Ce sont ces stratégies mises en œuvre par les communautés d'esclaves qui révèlent leur créativité, leur persévérance, et qui constituent l'origine même de la cuisine africaine des Caraïbes. Ces formes d'adaptation culturelle, qui sont largement similaires dans l'ensemble des Caraïbes, sont l'un des aspects de l'esclavage révélés par l'archéologie des villages d'esclaves. Cependant les spécificités des trajectoires historiques de chaque colonie sont également significatives et ont d'importantes ramifications pour mieux connaître l'expérience de l'esclavage d'une colonie à l'autre. La Guadeloupe et la Martinique constituent des laboratoires de choix pour explorer les conséquences des cultures coloniales, les changements survenus dans les administrations coloniales, et l'impact de tel ou tel événement historique sur l'expérience vécue des esclaves qui habitaient dans les rues Cases-Nègres. L'archéologie des habitudes alimentaires des esclaves de Guadeloupe et de Martinique permet de mieux connaître les conditions de l'esclavage dans le contexte du plus important pouvoir colonial du XVIIIe siècle, celui de la France. Jusqu'à ces dix dernières années, presque tout le travail archéologique mené sur les esclaves des Caraïbes concernait soit les anciennes colonies britanniques soit des îles qui n'avaient pas été des centres importants d'agriculture basée sur l'esclavage comme St Eustache ou Curaçao. Nous savons qu'il existait de nombreuses différences entre

10. Sidney W. Mintz, *Tasting Food, Tasting Freedom : Excursions Into Eating, Culture, and the Past*, Boston, Beacon Press, 1996 ; id. et Richard Price, *An Anthropological Approach to the Afro-American Past : A Caribbean Perspective*, Philadelphia, Institute for the Study of Human Issues, 1976.

les colonies françaises, britanniques, espagnoles ou hollandaises d'un point de vue alimentaire ou architectural à cause des cultures nationales qui les avaient fondées : il est donc logique que les conditions de l'esclavage y soient également différentes.

Pour étudier les systèmes alimentaires imaginés par les personnes qui vivaient dans les rues Cases-Nègres des Antilles françaises et leurs transformations au cours de presque deux siècles d'esclavage et d'émancipation, nous nous appuyons surtout sur les données archéologiques de deux fouilles conduites par Kelly : Habitation La Mahaudière, en Guadeloupe ; et Habitation Crève-Cœur, en Martinique (ill. 1). Nous nous référons également aux documents d'ethnologie historique et d'histoire qui traitent de la subsistance des esclaves aux Antilles françaises.

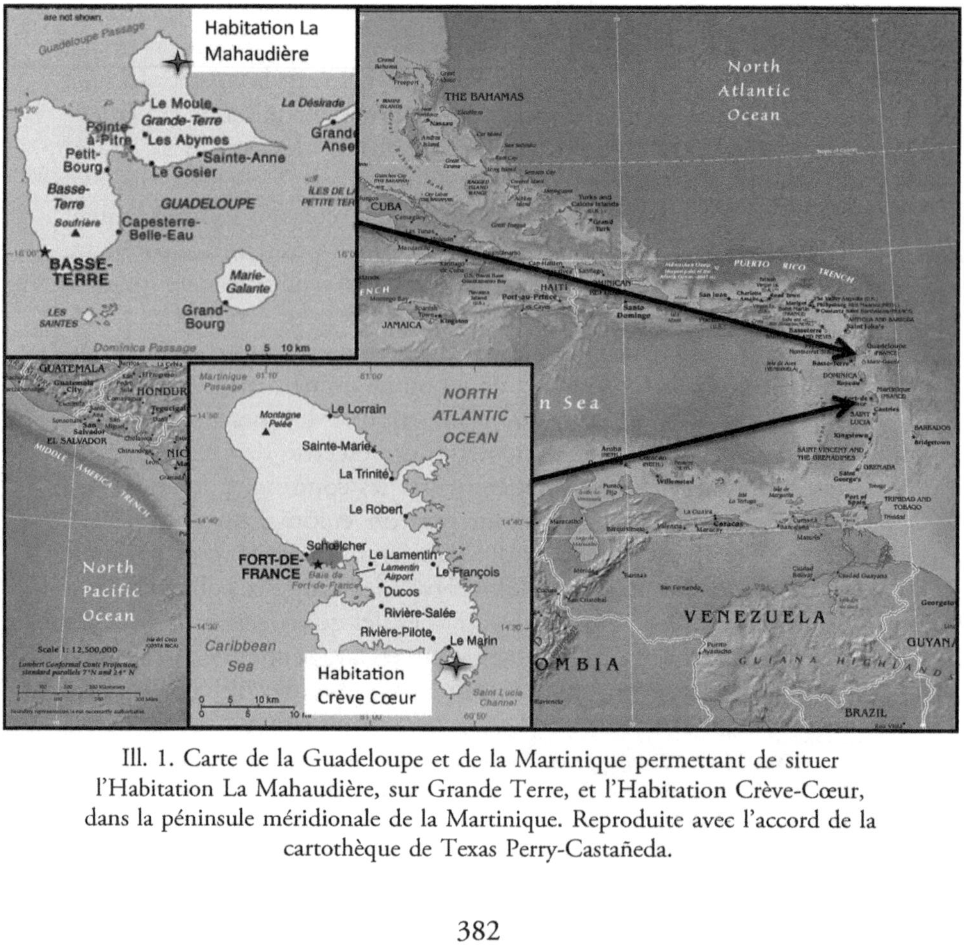

Ill. 1. Carte de la Guadeloupe et de la Martinique permettant de situer l'Habitation La Mahaudière, sur Grande Terre, et l'Habitation Crève-Cœur, dans la péninsule méridionale de la Martinique. Reproduite avec l'accord de la cartothèque de Texas Perry-Castañeda.

Dans les deux villages où furent menées les fouilles, certains principes structurels furent globalement suivis. Ces villages sont situés près du centre économique de la plantation pour réduire au maximum le temps de déplacement entre les habitations et le lieu de travail. Ils sont aussi situés dans le sens du vent par rapport aux habitations des planteurs pour que les odeurs venant des rues Cases-Nègres où habitaient plus d'une centaine de personnes se dissipent au vent et ne gênent pas des planteurs trop sensibles. On observe le même schéma partout dans les Caraïbes et c'est ici que l'archéologie peut mettre au jour les habitudes alimentaires et les traditions créées par les communautés d'esclaves[11].

L'étude archéologique des habitudes alimentaires des esclaves demande une approche assez large pour englober à la fois leurs habitations mais aussi l'espace extérieur qui les entoure. L'archéologie et l'ethnographie historique ont maintes fois établi que les esclaves des plantations vivaient dans un certain nombre d'espaces regroupés que l'on appelle la « cour afro-caribéenne[12] ». Pour servir de cadre à l'analyse, le concept de cour de la maison a déplacé l'objectif de la recherche, qui ne se concentre plus exclusivement sur l'espace confiné des maisons d'esclaves pour englober les zones qui l'entourent. En effet, dans les Antilles, de nombreuses activités ont lieu à l'extérieur, autour de la maison. Un certain nombre d'archéologues ont efficacement utilisé ce concept pour étudier la vie des esclaves de la Jamaïque[13], aux Bahamas[14], ainsi que dans les Îles Vierges[15] et à Montserrat[16] où ils ont identifié des sites associés à des comportements et des activités spécifiques comme la cuisine et les travaux ménagers. C'est aussi dans

11. D. V. Armstrong et K. G. Kelly, « Settlement Patterns and the Origin of African Jamaican Society », art. cité.
12. D. V. Armstrong, « The Afro-Jamaican House-Yard : An Archaeological and Ethnohistorical Perspective », *The Florida Journal of Anthropology Special Publication*, 7, 1991, p. 51-63 ; S. W. Mintz, *Caribbean Transformations*, *op. cit.* ; Lydia M. Pulsipher et Conrad M. Goodwin, « "Getting the Essence of It" : Galways Plantation, Montserrat, West Indies », dans Paul Farnsworth (dir.), *Island Lives : Historical Archaeologies of the Caribbean*, Tuscaloosa, University of Alabama Press, 2001, p. 165-203 ; L. A. Wilkie et P. Farsworth, *Sampling Many Pots*, *op. cit.*
13. D. V. Armstrong, « The Afro-Jamaican House Yard », art. cité.
14. L. A. Wilkie et P. Farsworth, *Sampling Many Pots*, *op. cit.*
15. D. V. Armstrong, *Creole Transformation from Slavery to Freedom : Historical Archaeology of the East End Community, St. John, Virgin Islands*, Gainesville, University Press of Florida, 2003.
16. L. M. Pulsipher et C. M. Goodwin, « "Getting the Essence of It" », *op. cit.* ; L. A. Wilkie et P. Farsworth, *Sampling Many Pots*, *op. cit.*

la cour que la maisonnée et le village pratiquaient un certain nombre d'activités productrices telles que la culture de plantes médicinales et potagères, l'élevage de petits animaux et la fabrication d'instruments de cuisine : il s'agissait de poterie, de vannerie et de la fabrication et de l'entretien de nasses pour les poissons et les crabes, etc.

Malgré l'espace réduit entourant les maisons mis à jour par les fouilles archéologiques à La Mahaudière et à Crève-Cœur, les habitations d'esclaves et leurs alentours des rues Cases-Nègres demeurèrent les principales zones d'activité domestique et sociale dont disposaient ces communautés d'esclaves. Dans ces conditions, les fouilles de ces sites se concentrèrent sur les gisements laissés dans ces maisons et ces cours. Les trouvailles archéologiques qui y ont été récoltées constituent les vestiges les plus intéressants pour nous renseigner sur la vie des esclaves, et en particulier sur leurs habitudes alimentaires. Grâce à celles qui ont été rassemblées en Guadeloupe et en Martinique, nous espérons contribuer aux recherches en cours sur l'importance de ces espaces, sur les activités qui y prenaient place, et sur le développement des habitudes alimentaires créoles dans les Antilles.

Lorsque les historiens et les anthropologues étudient la subsistance des esclaves[17], ils insistent sur l'importance de leurs jardinets, et, dans une moindre mesure, sur celle de leurs allotements. Le fait de se concentrer sur eux comme étant les principaux éléments influençant l'existence et la pérennité des habitudes alimentaires des communautés d'esclaves est donc devenu l'un des principaux objectifs de l'archéologie des plantations[18]. Les recherches menées aux Antilles prouvent que tandis que

17. Catherine Benoit, « Gardens in the African Diaspora : Forging a Creole Identity in the Caribbean and the U.S. », dans Michel Conan et Jeffrey Quilter (dir.), *Gardens and Cultural Change : a Pan-American Perspective*, Washington, Dumberton Oaks, 2007, p. 29-46 ; Barbara J. Heath et Amber Bennett, « "The little Spots Allow'd Them" : The Archaeological Study of African-American Yards », *Historical Archaeology*, 34, n° 2, 2000, p. 38-55 ; S. W. Mintz et R. Price, *An Anthropological Approach to the Afro-American Past*, *op. cit.* ; L. M. Pulsipher, « Galways Plantation, Montserrat », dans Herman J. Viola et Carolyn Margolis (dir.), *Seeds of Change*, Washington, Smithsonian Institution Press, 1991, p. 139-159.

18. D. V. Armstrong, *The Old Village and the Great House*, *op. cit.* ; James Deetz, *Flowerdew Hundred : The Archaeology of a Virginia Plantation, 1619-1864*, Charlottesville, University of Virginia Press, 1995 ; Ywone D. Edwards-Ingram, « "Trash" Revisited : A Comparative Approach to Historical Descriptions and Archaeological Analyses of Slave Houses and Yards », dans Grey Gundaker et Tynes Cowan (dir.), *Keep your head to the sky : interpreting African American home ground*, Charlottesville, University Press of Virginia, 1998, p. 245-71 ; B. J. Heath et

certains planteurs fournissaient de la nourriture aux esclaves, d'autres les encourageaient à jardiner et à se procurer leur propre nourriture pour se libérer du « poids » de les nourrir[19]. Ces chercheurs estiment que des activités de subsistance telles que le jardinage, l'élevage, ainsi que la chasse et la cueillette pendant le temps libre qui leur était accordé étaient des traits caractéristiques de la vie des communautés d'esclaves dans les Caraïbes. Bien qu'il existe un consensus parmi ces chercheurs sur le fait que les habitudes alimentaires constituaient une part essentielle du développement du mode de vie et de l'identité des esclaves, rares sont les études archéologiques qui se soient explicitement penchées sur les preuves matérielles du régime alimentaire et de la cuisine des esclaves comme les vestiges de céramique, de flore et de faune. Dans cet article, nous visons à déconstruire la perspective historique de la subsistance des esclaves dans le système colonial français en intégrant de telles données comme notre première source de référence.

L'approvisionnement dans les Antilles françaises

Dans le système colonial français, de 1685 à 1848 (date de l'abolition de l'esclavage), l'approvisionnement était régi par le Code noir, une charte rédigée pour encadrer l'esclavage des Noirs. Cette charte prétendait imposer un régime alimentaire minimum et uniforme pour tous les esclaves des colonies françaises. Plus précisément, les articles 22 à 25 stipulaient que chaque semaine les planteurs devaient fournir « deux mesures et demie (selon le système en vigueur à Paris) de farine de manioc, ou trois racines de manioc dont chacune devait peser deux livres et demie, ou leur équivalent, ainsi que deux livres de bœuf salé, trois livres de poisson ou leur équivalent[20] ». En réalité, la manière selon laquelle les esclaves obtenaient leur subsistance dans les colonies des Antilles françaises variait selon les plantations, et il était malaisé

A. Bennett, « The Little Spots Allow'd Them », art. cité ; K. G. Kelly et D. Wallman, « Foodways of Enslaved Laborers on French West Indian Plantations (18th-19th century) », *Afriques*, 5, 2014 (en ligne).

19. C. Benoit, « Gardens in the African Diaspora », *op. cit.* ; Gabriel Debien, « La nourriture des esclaves sur les plantations des Antilles françaises aux XVIIe et XVIIIe siècles », *Caribbean Studies*, 4 (2), 1964, p. 3-27 ; S. W. Mintz et R. Price, *An Anthropological Approach of the Afro-American Past*, *op. cit.* ; L. M. Pulsipher, « Galways Plantation, Montserra », *op. cit.* ; K. G. Kelly, et D. Wallman, « Foodways of Enslaved Laborers on French West Indian Plantations », art. cité.

20. *Édit du Roi touchant la Police des Isles de l'Amérique Française*, Paris, 1685.

d'y faire respecter ce règlement. Il semblerait que la part d'autosubsistance chez les esclaves ait été de plus en plus importante au fil du temps. Et au moment de leur émancipation en 1848, au lieu de recevoir des rations[21], les esclaves étaient encouragés à cultiver leur propre nourriture, ce qu'ils faisaient le samedi, le jour où ils ne travaillaient pas dans les plantations. Les témoignages historiques suggèrent que les esclaves des Caraïbes mirent vraisemblablement à profit les « libertés » qu'ils gagnèrent dans ce système, utilisant à leur guise ce temps libre pour améliorer leur bien-être et leurs conditions de vie.

Les témoignages des observateurs

Les comptes rendus des voyageurs et des occupants des îles coloniales des Caraïbes nous offrent de précieux renseignements sur la vie des colons et des esclaves. Ces sources historiques sont souvent riches en descriptions des conditions de vie dans les plantations, y compris le travail, la vie des planteurs, ainsi que le traitement subi par les esclaves et leur mode de vie[22]. Ces journaux intimes et ces rapports se concentrent beaucoup sur les pratiques de subsistance des colons, des populations indigènes des Caraïbes et des communautés d'esclaves. Ce sont des informations qui peuvent être examinées d'un œil critique et être confrontées aux données archéologiques.

Les œuvres de Jean-Baptiste Du Tertre et du Père Labat restent les sources d'information les mieux connues sur les débuts de la vie coloniale aux Antilles françaises. Du Tertre décrivit minutieusement à la fois l'histoire naturelle et l'histoire culturelle des îles des Caraïbes qu'il visita[23]. À l'époque où il vécut en Guadeloupe et en Martinique,

21. Gabriel Debien, « La nourriture des esclaves… », art. cité ; Dale W. Tomich, « The Other Face of Slave Labor : Provision Grounds and Internal Marketing in Martinique », dans Hilary Beckles et Veren Shepard (dir.), *Caribbean Slave Society and Economy*, New York, The New Press, 1991, p. 304-318.
22. Jean-Baptiste Du Tertre, *Histoire générale des Antilles habitées par les François*, 4 t., Paris, T. Jolly, 1667-1671 ; Jean-Baptiste Labat, *Nouveau voyage aux isles de l'Amérique. Contenant l'histoire naturelle de ces pays, l'origine, les mœurs, la religion & le gouvernement des habitans anciens & modernes…*, 6 vol., La Haye, P. Husson, 1724 ; Alexandre Soleau, *Notes sur les Guyanes française, hollandaise, anglaise, et sur les Antilles françaises (Cayenne, Surinam, Demerary, la Martinique, la Guadeloupe)*, Paris, France, Imprimerie royale, 1835 ; Jean-Baptiste Thibault de Chanvalon, *Voyage à la Martinique contenant diverses observations sur la physique, l'histoire naturelle, l'agriculture, les moteurs, & les usages de cette isle, faites en 1751 & dans les années suivantes…*, Paris, Cl. J.B. Bauche, 1763.
23. J.-B. Du Tertre, *Histoire générale des* Antilles, *op. cit.*, p. 19.

le Père Labat nota avec beaucoup de précision ses propres expériences et les techniques utilisées dans l'agriculture sucrière en donnant les niveaux de production obtenus[24]. Il fit également un compte rendu très attentif de la vie des esclaves et de la manière dont ils étaient traités dans les plantations, et il s'intéressa tout particulièrement aux pratiques concernant la subsistance. Ces sources permettent de mieux connaître le début de la vie coloniale aux Antilles françaises et décrivent en détail des manières de faire qui se poursuivirent ou se transformèrent tout au long des XVIIIe et XIXe siècles.

Au XVIIe siècle, Du Tertre observa que de nombreuses plantations appliquèrent le système du rationnement surtout au début de la période coloniale, puis que de nombreux planteurs commencèrent à appliquer le modèle « brésilien » selon lequel les esclaves avaient le droit de cultiver des jardins ou des allotements et d'élever des animaux pour se nourrir[25]. Il nota que les esclaves cultivaient des pois, des pommes de terre, du manioc, des patates douces, ainsi que divers fruits et herbes aromatiques et qu'ils élevaient de la volaille[26]. Cependant il affirma ensuite que de nombreux planteurs voulaient supprimer cette habitude parce qu'elle donnait trop de liberté aux esclaves sans assurer une nourriture suffisante pour tous[27]. Environ cinquante ans plus tard, Labat observa que le régime alimentaire des esclaves était très insuffisant (ce que confirme la recherche bioarchéologique[28]) et qu'il dépendait essentiellement de rations qui ne les nourrissaient pas à leur faim[29]. En Martinique il nota que les esclaves complétaient souvent ces rations avec des tubercules, des légumes et des fruits qui poussaient dans leurs jardins[30]. De plus il observa que les esclaves élevaient de la volaille et du bétail, surtout des porcs, mais qu'ils ne les tuaient que pour certaines fêtes ou qu'ils les menaient au marché pour les échanger ou pour les vendre.

Ces témoignages de Du Tertre et Labat sur le commencement de la période coloniale nous donnent de précieux renseignements sur les premières habitudes alimentaires des esclaves aux Antilles françaises, en nous apprenant que cette période fut une phase d'ajustement à la fois pour les planteurs et pour les Africains réduits en esclavage et

24. J.-B. Labat, *Nouveau voyage aux isles de l'Amérique*, *op. cit.*
25. J.-B. Du Tertre, *Histoire générale des Antilles*, *op. cit.*, p. 516.
26. *Ibid.*, p. 520.
27. *Ibid.*, p. 520.
28. Voir P. Courtaud et T. Romon, « Le site d'Anse Sainte-Marguerite », art. cité.
29. J.-B. Labat, *Nouveau voyage aux isles de l'Amérique*, *op. cit.*
30. *Ibid.*, vol. 2, p. 62.

contraints de quitter leur terre natale. Ces chroniques décrivent des différences d'une île à l'autre et d'une plantation à l'autre en ce qui concerne les systèmes d'alimentation des populations d'esclaves et indiquent qu'à cette époque les esclaves exerçaient un certain contrôle sur leur subsistance. Mais ces témoignages sont insuffisants pour connaître l'évolution de l'esclavage telle qu'elle eut lieu entre la fin du XVIIe siècle et la moitié du XIXe siècle. C'est pourquoi nous en ajouterons trois autres, ceux de Jean-Baptiste Thibault de Chanvalon, d'Alexandre Soleau et de Victor Schoelcher.

Né en Martinique, Thibault de Chanvalon devint haut fonctionnaire et fit part de ses observations sur l'histoire naturelle et culturelle de l'île dans un rapport publié en 1763. Il y décrit en détail la faune et la flore, en s'attachant tout particulièrement aux plantes et aux animaux utilisés pour la subsistance, mais il se concentre aussi sur le mode de vie des esclaves et les traitements qu'ils subissaient. En ce qui concerne les habitudes alimentaires, il suggère que les planteurs fournissaient une ration faible ou inexistante à leurs esclaves et ajoutait : « Ils sont obligés de la chercher ailleurs[31]. » Il observe que la plupart des esclaves de Martinique étaient contraints de se procurer de quoi manger pendant leur temps libre et qu'ils cultivaient du manioc, des bananes et des pommes de terre (ill. 2). Ses observations suggèrent aussi que les esclaves dépendaient de leur bétail et de la pêche des crustacés qui offraient, pensait-il, de « grandes ressources » de subsistance[32].

Comme La Mahaudière et Crève-Cœur étaient toutes deux en activité alors que l'esclavage de plantation était à son apogée dans les Antilles françaises de la fin du XVIIIe siècle à son abolition en 1848, des témoignages plus récents datant du XIXe siècle fournissent des sources de choix pour étudier la vie des esclaves pendant cette période. En particulier Alexandre Soleau, qui se rendit aux Antilles françaises au début du XIXe siècle, et l'abolitionniste Victor Schœlcher, qui écrivait en 1842, nous offrent des renseignements importants sur l'évolution des habitudes alimentaires des esclaves à la fin de la période coloniale. Dans son témoignage de 1835, Soleau dépeint des systèmes de marchés intérieurs florissants en Martinique comme en Guadeloupe. Ses observations suggèrent que non seulement les populations d'esclaves de ces îles développèrent des systèmes d'habitudes alimentaires permettant de

31. J.-B. Thibault de Chanvalon, *Voyage à la Martinique*, *op. cit.*, p. 108.
32. *Ibid.*

Ill 2. Fabrication de la farine de manioc, Guadeloupe (1899-1900).
Photo : Paul Drilhon © ANOM.

pourvoir aux besoins de leurs foyers et de leurs communautés, mais qu'ils produisaient également des surplus de nourriture pour les vendre au marché. Soleau nota en particulier la production et la distribution de farine de manioc, de pommes de terre, de patates douces et de bananes[33].

Confirmant encore le développement de ces pratiques autonomes, Schœlcher suggère que les esclaves des Antilles françaises élevaient du bétail qu'ils vendaient au marché avec le produit de leurs jardins et de leurs allotements.[34] Citant une ordonnance de 1786 exigeant des planteurs qu'ils distribuent des allotements à chaque esclave pour qu'ils les cultivent, Schœlcher note que ces allotements constituaient la principale source de bien-être pour les esclaves des Antilles françaises[35]. Pendant leur temps libre ils élevaient aussi de la volaille, des porcs, des vaches et des chevaux[36]. Les obser-

33. A. Soleau, *Notes sur les Guyanes*, *op. cit.*, p. 93.
34. Victor Schoelcher, *Des colonies françaises. Abolition immédiate de l'esclavage*, Paris, Pagnerre, 1842, p. 11.
35. *Ibid.*
36. *Ibid.*, p. 13.

vations de Soleau et de Schœlcher nous apprennent que ces esclaves avaient développé des habitudes alimentaires aussi créatrices que fructueuses leur permettant d'établir un système actif de marché interne et de poser les fondations de traditions « créoles » communes pour leurs habitudes alimentaires (ill. 3).

Ill. 3. Marché en plein air, Martinique, 1902-1907.
Photo : Camille Le Camus. © ANOM

En se basant sur ces sources de première main, les historiens ont examiné les habitudes alimentaires des esclaves et se sont souvent concentrés sur l'évolution des développements des systèmes alimentaires. Debien, par exemple, défend l'idée qu'il y eut une nette transformation de la manière dont les planteurs « géraient » l'approvisionnement des esclaves aux Antilles françaises entre le XVIIIe siècle et la fin du XIXe siècle[37]. Il suggère que lors de l'émergence du système de plantation et pendant presque tout le XVIIIe siècle, la subsistance des esclaves consistait surtout dans les rations distribuées par les planteurs. Dans ce système, les esclaves recevaient une ration hebdomadaire composée de féculents, de protéines, et de légumes, surtout de la farine de

37. G. Debien, « La nourriture des esclaves… », art. cité.

manioc, du bœuf salé, du poisson ou de la tortue. Vers la fin du XVIIIe siècle, les planteurs préféraient donner leur dimanche aux esclaves pour qu'ils puissent jardiner et le samedi était souvent libre également. Selon Debien, on assista au siècle suivant à une augmentation significative de l'autosuffisance des communautés d'esclaves aux Antilles. Pendant tout le XIXe siècle les jardins communaux ou les allotements furent la source presque exclusive de nourriture pour les esclaves. À l'époque de l'émancipation, Debien suggère que cette source était un mélange de jardins communaux, de jardins personnels et de rations.

L'étude menée par Debien des témoignages historiques concernant l'alimentation des esclaves constitue une présentation précise des règlements et des témoignages de première main liés à la subsistance. Mais sa recherche porte surtout sur l'île de St Domingue et nous renseigne peu sur la diversité des systèmes alimentaires aux Antilles françaises. Plus généralement, les sources ethno-historiques et les témoignages de première main sur l'époque coloniale sont rares, et celles qui sont disponibles n'offrent qu'une vue lacunaire des réalités de la vie quotidienne des esclaves qui étaient sans aucun doute différentes d'île en île et de plantation en plantation. De plus, ces témoignages ne proviennent pas des esclaves eux-mêmes mais sont conçus à partir de perspectives européennes coloniales et donc sont particulièrement tendancieux. L'archéologie peut aider à découvrir les modes de vie dans les plantations, variables selon les lieux. Souvent les vestiges découverts dans les fouilles constituent le seul témoignage direct des modes de vie des esclaves et prouvent à quel point ils variaient selon les divers régimes coloniaux, îles et plantations des Antilles. Dans ces conditions, nous concentrerons le reste de cette étude à examiner les vestiges archéologiques de La Mahaudière en Guadeloupe, et Crève-Cœur en Martinique, afin de remettre en question la perception historique qui a dominé jusque-là.

La zooarchéologie

La zooarchéologie examine les vestiges de la faune retrouvés dans les sites archéologiques pour analyser les systèmes d'approvisionnement, de production et de consommation de la nourriture et ses rebuts. Dans le contexte des plantations, elle examine les luttes, les réactions, les adaptations des communautés d'esclaves dans des environnements sociaux et naturels nouveaux pour elles, et étudie spécifiquement les traces matérielles des pratiques créatives imaginées par les esclaves pour se nourrir.

Récemment l'étude des contextes de subsistance dans les plantations s'est diversifiée pour prendre de nombreuses directions différentes.

Les premières études zooarchéologiques des habitudes alimentaires dans les plantations ont traité de la subsistance des esclaves en se concentrant souvent sur le bétail ou la chasse servant de complément à leur régime, ou en examinant les différences de régime entre les différentes « ethnicités » ou « statuts » des plantations[38]. Tout comme les archéologues considèrent que les habitudes alimentaires sont significatives pour l'identité et pour la culture, les zooarchéologues travaillant sur la diaspora africaine interprètent souvent les vestiges animaux selon le prisme de la « créolisation » pour évaluer comment les communautés d'esclaves créèrent des schémas de subsistance afro-américains, afro-antillais ou « créoles »[39]. Des critiques ont été formulées sur ces études des identités « créoles » qui négligent les singularités et les complexités historiques à l'œuvre dans la création des identités afro-américaines ou afro-antillaise comme la manière dont les esclaves, individus et communautés furent partie prenante de la création de leur propre identité[40].

38. Robert Ascher, Charles H. Fairbanks, « Excavation of a Slave Cabin : Georgia, U.S.A », *Historical Archaeology*, 5, 1971, p. 3-17 ; Jeb Bowen, Michael Jarvis, « Provisioning Systems in the New World : The British Colony of Bermuda », *Bermuda Journal of Archaeology and Maritime History*, 6, 1994, p. 81-94 ; Diana C. Crader, « Slave Diet at Monticello », *American Antiquity*, 55, n° 4, 1990, p. 690-717 ; J. Deetz, *Flowerdew Hundred*, *op. cit.* ; K. G. Kelly, D. Wallman, « Foodways of Enslaved Laborers », *op. cit.*

39. D. V. Armstrong, *The Old Village*, *op. cit.* ; Leland G. Ferguson, *Uncommon Ground : Archaeology and Early African America, 1650-1800*, Washington, Smithsonian Institution Press, 1992 ; Maria Franklin, « The Archaeological and Symbolic Dimensions of Soul Food : Race, Culture, and Afro-Virginian Identity », dans Charles E. Orser Jr. (dir.), *Race, Material Culture, and the Archaeology of Identity*, Salt Lake City, University of Utah Press, 2001, p. 88-107 ; Larry McKee, « Food Supply and Plantation Social Order : An Archaeological Perspective », dans Theresa A. Singleton (dir.), « *I, Too, Am America* » *: Archaeological Studies of African-American Life*, Charlottesville, University of Virginia Press, 1999, p. 218-239 ; L. A. Wilkie et P. Farnsworth, *Sampling Many Pots*, *op. cit.* ; K. G. Kelly et D. Wallman, « Foodways of Enslaved Laborers », *op. cit.*

40. Stephan Palmie, « Creolization and its Discontents », *Annual Review of Anthropology*, 35, 2006, p. 433-456 ; Gerald F. Schroedl et Todd M. Ahlman, « The Maintenance of Cultural and Personal Identities of Enslaved Africans and British Soldiers at the Brimstone Hill Fortress, St. Kitts, West Indies », *Historical Archaeology*, 36, n° 4, 2002, p. 38-49 ; Kevin A. Yelvington, « The Anthropology of Afro-Latin America and the Caribbean : Disaporic Dimensions », *Annual Review of Anthropology*, 30, 2001, p. 227-260.

La recherche actuelle examine comment les communautés d'esclaves luttèrent pour leur survie et firent face aux cruautés de l'esclavage en créant un système original d'habitudes alimentaires grâce à l'autosuffisance, à la créativité, et à d'habiles stratégies[41]. Notre article entend examiner comment les systèmes alimentaires mettent en lumière l'incorporation délibérée de traditions européennes, africaines et indigènes des Caraïbes dans les habitudes alimentaires des esclaves, et vise aussi à s'interroger sur le concept d'une identité pan-antillaise « créole » spécifique, au-delà des grandes diversités de stratégies mises en œuvre par les esclaves pour survivre. Comme nous l'avons déjà dit, il est vraisemblable que les esclaves vivant dans des îles et des plantations différentes s'adaptèrent à leurs conditions de vie de différentes manières et créèrent donc une grande diversité de stratégies culturelles pour faire face à leur situation. C'est pourquoi nous nous concentrons sur des formes de subsistance et de modes de vie particulières d'un point de vue historique et géographique pour étudier comment les communautés d'esclaves de la Guadeloupe et de la Martinique utilisèrent d'une manière créative les paysages naturels et sociaux de la vie dans les plantations.

L'analyse zooarchéologique des os provenant des rebuts de cuisine comprend premièrement l'évaluation des animaux consommés, la production ou l'acquisition de sites et de méthodes de cueillette, de chasse ou de pêche, et deuxièmement l'évaluation des méthodes de production, de préparation et de distribution dans la communauté des animaux élevés, chassés ou pêchés. L'évaluation de ces données permet de mieux connaître où, comment et pourquoi les communautés d'esclaves acquéraient des ressources de subsistance et comment ces ressources étaient utilisées et réparties dans la communauté. De plus, les données provenant des animaux, les autres données matérielles et les données

41. Stephen A. Mrozowiski, Maria Franklin et Leslie Hunt, « Archaeobotanical Analyses and Interpretations of Enslaved Virginian Plant Use at Rich Neck Plantation (44WB52) », *American Antiquity*, 73, n° 4, 2008, p. 699-728 ; Elizabeth M. Scott, « Food and Social Relations at Nina Plantation », *American Anthropologist*, 10, n° 3, 2001, p. 671-69 1 ; Amy L. Young, « Risk Management Strategies Among African-American Slaves at Locust Grove Plantation », *International Journal of Historical Archaeology*, 1, n° 1, 1997, p. 5-37 ; id., Michael Tuma, Cliff Jenkins, « The Role of Hunting to Cope with Risk at Saragossa Plantation, Natchez, Mississippi », *American Anthropologist*, 103, n° 3, 2001, p. 692-704.

historiques peuvent délimiter les contraintes sociales, physiques et environnementales ainsi que les variables influençant les pratiques de subsistance des esclaves, ce afin de faire apparaître le développement d'une organisation sociale et économique de leur communauté. Des analyses zooarchéologiques détaillées des vestiges animaux sur les sites d'Habitation La Mahaudière et de Crève-Cœur ont été menées à bien. Les résultats de ces analyses indiquent que les animaux domestiques formaient une part importante du régime alimentaire des communautés d'esclaves y vivant mais que les familles exploitaient aussi une grande diversité de ressources naturelles disponibles sur l'île.

La Mahaudière

Des vestiges animaux trouvés à La Mahaudière en Guadeloupe montrent que les esclaves consommaient à la fois du bétail et le produit de la chasse et de la pêche[42]. Cependant les échantillons étudiés n'incluent que des vestiges recueillis par le criblage à sec ; si bien que les petits vestiges animaux provenant de poissons, d'oiseaux, de volaille et de petit bétail sont amenés à y être sous-représentés. Brunache identifie 93 % de cet ensemble comme provenant d'invertébrés, surtout des chitons et des palourdes. Quant aux vertébrés, ce sont surtout des porcs, du bétail et des chèvres.

Les analyses indiquent par ailleurs que la consommation d'animaux domestiques a augmenté au cours du XIXe siècle, bien que les crustacés figurent encore dans le régime alimentaire. Brunache soutient que les données animales et historiques indiquent que ce régime était dominé par les glucides (patates douces, manioc et ignames) et contenait peu de protéines[43]. Les produits de la pêche devinrent donc une source alternative de protéines disponible pour compléter leur régime alimentaire[44].

La zooarchéologie à Crève-Cœur

Les fouilles menées dans six habitations en terrasse où vivaient des esclaves à Crève-Cœur en Martinique permirent de recueillir plus de 10 000 spécimens d'originale animale grâce au criblage à sec et à la

---

42. Peggy L. Brunache, *Enslaved Women, Foodways, and Identity Formation : The Archaeology of Habitation La Mahaudière, Guadeloupe, circa Late-18th Century to Mid-19th Century*, thèse de doctorat, Université du Texas, Austin, 2011.
43. *Ibid.*, p. 251.
44. *Ibid.*, p. 252.

flottaison sur l'eau. D'excellentes conditions de préservation permirent de recueillir une collection de vestiges de tailles variées grâce à la flottaison, un processus qui permet d'obtenir de minuscules spécimens animaux comme des restes de poissons, d'oiseaux et de petits mammifères. Sans cette méthode, ces petits éléments sont souvent perdus au criblage à sec et cette technique permet une analyse plus fine de la subsistance, en particulier en ce qui concerne les techniques de pêche.

Les premiers résultats des analyses de la faune menées au Muséum national d'Histoire naturelle de Paris sur les vestiges recueillis à Crève-Cœur indiquent un régime alimentaire très varié. Comme à La Mahaudière, les petits mammifères constituent une part importante du régime alimentaire de la communauté d'esclaves dans la plantation, du bétail : il s'agit de porcs, de chèvres et de poulets dont beaucoup étaient élevés sur place. Les esclaves de Crève-Cœur se procuraient aussi de la nourriture dans et autour de la plantation en prenant au piège de petits animaux comme des opossums, des agoutis et des mangoustes exotiques (introduites dans la seconde moitié du XIXe siècle).

De plus les esclaves et plus tard les hommes et les femmes libres pêchaient une grande variété d'espèces marines composées de plus de trente sortes de poissons, de tortues de mer, de crabes, d'oursins, de crustacés de la mer et de crustacés des mangroves. Les crustacés les plus souvent trouvés dans les vestiges incluent des escargots des Antilles (*Cittarium pica*), des chitons (*Acanthopleura granulata* et *chiton marmoratus*), et des huîtres de mangrove (*Cassostrea rhyzophorae*). Parmi les espèces de poissons les plus souvent retrouvées à Crève-Cœur, nombreuses sont celles qui sont encore préparées habituellement dans la Martinique contemporaine : le vivaneau (*Lutjanidae*), le mérou (*Serranidae*), le balao (*Hemiramphidae*), le barracuda (*Sphyraenidae*) et les harengs (*Clupeidae*). Toutes les variétés de poisson identifiées vivent dans les récifs, près de la côte et dans les mangroves, dans un rayon de seulement un kilomètre et demi des plantations, avec très peu d'espèces pélagiques et de poissons de haute mer, ce qui suggère qu'ils étaient pêchés près des côtes. Les poissons et les crustacés consommés prouvent que la communauté d'esclaves de Crève-Cœur se concentraient surtout sur l'exploitation des espèces vivant près des côtes et sur les récifs dans un rayon de seulement un kilomètre et demi de leur plantation. Les données animales et matérielles relevées indiquent que les esclaves se procuraient ces poissons et ces crustacés pour leur consommation personnelle sur la plantation. En particulier, la taille relativement petite des poissons et les espèces identifiées par les relevés suggèrent que des filets étaient utilisés près de la côte pour pêcher[45]. De plus, les fouilles ont mis à jour un grand nombre de plombs de pêche partout où habitaient les esclaves. Les vestiges animaux et les vestiges d'instruments de pêche font apparaître que la pêche côtière au filet ou à la senne (toujours en usage aujourd'hui) était la méthode la plus courante pour avoir du poisson, par opposition à la pêche en haute mer à la recherche d'espèces pélagiques (ill. 4). Les vestiges animaux prouvent que les esclaves de Crève-Cœur dépendaient d'un auto-approvisionnement à l'intérieur de leur communauté, ce qui leur permettait des interactions physiques, économiques et sociales en dehors des limites de leur plantation.

Ill. 4. Un coup de seine à Sainte-Marie, Martinique, 1900.
Photo : auteur anonyme © ANOM.

L'observation détaillée des squelettes d'animaux indique que les porcs, les chèvres et les brebis étaient élevés localement, peut-être sur place, car ils provenaient de carcasses entières. En revanche, une abondance relativement plus importante de membres inférieures et de côtes

45. Sandrine Grouard, *Subsistance, systèmes techniques et gestion territoriale en milieu insulaire antillais précolombien. Exploitation des Vertèbres et des Crustacés aux époques Saladoides et Troumassoides de Guadeloupe (400 av. J.-C. à 1500 ap. J.-C.)*, thèse de doctorat, Nanterre, Université Paris X, École Doctorale Environnement et Archéologie, 2001.

suggère que l'essentiel du bœuf consommé devait avoir été importé en fûts. On trouva aussi de petits vestiges d'équidés, ce qui fait penser que les esclaves pouvaient manger de vieux chevaux ou des chevaux morts, ainsi que des mules, mais assez rarement. D'après les premières analyses des vestiges d'oiseaux, il apparaît que les esclaves mangeaient surtout du poulet. Cependant il est intéressant de noter que malgré les bonnes conditions de préservation, il restait peu d'os de poulet alors que les coquilles d'œufs étaient très présentes dans les vestiges. Étant donné les témoignages historiques et les autres données animales venant des sites de plantations des Antilles, ceci est inattendu. La rareté des os de poulet suggère que la production d'œufs était privilégiée, soit pour être échangés ou vendus aux marchés afro-antillais de l'île, à moins qu'il n'y ait eu d'autres méthodes de rebut.

Les données zooarchéologiques de La Mahaudière et de Crève-Cœur mettent en lumière que les esclaves des Antilles françaises utilisaient diverses stratégies de subsistance pour survivre aux dures conditions des plantations. En particulier, ils utilisaient leur temps libre de manière créative pour compléter leurs rations, diversifier leur régime alimentaire, et se procurer les protéines qui manquaient à un régime dominé par les glucides. Parmi les stratégies développées par ces communautés, beaucoup comprenaient l'élevage, la chasse ou la pêche dans leur plantation ou aux alentours pour se nourrir de petits mammifères, de coquillages et de crustacés. Ces ressources devaient être facilement exploitables par des membres des communautés d'esclaves ne pouvant exercer un travail plus intensif, comme les personnes âgées ou les enfants. De plus la majorité des plats consommés dans ces deux sites font encore partie de la cuisine créole en Guadeloupe et en Martinique.

La culture matérielle

Alors que les données zooarchéologiques peuvent être l'indicateur le plus direct de la contribution de protéines animales au régime des esclaves, d'autres aspects des habitudes alimentaires sont indiqués par les ustensiles de cuisine utilisés pour préparer et consommer la nourriture. Dans l'archéologie des Antilles, nombreux sont ces ustensiles ainsi que la vaisselle et les couverts en céramique et en métal, et ils peuvent être retrouvés sur les sites des villages d'esclaves. Les étudier est important, car ils permettent de mieux comprendre comment étaient préparés les plats de viande, de poisson ou de crustacés. Il ne faut toutefois pas oublier que certains ustensiles de cuisine, particulièrement la vaisselle et les couverts, tels que les objets en bois ou des ustensiles fabriqués à partir de gourdes ou de calebasses, figurent rarement dans les résultats des fouilles.

Malgré ces limites, nous pouvons beaucoup apprendre des ustensiles qui existent et donc des stratégies mises en œuvre pour les acquérir, les utiliser et les mettre au rebut. Lors de nos fouilles, nous avons trouvé beaucoup d'objets de cuisine semblables à ceux trouvés ailleurs aux Antilles, bien qu'il y ait aussi des différences à la fois entre les Antilles françaises et les autres colonies, et entre la Martinique et la Guadeloupe. Dans de nombreux sites liés à l'esclavage, on a établi que les Africains réduits à l'esclavage avaient tendance à consommer beaucoup de nourriture semi-liquide, comme des soupes ou des ragoûts[46]. Cette constatation a souvent été associée à des préférences culturelles pour une nourriture ressemblant à celle qu'ils connaissaient en Afrique, mais on peut également soutenir l'idée que ce mode de préparation constituait une manière efficace de cuisiner une variété d'ingrédients et de les utiliser ainsi pour pouvoir nourrir davantage de bouches. De plus, une recette ne nécessitant pas une surveillance constante pouvait avoir des avantages quand ceux qui cuisinaient étaient simultanément occupés à d'autres tâches. Ces caractéristiques sont présentes dans la cuisine africaine mais elles le sont aussi dans de nombreuses habitudes alimentaires des classes pauvres et laborieuses, en particulier en France tout au long du XIXe siècle[47].

Les ustensiles retrouvés dans les villages d'esclaves, et qui reflètent ces habitudes alimentaires, comprennent des pots fabriqués à partir de matériaux divers ainsi que des plats de service en céramique que l'on appelle de la vaisselle creuse[48]. Dans cette catégorie, on place les bols

---

46. Voir Herbert C. Covey et Dwight Eisnach, *What the Slaves Ate : Recollections of African American Foods and Foodways from the Slave Narratives*, Santa Barbara, Greenwood Press/ABC-CLIO, 2009 ; J. Deetz, *Flowerdew Hundred*, *op. cit.* ; Theresa A. Singleton, « Archaeology of slavery in North America », *Annual Review of Anthropology*, 24, 1995, p. 119-140.

47. Eugen Weber, *Peasants into Frenchmen : The Modernization of Rural France, 1870-1914*, Stanford, Stanford University Press, 1976.

48. P. Farnsworth, « From the Past to the Present : An Exploration of the Formation of African-Bahamian Identity during Enslavement », dans Jay B. Haviser (dir.), *African Sites Archaeology in the Caribbean*, Princeton, Markus Wiener Publishers, 1999, p. 94-130 ; L. A. Wilkie et P. Farsworth, *Sampling Many Pots*, *op. cit.*

et les assiettes creuses et autres, mais aussi des tasses, des mugs et même de la vaisselle réutilisée pour servir de base à des jarres de stockage. À La Mahaudière comme à Crève-Cœur cette vaisselle creuse était prédominante dans les collections archéologiques de céramique. Ces céramiques, datant du XVIIIe siècle, qui marque le début de la colonisation, incluaient de la vaisselle française très largement distribuée, comme des plats de service de faïence brune et de faïence blanche, des bols d'Albisola en Italie, ainsi que des bols de la côte méditerranéenne française, en particulier provenant de la vallée de l'Huveaune près de Marseille. Plus tard, au XIXe siècle, à cette vaisselle s'ajouta ce qu'on appelle la faïence fine, faïence ivoire, perle ou blanche produite en France ou en Grande-Bretagne. Il est difficile de déterminer avec une complète certitude leur source d'acquisition, mais cette vaisselle était sans aucun doute soit transmise de seconde main aux esclaves par les propriétaires et les superviseurs des plantations, soit achetée au marché par les esclaves[49].

Aux Habitations La Mahaudière et Crève-Cœur, la nourriture se préparait dans des maisons individuelles ou communautaires et non dans une cuisine centrale. La préparation de nourriture surtout semi-liquide demandait l'usage de marmites et non de poêles à frire ou de rôtissoires. Dans les îles britanniques des Antilles, l'ustensile le plus habituellement utilisé pour ce type de cuisine était la marmite de fonte. On peut y ajouter d'autres variétés comme les pots yabba en terre cuite grossière utilisés à la Jamaïque. Dans les villages d'esclaves de Guadeloupe et de Martinique, on remarque l'absence d'ustensiles en fonte. Ils sont remplacés par de la céramique, en particulier par la poterie de Vallauris fabriquée dans le sud de la France. Ces marmites très populaires furent fabriquées en très grand nombre au XVIIIe siècle et plus encore au XIXe siècle et exportées par les marchés français et coloniaux.[50] Cette tradition culturelle de cuisiner dans des pots de terre s'est poursuivie en France longtemps après que la céramique fut remplacée en Grande-Bretagne par des pots de fer et la production industrielle française reflète cette tradition.

---

49. Mary A. Fanning, *Comparative Archaeological Study of Slave and Planter Culture in Martinique*, Mémoire de maîtrise non publié, Université de Caroline du Sud, 2008 ; Mary A. Fanning, « Comparative Ceramic Study Between Enslaved and Planter Contexts in Martinique », *African Diaspora Archaeological Network Newsletter*, juin 2009, p. 1-18 ; H. R. Gibson, *Daily Practice and Domestic Economies*, *op. cit.*
50. Jean-Ferdinand Petrucci, *Les poteries et les potiers de Vallauris, 1501-1945*, thèse de doctorat, École des Hautes Études en Science Sociales, 2002.

Aux Antilles françaises, l'industrie de la céramique, qui employait d'habiles potiers et de grands fours, fabriquait surtout des ustensiles pour la production du sucre mais aussi des ustensiles de cuisine pour les plantations[51]. On en retrouve souvent dans les villages d'esclaves et ailleurs aux Antilles françaises, et il est clair qu'ils complétaient l'arrivée parfois capricieuse des cargaisons d'ustensiles venus de métropole[52]. Les ustensiles de cuisine manufacturés sur place comprenaient divers types de bols utilisés pour la consommation, des marmites pour la cuisine ainsi que des récipients pour stocker la nourriture et l'eau[53]. En Guadeloupe nous trouvons à la fois des ustensiles venus de France métropolitaine (Huveaune, Cox, Vallauris) complétés par des bols et des marmites produits sur place. En revanche en Martinique, à ces ustensiles importés ou produits sur place s'ajoute une troisième sorte que l'on appelle localement « coco nèg ».

Coco nèg est un ustensile de cuisine en céramique fait à la main et cuit à basse température, similaire à la poterie yabba de Jamaïque et à la poterie Colonware du sud-est des États-Unis[54]. Il est fabriqué dans un choix de formes limité, surtout des bols à fond rond et des pots à l'orifice resserré, et semble avoir été fabriqué par des potiers esclaves pour l'usage local bien que nous ne sachions pas si c'était dans chaque village ou à l'échelle de la région. Cette poterie était fabriquée sur le mode « africain » au sens large, avec peu de décoration ou sans décoration ou embellissement, si ce n'est de petites poignées. Malgré les fouilles menées sur plusieurs sites en Guadeloupe, on y a retrouvé peu de coco nèg, leur distribution semble avoir été principalement limitée à la Martinique où leur fabrication continue jusqu'à nos jours[55].

---

51. Kenneth G. Kelly, Mark Hauser, Christophe Descantes et Michael D. Glascock, « Compositional Analysis of French Colonial Ceramics : Implications For Understanding Trade and Exchange », *Journal of Caribbean Archaeology*, n° special, 2, 2008, p. 85-107.

52. Catherine Losier, *Approvisionner Cayenne au cours de l'Ancien Régime. Étude archéologique et historique de l'économie et du réseau commercial d'une colonie marginale, la Guyane (XVIIe et XVIIIe siècles)*, Thèse, Université de Laval, Québec, 2012.

53. Myriam S. L. Archangeli, *For Water, Food, Tables, and Health : The Colonial Ceramic Culture of Guadeloupe, French West Indies*, thèse de doctorat, Université de Boston, 2012.

54. L. G. Ferguson, *Uncommon Ground, op. cit.* ; Mark W. Hauser, *An archaeology of Black Markets : Local Ceramics and Economies in Eighteenth-century Jamaica*, Gainesville, University Press of Florida, 2008.

55. Lyne-Rose Beuze, « La poterie en Martinique », *Les Cahiers du Patrimoine. Artisanat et Petit Métiers*, 7&8, Conseil Régional de la Martinique, Fort-de-France, 1990, p. 39-46.

La présence de coco nèg, celle d'autres ustensiles de cuisine en céramique, ainsi que la production en métropole de Vallauris, de Cox et d'autres lieux en Méditerranée remplacent presque complètement les ustensiles de cuisine en fonte dans les Antilles françaises. On peut avancer l'hypothèse que l'usage persistant des ustensiles en céramique dans la tradition culturelle française trouvait un écho chez les esclaves africains et leurs descendants puisque les pratiques culinaires africaines utilisaient aussi la céramique pour préparer et servir les plats, surtout avant la fin du XIXe siècle.

L'étude archéologique des habitudes alimentaires des esclaves dans les Antilles françaises met en lumière leur créativité alors qu'elle reste dans l'ombre si l'on se contente de consulter les témoignages des contemporains. Les pratiques observées qui sont communes avec celles d'autres groupes d'esclaves africains ou de descendance africaine, comme le fait de compter sur l'autosuffisance, sont mentionnées dans les sources écrites ainsi que dans les résultats des fouilles archéologiques. Cependant ce sont les données archéologiques qui mettent en évidence les détails de cette autosuffisance (l'importance des pièges, de la chasse et de la capture d'animaux sauvages). De la même manière, les vestiges archéologiques permettent de mieux connaître des pratiques inspirées de traditions « africaines », au sens général du terme, bien que ces données prouvent aussi l'existence de variations locales et régionales sensibles des habitudes alimentaires. Parmi celles qui ne sont pas particulièrement communes dans le reste de la diaspora africaine, on peut citer l'usage d'ustensiles de cuisine en céramique et l'exclusion presque totale de la fonte. Cette pratique, associée à des éléments de la tradition culinaire française, venait sans doute aussi du fait qu'en général les Africains préféraient la céramique ou se sentaient plus à l'aise pour cuisiner avec elle.

Nos données archéologiques permettent de mieux nuancer l'interprétation des témoignages historiques : par exemple les observateurs évoquaient le fait que les esclaves élevaient des poulets dans leurs villages, alors que nos données suggèrent que ce n'était pas pour leur consommation personnelle mais pour les échanger ou les vendre. De plus, la pêche a été identifiée comme une pratique importante par les historiens et l'on retrouve des esclaves pêcheurs dans certains témoignages ; mais ses effets n'avaient pas encore été identifiés dans les habitudes alimentaires[56]. Jusqu'ici la recherche se cantonnait aux cours

56. Richard Price, « Caribbean Fishing and Fisherman : A Historical Sketch », *American Anthropologist*, 68, n° 6, 1966, p. 1363-1383.

et aux jardins des esclaves et sortait rarement des limites de la plantation. Nos données indiquent qu'il est nécessaire d'accorder davantage d'attention au rôle de la pêche et du ramassage des coquillages dans le mode de vie des esclaves.

En conclusion, le fait d'associer les données archéologiques et les documents historiques permet de mieux connaître les développements de la cuisine créole des Antilles françaises. En étudiant les pratiques quotidiennes, les stratégies et les décisions prises par des Africains réduits en esclavage et par leurs descendants, cette recherche permet une meilleure compréhension de la manière dont les individus et les communautés utilisaient leur identité sociale et des stratégies collectives pour négocier les conséquences de leur servitude et lui faire face. Au début de la période coloniale, il est vraisemblable que les esclaves complétaient leur régime alimentaire en cultivant de petits jardins, en élevant de la volaille et du petit bétail, et en capturant du gibier facilement disponible et accessible pour ceux qui étaient les moins capables de travailler à plein temps aux champs ou de récolter la canne à sucre. Au fil du temps, les esclaves africains et leurs descendants définirent plusieurs stratégies non seulement pour pourvoir à la subsistance de leur communauté mais également pour obtenir un contrôle relatif de leur mode de vie et de leur identité culturelle. Une grande part de ce qui constitue l'« identité » créole s'est définie dans les cours, les jardins et l'environnement à l'intérieur et autour des plantations ainsi que sur les marchés où de la nourriture et des ustensiles étaient échangés ou vendus. Dans le contexte oppressant de l'esclavage de plantation, acquérir et consommer de la nourriture restait une des rares réalités que pouvaient contrôler les esclaves. Malgré leur asservissement, les Africains et leurs descendants réussirent à s'adapter à ce contexte difficile en imaginant des pratiques de subsistance incorporant de manière stratégique les ressources disponibles. En cultivant la terre, en élevant du bétail, en chassant et en pêchant, en choisissant ou en fabriquant des ustensiles de cuisine et en préparant leurs repas, les esclaves fondèrent des traditions culinaires qui perdurent jusqu'à nos jours.

Traduit de l'anglais par Pascale McGarry

Les pratiques matérielles comme symboles de résistance, de spiritualité et de liberté

La souveraineté après l'esclavage. La liberté universelle et la pratique de l'autorité en Haïti après la Révolution

J. Cameron Monroe

L'archéologie de l'esclavage dans le monde atlantique a radicalement mûri ces dernières décennies[1] : elle s'est transformée d'une subdivision de l'archéologie du Sud des États-Unis à une discipline qui produit de nouvelles perspectives sur la formation du monde colonial et sa postérité au long terme[2]. Les recherches qui ont été menées dans les Caraïbes ont en particulier joué un rôle important puisqu'elles ont révélé la nature de la résistance quotidienne, du marronnage et de la culture de la consommation dans les sociétés après l'émancipation ; elles avaient pour objectif d'étudier comment les Africains et leurs descendants participaient activement à l'élaboration du monde moderne[3]. L'archéologie de l'esclavage a donc mûri de façon significative.

1. Ce texte a initialement paru sous le titre « Sovereignty after Slavery Universal Liberty and the Practice of Authority in Postrevolutionary Haiti », dans *Current Anthropology* 61, supplément 22, 2020, p. 232-247.

2. Pour des comptes rendus, voir Christopher DeCorse, « Oceans Apart : Africanist Perspectives of Diaspora Archaeology », dans Theresa A. Singleton (dir.), « *I, too, Am America* » *: Archaeological Studies of African-American Life*, Charlottesville, University Press of Virginia, 1999, p. 132-155 ; Christopher Fennell, « Early African America : Archaeological Studies of Significance and Diversity », *Journal of Archaeological Research* 19, n° 1, 2011, p. 1-49 ; T. A. Singleton, *The Archaeology of the African Diaspora in the Americas*, Glassboro, Society for Historical Archaeology, 1995.

3. Douglas V. Armstrong, *Creole Transformation from Slavery to Freedom : Historical Archaeology of the East End Community, St. John, Virgin Islands*, Gainesville, University Press of Florida, 2003 ; *id.* et Mark Fleishman, « House-yard burials of enslaved laborers in eighteenth-century Jamaica », *International Journal of Historical Archaeology* 7, n° 1, 2003, p. 33-65 ; *id.* et Elizabeth Jean Reitz, *The Old Village and the Great House :*

La liberté et la souveraineté apparaissent comme des thèmes essentiels dans cet agenda de recherche. Et cependant, un exemple particulièrement pertinent est absent de ce discours archéologique, à savoir les États indépendants de Haïti après la Révolution.

La recherche sur Haïti offre une opportunité inégalée de s'interroger sur la matérialité de la fabrication de l'État sur les ruines d'une société esclavagiste coloniale, ce qui fait apparaître les tensions émergentes entre les idéologies politiques des Lumières et la pratique de l'autorité au niveau local[4]. Dans cet article, j'examine la matérialité de la souveraineté politique au Royaume d'Haïti (1807-1820), une expérience de construction nationale de courte durée qui suivit la Révolution haïtienne. La souveraineté au Royaume d'Haïti tentait de s'inscrire dans l'idéologie de la liberté universelle sous l'influence de laquelle le monde atlantique se trouvait et qui se matérialisait à travers des espaces architecturaux néoclassiques et la consommation de biens européens particuliers. Cependant des fouilles récentes à Sans-Souci, le palais du Roi Henry Christophe (premier et dernier roi du Royaume d'Haïti), documentent l'évolution au fil du temps du projet architectural de Christophe pour le site, de même que la présence d'une culture matérielle et de plats cuisinés inspirés par des traditions afro-caribéennes datant d'une

An Archaeological and Historical Examination of Drax Hall Plantation, St. Ann's Bay, Jamaica. Blacks in the New World, Urbana, University of Illinois Press, 1990 ; James A. Delle, *An Archaeology of Social Space : Analyzing Coffee Plantations in Jamaica's Blue Mountains : Contributions to Global Historical Archaeology*, New York, Plenum, 1998 ; *id.*, Mark W. Hauser et D. V. Armstrong, *Out of Many, One People : The Historical Archaeology of Colonial Jamaica : Caribbean Archaeology and Ethnohistory*, Tuscaloosa, University of Alabama Press, 2011 ; Paul Farnsworth, *Island Lives : Historical Archaeologies of the Caribbean*, Tuscaloosa, University of Alabama Press, 2001 ; Jerome S. Handler, Frederick W. Lange et Robert V. Riordan, *Plantation Slavery in Barbados : An Archaeological and Historical Investigation*, Cambridge, Harvard University Press, 1978 ; M. Hauser, « Between Urban and Rural : Organization and Distribution of Local Pottery in Eighteenth-Century Jamaica », dans A. Ogundiran et T. Falola (dir.), *Archaeology of Atlantic Africa and the African diaspora*, Bloomington, Indiana University Press, 2007 ; *id.*, *An Archaeology of Black Markets : Local Ceramics and Economies in Eighteenth-Century Jamaica*, Gainesville, University Press of Florida, 2008 ; Kenneth Kelly et Benoit Bérard, *Bitasion. Archéologie des habitations/plantations des Petites Antilles*, Leiden, Sidestone, 2014 ; Laurie A Wilkie et P. Farnsworth, *Sampling Many Pots : An Archaeology of Memory and Tradition at a Bahamian Plantation*, Gainesville, University Press of Florida, 2005.

4. Doris L. Garraway, « Empire of Liberty, Kingdom of Civilization : Henry Christophe, Baron de Vastey, and the Paradoxes of Universalism in Postrevolutionary Haiti », *Small Axe : A Caribbean Journal of Criticism* 16, n° 3, 2012, p. 1-21.

période précédente dans la construction de la souveraineté haïtienne (1805-1810). Prise dans son ensemble, la recherche présentée dans cet article fait apparaître la manière dont les acteurs politiques se sont inspirés de la culture matérielle européenne et des traditions afro-caribéennes, de manière créative et stratégique, dans la pratique de l'autorité politique au Royaume d'Haïti, ce qui jette une lumière nouvelle sur la nature complexe de la souveraineté après l'esclavage à l'ère des Révolutions.

Matérialiser la souveraineté aux débuts de l'Époque moderne

L'anthropologie s'est récemment intéressée à la souveraineté selon des perspectives qui s'opposent à la théorie politique classique, qui exaltait l'État souverain où elle voyait le détenteur d'un pouvoir absolu singulier dans le cadre de frontières territoriales bien définies dont les racines s'ancraient dans le dispositif politique de l'État selon un axe vertical[5]. Nourris de connaissances en théorie postcoloniale et critique, bien informés des théories de la globalisation, les anthropologues ont remis en question, ces dernières décennies, la notion d'un territoire souverain clairement défini et ils ont reconnu les revendications complexes, et qui se superposent souvent, à la souveraineté politique dans les États modernes[6]. En outre, les chercheurs ont mis en lumière la nature souvent ténue des structures qui mettent en œuvre le pouvoir de l'État sur le plan interne. En effet, dans les travaux anthropologiques récents

5. Thomas Hobbes, *Léviathan*, 4e éd., New York, Penguin Classics, 1982 [1651] ; David Ingleman, « The Vertebrate Archaeofauna of Sans-Souci, Haiti », mémoire non publié, Department of Anthropology, University of California, Santa Cruz, 2015.
6. Giorgio Agamben, *Homo Sacer : Sovereign Power and Bare Life*. Stanford, Stanford University Press, 1998 ; John A. Agnew, *Globalization and Sovereignty : Beyond the Territorial Trap*, 2e éd., Lanham, Rowan & Littlefield, 2018 ; Jessica Cattelino, « The Double Bind of American Indian Need-Based Sovereignty », *Cultural Anthropology* 25, n° 2, 2010, p. 235-262 ; Clifford Geertz, « What Is a State if It Is Not a Sovereign ? Reflections on Politics in Complicated Places », *Current Anthropology* 45, n° 5, 2004, p. 577-593 ; Daryl Li, « From Exception to Empire : Sovereignty, Carceral Circulation, and the "Global War on Terror" », dans C. McGranahan et J. F. Collins (dir.), *Ethnographies of U.S. Empire*, Durham, Duke University Press, 2018, p. 456-476 ; Danilyn Rutherford, *Laughing at Leviathan : Sovereignty and Audience in West Papua*, Chicago, University of Chicago Press, 2012.

sur l'État, le pouvoir apparaît diffus et multicentrique[7]. Les États souverains, et les relations d'inégalité qui les définissent, ont été redéfinis comme des objets en évolution, dépendant des manœuvres politiques des dirigeants et de leurs partisans dans d'innombrables contextes performatifs publics et privés[8]. De ce débat, la souveraineté ressort comme un projet politique qui dépend fondamentalement de l'établissement d'un contrôle vigoureux sur les territoires, de l'édification d'affiliations et d'alliances internationales, et de la mise en œuvre de formes nouvelles de distinctions de statut parmi les publics des sujets.

Les recherches archéologiques sur les États centralisés en sont-elles ainsi venues à partager la désillusion envers les théories classiques du gouvernement ; elles soulignent de plus en plus le rôle important de la culture matérielle si l'on veut étudier la pratique de la souveraineté dans le passé. On trouve au cœur de ces nouvelles archéologies de la souveraineté la volonté affirmée de montrer comment la culture matérielle a été déployée dans différents contextes performatifs pour matérialiser les différences sociales et les distinctions de statut[9]. En tant que sphère de pratique matérielle qui, par définition, reflète et contraint les interactions humaines, l'importance de l'espace architectural comme outil d'élaboration du combat politique a été soulignée dans la recherche récente en architecture[10]. Cette prise de conscience a produit des

7. Voir Michel Foucault, *Power/Knowledge : Selected Interviews and Other Writings, 1972-1977*, New York, Pantheon, 1980.

8. D. Rutherford, *Laughing at Leviathan*, *op. cit.*

9. Elizabeth DeMarrais, « Introduction : the Archaeology of Performance », *World Archaeology* 46, n° 2, 2014, p. 155-163 ; Michael Dietler et Hayden Brian, *Feasts : Archaeological and Ethnographic Perspectives on Food, Politics, and Power*, Washington, Smithsonian Institution, 2001 ; Takeshi Inomata, « Plazas, Performers, and Spectators : Political Theaters of the Classic Maya », *Current Anthropology* 47, n° 5, 2006, p. 805-842 ; *id.* et Lawrence S. Coben, *Archaeology of Performance : Theaters of Power, Community, and Politics*, Lanham, AltaMira, 2006 ; J. C. Monroe, *The Precolonial State in West Africa : Building Power in Dahomey*, New York, Cambridge University Press, 2014 ; *id.*, « Power by Design : Architecture and Politics in Precolonial Dahomey », *Journal of Social Archaeology* 10, n° 3, 2010, p. 477-507 ; Adam T., Smith, « Archaeologies of sovereignty », *Annual Review of Anthropology* 40, 2011, p. 415-432 ; *id.*, *The Political Machine : Assembling Sovereignty in the Bronze Age Caucasus*, Princeton, Princeton University Press, 2015.

10. Wendy Ashmore et Bernard Knapp, *Archaeologies of Landscape*, Cambridge, Cambridge University Press, 1999 ; J. Cameron Monroe et Akin Ogundiran, « The Power and landscape in Atlantic West Africa », dans *id.* (dir.), *Power and Landscape in Atlantic West Africa : Archaeological perspectives*, New York, Cambridge University Press, 2012, p. 1-48 ; Michael Parker Pearson et Colin Richards, *Architecture and*

archéologies de pouvoir spatiales qui transforment notre compréhension de la manière dont les acteurs étatiques étendent leur influence politique à travers les territoires et ont cherché à naturaliser leur pouvoir parmi leurs sujets, ce qui offre de précieuses nouvelles perspectives sur la nature de la politique dans le passé. Les chercheurs ont en particulier affirmé que les stratégies spatiales utilisées par l'élite peuvent avoir comme objectif à la fois une monopolisation de l'expérience publique du pouvoir[11] et la réorganisation et la routinisation de la vie sociale quotidienne[12]. Les bâtiments peuvent s'imposer comme de puissants

Order : Approaches to Social Space, New York, Routledge, 1994 ; A. T. Smith, *The Political Landscape : Constellations of Authority in Early Complex Polities*, Los Angeles, University of California Press, 2003.

11. W. Ashmore, « Construction and Cosmology : Politics and Ideology in Lowland Maya Settlement Patterns », dans W. F. Hanks et D. S. Rice (dir.), *Word and Image in Maya Culture : Explorations in Language, Writing, and Representation*, Salt Lake City, University of Utah Press 1989 et *id.*, « Site-Planning Principles and Concepts of Directionality among the Ancient Maya », *Latin American Antiquity* 2, n° 3, 1991, p. 199-226 ; Edward S. Casey, *The Fate of Place : A Philosophical History*, Berkeley, University of California Press, 1997 ; John Fritz, « Vijayanagara : Authority and Meaning of a South Indian Imperial Capital », *American Anthropologist* 88, 1986, p. 44-45 ; Mary Helms, « Why Maya lords sat on jaguar thrones », dans J. E. Robb (dir.), *Material Symbols : Culture and Economy in Prehistory*, Carbondale, Southern Illinois University, 1999, p. 56-69 ; T. Inomata, « Plazas, Performers, and Spectators », art. cité ; Henri Lefebvre, *The Production of Space*, Cambridge, Blackwell, 1991 ; Mark P. Leone, « Interpreting Ideology in Historical Archaeology : Using the Rules of Perspective in the William Paca Garden in Annapolis, Maryland », dans C. Orser (dir.), *Images of the Recent Past*, Berkeley, AltaMira, 1984, p. 25-35 ; Patricia McAnany, « Cosmology and the Institutionalization of Hierarchy in the Maya Region », dans J. Haas (dir.), *From Leaders to Rulers*, New York, Kluwer Academic/Plenum, 2001, p. 125-148 ; J. C. Monroe, « Power by Design », art. cité ; *id.*, *the Precolonial State*, *op. cit.* ; Nigel Thrift, « Intensities of Feeling : Towards a Spatial Politics of Affect », *Human Geography* 86, n° 1, 2004, p. 57-78.

12. Voir de Pierre Bourdieu, *Le Sens pratique* (Paris, Minuit, 1980), *Esquisse d'une théorie de la pratique* (Paris, Droz, 1972) et « The Berber house », dans S. M. Low et D. Lawrence-Zúñiga (dir.), *The Anthropology of Space and Place : Locating Culture*, Malden, Blackwell, 2003, p. 131-141 ; Linda W. Donley-Reid, « A Structuring Structure : the Swahili House », dans S. Kent (dir.), *Domestic Architecture and the Use of Space : an Interdisciplinary Crosscultural Study*, New York, Cambridge University Press, 1990, p. 114-126 ; M. Foucault, *Surveiller et punir*, Paris, Gallimard, 1975 ; Anthony Giddens, *The Constitution of Society : Outline of the Theory of Structuration*, Berkeley, University of California Press, 1984 ; J. C. Monroe, « Power by Design », art. cité ; Jerry D. Moore, *Architecture and Power in the Ancient Andes : the Archaeology of Public Buildings*, Cambridge, Cambridge University Press, 1996 ; Sherry B. Ortner, « Theory and Anthropology since the Sixties », *Comparative Studies in Society and History* 26, n° 1, 1984, p. 26-166 ; M. P. Pearson et C. Richards, *Architecture*

outils de domination, par conséquent, quand ils *diffusent* les perceptions du monde de l'élite tout en *façonnant* l'expérience du monde telle que la ressent la population[13].

Et cependant, les archéologues se préoccupent également des publics que de telles démonstrations matérielles de pouvoir étaient destinées à impressionner, intimider et endoctriner. En effet, le cadre domestique était profondément impliqué dans la pratique politique et les dispositifs de construction de l'État. Dans des contextes de vie quotidienne, les archéologues ont identifié les traces matérielles de compétition politique interne[14], ils ont mis en lumière le rôle important du travail domestique dans le fonctionnement de l'empire[15], et repéré des traces de rejet ou de reformulation des idéologies dominantes[16]. Certains d'entre eux ont identifié des situations où la production, l'utilisation ou le rejet de la culture matérielle évolue de telle sorte qu'on peut en déduire que les structures sociales, dans leur transcription architecturale, ont été en fait internalisées ou du moins adoptées aussi fidèlement que possible par les sujets loyaux[17]. Cependant, d'autres

---

and Order, *op. cit.* ; Paul Rabinow, « Ordonnance, Discipline, Regulation : Some Reflections on Urbanism », dans S. M. Low et D. Lawrence-Zúñiga (dir.), *The Anthropology of Space and Place : Locating Culture*, Malden, Blackwell, p. 353-362.

13. J. C. Monroe, *The Precolonial State*, *op. cit.* ; A. T. Smith, *The Political Landscape*, *op. cit.*

14. Chelsea Blackmore, *Commoner Identity in an Ancient Maya Village : Class, Status, and Ritual at the Northeast Group, Chan, Belize*, Oxford, Archeopress, 2014 ; Elizabeth M. Brumfiel, Elizabeth M. Brumfiel, « Distinguished Lecture in Archaeology : Breaking and Entering the Ecosystem – Gender, Class, and Faction Steal the Show », *American Anthropologist* 94, n° 3, 1992, p. 551-567 ; J. C. Monroe et Anneke Janzen, « The Dahomean Feast : Royal Women, Private Politics, and Culinary Practices in Atlantic West Africa », *African Archaeological Review* 31, n° 2, 2014, p. 299-337.

15. E. M. Brumfiel, « Weaving and Cooking : Women's Production in Aztec Mexico », J. M. Gero et M. W. Conkey (dir.), *Engendering Archaeology : Women and Prehistory*, Cambridge, Blackwell, 1991, p. 224-252 ; Cathy L. Costin, « Textiles, Women, and Political Economy in Late Prehispanic Peru », *Research in Economic Anthropology* 14, 1993, p. 3-28 ; Terence N. D'Altroy et Christine Ann Hastorf, *Empire and Domestic Economy : Interdisciplinary Contributions to Archaeology*, New York, Kluwer Academic, 2001 ; C. A. Hastorf, « Gender, Space, and Food in Prehistory », dans *Engendering Archaeology*, *op. cit.*, p. 132-162.

16. Whitney Battle-Baptiste, *Black Feminist Archaeology*, Walnut Creek, Left Coast, 2011 ; L. A. Wilkie et K. M. Bartoy, « A Critical Archaeology Revisited », art. cité.

17. M. P. Leone, Parker B. Potter et Paul A. Shackel, « Toward a Critical Archaeology », *Current Anthropology* 28, n° 3, 1987, p. 283-302 ; « "In the Belly of Dan" : Landscape, Power, and History in Precolonial Dahomey », dans In *Excavating the Past : Archaeological Perspectives on Black Atlantic Regional Networks*, Los

chercheurs se sont aussi demandé dans quelle mesure les formes architecturales et la vie matérielle domestiques se développent toujours au même rythme, ce qui ouvre la porte à des considérations portant sur les archéologies de la résistance, comme du consentement, aux structures et idéologies dominantes[18]. Dans le cadre de ce débat, les bâtiments, les repas et les objets font figure de coconspirateurs au service d'une machine politique qui vise à la fois à autoriser et à rejeter la souveraineté politique dans le passé[19].

La recherche archéologique consacrée aux débuts de l'époque moderne offre des exemples clairs de la relation entre souveraineté, matérialité et public dans le passé. La recherche portant sur un ensemble de contextes coloniaux a montré par quels moyens l'architecture était mise au service de l'idéologie politique dans le monde atlantique des débuts de l'époque moderne. Les archéologues, les architectes et les historiens ont affirmé que la diffusion de l'architecture néoclassique à travers l'Europe et ses colonies au XVIIIe siècle s'articulait étroitement à des valeurs sociales et politiques en évolution. Cette tradition, que l'on nomme le palladianisme suivant le nom de l'architecte italien du XVIe siècle Andrea Palladio, mettait l'accent sur l'utilisation de « compositions symétriques, de maisons en forme de temples, d'organisation spatiale géométrique, de motifs tirés de l'Antiquité, d'arcs de triomphe et d'une ornementation minimale »[20]. Selon James Deetz, l'architecture néoclassique matérialisait dans la sphère publique une philosophie de l'individualité, de l'ordre social et de la liberté universelle, ce qu'il a

Angeles, Clark Library/UCLA, 2009 ; Timothy R. Pauketat, « Practice and History in Archaeology : an Emerging Paradigm », dans R. W. Preucel et S. A. Mrozowski (dir.), *Contemporary archaeology*, Chichester, Wiley-Blackwell, 2001, p. 137-155 ; Adam T. Smith, « The limitations of Doxa », *Journal of Social Archaeology* 1, n° 2, 2001, p. 155-171.

18. W. Battle-Baptiste, *Black Feminist Archaeology*, *op. cit.* ; Kent G. Lightfoot, Antoinette Martinez et Ann M. Schiff, « Daily Practice and Material Culture in Pluralistic Social Settings : an Archaeological Study of Culture Change and Persistence from Fort Ross, California », *American Antiquity* 63, n° 2, 1998, p. 199-222 ; Paul Mullins, « Race and the Genteel Consumer : Class and African-American Consumption, 1850-1930 », *Historical Archaeology* 31, n° 1, 1999, p. 22-38 ; L. A. Wilkie et Kevin M. Bartoy, « A Critical Archaeology Revisited », *Current Anthropology* 41, n° 5, 2000, p. 747-777.

19. A. T. Smith, *The Political Machine*, *op. cit.*

20. T. A. Singleton, « Nineteenth-Century Built Landscape of Plantation Slavery in Comparative Perspective », dans L. Marshall (dir.), *The Archaeology of Slavery : A Comparative Approach to Captivity and Coercion*, Carbondale, Southern Illinois University Press, 2015, p. 93-115, p. 96.

appelé la vision du monde géorgienne dans le contexte anglo-américain[21]. Et cependant les normes architecturales de l'architecture palladienne ont simultanément facilité l'expansion de technologies de contrôle social et d'inégalité économique et raciale dans la vie quotidienne des sujets, servant par voie de conséquence les intérêts politiques d'une élite marchande en cours de constitution[22]. De la même façon, les chercheurs ont noté que des architectures marquées par l'ordre, la symétrie et le contrôle étaient déployées à travers les paysages des plantations, ce qui démontre que ces principes néoclassiques de conception du paysage étaient utilisés pour encadrer et contrôler la vie quotidienne des sujets coloniaux esclavisés[23]. Les architectures de la liberté et de l'égalité ont servi, à des échelles sociales diverses, à masquer des inégalités croissantes définies en termes de race et de classe.

En une avancée très importante, les archéologues ont exploré le degré auquel ces schémas étaient associés aux changements de la vie matérielle dans les contextes domestiques[24]. Par exemple, Deetz a

---

21. James Deetz, *In Small Things Forgotten : an Archaeology of Early American life*, éd. aug. et révisée, New York, Anchor/Doubleday, 1996.

22. Gauvin Alexander Bailey, *Architecture and Urbanism in the French Atlantic Empire State, Church, and Society, 1604-1830*, Montréal, McGill-Queen's University Press, 2018 ; Reinhard Bentmann et Michael Müller, *The Villa as Hegemonic Architecture*, Londres, Humanities, 1992 ; J. Deetz, *In Small Things Forgotten*, *op. cit.* ; Madge Dresser et Andrew Hann (dir.), *Slavery and the British Country House*, Swindon, English Heritage, 2013 ; M. P. Leone, « Interpreting Ideology in Historical Archaeology », *op. cit.* ; *id.*, *The Archaeology of Liberty in an American Capital : Excavations in Annapolis*, Berkeley, University of California Press, 2005 ; Paul A. Shackel, P. R. Mullins et Mark S. Warner, *Annapolis Pasts : Historical Archaeology in Annapolis, Maryland*, Knoxville, University of Tennessee Press, 1998 ; T. A. Singleton, « Nineteenth-Century Built Landscape », *op. cit.*

23. D. V. Armstrong et E. J. Reitz, *The Old Village*, *op. cit.* ; R. Bentmann et M. Müller, *The Villa*, *op. cit.* ; James A. Delle, *An Archaeology of Social Space*, *op. cit.* et *id.*, « The Landscapes of Class Negotiation on Coffee Plantations in the Blue Mountains of Jamaica : 1790–1850 », *Historical Archaeology* 33, n° 1, 1999, p. 136-158 ; Larry McKee, « The Ideals and Realities behind the Design and Use of 19th Century Virginia Slave Cabins », dans A. E. Yentsch et M. C. Beaudry (dir.), *The Art and Mystery of Historical Archaeology : Essays in Honor of Jim Deetz*, Boca Raton, CRC, 1992, p. 195-214. ; T. A. Singleton, « The Archaeology of the Plantation South : A Review of Approaches and Goals », *Historical Archaeology* 24, n° 2, 1990, p. 70-77 ; *id.* (dir.), « *I, too, Am America* », *op. cit.* ; *id.*, « Nineteenth-Century Built Landscape », *op. cit.* ; Brian Thomas, « Power and Community : the Archaeology of Slavery at the Hermitage Plantation », *American Antiquity* 63, n° 4, 1998, p. 531-551.

24. J. Deetz, *In Small Things Forgotten*, *op. cit.* ; Anne E. Yentsch, « Minimum Vessel Lists as Evidence of Change in Folk and Courtly Manners of Food Use », *Historical*

remarqué qu'à l'époque georgienne, on note un déclin de la prévalence des ragoûts et l'apparition d'une division tripartite des ingrédients (viande, légumes, féculents) ; de même on note la réduction de la diversité des espèces et la standardisation des techniques de préparation (c'est-à-dire l'utilisation de scies pour découper des portions de viande)[25]. En outre, Deetz a observé une évolution des plats de service communs à des services de tables individualisés (tasses, assiettes, sous-tasses et ustensiles) qui se traduisent par des services de céramique harmonisés, ce qui s'accorde avec les nouvelles idéologies de l'ordre et de l'individualisme qui s'emparent du monde atlantique. Ces préférences représentent l'apparition d'une nouvelle culture de la consommation, où la culture matérielle, l'architecture et les modes alimentaires permettaient aux sujets coloniaux, imitant les élites à la mode, de négocier leur statut social dans un monde en flux[26].

Ce schéma s'oppose complètement à celui des contextes de plantation associés aux Africains esclavisés en Amérique du Nord et dans les Caraïbes. Dans ces régions, en dépit de l'imposition de normes spatiales européennes lors de la conception et de l'aménagement des paysages de plantations, les Africains esclavisés rejetaient régulièrement les corrélats de cette tradition en ce qui concerne le matériau domestique[27]. En effet, au lieu des repas et des couverts très segmentés et

---

Archaeology 24, n° 3, 1990, p. 24-53, 1990 ; *id.*, « Chesapeake Artefacts and Their Cultural Context : Pottery and the Food Domain », *Post-Medieval Archaeology* 25, 1991, p. 25-72.

25. J. Deetz, *In Small Things Forgotten*, *op. cit.*, p. 171.

26. Karin Calvert, « The Function of Fashion in Eighteenth-Century America », dans C. Carson, R. Hoffman et P. Albert (dir.), *Of Consuming Interests : The Style of Life in the Eighteenth Century*, Charlottesville, University of Virginia Press, 1994, p. 252-283 ; Cary Carson, « The consumer revolution in colonial British America : why demand ? », dans *Of consuming interests*, *op. cit.*, p. 483-697 ; *id.*, « Material Culture History : the Scholarship Nobody Knows », dans A. S. Martin et J. R. Garrison (dir.), *The shape of the Field*, Knoxville, University of Tennessee Press, 1997, p. 417-420 ; M. P. Leone, *The Archaeology of Liberty*, *op. cit.* ; M. P. Leone, P. B. Potter et P. A. Shackel, « Toward a Critical Archaeology », art. cité ; Ann Smart Martin, « "Fashionable Sugar Dishes, Latest Fashion Ware" : the Creamware Revolution in the Eighteenth-Century Chesapeake », dans P. A. Shackel et B. Little (dir.), *Historical archaeology of the Chesapeake*, Washington, Smithsonian Institution, 1994, p. 169-186 ; Dennis T. Pogue, « The Transformation of America : Georgian Sensibility, Capitalist Conspiracy, or Consumer Revolution ? », *Historical Archaeology* 35, n° 2, 2001, p. 41-57 ; A. E. Yentsch, « Chesapeake Artefacts », art. cité.

27. Leland G. Ferguson, *Uncommon Ground : Archaeology and Early African America, 1650-1800*, Washington, Smithsonian Institution, 1992 ; A. E. Yentsch, *A Chesapeake*

individualistes que désiraient les Européens et les Euro-Américains, les Africains esclavisés continuaient à préparer des repas en utilisant des portions de viande coupées irrégulièrement et ils servaient une nourriture que l'on mangeait en commun dans de grands récipients[28]. De la même façon, les recherches archéologiques menées dans les espaces domestiques des esclavisés ont identifié des pratiques spirituelles qui semblent avoir résisté à l'imposition de normes culturelles euro-américaines[29]. Si on les interprète dans le contexte de l'oppression sociospatiale créée par le régime de l'esclavage, on peut voir en de tels schémas les preuves des limites des régimes architecturaux quand il s'agissait de transformer la vie domestique des sujets esclavisés, et l'expression de leur agentivité dans le contexte d'une structure coloniale totalement hostile.

L'architecture et la culture matérielle ont été étroitement mêlées aux nouvelles revendications de pouvoir et d'autorité, et à leur critique, dans le monde atlantique en cours de formation. En effet, la structure spatiale et le symbolisme historique associés à l'architecture néoclassique dans le monde atlantique des XVIIIe et XIXe siècles furent déployés pour envoyer des signaux différents à des publics différents. D'un côté, on peut voir en l'architecture néoclassique la matérialisation d'une idéologie d'individualisme et de liberté qui s'accorde avec les valeurs politiques des Lumières. D'un autre côté, les espaces néoclassiques ont

Family and Their Slaves : A Study in Historical Archaeology, Cambridge, Cambridge University Press, 1994.

28. J. Deetz, « Archaeology as social science », *American Anthropological Association Bulletins* 3, n° 3, 1970, p. 115-125 ; L. G. Ferguson, *Uncommon Ground, op. cit.* ; Maria Franklin, « The Archaeological and Symbolic Dimensions of Soul Food : Race, Culture and Afro-Virginian identity », dans C. Orser (dir.), *Race and the Archaeology of Identity*, Salt Lake City, University of Utah Press, 2001, p. 88-107 ; Adam R. Heinrich, « Some Comments on the Archaeology of Slave Diets and Importance of Taphonomy to Historical Faunal Analyses », *Journal of African Diaspora Archaeology and Heritage* 1, n° 1, 2012, p. 9-40 ; Kelly Kenneth et Diane Wallman, « Foodways of enslaved laborers on French West Indian plantations (18th–19th century) », *Afriques*, n° 5, 2014.

29. W. Battle-Baptiste, *Black Feminist Archaeology, op. cit.* ; M. Franklin, « The Archaeological and Symbolic Dimensions of Soul Food », *op. cit.* ; Barbara Heath et Amber Bennett, « "The little Spots Allow'd Them" : the Archaeological Study of African-American Yards », *Historical Archaeology* 34, n° 2, 2000, p. 38-55 ; Patricia Samford, *Subfloor Pits and the Archaeology of Slavery in Colonial Virginia*, Tuscaloosa, University of Alabama Press, 2007 ; L. A. Wilkie, « Secret and Sacred : Contextualizing the Artifacts of African-American Magic and Religion », *Historical Archaeology* 31, n° 4, 1997, p. 81-106.

été construits comme des technologies de discipline et de contrôle sociaux dont l'objectif était de ségréguer et d'homogénéiser les sujets selon leur race et leur classe. Dans les deux cas, l'architecture masqua les inégalités croissantes et l'expansion du pouvoir étatique. Les assemblages domestiques provenant de sites historiques font en outre apparaître le degré auquel ces idéologies étaient internalisées et acceptées (ou rejetées) plus largement à travers les communautés de sujets (libres et esclavisés). On peut donc utiliser ces assemblages comme indice du degré auquel la population « adhérait » aux valeurs politiques que matérialisaient les membres de l'élite à travers bâtiments et paysages, ce qui fournissait un contrepoint quotidien aux récits politiques qui étaient présentés en public.

Matérialiser la souveraineté dans le Royaume d'Haïti

La Révolution haïtienne introduisit une période de changement politique, pendant laquelle les anciens esclaves, les marrons et les *gens de couleur* libres s'unirent pour forger de nouvelles institutions politiques sur les ruines de la colonie de Saint-Domingue. Les chercheurs ont beaucoup travaillé pour tenter de définir la nature du leadership politique dans les décennies qui suivirent immédiatement cet événement mémorable[30]. On a aussi souvent interprété la Révolution haïtienne dans le contexte d'une histoire universelle de la liberté politique, une histoire fondée sur les principes de liberté et d'égalité épousés par la Révolution française (James 1938). Cependant, les expériences diverses d'ordre politique qui s'ensuivirent furent souvent de nature autocratique. En effet, lors des décennies suivantes, on établit peu d'institutions

30. Hubert Cole, *Christophe : King of Haiti*, Londres, Eyre & Spottiswoode, 1967 ; Jacques de Cauna, *Toussaint Louverture et l'indépendance d'Haïti. Témoignages pour un bicentenaire.* Paris, Karthala/Société Française d'Histoire d'Outre-Mer, 2004 ; *id.*, *Toussaint Louverture. Le grand précurseur*, Bordeaux, Éd. Sud-Ouest, 2012 ; Carolyn E. Fick, *The Making of Haiti : the Saint Domingue Revolution from Below*, Knoxville, University of Tennessee Press, 1990 ; David Patrick Geggus, *Slave Resistance Studies and the Saint Domingue Slave Revolt : Some Preliminary Considerations*, Miami, Latin American and Caribbean Center, Florida International University, 1983 ; C. L. R. James, *The Black Jacobins : Toussaint Louverture and the San Domingo Revolution*, Londres, Secker & Warburg, 1938 ; Leslie François Manigat, *Henry Christophe, Alexandre Pétion, en deux médaillons distincts : la politique d'éducation nationale du premier, la politique agraire du second*, Port-au-Prince, Média-Texte, 2007 ; Charles Moran, *Black Triumvirate : A Study of Louverture, Dessalines, Christophe, the Men who Made Haiti*, New York, Exposition, 1957.

politiques pour contrôler l'autorité du gouvernement ; et la paysannerie rurale fut pour l'immense majorité exclue de la participation civique et politique[31]. Ces facteurs révèlent l'apparition d'une distance paradoxale entre un *discours* de liberté politique et la *pratique* de l'autoritarisme, qui érigea les dirigeants haïtiens simultanément en libérateurs et dominateurs de la paysannerie rurale[32].

Le père fondateur du premier État haïtien indépendant, Jean-Jacques Dessalines, établit l'empire d'Haïti, qui fut de courte durée (1804-1806). Ses généraux le proclamèrent Empereur à Vie, et jurèrent « d'obéir aveuglément aux lois qui émanent de son autorité, la seule que nous reconnaissons »[33]. À la suite de son assassinat en 1806, une guerre civile déchira Haïti et aboutit à la création de deux États qui expérimentèrent des modèles politiques divergents. Dans la partie sud du pays, la République d'Haïti (1807-) embrassa les principes de la démocratie représentative, incarnés par un sénat et une présidence relativement faible[34] ; cependant cette république était structurellement organisée de façon à bénéficier à la classe d'une élite métisse et fortunée. Dans le nord d'Haïti, le projet politique lancé par Henry Christophe, qui était lui-même né esclave, forme un contraste intéressant.

Immédiatement après la révolution, Christophe fut nommé gouverneur du nord sous Dessalines. À la suite de l'assassinat de ce dernier, Christophe se déclara président de l'État d'Haïti (1807) et, en 1811, il se proclama Roi Henri 1er du Royaume d'Haïti, une monarchie héréditaire fondée sur les principes d'un gouvernement centralisé et fort[35]. Les historiens qui ont écrit au XIXe siècle décrivent aussi bien les qualités constructives du règne de Christophe, que l'oppression qui le caractérisa. Certains le dépeignent comme un roi bienveillant mû par le souci du bien-être de ses partisans[36], tandis que d'autres auteurs en font un despote porté à gouverner de manière autoritaire[37]. Quoi qu'il en soit, son royaume s'effondra en 1820, une chute qui constitua

31. Michel-Rolph Trouillot, *Haiti, State against Nation : The Origins and Legacy of Duvalierism*, New York, Monthly Review, 1990.
32. Doris L. Garraway, « Empire of Liberty… », art. cité.
33. *Ibid.*, p. 4.
34. Laurent Dubois, *Haiti : The Aftershocks of History*, New York, Holt, p. 62.
35. Doris L. Garraway, « Empire of Liberty… », art. cité.
36. Thomas Madiou, *Histoire d'Haïti*, Port-au-Prince, Éditions Henri Deschamps, 1989.
37. Beaubrun Ardouin, *Études sur l'histoire d'Haïti*, Paris, Dézobry, Magdeleine et Cie, vol. 8, 1858.

l'aboutissement de conflits incessants avec la république du sud, de l'imposition d'un embargo économique par de nombreuses nations étrangères et finalement, de son suicide.

Christophe institua toute une série de réformes politiques dans son territoire : il créa une bureaucratie d'État stable et une armée puissante, revigora la production rurale et établit des liens économiques formels avec des États-nations contemporains situés sur le pourtour atlantique. Le royaume était divisé en trois divisions administratives et six districts, et des fonctionnaires géraient et surveillaient l'agriculture rurale dans chaque zone[38]. À travers le royaume, le « Code Henry » mettait en œuvre un régime de travail strict qui cherchait à intensifier la productivité d'une paysannerie rurale en difficulté ; il avait par conséquent des ressemblances avec la société de plantation coloniale qu'il supplantait[39]. Par conséquent, la production agricole bondit et le royaume exportait chaque année 7 500 tonnes de sucre, 10 000 tonnes de café, 2 500 tonnes de cacao et 2 000 tonnes de coton[40]. En dépit des nombreux embargos imposés contre Haïti lors des premières décennies du XIXe siècle, les échanges commerciaux continuèrent. En 1811, le royaume avait importé pour 1 500 000 livres en biens britanniques[41] ; selon un auteur, dix navires marchands anglais, quarante-trois américains, dix danois et huit d'origines diverses accostèrent dans les ports du Royaume en 1817[42]. Si l'État de Christophe était une réussite, cela était dû pour une part non négligeable à sa capacité à établir son autorité politique dans le royaume, à stimuler la production et les échanges, et à normaliser les relations économiques avec des États contemporains tout autour de l'Atlantique.

Cette réussite dépendait aussi de l'utilisation d'un symbolisme royaliste qui garantissait son autorité politique. Christophe établit un système de pairie haïtienne fondée sur l'exemple européen féodal, auquel ne manquait ni crêtes héraldiques ni devises[43]. En la rejoignant,

38. P. Roux, *Almanac royal d'Hayti pour l'année*, Cap-Haïtien, Cap-Henry, 1816.
39. H. Cole, *Christophe*, *op. cit.*
40. C. Moran, *Black Triumvirate*, *op. cit.*, p. 131.
41. Clive Cheesman (dir.), *The Armorial of Haiti : Symbols of Nobility in the Reign of Henry Christophe*, Londres, College of Arms, 2007, p. 194.
42. Pompée Valentin Vastey, *An Essay on the Causes of the Revolution and Civil Wars of Hayti, Being a Sequel to the Political Remarks upon Certain French Publications and Journals Concerning Hayti*, Exeter, Western Luminary Office, 1923, p. cvii.
43. C. Cheesman (dir.), *The Armorial of Haiti*, *op. cit.*, p. 131 ; C. Moran, *Black Triumvirate*, *op. cit.*

on obtenait des terres et un titre de comte, duc ou baron, et chaque pair avait la responsabilité de gérer des secteurs et des régions administratives. En outre, il promulgua des associations symboliques avec des États d'Afrique de l'Ouest contemporains, tels que le Dahomey. Christophe entretenait une armée professionnelle appelée les « Royal Dahomets », qui s'occupait de veiller à l'application de sa politique dans le royaume[44]. Existait aussi la Société des Amazones, un corps militaire de femmes qui accompagnaient le roi et la reine lors des processions royales[45]. Ces deux institutions tiraient leur inspiration d'institutions militaires présentes dans le Royaume du Dahomey en Afrique de l'Ouest[46], ce qui était également le cas d'un certain nombre de forteresses qui portaient ce nom dans le royaume de Christophe[47]. On ne peut qu'être convaincu par John Thornton qui affirme que Christophe utilisait ces symboles de pouvoir pour séduire une population rurale essentiellement africaine qui connaissait bien les formes monarchiques de gouvernement[48]. Pour Doris Garraway, de tels symboles étatiques servaient à exprimer des revendications transnationales concernant l'égalité et les réalisations des Africains, un trope central de la politique révolutionnaire en Haïti[49]. Si on les considère globalement, on peut interpréter ces tactiques comme une série de stratégies royales symboliques destinées à établir l'hégémonie régionale du roi à travers son royaume, à affirmer des distinctions de statut au niveau local et à insérer Haïti dans la communauté globale des nations sur un pied d'égalité, les éléments clés de la création d'un État souverain tels qu'évoqués plus haut.

Cette expérimentation en matière de souveraineté haïtienne était intimement liée à des affirmations matérielles de pouvoir et d'autorité[50]. Henry Christophe était un constructeur passionné, ce qui lui valut le surnom populaire de *Roi bâtisseur*. Christophe construisit neuf palais

44. L. Dubois, *Haiti*, *op. cit.*, p. 62.
45. *Ibid.*
46. Stanley B. Alpern, *Amazons of Black Sparta : the Women Warriors of Dahomey*, New York, New York University Press, 1998.
47. T. Madiou, *Histoire d'Haïti*, p. 300.
48. John Thornton, « "I am the Subject of the King of Congo" : African Political Ideology and the Haitian Revolution », *Journal of World History* 4, n° 2, 1993, p. 181-214.
49. Doris L. Garraway, « Empire of Liberty… », art. cité.
50. M. R. Trouillot, *Silencing the Past : Power and the Production of History*, Boston, Beacon, 1995.

royaux et quinze forteresses (y compris la Citadelle Laferrière, une forteresse massive). Il défricha et rénova quinze plantations prérévolutionnaires dont il fit des sièges de pouvoir ruraux[51]. Le résultat des efforts architecturaux de Christophe est particulièrement visible aujourd'hui dans la ville de Milot. Milot fut occupée dès la période coloniale et cependant, cette ville se transforma radicalement sous le régime de Christophe. L'habitation Milot apparaît sur la carte de Phelippeau de 1786 et le géographe allemand Karl Ritter la décrivit à l'époque comme une « simple plantation »[52]. Selon Ardouin, Christophe y stationna des régiments militaires en 1802[53], et elle devint sa base d'opérations militaires jusqu'à l'indépendance en 1804. En 1806, Milot était une « petite ville » et « le lieu choisi par le général en chef [Christophe] pour sa résidence de campagne »[54]. Si l'on en croit Ritter, à son apogée la ville pouvait se flatter de comprendre 160 maisons et 500 résidents, dont la noblesse haïtienne qui résidait à Milot quand la cour de Christophe y était en résidence[55].

Le développement de Milot était étroitement lié aux activités de construction de Sans-Souci, le plus grand palais de Christophe et le siège de son pouvoir (ill. 1). Le complexe royal couvrait à peu près 13 hectares et selon Brown, lors de sa construction « les collines furent nivelées, on combla de profonds ravins et on perça des routes et des passages »[56]. Le complexe contenait de nombreux autres bâtiments : des résidences pour Christophe, la reine et l'héritier de la Couronne ; une garnison royale pour les Royal Dahomets, des résidences pour les plus hauts responsables de l'État et deux jardins très étendus. Le plan au sol et la façade du palais principal révèlent une stricte fidélité aux principes néoclassiques déjà mentionnés, soit la séparation, la symétrie bilatérale, le contrôle des mouvements à travers l'espace et l'utilisation d'éléments gréco-romains. Ces éléments ont valu à Sans-Souci

---

51. B. Ardouin, *Études sur l'histoire d'Haïti*, *op. cit.*, p. 447 ; Jacques de Cauna, « Mémoire des lieux, lieux de mémoire : toponymie du Parc Historique National », *Chemins Critiques* 1, n° 4, 1990, p. 125-140.
52. Karl Ritter, *Naturhistorische Reise Nach der Westindischen Insel Hayti*, Stuttgart, Hallberger, 1836, p. 78.
53. B. Ardouin, *Études sur l'histoire d'Haïti*, *op. cit.*, p. 369, 458.
54. Condy Raguet, « Memoirs of Hayti, Letter XX », *The Port Folio* 5, n° 1, 1811, p. 408-418, p. 409.
55. K. Ritter, *Naturhistorische Reise*, *op. cit.*, p. 78.
56. J. Brown, *The history and present condition of St. Domingo*. Philadelphia, W. Marshall, 1837, p. 187.

« la réputation d'avoir été un des édifices les plus magnifiques des Indes Occidentales[57] », que l'on décrivait comme un véritable Versailles des Caraïbes en raison de sa splendeur.

Ill. 1. Vue aérienne du bâtiment principal du palais à Sans-Souci, façade donnant au sud-est.

Vergniaud Leconte attribue la conception et l'édification du palais à l'architecte Chéri Warloppe[58], mais les historiens ne s'accordent pas sur l'histoire de la construction du complexe palatial dans son ensemble[59]. Selon des traditions orales souvent citées, le palais aurait été construit rapidement entre 1811 et 1813[60], au début du règne du roi Christophe. La chronologie de sa construction est cependant plus compliquée. Le récit qu'en fait Norbert Thoret, qui assista à la

57. *Ibid.*, p. 186.
58. Vergniaud Leconte, *Henri Christophe dans l'histoire d'Haïti*, Paris, Berger-Levrault, 1931, p. 273.
59. Pour une discussion complète des sources, voir Gauvin Alexander Bailey, *Der Palast von Sans-Souci in Milot, Haiti (ca. 1806-1813) : das Vergessene Potsdam im Regenwald*, Berlin, Deutscher Kunstverlag, 2017.
60. *Ibid.*, p. 75.

Révolution et à ses conséquences, indique qu'en 1804 Christophe s'était déjà construit une « superbe maison » à l'Habitation Milot[61]. Pour l'historien du XXe siècle Vergniaud Leconte, ce bâtiment aurait été situé sur le site que l'on nomma plus tard le *palais de la reine*[62]. Dans la *Gazette officielle* de Christophe (n° 4, 1809), on trouve en outre l'information selon laquelle, après deux ans de présidence (en 1809), il résidait déjà à son « nouveau » palais de Sans-Souci, ce qui laisse penser que cette structure et le *palais de la reine*, visible aujourd'hui, n'étaient qu'un seul et même bâtiment. La date de fin de construction du reste du complexe est également quelque peu ambiguë. Pour Leconte, le palais aurait été terminé en 1813, deux ans après le début du règne de Christophe[63]. Cependant Karl Ritter, qui visita le site pendant et après le règne de Christophe, affirme que le palais ne fut terminé qu'en 1817. Que la fin de la construction ne soit intervenue qu'à cette date tardive ou que le palais ait subi d'importantes rénovations après sa construction, il était clairement occupé et régulièrement utilisé pour des événements publics lors des premières années du règne de Christophe.

Dans la première publication consacrée à l'architecture du site, l'historien de l'architecture Gauvin Bailey décrit Sans-Souci comme un exemple du « classicisme baroque sobre de la période de la Régence et de Louis XV » ; et il considère qu'il a probablement été inspiré par le Palais de la Malgrange de Germain Boffrand en Lorraine[64] (ill. 2). Bailey souligne l'utilisation de l'ordre dorique et d'escaliers monumentaux à l'avant et à l'arrière du palais, ce qui indique une architecture cherchant à produire une impression de puissance. Il s'intéresse aussi au formalisme néoclassique du jardin de Christophe, qui se révèle à travers de multiples terrasses, une fontaine centrale et un bassin royal, des traits qui caractérisaient l'architecture des jardins autour du monde atlantique aux XVIIIe et XIXe siècles[65]. Cependant, alors que la conception du palais et des dépendances était fidèle au formalisme néoclassique, l'ensemble du complexe royal ne respecte pas strictement les règles de

61. J.-C. Nouët, C. Nicollier et Y. Nicollier, *La vie aventureuse de Norbert Thoret dit « L'Americain »*, Paris, Éditions du Port-au-Prince, 2013, p. 47.
62. V. Leconte, *Henri Christophe*, *op. cit.*, p. 338.
63. *Ibid.*, p. 349.
64. G. A. Bailey, *Der Palast von Sans-Souci*, *op. cit.*, p. 117.
65. Denis E. Cosgrove, *The Palladian Landscape : Geographical Change and its Cultural Representation in Sixteenth-Century Italy*, Leicester, Leicester University Press, 1993 ; M. P. Leone, « Interpreting Ideology in Historical Archaeology », *op. cit.*, p. 25-35, p. 383.

la conception cartésienne et du nombre d'or[66]. Par conséquent, Sans-Souci voulait s'inscrire dans l'esthétique architecturale du pouvoir qui dominait le monde atlantique à l'époque ; et pourtant ses concepteurs abandonnèrent le type d'impact visuel que promouvaient les strictes règles palladiennes de la perspective telles qu'appliquées à la conception d'un environnement paysager, pour réaliser un paysage architectural loyal envers la topographie naturelle.

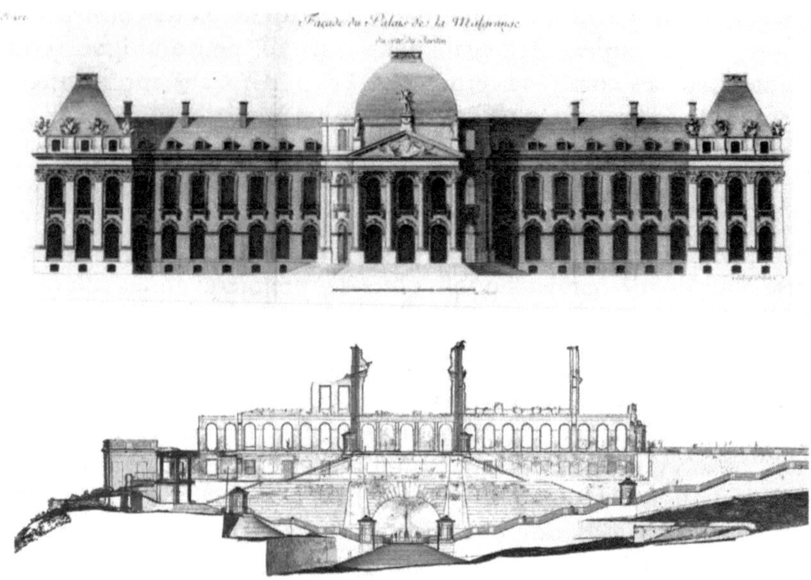

Ill. 2. En haut, la façade côté jardin du Palais de la Malgrange (1712-1715), tirée de Boffrand, *Livre d'architecture*. En bas, élévation de la façade du palais de Sans-Souci résultant de l'utilisation du LIDAR terrestre (scanner 3-D).

Et cependant alors même que l'assemblage architectural révélait à travers des indices frappants qu'Haïti faisait désormais partie de la communauté moderne des nations, les objets qui animaient la vie matérielle au palais de Sans-Souci allaient dans le même sens sur une moindre échelle. Kark Ritter, qui visita le palais huit jours après la mort de Christophe, l'effondrement du royaume et le pillage du palais royal, décrivit les vestiges éparpillés de cet assemblage matériel :

66. Knute Brinchmann, Eddy Lubin, Giselle Hyvert et Herold Gaspard, *Sans Souci : 1984 and 1985*, rapport soumis à l'Institut de sauvegarde du Patrimoine national, Haïti, Cap-Haïtien, 1985.

Tout le premier étage contenait de très nombreuses salles, richement décorées au *goût européen.* Nous fûmes surpris de l'état de dévastation des lieux. Il n'était pas rare d'avoir à marcher sur de belles draperies ou les débris de miroirs. Le mobilier était d'acajou, les fenêtres couvertes de rideaux de soie et le sol poli. Ce fut là que je vis des fenêtres pour la première fois depuis que j'étais arrivé dans le pays ; je remarquai même quelques vitraux [*Glasmalereien*] dans les appartements[67].

Ainsi, la culture matérielle, et en particulier le « goût européen » en matière de culture matérielle, joua un rôle important dans l'accentuation de la grandeur de la cour royale.

À Sans-Souci apparaît très nettement le goût de la culture matérielle britannique. Des artistes anglais reçurent commande de portraits de la famille royale ; et l'artiste bien connu Richard Evans dépeint Christophe dans une tenue du style de la Régence anglaise[68]. Des services de table marqués du sceau royal furent commandés à la manufacture de porcelaine anglaise Spode. Un article publié en 1811 dans le *Evening Mail* décrit un chargement extraordinaire d'objets destinés à la cour qui fut confisqué par les douanes britanniques car sa valeur totale avait été sous-représentée :

Saisie d'objets royaux de Christophe

La saisie effectuée par les douanes il y a quelque temps, des articles de valeur qui étaient destinés à l'*Empereur* d'Haïti, a suscité beaucoup de curiosité. Une liste en a été réalisée, dont vous trouverez plus bas une copie :

1. Une couronne, sertie de diamants, rubis et émeraudes.
2. Un étui contenant deux pectoraux, et une paire de boucles d'oreilles, sertis de diamants et d'émeraudes.
3. Un étui contenant une coupe en or.
4. *Idem*, contenant un plateau en or.
5. *Idem*, contenant des diamants et des rubis.
6. Un petit support en filigrane d'or serti d'améthystes.
7. Une paire d'éperons en or.
8. Un panache d'or et d'argent, serti de rubis, d'améthystes et de topazes.

67. K. Ritter, *Naturhistorische Reise*, *op. cit.*, p. 77-79, cité et traduit par G. A. Bailey, *Der Palast von Sans-Souci*, *op. cit.*, p. 88-89, c'est moi qui souligne.
68. G. A. Bailey, *op. cit.*, p. 27.

9. Une petite couronne d'or.
10. Une rangée de perles de galets et de glands.
11. Un collier en diamant.
12. Une rangée de perles de galets et un crucifix.
13. Un cristal, avec gland et relique.
14. Une boîte contenant divers objets en or et diamant, épingles, broches, boucles d'oreilles, croix et montres.
15. Sept tiares en diamant.
17, 18, 19 et 20. Médaillons, épingles et bagues en diamant[69].

Le désir de posséder de tels biens révèle leur importance lorsqu'il s'agit d'établir un sentiment de distinction de statut et d'implication internationale dans le Haïti postrévolutionnaire[70]. McIntosh et Pierrot, en citant les annonces contenues dans les journaux britanniques qui faisaient connaître les commandes de biens britanniques par les Haïtiens, sont cependant allés jusqu'à affirmer que la consommation ostentatoire de biens issus de la culture matérielle britannique était en particulier liée à une campagne de relations publiques ingénieuse destinée à susciter l'appui de la population anglaise alors qu'Haïti cherchait à faire reconnaître sa souveraineté[71]. Ainsi la culture matérielle fut-elle mise à contribution lors des tentatives d'obtenir reconnaissance et soutien au niveau international.

L'adoption de motifs architecturaux néoclassiques et d'une culture matérielle importée est particulièrement révélatrice lorsqu'on cherche à comprendre à quel point les choses ont été complices des affirmations de la souveraineté haïtienne sous la monarchie haïtienne. En embrassant cet assemblage de symboles matériels, Henry Christophe et sa cour adoptèrent le langage matériel du pouvoir en Europe et dans ses colonies. C'était une façon de revendiquer à la fois l'indépendance et l'égalité au niveau international tout en affirmant le pouvoir et l'autorité du roi au sein de son État naissant. Et cependant, nous ne disposons que de maigres sources documentaires dans les archives historiques pour comprendre le développement de cette suite de pratiques matérielles, et il en va de même lorsque nous voulons évaluer le degré

69. *Evening Mail*, vendredi 13 décembre 1811.
70. H. Cole, *Christophe*, *op. cit.* ; Tabitha McIntosh et Grégory Pierrot, « Capturing the Likeness of Henry I of Haiti (1805-1822) », *Atlantic Studies* 14, n° 2, 2007, p. 127-151.
71. T. McIntosh et G. Pierrot, art. cité.

auquel cette idéologie pénétrait la sphère domestique. Les recherches archéologiques, dont je vais rendre compte plus bas, commencent à combler les manques de notre compréhension de ces processus et elles révèlent comment la culture matérielle européenne et les traditions afro-caribéennes se trouvèrent rassemblées dans les espaces domestiques de l'élite pendant les années qui séparèrent la révolution du couronnement du second monarque haïtien.

La recherche archéologique à Sans-Souci

Au début des années 1980, l'ISPAN (Institut de sauvegarde du patrimoine national, une institution haïtienne), mena avec l'UNESCO une enquête architecturale approfondie à Sans-Souci pour préparer son inscription au patrimoine mondial, et neuf zones majeures de restes architecturaux visibles datant de la période royale furent alors repérées (ill. 3). L'analyse archéologique de ces structures donnait à penser que des changements radicaux s'étaient produits au fil du temps, comme si Sans-Souci résultait d'au moins deux épisodes de construction majeurs. Les tests archéologiques préliminaires menés par l'ISPAN dans les années 1980 ciblèrent la *cour caimitier*, une longue plateforme qui s'étend d'est en ouest à travers le paysage du palais et atteint le bâtiment principal du palais à l'est, et le *palais des ministres*, une longue structure comportant de nombreuses pièces alignées le long du bord sud de la *cour caimitier* (ill. 3). Les fouilles menées par l'ISPAN dans le *palais des ministres* permirent de repérer les murs d'une seconde structure comportant de multiples pièces et un escalier associé, à laquelle je ferai référence à partir de maintenant comme à la phase initiale de construction (EPB), en dessous de la phase finale de construction (ill. 4). Cette structure s'étendait sous la *cour caimitier* et semble avoir été construite dans l'alignement du *palais de la reine* au nord-ouest, ce qui laisse penser que les deux bâtiments appartenaient à un plan du site unifié antérieur à la phase royale de la construction.

En 2015, le Projet archéologique Milot, un projet de recherche collaboratif lancé par l'Université de Californie à Santa Cruz, le Bureau national d'ethnologie (BNE), le Musée du Panthéon national haïtien (MUPANAH) et l'ISPAN, permit d'entamer de nouvelles enquêtes et de nouvelles fouilles à Sans-Souci. Ces fouilles avaient pour but d'estimer la chronologie de la construction du site et de parvenir à savoir si les structures visibles avaient été édifiées dans le cadre d'un plan unifié ou, plutôt, si elles représentaient une évolution organique du site au fil du temps. En outre, nous avons essayé de retrouver des échantillons de culture matérielle domestique dans chaque phase architecturale identifiée afin qu'ils fournissent des informations sur les pratiques de consommation à Sans-Souci au fil du temps. Cette recherche s'est concentrée sur deux zones du site : le *palais des ministres* (zone A) et le *palais de la reine* (zone B) (ill. 3). Prises dans leur ensemble, ces fouilles ont confirmé l'existence de trois phases d'occupation au-dessous des structures datant de l'époque royale. Celles-ci incluent (1) une phase d'occupation taino datant de la période des premiers contacts, (2) une phase d'occupation datant des années immédiatement postérieures à la révolution et (3) une phase architecturale datant des premières années où Christophe était au pouvoir. La suite de l'article présentera la chronologie architecturale du site telle que l'ont révélée les fouilles et les pratiques de consommation matérielle qui avaient cours derrière les murs du palais, ce qui mettra en lumière à quel point la recherche archéologique contribue à notre connaissance de la construction de l'État à Haïti au début du XIXe siècle.

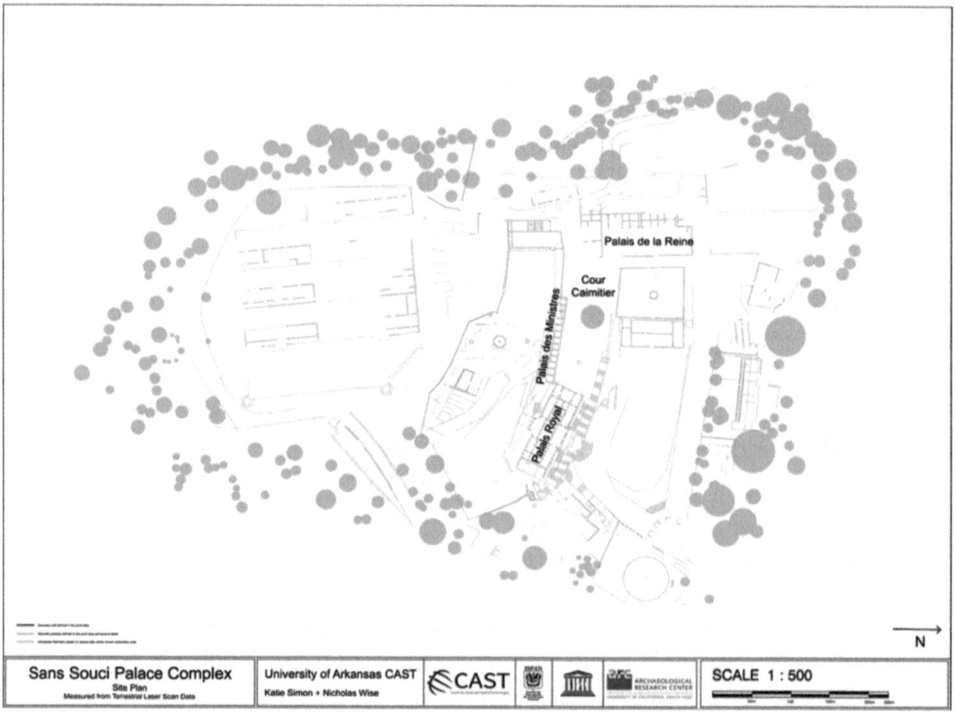

Ill. 3. Le plan de Sans-Souci, tiré du LIDAR terrestre (scan 3-D).

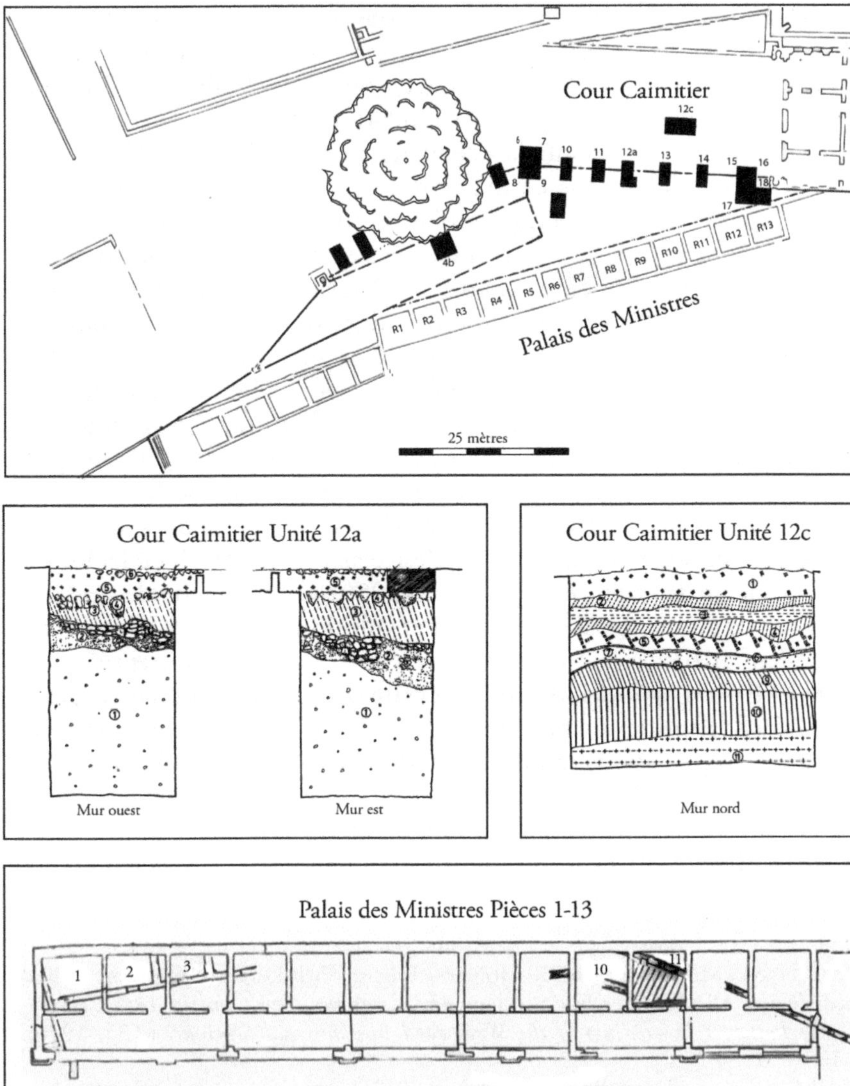

Ill. 4. Fouilles dans la *cour caimitier* et le *palais des ministres* à l'initiative de l'ISPAN dans les années 1980. En haut, le plan des unités de fouilles identifiées. Au milieu, profils des unités de fouilles 12a et 12c dans la *cour Caimitier* révélant un profond remblai. En bas, le plan du palais des ministres qui révèle une phase archéologique préalable en dessous.

La chronologie architecturale

En 2015, 2016 et 2018, nous avons rouvert les fouilles de l'ISPAN dans cinq pièces du *palais des ministres* (zone A) : les pièces 1, 2, 3, 10 et 11. Dans les pièces 1, 2 et 3 (zone A1) (fig. 5), les fouilles de l'ISPAN cherchaient seulement à repérer les fondations des murs, et par conséquent des portions substantielles de matériau stratifié avaient été laissées intactes. Les fouilles dans ce matériau furent entamées au niveau du sol de la phase de construction la plus récente et révélèrent une phase stratigraphique complexe incluant des phases multiples de construction et d'occupation. Juste en dessous du sol des trois salles, nous avons identifié des couches de pierre, de brique et d'un remblai de mortier de construction déposé sur un simple sol de mortier qui atteignait les murs de l'EPB. En dessous de ce sol, nous avons identifié des couches stratifiées de déchets ménagers remplies d'artefacts, de plus d'un mètre d'épaisseur. Ce matériau passait sous les fondations de l'EPB et par conséquent lui était antérieur ; il contenait des tessons de faïence fine aux bords festonnés où étaient imprimées des lignes droites. La production de ce style de faïence fine s'est étalée entre 1805 et 1830, ce qui fournit un *terminus post quem* de 1805[72]. Cette couche de déchets ménagers est donc postérieure à la révolution et correspond à une période antérieure à la construction sur une large échelle (représentée par le EPB) à Sans-Souci. Au fond de cette couche de déchets ménagers, nous avons identifié un petit mur de cailloux qui s'étendait à travers les pièces 1 et 2 (W45), au-dessus duquel le mur sud (W5) de l'EPB avait été construit. Cette couche de déchets ménagers reposait sur une couche de sable limoneux qui ne contenait pas d'artefacts[73]. Les fouilles de 2018 firent apparaître un mur de soutènement en pierre et un passage couvert de mortier situé au sud de l'EPB et parallèle à lui.

72. George L. Miller et Richard R. Hunter, « English Shell-Edged Earthenware : Alias Leeds Ware, Alias Feather Edge », dans *The Consumer Revolution in 18th Century English Pottery : Proceedings of the Wedgwood International Seminar*, n° 35, 1990, p. 107-136.

73. Il faut noter que lors de nos fouilles de 2017, nous avons poussé les recherches de la salle 1 en dessous du niveau de ce que nous estimions être un sable stérile. Ces fouilles ont révélé une autre couche de déchets ménagers qui contenait des fragments de fer, des os de bétail et de la poterie autochtone *meillacoide* datée du IXe au XVIe siècle. Ce matériau dénote la présence d'une occupation autochtone qui aurait pris fin au moment de la période de contact. Malheureusement, nous n'avons trouvé ce matériau qu'au dernier jour des fouilles en 2017, et il fut scellé et recouvert en prévision de fouilles ultérieures.

Ill. 5. Vues des fouilles du MAP (Projet Archéologique Milot) au *palais des ministres*, zone A1. En haut, vue prise du sud-est de la première phase de construction (EPB) sous les pièces 2 et 3 du *palais des ministres*. En bas, vue prise du sud du passage parallèle à l'EPB sous la pièce 3 du *palais des ministres*.

Nos fouilles dans la zone A1, par conséquent, révèlent que l'EPB et le passage qui y est associé ont été construits sur une décharge de déchets ménagers déposés après 1805. Cette organisation linéaire de pièces en forme de cellules, flanquée d'un long passage au sud, est par conséquent analogue, sur le plan architectural, au *palais des ministres* construit au-dessus, ce qui permet d'en déduire que ces bâtiments ultérieurs n'étaient que la version modifiée d'un plan existant. Nous ne pouvons encore déterminer de manière décisive si l'EPB date de la période de la présidence de Christophe (1807-1810) ou de celle de son règne en tant que roi (1807-1820). Dans la mesure où les sources historiques nous laissent penser que le lancement de la construction sur une large échelle et la transformation du paysage ne commencèrent qu'en 1810, un an avant le couronnement de Christophe, il est probable que l'EPB date de cette période. Selon cette chronologie, la couche de déchets ménagers située en dessous daterait des années 1805 à 1810, soit les premières années de consolidation politique après la révolution.

En 2018, en outre, nous rouvrîmes les fouilles de l'ISPAN dans les pièces 10 et 11 (zone A2) où nous identifiâmes d'autres éléments d'une séquence architecturale analogue (ill. 6). Les fouilles de l'ISPAN dans les années 1980 avaient fait apparaître un mur de pierre et un escalier dans chaque pièce. Notre propre travail dans ces pièces en 2018 consista à nettoyer l'érosion post-fouille et les déchets modernes accumulés, puis à entamer des fouilles dans le matériau qui n'avait pas été perturbé et était associé à ces traits. Une fois le nettoyage accompli, nous avons identifié une séquence stratigraphique semblable à celle que nous avions identifiée dans la zone A1. Dans la salle 10, par exemple, nous avons identifié un sol de mortier associé à la phase finale de la construction du *palais des ministres*. Ce sol scellait presque un mètre de débris de construction, qui lui-même constituait le plafond d'un mur de soutènement antérieur d'une terrasse pavée de plâtre et qui s'étendait au nord, sous la *cour caimitier* et vers l'est, pour aboutir à la salle 11. Dans la salle 11, en outre, nous avons pu déterminer que l'escalier de la salle était légèrement incurvé et montait d'est en ouest pour atteindre la terrasse identifiée dans la salle 10.

Comme les éléments architecturaux découverts dans la zone A1 à l'ouest, ces structures semblent avoir servi de précédents pour la phase finale de construction à Sans-Souci. Par exemple, l'escalier qui monte vers la surface pavée de portier dans les pièces 10 et 11 trouve une analogie commode dans l'entrée sud du palais lui-même, même s'il s'agit d'une échelle bien plus petite. En outre, l'angle de l'intersection produit par les murs des deux structures datant de la première phase de construction dans les zones A1 et A2 (153°) est semblable à l'angle produit par le *palais des ministres* ultérieur et la façade sud du palais royal (163°). On peut en déduire que l'escalier identifié menait peut-être à une construction palatiale antérieure sur le site, qui aurait été couverte lors de la construction de la *cour caimitier*. La phase finale de la construction, la phase royale, a donc étendu un plan et des principes de conception généraux qui étaient déjà bien établis à Sans-Souci dès le début de la présidence de Christophe.

En 2017 nous avons entamé de nouvelles fouilles dans le soi-disant *palais de la reine* (zone B) pour tester l'hypothèse selon laquelle ce

Ill 6. Vues des fouilles MAP du *palais des ministres*, zone A2. À gauche, vue de la plateforme identifiée sous la salle 10 (prise à partir du sud). À droite, vue de l'escalier de pierre et de brique découvert sous la salle 11 (prise à partir du sud).

bâtiment était contemporain de l'EPB en zone A et peut-être du palais initial de Christophe sur le site. Les fouilles d'un carré (AS24) firent apparaître une petite section de l'intérieur du bâtiment. Les fouilles menées à travers trois carrés (AS24, AT24 et AT23), cependant, ont révélé les piliers d'une arcade extérieure, reliés par un seuil en briques qui s'étendait le long du côté est du *palais de la reine* (ill. 7). Lorsqu'on prend en compte toutes ces informations, on constate que cette organisation confirme la représentation visuelle du bâtiment proposée par Karl Ritter, publiée en 1836 ; cette dernière montre trois arches qui forment l'entrée de cette arcade. En outre, nos fouilles ont révélé les restes d'un sol en carreaux d'argile et mortier qui s'étendait à la fois à travers l'arcade et l'intérieur du bâtiment, et s'étendait également à l'extérieur à un patio situé à l'est. En menant des fouilles dans le matériau du sol de l'arcade et du patio extérieur, nous avons découvert les fondations d'un deuxième mur. Cette fondation se trouve juste à l'est du seuil de l'arcade en briques et des piliers de pierre qui lui sont associés, et ces deux éléments divergent de 1,5 degré. Cette fondation représente par conséquent une structure précédente, qui a peut-être été abattue pendant la construction du *palais de la reine*. En 2018, nous avons étendu les fouilles à deux unités au nord (les carrés AT21 et AT22), ce qui a permis de faire apparaître une séquence stratigraphique presque identique. Dans le carré AT22 nos fouilles ont permis d'identifier une autre structure précédente dont la fonction n'est pas connue et qui était positionnée dans l'alignement de la fondation décrite ci-dessus (ill. 8).

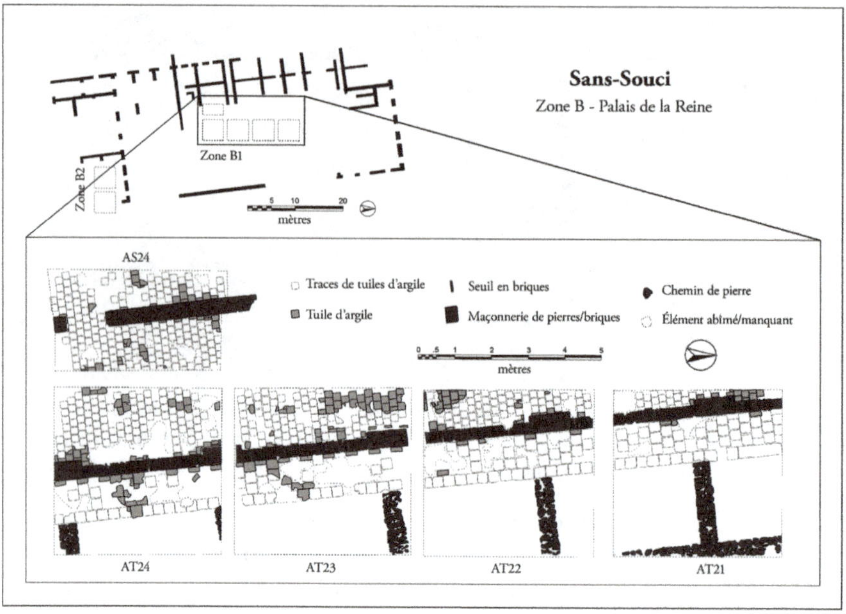

Ill. 7. Plan des fouilles MAP dans le *palais de la reine*, zone B1, montrant le seuil de l'arcade et les piliers, les sols de carreaux d'argile dans toute la structure et la voie destinée aux chariots s'étendant au sud à partir d'un patio extérieur.

Ill. 8. Vue des fouilles MAP dans le *palais de la reine*, zone B1. À gauche, vue de la fondation d'un mur dans les carrés AT21 et AT22 situés sous le patio extérieur de la période de construction royale (prise à partir du nord). À droite, vue d'une phase antérieure de construction dans le carré AT22 qui s'étend sous le patio extérieur et la voie destinée aux chariots du bâtiment datant de la période royale de construction (prise à partir de l'est). Notez la surface naturellement rocheuse au fond des deux unités de fouille.

Cette fondation précédente avait été creusée dans une couche de remblai de construction composé d'un mélange de terre, pierre, brique cassée, fragments de tuile de toit, carreaux d'argile et de marbre blanc, et d'une série de types d'artefacts qui s'étendaient à travers toutes les unités. L'assemblage des artefacts retrouvés dans cette couche était essentiellement identique à celui qui avait été recueilli dans le dépôt de déchets ménagers de l'époque de Christophe dans la zone A, et cependant la fréquence élevée de débris fragmentaires structurels nous conduit à penser qu'un bâtiment existant avait été abattu à proximité au cours du processus de nivellement de la zone. Dans ce remblai a aussi été recueillie la même faïence fine révélatrice aux bords festonnés et aux lignes droites imprimées identifiée dans le dépôt de la zone A. Par conséquent, le remblai sur lesquels les deux bâtiments de la zone B ont été construits doit dater d'après 1805. Ainsi le *palais de la reine* lui-même ne peut avoir été construit en même temps que le EPB dans la zone A ; cependant, la structure précédente qui a été identifiée aurait très bien pu l'être. Vergniaud Leconte a écrit que le premier bâtiment de Christophe était en fait situé sur le site du *palais de la reine*[74] et il est possible que nous ayons identifié la « superbe demeure » décrite par Norbert Thoret[75]. Tout ceci pour dire qu'en une décennie de construction, Christophe parvint à refaçonner le paysage de Sans-Souci au moins trois fois, ce qui nous laisse penser que l'utilisation de ces outils architecturaux du pouvoir évolua et s'étendit au fil du temps et qu'elle s'appuya sur un plan général qui était déjà bien établi.

Assemblages domestiques

Les assemblages d'artefacts retrouvés dans ces contextes nous permettent de commencer à caractériser les aspects matériels de la vie quotidienne à Sans-Souci dans la période s'étendant de la Révolution à la royauté (1805-1810). Les fouilles menées dans les zones A et B ont abouti au recueil de plus de 14 000 artefacts, comprenant des objets de fer, de céramique, de verre, d'os animal, de cuivre, de plomb et de pierre. Le matériau domestique retrouvé dans les dépôts de déchets ménagers et les remblais de construction des zones A et B peuvent donc nous en dire beaucoup au sujet du commerce international, de la production locale et des traditions culturelles lors de la période séparant la révolution du début de l'activité de construction monumentale à Sans-Souci en 1810.

74. V. Leconte, *Henri Christophe*, *op. cit.*, p. 338.
75. J.-C. Nouët, C. Nicollier et Y. Nicollier, *La vie aventureuse de Norbert Thoret*, *op. cit.*, p. 47.

La quantité et la diversité de la céramique importée dans cet assemblage sont remarquables, surtout si l'on prend en compte les nombreux embargos commerciaux qu'Haïti dut subir dans les années qui suivirent 1804 (ill. 9). Un aspect intéressant de cet assemblage de céramiques est la présence d'un grand nombre de faïences françaises de la fin du XVIIIe siècle et de poteries vitrées au plomb, qui représentent approximativement 30 % de l'assemblage. Il est possible que des services de céramique française aient été récupérés dans d'anciens sites coloniaux et réutilisés à Sans-Souci. De telles stratégies de recyclage sont bien connues lorsqu'on étudie le matériel militaire et l'artillerie, en particulier les canons français[76]. En outre, au cours de la construction de la Citadelle, le général Christophe ordonna à un colonel d'envoyer des travailleurs agricoles récupérer des briques dans des plantations abandonnées de la Plaine du Nord[77]. On considérait que de tels sites représentaient des gisements de ressources qui pourraient être réutilisées au sein de la nouvelle organisation politique, et il n'est pas inconcevable que des objets quotidiens comme de la vaisselle de table aient aussi été récupérés de sites de plantations françaises, peut-être de l'Habitation Milot elle-même.

Ill. 9. Artefacts en céramique issus des fouilles MAP à Sans-Souci. À gauche, poterie domestique. *A-B*, poterie vitrée au plomb ; *C-D*, objets en grès ; *E-G*, faïence française (faïence émaillée) ; *H-I*, faïence blanche anglaise ; *J-M*, faïence fine anglaise ; *N-P*, poterie tournée grossière non vitrée ; *Q-T*, poterie afro-caribéenne faite à la main. À droite, pipes à tabac produites localement avec de courtes tiges géométriques.

76. Monique Rocourt, *La Citadelle Henry. Édition Haiti. Histoire & Culture*, Port-au-Prince, Logo Plus, 2009, p. 149.
77. G. A. Bailey, *Der Palast von Sans-Souci*, *op. cit.*, p. 73.

En outre, de la céramique anglaise raffinée est aussi visible dans cet assemblage. On remarque une petite proportion (14 % de l'assemblage) de faïence blanche et de faïence fine anglaises. De même, une analyse en cours des poteries grossières produites industriellement (18 % de l'assemblage) nous conduit à penser que 72 % d'entre elles appartiennent à un type de poterie qui était manufacturé à Londres[78]. Haïti chercha activement à étendre le commerce avec la Grande-Bretagne *via* les ports jamaïcains dans cette période et Julia Gaffield a décrit un commerce clandestin avec des ports coloniaux tels que Curaçao et St. Thomas[79]. La poterie anglaise retrouvée lors des fouilles des zones A et B semble confirmer ces opportunités de commerce avec l'Angleterre. Lorsqu'on prend en compte l'assemblage dans son ensemble, on constate qu'il ne comprend pas de pièces assorties et que l'ensemble est tout à fait hétérogène, ce qui conduit à penser que ces objets étaient arrivés au palais soit par le biais d'une opportunité commerciale soit par des moyens clandestins. Quoi qu'il en soit, cette préférence précoce pour la culture matérielle anglaise constitue un important précédent quand on évalue les efforts déployés pendant le règne de Christophe en tant que Roi pour étendre le commerce avec l'Angleterre.

Enfin, des céramiques produites sur place, d'inspiration nettement afro-caribéenne, ont été identifiées durant nos fouilles. Tout d'abord, l'assemblage comprenait un certain nombre de pipes produites sur place (ill. 9). Les pipes à tabac produites en Angleterre ou en Hollande étaient réalisées dans un argile kaolin révélateur qui devient d'un blanc éclatant quand la pipe est allumée. Approximativement 71 % des pipes retrouvées rentrent dans cette catégorie. Les autres pipes furent réalisées en argile locale brune et se caractérisaient par des formes que l'on ne rencontre pas dans les exemples européens. Ces pipes étaient aussi largement couvertes de décorations comme des estampilles, et ponctuées de minces lignes d'incisions. Un certain nombre de ces pipes étaient façonnées selon des formes géométriques à facettes et toutes étaient de la variété à tige courte. On trouve communément les pipes à tige courte lors de la période de contact dans des contextes africains de l'ouest et on en retrouve parfois sur des sites afro-caribéens[80]. Ce qui

78. Jillian Gale, communication personnelle, 2018.
79. Julia Gaffield, 2015. *Haitian Connections in the Atlantic World : Recognition after Revolution*, Chapel Hill, University of North Carolina Press, 2015.
80. Jerome Handler, « An African pipe from a slave cemetery in Barbados, West Indies », dans P. Davey (éd.), *The Archaeology of the Clay Tobacco Pipe. VIII. America*,

indique qu'après la Révolution survivaient en Haïti des traditions de consommation du tabac d'inspiration africaine. En outre, nous avons trouvé dans les deux zones (34 % de l'ensemble des céramiques, ill. 9 *Q-T*) un grand nombre de récipients de cuisson globulaires faits à la main et cuits à bas feu, en argile renforcé de sable et décorés d'anses festonnées. Ces récipients sont semblables en tout point aux objets dérivés de traditions de poterie africaines que l'on trouve à travers les Caraïbes ; on peut en déduire que les traditions de la cuisine à Sans-Souci tiraient leur source de cette culture afro-caribéenne. En dépit de l'adoption du « goût européen » sur une large échelle en matière d'architecture et d'artefacts, la poterie et la fabrication de pipes fournissent une preuve nette de la persistance de traditions locales d'inspiration africaine dans les premières années d'occupation du site après la Révolution.

Le style de ces récipients de cuisson nous livre des informations, mais ce qu'ils contenaient nous en apporte d'autres, même plus importantes encore. Les archéologues ont noté que les assemblages fauniques associés à la diaspora africaine se caractérisent par de nombreuses marques de coups de hachoir et une fragmentation générale, ce qui indique un régime essentiellement à base de ragoûts, de même qu'une diversité d'espèces bien plus grande, y compris une prévalence d'animaux sauvages[81]. Nos fouilles ont permis d'inventorier presque 1 300 fragments d'os, dont 463 spécimens retrouvés dans le dépôt de déchets ménagers ont été identifiés par David Ingleman[82]. Cet assemblage faunique nous laisse penser que les occupants du site se fournissaient à partir d'une base faunique large (ill. 10).

Oxford, BAR International Series, 1983, p. 245-254 ; J. C. Monroe, *Negotiating African-American Ethnicity in the Seventeenth-Century Chesapeake : Colono Tobacco Pipes and the Ethnic Uses of Style*, Oxford, Archaeopress, 2002 ; Paul Ozanne, *TobaccoPpipes of Accra and Shai*, Legon, University of Ghana, 1964.

81. M. Franklin, « The Archaeological and Symbolic Dimensions of Soul Food », *op. cit.* ; A. R. Heinrich, « Some Comments on the Archaeology of Slave Diets », art. cité ; L. McKee, « Food Supply and Plantation Social Order : an Archaeological Perspective », dans T. A. Singleton (dir.), « *I, too, Am America* », *op. cit.*, p. 218-239.

82. D. Ingleman, « The Vertebrate Archaeofauna of Sans-Souci », art. cité. Voir aussi J. C. Monroe, « New Light from Haiti's Royal Past : Recent Archaeological Excavations in the Palace of Sans-Souci, Milot », *Journal of Haitian Studies* 23, n° 2, 2017, p. 5-31.

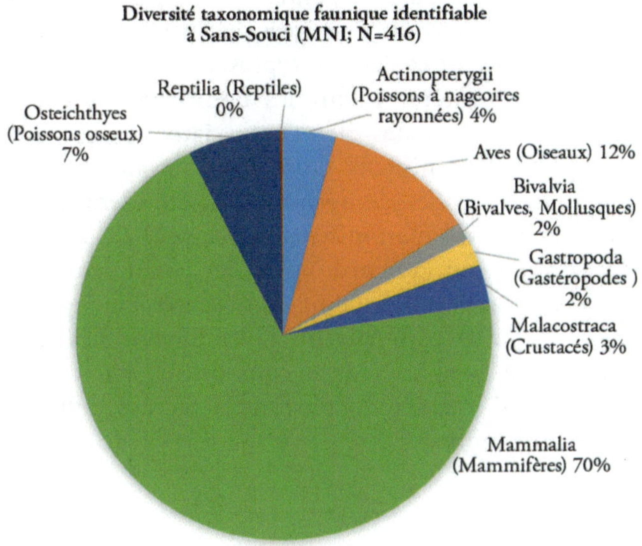

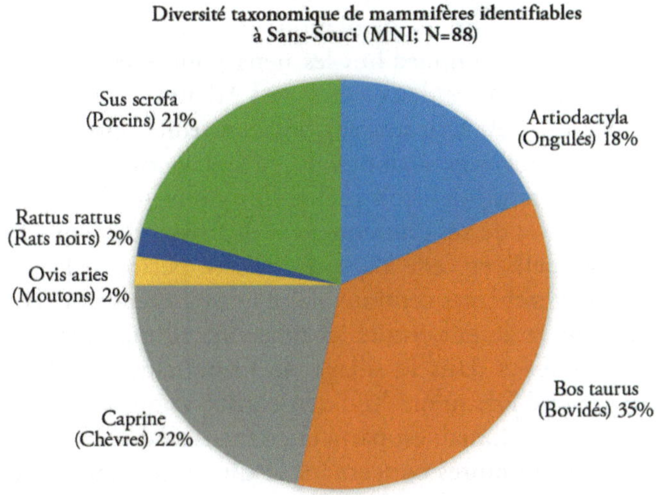

Ill. 10. En haut, diversité taxonomique de spécimens fauniques identifiables. À droite, diversité taxonomique des spécimens de mammifères identifiables.

L'assemblage est dominé par des animaux de basse-cour (vache, chèvre, cochon et poulet). Cependant, de plus petites quantités de faune terrestre sauvage et de ressources marines (y compris des poissons et des mollusques) sont également représentées. En outre, l'assemblage faunique de mammifères inclut les deux membres antérieurs, les membres postérieurs et des éléments axiaux, ce qui indique qu'au moins une partie des animaux domestiques avaient été élevés et tués localement. Des marques de découpe ont été identifiées sur 11,5 % des spécimens d'os de mammifères et sur 6 % de l'assemblage d'oiseaux, un schéma qui concorde avec des pratiques culinaires où la viande était découpée au hachoir et préparée en ragoût plutôt que découpée à la scie et rôtie sur un foyer ouvert. Les repas de haute qualité préparés à Sans-Souci, par conséquent, étaient préparés selon des méthodes qui avaient de profondes racines culturelles dans la cuisine afro-caribéenne.

L'archéologie de l'esclavage dans le monde atlantique a étendu son terrain intellectuel de manière substantielle dans les décennies récentes. Alors qu'ils n'étudiaient autrefois que des questions de continuité culturelle et de créolisation sur les plantations du sud des États-Unis, les archéologues explorent aujourd'hui les liens politiques, économiques et culturels qui ont uni les deux côtés de l'Atlantique, de même que la vie matérielle que les Africains se sont construite après l'esclavage. L'archéologie de l'esclavage a donc adopté une perspective véritablement globale qui produit une compréhension nouvelle de la formation du monde colonial et de ses conséquences durables. Bien que la quête de liberté individuelle et celle de souveraineté personnelle se soient imposées comme des thèmes centraux de ce nouvel agenda de recherche, les chercheurs ont rarement étudié les nouvelles formations politiques qui se sont enracinées dans le sillage de l'émancipation. L'exemple d'Haïti, souvent cité lorsqu'on étudie la construction de l'État sur les ruines de l'esclavage colonial, est particulièrement adapté pour répondre à des questions importantes concernant la dimension matérielle de la recherche de souveraineté dans le passé.

Dans cet article, j'ai mis l'accent sur le fait que la souveraineté dépend fondamentalement de l'établissement d'un contrôle vigoureux sur les territoires, la création de réseaux d'affiliations et d'alliances internationales, et de l'établissement de formes nouvelles de distinction de statut au sein des publics des sujets. Les observations que je viens de présenter, axées sur les traces historiques et architecturales laissées par le Royaume d'Haïti, nous permettent de porter un nouveau regard sur les intersections complexes qui ont relié la culture, la politique et l'économie lors des décennies qui ont suivi la Révolution haïtienne. Les dirigeants s'engagèrent dans la construction d'une architecture monumentale et l'achat d'objets de luxe afin d'envoyer des messages ciblés à leurs sujets comme aux souverains. Les bâtiments constituèrent un élément central de stratégies qui visaient à adopter l'idéologie de liberté universelle portée par les Lumières. À Sans-Souci, cette idéologie se matérialisa le plus nettement à travers l'inclusion de façades et d'éléments architecturaux néoclassiques, qui traduisaient alors sur le plan symbolique la liberté universelle et la modernité culturelle. En même temps, cependant, l'échelle massive du site envoyait de nets messages aux citoyens haïtiens à travers le royaume quant au pouvoir royal et à la différence de statut. L'architecture servit d'agent actif de production de souveraineté politique à Haïti. Les membres de la nouvelle élite haïtienne cherchèrent à remplir leur espace domestique d'une culture matérielle manufacturée en Europe, faisant ainsi écho aux pratiques de consommation qui étaient adoptées universellement par les élites marchandes vivant autour du monde atlantique. La richesse importée, séquestrée derrière les murs du palais, servait ainsi à accentuer la distance sociale entre le gouvernant et les gouvernés. Les motifs d'architecture néoclassique et la culture matérielle importée furent donc domestiqués afin de servir résolument les agendas politiques haïtiens.

Ce qui est important de remarquer, c'est que l'on peut dater ces pratiques des années qui séparent la fin de la Révolution (1804) de la transition vers la monarchie dans le Haïti de Christophe (1811) : on peut en déduire que l'utilisation de ces symboles matériels en tant qu'outils du pouvoir évolua et se répandit au fil du temps. En effet, les recherches archéologiques en cours à Sans-Souci, qui s'appuient sur un travail précédent entrepris par les autorités haïtiennes, ont identifié de multiples couches d'occupation qui remontent jusqu'à la période de contact, y compris deux phases d'occupation qu'on date des années séparant la révolution de l'ère royale (1805-1810). Les fouilles menées dans les dépôts de déchets ménagers datant de cette période ont révélé d'importantes quantités d'objets importés de France et, dans une moindre mesure, de Grande-Bretagne. Ce matériau reflète les réseaux d'échanges complexes dont dépendait Christophe pour acquérir une culture matérielle importée ; il peut également révéler les premiers efforts de Christophe pour établir des relations de commerce avec la Grande-Bretagne. Cependant, alors même que Christophe commençait à expérimenter les symboles matériels du pouvoir déployés par les communautés du monde atlantique, les pratiques culturelles afro-caribéennes continuèrent de façon ininterrompue au sein des contextes domestiques ; elles rappellent de manière frappante les racines africaines de cette expérience d'indépendance politique. En effet, la préparation de faune sauvage et domestique, cuite dans des récipients afro-caribéens et servie dans des assiettes françaises et anglaises, représente l'apparition d'un régime afro-créole à Sans-Souci, ce qui témoigne de l'affirmation d'une culture afro-caribéenne profondément enracinée qui se déroula en Haïti après la Révolution.

La souveraineté dans le Royaume d'Haïti représente par conséquent une forme de créolisation au niveau politique, qui offre une nouvelle perspective à partir de laquelle on peut évaluer la nature des mouvements politiques lors de l'ère des révolutions. Cependant un certain nombre de questions demeurent. La présence de poterie française plus ancienne dans cette première phase reflète-t-elle un schéma selon lequel Christophe aurait réintroduit une culture matérielle coloniale dans ses placards ? Que ce matériau ait été largement rejeté doit-il se comprendre comme une façon de « faire place nette » au moment où le complexe ultérieur fut construit, et à quoi ressemblent les assemblages domestiques correspondants ? L'importante quantité de pipes à tabac produites localement et de poterie afro-caribéenne faite à la main révèle-t-elle une expansion des réseaux économiques locaux ? Ces traditions culturelles furent-elles rejetées plus tard, à la suite de la construction de la façade néoclassique du palais ? Il est nécessaire de poursuivre les recherches pour répondre à ces questions et à d'autres au mieux de nos capacités. Ce qui est clair, cependant, c'est à quel point la cour de Christophe parvint à regrouper des traditions matérielles européennes et afro-caribéennes pour affirmer son droit à revendiquer la souveraineté en Haïti durant les années qui suivirent la Révolution haïtienne.

Traduit de l'anglais par Marie-Jeanne Rossignol

Considérations sur l'invention des *vèvè*

Carlo A. Célius

Plusieurs vocables sont convoqués pour désigner les *vèvè*[1] : « signes cabalistiques[2] », « emblèmes[3] », « pictogrammes sacrés[4] », « diagrammes rituels[5] », ou encore « cartes perforées du surnaturel[6] ». Ce sont des dessins au tracé strict, réalisés sur le sol, juste avant ou pendant les cérémonies vodou. Ils sont constitués de combinaisons de figures symboliques faites à la main avec des pincées de farine de froment ou de maïs, de cendre, de poudre de riz, de gingembre, de brique ou de marc de café, selon les rites, les *oungan* et les *lwa*. L'officiant prend dans une assiette une pincée de poudre ou de farine qu'il laisse glisser entre l'index et le pouce de manière à laisser sur le sol un trait mince et régulier. L'exécution progresse du motif principal aux détails et se termine par les signes connus sous le nom de *pwen*. Ces dessins éphémères[7], sur lesquels on dépose des offrandes et on fait des libations, appellent la présence des *lwa*. Cependant, il semble que certains *lwa* n'ont pas de *vèvè*, alors que les plus connus peuvent en avoir plusieurs.

---

1. Ce texte a paru initialement dans Jacques Hainard, Philippe Mathez et Olivier Schinz (dir.), *Vodou*, Gollion/ Genève, Infolio éditions/Musée d'ethnographie de Genève, coll. « Tabou », 2008, p. 279-305.

2. Jean Price-Mars, *Ainsi parla l'oncle. Essais d'ethnographie*, Port-au-Prince, Imprimeur II, 1998 [1928].

3. Jean Kerboull, *Le vaudou. Pratiques magiques*, Paris, Pierre Belfond, 1977 ; Franck Fouché, *Vodou et théâtre. Pour un nouveau théâtre populaire*, Montréal, Les Éditions Nouvelle Optique, 1976.

4. Laënnec Hurbon, *Les mystères du vaudou*, Paris, Gallimard, 1993.

5. Milo Rigaud, *Vè-vè. Diagrammes rituels du voudou. Trilingual Edition French-English-Spanish*, New York, French and European Publications, 1974.

6. Claude Planson, *Vèvè vaudou ou les cartes perforées du surnaturel*, Villeneuve-sur-Bellot, J. Bersez, 1984.

7. On en retrouve aussi sur les murs du *ounfò* et sur des objets rituels.

En tout cas, on relève pour une même entité des variantes avec parfois des différences significatives. Il y a aussi des *vèvè* qui ne correspondent pas aux *lwa*, comme ceux consacrés aux tambours, aux pots rituels, ou encore ceux utilisés dans des services de guérison. Le nombre exact de *vèvè* n'est pas établi. Louis Maximilien en a recueilli vingt-quatre[8], Karen Mccarthy Brown une quarantaine[9], tandis que Milo Rigaud en a établi plus de 300 (variantes comprises)[10].

Quoi qu'il en soit, les *vèvè* des principaux *lwa* sont bien connus. Et le fait le plus remarquable, c'est l'existence même de cet ensemble d'une étonnante cohérence. Il est important de chercher à le comprendre dans le cadre de la cosmogonie vodou, comme l'a fait Karen McCarthy Brown dans sa thèse de doctorat consacrée à une analyse structurale des *vèvè*. Il y a lieu aussi de s'interroger sur la manière dont ce dispositif a pu se constituer. Une telle préoccupation n'est pas dénuée d'intérêt, surtout qu'on n'a pas cessé de s'interroger sur l'origine de ces dessins.

Une origine précolombienne a pu être suggérée, mais la thèse d'une provenance africaine prédomine, même si les chercheurs sont quasi unanimes à reconnaître des apports divers dans leur constitution (imagerie catholique, symbole franc-maçon, décor architectural européen du XVIIIe siècle, motifs arabo-musulmans...). Ce dernier point me porte à m'intéresser moins à leur origine qu'aux conditions de leur genèse.

Le mot et la chose

Les travaux qui amorcent le tournant ethnologique en Haïti et instituent le vodou comme principal objet de recherche ont été menés au cours des trente premières années du XXe siècle[11]. Les dessins rituels ne suscitent pas alors un très grand intérêt. Dans *Vodou et névrose*, un recueil d'articles paru en 1931, J. C. Dorsainvil observe que le *oungan* qui préside à une cérémonie exécute « parfois des dessins géométriques et surtout symboliques » et signale que cette pratique « entre positive-

8. Louis Maximilien, *Le vodou haïtien. Rite Radas-Canzo*, Port-au-Prince, Henri Deschamps, 1985 [1945].
9. Karen McCarthy Brown, *The « Veve » of Haitian Vodou : A Structural Analysis of Visual Imagery*, PhD Arbor (Michigan), Temple University, UMI Dissertation Services, 1976.
10. Milo Rigaud, *Vè-vè*, *op. cit.*
11. Carlo A. Célius (dir.), *Haïti et l'anthropologie*, dossier de *Gradhiva. Revue d'anthropologie et d'histoire des arts*, n° 1, 2005.

ment dans son instruction préalable »[12]. Price-Mars, qui, dans *Ainsi parla l'oncle*, s'intéresse autant que Dorsainvil à la possession, n'accorde pas plus d'importance aux dessins rituels. Si l'une des illustrations de son ouvrage montre des *vèvè*, il ne s'attarde pas à les décrire. Il les évoque en décrivant une cérémonie en l'honneur de Legba. Il observe que le *oungan* « invoqua la protection des dieux par le marmottement d'une prière et traça des signes cabalistiques devant l'autel avec de la farine de maïs ». Il note que l'officiant « implora spécialement Legba, en langage, de manifester sa présence en honorant de son incarnation quelque fidèle de l'assistance », puis « [b]rusquement le dieu exauçant la prière entra en possession d'une croyante. Scène usuelle de crise vaudouesque »[13]. Elsie Clews Parsons, dans un article paru en 1928, mentionne également les dessins rituels[14].

Aucun de ces auteurs n'emploie le mot *vèvè*. En revanche, un informateur de Parsons désigne les dessins rituels par le terme « *céomonie* » (*seremoni*, cérémonie). Le même terme, utilisé par un de mes informateurs au cours d'une enquête en 1995, est rapporté également par Eugène Aubin, qui a séjourné en Haïti de 1904 à 1906, et auquel l'importance des dessins rituels n'a pas échappé[15]. La relation entre les deux termes, *seremoni* et *vèvè*, mériterait d'être analysée. Retenons pour l'instant que les dessins rituels sont bien attestés au tout début du siècle, et vraisemblablement sous les formes que nous connaissons. Il est difficile de faire une quelconque déduction de l'absence du terme *vèvè* dans les études mentionnées, surtout que les auteurs n'y accordaient pas une attention particulière. Au moins, on peut s'assurer qu'ils existaient déjà au XIXe siècle.

Pourtant, Duverneau Trouillot ne les signale pas dans son *Esquisse ethnographique* de 1885. Il parle cependant du « *ver-ver* » : « une boisson composée du sang du bouc offert en sacrifice, de maïs et d'autres ingrédients que l'on donne à boire dans l'initiation du néophyte au

12. Justin-Chrysostome Dorsainvil, *Vodou et névrose*. Port-au-Prince, Imprimerie La Presse, 1931, p. 79.
13. Jean Price-Mars, *Ainsi parla l'oncle*, *op. cit.*, p. 142.
14. Elle rapporte des propos selon lesquels le dessin rituel remplacerait un *manje lwa* ; ce qui paraît pour le moins atypique, puisque les *vèvè* ne sont pas des offrandes et, en règle générale, ne se substituent pas à elles. Elsie Clews Parsons, « Spirit Cult in Hayti », *Journal de la Société des Américanistes de Paris*, n° 20, 1928, p. 157-179, p. 179.
15. Eugène Aubin, *En Haïti. Planteurs d'autrefois, Nègres d'aujourd'hui*, Paris, Armand Colin, 1910.

Canzou, etc. »[16]. Notons qu'en 1937, Herskovits écrivait « *verver* ». Au début des années 1940 encore, certains auteurs orthographiaient « *verver* » ou « *vèver* ». Ce que contestait Charles Fernand Pressoir : le peuple, insistait-il, dit « *vèvè* »[17]. Suzanne Comhaire-Sylvain avait déjà utilisé cette orthographe en 1938, sans y avoir vu toutefois la dénomination des dessins rituels, contrairement à ce que venait d'écrire Herskovits[18]. Mais comment comprendre le sens qu'en donne D. Trouillot ? Dans l'initiation vodou telle qu'elle est décrite par Métraux, par exemple, il y a bien absorption de breuvages, d'infusions, au cours des phases de l'initiation, de même on retrouve des mets rituels ou encore ce « cataplasme de pain trempé dans du vin, de vermicelle, de maïs grillé, d'*acassan*, de riz au lait, etc., le tout aspergé de sirop et de sang », que l'officiant dépose sur la tête du novice[19], « soigneusement lavée avec une infusion d'herbes médicinales », lors du second *lave-tèt*[20]. Y a-t-il eu confusion de la part de D. Trouillot ? Rapporte-t-il une dénomination qui a bien existé ? En tout cas, même s'il n'évoque pas les dessins rituels, il atteste que le terme était en usage vers la fin du XIXe siècle.

En 1938, Suzane Cohmaire-Sylvain définit le *vèvè* ainsi : « farine de maïs usitée dans les rites vaudous » ; au Dahomey, « farine de maïs assaisonnée d'huile de palme des Allada de Porto Novo [Haz.] »[21]. Elle établit donc une correspondance parfaite ou presque entre l'usage du

16. Duverneau Trouillot, *Esquisse ethnographique. Le Vaudoun : aperçu historique et évolutions*, Port-au-Prince, Imprimerie R. Ethéard, 1885, p. 72.
17. Charles Fernand Pressoir, *Débats sur le créole et le folklore. Afriques grises ou Frances brunes ? Langue, races, religion et culture populaires*, Port-au-Prince, Imprimerie de l'État, 1947, p. 48.
18. « [...] *verver*, symbolic designs for the gods traced on the ground by the *vodun* priest in white flour and ashes », Melville Herskovits, *Life in Haitian Valley*, New York, Alfred A. Knopf, 1937, p. 345.
19. « Ces ingrédients, enveloppés dans des feuilles de mombin, sont retenus dans les plis d'un foulard blanc qui couvre la tête et les yeux de l'initié. Ils sont retirés sept jours plus tard, mais les cheveux souillés par ces matières organiques en putréfaction ne peuvent être nettoyés qu'à la fin de l'initiation, lorsque le nouveau *kanzo* s'apprête à rentrer chez lui ». Alfred Métraux, *Le vaudou haïtien*, Paris, Gallimard, 1989 [1958], p. 178.
20. *Ibid.*
21. Suzanne Comhaire-Sylvain, *À propos du vocabulaire des croyances paysannes*, Port-au-Prince, s. l., 1938, p. 10. L'auteure apporte une légère correction dans une version postérieure de son étude : « VEVE, farine de maïs, dessin rituel fait en répandant cette farine sur le sol. Vèvè, D-10 [D = mot fon] : farine de maïs assaisonnée d'huile de palme des Allada de Porto-Novo. » Suzanne et Jean Comhaire-Sylvain, « Survivances africaines dans le vocabulaire religieux d'Haïti », *Études dahoméennes*, IFAN XIV, 1955, p. 3-20, p. 17.

terme en Haïti et au Dahomey, en se référant à Paul Hazoumé[22]. Plus tard, Charles Fernand Pressoir s'appuie sur le même auteur, pour prouver, contre l'hypothèse de la provenance précolombienne formulée par Louis Maximilien, que les dessins rituels, le « nom » et la « chose » sont dahoméens[23]. Hazoumé emploie en effet le mot et en donne la signification. S'il décrit la réalisation de dessins rituels au cours des cérémonies de « Pacte de sang[24] » et en reproduit un, il ne dit pas que ceux-ci sont désignés sous le nom de *vèvè*. Voici comment et dans quel contexte il définit ce mot. Il explique qu'il existe deux formules de pacte dans la région de Gléhoué et que la seconde est surtout pratiquée par « les prêtres-chefs ». Ces derniers « se cotisent pour acheter un canard, ou un porc s'ils sont nombreux, puis ils fixent le jour de la cérémonie et désignent deux d'entre eux pour réunir les objets nécessaires ». Les émissaires « commencent leur mission la nuit, à la veille de la cérémonie. Ils prélèvent une poignée de terre devant les *vodoun* Ayizan, Li, Hou, Tolègba Loko-Atinsou, Hêviosso, etc. ». À cette occasion, « [c]haque fétiche reçoit [...] deux noix de kola, une capsule de poivre dite "meningnette" (*atakoun*) et une poignée d'*amidja*. L'homme qui prend la terre dit au *vodoun* en le nommant : "Li (par exemple), nous demandons ton action contre les [...]" »[25]. L'auteur précise en note le terme *amidja* : « *Ami* (huile de palme), *dja* (lie, résidu) : résidu ou lie de l'huile. On appelle *amidja* à Ouidah la farine de maïs assaisonnée d'huile de palme ; c'est le *vêvê* des Alladanou de Porto-Novo[26] ». Chez Hazoumé, le « nom » ne renvoie pas précisément à la « chose », comme le pense Pressoir. Pourtant, la méprise persistera. Karen McCarthy Brown écrira :

> « The word *vèvè* comes from the Fongbe language of the Fon of southern Dahomey, a group that apparently contributed large numbers of slaves to the sugar plantation of Haiti. In contemporary Dahomey, the word is usually pronounced vəvə (vôvô) and is used to indicate the red color of palm oil. Because of this association vəvə is sometimes used in Dahomey as a nickname for light-skinned or "red" skinned Blacks. The archaic form of the word, *vèvè*, is confined in Dahomey to the religious context where it refers to the ceremonial circles drawn on the ground to enclose the key participants in certain rituals. These sometimes quite large, unadorned

22. Paul Hazoumé, *Le pacte de sang au Dahomey*, Travaux et Mémoires de l'Institut d'ethnologie 25, Paris, Institut d'ethnologie, 1937.
23. C. F. Pressoir, *Débats sur le créole et le folklore*, *op. cit.*
24. P. Hazoumé, *Le pacte de sang*, *op. cit.*, p. 55-56, 59, 70-71, 84, 89-90, 92, 97-101.
25. *Ibid.*, p. 68-69.
26. *Ibid.*, p. 69, n. 3.

circles are drawn with a mixture of cornmeal and the red oil of the palm. (In certain situations a second circle is drawn in black, with chimney soot). The ceremonies of the Fon often take place in what is otherwise ordinary secular space, and the *vèvè* function to define the space as sacred and to insure a separation of benevolent and malevolent forces, with the disruptive or malevolent forces kept clearly on the outside. »

Pour toute note relative à ces considérations, nous lisons :

« I am indebted to Dr. Guérin Montilus for my understanding to the role of *vèvè* in Fon language and religion. Dr. Montilus is a Haitian scholar who spent five years doing field research in Dahomey[27]. »

Ainsi le terme désignerait en fon archaïque des dessins rituels. Ce que des recherches postérieures n'ont pas confirmé[28]. Mais certaines des indications de McCarthy Brown renvoient à une description de dessin rituel à Saint-Domingue au XVIIIe siècle.

Dessins rituels à Saint-Domingue

La pratique du dessin rituel est en effet attestée dans la colonie, au moins par deux auteurs. Voici ce qu'en dit l'un d'entre eux :

« S'il y a un récipiendaire, c'est par son admission qu'elle [la danse du *Vaudoux*] s'ouvre. Le Roi *Vaudoux* trace un grand cercle avec une substance qui noircit, et y place celui qui veut être initié, et dans la main duquel il met un paquet composé d'herbes, de crins, de morceaux de cornes et d'autres objets aussi dégoûtants. Le frappant ensuite légèrement à la tête avec une petite palette de bois, il entonne une chanson africaine, que répètent en chœur ceux qui environnent le cercle ; alors le récipiendaire se met à trembler et à danser ; ce qui s'appelle *monter Vaudoux*. Si par malheur l'excès de son transport le fait sortir du cercle, le chant cesse aussitôt, le Roi et la Reine *Vaudoux* tournent le dos, pour écarter le présage. Le danseur revient à lui, rentre dans le rond, s'agite de nouveau, boit, et arrive enfin à des convulsions auxquelles le Roi *Vaudoux* ordonne de cesser, en le frappant légèrement sur la tête de la palette ou mouvette,

27. K. McCarthy Brown, *The « Veve » of Haitian Vodou*, *op. cit.*, p. IX-XX. Pourtant Montilus avait écrit que « ce mot fon désigne dans le culte la farine de maïs teintée d'huile rouge, on s'en sert pour dessiner sur le sol des traînées à caractère magique. » Guérin Montilus, *Dieux en diaspora. Les loas haïtiens et les vaudou du Royaume d'Allada (Bénin)*, Niamey, Celtho, 1988-1989 [1971], p. 139.

28. Pierre Anglade, *Inventaire étymologique de termes créoles des Caraïbes d'origine africaine*, Paris, L'Harmattan, 1998, p. 192-193.

ou même d'un coup de nerf de bœuf s'il le juge à propos. Il est conduit à l'autel pour jurer, et de ce moment, il appartient à la secte[29]. »

Ici le tracé rituel intervient à un moment et dans un cas précis : lorsqu'il y a un récipiendaire. Si le dessin est associé à la possession, celle-ci concerne uniquement le récipiendaire. La possession de « la Reine Vaudoux » advient quand « le Roi Vaudoux » place sous ses pieds une boîte abritant une couleuvre[30].

Le tracé forme un cercle, une figure géométrique simple, qui n'est pas vraisemblablement « l'emblème » d'un *lwa*. Mais, selon les descriptions d'Hazoumé, le cercle est toujours présent dans les cérémonies du « Pacte de sang ». Non seulement les conjurés entourent, habituellement, un trou, de traits circulaires, mais ils sont aussi placés en cercle et tracent sur le sol, à l'aide d'un couteau qu'ils se passent, une circonférence parfaite[31]. Tout cela présente bien des différences avec la description de Moreau de Saint-Méry, même s'il signale aussi qu'on se forme en cercle à un moment du rituel observé à Saint-Domingue. Lisons le second témoignage :

> « Au mois de février 1792, nous marchâmes pour attaquer un camp de nègres qui était au Fonds-Parisien, dans la Plaine du Cul-de-Sac.
> L'armée était composée de deux mille hommes d'infanterie, et de quatre cents dragons coloniaux. J'étais toujours des avant-gardes, et choisi par M. le comte de Boutillier pour ces expéditions. En approchant du camp, nous fûmes bien étonnés de voir, sur le bord de la route, de grandes perches piquées en terre, sur lesquelles on avait attaché différents oiseaux morts placés de différentes manières. Sur quelques-unes étaient des oiseaux crabiers ; sur d'autres, des poules blanches ; sur d'autres, des poules noires. Dans le chemin étaient des oiseaux coupés, jetés de distance en distance, et entourés des pierres artistement arrangées ; enfin, une huitaine d'œufs cassés, et aussi *entourés de grands cercles en zig-zag* [32]. Cela nous fit beaucoup rire. Malgré tous ces prestiges, je poussai avec cinquante dragons. Après un petit quart d'heure de marche, j'aperçus le camp qui était couvert d'ajoupas, rangés comme les tentes des troupes. Quel fut mon étonnement, lorsque nous vîmes tous les noirs qui sautaient, et plus de

29. Médéric-Louis-Élie Moreau de Saint-Méry, *Description topographique, physique, civile, politique et historique de la partie française de l'isle de Saint-Domingue*, 3 vol., Paris, Société française d'histoire d'Outre-Mer, 1984 [1797], vol. 1, p. 67.

30. *Ibid.*, p. 66.

31. Voir un exemple en pays mahi, Dahomey : P. Hazoumé, *Le pacte de sang*, *op. cit.*, p. 89.

32. Nous soulignons.

deux cents négresses qui dansaient en chantant avec sécurité ! Nous courûmes à toute bride sur le camp ; la danse fut bientôt finie[33] […]. »

Le colonel Malenfant identifie plusieurs grands cercles. Une figure se répète donc un certain nombre de fois selon un ordonnancement déterminé. Ce sont des « cercles en zig-zag ». S'agit-il du mode d'agencement des cercles entre eux ou du type de trait – un trait brisé – constitutif des formes circulaires ? Quoi qu'il en soit, la différence est nette entre le cercle initiatique mentionné par Moreau de Saint-Méry et les « bornes » de protection établies par les « nègres de Fonds-Parisien ». Un cercle, dans les deux cas, mais tout diffère : contexte, diamètre, distribution spatiale, nombre de figures, et sans doute matière utilisée, efficacité recherchée…

La cérémonie décrite par Moreau de Saint-Méry s'est déroulée vraisemblablement dans le Nord, tandis que le colonel Malenfant situe très précisément les faits qu'il rapporte dans une région de l'Ouest. La pratique du tracé rituel n'était donc pas circonscrite à un seul foyer cultuel. Le premier auteur affirme avoir reconnu des « nègres Aradas » (d'Allada). Le second souligne qu'à Fonds-Parisien, tout avait été ordonné sous la direction d'une « belle négresse créole de l'habitation de Boynes ». On voit que l'« origine » de l'officiant n'est pas une indication sûre de l'« origine » du culte pratiqué et des figures symboliques exécutées. Surtout que rien n'assure que, dans les deux cas, on avait affaire à des groupes ethniques homogènes. On a vu que le cercle initiatique attesté par Moreau de Saint-Méry n'est pas en tout point équivalent aux cercles dont parle Hazoumé. De plus, il est possible d'évoquer d'autres exemples d'usage du cercle dans une cérémonie d'initiation en Afrique. Celle de la société secrète Ekpe des Efik de Calabar, au sud-est du Nigeria, par exemple :

> « Le jour de l'initiation, le candidat qui a réussi fait un pas dans le cercle ékpé, un grand rond dessiné au milieu de l'enceinte du chef. Il est aidé par ses amis et les membres de sa famille. Un officiant en costume essaie sept fois de le pousser hors du cercle. Si l'officiant ne réussit pas, l'initié reçoit ensuite l'insigne ékpé, et est admis comme membre de la société[34]. »

Ce cercle initiatique paraît plus proche de celui attesté à Saint-Domingue. Un tel rapprochement montre à quel point il est parfois

33. Colonel Malenfant, *Des colonies et particulièrement de celle de Saint-Domingue*, Paris, Audibert, 1814, p. 217-219.
34. A. I Ekpo, « Ekpe Costume of the Cross River », *African Arts*, 12/1, 1978, p. 72-75, p. 75, cité par Simon Battestini, *Écriture et texte. Contribution africaine*, Québec/Paris, Les Presses de l'Université Laval/Présence Africaine, 1997, p. 155.

difficile de conclure à l'origine précise d'un fait observé au XVIIIe siècle sur la foi de données ethnographiques du XXe siècle. D'abord, il y a les conditions de l'observation ainsi que le mode de description. Certes, Jean Price-Mars soutient que la relation de Moreau de Saint-Méry est manifestement celle d'un témoin oculaire. Pierre Pluchon parle « d'enquête sur le vaudou de façon systématique, dans un esprit positiviste[35] ». Mais le même Pluchon souligne les limites des données qu'il a rapportées, notamment dans son appréciation du culte à Dom Pèdre, signalé à Petit Goâve[36]. Par ailleurs, il faudrait s'assurer que les pratiques observées au XXe siècle remontent bien au XVIIIe. On sait que la société secrète Ekpe existait avant le XVIIIe siècle et qu'elle s'était alors dotée d'un système d'écriture, d'un *script*, qui s'est maintenu jusqu'à aujourd'hui. Reste à savoir si l'initiation s'est toujours déroulée de la même manière jusque dans les années 1970[37]. Et si c'était le cas, resterait à se demander si c'est bien leur pratique qu'on retrouve à Saint-Domingue, dans le cas précis rapporté par Moreau de Saint-Méry. On voit en tout cas que rien ne garantit un rapprochement exclusif avec les descriptions d'Hazoumé. D'autant plus que le « vodou » observé par Moreau de Saint-Rémy est déjà imprégné d'apports divers. Lui-même y décèle des emprunts aux « mœurs créoles » et aux « idées européennes »[38]. Et le chant qu'il a rapporté, John K. Thornton affirme qu'il a certainement été chanté en kikongo[39].

En fin de compte, il devait y avoir une grande variété de cultes à Saint-Domingue où s'enchevêtraient des apports multiples. Et il en était sans doute de même pour les dessins rituels. Alors, quand et comment a pu se constituer l'ensemble unifié que nous connaissons ? On pense aux cinquante premières années de la période nationale, l'ère préconcordataire (1804-1860), généralement considérée comme le temps de consolidation libre du vodou. Néanmoins, la possibilité d'une élaboration antérieure n'est pas à exclure. Le dispositif pourrait avoir été élaboré dans un ou plusieurs foyers culturels de la colonie, puis s'imposer par la suite.

---

35. Pierre Pluchon, « Présence du vaudou à Haïti », *Notre Histoire* 85, *La mémoire religieuse de l'humanité*, 1991, p. 24-37, p. 36.
36. *Id.*, *Vaudou, sorciers, empoisonneurs, de Saint-Domingue à Haïti*, Paris, Karthala, 1987, p. 92.
37. Années 1970, puisque la référence que je cite date de 1978.
38. M.-L.-É. Moreau de Saint-Méry, *Description topographique*, *op. cit.*, p. 65.
39. John K. Thornton, « "I am the Subject of the King of Congo" : African Ideology in the Haitian Revolution », *Journal of World History* 4, 1993, p. 181-214 et « Les racines du vaudou. Religion africaine et société haïtienne dans la Saint-Domingue prérévolutionnaire », *Anthropologie et sociétés* 22/1, 1998, p. 85-103.

Ill. 1. François Huxley (1923-2016), Tracé de vèvè devant des tambours au cours d'une cérémonie, fin des années 1950, Photographie, Fonds Francis Huxley, Archives du Cidihca, Montréal.

Ill. 2. François Huxley (1923-2016) Tracé de vèvè autour d'un poto-mitan, fin des années 1950, Photographie, Fonds Francis Huxley, Archives du Cidihca, Montréal.

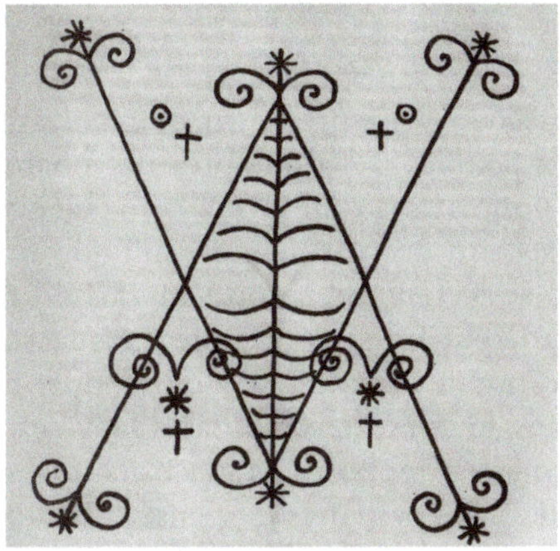

Ill. 3. Vèvè Ayizan, dessin, collection de l'auteur.

Ill. 4. Vèvè Èzili Freda, dessin, collection de l'auteur.

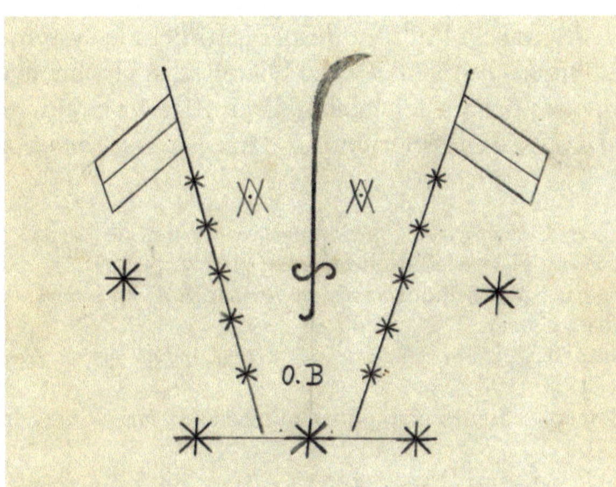

Ill. 5. Vèvè Ogou Badagri, dessin, collection de l'auteur.

Tout ce qui précède laisse pressentir que le dessin rituel était pratiqué par différents peuples d'Afrique présents à Saint-Domingue. Les *vèvè* résulteraient donc avant tout d'une convergence culturelle. Mais l'originalité du dispositif au plan iconographique et symbolique ainsi que sa complexité suggèrent un second niveau de considération. Les dessins rituels acquièrent un sens décuplé dans le vodou haïtien vraisemblablement à cause de la difficulté à développer d'autres formes de représentations dans le contexte colonial. Dans ces conditions, ils se comprennent surtout par rapport à la place centrale des signes et symboles graphiques dans les systèmes de pensée africains.

Symboles graphiques en Afrique

Certains peuples africains, qui ne produisent pas de statuettes, gravent et décorent les ustensiles usuels[40]. Les motifs décoratifs existent (création personnelle, reprise de signes connus pour ornementation, symboles connus repris à titre décoratif)[41]. Toutefois, dans bien des cas, la limite n'est pas aisée à établir entre les fonctions décoratives et symboliques des signes. Pour Vansina par exemple, c'est le plaisir de décorer qui semble être le seul motif qui pousse les Kuba à ornementer les objets d'usage journalier. Torday et Cornet le contredisent et signalent que tous les motifs ont un nom. Leur nombre s'élève au moins à 200 et ils ont valeur d'idéogrammes[42]. Geneviève Calame-Griaule et Germaine Dieterlen avaient déjà, en 1951, repéré chez les hommes de l'aire mandé « une sorte de primauté, de souveraineté du signe ». Sur leurs traces, Philippe Jespers étudiera le système complexe des signes graphiques minyanka[43]. G. Dieterlen analysera, avec Ziedonis Ligers, les gravures ornant les calebasses en Afrique occidentale[44]. Avec Youssouf Tata Cissé, elle soutiendra, dans *Les fondements de la société*

40. Franck Willett, *L'art africain. Une introduction.* Traduit de l'anglais par Catherine Ter-Sarkissian, Paris, Thames &Hudson, 1990 [1971], p. 285.
41. Clémentine M. Faïk-Nzuji, *Symboles graphiques en Afrique noire*, Paris/Louvain-la-Neuve, Karthala/Ciltade, 1992, p. 65.
42. Marie-Louise Bastin, *Introduction aux arts d'Afrique noire*, Arnouville, Arts d'Afrique noire, 1990 [1984], p. 337.
43. Philippe Jespers, « Signes graphiques minyanka », *Journal des Africanistes* 49, n° 1, 1979, p. 71-102.
44. Germaine Dieterlen et Ziedonis Ligers, « Notes sur les tambours-de-Calebasse en Afrique occidentale », *Journal de la Société des Africanistes*, XXXIII, 1, 1963, p. 255-271.

initiatique du Komo (1972), que les signes sont les « prolégomènes du mythe », qu'ils servent à marquer tous les niveaux de l'initiation[45]. L'argumentation est fondée sur l'analyse d'un tableau de 266 signes graphiques, le *Komo ti Wala*, la « planche des signes du Komo », qui se présente dans la société comme une sorte d'« inventaire universel », parce que toutes les choses (choses secrètes, étoiles, animaux, végétaux, êtres humains) y sont « représentées par leurs catégories ». Michel Cartry a étudié en pays gourmantché la circulation des fragments de calebasse porteurs de signes. Ces fragments étaient utilisés « d'une manière quasi permanente par une fraction importante de la population villageoise (presque tous les hommes adultes). Chaque jour, de nouveaux messages étaient composés par les géomanciens puis remis aux consultants ; chaque jour, des villageois déchiffraient ces messages avant de se rendre auprès des autels de leurs ancêtres ou de leurs dieux[46]. »

La géomancie est l'un des domaines privilégiés de l'utilisation des signes graphiques[47]. Dans une tentative de synthèse des études menées sur les signes graphiques chez les Malinké, Bambara, Dogons, Bozo, Miniyanka, il a été établi l'existence de 266 signes fondamentaux en Afrique occidentale[48]. Simon Battestini surmonte des réticences manifestées au cours du développement des études sur les signes en Afrique pour soutenir qu'il a bel et bien existé des écritures africaines[49]. Ces *scripts* sont autant de systèmes graphiques, dont la plupart renferment de nombreux signes pictographiques et morphémographiques.

Un signe graphique peut être tracé, sculpté, incrusté, dessiné, gravé, scarifié, peint, tatoué, tissé, etc. Il se rencontre donc sur des supports divers, classés en trois catégories par Faïk-Nzuji : le corps humain, les éléments de la nature, les produits de fabrication humaine[50]. Certains

45. G. Dieterlen et Youssouf Tata Cissé, *Les fondements de la société initiatique du Komo*, Paris/La Haye, EPHE/Mouton, « Cahier de l'Homme », 1972.

46. Michel Cartry, « Note sur les signes graphiques du Géomancien Gourmantché », *Journal de la Société des Africanistes* XXXIII, II, 1963, p. 275-306, p. 276.

47. Solange de Ganay, « Graphies Bambara des Nombres », *Journal de la Société des Africanistes* XX, 1, 1950, p. 295-305. Bernard Maupoil, *La Géomancie à l'ancienne Côte des esclaves*, Paris, Institut d'ethnologie, 1943.

48. « Signes graphiques. Semence de la connaissance. Les 266 signes fondamentaux en Afrique occidentale », dans Yves Bonnefoy (dir.), *Dictionnaire des mythologies et des religions des sociétés traditionnelles et du monde antique*, Paris, Flammarion, 1981, p. 435-438.

49. S. Battestini, *Écriture et texte*, *op. cit.*

50. M. C. Faïk-Nzuji, *Symboles graphiques en Afrique noire*, *op. cit.*

de ces supports ont pris valeur de signes. « Les œuvres volumétriques sont composées d'une combinaison de signes, et fonctionnent aussi en tant que signes[51] ».

Les signes et symboles graphiques sont omniprésents dans les sociétés africaines. Chaque membre de la communauté est plus ou moins familiarisé avec eux, d'une manière ou d'une autre, depuis son plus jeune âge. Très tôt, il s'efforce de comprendre le sens réel de ceux dont il fait usage afin de pouvoir les interpréter à son tour. C'est un mode de connaissance par immersion. Il existe aussi un mode de connaissance plus formel. Il intervient en des circonstances particulières : les initiations et autres célébrations rituelles. Certains signes sont utilisés au moment de la naissance, d'autres servent à marquer le rang social[52].

Les études citées traitent essentiellement du XXe siècle. Mais les recherches archéologiques confirment l'ancienneté de l'importance des signes et symboles graphiques en Afrique. Certains *scripts* africains sont attestés avant le XIXe siècle. Cavazzi de Montecuccolo (1687) rapporte qu'une écriture hiéroglyphique était en usage dans les régions du Congo et de l'Angola[53]. L'existence de l'écriture *nsibidi* est attestée par document historique au XVIIIe siècle. Il y aurait une valeur pérenne des symboles graphiques en Afrique subsaharienne qui tiendrait à la nécessité du mode de transmission et de conservation des valeurs inhérentes à ces sociétés. Leur importance est telle que les mythes disent leur origine, les expliquent. Il y a même une conception africaine des symboles exprimée par les mots utilisés pour dire ces réalités. Les langues ewe, aja, gen et fon parlées dans l'Afrique de l'Ouest utilisent le mot *vò* pour désigner le symbole. Ses différents emplois font ressortir que « le symbole est ce qui fait correspondre la réalité visible avec la réalité invisible » ; qu'il « est ce qui accorde l'homme avec son destin, le fait correspondre à sa propre personnalité et le rend libre »[54].

Si les signes et symboles ne sont pas les mêmes partout en Afrique subsaharienne, s'ils ne revêtent pas des significations identiques, stables,

51. Geneviève Calame-Griaule et Pierre-Francis Lacroix, « Graphies et signes africains », *Semiotica* 13, 1969, p. 256-272 ; Jean Laude, *Les arts de l'Afrique noire*, Paris, Le livre de poche, 1966, p. 255.
52. M. C. Faïk-Nzuji, *Symboles graphiques en Afrique noire, op. cit.*, p. 53-54 ; Marcel Griaule, *Masques Dogon*, Paris, Institut d'ethnologie, Musée de l'Homme, 1963, p. 605-697.
53. S. Battestini, *Écriture et texte, op. cit.*, p. 141.
54. M. C. Faïk-Nzuji, *La puissance du sacré. L'homme, la nature et l'art en Afrique noire*, Tournai, Renaissance du livre, 2003, p. 31-34.

définitives, partagées et comprises partout de la même façon, leur existence et leur mode d'utilisation, traduisant leur rôle fondamental, sont à peu près équivalents chez différents peuples. C'est cela qui a été déterminant dans l'invention des *vèvè*.

Les conditions d'une (ré)invention culturelle Le corps et la circulation des signes et symboles

Le captif africain arrivé dans l'espace colonial ne se retrouve pas dans un univers où des signes et symboles graphiques connus structurent le système de communication. Il lui reste sa mémoire, une mémoire iconique, et son corps, l'une des trois catégories de supports de symboles graphiques que distingue Faïk-Nzuji. C'est à travers ce support que les signes et symboles d'Afrique se sont directement introduits à Saint-Domingue et ont marqué la culture visuelle coloniale.

Les « marques du pays » portées par les nègres étaient immanquables. Moreau de Saint-Méry et Ducœurjoly parlent de ces « incisions sur la peau qui laissent des marques ineffaçables, au moyen desquelles [les nègres] se distinguent entre eux ». « Les nègres *Fonds* se scarifient les tempes, et les *Foncédas*, principalement les femmes, se font ciseler le visage, et même tout le corps, formant des dessins de fleurs, de mosaïques, et des compartimens (*sic.*) très réguliers »[55]. Quant aux « vrais Congos ou Francs-Congos » (expressions de Saint-Domingue), originaires des « royaumes de Congo et d'Angola », leurs figures « enjouées » sont « sans marques, surtout chez les femmes, qui n'ont que deux petites élevures près des tempes et que la coquetterie pourrait ne pas toujours condamner »[56]. Les nègres Mines, eux, portent des marques « qui les défigurent parce qu'elles les déchiquètent[57] » ; « ils se font deux ou trois balafres en long sur les joues[58] ». On en a vu, « reconnaissant des princes de leur pays à ces signes bizarres, se prosterner à leurs pieds et leur rendre des hommages[59] [...] ». Les Bambara ont « plusieurs grandes balafres qu'ils se font transversalement sur les joues, depuis le nez jusqu'aux

55. S. J. Ducœurjoly, *Manuel des habitants de Saint-Domingue*, t. 1, Paris, Lenoir, 1802, p. 23.
56. M.-L.-É. Moreau de Saint-Méry, *Description topographique*, *op. cit.*, vol. 1, p. 54.
57. *Ibid.*, p. 50.
58. S. J. Ducœurjoly, *Manuel des habitants...*, *op. cit.*, p. 24.
59. M.-L.-É. Moreau de Saint-Méry, *Description topographique*, *op. cit.*, vol. 1, p. 51.

oreilles[60] ». On reconnaît les Quiamba par les trois longues raies qu'ils portent de chaque côté du visage[61].

C'est surtout dans les descriptions d'esclaves marrons, publiées dans les périodiques de la colonie, qu'on mesure toute l'attention portée aux scarifications[62]. Elles ont été décrites aussi précisément que possible : « leur longueur, ou largeur, parties du corps qu'elles ornent : joues, côtés du nez, figure, milieu du front, autour de la bouche, à côté des yeux, entre les sourcils, à la bouche, tempes, menton, poitrine, creux de l'estomac, "devant du corps", ventre, épaule, dos, jarrets, cuisses, "tout le corps"[63] ».

Des pages de la grammaire des signes connus des Africains étaient ainsi en circulation. Mais ces signes étaient portés par un support dont la survie était extrêmement limitée. Le taux de mortalité était élevé et les pratiques du marquage du corps ne pouvaient se maintenir. L'institution de la scarification disparaîtra. Certes, dans la colonie, la main-d'œuvre se renouvelait surtout par la traite, mais vers la deuxième moitié du XVIIIe siècle, les nègres créoles commençaient à être de plus en plus nombreux sur les habitations et certains propriétaires penchaient pour une politique nataliste. De plus, si le corps pouvait servir de support, n'y figuraient pas tous les signes, d'autant que la forme et le contenu symbolique des signes étaient fonction de l'âge, du sexe, des rangs, de certains évènements, etc. Malgré tout, quand ces symboles ne se confondaient pas avec les marques liées à la condition d'esclave[64], ils pouvaient, en plus d'être signes de reconnaissance ou d'identification – jouer un rôle de réactivation de la mémoire iconique.

Les potentialités de cette réactivation mémorielle se déploient dans le cadre d'un processus global de réélaboration culturelle.

---

60. S. J. Ducœurjoly, *Manuel des habitants…*, *op. cit.*, p. 24-25.
61. M.-L.-É. Moreau de Saint-Méry, *Description topographique*, *op. cit.*, vol. 1, p. 48.
62. Jean Fouchard, *Les marrons de la liberté*, Paris, Éditions de l'École, 1972, p. 182-191.
63. Gabriel Debien, « Les origines des esclaves des Antilles (suite) ». *Bulletin de l'IFAN*, t. XXVII, sér. B, n° 3-4, 1965, p. 755-796, p. 793.
64. Les esclaves étaient marqués une première fois au départ du navire négrier ; une deuxième fois, après la vente, ils étaient marqués au fer du nom ou des initiales de leur propriétaire. Cette règle, il est vrai, n'était pas toujours appliquée ; il n'empêche qu'un grand nombre d'esclaves a été étampé. Les esclaves marrons capturés étaient aussi marqués à la suite de leur première fuite.

Les assemblées de nègres : foyers de réélaboration culturelle

Les pratiques cultuelles, dans l'espace colonial, participent d'une quête de sens et, en cela, témoignent d'un effort de la part des esclaves, en dépit des interdits, des rigueurs du système et du taux de mortalité élevé, de se constituer en communauté, de créer un espace social. Ailleurs, des confréries ont été organisées, ici les esclaves ont cherché à s'organiser eux-mêmes.

Les tentatives et les échecs, les procédures mises en œuvre fournissent de précieuses indications. Elles permettent de voir comment des bribes de souvenirs, de connaissances, des savoirs fragmentaires, peuvent être, sous certaines contraintes, juxtaposées, fusionnées, articulées, ajustées, pour composer ou recomposer un ensemble et produire du sens. C'est ainsi que se dégagent de la fragmentation, de la diversité, des principes généraux, en tout cas des protocoles ou des procédures qui orientent, qui impriment une certaine cohérence.

Prenons l'exemple de ce qui est généralement désigné sous le nom de « danse nègre » ou *calenda*. En fait, ce terme générique recouvre tout un ensemble de cérémonies où la danse constitue la manifestation la plus frappante.

> « On a fait des ordonnances dans les Isles, pour empêcher les *calendas* non seulement à cause des postures indécentes, et tout à fait lascives, dont cette danse est composée, mais encore pour ne pas donner lieu aux trop nombreuses assemblées des Nègres qui se trouvant ainsi ramassés dans la joie, et le plus souvent avec de l'eau-de-vie dans la tête, peuvent faire des révoltes, des soulèvements, ou des parties pour aller voler. Cependant, malgré ces ordonnances, et toutes les précautions que les maîtres peuvent prendre, il est presque impossible de les empêcher, parce que c'est de tous les divertissements celui qui leur plaît davantage, et auquel ils sont plus sensibles[65]. »

Les mesures d'interdiction des assemblées de nègres n'ont pas manqué, en effet. Mais elles ne sont pas parvenues à les empêcher. Elles ont perduré, sous diverses formes, car tout était prétexte à s'assembler (une danse, un baptême, un décès, une messe, etc.). Ainsi les esclaves sont parvenus à dégager un espace de sociabilité, un lieu de socialisation,

65. R. P. Jean-Baptiste Labat, *Nouveau voyage aux îles de l'Amérique (1693-1705)*, t. II. Fort-de-France, Éditions des Horizons Caraïbes, 1972 [1742], p. 402-403.

d'élaboration de toute une nouvelle culture. N'oublions pas que c'est dans le prolongement de ces rencontres qu'il convient de placer la ou les réunions décisive(s) précédant le déclenchement de la révolte générale de 1791.

« Il n'est point de fatigue qui puisse les faire renoncer à aller à de très grandes distances, et quelquefois même pendant la durée de la nuit, pour satisfaire cette passion » de la danse, écrit Moreau de Saint-Méry[66]. On apprécie là la mobilité de ces hommes. Ils circulaient, se rencontraient et établissaient des réseaux de communication. Le circuit de la danse n'est certainement qu'un parmi d'autres, probablement l'un des plus importants.

Les esclaves qui participaient à ces assemblées n'étaient pas de même origine. Ils apprenaient là à mettre en commun leurs connaissances, à partager leurs expériences. Dans sa description du vodou colonial, Moreau de Saint-Méry explique qu'un tribut est versé à l'oracle. Descourtilz affirme que les offrandes sont utilisées par les officiants à des fins personnelles et y voit de l'escroquerie[67]. Moreau de Saint-Méry soutient aussi que « c'est du profit de ces oblations, qu'on paye les dépenses de l'Assemblée, qu'on procure des secours aux membres absens ou présens, qui en ont besoin, ou de qui la société attend quelque chose pour sa gloire ou son illustration[68] ». Gabriel Debien rappelle : « qui dit danses, dit tams-tams, turbulence et cris », ce qui entraînait l'intolérance de l'administration et de la police car « ces ébats toujours très bruyants étaient l'occasion de trop grands rassemblements et de beuveries prolongées d'où sortaient des disputes, des coups, un remue-ménage de passions peu propices aux travaux du lendemain, voire des troubles graves[69] » Cet aspect des choses n'est peut-être pas à négliger. Mais redistribuer des offrandes et manger ensemble se comprennent aussi autrement. D'ailleurs, à part les « danses pour tous », étaient aussi organisés des repas avec les amis des plantations voisines[70]. Repas sacrificiel, « beuveries », repas amicaux, ce sont là autant de pratiques qui créent des liens sociaux et communautaires. Le repas sacrificiel, comme l'avait perçu Robertson William Smith, est

66. M.-L.-É. Moreau de Saint-Méry, *Description topographique*, *op. cit.*, vol. 1, p. 66.
67. Michel-Étienne Descourtilz, *Voyage d'un naturaliste...*, 3 vol., Paris, Dufart, vol. 3, 1809, p. 209-211.
68. M.-L.-É. Moreau de Saint-Méry, *Description topographique*, *op. cit.*, vol. 1, p. 67.
69. G. Debien, *Les esclaves aux Antilles françaises*, Basse-Terre/ Fort-de-France, Société d'histoire de la Guadeloupe/Société d'histoire de la Martinique, 1974, p. 156.
70. *Ibid.*

le symbole d'une communion et d'obligations réciproques. Manger ensemble c'est être uni dans l'accomplissement d'un acte social, et même de tout acte social en ce qui concerne les « religions anciennes et primitives ». Ceux qui mangent ensemble ne sont point étrangers les uns aux autres, ils constituent une communauté de religion avec des devoirs sociaux mutuels. L'essence de ce lien réside dans l'acte physique de manger ensemble. Le simple fait de participer à un repas suffit à créer un lien[71].

À part la signification sociale du fait de manger ensemble, nous pouvons supposer tout ce que ces rencontres impliquent d'échanges et de constitution de savoirs. Les savoirs culinaires par exemple. Chacun a dû apporter ses propres connaissances, son propre savoir-faire. Il est parfaitement concevable que des plats nouveaux aient pris naissance dans un tel contexte. Les mêmes considérations sont valables pour la danse. Dans leurs danses, rapporte Descourtilz, « chaque nation y dépeint son caractère et, glorieux d'en soutenir l'importance, on voit chaque individu briguer les suffrages des spectateurs en faveur du caractère de sa nation[72] ». Voilà comment des gens d'origines différentes, détenteurs de savoirs différents, ont appris à mettre en commun leurs connaissances. C'est ainsi qu'ils ont expérimenté la diversité d'où sont sortis des principes communs, ne serait-ce qu'au niveau d'une même assemblée.

Chaque « nation » exposait son savoir-faire aux autres, qui l'apprenaient au fur et à mesure. Cette démonstration se faisait dans les limites permises par la mémoire et les modifications que pouvait apporter l'expérience coloniale de celui qui transmet. Un exemple : les nègres domestiques participaient à ces assemblées. Or « les nègres domestiques, imitateurs des Blancs qu'ils aiment à singer, dansent des menuets, des contredanses ». Moreau de Saint-Méry estime que « la bizarrerie des ajustements européens, prend un caractère quelquefois grotesque »[73]. Ces appréciations négatives nous informent que les nègres domestiques se constituaient un nouveau savoir, qu'ils instituaient de nouvelles pratiques (leur interprétation des danses des maîtres) qu'ils pouvaient transmettre à leurs partenaires des assemblées. Nous percevons comment des « traditions » différentes pouvaient se confronter et s'interpénétrer.

71. Robertson William Smith, *Lectures on the Religion of the Semites. First Series. The Fundamental Institutions*, Édimbourg, Adam and Charles Black, 1889, p. 226-293.
72. M.-É. Descourtilz, *Voyage d'un naturaliste*, *op. cit.*, vol. 3, p. 195-196.
73. M.-L.-É. Moreau de Saint-Méry, *Description topographique*, *op. cit.*, vol. 1, p. 69.

Il n'est donc guère étonnant que le vodou soit resté divers, « ouvert », qu'il ait pu s'adapter aux circonstances les plus variées. Il semble que c'est cette logique de mise en commun qui a présidé à la constitution du panthéon et à la mise en place des rites. C'est sans doute la même dynamique qui est à l'œuvre dans l'élaboration des dessins rituels. La mémoire iconique est ici centrale. Elle facilite la reconnaissance par tous de l'importance des signes et symboles graphiques comme dispositif de communication avec les forces surnaturelles. Elle conditionne l'interprétation et l'appropriation des signes et symboles de provenances diverses en circulation dans la colonie. C'est dans ces conditions qu'ont pu être codifiées des figures symboliques en relation avec les caractères reconnus aux différents *lwa*.

Habiter le lieu et construire

L'architecture, une entrée dans l'histoire matérielle des Marrons bushinenge (xviiie-années 1990)

Jean Moomou

Le thème traité ici s'inscrit dans l'évolution de la culture matérielle d'un des groupes socioculturels de la Guyane française et du Surinam, les Bushinenge[1]. Nés à l'issue du marronnage en Guyane hollandaise (Surinam) au xviiie siècle, les Marrons organisent leur société et exploitent les ressources de l'espace dans lequel ils avaient choisi de vivre. Dans les colonies du Surinam et de la Guyane française, ils connaissent une histoire différente de celle du monde des plantations et fondent une identité collective aux facettes multiples, puisant ses ressources dans la manière d'être et dans le savoir-faire de chaque marron. Cette manière d'être et ce savoir-faire sont étroitement imbriqués aux pratiques culturelles portées depuis l'Afrique, ou empruntées à la vie dans les plantations. S'ajoutent également des éléments culturels venus des Amérindiens de la Guyane hollandaise et de la Guyane française. Parmi les éléments constitutifs de leur identité, l'architecture est révélatrice des changements que connaissent ces sociétés marronnes puis post-marronnes entre la fin du xviiie siècle et le début des années 1990.

Le modèle architectural bushinenge et son évolution n'ont pas fait l'objet d'études approfondies. L'architecture est néanmoins présente dans les contributions de chercheurs qui nous ont précédé,

1. Ce texte a initialement paru dans Emile Eadie (dir.), *L'esclavage de l'Africain en Amérique du xvie au xixe siècle – les héritages*, Perpignan, Presse Universitaire de Perpignan et Association Dodine, 2011, p. 191-204.

parmi lesquels Richard et Sally Price (anthropologues)[2], et Jean Hurault (ingénieur-géographe). Ce dernier a bien décrit les techniques de construction des Boni, qui diffèrent peu de ce que nous pouvons observer ailleurs, chez les autres groupes bushinenge[3]. À ces auteurs, peuvent être ajoutés Anne Hublin[4], Carole Aubert[5], Jeanne Bianchi[6], Marie-Pascale Mallé[7] et plus récemment Martina Amoksi[8] et Clémence Léobal[9]. Le modèle architectural réalisé par les Marrons bushinenge et leurs descendants peut être interprété comme un héritage direct de leurs ancêtres ouest-africains ou centre-africains[10] devenus esclaves en Guyane hollandaise. Des données ethnographiques témoignent de cette origine, tels la forme architecturale (ill. 2e) adoptée jadis (rec-

---

2. Richard Price, *Les premiers temps. La conception de l'histoire des Marrons aaramaka*, Paris, Seuil, 2013 [1994] ; id. et Sally Price, *L'Art des Marrons*, La Roque d'Anthéron, Vents d'ailleurs, 2005 ; Sally Price, « Passé, présent, futur : interrogations sur l'histoire de l'art marron », dans Serge Mam Lam Fouck et Jacqueline Zonzon (dir.), *L'histoire de la Guyane depuis les civilisations amérindiennes*, Matoury, Éd. Ibis Rouge, 2006, p. 155-183.

3. Jean Hurault, *Africains de Guyane. La vie matérielle et l'art des Noirs réfugiés de Guyane*, Paris/La Haye, Mouton, 1970 ; *Les Noirs réfugiés Boni de la Guyane Française*, Dakar, Institut français d'Afrique noire, 1961.

4. Anne Hublin, « La prolétarisation de l'habitat des Marrons de Guyane », MELATT, Bureau de la recherche architecturale, Paris, École d'architecture de Paris-Villemin, 1987 ; « Marges urbaines et minorités ethniques. L'habitat marron de Guyane française », *Cahier de la recherche architecturale*, n° 27-28, 1992, p. 183-196, et « Traditional Dwellings & Settlements in A Comparative perspective. Analysing Aerial Photographs of Traditional Maroon Settlements », *International Symposium Center for Environmental Design Reseach*, University of California-Berkeley-USA, 7-10 avril 1988, 25 p.

5. Carole Aubert, « L'habitat des bushinenge du Maroni en Guyane française », dans Pierre Erny (dir.), *Cultures et habitat. Douze contributions à une ethnologie de la maison*, Paris, L'Harmattan, 1999, p. 42-60.

6. Jeanne Bianchi, *Modes de vie traditionnels et modernisme dans l'habitat en Guyane*, Direction générale de l'urbanisme, de l'habitat et de la construction, Plan Urbanisme Construction Architecture, Atelier de sociologie, Guyane, octobre 2002.

7. Marie Pascale Mallé (Conservatrice en chef du patrimoine, Musée national des Arts et Traditions populaires-antenne de préfiguration du Musée des civilisations de l'Europe et de la Méditerranée, Marseille), « Les maisons des Noirs marrons de Guyane », *In Situ*, n° 5, décembre 2004.

8. Martina Amoksi, *De Marronvrouw in de stad : een historische analyse van de gevolgen van de urbanisatie voor de Marronvrouwen in Suriname*, Amsterdam, NiNsee, 2009.

9. Clémence Léobal, *Saint-Laurent-du-Maroni. Une porte sur le fleuve*, Matoury, Éd. Ibis Rouge, 2013, p. 84-95, 109-144.

10. Gérard Althabe, « Changements sociaux chez les Pygmées Baka de l'Est-Cameroun », *Cahiers d'études africaines*, vol. 5 n° 20, 1965, p. 561-592.

tangulaire, carrée, circulaire, modèle de toiture) et le savoir-faire technique. Mais il se pourrait qu'ils aient aussi épousé ceux des Amérindiens (ill. 2a) avec qui lesdites populations ont été durablement en contact. Sous certains aspects, des similitudes peuvent également être observées avec le modèle de construction colonial dont les traces existent encore dans le paysage urbain de Paramaribo. La recherche d'une origine purement africaine dans ce domaine peut être nuancée compte tenu du fait que les sociétés bushinenge sont nées de la rencontre entre l'Amérindien, l'Européen et l'Africain aux Amériques dans le cadre de la colonisation, de l'esclavage et du marronnage. D'ailleurs, le modèle architectural bushinenge diffère peu de celui que nous observons ailleurs dans le monde rural des régions tropicales, parfois urbain du littoral guyanais, caribéen. L'identité culturelle, artistique ou cultuelle des Marrons bushinenge jadis (seconde moitié du XVIIe siècle et première moitié du XIXe siècle) oscillait en effet entre « africanisation » et américanisation. Nous parlons, d'une part, d'africanisation, dans la mesure où les Marrons bushinenge ont reproduit, adapté, juxtaposé, transformé, parfois réinterprété, voire reconstitué – à travers la mémoire collective, clanique et familiale des divers individus marrons et du savoir des *wenti* (divinités) par l'intermédiaire des cultes de possession – la culture, les savoirs et les savoir-faire de leurs Ancêtres du centre et de l'ouest africains. Nous utilisons, d'autre part, le terme américanisation par rapport au contexte des XVIIe, XVIIIe et XIXe siècles, et pas à celui d'aujourd'hui en raison de la domination de la puissance états-unienne qui peut fausser notre analyse. En effet, en contact avec la civilisation de leurs anciens maîtres de plantation et celle des Amérindiens en Amérique, ces groupes ont aussi épousé leurs traits culturels. Ensuite, s'opère, entre la fin du XIXe siècle et la première moitié du XXe siècle, un processus de créolisation dû au contact entre les orpailleurs créoles du littoral guyanais, de Sainte-Lucie, de la Martinique, et les Bushinenge du Maroni-Lawa. Enfin, depuis les années 1960 et au cours des années 1990, de nouveaux « ingrédients » sont entrés en ligne de compte (scolarisation, politisation, urbanisation, christianisation, etc.).

Notre démarche s'inscrit dans une perspective historique plutôt que dans une analyse systématique des techniques utilisées pour bâtir. Cet article s'appuie sur une enquête de terrain[11], notre propre

11. Enquête ethnographique menée dans les villages bushinenge des fleuves (Maroni-Lawa, Tapanahoni, Cotticarivier, Coppenamerivier, Surinamerivier), les lieux de

expérience en tant que descendant de Marron et des sources orales[12] (mémoire des *sabiman*[13] et des *sabiuman* bushinenge), écrites (récits de voyage du XVIIIᵉ siècle et de la première moitié du XXᵉ siècle), iconographiques et documentaires (1933-1956)[14]. Il étudie les mutations de l'architecture chez les Bushinenge du XVIIIᵉ siècle (époque du marronnage) jusqu'aux années 1990 (années qui signent définitivement leur entrée dans la société urbaine du littoral guyanais et surinamien). L'insertion progressive des Bushinenge dans la société urbaine, processus qui commence dès la fin du XIXᵉ siècle et qui s'accentue au cours des années 1950 et 1960, traduit également une appropriation du modèle architectural urbain en termes d'aménagement de l'espace et de gestion des relations humaines. Conséquence de la migration du monde rural vers les villes de la côte[15], l'urbanité se diffuse à l'intérieur de leurs villages. L'étude évoque par ailleurs la question liée à la représentation dont fait l'objet la maison dite « traditionnelle » (*fositen osu* ou *fookita-osu : maison des temps passés* ou *maison au plumage d'oiseau au repos*) et celle dite « moderne » (*bakaa-osu, keyolu-osu* ou *doosei-sama-osu*)[16]. Elle s'intéresse à l'ensemble des sociétés bushinenge, plus particulièrement celles qui habitent le long du fleuve Maroni-Lawa et du Tapanahoni[17].

---

résidence dans les bourgs communaux (Maroni-Lawa) et dans les villes de la côte (Cayenne, Kourou, Saint-Laurent-du-Maroni, Mana, Albina, Moengo, Paramaribo).

12. Entretiens avec Ma-Betisi, ma-Kulu, ma-Oyoo, ma-Tantalé, ma-Anini, Afuuye Fenon, Omissi Fossé, Apaagui Afe, Afsende Wema, Baïno Midaye, Martinez Amayota, papa Guadil, Alphone Richenel, Antoine Bayonne, Antoine Abienso, Félix Germany, Paul Bakaman, Amission Momou, Robert Amaïkon, Jacques-Philippe Safel, Fossé Gilbert, etc.

13. Terme évoquant celui ou celle qui a le savoir et le savoir-faire. Il désigne la personne qui maîtrise la connaissance.

14. Parmi les sources audiovisuelles : James A. Patrick Fitz, « *Dutch Guiana : Land of the Djuka (1933)* » (sur Youtube) ; Bernard Quris, *Bivouacs en Guyane, 1956*, cinémathèque de Bretagne ; Schaeffer (enseignant retraité de Saint-Jean-du-Maroni durant les années 1950), « *Sur les rapides du Maroni chez les peuplades primitives. Embarquement pour… Maripasoula* », 1950 ; Geneviève Wiels, « *Dessine-moi… Une frontière* », Jean Hurault (années 1950), RFO Réseau France Outre-Mer ; Geneviève Wiels, « *Au temps de l'Inini* » (1930-1969), RFO Guyane.

15. Voir Frédéric Piantoni, « Les recompositions territoriales dans le Maroni : relation mobilité-environnement », *Revue européenne des migrations internationales*, vol. 18, n° 2, 2002.

16. Termes signifiants : maison des Blancs, des Créoles, autrement dit la maison des gens du dehors, c'est-à-dire des étrangers.

17. *Le Maroni de Maripassoula à St-Laurent*, topoguide, Éditions ONF, 2010.

Néanmoins, entreprendre une démarche globalisante paraît très délicate dans la mesure où les groupes n'évoluent pas au même rythme. La situation socio-économique du Bushinenge et la distance géographique entre son village et la ville peuvent être des facteurs explicatifs. Le cadrage chronologique en est également variable. Il n'y a pas de décalque temporel exact d'un groupe à l'autre. Ainsi, nous avons préféré, à partir de l'exemple des Boni, élargir le sujet aux autres groupes. Après avoir enquêté auprès des autres groupes et lu des travaux les concernant, nous constatons en effet que l'évolution de leur bâti est assez similaire à celle qu'ont connue les Boni. Plusieurs échelles d'analyses sont possibles puisque certains groupes semblent plus avancés que d'autres dans la modification de l'habitat et dans l'appropriation du modèle architectural urbain. De même, à l'intérieur de chaque groupe des clans enregistrent une avance par rapport à d'autres. Ce processus s'opère également à l'intérieur des familles. Toutefois, dans tous les groupes le modèle du bâti suit sensiblement la même logique : après la maison *intégralement végétale* des XVIIIe et XIXe siècles, voire de la première moitié du XXe siècle, selon les groupes, les clans, les familles, les Bushinenge intègrent progressivement le matériel de construction utilisé dans monde colonial tout en conservant l'ancienne architecture. Ils optent progressivement pour l'architecture urbaine à partir des années 1950 (selon les groupes) soit en détruisant l'ancienne pour la reconstruire, soit en l'abandonnant complètement pour construire ailleurs. De nos jours, le modèle urbain est la norme architecturale qui s'impose.

Construire chez les Marrons : entre permanence et mutation (XVIIIe siècle – années 1950)

De la maison intégralement végétale…

À l'époque du marronnage, la structure de l'habitat qui prévalait avant la signature d'un traité avec le pouvoir colonial pour les Dyuka et les Saamaka au cours des années 1760 par exemple, pour d'autres plus tard, répondait à une logique de fuite. Cet habitat que nous qualifions d'« abri temporaire et spontané » avait une durée d'existence variable, liée au contexte du marronnage et de la situation économique de son occupant : un jour, une semaine, un mois, voire davantage. Il arrivait qu'il ne serve qu'une nuit pour être détruit dès le lendemain, puisque les troupes coloniales poursuivaient les Marrons. Ce type d'habitation, réalisé à l'aide de branchages, de feuillages et de lianes, à l'image de ce que l'on trouve chez les Pygmées, est désigné par les termes génériques *tsanga*[18] (transformation probable du mot portugais *tenda*, ou de l'espagnol *tienda*, signifiant une tente de campagne) ou *latioko* (transformation du mot créole *latche hocco* signifiant la queue du hocco).

Le *tsanga* épouse le modèle de construction d'un *tipi*, c'est-à-dire conique (ill. 1b). Les Boni appellent également cet abri *wayapoku tiki*, pour faire justement allusion à l'habitat des Amérindiens de l'Oyapock[19]. Il se construit à l'aide de trois perches formant un brêlage tripode au sommet et un triangle équilatéral au sol. D'autres perches sont ajoutées pour permettre l'étalage des feuilles de palmier.

Le *latioko*, appelé aussi *paawisi tee*, est un style d'habitat dont l'ossature du toit emprunte la forme de la queue du hocco (oiseau de la famille des cracidés) c'est-à-dire un triangle isocèle. Il se réalise de deux manières : trois fourches disposées en triangle isocèle soutiennent l'ossature, ou deux à trois perches fichées dans le sol sont jointes au sommet à une fourche ou à un tronc d'arbre vertical. L'habitat rudimentaire se faisait aussi au pied d'un grand arbre ayant de grandes racines et des contreforts faisant office de cloisons (*gaan udu olo*), ou en hauteur autour d'un tronc d'arbre (*baakoto :* de l'anglais *bracket*). Le *baakoto* (grenier) est une sorte d'étagère permettant d'atteindre la partie mince du tronc de l'arbre qui se trouve dans l'abattis (facilitant ainsi son abattage). Il pouvait aussi servir de couchage lorsque l'abatteur était fatigué, lorsqu'un chasseur se perdait ou n'avait pas suffisamment de temps pour regagner le village à la tombée de la nuit, ou encore lorsqu'il tendait un piège (*seti baakoto*) à un animal (*agouti*). Il existe aussi d'autres formes d'abri avec une ferme plate (*paatadaki :* du néerlandais, *plat dak*) ou légèrement arrondie (*lontu daki* : du néerlandais, *afgeronde dak*). Ce type d'abri est souvent réalisé dans les abattis, lors de la confection d'un

18. L'iconographie tirée du livre de Frédéric Bouyer nous éclaire sur ce type d'habitat. Voir Frédéric Bouyer, *La Guyane française. Notes et souvenirs d'un voyage exécuté en 1862-1863*, Paris, Éd. Hachette, 1867 (rééd. Cayenne, G. Delabergerie, 1979), p. 303 ; voir Jules Brunetti, *La Guyane française. Souvenirs et impressions de voyage*, Tours, A. Mame et fils, 1893.
19. *Ibid.*

canot dans la brousse, ou au bord du débarcadère d'un village. La charpente est soutenue par quatre fourches (parfois davantage) ou quatre poteaux fichés dans le sol de manière à former un rectangle ou un carré.

Enfin, le *masanga* (mot signifiant cabane en *ki-kongo*), appelé aussi *goon-osu* (cabane de l'abattis), est l'abri le plus élaboré parmi les habitations élémentaires (ill. 1c). Il est généralement situé dans les lieux de culture. On le retrouve toutefois lorsque les *bushiman* (chasseurs) partent en forêt ou à la pêche durant plusieurs jours. Le *masanga* était aussi l'abri que les Bushinenge, servant de guide aux explorateurs, réalisaient lors des missions ethnographiques, scientifiques ou géologiques. Le peu de villages existant le long du Maroni-Lawa (seconde moitié du XIXe et début du XXe siècles), ajouté à la lenteur de la navigation pagaie (*pali boto*) d'un lieu à l'autre, obligeaient les canotiers à construire rapidement un *masanga* avant la tombée de la nuit. Cet habitat est similaire à celui qui sert de cuisine, de grenier (*faya-osu/pikin-osu/boli-osu*) qu'on retrouve dans l'espace villageois à proximité de la maison principale (*gaan-osu, siibi-osu* ou *lontu-osu*)[20] ou en bordure du fleuve, non loin du débarcadère, pour les personnes de passage. Toutefois, les Bushinenge utilisent le terme *langa* (hangar) pour désigner l'abri durable qui se trouve en zone de vie par rapport à celui situé en zone agricole (*masanga*) qui disparaît une fois la récolte terminée. Le *langa* est le nom générique employé pour désigner en général une habitation dont les quatre façades restent ouvertes au vent (ill. 1c). Il porte des dénominations différentes en fonction des activités spécifiques qui s'y font : *keeosu* (maison des pleurs) pour les rites funéraires, *lanti-osu/kuutu-osu* (maison des justiciers/maison des réunions) pour rendre la justice, *dansi-osu/pee-osu/dansi sali* (salle de danse et de jeux) pour les activités de réjouissance et des loisirs, *pikin-osu* (maisonnette), *faya-osu* (abri du feu) ou *boli-osu* (maison de cuisson) pour le chauffage et la cuisine.

L'époque du *lowe-ten* (marronnage) se caractérisait par ces différents types d'abris provisoires (*tsanga, latioko, baakoto, masanga, langa*...). Ces constructions ne comportent, en général, aucune fermeture latérale, frontale et arrière facilitant ainsi la circulation du vent comme le va-et-vient des villageois. La sédentarisation, plus ou moins durable à des époques différentes selon les groupes, puis définitive, a permis non seulement une stabilité des villages, mais a également donné lieu à de

20. Traduction littérale : grande maison/maison pour dormir/maison fermée.

Ill. 1 a à c. Exemples d'abris spontanés

a. Jacques Benoit, *Voyage à Surinam. Description des possessions néerlandaises dans la Guyane*, Bruxelles, Société des Beaux-Arts, 1839.

b. Jules Brunetti, *La Guyane française, op. cit.*

c. Un masanga ou langa dans une zone agricole à Charvein, route de Javouhey. Cliché Jean Moomou, 27/03/2009.

véritables constructions non dénuées d'ingéniosité de la part des Marrons bushinenge et de leurs descendants. R. de Lamberterie, en publiant en 1946 un article consacré aux Boni dans la revue *Société des Américanistes*, constatait à propos de l'architecture qu'« [...] une évolution a dû se produire pendant les soixante ou quatre-vingt dernières années [...][21] ». Son constat nous interpelle. Que s'est-il passé dans l'architecture boni ? Les changements concernent-ils le choix des matériaux ou la conception même de la maison ? Le témoignage des *sabiman* ou des *bôman* (bâtisseurs/architectes) aujourd'hui âgés, qu'ils soient boni, dyuka ou pamaka, l'iconographie des récits de voyage du XIXe et de la première moitié du XXe siècles, l'iconographie des missionnaires néerlandais, installés dans leur espace de vie ou en visite lors d'enquêtes ethnographiques sur le terrain, nous renseignent sur la forme des maisons, souvent rectangulaire ou carrée, rarement circulaire. La ferme des maisons épouse la forme de la *lettre A,* tel un triangle isocèle qui supporte le poids de la toiture composée de deux longs-pans à pente très forte qui descendent jusqu'au ras du sol. Ce style d'architecture est inspiré du plumage d'un oiseau au repos. D'où le qualificatif *fookita-osu* utilisé par les Bushinenge pour le désigner[22]. Un pan est parfois ajouté à la façade principale (*fesi osu*) pour former un auvent. La porte d'entrée, généralement étroite (en moyenne 1 mètre de hauteur sur 80 centimètres de largeur)[23], et l'absence de fenêtres rendaient l'intérieur de ces maisons très sombre. Le *kopo* (tympan) de la façade principale est parfois orné de figures géométriques (*tembe*), sculpté, gravé ou peint. Il peut être également décoré à l'aide de treillage de baguettes faisant office de claustra ou par le biais de planches de couleurs naturelles. Il en est de même pour la porte d'entrée et celle qui donne accès à la chambre des parents. Ces caractéristiques constituent en partie les singularités de la maison traditionnelle bushinenge en Amérique tropicale. Notons que cette forme de toiture est visible ailleurs dans l'espace caribéen (ill. 2d) et en Afrique (ill. 2e), mais la différence est que celle des Bushinenge atteint le sol.

21. R. de Lamberterie, « Notes sur les Boni de la Guyane française », *Société des Américanistes*, tome 35, 1943, p. 132.

22. Entretien avec Alphone Richenel, Saint-Laurent-du-Maroni, 30/07/2014.

23. La modification de la porte est en rapport avec la condition socio-économique des Bushinenge. L'amélioration de leur condition de vie aura un impact dans leur art de construire.

Ill. 2 a à d. Style architectural amérindien (1743), boni (1886 et 1930), à Cuba dans la région de Vinalez (2009), au Congo et à Costa Rica

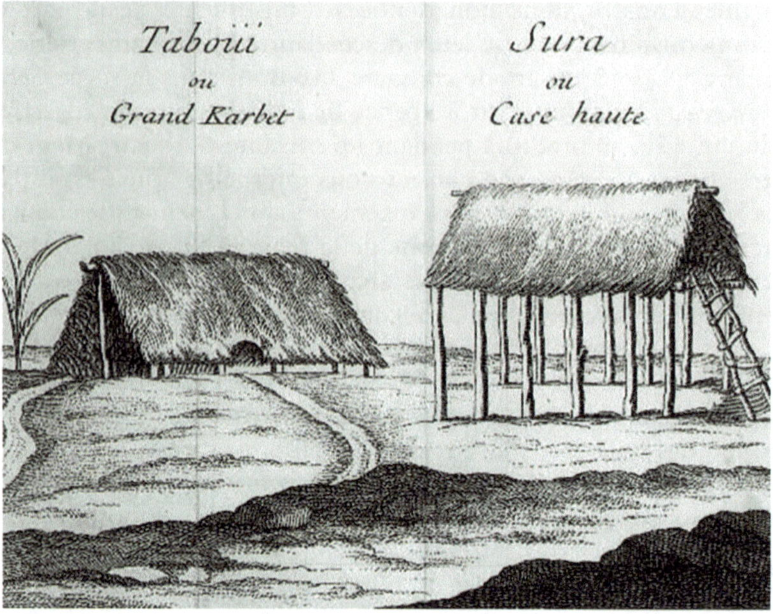

a. Pierre Barrère, *Nouvelle relation de la France équinoxiale contenant la description des Côtes de la Guiane, de l'Isle de Cayenne, & les Mœurs & Coûtumes des différents Peuples Sauvages qui l'habitent*, Paris, Piget/Damonneville, 1743, p. 141.

b. Maison boni, dans Jules Brunetti, *La Guyane française, op. cit.*

c. Maison boni, 1936, dans René Grébert, *Regard sur les Amérindiens de la Guyane française et du territoire de l'Inini en 1930*, Petit-Bourg, Éd. Ibis Rouge, 2001, p. 40.

d. Cuba, 15/08/2009. Cliché Jean Moomou

9. — Le *nzo nkoshi* du Meni Kongo.
(D'après une photo Van de Ginste).

e. François Lamal, *Basuku et Bayaka des districts Kwango et Kwilu au Congo*, Tervuren, Musée royal de l'Afrique centrale, 1965.

Le témoignage de Jules Crevaux, de passage chez les Boni, les Redimusu (Peigudu) et les Dyuka en 1877, illustre nos propos quand il écrit :

> [...] les Boni vivent généralement sous des huttes carrées [ajoutons aussi rectangulaires], recouvertes de feuilles de palmier. Quelques-unes de ces habitations sont ouvertes à tous les vents [*langa/pikin-osu/faya-osu/boli-osu*]. La plupart sont fermées de tous les côtés [*gaan-osu/siibi-osu/lontu-osu*], et l'on ne peut y entrer que par un office étroit et très bas, qui est quelquefois muni d'une serrure en bois [...][24].

Les feuilles proviennent du palmier *maripa* (*maïpa*), de *tcheemaka* (astrocayum paramaca), de *bugu* (astrocaryum sciophilum), d'*awara* (astrocaryum vulgare) et de pinot (*apodo*), mais aussi des *wai* tressé (*tasi*), de *paalu* (arbre voyageur), de *tutu* (bambou). Chacune des deux catégories de maisons dont parle Jules Crevaux remplit un rôle spécifique : la première correspond au *langa* (hangar) et sert de cuisine, de lieu de préparation du manioc (ce qui explique parfois la présence de platines de couac), de salle à manger, d'espace de rencontre et de discussion, d'apprentissage et de transmission de savoirs et de savoir-faire. Il peut servir aussi de carbet de passage. La deuxième (*gaan-osu/siibi-osu/lontu-osu*) représente la maison pour dormir. La chambre (ill. 3), quand elle existe, sert au rangement d'objets précieux, de lieu de repos pour les parents, parfois de lieu d'hébergement de l'autel de la divinité familiale (*kunu*). Le séjour attenant peut servir également de dortoir quand la famille est nombreuse. C'est un espace consacré à l'étalage des ustensiles de cuisine de manière à révéler la richesse matérielle d'une femme. D'après le témoignage des *sabiman* d'aujourd'hui, les Anciens ne mangeaient dans le séjour qu'à de rares occasions. De nos jours, le salon des maisons modernes est devenu un espace de vie et d'échange. Les deux types de construction évoqués par Jules Crevaux n'ont pas disparu et se retrouvent essentiellement dans les *abattis* (espaces agricoles) proches ou éloignés des zones habitées, dans la plupart des *kampu* (hameaux), parfois dans les grands villages, mais aussi dans les villes du littoral guyanais et surinamien. On le rencontrait également il y a encore une dizaine d'années au cœur des bidonvilles de Kourou, dans le *village saamaka*. On peut le voir encore à Saint-Laurent-du-Maroni, avec une modification dans la toiture, maintenant recouverte de tôles à la place des feuilles de *wai* (ill. 10).

24. Jules Crevaux, *Le Mendiant de l'Eldorado. De Cayenne aux Andes, 1876-1879*, Paris, Éd. Phébus, 1987, p. 75.

Ce modèle de construction se rencontrait chez les Boni mais aussi parmi les autres groupes bushinenge du Maroni et de l'intérieur du territoire surinamien. L'iconographie présente dans certains ouvrages de l'époque coloniale vient étayer notre propre expérience.

... À la maison incorporant le matériel de construction du monde colonial

Dans l'art *tembe* et la broderie, Richard Price soulignait, à propos des Saamaka, que « [...] chaque génération a introduit des innovations techniques, des changements stylistiques [...] des formes nouvelles[25]. » Vers la fin du XIXe siècle, alors qu'ils avaient vécu jusque-là dans des habitations en forme de huttes couvertes de feuilles de palmier et de latanier, en ne disposant que d'un salon et d'une chambre à coucher, les Boni, comme les Pamaka et les Dyuka, transforment peu à peu la forme de leurs maisons traditionnelles qu'ils qualifient de *fositen osu* (maison des temps passés) au contact des chercheurs d'or créoles et grâce à l'argent obtenu du canotage, de la coupe du balata (1950-1960) ou en tant que scieurs de long, layonneurs ou guides des explorateurs. Ainsi, dès les années 1880, le *gaanman* Anato[26], le *kapiten* Apatou et Aponchy[27] sont les premiers dans le monde boni à construire une maison qui épouse le modèle architectural du monde colonial : « [...] La maison d'Apatou est une construction créole, tout en bois, avec un plancher sur terre, et une véranda [...]. Elle est couverte de bardeaux [...][28] » (ill. 9a). La maison de *gaanman* (chef suprême) Awensaï (1917-1937) à Boniville (pays boni), construite au début des années 1920, épouse la forme architecturale des demeures créoles (*keyolu-osu*) du Lawa. Son habitation et celle d'Aponchy sont par ailleurs les deux premières maisons en pays boni du Lawa à disposer d'une toiture en tôle ondulée au cours des années 1920 et 1930. Le processus de créolisation qui atteint les maisons boni concerne aussi les dignitaires des différents groupes bushinenge, le domicile des *gaanman* étant différent de celui de leurs « *voluku* » (sujets). Le changement intervenu dans l'habitat des Bushinenge du Maroni-Lawa, et du Surinam en général, s'est d'abord opéré à l'extérieur.

25. Richard et Sally Price, *Les Marrons*, Châteauneuf-le-Rouge, Éditions Vents d'ailleurs, 2003, p. 104.
26. Voir Henri Coudreau, *Chez nos Indiens. Quatre années dans la Guyane Française (1887-1891)*, Paris, Librairie Hachette et Cie, 1893, p. 46.
27. *Ibid.*, p. 50-51.
28. *Ibid.*, p. 8.

Les premières maisons décrites (maisons entièrement végétales), généralement exiguës, renvoient à leur situation économique de l'époque qui précède le *mawdonenge ten* (époque des orpailleurs créoles) et le *kulaboto ten* (époque du grand transport de marchandises/canotage), c'est-à-dire avant les années 1880. Disposant de peu de moyens, en matière d'outillage, qui ne leur permettaient pas de construire de grandes maisons aux parois latérales surélevées (*hey bansa osu*), les Boni comme les Saamaka, les Dyuka ou les Pamaka faisaient descendre la toiture de la maison jusqu'au ras du sol de manière à protéger les quelques planches des murs gouttereaux (ill. 2b/c). Ce qui favorisait un écoulement des eaux efficace et le maintien d'une température idéale. Cette technique leur permettait d'utiliser le moins de planches possible. Les parois latérales étaient composées avec deux ou trois planches qu'ils façonnaient à l'aide d'une hache et d'un sabre. La hache étant un outil encore très rare avant 1880, ces planches pouvaient parfois être utilisées sans être retravaillées. Les parois frontale et arrière ainsi que les portes, en général trois (l'entrée, la chambre et l'arrière), étaient réalisées à partir des troncs de pinot (*apodo bon*), de *paasaa*[29], de *tutu* (bambou), qu'ils fendaient en deux pour les transformer en lattes (ill. 10), ou du *kwali* (bois wapa). Ces bois souples sont plus faciles à travailler que certains arbres de la forêt, comme l'acajou. Toutefois, à la place de ces bois, des feuilles de palmier ou de *paalu* étaient aussi utilisées pour couvrir les parois latérales. Notons que jusqu'aux années 1990, on trouvait encore cette technique dans pratiquement tous les villages bushinenge du Surinam et du fleuve Maroni-Lawa.

L'argent gagné dans l'activité du canotage, de la coupe de balata ou du commerce (*kolupote*) est investi en partie dans l'achat d'outils comme la scie, la cognée canadienne, le sabre, le compas de menuisier, la hache, les clous, le marteau, la pioche, la pelle, l'herminette, le ciseau à bois, le rabot et, plus tard, la tronçonneuse (fin des années 1960 en pays boni). L'usage de ces outils modernes a rendu possible le débitage de planches en grandes quantités, ce qui a favorisé l'augmentation de la hauteur des parois latérales ainsi qu'une diminution de la longueur des pans à pente très forte de la toiture avec des fermes plus proches du style urbain. La tronçonneuse a facilité également l'abattage d'arbres plus résistants. L'arrivée des clous, qui marque également la fin de la

29. « *Palmier awara monpère* ».

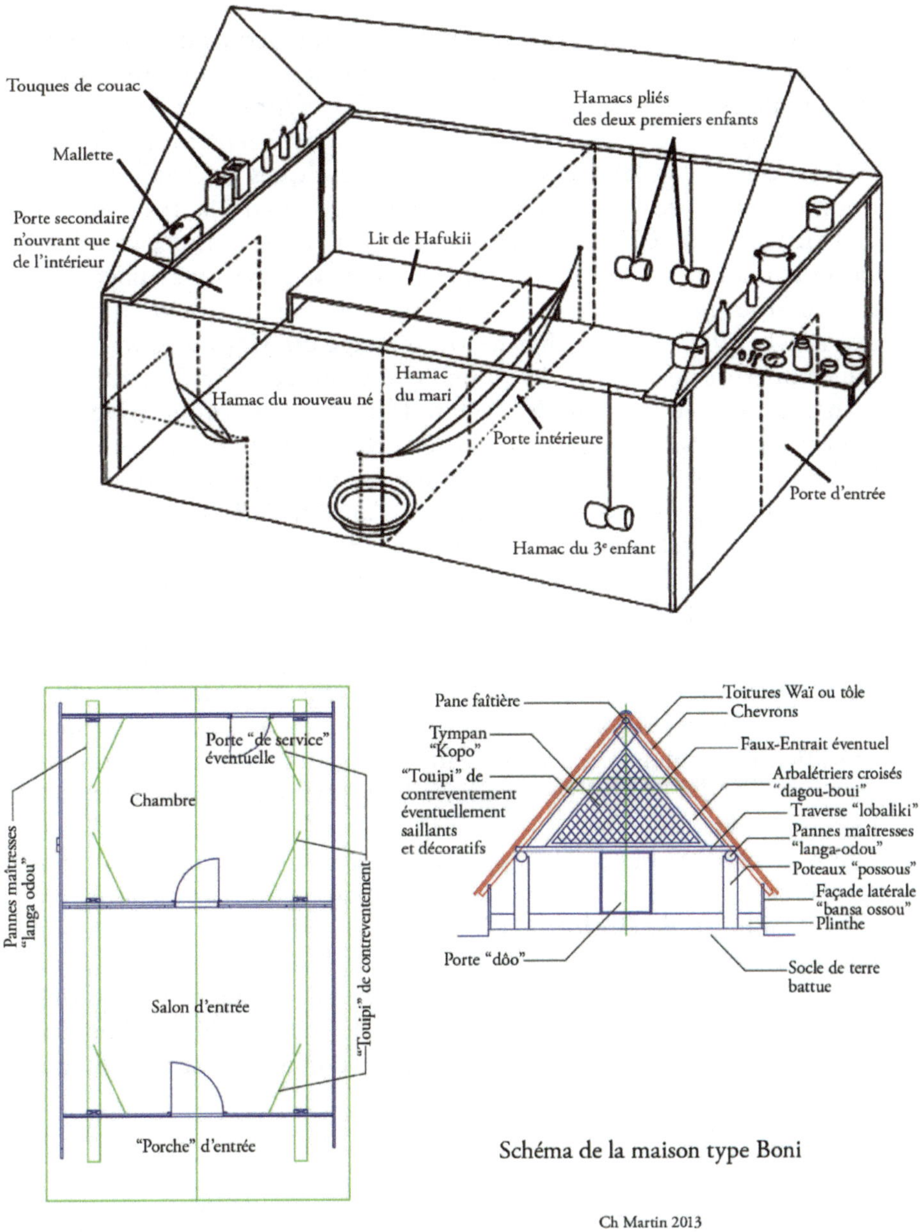

Ill. 3. Croquis de maison de type boni
Source : Christian Martin, *Étude patrimoniale des habitations traditionnelles Boni. Villages de Boniville et Loka, commune de Papaïchton (Guyane)*, Mission de janvier-février 2013.

technique du *pen*[30] et de l'utilisation des lianes, a permis de construire des maisons solides et plus durables, aux planches plus nombreuses, aux arbalétriers et aux chevrons mieux fixés. Ainsi, on passe progressivement de la maison quadrangulaire *intégralement végétale* à la maison quadrangulaire combinant les techniques de construction traditionnelle avec les matériaux du monde colonial (ill. 10), comme les bardeaux[31] (*baado*), les gaulettes (*golote*) et la tôle ondulée (*sinki*)[32]. Jusqu'aux années 1980, le sol de la plupart des maisons étaient en terre battue (*pampam doti*). Le linoléum fait son apparition à partir des années 1970 et 1980 chez les Bushinenge du Maroni-Lawa, suivi du béton (fin des années 1980-début des années 1990) et du carrelage au milieu des années 1990. L'intégration progressive des matériaux de construction modernes (1880-1950) ne modifie pas la morphologie ancienne des maisons. En témoigne encore de nos jours le paysage villageois. Toutefois, l'appropriation véritable du style architectural urbain (*hey bansa osu :* maison aux murs latéraux surélevés) et sa démocratisation progressive apportent un changement majeur (1950).

La construction de la maison *intégralement végétale* découlait certes du milieu environnemental qui offrait gratuitement les ressources naturelles en quantité, facilement exploitables, et ne nécessitant aucune modification, mais elle répondait aussi aux conditions socio-économiques des Bushinenge et à leur éloignement du monde colonial. La topographie, associée aux moyens financiers de la personne, influençaient le bâti. Ainsi, dans la plupart des zones inondables (villages insulaires ou en terre ferme) du Maroni-Lawa, du Tapanahoni, un certain nombre de Bushinenge ont construit des *sodo* (maisons sur pilotis) au style *fookita-osu*. Nous retrouvons également le *sodo* dans la plupart des villages bushinenge des berges de Saint-Laurent-du-Maroni (1950-1990) avec cependant une influence du style architectural urbain (ill. 4d). En témoignent les documents iconographiques tirés du

30. Morceau de bois dur servant à la fixation de planche ou de poutre.

31. Planchettes en bois dur. À titre d'exemple, une maison du village de Kottica durant les années 1930 était entièrement couverte en bardeaux. Voir René Grébert, *Regard sur les Amérindiens de la Guyane française et du territoire de l'Inini en 1930*, Petit-Bourg, Éd. Ibis Rouge, 2001, p. 36. De même, le *gaaman* Difou possédait une maison à Boniville entièrement faite de bardeaux. Cette maison s'est effondrée à la fin des années 1980.

32. Transformation du mot « *zinc* ».

Ill. 4 a à d. Maisons sur pilotis à Assici (boni), à Tabiki (dyuka) et dans le quartier-village des berges de Saint-Laurent-du-Maroni (années 1980)

a et b. Cliché Jean Moomou, Assici, 27/03/2009.

c. Cliché Clémence Léobal, Tabiki, (pays dyuka), 20/02/2010.

d. Quartier-village des berges de Saint-Laurent-du-Maroni (années 1980).
Source : Bernard Chatain et Léon Attila Cheyssial, *Villages insalubres à Saint-Laurent du Maroni*, vol. 2, Analyse de l'habitat, Cayenne, Direction départementale de l'Équipement de la Guyane, 1981.

mémoire de maîtrise de Georges Magnan[33], des anciens résidents, de l'architecte Jean-Pierre Wieczorek (1984) et de l'ARUAG.

Au cours des années 1950[34] et au début des années 1960, des demeures bushinenge imitent de plus en plus la forme des maisons développées par les populations créoles qui habitent le long de l'axe fluvial Maroni-Lawa (villages de Gransanti, d'Abounami, de Wacapou, de Benzdorp, de Maripasoula, d'Antouca, de Dorlin, de Palôfini, d'États-Unis[35], de Grisel, etc.) et celles vivant sur la côte, en particulier celles du Surinam (Albina et Paramaribo). En observant, en effet, le modèle architectural[36] des Créoles du quartier *Frimangron*[37] de Paramaribo (1950-1980) et encore récemment celui des vieux quartiers de cette ville, des similitudes sont à noter avec les nouvelles constructions bushinenge des années 1950 et 1970. Chez les Boni[38], des maisons aux styles urbains émergent dans pratiquement tous les villages (Kottica, Tabiki, Boniville, Loka, Assici, ancien Papaïchton et Komontibo) entre 1950 et 1970. Le domicile du *gaanman* Difou (1937-1965), construit au cours des années selon le modèle créole, était entièrement fait en bardeaux[39]. Comme construction créole, citons également celle de Roland Finkual dit *Zuti-Makawni* (début des années 1950), de ses deux épouses (*ma-odido* entre 1966 et 1967 à Boniville et *ma-Abuyu* à Assici-ede-konde en 1976). Évoquons enfin les maisons à deux niveaux du *tembeeman* Aténi (ill. 9c) à Loka (années 1950) pour sa femme (*ma-Toiti*), de *papa* d'Aalo, de *papa* Ngutć, de *papa* Afanichi et du *kapiten* Moomou Raoûl (1963/1964) à Kottica, du *kapiten* Charles Tafanier dit Komise et de *gaanman* Tolinga dans l'ancien et le nouveau Papaïchton. L'adoption du modèle urbain des maisons créoles (*keyolu-osu*) de la Guyane française par les Bushinenge de la

33. Georges Magnan, *Saint-Laurent du Maroni* (étude géographique), Mémoire de maîtrise, Faculté des lettres et sciences humaines de Bordeaux III, Institut de géographie et d'études régionales, 1972.
34. Citons un exemple dans le village d'Assici (pays boni) en 1956 : voir le film de Bernard Quris, *Bivouacs en Guyane,* 1956, cinémathèque de Bretagne.
35. *Ibid.*
36. Voir Olga van der Klooster et Michel Bakker, *Architectuur en bouwcultuur in Suriname,* Amsterdam, KIT Publishers, 2009.
37. Espace où vivaient les Chasseurs Noirs (*Zwarte Jagers*). Après l'abolition de l'esclavage (1863), des lopins de terres furent donnés aux nouveaux libres.
38. Entretien avec ma-Kulu, ma-Oyoo, Omissi Fossé, Patrick Santomé, Antoine Bayonne, 23/07/2014.
39. Cette maison s'effondre vers la fin des années 1980 par manque d'entretien. Les bardeaux ont d'ailleurs servi à allumer du feu pour la cuisine.

rive française du Maroni-Lawa est en revanche plus récente. Elle s'effectue au cours des années 1990.

Ces maisons créoles sont appelées *bakaa-osu* (maisons des Blancs). Elles sont vues comme modernes, et influencent lentement, certes, mais progressivement, l'art de construire des populations bushinenge. Les Boni, comme les Dyuka, ont longuement et assidûment participé à la construction de maisons créoles dans le Maroni-Lawa, puis ont activement travaillé dans les chantiers de construction mis en place par les missionnaires (ill. 5a) et par l'Administration hollandaise à Langatabiki, à Nasso (pays Pamaka), à Massey-Lanti (île hollandaise se trouvant en aval de Gransanti, peuplée de Dyuka), à Kottica (dans le haut Maroni chez les Boni), sans oublier les constructions entreprises par la France en 1946 au niveau du poste de Maripasoula. Les Saamaka du village *Ganse,* par exemple, comme les *Kotticanenge* (habitants de la Cotticarivier) ont aussi participé à la construction d'écoles, d'internats et d'édifices religieux, destinés aux missionnaires néerlandais qui s'installent dans leur village. Ces facteurs contribuent peu à peu à l'élaboration par les Bushinenge du Maroni-Lawa de demeures aux formes analogues à celles du littoral urbain, considérées comme un signe de progrès. D'ailleurs, les phrases « *mi abi bakaa-osu ; mi bow wan bakaa-osu*[40] » sont une manière d'afficher la fierté et la satisfaction de soi. À ces facteurs, peuvent s'ajouter d'autres sources d'inspiration des Bushinenge : le contact de plus en plus soutenu avec la bourgade d'Albina (fin XIXe et début XXe siècles), la fréquentation progressive de Paramaribo (à partir des années 1930 et 1950) et l'exode rural vers cette ville (1950-1970). Une autre pratique peut-être est relevée. Au cours des années 1960 et surtout durant les années 1970-1980, afin d'embellir leur maison, les Bushinenge aménagent l'extérieur avec des plantes à fleurs (sandragon rouge, hibiscus, langue de belle-mère, …)[41], à l'image des habitations créoles du Maroni-Lawa.

40. Traduction littérale, « j'ai une maison de Blanc ; j'ai construit une maison de Blanc », autrement dit, « j'ai construit une maison qui épouse le style urbain ».

41. Ces fleurs, notamment le sandragon rouge, entrent dans la composition de certains bains rituels, d'autres dans des bains de chance.

Ill. 5 a à c. Des maisons créoles

a. Dessin représentant la section lape du village de Kottica (1965-1970), réalisé par Antoine Bayonne, Cayenne, 15/05/2016.

b. Maisons construites par les missionnaires protestants (E-BG S)[42] à Kottica (pays boni).

c. Maison construite par les autorités surinamiennes au village Nasso (pays pamaka) entre 1970 et 1980.

Clichés Jean Moomou, Kottica et Nasso, 27/03/2011.

42. *Evangelische Broeder Gemeenschap Scool.*

Dans l'introduction de cet article, nous évoquions l'idée que le modèle architectural développé par les Bushinenge pouvait provenir de leur origine ouest-africaine et centre-africaine ; provenance que nous ne nions pas dans la mesure où des réminiscences ont sans doute été remises au goût du jour en fonction de l'ingéniosité du bâtisseur. Ainsi, nous retrouvons ce style de maison entièrement végétale dans l'Afrique forestière avec un revêtement des façades en bois, en feuilles de palmier, en tiges de bambou ou en écorce, la toiture à double pente faite de feuilles de palmier, de raphia, les objets de protection accrochés à l'entrée de la maison, le sol en terre battue (*pampa doti*) par exemple. L'organisation du village bushinenge et la morphologie de l'habitat ressemblent à celles que l'on retrouve à l'intérieur de certains villages, jadis et encore de nos jours, de la région du Congo (village de teke de Kinshasa vers 1912) ou de l'Afrique centrale. Ils ont néanmoins incorporé le modèle des planteurs de la Guyane hollandaise (XVIIe-XIXe siècles) et des Amérindiens (kalin'na et arawak) avec qui les marrons ont cohabité durant l'époque de l'esclavage et du marronnage par la suite. L'exemple du modèle architectural suivant (ill. 6), comme la technique de construction du carbet (*langa*), attestent de l'influence amérindienne dans l'art de construire des Boni et des autres sociétés bushinenge. Jusqu'au début des années 1980, il existait, à Boniville notamment, un *tukusipan* réalisé avec le concours des Amérindiens wayana. Ce style de maison date du début du règne de *gaanman* Ochi (1891-1915), probablement vers la fin des années 1890. Cette maison a été introduite en pays boni par Awensaï (frère d'Ochi), qui a épousé une amérindienne (*ma-Ayapanalu*). Les Amérindiens wayana l'ont donc bâti pour le *gaanman*. Depuis, il est devenu un symbole du pouvoir, témoignant du lien entre les Wayana et les Boni. Ce *tukusipan,* qui s'est effondré en raison du manque d'entretien, servait de lieu où se déroulaient les réunions coutumières, d'espace de rencontre et d'échange. La présence de deux platines, rapportée par les témoignages, nous indique que le lieu servait également à la fabrication du couac. En revanche, le *tukusipan* construit à Papaïchton (résidence du successeur de Difou, Tolinga Emmanuel), existe toujours.

Ill. 6 a et b. Le tukusipan de Boniville en 1903 et à Papaïchton au début des années 1970 en pays boni.

a. C.H. de Goeje, *Photographies pour la science, les peuples exotiques entre 1860 et 1920*, Museum Volkenkunde.

b. Cliché Jean Moomou, Papaïchton, 27/02/2011.

À l'influence amérindienne, s'ajoute celle du modèle architectural colonial. Les éléments constitutifs de fermes bushinenge (deux arbalétriers à mi-bois croisés posés sur le *baliki* (du néerlandais : poutre) faisant office d'entrait, de contre-fiche, de poinçon, fermette avec entrait porteur, etc.) comme les entraits retroussés sur le fronton semblent s'inspirer du modèle de construction des planteurs du Surinam. Les sources iconographiques (XVIIIe-première moitié du XXe siècles) permettent d'établir une corrélation entre la structure de l'habitat des esclaves et l'art de construire des descendants de Marrons bushinenge (ill. 7).

Ill. 7. Maisons d'esclaves dans les plantations du Surinam
en 1708 (a), en 1820 (b) et en 1839 (c)

a. Plantation Waterland (Surinam), réalisée en 1708 par Dirk Valkenburg, une maison d'esclaves (n° 5 à droite), Rijksmuseum, Amsterdam). Voir également Richard Price, *Les premiers temps, op. cit.*, p. 90 ;

b. Clazien Medendorp, *Kijkkasten Uit Suriname De diorama's van Gerrit Schouten*[43], Amsterdam, KIT Publishers, 2008, p. 82.

43. Gerrit Schouten (1779-1839) est un artiste important de la Guyane hollandaise du XIXe siècle. Il dépeint à travers ses tableaux la vie quotidienne des esclaves, des Amérindiens, etc. du Surinam au cours des années 1820.

c. Jacques Benoit, *Voyage à Surinam, op. cit.*

Nous observons également cette influence coloniale dans le système métrique, le lexique propre à l'architecture et dans les figures géométriques (rectangle, triangle)[44] que les Bushinenge utilisent pour décrire la maison. Le vocabulaire et le système métrique ne sont pas originaires de l'Afrique de l'Ouest et du Centre. Ils sont tombés dans l'oubli au profit des notions véhiculées par les anciens maîtres dans les plantations esclavagistes. Cette appropriation du vocabulaire tiré de l'anglais, du néerlandais, voire du portugais ou de l'espagnol, s'explique sans doute par le fait que les esclavisés construisaient des hangars pour leurs maîtres dans les domaines, au Surinam. Ainsi, l'origine anglaise se retrouve dans le vocabulaire qu'emploient les Boni pour mesurer toute longueur, superficie, masse et capacité. Même si les appellations consacrées à chacune des catégories citées n'ont pas été conservées en totalité, chacune est néanmoins représentée. Pour mesurer les longueurs, nous relevons les termes *inch* (le pouce) et *foot/feet* (le pied/les pieds), le *yard* et le *mile* étant ignorés. Il est rare d'entendre un Bushinenge parler de la longueur de son canot en mètres ; il dira plutôt que son canot est long de tant de *futu*. Pour mesurer une superficie, seul le mot *one square inch* (*one skuenchi*) a été gardé. Avec ces appellations interfèrent des termes

44. Respectivement : « *letioku* » du néerlandais *rechtoek*, « *diiuku* » du néerlandais *driehoek*.

provenant de la langue néerlandaise, portugaise et espagnole. À titre d'exemple, le mètre carré, tiré du néerlandais *vierkante meter*, se dit *fiikanti meti*. Il en est de même pour la longueur (*langa* : *lengte* en néerlandais ou *length* en anglais), la largeur (*baadi* : du néerlandais, *breedte*), le volume (*lung* : transformation probable du terme *volume* en néerlandais ou en anglais) et l'angle (*oku* : du néerlandais *hoek*) des maisons.

Ill. 8. Tableau illustrant l'origine du lexique de l'architecture chez les Bushinenge du Maroni

Lexique de l'architecture	Anglais	Néerlandais	Portugais	Espagnol	Traduction française
osu,	house/home	huis	casa	casa	maison
daki	deck	Dak/dakwerk			ferme/charpente
daki-osu					toiture
noko		nok			panne faîtière
fense		venster			fenêtre
paanga/lati	Plank	raad			planche
dagubuï		dakbedekking			arbalétriers/ chevrons
kamba		kamer			Chambre
postu (posu)	Chamber	post			poteau
doo	Post	deur	Post		porte
Langa	Door	hangar	Door		hangar
Baliki	hangar	balk	Hangar		poutre
tsanga			tenda	tienda	tente de campagne

Ces exemples nous laissent penser que l'appropriation du vocabulaire lié à l'architecture, aux figures géométriques et au système métrique ne date pas de la fin du XIXe ni de la première moitié du XXe siècles. Son origine remonterait plutôt à l'époque où les Ancêtres des Marrons bushinenge étaient en esclavage dans les plantations en Guyane hollandaise : période « creuset » dans laquelle ils puisent des éléments dont ils se resservent. Notons cependant que ces lexiques ont été complétés par l'appropriation de nouveaux par les Boni en raison de leur participation en tant que main-d'œuvre dans la construction des édifices publics ou ecclésiastiques au sein de leur espace de vie et de leur contact de plus en plus permanent (exode rural) avec la bourgade d'Albina et de Paramaribo à partir des années 1960. Les Boni de la rive française du Maroni-Lawa, notamment ceux qui ont travaillé dans le domaine du bâtiment (Maripasoula, Papaïchton, Saint-Laurent-du-Maroni, Kourou et Cayenne) et les générations scolarisées intègrent, depuis les années 1960 et 1970, le vocabulaire architectural, métrique d'origine française (la maison, la ferme, le mètre, le mètre carré, le mètre cube...).

Innover en incorporant le modèle urbain. Quelles utilisations pour quelles représentations ?

Le modèle du bâti : signe de richesse et de progrès

Le modèle bâti est un moyen pour les Bushinenge d'extérioriser leur richesse et leur réussite sociale. On retrouve cette attitude dans d'autres sociétés d'Afrique ou aux Antilles et en Europe. On constate, entre 1880 et les années 1970, que la hauteur des parois latérales de la maison proportionnelle au niveau de richesse d'un Bushinenge (ill. 9 a/b/c). Évoquons par exemple, la maison construite par le *kapiten* Aponchy du village de Puumofu, durant les années 1880 que décrit Henri Coudreau (1887) :

> [...] le petit village boni de Ouécondo (pois sucré à l'ombre), aussi appelé Pomofou [...] est [...] fort joli, comptant dix cases habitées. Bien construit, bien aéré, avec des maisons espacées, il respire la santé. Du plateau élevé sur lequel il a été édifié, on jouit d'une vue superbe de l'Aoua qui coule à une dizaine de mètres en bas [...]. L'une des cases de Pomofou, case appartenant au nommé Aponchi [Aponchy], un des nombreux oncles d'Apatou, est la plus grande la mieux bâtie, la mieux comprise des cases indigènes du Maroni des Noirs réfugiés. Elle a un étage, et est entièrement construite en bois avec des galeries sur les deux côtés [...][45].

45. H. Coudreau, *Chez nos Indiens, op. cit.*, p. 50-51.

Ill. 9 a à d. L'adoption d'une architecture moderne

Village d'Apatou (voy. p. 4). — Dessin de Riou, d'après un croquis de l'auteur.

a. Maison du kapiten Apatou en 1887, dans Henri Coudreau, *Chez nos Indiens*, *op. cit.*, p. 1.

b. Maison d'un *Redimusunenge* en novembre 1904, dans C.H. de Goeje, *Photographies*, *op. cit.*

c et d. Clichés Jean Moomou, Loka (années 1950)
et Boniville (1967-1968), 27/02/2011.

Citons également un exemple chez les Redimusu (*Peigudunenge*) à la confluence du Tapanahoni et du Maroni-Lawa en 1904 (ill. 9b). À partir des années 1950, le modèle de construction boni s'éloigne de plus en plus de la maison dite traditionnelle. On rencontre alors des maisons à deux niveaux, s'élevant jusqu'à huit mètres environ ; des maisons entièrement réalisées à partir de matériaux extérieurs à l'environnement (tôles et planches rabotées). L'aménagement comporte parfois deux à trois chambres à coucher, des escaliers à l'intérieur comme à l'extérieur, un salon au rez-de-chaussée et un débarras, des balconnets, comme en témoignent les documents suivants.

Les maisons ci-dessus démontrent le niveau de réussite sociale de leur constructeur. Elles contrastent avec celles de leurs contemporains. La gravure de la maison[46] du *kapiten* Apatou, réalisée par Henri Coudreau, et l'iconographie montrant la demeure d'un *Redimusunenge* (1904) révèlent la différence entre ces deux types de maison qui épousent un style colonial, donc moderne, et les maisons traditionnelles du village à la fin du XIXe siècle. En effet, la majorité des Boni, des Dyuka et des Pamaka ont toujours recours à l'architecture traditionnelle classique, vulgairement appelée *kaapana-osu*[47] par les Bushinenge plus aisés qui l'ont abandonnée. Néanmoins, au cours des années 1950, les Bushinenge modestes du Maroni-Lawa, comme ceux du Surinam, commencent à appliquer de plus en plus la tôle ondulée. Ce système de couverture entraîne un certain nombre de conséquences. Elle permet certes, une meilleure étanchéité de la toiture de l'habitat traditionnel, mais elle est inadaptée au climat. Elle garde une chaleur importante en temps ensoleillé. Son emploi entraîne également un recul progressif des maisons à toiture en feuilles de *wai*.

Entre le *loweten* (XVIIIe siècle) et les années 1880, l'acte de construire est économique, puisqu'il dépend essentiellement de l'énergie physique, de l'ingéniosité et de l'exploitation d'éléments environnants, comme le bois et le feuillage[48]. Un changement s'opère peu à peu à l'époque du *mawdonenge* et du *kulaboto*. En effet, à partir de 1880, l'acte de construire dépend de la capacité à acheter des produits manufacturés

46. *Ibid.*, p. 8.
47. Terme signifiant « piège à oiseau ».
48. « [...] Le latanier ou le pineau leur fournissent tous les matériaux pour construire leurs maisons [...]. Les lianes de toutes sortes leur servent de cordes [...]. » John-Gabriel Stedman, *Capitaine au Surinam. Une campagne de cinq ans contre les esclaves révoltés (1772-1776)*, Paris, Le club français du livre, 1960 [1796], p. 215.

Ill. 10 a et b. Maison du village de Kaïmanston (pays kwinti)
Une maison aux parois latérales, frontales et arrières couvertes de feuilles de palmier, Anne-Laure Dobros (Professeur d'histoire/géographie, Kaïmanston, novembre 2009).

(bardeaux, gaulettes, clous, scies, rabots, tôles ondulées, serrures métalliques), autrement dit de la capacité financière à intégrer les matériaux modernes dans le processus de construction de l'habitat. Par conséquent, construire devient onéreux, dès lors que l'on construit selon le modèle créole, considérant également que l'aspect esthétique ne doit pas être négligé. Ainsi, la peinture recouvre le fronton des maisons, la porte d'entrée équipée d'une serrure métallique[49] et recouvre également la porte intérieure qui donne accès à la chambre à coucher. La décoration de cette porte intérieure est très importante, car c'est à travers elle que l'homme déclare son amour à sa femme. Par le choix des motifs, l'homme représente la vie qu'il désire mener avec elle, lui promettant de lui offrir une famille nombreuse, de subvenir à ses besoins et à ceux des enfants (ill. 11d). Il lui promet également la prospérité, la protection, le partage et l'amour éternel. À travers les motifs, l'homme cherche à affirmer son autorité au sein de sa famille. Il peut par exemple menacer la femme infidèle en représentant un *kofu* (poing fermé).

49. Jadis la porte se fermait à l'aide d'une serrure en bois.

Ill. 11 a à d. Devanture sculptée, formée à partir de planches décoratives ou peintes

a. Village dyuka du Tapanahoni (vers 1900), dans C.H. de Goeje, *Photographies, op. cit.*

b. Village Apatou en 1904, *ibid.*

c. Jean-Paul Menu, une maison boni (1967-1968)

d. Cliché Jean Moomou, Boniville (pays boni, maison datant des années 1960), 26/03/2010. Elle a été construite par Doudou Pakosi (Papaïchton) pour sa femme (Alice Amaasia)

Fondation de villages, architecture au style urbain et pouvoir

Entre les années 1880 et 1960, les Boni et les Bushinenge n'ont laissé en général aucune trace écrite pour expliquer les raisons qui les avaient motivés à construire selon le modèle colonial. Néanmoins, grâce aux souvenirs des *sabiman* et *sabiuman* et aux vestiges qui occupent encore l'espace villageois, il nous a été possible de préciser l'idéologie qui accompagnait l'œuvre de ces hommes. En effet, à travers notre enquête sur le terrain et par le truchement des sources iconographiques, nous pouvons conclure que le modèle de construction adopté par ces hommes n'est pas fantaisiste, mais semble révéler un désir de prestige et d'affirmation de soi. Le modèle construit met en lumière leur goût, leur style, mais aussi leur ambition. Il s'agit pour eux d'afficher leur richesse et de marquer l'esprit de leurs contemporains. Dans le choix architectural semble transparaître également l'idéologie du pouvoir coutumier, c'est-à-dire celui des *gaanman* ou des *kapiten*.

Entre 1860 et le début des années 1960 en effet, le recours à l'architecture moderne et la création de nouveaux villages ou de hameaux (*kampu*) contribuent à l'affirmation du pouvoir des chefs ou d'un chef de famille (*papa* Apatou et *papa* Aponchy, par exemple, chez les Boni). Le fait de créer un village pour héberger son pouvoir témoigne de la volonté d'un chef de laisser son nom dans l'histoire mais aussi de faire entrer son *voluku* (peuple) dans une nouvelle ère. Prenons chez les Boni l'exemple du village de Kottica, résidence depuis les années 1850 des *gaanman* boni, plus particulièrement ceux appartenant au clan des *jacobinenge*. En 1892, le nouveau chef Ochi décide d'installer son pouvoir sur la rive française, à Agoode (Boniville). Ce village devient et demeure la résidence des *gaanman* du clan des *dikannenge* jusqu'à la mort de *gaanman* Difou en 1965. Son successeur, Emmanuel Tolinga, du clan des *kawinanenge* décide de fonder un nouveau village du nom de Papaïchton-Pompidou. La caractéristique commune à ces chefs est la volonté de marquer une rupture avec le clan dirigeant précédent.

Dès les années 1880, le *kapiten* Apatou du clan *dipelu* (village Tabiki) devient un pionnier avec la création de son village (*Mutende/ Apatou*) et la construction de la première maison moderne en pays boni. Citons aussi *papa* Aponchy du clan *kawina* qui abandonne son village de Puumofu (en amont de Boniville) pour fonder l'ancien Papaïchton en aval de Komontibo au début des années 1920. D'Anato

(1876) à Tolinga (1967), à l'exception d'Ochi (1892-1915), l'architecture moderne s'immisce dans les insignes du pouvoir des *gaanman*. Cependant, le règne d'Emmanuel Tolinga (1967-1991) inaugure une conception revisitée du pouvoir, fondée sur une nouvelle appréhension de l'espace et sur la mise en œuvre de l'architecture moderne de façon véritable. En effet, vers la fin des années 1960 et le début des années 1970, Emmanuel Tolinga (successeur de *gaanman* Difou en 1967) abandonne le village *ancien Papaïchton* créé par oncle (*papa* Aponchy) et fonde un nouveau village *Papaïchton-Pompidou* en amont cette fois-ci de Komontibo pour héberger le bourg de la commune de Gransanti-Papaïchton créée en 1969. Il reproduit le maillage routier rencontré dans d'autres municipalités de la Guyane. Par la création d'axes parallèles et perpendiculaires, Tolinga marque une rupture nette avec ses prédécesseurs. Ordinairement, dans les villages boni ou bushinenge en général, l'organisation de l'espace paraît de prime à bord « anarchique » aux yeux de l'étranger (absence de rues, de clôtures, contiguïté des maisons). Toutefois, dans ce « désordre » apparaît une certaine logique. Les villages, situés au bord des rives du fleuve ou sur un îlet, suivent un plan d'organisation bien ordonnancée :

– Un *mindi konde,* formant le cœur du village, se divise en deux parties : un *fesi konde* (espace se situant devant le village) communique avec le *baka konde* (espace arrière du village allant jusqu'à la lisière de la forêt) et le *lanti lampe* (débarcadère principal), par le biais d'un *lanti pasi* (chemin principal). En général, ce chemin sert aussi de voie d'accès au *bois sacré* abritant le *sweli* pour un village chef-lieu (Kottica, Boniville, Papaïchton) ou le *tapu baka* (autel sacré servant de protection) pour un village ou un hameau. Il ne faut pas confondre le *lanti pasi* avec son *lampe* et le *yooka pasi* (réservé au transport des morts) qui relie le *keeosu* et son débarcadère (*yooka lampe*). Ce *dégrad* (lieu de chargement et de déchargement de biens et de personnes), destiné à l'embarquement des morts pour le cimetière[50], sert également de débarquement lorsqu'un individu est décédé hors de son lieu de résidence habituel. Le *mindi konde* abrite habituellement la famille fondatrice du village et celles alliées par le mariage ; les enfants donnés aux pères et dont ils ont la charge de leur éducation, comme par exemple vers la fin du XIXe siècle *ma*-Bonto (clan *dyu* du village d'*Assici-mindi konde*) qui a été élevée par son père *gaanman* Ochi (1892-1915). *Ma*-Poti (clan

50. Il est généralement situé loin de l'espace de vie des bushinenge, sauf à Langatabiki en pays pamaka où les Frères Moraves l'ont établi au cœur du village.

dikan du village *Benanu* en pays dyuka) avait choisi de vivre dans le village Boniville de son père (Ochi), vers la fin des années 1930. Ce village concentre également les éléments du pouvoir politique (maison du *gaanman* ou de *kapiten*), judiciaire (*lantiosu*/*kuutuosu*) et religieux (*faakatiki, mamagoon, keeosu*).

– S'agglomèrent ensuite, en amont (*opu se konde* ou *ede se konde*) et en aval (*bilo se konde*) du *mindi konde*, les familles appartenant à d'autres fractions de clans ou clans entiers. Ces familles peuvent disposer aussi d'appontements secondaires, de lieu de culte (divinité familiale, chtonienne). Elles doivent néanmoins utiliser le *keeosu* et le *faakatiki* de la famille fondatrice du village. Notons que la présence de deux *keeosu* et de deux *faakatiki* dans un même village peuvent s'expliquer d'une part, par le fait que deux clans distincts se partagent le lieu (Komontibo-Papaïchton en pays boni, Manlobi et Fandaaki, Saaye et Keementi en pays dyuka). D'autre part, deux clans prennent parfois possession du territoire en même temps. Le village fondé porte le même nom. Elle relève aussi de la superficie et de la démographie du village ou d'une autorisation de la famille à l'origine du village.

– À l'intérieur des différentes sections évoquées, délimitées par le biais parfois d'un manguier, d'un cocotier, d'un cajoutier, d'un palmier (*awara, komu, maripas*) ou éventuellement d'un *tapu wata*[51], des fragments de *bee*[52] (familles) possèdent chacune son espace de vie (*se pisi* ou *pisi olo*) et construisent leurs maisons. Ces fragments disposent, comme la famille fondatrice, d'espaces marginaux (zones de dépotoir[53], lieux d'aisance en bordure du fleuve ou à la lisière de la forêt). Pour résumer, le plan d'un village correspondrait à la position d'un homme ou d'une femme allongé sur le dos dont ses pieds, orientés vers le fleuve (*liba*), correspondraient au *lanti pasi* et au *yooka pasi* ; ses bras prenant la direction en amont (*opu se konde*) et en aval (*bilo se konde*) du village avec ses doigts qui illustreraient les différentes fractions de familles ou de clans ; son corps représenteraient le *mindi-konde* qui serait le siège des éléments vitaux relatifs au bon fonctionnement du village ; ses veines renverraient aux différentes voies de circulation au

---

51. Barrage servant à contenir l'eau pour éviter l'érosion du sol par le ruissèlement.
52. Le *bee* (ventre) regroupe les descendants d'une même aïeule.
53. Outre sa fonction pratique (on y jette les ordures ménagères), le dépotoir est aussi l'endroit où l'on vient se débarrasser de ses malheurs. Lors d'un mauvais rêve, un individu va parfois laver son visage dans le dépotoir pour se débarrasser de ce mauvais songe.

sein de l'espace villageois. Jusqu'à une époque récente, tous les villages ou hameaux étaient entourés par un *kifunga* ou *tifunga* (mur de protection contre les forces maléfiques) et disposaient à leur entrée d'un *kondi* (poteau sacré) qui servait également à protéger la population.

À ce plan d'organisation spatiale du village, le *gaanman-maire* (Emmanuel Tolinga) y introduit un nouvel aménagement :

> [...] il nous disait [déclare Omissi Fossé] : les maisons ne doivent plus être côte à côte, elles doivent être espacées les unes des autres. De même que leurs façades principales doivent donner sur la rue comme ce que l'on observe en ville à Saint-Laurent, à Paramaribo [...]. Le *gaanman* devenu maire insistait beaucoup sur cet aspect-là [...][54].

Le paysage du bourg de Papaïchton-Pompidou illustre cette nouvelle structuration de l'espace qui épouse, à bien des égards, le plan orthogonal à mailles carrées d'une ville du littoral guyanais ou surinamien. Ainsi, chaque famille du clan *kawina* ou des autres clans habite dans une maille carrée. Toutefois, à l'intérieur de celle-ci, la quasi-absence de rues rappelle l'ancienne organisation villageoise, la contiguïté de l'habitat mélangeant ancienne architecture et moderne. Sous le règne de Tolinga, dépositaire des fonctions de *gaanman* et de maire, émerge le premier village au style véritablement urbain de la société boni, voire bushinenge en général, et une conception nouvelle dans la manière de gouverner. La motivation du *gaanman* s'explique en partie par la conjonction de plusieurs facteurs. Premièrement, sa nomination en tant que *gaanman* était fortement contestée (1967), surtout par les *jacobinenge* du village de Kottica (sur la rive hollandaise du Maroni-Lawa), en lutte pour le titre également. Deuxièmement, il s'agit pour lui de contrebalancer le poids historique, religieux, politique, économique et culturel dont jouit Kottica[55] et surtout sa *section Lape* (ill. 5a). En effet, bien avant que Boniville (Agoode) ne devienne la capitale des villages boni (entre 1892 et 1967) et Papaïchton (depuis 1967), Kottica était le village chef-lieu où habitaient tous les clans et les familles constitutifs de la société boni (entre 1840 et 1860) avant que ne soient fondés les autres villages. Il était divisé en six sections (*kawina, jacobi, lape, dikan, dipelu* et *dju*) qui représentent le territoire accordé à chacun des six clans. Les querelles incessantes entre les familles, le désir

54. Entretien avec Omissi Fossé, Papaïchton, 16/09/07 et par téléphone, 14/10/07.
55. Il a été fondé vers 1815, puis abandonné et restauré, entre les années 1840 et 1860.

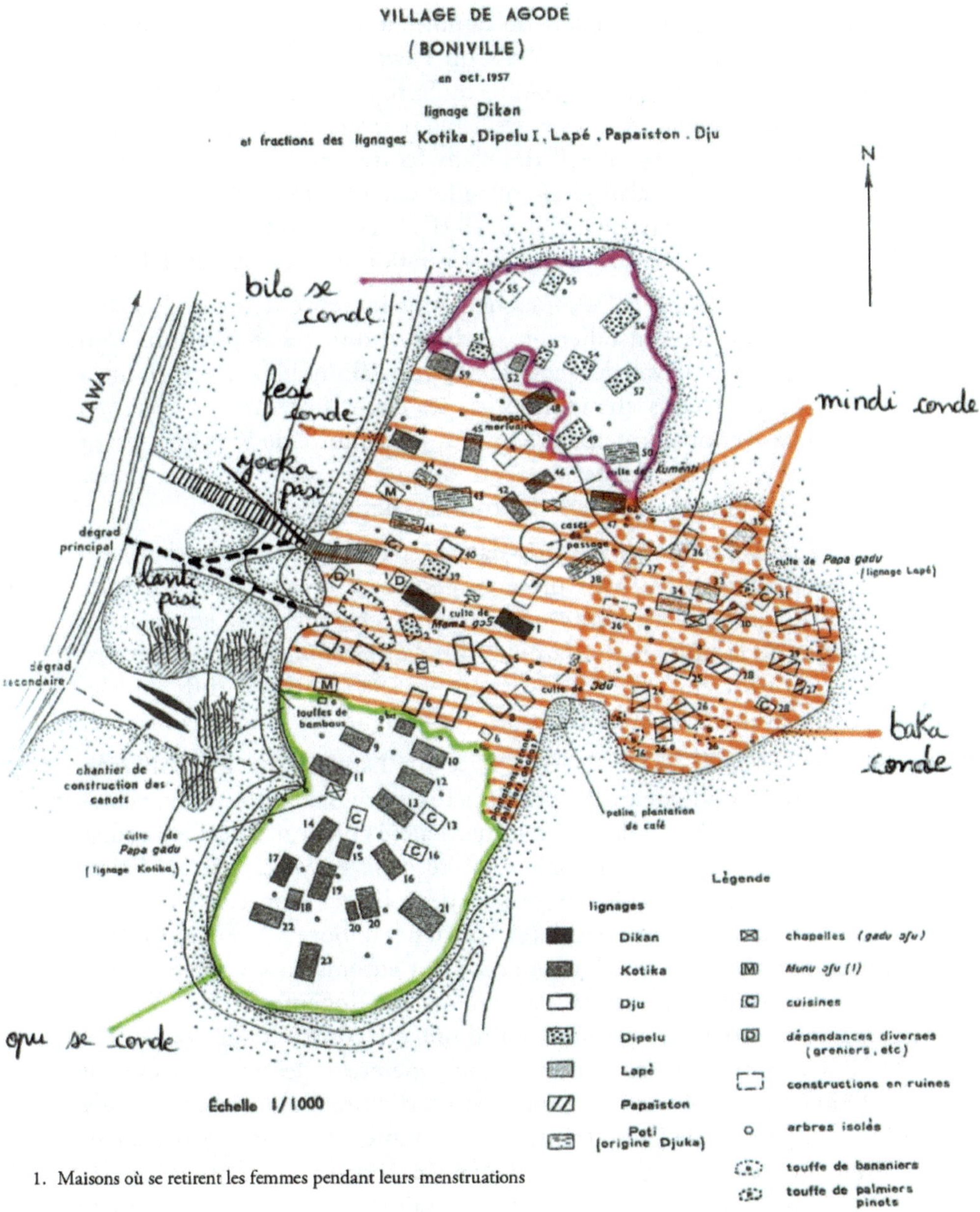

1. Maisons où se retirent les femmes pendant leurs menstruations

Ill. 12. Plan type d'un village : l'exemple de Boniville (années 1950-1967)
Source : Jean Hurault, *Les Noirs réfugiés Boni, op. cit.*, p. 45.
(En couleur les différentes sections du village).

d'autonomie de certains chefs de famille, le changement de clan du *gaanman* (1892) et surtout le choix du Lawa comme limite marquant désormais la frontière entre la colonie du Surinam de la Guyane française (1891) faisant basculer Kottica et ses habitants sous le contrôle hollandais, entraînant le départ progressif des clans (entre 1860 et 1892), hormis quelques fractions du clan *jacobi* (clan fondateur du village et détenteur du titre de *gaanman* entre 1870 et 1891). L'espace qu'ils occupaient a été au fur et à mesure envahi par la végétation (entre 1892 et 1930).

Durant les années 1930, lorsque la mission chrétienne hollandaise (*EBGS*) décide de s'installer en territoire boni, les *kapiten* du clan *jacobinenge*, avec l'aval de *gaanman* Difou (Boniville), l'autorisent à occuper l'espace jadis abandonné par les clans, notamment la *section Lape*. Deux sections principales séparent le territoire de Kottica à partir des années 1930. Le ruisseau, à côté duquel se trouve le *yooka lampe* (chemin des morts), leur sert de frontière naturelle :

– la *section coutumière* (située dans l'espace historique du clan *jacobinenge* à Kottica) où sont présents *faakatiki*, *keeosu*, *sweli* (divinité tutelle du groupe) et *mamagoon* (divinité chtonienne), les maisons contigües de la plupart des familles du clan *jacobinenge* revenus s'installer à Kottica entre 1940 et surtout en 1967 suite au différend les opposant avec les *kawinanenge*, des rues exiguës et sinueuses,

– la *section moderne* située *à Lape* sur l'ancien site du clan *lape*. Cette section moderne dispose de structures originaires du monde colonial. Une Église-école, dont le bâtiment a été construit selon le modèle architectural boni avec du *paasaa*, a été mise en place par les Frères Moraves durant les années 1930 puis démolie et reconstruite en 1967 sous le style architectural urbain (planches rabotées, tôles ondulées, ciment pour le sol, etc.). Un aérodrome a été mis en service en 1965. Un internat de filles et un de garçons, un logement pour l'enseignant-missionnaire et un dispensaire ont été construits entre 1969 et 1970. Ces bâtiments, alimentés par un générateur électrique, disposent de l'eau courante. Deux axes principaux structurent alors la *section Lape* (ill. 5a) : partant de l'aérodrome, un chemin en terre relie perpendiculairement celui qui longe le fleuve Maroni-Lawa. Du gazon de Paramaribo a été introduit à *Lape* et a essaimé sur la piste d'atterrissage et autour du pôle administratif. Enfin, située en hauteur par rapport au fleuve Maroni-Lawa, la *section Lape* possède un appontement et un escalier modernes, en bois et en fer, qui permettent l'accès au site. Autour des deux voies de communication en forme de *T* sont érigés les édifices, bâtis selon le modèle de la ville de Paramaribo ou d'Albina. La mise en place de ces structures modernes à la *section Lape* attire les Boni durant les années 1940 et 1970. Les premières familles à choisir de s'y établir sont les *goon-pikin* (ceux qui sont du village de Kottica) et les Boni des autres villages. Citons *ma*-Bado, *papa* Galimot (qui ouvre un commerce dès 1958), *ma*-Amantou, *papa* Pouï. D'autres s'installeront, telles que les familles *ma*-Amaachia, *ma*-Maanbo, *ma*-Achini, *ma*-Baba, etc. Devenant un *pikin bakaa-konde* (une petite bourgade au style colonial), la plupart des demeures construites par ces familles, devenues chrétiennes, épousent plus ou moins le style urbain.

La *section Lape* du village de Kottica, contrairement à Papaïchton avec Tolinga, ne relève pas d'une volonté délibérée de *gaanman* Difou d'ériger un site pour asseoir son pouvoir. D'ailleurs, il s'y rendait épisodiquement pour visiter sa femme (*ma*-Folida) qui habitait à Kottica. Toutefois, nous ne saurions dire la même chose à propos de son *campu* (hameau), appelé *Pikin-konde* ou *Acaba*, qui se voulait moderne. Il a accepté que les autorités françaises et ecclésiastiques y installent l'école, plutôt qu'à Boniville. *Acaba* disposait en effet d'un internat de filles[56] et de garçons, d'un ponton moderne et de maisons au style architectural créole. En revanche, même s'il bénéficie en partie d'un certain prestige relatif à la *section Lape*, il s'agissait de la part de Difou d'accepter la demande formulée par les chefs coutumiers de Kottica (*papa* Nasinenge, *papa* Dua,) d'octroyer un lieu aux missionnaires qui venaient s'installer sur leur territoire en vue, selon eux, d'apprendre à lire et à écrire aux enfants boni et de soigner les malades. De leur côté, les missionnaires avaient pour ambition d'évangéliser les Boni. La constitution de cette section moderne donne cependant aux *kapiten* des *jacobinenge* un sentiment de fierté et de confiance en la prise en charge hollandaise, contrairement aux autres clans boni, vivant sur la rive française du Maroni-Lawa, pour qui la prise en charge française n'est pas encore effective. Ils ont certes perdu la fonction de *gaanman* en 1891, mais entre 1930 et 1970 ils disposent de nouveaux atouts (dispensaire, Église-école) capables d'attirer les autres clans (ill. 5a). De plus, le fait qu'un de leur *kapiten* (*papa* Nasinenge) soit reconnu officiellement par les autorités hollandaises en 1938 leur confère une certaine autorité durant les années 1940 et 1970. En découle la lutte sévère en 1967 pour le titre de *gaanman* entre les *jacobinenge* et les *kawinanenge* (*bomisinenge*) après le décès de Difou survenu en 1965.

56. Entretien avec Alphone Richenel, Saint-Laurent-du-Maroni, 30/07/14.

Emmanuel Tolinga ou l'idéologie du pouvoir à travers l'aménagement de l'espace

La conciliation des deux pouvoirs, coutumier (1967) et moderne (1969), permet en effet à Tolinga d'influer sur le modèle architectural à adopter dans le village, comme sur les aménagements à réaliser. Tolinga n'a pas laissé d'écrits à propos de sa conception du pouvoir, pourtant l'aménagement de l'espace villageois et administratif dans le bourg semble révéler son état d'esprit. Il reprend, d'une certaine manière, le schéma d'organisation du village de Kottica, mais de façon plus élaborée. À l'image du village de *Kottica-Lape*, il sépare le lieu consacré au pouvoir coutumier, où sont construits le *keeosu* et le *faakatiki*, de l'espace où il exerce le pouvoir moderne et dans lequel sont érigés mairie, dispensaire, gendarmerie et ponton en béton en forme d'escalier. L'ancien site de l'aérodrome[57] sépare le village de Komontibo (clan *dipelu*) du lieu du pouvoir politique et administratif moderne. Celui-ci est séparé, par le biais d'un fromager (arbre symbolique et sacré au centre du bourg), du lieu d'hébergement du pouvoir coutumier, judiciaire et religieux (voir l'exemple de Kottica) où habitent les différentes familles du clan *kawina* et celles qui étaient favorables à sa nomination en tant que *gaanman*. Contrairement aux autres villages où l'autel des Ancêtres et le hangar mortuaire se jouxtent, à Papaïchton ces deux lieux sont éloignés. Certains *sabiman* de Papaïchton disent que cette séparation est involontaire, le *gaanman* s'étant contenté de reprendre le schéma d'organisation de l'ancien village Komontibo[58], abandonné jadis par le clan *kawina*. Toutefois, des *sabiman* contestent cette version des faits. Il est donc difficile pour le moment d'apporter une réponse certaine en raison d'un manque de sources de nature différente (écrites, iconographiques, archéologiques, etc.) autres que les témoignages oraux. Néanmoins, en étudiant le schéma d'organisation des autres villages boni, dyuka ou pamaka, nous remarquons la proximité entre le *faakatiki* et le *keeosu*, et que les maisons de la famille fondatrice du village, en particulier celle du chef, n'est pas éloignée non plus de

57. Aujourd'hui cet espace abrite l'école primaire, l'agence de la banque postale et un commerce.

58. À ne pas confondre avec le village Komontibo d'aujourd'hui qui s'appelait jadis (1850-1860) *Mongo-konde*. Lorsque les *kawinanenge* ont abandonné le site pour fonder l'ancien Papaïchton, le nom de Komontibo a servi à désigner progressivement le village *Mongo-konde* (clan *dipelu*) jusqu'à être identifié ainsi.

ces lieux de culte. D'ailleurs, Boniville (village de *gaanman* entre 1892 et 1965) illustre ce modèle organisation. Toutefois, même si Tolinga, à première vue, a voulu reproduire cette relation entre le chef et ses lieux, on note néanmoins une différence notable dans leur distribution spatiale. Il semble qu'il ait pensé à son organisation. En les éloignant l'un de l'autre, il a en revanche bâti ses demeures en face de chacun. Une route droite, partant de sa maison principale atteint celle de son épouse et le bâtiment qui fait office de bureau, relie le *keeosu* au *faakatiki*. L'éloignement de ces deux lieux de culte et la localisation de ses demeures en face de chacun des deux lieux à Papaïchton nous ont attiré l'attention sur ce village.

L'analyse de la disposition dans l'espace du *keeosu* devant la résidence principale de *gaanman* Tolinga ; du *faakatiki* entre le *bâtiment-bureau* et la demeure de son épouse (*ma*-Mamaya), du petit autel d'*odun-sweli* (lieu de prière et de distribution des biens matériels d'une personne reconnue sorcière lors de l'interrogatoire *post-mortem*) et du *tukusipan* à proximité de sa maison secondaire ; sans oublier le style architectural adopté, nous permet d'appréhender à la fois l'idéologie de son pouvoir et l'image qu'il veut donner de lui-même à son *voluku* ainsi qu'aux *dooseï-sama* venus lui rendre visite. Pour paraître, aux yeux de ses pairs et de ses « sujets » devenus citoyens français, comme celui qui fait le lien entre la tradition et la modernité, le *gaanman* introduit une touche de nouveauté à l'intérieur même de l'espace architectural traditionnel. Au regard du nombre de bâtiments modernes construits dans le bourg de Papaïchton, émerge d'autres ambitions imputables à Tolinga : diffuser une image de grand bâtisseur et de réformateur ; impressionner les Boni et les autres Bushinenge vivant en pays boni ; faire taire ses opposants ; briser le mythe encore puissant de ses prédécesseurs, notamment celui de *gaanman* Difou dont la référence reste omniprésente dans le souvenir des Boni des années 1960 et 1980 et dans leur parole. Le *gaanman* Tolinga sollicite auprès de l'Administration préfectorale et du Conseil municipal la construction d'un bâtiment qui ferait office à la fois de lieu de résidence et de siège du pouvoir coutumier. Comme cette demande, jugée non-conforme à la loi, est rejetée, il récupère et personnalise le bâtiment qui hébergeait l'institution communale, avant la construction d'une mairie officielle dans l'espace administratif du bourg. Le rez-de-chaussée est consacré aux réunions et aux visites officielles, tandis que l'étage est réservé à son bureau. La singularité de ce bâtiment mérite que l'on s'y attarde.

Le présent document nous aide à entrevoir l'idéologie qui accompagne le pouvoir politique de *gaanman* Tolinga. L'architecture semble y être utilisée à des fins politiques et idéologiques. Cette disposition architecturale apparaît comme un moyen d'asseoir son autorité, d'exprimer son désir de changement et de faire entrer les Boni dans une nouvelle ère, en conciliant tradition et modernité. À première vue, la résidence moderne adopte le style de construction que nous rencontrons dans le monde urbain. Dotée d'un étage, elle s'élève à une hauteur de presque douze mètres et devient ainsi, au début des années 1970, la plus haute maison de la commune. Du ciment recouvre le sol intérieur et extérieur, posant ainsi la maison sur une plateforme. Elle est construite à partir de matériaux modernes : tôles, planches rabotées, clous, plaques de contreplaqué, vitres, peinture. Le rez-de-chaussée, isolé de l'extérieur par des planches rabotées et des fenêtres vitrées, est un espace équipé de chaises destinées à recevoir les visiteurs et d'une table qui marque la séparation entre le *gaanman* et ses « sujets ». Au pied du poteau central, un autel de petite taille, rehaussé d'une croix,

Ill. 13. Siège du *gaanman* Tolinga, architecture moderne et nouvelle appréhension de l'espace
Source : Richard Price, *Les premiers temps, op. cit.*

permet au *gaanman* de faire des libations et d'adresser ses prières aux Ancêtres. Le deuxième niveau, bien agencé mais inaccessible au public, renferme son bureau et des chambres. Des portes et plusieurs fenêtres vitrées s'ouvrent sur un balcon dont la vue donne directement sur le fleuve et sur l'autel des Ancêtres situé en contrebas, juste devant le *bâtiment-bureau.* Ce dernier est entouré d'une clôture de fil de fer. L'inscription *Grand Man boni* figure sur le portail d'accès. C'est un lieu de passage obligé pour tous les visiteurs. La présence de ces trois éléments (clôture, portail et panonceau) marque une rupture dans la conception ancienne du pouvoir qui se devait, jusque-là, d'être accessible à tout Boni, quel que soit le moment. Les visites s'avèrent réglementées et contrôlées. La présence du panonceau renvoie à la notion d'obéissance, la rencontre avec le *gaanman* nécessitant une soumission à son autorité. En face du *bâtiment-bureau* du *gaanman*, séparé par une rue cimentée depuis 1991, s'élève l'autel des Ancêtres que protège un muret de ciment sur lequel quelques personnes s'assoient lors de prières ou d'instants de recueillement.

Le *bâtiment-bureau* (en cours de réhabilitation aujourd'hui) et l'autel des Ancêtres font face au fleuve par où arrivent les personnes bienveillantes ou malveillantes, et par où transitent le *bien* et le *mal.* L'autel des Ancêtres, situé en face du *bâtiment-bureau*, assure la protection du *gaanman* derrière lequel, d'après les *sabiman*, *« les mânes des Ancêtres du groupe marchent »*. Il en est de même pour le petit autel d'*odun-sweli* à côté de sa maison secondaire puisque le grand autel se trouve à la lisière de la forêt. Ainsi, toute personne lui rendant visite est obligée de passer devant le *faakatiki.* Si l'une vient dans le but de lui nuire, l'esprit des Ancêtres est prêt à agir en faveur du chef. L'emplacement stratégique du *faakatiki*, du *sweli* et du *keeosu* permet au *gaanman* de s'approprier le pouvoir des Ancêtres, de la divinité tutelle du groupe et traduit en même temps sa méfiance et sa crainte, non exprimées, vis-à-vis de ses « sujets » qui sont à son service, certes, mais qui sont aussi citoyens français, comme lui, depuis 1965 et dont l'autorité du *gaanman* a de moins en moins d'influence. Cette proximité permet ainsi au *gaanman* de mieux surveiller les hommes venus prier devant le *faakatiki,* le petit autel d'*odun-sweli*, ou d'accomplir les activités funéraires dans le *keeosu* et de s'assurer qu'ils ne profèrent pas, par exemple, des paroles contre lui ou contre le groupe entier. Même s'il ne participe pas à toutes les cérémonies, il peut tout voir et tout entendre. Il peut ainsi surveiller les gestes et les paroles de celui qui verse l'eau sacrée, le rhum destiné aux Ancêtres.

Ill. 14 a à c. Style architectural bushinenge et édifices publics, ecclésiastiques, touristiques

a. Mairie d'Apatou. Cliché Jean Moomou, 26/03/2011.

b. Chapelle de Maripasoula. Cliché Jean Moomou, 30/03/2011.

c. Village touristique, Maroni. Cliché Jean Moomou, 13/07/2010.

Le lien entre architecture et pouvoir s'exprime également dans le recours par le pouvoir colonial français (années 1930) au style architectural et à l'art de construire bushinenge. En témoignent les maisons du bagne de la *Forestière* (Maroni). On retrouve aussi cette architecture traditionnelle classique dans la construction d'édifices publics et ecclésiastiques, au cours des années 1970, dans les communes du Maroni-Lawa (Apatou Gransanti, Papaïchton, Maripasoula). En gage d'authenticité, certains restaurateurs des villes du Surinam ou de la Guyane française n'hésitent pas aujourd'hui à agrandir leur restaurant en réalisant un carbet couvert d'une toiture en feuilles de *wai*. Ainsi, en aval du lieu-dit *Loka-Loka*, sur la rive surinamienne du Maroni, les gîtes d'un site touristique ont été entièrement conçus sur le modèle bushinenge. Une expérience similaire a été réalisée au milieu des années 1990 le long de la route conduisant de Cayenne à Saint-Laurent-du-Maroni, au lieu-dit Petit-Saut.

Ce réinvestissement de la culture traditionnelle dans le cadre de l'expression républicaine (bâtiment municipal), religieuse ou touristique traduit certes une revalorisation du patrimoine architectural bushinenge, mais cache néanmoins des intentions d'ordre politique, idéologique, prosélytique pour certains, et financier pour d'autres.

Modernisation des techniques de construction et métamorphose de l'espace villageois

Nouvelle gestion et aménagement de l'intérieur des maisons

Le modèle architectural urbain s'impose entre la fin des années 1980 et surtout depuis les années 1990 dans l'espace de vie des populations bushinenge du Maroni-Lawa, du Tapanahoni et dans les villages se trouvant à l'intérieur du Surinam. Il remporte un succès auprès de ces populations qui le considèrent comme un signe d'évolution, de progrès et de confort par rapport à l'ancienne structure pour laquelle elles manifestent de moins en moins d'intérêt. D'ailleurs, l'expression *bakaa-osu* en dit long. Le désintérêt qu'éprouvent les Bushinenge à l'égard de la maison traditionnelle s'observe, par exemple, à travers leur refus, dans un premier temps, d'accepter le style architectural traditionnel des maisons construites à la Charbonnière entre 1983 et 1986 par la municipalité de Saint-Laurent-du-Maroni. Un dilemme se pose chez certains Bushinenge : vivre dans une maison qui épouse le modèle ancien (*fosi ten osu*) à l'aube du XXIe siècle avec les représentations

Ill. 15 a à c. Habitat urbain en pays boni du Lawa.
Maroni-Lawa.

Clichés Jean Moomou, 16/03/2011.

négatives qui l'accompagnent désormais (signe de pauvreté, de régression, de non-intégration) ou habiter dans une maison du style urbain qui évoque le progrès, la réussite sociale, le prestige, le respect et l'intégration à la culture dominante. Dans certains villages, des Bushinenge n'hésitent pas à raser les anciennes maisons pour les remplacer par d'autres correspondant au modèle urbain ou les laisser en ruine. Des familles font appel à des architectes surinamiens pour intégrer des matériaux dispendieux permettant de modifier l'apparence de leurs maisons : ciment, carrelage, parpaing, barres de fer, lambris (qui connaît son âge d'or durant les années 1990), contreplaqués, briques, portes et fenêtres vitrées, tôles ondulées en couleur, peinture, portails électriques.

Dans cette dynamique, les femmes sont particulièrement actives[59]. Commençant à percevoir des minimas sociaux, vendant le surplus des produits agricoles dans les marchés des villes du littoral guyanais et surinamien ou exerçant un emploi salarié (milieu des années 1990), certaines d'entre elles investissent depuis la fin des années 1980 non seulement dans la scolarité de leurs enfants, mais aussi dans la construction de leur propre demeure. Une charge qui était jadis dévolue à leur conjoint et qui n'est sans susciter des rivalités dans le couple et des frustrations pour les hommes. Toutefois, l'appropriation du style urbain ne s'est pas encore véritablement démocratisée en pays bushinenge en raison des inégalités socio-économiques. Des différences sont à observer d'abord entre les groupes, à l'intérieur des groupes, ensuite entre des clans et des familles à l'intérieur d'un même village. Un fossé sépare des Bushinenge disposant de moyens financiers (chefs d'entreprise, orpailleurs, fonctionnaires, bénéficiaires de minimas sociaux) qui peuvent prétendre construire une *maison de la ville* de ceux qui n'ont pour seules sources de revenus que la vente du surplus de l'agriculture de subsistance, de l'économie du « *naki taanga* » (économie de la débrouille). La plupart de ces derniers occupent encore la maison dite traditionnelle. Ce qui explique que dans l'espace villageois et même dans les bourgs communaux (Apatou, Gransanti, Papaïchton, Maripasoula), des maisons de style urbain jouxtent l'habitat traditionnel, offrant ainsi un contraste entre riches et pauvres (ill. 16).

59. Le livre de Martina Amoksi Martina (*De Marronvrouw in de stad, op. cit.*) donne une lecture intéressante sur l'émancipation de la femme bushinenge au Surinam.

Ill. 16. Cohabitation entre style traditionnel et urbain en pays saamaka. À l'arrière-plan, une habitation au style urbain. Source : Laura Samson Rous et Hans Samson, *Tree of forgetfulness*, Amsterdam, KIT Publishers, 2003.

L'adoption du modèle entraîne une nouvelle gestion et aménagement de l'intérieur des maisons. Des chambres équipées en lits remplacent le hamac jadis ; une cuisine intégrée avec les accessoires de la société de consommation (réfrigérateurs, machine à laver, gazinière) et un salon aménagé avec le nouveau « *totem familial* », le poste de télé. Les premiers Bushinenge du Maroni-Lawa commencent à l'acquérir vers la fin des années 1980. Le téléviseur se démocratise en 1998 avec la mise en place de la télévision en direct en raison de la coupe du monde et l'électrification de certains villages. Avant cette date, ils achetaient des cassettes vidéo qu'ils visionnaient le soir dans les villages ; privilège des personnes qui avaient un petit commerce (*wenkiman*) et un groupe électrogène. À Maripasoula, au début des années 1990, les programmes enregistrés de *RFO Guyane*, envoyés par avion, étaient diffusés dans le bourg par la chaîne locale (*TRM : Télé-Radio-Maripasoula*). Le poste de télé était, jusqu'à une période récente, décoré, recouvert par une nappe brodée. Il était un objet presque « sacralisé ». L'autre nouveauté qui s'opère est l'intégration des sanitaires à l'intérieur de la maison. Toutefois, on note une forme de résistance de certaines familles qui refusent de les intégrer pour des questions d'hygiène, d'intimité ou de croyances religieuses. Le modèle urbain se distingue par sa surface habitable.

Jadis, jusqu'aux années 1990 par exemple, la maison traditionnelle (ill. 3a) se composait de deux pièces : une chambre à coucher des parents ; un salon exigu et multifonctionnel (salle à manger, dortoir pour les enfants, crédence). Cette demeure principale (*lontu-osu* : maison fermée) avait des annexes généralement isolés de l'espace habité : –1) *pikin-osu* (petite maison) appelé aussi *langa* (hangar), *boli-osu* (cuisine) ou encore *faya-osu* (abri feu) qui sert d'espace cuisine, de grenier, de débarras (mortier, pilon, couleuvre, platine pour le couac...), de lieu d'échanges entre résidents (*kondeeman*) et visiteurs (*konlibiman/wakaman*), –2) *munu-osu* (maison pour la période de menstruation) quand le village ne dispose pas un pour l'ensemble des femmes, – *dagu-osu* (niche) et *foo-osu* (basse-cour), –3) *masini-osu* ou *magisin* (maison pour l'outillage), –4) *wasi-osu* (douche) et un lieu d'aisance (*kaka-osu* : feuillées)[60]. Le nouveau mode de vie des Bushinenge rend la maison traditionnelle inadaptée. Des Bushinenge n'hésitent pas d'ailleurs à apporter des modifications. Les portes d'entrée en général décorées en sculpture sont enlevées par le biais d'une tronçonneuse soit pour la rehausser soit pour l'élargir afin de permettre le passage de la télé, du réfrigérateur, de la gazinière, du mobilier (lit, buffet, table à manger, mini-chaîne...). Des aménagements qui ne sont exempts d'une certaine dénaturation de l'architecture bushinenge.

Urbanité et discordance spatiale

La diffusion de l'habitat urbain, ajoutée à la transformation de la famille traditionnelle (famille élargie, polygame, monogame) à la famille calquée sur le modèle occidental (nucléaire), entraînent également un nouvel aménagement de l'espace villageois. En effet, de l'« anarchie » qui prévalait au sein des villages, bien qu'adaptée à la façon dont les Bushinenge concevaient la vie familiale et les relations de voisinage, les nouvelles constructions épousent le schéma d'organisation spatiale urbaine. Les maisons s'étalent de plus en plus le long des chemins parallèles et perpendiculaires. Les membres d'une même famille habitent de plus en plus éloignés les uns des autres. Désormais, à l'intérieur des villages cohabitent deux types d'organisation spatiale : le « coutumier » et le « moderne ». Le nouvel aménagement spatial de type urbain a pour corollaire une privatisation de l'espace : des barrières en béton et en fer séparent les maisons, des chemins les desservent. Ces nouvelles constructions provoquent une modification de l'espace collectif et des

60. Il est rare de trouver des « feuillées » à proximité du domicile. Elles se situent en général à la lisière de la forêt et surtout au débarcadère.

liens sociaux. La contiguïté des maisons jadis sans barrière obligeait les villageois à développer des relations de voisinage. Désormais, la privatisation des espaces engendre un certain isolement, constitue même un frein à l'échange. Prenons un exemple : auparavant, un individu passant devant la maison d'une autre personne devait dire bonjour à cette dernière. Aujourd'hui, les salutations deviennent rares à cause de la barrière.

La problématique se pose avec une plus grande acuité en ville, où les membres d'une même famille sont parfois éloignés géographiquement les uns des autres. Toutefois, dans le cas des bidonvilles (« quartiers-villages ») ou des habitations se trouvant à la périphérie de la ville, les Bushinenge semblent recréer « la vie du village ». Nous parlons de « quartiers-villages » dans la mesure où les Bushinenge, habitant en ville au cours des années 1960 et 1970, voire 1980, n'ont pas abandonné pour autant leurs pratiques culturelles (fêtes traditionnelles), artistiques (*tembe*) et cultuelles (érection de *faakatiki* à l'intérieur de la cour de certaines maisons familiales, d'un autel de la divinité familiale ou chtonienne, de *keeosu*) de leur village, en dépit de quelques adaptations et influences extérieures. Évoquant *îlet Malouin* (1980 et début des années 1990) et *Mango* à Cayenne, *village saamaka*[61] (1967 et début des années 2000) à Kourou, *Roche-bleue* (1960 et la fin des années 1980), *Charbonnière, Vampire, Viêtnam*[62], *Dyakata* à Saint-Laurent-du-Maroni, *Vanderlick, Combee, Langulaweg, Saramakastraat* à Paramaribo (1960-1990). Des « quartiers-villages » du même type existent aussi dans les bourgs des communes du fleuve Maroni-Lawa (Apatou, Gransanti, Papaïchton, Maripasoula) depuis les années 1970. Leur identité villageoise trouve un nouvel espace d'expression. Se posent cependant dans ces « quartiers-villages » de graves problèmes de cohabitation, de promiscuité, d'insalubrité[63], d'insécurité et de délinquance. Les maisons construites avec des matériaux de récupération ne répondent pas aux normes de construction urbaines. Très souvent, ces bidonvilles sont alimentés

61. Voir Jeanne Bianchi, *Modes de vie traditionnels et modernisme, op. cit.*, p. 14.
62. Ce quartier a disparu en 2012 en raison de la politique de résorption de l'habitat insalubre. Des HLM occupent désormais l'emplacement de cet ancien « quartier-village ».
63. Voir Humphrey Lamur, « De levensomstandingheden van de in Paramaribo werkende Aukaner arbeiders », *NWIG*, n° 44, 1965, p. 119-132 ; *The Demographic Evolution of Surinam, 1920-1970 : a Socio-Demographic Analysis*, La Haye, Martinus Nijhoff, 1973.

Ill. 17 a et b. Quartiers-villages bushinenge à Saint-Laurent-du-Maroni (Guyane française) et à Albina (Surinam)

a. Quartier démoli en 2010, Route de Vampire, Saint-Laurent-du-Maroni. Cliché Jean Moomou, 07/06/2010.

b. Petit autel dans la cour intérieure d'une maison bushinenge à Albina. Cliché Jean Moomou, 12/11/2010.

par des branchements sauvages, des groupes électrogènes, ou éclairés à l'aide de lampes à pétrole, voire à la bougie. Ces nouveaux lieux de vie manquent aussi d'eau courante, et les bidon villageois font leur lessive dans les abords des criques, comme nous pouvons le voir à Saint-Laurent-du-Maroni.

Jean Hurault, durant les années 1980, à travers ses lettres adressées au sous-préfet de Saint-Laurent-du-Maroni, Henri Masse[64], et au directeur de la DDE (Direction départementale de l'Équipement) dénonçait déjà les conditions de vie des Boni à Saint-Laurent-du-Maroni[65]. Très attaché à ce groupe, comme il l'écrit lui-même dans la lettre, ce dernier s'inquiète de la situation déplorable (bidonville, promiscuité, chômage, éclatement de la structure traditionnelle, maisons traditionnelles dénaturées…) dans laquelle vivaient les Boni qui avaient abandonné leurs villages pour s'installer à Saint-Laurent. Il suggérait aux pouvoirs publics : plutôt que de reloger « […] ces migrants aux frais de l'État […] », les « […] bidonvilles devraient être rasés au bulldozer et ceux de leurs occupants qui ne justifient pas d'un emploi régulier, invités à regagner leurs villages, voire reconduits *manu militari*. Cette solution serait dans une perspective à long terme la plus favorable aux intéressés […] »[66]. Ce phénomène touche tous les autres groupes bushinenge aujourd'hui ; les grands villages sont presque vides. Certains, avec le patrimoine architecturel, risquent même de disparaître ou ont disparu du paysage regagné par la végétation. Par rapport à ce que Jean Hurault déplorait en 1983, hormis la manière dont il incitait les autorités à procéder, on est tenté de lui donner raison aujourd'hui. La politique de relogement des Bushinenge à la Charbonnière[67], entamée entre 1983 et 1986 pour les déloger des cités lacustres de la *Roche bleue* ou du long de la berge, a été, en dépit de quelques réserves émises par certains d'entre eux, accueillie avec un grand enthousiasme. Pourtant, quinze ans plus tard cette politique révèle des limites à plusieurs titres :

– Premièrement, du fait que la municipalité a voulu, d'une part, créer un quartier mono-ethnique, ce qui répondait à la logique de

64. Voir Jean Hurault, « Pour un statut des populations tribales de Guyane française (1968-1984), *Ethnies*, juin-septembre 1985, p. 42-53.
65. Jean Hurault, Lettre adressée au Directeur de la DDE de la Guyane, archive ARUAG, 27 septembre 1983.
66. *Ibid.*
67. Voir C. Léobal, *Saint-Laurent-du-Maroni, op. cit.*, p. 109-144.

construction jadis de Saint-Laurent – à chaque groupe socio-culturel son quartier (quartier des cultures, quartier chinois, quartier officiel, etc.) – et, d'autre part, construire des maisons qui épousent le modèle architectural traditionnel des Bushinenge, cela afin de permettre la reconduction du mode de vie du village en ville. Ce projet politique, dans le contexte de l'époque, n'était certes pas inintéressant étant donné que la mixité sociale ou « ethnique » était fort peu envisageable en raison de la prégnance des représentations négatives réciproques entre les habitants de la ville et ceux des villages jadis.

– Deuxièmement, car le modèle architectural traditionnel choisi et les matériaux utilisés sont inadaptés (bardeaux) dans le contexte urbain : exiguïté des pièces, surpeuplement lié à la forte natalité, au rapprochement familial, température élevée. Le manque d'entretien et de traitement de la matière utilisée pour les toitures entraîne des fuites et le pourrissement du bois. Certaines familles n'hésitent pas à raser leur maison pour la reconstruire. D'autres, en raison du manque d'espace, ajoutent des pièces. Ce qui donne une impression d'anarchie, de « maisons folles ». Le quartier de la Charbonnière se « bidonvillise ». D'autres quartiers comme *Djakata*, *Vampire*, *Viêtnam* (jusqu'en 2012) connaissent la même situation. Ces quartiers sont des « villages » bushinenge dans la ville de Saint-Laurent. La plupart des activités effectuées habituellement dans les vrais villages bushinenge y sont accomplies. Ces pratiques existent aussi chez les Amérindiens qui vivaient jusqu'à récemment à la périphérie de la ville. Toutefois, l'extension spatiale de la ville de Saint-Laurent-du-Maroni grignote leur territoire. Par conséquent, d'ici quelques années, leurs villages (Padok, Balaté, Pierre, Espérance) feront partie de la ville. Ce qui ne présage pas la pérennisation de leur existence qui donnaient à la ville une certaine authenticité.

Quitter le village pour aller à la rencontre de la ville signifie pour la plupart des Bushinenge fuir le monde coutumier considéré comme « mort », contraignant et sans avenir pour aller vers le monde « moderne », synonyme de « progrès », d'emploi, de liberté (*flei libi*), de jouissance immédiate de désirs, de soupape de sécurité par rapport au *kunu* (malédiction) qui poursuit la lignée familiale dans les villages. La plupart d'entre eux, sans papiers français ou surinamiens, sans diplôme dans les villes du Surinam (Paramaribo, Albina) et de la Guyane française (Saint-Laurent-du-Maroni, Kourou, Cayenne) connaissent des conditions de vie parfois déplorables. Notons pourtant que certains d'entre eux disposent le plus souvent de maisons plus

Ill. 18 a et b. Style architectural bushinenge dans la politique de relogement à Saint-Laurent-du-Maroni (fin des années 1980-début 1990) et modification de la structure par son propriétaire.

Quartier de la Charbonnière. Cliché Jean Moomou, 27/03/2010.

dignes dans leur village respectif. Mais, « *le miel de la ville apparaît plus délicieux que celui du village tout comme la saveur du sel* ». Bien entendu, les mutations que connaissent les sociétés bushinenge (en termes d'architecture ou de mode de vie) ne diffèrent pas de ce qui s'est produit ailleurs dans d'autres territoires : Amérindiens en Amérique du Nord et du Sud, paysans des provinces en France hexagonale après la seconde guerre mondiale[68] ou dans le monde rural africain[69], antillais (Guadeloupe, Martinique) d'avant 1946 pour ne citer que ces exemples.

En guise de conclusion

L'étude relative à l'architecture peut être un outil intéressant pour interroger le passé des sociétés bushinenge, saisir leur manière de vivre, penser leur territoire, accéder à l'histoire de la fondation de village, à son fonctionnement et à son identité, comprendre également le jeu des relations familiales, enfin appréhender l'histoire du genre au sein des groupes, des *lo* (clans). L'architecture peut être, comme le *tembe* et la broderie, un critère d'analyse des mutations qu'ont connues ces sociétés depuis la seconde moitié du XIXe siècle. Les modèles bâtis peuvent évoquer à la fois les influences lointaines, locales, et aussi le style qu'ont voulu imposer leurs concepteurs. Toutefois, ce patrimoine architectural apparaît en danger en raison de la représentation négative dont il fait désormais objet (archaïque, peu adapté au monde « *moderne* », difficile à l'entretenir…). Si les Bushinenge le considère comme une trace mémorielle du savoir-faire technique, gestuel, de leurs aînés, et comme un élément de leur identité, leur prise de conscience de l'importance de sa sauvegarde reste encore limitée. Le plus souvent cette idée de patrimonialiser ce savoir-faire architectural ou des savoirs en général n'émane pas d'eux, mais de structures ou de personnes extérieures qui rencontrent une certaine réticence de la part des Bushinenge qui éprouvent des difficultés à en saisir l'intérêt pour le moment. L'histoire peut apporter en partie une source d'explication à cette limite. Les Bushinenge étaient des peuples marrons. Leur habitat était

68. Voir Jean-René Trochet, *Les maisons paysannes en France et leur environnement (XVe-XXe siècles)*, Paris, Éditions CREAPHIS, 2006.
69. John O. Igué, *L'Afrique de l'Ouest, entre espace, pouvoir et société. Une géographie de l'incertitude*, Paris, Karthala, 2006. Voir également Yves Aurélien Kana Donfack, *Évolution de l'habitat traditionnel en Afrique. Exemple de la province de l'Ouest au Cameroun*, Thèse, Berlin, Technischen Universität Berlin, 2011.

pensé dans une « logique de fuite » : *construire-détruire-reconstruire*. Un village et ses maisons pouvaient être détruits à n'importe quel moment, soit par les troupes coloniales qui les poursuivaient (les Boni par exemple), soit par eux-mêmes pour des raisons politique, économique et religieuse, soit à la suite du désir d'un homme et sa famille de s'exclurent du groupe, etc. Jusqu'à une période récente, lorsque le Bushinenge détruisait sa maison traditionnelle, il la reconstruisait à l'identique. Par conséquent, la question de la sauvegarde de l'architecture n'avait pas d'intérêt. En revanche, avec le développement de plus en plus rapide du style urbain, de l'exode rural, de l'urbanisation du paysage villageois et de la politique d'aménagement des territoires communaux du Maroni-Lawa, la continuation du modèle architectural ancien se trouve menacée. De plus, la transmission des techniques de construction s'effectue de moins en moins. Du côté des autres Bushinenge de l'intérieur du Surinam, la question de la sauvegarde de ce patrimoine n'est pas encore posée de façon certaine par les habitants ni par les politiques.

Toutefois, depuis le début des années 1990[70] et surtout depuis 2000, avec l'organisation de colloques ou de séminaires touchant à la patrimonialisation[71], la publication de travaux scientifiques[72], les débats télévisés relatifs à cette problématique, ou la politique de la *Dac Guyane* (Direction des affaires culturelles), de la Région ou du Département, il semble que les élus du Maroni-Lawa et un certain nombre de Bushinenge sont aujourd'hui sont de plus en plus sensibles à la question. En témoignent le label et les projets touristiques de certaines communes, la vocation de certaines associations, l'intitulé des manifestations culturelles et le contenu des programmes festifs. Voyant dans

70. À Papaïchton, par exemple, le tympan des maisons boni a été repeint par l'artiste peintre Antoine Dinguyou en 1992. Ce projet de revalorisation du patrimoine artistique boni a été financé par la DRAC Guyane. Les peintures se sont altérées avec le temps. Celles des maisons de l'ancien village du *kapiten* Aponchy (ancien Papaïchton) ont définitivement disparu avec l'effondrement des maisons.

71. Diana Ramassamy, *Patrimonialisation et développement dans la Caraïbe et les Amériques*, Colloque international, Cayenne (Guyane française), 2,3, et 4 mars 2011.

72. Voir Ayagma Stanislas, « Mobilisation du patrimoine et patrimonialisation dans le développement touristique de la commune de Maripasoula », dans Jean-Marie Breton (dir.), *Patrimoine, tourisme, environnement et développement durable (Europe-Afrique-Caraïbe-Amériques-Asie-Océanie)*, Éditions Karthala-CREJETA, Paris, 2010, p. 21-38 ; Serge Mam Lam Fouck *et al.* (dir.), *Diversité culturelle et patrimonialisation en Guyane française. Processus et dynamiques des constructions identitaires*, Matoury, Éd. Ibis Rouge, 2011.

l'architecture traditionnelle des villages du Maroni-Lawa un « *produit touristique*[73] » (lieu d'hébergement, d'histoire et de mémoire), donc une manne financière potentielle, la restauration de maisons qui sont pour certaines dans un état de dégradation avancée est envisagée. Toutefois, en dehors de la réhabilitation en cours du *bâtiment-bureau* de *gaanman Tolinga* (Papaïchton) que nous avons précédemment décrit (ill. 13), les projets de valorisation[74] de ce patrimoine ne sont pas encore effectifs.

73. Pour de plus amples renseignements sur le concept : **François de** Grandpré, « Attraits, attractions et produits touristiques : trois concepts distincts dans le contexte d'un développement touristique régional », *Téoros*, 26-2, 2007, p. 12-18.

74. Voir le rapport de l'architecte Martin Christian, *Étude patrimoniale des habitations traditionnelles. Boni, Villages de Boniville et Loka, commune de Papaïchton (Guyane)*, Mission de janvier-février 2013.

La culture matérielle comme support de la mémoire historique. L'exemple des naufragés de Tromelin

Thomas Romon et Max Guérout

Avec beaucoup de cynisme, cette histoire pourrait se résumer au fait que, pour sauver leur vie, des Français, très chrétiens, ont été contraints d'abandonner leur cargaison[1]. Ils n'ont pu embarquer que le strict nécessaire sur l'embarcation de fortune qui leur permettra de quitter l'île sur laquelle ils ont fait naufrage : des vivres et leur chapelle portative. Cette île s'appelait encore l'île des sables. C'était le 27 septembre 1761. Et leur cargaison était constituée d'esclaves, 160, achetés en fraude à Madagascar trois mois plus tôt. Pour gagner l'Île de France (aujourd'hui Maurice), ils avaient choisi une route inhabituelle, les faisant passer par le nord. Dans la nuit du 31 juillet leur bâtiment, l'*Utile*, se fracassa contre les récifs qui ceinturent l'île de Tromelin. Au matin, 123 membres de l'équipage sont sains et saufs, mais prisonniers de ce minuscule morceau de terre perdu en mer, mesurant moins d'un kilomètre carré. Ils n'ont ni eau, ni vivre, ni abri et aucun moyen de quitter l'île. Concernant les esclaves, un petit peu moins d'une centaine a survécu au naufrage. On s'organise, on récupère sur l'épave des vivres, barils d'eau, de vin, d'eau-de-vie, de farine, de lard et de bœuf, ainsi que des outils, du bois, des voiles… Tout ce que l'on peut ! Et si on rationne l'équipage, rien n'est donné aux esclaves. On creuse un premier puits, sans succès, puis un deuxième, et on trouve enfin de l'eau. On peut alors songer à en donner aux esclaves. Entre-temps, une trentaine d'entre eux sont décédés. Avec des mâts et des voiles, on construit deux campements, un pour les Noirs, l'autre pour les Blancs.

1. Cet article a initialement paru dans *In Situ*, n° 20, 2013.

Puis on construit une embarcation, baptisée la *Providence*, pour rejoindre Madagascar, et un four pour cuire les biscuits du retour...

Les 123 membres de l'équipage repartiront, abandonnant les esclaves car il n'y a pas assez de place pour tout le monde.

Tout ceci est fort bien documenté. Par le journal personnel de Keraudic, l'écrivain du bord, un document manuscrit conservé au Service historique de la défense à Lorient[2]. Par des imprimés de colportage, dont un fut imprimé à Bordeaux[3]. Et par plusieurs cartes manuscrites (fig. 1), précisant la position de l'épave, des camps, des puits, du four, de la forge et du chantier de construction de la *Providence.* Autant dire que cette histoire était connue : celle du naufrage et du salut de l'équipage, mais aussi celle de l'abandon sur l'île d'un grand nombre de Noirs javas[4].

Cependant, quinze années s'écoulèrent avant le sauvetage de ces derniers. Il y a à cela plusieurs raisons : la difficulté de trouver l'île et d'y aborder, mais surtout la volonté de l'administration, et particulièrement du gouverneur de l'Île de France, d'étouffer cette affaire. Ce n'est qu'à partir de 1775, les mœurs ayant évolué, qu'on enverra des navires tenter le sauvetage. Et c'est le 29 novembre 1776 que la *Dauphine*, commandée par l'enseigne de vaisseau de Tromelin, recueille à son bord les survivants : sept femmes et un enfant de huit mois (ill. 2).

Là encore, cette histoire est bien documentée, par les rapports de l'enseigne de vaisseau de Tromelin et de Maillard, l'Intendant des Îles. Mais pas de trace du récit des rescapés. Seul a été retrouvé le compte rendu qu'en donne le *Journal historique et politique des principaux événements des différentes Cours de l'Europe* de 1777. Finalement, c'est ce séjour qui est le moins bien renseigné. Comment vécurent-ils pendant leurs quinze années d'isolement ?

---

2. Manuscrit anonyme (SHD Marine, Lorient - 1P297, liasse 14, pièce 85) attribué par Max Guérout (2010) à l'écrivain du bord de l'*Utile*, Hilarion Dubuisson de Keraudic, qui constitue un journal non officiel, succinct mais précis, des événements.
3. Intitulé « Relation des principales circonstances qui ont accompagné & suivi le naufrage de la Frégate l'*Utile*, Capitaine M. de Lafargue, sur le réssif de l'isle de Sable ou du Corail, situé au 15e degré 52 minutes de latitude au Sud, & au 52e degré 45 minutes de longitude à l'ouest de Paris », non daté, imprimé à Bordeaux chez Jean Chappuis, trouvé par Bernard Harnie-Cousseau à Bayonne dans les archives de la famille Van Huffel.
4. Lettre de M. Maillart, Intendant des Isles de France et de Bourbon, à Monsieur de Sartines, Ministre de la Marine, datée du 16 décembre 1776 (A. N. Marine G222 – f°34B) : « [...] et qu'ils avaient laissé sur l'Île un grand nombre de noirs javas. »

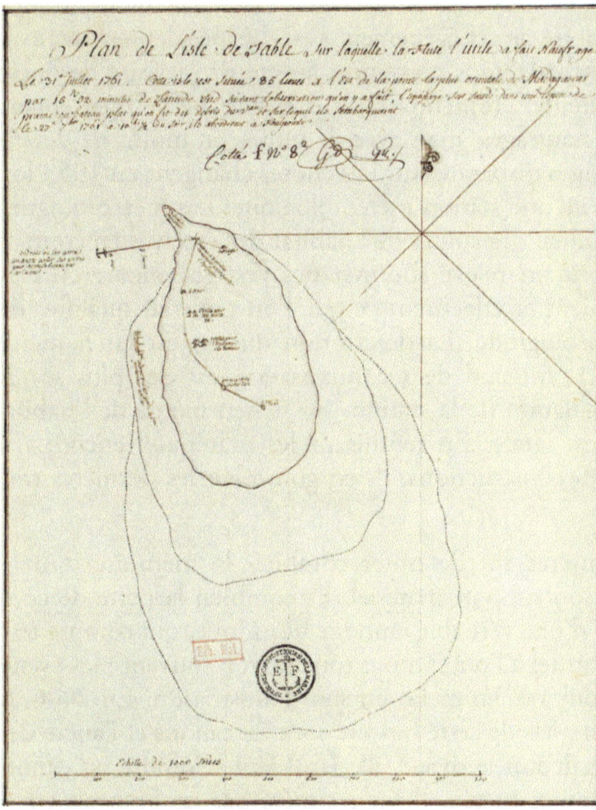

Ill. 1. Carte manuscrite de l'île de Sable sans doute dessiné par le pilote de l'*Utile* à son retour à l'Île de France et sur laquelle figurent l'épave et les différents lieux occupés par les naufragés. © BnF

Ill. 2. *Le Sauvetage des derniers survivants*, illustration de Sylvain Savoia. Le 29 novembre 1776, l'enseigne de vaisseau de Tromelin, à bord de la *Dauphine*, supervise l'embarquement des sept rescapées et du bébé. © S. Savoia-Dupuis-matin&soir film

La mémoire de cet événement s'est dissipée, lentement, avec le temps. Ressurgissant de temps en temps, au gré de la visite de quelques privilégiés sur l'île de Tromelin. Tous, à la vue des vestiges encore présents, parlent des naufragés, mais avec de moins en moins de détails à mesure que ces vestiges disparaissent. Les choses changent en 1953 lorsque s'implante sur l'île une station météorologique. Les météorologues qui s'installent au milieu des ruines de l'habitat des esclaves en connaissent l'histoire. Ils font un relevé succinct des vestiges encore en élévation, les photographient et effectuent ce que l'on pourrait qualifier de première fouille archéologique. La description qui en est faite, incluse dans le rapport de la mission de reconnaissance, est des plus sommaires. En outre, l'installation de la station, sur le lieu même de l'habitat des naufragés, lui est fatale. En réutilisant les matériaux encore visibles pour leurs propres constructions, ils en gomment les dernières traces.

Il est intéressant de noter combien la mémoire d'un évènement dépend de son support matériel. Et combien la perte de ce support est responsable d'une véritable amnésie historique, qui compte tenu de notre penchant naturel à l'oubli, nous touche trop souvent ; les évènements qui se sont déroulés à Tromelin en sont l'illustration. En 2006, les derniers témoins matériels de cette histoire sont les canons et l'ancre de l'*Utile* qui sont visibles depuis le rivage (ill. 3). Il faut y joindre un canon qui trône devant la station météo. Il fut récupéré par les Français en 1761, pour donner l'alerte au cas où un navire viendrait à croiser au large de l'île. Ces objets focalisent l'attention sur le naufrage, qui grâce aux documents laissés par l'équipage rescapé, est aussi fort bien documenté. Par contre, du séjour des Malgaches après le départ des Français, on ne sait plus grand-chose si ce n'est qu'on en sauva huit après quinze ans d'oubli.

Contre vents et marées et après avoir longuement exploré les sources historiques concernant ce naufrage, Max Guérout, responsable des missions archéologiques menées à Tromelin ces six dernières années, tient à la bipolarité des recherches sur le terrain : d'un côté la mission sous-marine, de l'autre la mission terrestre. L'intérêt de cette démarche n'est absolument pas partagé. Il ne doit plus rien rester, lui dit-on, sur cette île balayée par les cyclones. Les résultats montreront le contraire[5]. Du navire, il ne reste que les éléments les plus lourds, les canons (ill. 4), les ancres, les boulets, le lest. Les investigations sous-marines démontrent

5. La synthèse des deux premières missions est présentée dans l'ouvrage de Max Guérout et Thomas Romon *Tromelin. L'île aux esclaves oubliés*, Paris, CNRS Éditions/Inrap, 2010.

Ill. 3. Les vestiges de l'*Utile*. Cinq canons jetés sur le rivage.
© J.-F. Rebeyrotte-Gran

Ill. 4. Les investigations sous-marines. Mesure des canons.
© J.-F. Rebeyrotte-Gran

que l'épave échouée sur la côte occidentale de Tromelin est bien celle de L'*Utile*. Le mobilier et la dynamique du naufrage correspondent point pour point aux données historiques.

Et sur terre ?

Les vestiges de l'occupation durant la présence des Français sont fugaces. Celle-ci fut très courte : à peine deux mois, et les campements furent installés dans une zone où la sédimentation est faible. Les puits sont très probablement sous la piste d'aviation et la forge sous les bâtiments de la station météorologique. Par contre l'emplacement du four a été très vite localisé. Grâce à la carte de 1761, et grâce au travail des tortues, qui depuis 250 ans creusent leurs nids et en remontent les éléments enfouis à la surface. Jamais ces indices n'avaient été interprétés à leur juste signification. Des sondages menés à cet endroit ont permis de retrouver la localisation précise du four. Ils ont aussi permis de fouiller et d'échantillonner les niveaux d'occupation de 1761 contemporains du séjour des Français. Ils sont situés à 60 cm sous le sol actuel et ont principalement livré des restes de consommation (de la faune aviaire) mêlés à des rejets de vidange de foyer. Par ailleurs, la prospection systématique de l'arrière-plage entre l'épave et le four, au moyen de sondages de 1 m^2, a permis de mettre en évidence une zone interprétée comme une aire de stockage et de débitage des débris de l'épave avant leur acheminement vers le four, la forge où le chantier naval.

Ill. 5. La stratigraphie du site : 1. l'implantation de la station météorologique ; 2. couche de sable de plage ; 3. l'occupation des naufragés entre 1761 et 1776 ; 4. sable de plage. © T. Romon-Gran

Les vestiges de l'occupation après le départ des Français sont quant à eux enfouis sous 1 m de déblais accumulés depuis les années 1950 (ill. 5). Il faut creuser la terre, comme on se creuse la mémoire. Dépasser les souvenirs les plus récents, ceux d'un temps, bénis pour les archéologues du futur, où la gestion des déchets n'était pas raisonnée. Pour arriver sur une couche de sable de plage d'un blanc immaculé, mesurant de 20 à 50 cm d'épaisseur, accumulé durant les 175 ans où l'homme fut le plus souvent absent de l'île. Cette couche est très importante, car elle scelle les niveaux archéologiques. Nous sommes en quelque sorte en présence d'une « petite Pompéi de l'océan Indien », à la seule différence qu'ici, la catastrophe fut antérieure au dépôt sédimentaire. À la base de cette couche se trouve la photographie du 29 novembre 1776, jour du sauvetage des sept survivantes et de l'enfant. Certes tout n'y est pas révélé. Mais pour qui sait les déchiffrer, ces vestiges sont la clef permettant d'accéder au quotidien des naufragés. Ce qu'ils ont mangé, comment ils l'ont cuisiné, comment ils se sont protégés des intempéries, comment ils se sont organisés et comment ils ont reconstruit une société. Car tout indique qu'ils n'ont pas fait que subir les éléments, ils les ont combattus et ont laissé leur empreinte sur l'île.

Tout d'abord en construisant des abris permettant de protéger des éléments naturels hommes et biens (ill. 6). Ce sont de petites cellules de 2,3 à 2,7 m de longueur par 1,3 à 2,4 m de largeur, imbriquées les unes contre les autres. Les murs sont construits en pierres sèches, à l'aide de blocs de corail et de plaques de grès de sable. Ces matériaux sont présents à la surface de l'île, mais préférentiellement dans sa partie sud, alors que l'habitat est au nord. Un parement régulier délimite l'intérieur de l'unique pièce de chaque bâtiment. Si une certaine homogénéité dans la forme et les grandes lignes de construction peut être mise en évidence, dans le détail chacune est unique et semble indiquer soit une évolution dans le temps, soit plus probablement une édification où chaque groupe apporte sa touche. Il y a donc un aspect à la fois collectif et individuel, peut-être le reflet de ce groupe hétérogène constitué d'esclaves prélevés en divers endroits de Madagascar et peut-être même d'Afrique. Mais le groupe est uni dans une même lutte pour sa survie.

Ill. 6. Les bâtiments mis au jour en 2008. Les murs, dont la partie supérieure est arasée, sont très épais et délimitent une pièce unique de très petite dimension. © J.-F. Rebeyrotte-Gran

Par ailleurs, l'habitat malgache répond à des impératifs religieux, en particulier liés à l'orientation, qui font de l'abri domestique un microcosme mettant en relation l'ordre de l'univers et celui de la société[6]. Ces impératifs ne sont pas respectés ici. Les constructions sont orientées dos aux vents dominants et l'espace de vie extérieur est sous le vent des bâtiments. À ceci s'ajoute l'utilisation de la pierre. À Madagascar, elle est traditionnellement réservée aux tombeaux et aux morts. L'habitat des vivants est construit en matière périssable, végétaux et terre, toutefois absents de l'île.

Ils ont aussi laissé leur empreinte dans le mobilier qu'ils ont abandonné. La plupart de ces objets sont utilitaires et proviennent de l'*Utile*. Soit qu'ils aient été utilisés tels quels, soit qu'ils aient été transformés par les naufragés. Il s'agit surtout d'ustensiles culinaires (ill. 7) et

6. Voir par exemple l'ouvrage de Jean-Louis Acquier et Ranaivo Harijaona, *Architectures de Madagascar*, Paris, Berger-Levrault/Arthaud, 1997.

d'outils. Ceux qui ont été récupérés sur l'épave sont des trépieds, des contenants en cuivre (casseroles et gamelles), des crochets, des hameçons, des haches, des marteaux et des briquets avec leurs pierres à feu. Ceux qui ont été fabriqués à partir d'éléments provenant de l'épave sont des récipients en cuivre et en plomb, des cuillères en cuivre, des outils (clous affûtés, penture transformée en hache, cadène en marteau et cheville à grosse tête en enclume) et une pierre de lest réutilisée en affûtoir. Ceux qui ont été transformés à partir d'éléments glanés sur l'île sont des coquillages aménagés, une cuillère taillée dans une porcelaine, et une louche dans une conque de triton. Les objets non utilitaires sont deux bracelets en cuivre, cependant trouvés dans les déblais de construction de la station météorologique, mais dont la provenance est incontestablement des niveaux XVIIIe, et trois aiguilles en cuivre aux manches gravés et qui sont interprétées comme des pointes de démêloirs.

Ill. 7. Le mobilier des naufragés. Ici des ustensiles de cuisines (récipients en cuivre) surmontés d'un coquillage évidé. Ils étaient rangés à l'intérieur d'un des bâtiments construits par les naufragés après le départ de Français. © J.-F. Rebeyrotte-Gran

Enfin, les naufragés ont laissé leur empreinte au travers de leurs rejets, principalement des restes consommés. La couche d'occupation archéologique est très riche en os fragmentés. Il s'agit principalement d'oiseau et de tortue, les restes de poisson étant très rares et la consommation de coquillage non avérée. L'animal le plus consommé est la sterne fuligineuse. Elle nichait sur l'île au moment du naufrage, comme l'attestent à la fois les récits des Français et les restes d'immatures et de femelles en période de ponte retrouvés dans les niveaux XVIIIe. Les sternes étaient consommées grillées et découpées à l'aide d'outils tranchants (ill. 8). Les extrémités distales des ailes sont absentes. Elles ont été brisées avant cuisson. Elles ont été prélevées, peut-être pour utiliser les plumes pour un usage artisanal, comme le tissage.

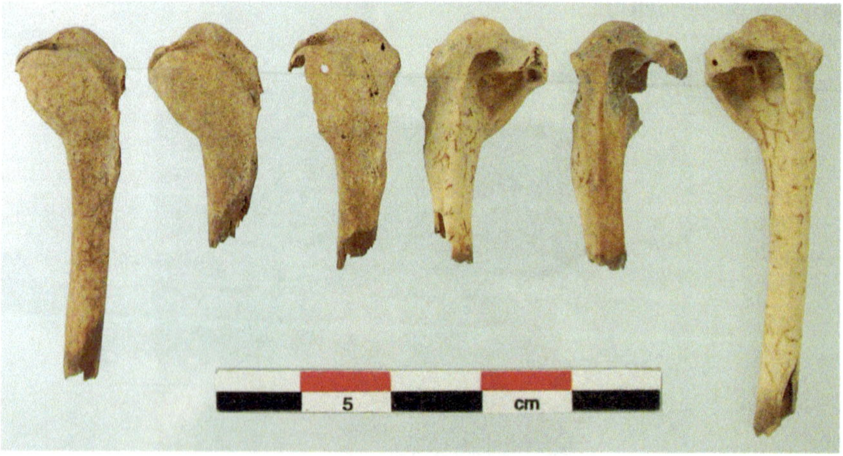

Ill. 8. Humérus (ailes) de sterne. Les extrémités distales sont cassées sur os frais et présentent des traces de brûlures directes indiquant que les ailes ont été brisées avant de faire rôtir les oiseaux directement sur le feu. © V. Laroulandie

Mais si les fouilles archéologiques ont permis d'apporter quelques réponses, elles posent aussi de nouvelles questions.

La gestion des morts reste la grande inconnue. Au moment du naufrage, même si les requins ont pu être des auxiliaires efficaces, les Français se sont trouvés confrontés à un grand nombre de cadavres. Ne serait-ce que la trentaine d'esclaves décédés les premiers jours. Par rapport aux pratiques de l'époque et aux notions hygiénistes déjà en vogue, il est probable qu'on leur a donné une sépulture. Mais les textes n'en parlent pas et nous ne les avons pas retrouvées. Après le départ des Français, les naufragés ont pu gérer leurs morts eux-mêmes. Bien sûr les morts constituent un apport calorique non négligeable, surtout en condition d'isolement extrême. Cependant, sur les 200 m^2 de niveaux archéologiques très riches en restes consommés, aucun fragment d'os humain n'a été trouvé. Les restes de deux individus ont été trouvés dans les niveaux de déblais liés à la construction de la station météorologique. Ils ne montrent aucune trace ni de violence ni de décharnement. S'agit-il des dépouilles mortelles des naufragés de l'*Utile* ? Sans aucun doute. D'autres éléments provenant du navire (une boucle de chaussure, une garde d'épée...) ou transformés par les naufragés (une série de récipients en cuivre, deux bracelets en cuivre) ont aussi été retrouvés dans ce même niveau. Après le cyclone de 1956 et la destruction des premières installations météorologiques, météo France prend la décision de construire deux bâtiments semi-enterrés. Ceux-ci sont localisés au milieu de l'habitat des naufragés et s'appuient autant que possible sur les vestiges de mur du XVIIIe siècle. À cette occasion, les niveaux archéologiques ont été recoupés par les ouvriers et les vestiges rencontrés déplacés. Comment ont-ils pu déplacer puis rejeter deux individus sans que cela ne s'ébruite ? Et, interrogation plus fondamentale : où et comment étaient déposés ces individus ? Autant d'informations perdues à jamais.

Une autre interrogation concerne la découverte d'un bâtiment construit et occupé entre 1776 et 1953 (ill. 9). Le mode de construction est quasiment identique à celui des bâtiments édifiés par les naufragés de l'*Utile*, excepté une largeur de mur moindre. Le remplissage de cette occupation est plus foncé (presque noir) et renferme, en plus de restes de sterne, une assez grande quantité de poisson d'assez grande taille. Le mobilier ne comporte aucun élément qui ne pourrait être attribué aux naufragés de l'*Utile*. Et pourtant, stratigraphiquement, cette occupation se situe, avec certitude, après le sauvetage des Malgaches et avant l'arrivée des météorologues.

Tromelin est un lieu de mémoire difficilement accessible. Les vestiges matériels laissés par les naufragés de l'Utile constituent une image statique d'un événement dynamique. Il appartient aux archéologues d'essayer d'en décoder et d'en déchiffrer la signification, afin de restituer la réalité quotidienne des naufragés et d'alimenter ainsi la mémoire historique de l'événement. Alors que celle-ci s'estompe avec le temps, les vestiges matériels sont comme une bouée de sauvetage à laquelle peut se raccrocher la mémoire. Le patrimoine qui concerne

Ill. 9. Les bâtiments mis au jour en 2010. Sur la gauche, le bâtiment 15, construit après le départ des naufragés et avant la construction de la station météo. © J.-F. Rebeyrotte-Gran

l'esclavage est particulièrement rare et fragile. Il nous faut donc non seulement prendre garde de ne pas le détruire, mais pour le moins, en faire une lecture et un enregistrement attentifs. Le devoir des archéologues est de restituer les données recueillies. Il s'agit là d'une étape indispensable au partage des connaissances, faute de quoi tous les efforts consentis auraient été vains.

Les auteurs

Ana Lucia ARAUJO est historienne et historienne de l'art, actuellement professeure titulaire au Département d'histoire à Howard University à Washington DC, États-Unis. Elle se spécialise dans l'histoire et la mémoire de l'esclavage et de la traite atlantique des esclaves, et s'intéresse à la culture visuelle et matérielle de l'esclavage. Son travail a été financé par des bourses et des subventions de l'American Council of Learned Societies, du Getty Research Institute (Los Angeles, CA), de l'Institute for Advanced Study (Princeton, NJ) et de l'American Philosophical Society. Elle est membre du Comité scientifique international du projet « Routes des personnes mises en esclavage » de l'UNESCO. Elle a été membre du comité de rédaction de l'*American Historical Review* (2019-2023) et, entre autres, membre du comité de rédaction de la revue britannique *Slavery and Abolition*. Araujo est l'auteure de quinze livres. Ses deux derniers ouvrages sont *The Gift : How Objects of Prestige Shaped the Atlantic Slave Trade and Colonialism* (Cambridge University Press, 2024) et *Humans in Shackles : An Atlantic History of Slavery* (University of Chicago Press, 2024).

Klara BOYER-ROSSOL est historienne de l'Afrique, actuellement chercheuse boursière internationale au Bonn Center for Dependency and Slavery Studies (BCDSS) de l'Université de Bonn. Spécialiste des traites et des esclavages à Madagascar, elle est l'autrice de nombreuses contributions sur la diaspora est-africaine dans l'océan Indien occidental (dans *Histoire générale de l'Afrique de l'Unesco*, tome X, *L'Afrique et ses diasporas dans le monde*, 2023 ; A. Bellagamba, S. E. Greene, M. Klein, *African Voices on Slavery and the Slave Trade*, volume 1, Cambridge Press University, 2013) et co-directrice, avec Marie-Pierre Ballarin (IRD), de l'ouvrage *Les esclavages en Afrique. Passé et présent* (Karthala, « Esclavages », 2024). Elle explore depuis plusieurs années les liens entre esclavages, colonisation et circulation des collections de restes humains et d'objets culturels dans l'océan Indien occidental du long XIXe siècle. Membre du comité scientifique de l'Intercontinental Slavery Museum (ISM) de l'île Maurice, elle est aussi commissaire de l'exposition « Visages d'ancêtres », conçue autour d'une collection de bustes anthropologiques du XIXe siècle (ISM, 2023 et Musée du château royal de Blois, 2024) et l'autrice de son catalogue (Éditions Le Charmoiset, 2024).

Yaw BREDWA-MENSAH (1958-2011) était professeur et chef du département d'archéologie et d'études du patrimoine de l'University of Ghana. Il a été un précurseur dans la recherche en archéologie de l'esclavage en Afrique de l'Ouest, et en particulier dans l'actuel Ghana. Dès la fin des années 1970, il y conduisit des fouilles sur d'anciens sites de plantation colonial danoise. Jusque dans les années 2000, il fut investi dans les recherches, écrivant des articles académiques (notamment « Slavery and Resistance on Nineteenth Century Danish Plantations in Southeastern Gold Coast, Ghana », *African Study Monographs*, 29 (3), 2008, p. 133-145), présentant des communications dans des conférences en Afrique (« Archaelogy of Slavery in West Africa », lors du Congrès mondial de l'archéologie tenu à Cape Town en 1999) et en Europe (« Archaeology at Frederichs Minde (Wullf's Lodge), Christianborg, Osu, Ghana », à la conférence de la Société des archéologues africanistes, Cambridge, Angleterre, 2000) et soutenant à l'université du Ghana en 2002 sa thèse intitulée « Historical – Archaeological Investigations at the Frederiksgave Plantation, Ghana : A Case Study of Slavery and Plantation Life on a Nineteenth Century Danish Plantation on the Gold Coast ».

Carlo CÉLIUS, historien et historien de l'art, est directeur de recherche au CNRS, membre de l'Institut des mondes africains (IMAF). Ses recherches portent principalement sur Saint-Domingue/Haïti et explorent trois thématiques : création plastique et culture visuelle, expériences, connaissances et usages du passé, histoire de l'ethnologie. Il est l'auteur de *Langage plastique et énonciation identitaire. L'invention de l'art haïtien* (Presses de l'université Laval, 2007), de *Création plastique d'Haïti. Art culture visuelle en colonie et postcolonie* (Éditions de la Maison des sciences de l'homme, 2023), et de *Hector Hyppolite. Création plastique et autofiction* (Les Éditions du CIDIHCA France, 2023). Il a coordonné plusieurs publications collectives, dont *Situations créoles. Pratiques et représentations* (Éditions Nota Bene, 2006) et « Création plastique, traites et esclavages », *Cahiers des Anneaux de la mémoire* (n° 2, 2009).

Myriam Cottias, historienne du fait colonial, de l'esclavage atlantique et de ses effets dans le contemporain, est directrice de recherche au CNRS et directrice du Centre international de recherche sur les esclavages (CIRESC) (UMR 8053, Université des Antilles). Elle est actuellement Présidente du Comité scientifique international du projet « Les routes des personnes mises en esclavage » de l'UNESCO. Elle est aussi co-rédactrice en chef de la revue en ligne *Esclavages & post-esclavages / Slaveries & Post-Slaveries*. Ses recherches portent sur la mémoire de l'esclavage, sur les relations sociales en contexte esclavagiste et post-esclavagiste, et sur les réparations au titre de l'esclavage. Elle a publié, récemment, en collaboration, le *Lexique sur les réparations de l'esclavage* (Karthala/CIRESC, 2021) et *Travail servile et dynamiques économiques, XVIe-XXe siècle* (Ministère de l'Économie, des Finances et de la Souveraineté industrielle et numérique, IGPDE, 2024).

David Eltis est professeur émérite d'histoire à Emory University aux États-Unis et à l'University of British Columbia au Canada, et membre élu de l'Académie américaine des arts et des sciences. Il est l'un des membres fondateurs du projet www.slavevoyages.org et a publié plus d'une centaine d'articles, dont six dans *l'American Historical Review*. Il a codirigé *The Cambridge World History of Slavery*, en quatre volumes, publiés par Cambridge University Press et est auteur, avec David Richardson, de *l'Atlas of the Transatlantic Slave Trade*, publié par Yale University Press. Son dernier livre est *Atlantic Apocalypse : Rethinking the Atlantic Slave Trades* (Cambridge University Press, 2024).

Carmen Fracchia est professeure émérite d'histoire de l'art hispanique à Birkbeck College à l'University of London au Royaume-Uni. Ses travaux portent sur la pensée intellectuelle, politique et religieuse hispanique concernant l'esclavage local espagnol et transatlantique, la liberté, la subjectivité et l'hybridité, ainsi que leurs articulations dans la forme visuelle sous la dynastie des Habsbourg. Elle est l'autrice de nombreux articles, ainsi que du livre *« Black but Human » : Slavery and Art in Imperial Spain, 1480-1800* (Oxford University Press, 2023).

Cécile Fromont est professeure d'histoire de l'art et de l'architecture à Harvard University et se spécialise dans les cultures visuelles, matérielles et religieuses d'Afrique, d'Amérique latine et d'Europe au début de la période moderne (1500-1800). Ses recherches mettent en lumière les flux et reflux interculturels qui se sont produits au cours de cette période à travers et autour de l'océan Atlantique. Ses recherches et ses écrits portent sur les cultures expressives, spirituelles et matérielles africaines et leurs ramifications en Amérique latine et en Europe. Elle est l'auteure de plusieurs ouvrages primés, dont *The Art of Conversion : Christian Visual Culture in the Kingdom of Kongo* (2014) et *Images on a Mission in Early Modern Kongo and Angola* (2022).

Simon Gikandi est professeur d'anglais à Princeton University aux États-Unis. Il est spécialisé dans les littératures, les arts et les cultures d'Afrique et de ses diasporas en Europe et aux Amériques, ainsi que dans la critique postcoloniale. Il est l'auteur de *Slavery and the Culture of Taste*, lauréat du prix James Russell Lowell de la Modern Language Association et du prix Melville J. Herskovits de l'African Studies Association. Il est membre de l'Académie américaine des arts et des sciences et membre correspondant de l'Académie britannique.

Après une carrière d'officier de Marine, Max Guérout fonde en 1982 le Groupe de recherche en archéologie navale (GRAN) et entreprend des recherches archéologiques sous-marines en France, dans les Dom/Tom et à l'étranger (Égypte, Malte, Algérie, Sénégal, Chili, Trinidad et Tobago). Il a été membre du comité scientifique du programme UNESCO « Routes des personnes mises en esclavage » de 1994 à 2005, et a dirigé de 2006 à 2013, en coopération avec l'INRAP, les fouilles sous-marines et terrestres effectuées sur l'île de Tromelin (océan Indien) où furent abandonnées 80 esclaves malgaches. Il a publié en 2015 chez CNRS Éditions un ouvrage consacré à ces recherches, intitulé : *Tromelin. Mémoire d'une île.*

Kenneth G. Kelly est professeur émérite d'anthropologie, University of South Carolina, et professeur de recherche en anthropologie à Syracuse University. Il est un pionnier de l'archéologie multisite de la diaspora africaine. Les recherches de K. G. Kelly sont axées sur la vie quotidienne dans les plantations esclavagistes des Caraïbes françaises et sur la manière dont les sociétés africaines ont participé à la traite des esclaves en Afrique de l'Ouest. Kelly a développé des approches comparatives pour étudier les diverses trajectoires coloniales des anciennes colonies françaises de Guadeloupe et de Martinique, et a exploré les différents impacts de la traite des esclaves sur les sociétés étatiques au XVIIIe siècle dans ce qui est aujourd'hui le Bénin, et sur les sociétés décentralisées pendant la traite esclavagiste illégale du XIXe siècle dans ce qui est aujourd'hui la Guinée. Kelly a édité ou coédité six livres et numéros spéciaux de revues, et publié plus de cinquante articles et chapitres dans des revues telles que *Ethnohistory, Afriques, Atlantic Studies et American Anthropologist.*

Jeffrey KERR-RITCHIE est historien, professeur à Howard University aux États-Unis. Pour mener ses recherches, il a bénéficié de bourses prestigieuses de Fulbright-Hays (Angleterre), du Gilder-Lehrman Center de l'université de Yale (États-Unis), du Schomburg Center for Research in Black Culture (New-York, États-Unis), et National Humanities Center (Caroline du Nord, États-Unis). Il est l'auteur de nombreux articles et de plusieurs livres, dont *Rebellious Passage : The Creole Revolt and America's Coastal Slave Trade* (New York, Cambridge University Press, 2019) qui examine la traite maritime des esclaves aux États-Unis et la révolte réussie d'un navire impliqué dans le trafic en 1841, et ses ramifications internationales.

Anne LAFONT est historienne de l'art et directrice d'études à l'EHESS (Paris, France). Elle s'intéresse à l'art, aux images et à la culture matérielle de l'Atlantique noir, ainsi qu'aux questions historiographiques liées à la notion d'art africain. Elle a publié sur l'art et les savoirs en contexte impérial, entre autres, *L'artiste savant à la conquête du monde moderne* (2010, dir.), et sur les questions de genre dans le discours sur l'art aux XVIIIe et XIXe siècles : *Plumes et pinceaux. Discours de femmes sur l'art en Europe 1750-1850* (2 volumes, 2012, dir.). Elle a ensuite travaillé sur les différentes formes de visualisation de la pigmentation au moment de l'invention de la dermatologie ou encore sur les sciences auxiliaires du racisme et leur mode de notation graphique. Ces travaux ont donné lieu à un livre intitulé *L'art et la Race. L'Africain (tout) contre l'œil des Lumières* (Presses du Réel, 2019). Anne Lafont a participé au comité scientifique de l'exposition : *Le modèle noir de Géricault à Matisse* (2019, musée d'Orsay). En 2021 et 2022, elle a enseigné à Williams College en tant que Clark Professor et conduit des recherches dans le sud des États-Unis sur l'art africain-américain grâce à une bourse de la Villa Albertine. Son dernier ouvrage, co-dirigé avec François-Xavier Fauvelle, s'intitule *L'Afrique et le monde. Histoires renouées de la préhistoire au XXI*[e] *siècle* (La Découverte, 2022).

J. Cameron Monroe est archéologue historique et professeur d'anthropologie à l'University of California à Santa Cruz aux États-Unis, où il dirige le centre de recherches archéologiques. Ses recherches portent sur les transformations politiques, économiques et culturelles en Afrique de l'Ouest et dans la diaspora africaine à l'époque de la traite des esclaves. Il a étudié l'identité ethnique afro-américaine et la production artisanale au niveau des ménages au début de la période coloniale en Virginie. Il dirige le projet archéologique du plateau d'Abomey dans la République du Bénin, en Afrique de l'Ouest. Il est l'auteur du livre *The Precolonial State in West Africa : Building Power in Dahomey* (Cambridge University Press, 2014) et a co-édité *Power and Landscape in Atlantic West Africa : Archaeological Perspectives* (Cambridge University Press, 2012). Cameron Monroe est également rédacteur en chef de la revue *African Archaeological Review* et fait partie du comité éditorial de la revue *Azania : Archaeological Research in Africa*.

Jean Moomou est docteur en histoire et civilisations (EHESS, Paris, 2009), et professeur des universités à l'Université de Guyane. Il est chercheur au laboratoire MINEA (Migrations, Interculturalité et Éducation en Amazonie) et il est associé au GRENAL (Groupe de recherches sur les Noir.e.s d'Amérique Latine, Université Perpignan Via Domitia). Ses recherches portent sur les sociétés en marge du monde colonial et postcolonial, singulièrement les Marrons du Surinam en Guyane française (XVIIIe-XXIe siècles), les Boni notamment. Il est l'auteur de nombreuses publications sur les résistances marronnes, parmi lesquelles *Les Marrons boni de Guyane. Luttes et survie en logique coloniale (1712-1880)* (Matoury, Ibis Rouge éd., 2013).

Nicholas Radburn est maître de conférences en histoire atlantique à Lancaster University, Royaume-Uni. Il est l'auteur de *Traders in Men : Merchants and the Transformation of the Transatlantic Slave Trade* (Yale University Press, 2023) qui décrit comment les marchands d'esclaves en Grande-Bretagne, en Afrique et en Amérique ont massivement développé le commerce des esclaves au cours du XVIIIe siècle. Il a également publié de nombreux articles sur l'esclavage et la traite des esclaves dans l'histoire du monde atlantique, en s'intéressant plus particulièrement aux marchands qui ont organisé ce commerce. Il est en outre co-éditeur de www.slavevoyages.org.

Matthew RAREY est professeur agrégé d'histoire de l'art de l'Afrique et de l'Atlantique noir et directeur du département d'histoire de l'art de l'Oberlin College (États-Unis). Ses recherches explorent les liens entre l'Afrique de l'Ouest, le Brésil et le Portugal du XVIIe siècle au XXIe siècle. Son livre *Insignificant Things : Amulets and the Art of Survival in the Early Black Atlantic* (Duke University Press, 2023) a été distingué par le prix Rufus Morey Book Award 2024 de la College Art Association. Il retrace l'histoire des *bolsas de mandinga* : des amulettes en forme de poche d'origine transculturelle qui ont pris de nouvelles formes et histoires au fur et à mesure que les Africains les fournissaient dans l'Atlantique Sud entre 1660 et 1835. Rarey est également impliqué dans la conservation muséale relative à l'histoire de l'art de l'Afrique et de l'Atlantique noir. En 2019, il a été co-curateur de l'exposition *Afterlives of the Black Atlantic* au Allen Memorial Art Museum de Oberlin College, qui a reçu un prix d'excellence 2020 de l'Association of Art Museum Curators.

Thomas ROMON est archéologue à l'Institut national de recherches archéologiques préventives (Inrap). Co-auteur avec Max Guérout du livre *Tromelin. L'île aux esclaves oubliés* (Inrap, CNRS Éditions, 2015), il a été commissaire scientifique de l'exposition *Tromelin, l'île des esclaves oubliés* présentée du 13 février au 3 juin 2019 au Musée de l'Homme à Paris.

Professeur agrégé à l'Université Fédérale de Rio de Janeiro (UFRJ) au Brésil, Flavio dos SANTOS GOMES coordonne le Laboratoire d'étude de l'histoire atlantique des sociétés coloniales et post-coloniales (LEHA) de cette université. Lauréat de la bourse prestigieuse de la Fondation John Simon Guggenheim (2009), il est un éminent spécialiste de l'esclavage et des résistances à l'esclavage dans le Brésil colonial et post-colonial. Il est l'auteur de plusieurs livres (individuels et co-écrits) ayant remporté les prix Brasil-Portugal (1999), Arquivo Nacional (en 1993 et 2002), Casas de Las Americas (en 2006 et 2009) et Jabuti (2022). Il développe des recherches sur l'esclavage en histoire comparée, du point de vue de la culture matérielle, de la démographie, de la cartographie, et des enjeux de post-émancipation dans les Amériques, notamment au Brésil, au Venezuela, en Colombie, en Guyane française et à Cuba.

Ibrahima THIAW est professeur d'archéologie à l'Institut fondamental d'Afrique noire (IFAN) de l'Université Cheikh Anta Diop de Dakar, Sénégal. Il est titulaire d'un doctorat en anthropologie de l'Université Rice, à Houston, au Texas. Ses recherches portent sur l'archéologie historique, l'archéologie nautique, le commerce atlantique, l'archéologie coloniale, la gestion du patrimoine et les politiques culturelles et mémorielles. Il a participé à de nombreux programmes de recherche en archéologie et de gestion du patrimoine au Sénégal, en Afrique occidentale et centrale. Ses publications concernent surtout l'impact de la traite atlantique sur les sociétés de l'Afrique de l'Ouest, l'archéologie coloniale, les défis de la gestion du patrimoine culturel, et l'étude de la culture matérielle. I. Thiaw a co-écrit avec G. Wait le livre *Archaeology and Ethnography along the Loango Coast in the South West of the Republic of Congo* (Summertown, Archaeopress Archaeology, 2018) et a co-édité avec H. Altschul et G. Wait le livre *A Slave Who Would Be King : Oral Tradition and Archaeology of the Recent Past in the Upper Senegal River Basin* (Summertown, Archaeopress Archaeology, 2016).

María Elisa VELÁZQUEZ est docteure en anthropologie, chercheure à l'Instituto Nacional de Antropología e Historia (Mexique) de 1994 à aujourd'hui. Titulaire du Programme national de recherche sur les Afro-descendants et la diversité culturelle au sein du même institut, et professeure sur les questions relatives aux Afro-descendants, au patrimoine et à la diversité culturelle au Mexique dans le programme d'histoire et d'ethnohistoire de troisième cycle de la Escuela Nacional de Antropología e Historia, avec la reconnaissance de la chaire UNESCO depuis 2016 jusqu'à ce jour. Elle a publié, entre autres, les ouvrages suivants : *Femmes d'origine africaine dans la capitale de la Nouvelle Espagne, XVIIe et XVIIIe siècles* (2006), (Coord.) *Studying Racism : Afrodescendants in Mexico* (2019), « Outsiders and foreigners : Afrodescendants in Mexico », Mémoire de l'Académie mexicaine d'histoire (2023). Elle a été présidente du comité scientifique dans le cadre du projet international *Les Routes des personnes mises en esclavage* de l'UNESCO de 2011 à 2015.

Diane Wallman, professeure agrégée d'anthropologie et directrice des laboratoires d'archéologie historique et de zooarchéologie à l'University of Florida, États-Unis, est une archéologue historique dont le programme de recherche multirégional est axé sur l'archéologie du colonialisme européen et de l'esclavage atlantique, avec une spécialisation dans l'écodynamique humaine. Ses recherches s'inscrivent dans des préoccupations contemporaines liées à la politique du patrimoine, à la justice réparatrice et à l'héritage socio-environnemental du colonialisme, et portent sur les Caraïbes, le sud-est des États-Unis, l'Amérique du Sud et l'Afrique de l'Ouest. Elle est co-éditrice du livre *Archaeology in Dominica : Everyday Ecologies and Economies at Morne Patate* (University Press of Florida, 2020). Diane Wallman est exploratrice pour National Geographic et chercheuse principale d'une subvention de recherche collaborative de la National Science Foundation pour son travail actuel sur la résilience autochtone et le colonialisme européen sur l'île caribéenne de la Dominique. En 2024, en tant que boursière américaine Fulbright, elle mène une recherche collaborative axée sur l'archéologie du colonialisme et de l'esclavage dans les plantations au nord-est du Brésil.

Table des matières

Les pratiques matérielles comme symboles de résistance, de spiritualité et de liberté

Composition et mise en pages
Nord Compo à Villeneuve-d'Ascq

L'éditeur de cet ouvrage s'engage dans une démarche éco-responsable
en utilisant des papiers issus de forêts gérées durablement
www.cnrseditions.fr

Cet ouvrage est imprimé sur papiers certifiés PEFC,
Bouffant Clairbook 80 g/m² pour l'intérieur
et Carte couchée 1 face Invercote G 240 g/m² pour la couverture.

PEFC/10-31-2581

Achevé d'imprimer en octobre 2024 par

ISIPRINT

139 rue Rateau
93120 La Courneuve

Numéro d'impression : 202409.0175
Dépôt légal : octobre 2024

Imprimé en France